Diogenes Taschenbuch 21844

Walter Nigg

Vom Geheimnis der Mönche

Antonius
Pachomius
Basilius der Große
Augustin
Benedikt von Nursia
Bruno von Köln
Bernhard von Clairvaux
Franziskus von Assisi
Dominikus
Teresa von Avila
Ignatius von Loyola

Diogenes

Die Erstausgabe erschien
1953 im Artemis Verlag, Zürich
Umschlagillustration:
Fra Angelico, ›Jungfrau mit Jesuskind
und acht Heiligen‹, 1450
(Ausschnitt)

INHALTSVERZEICHNIS

Siehe, ich sage euch ein Geheimnis – Die neue Begegnung mit dem Mönchtum – Die, so singen oder küssen, mehr als die Tiefgelehrten wissen.

Der strahlende Mönch des Buddhismus – Die andere Seite der Kirche – Ostkirchliche Ansicht: es gibt keinen höheren Beruf als den Mönchsberuf – Die Orden als Brunnenstube des Katholizismus – Die offene Wunde am Leibe des Protestantismus – Kierkegaard als protestantischer Mönch.

Eine Warnung Nietzsches – Die Unberufenen und ihre verhängnisvollen Folgen – Vom Sinn des echten Mönchtums – Der wegweisende Mensch – Was sagt Léon Bloy dazu?

Die Sendung des Mönchtums in der Gegenwart – Visionen unseres Zeitalters – Urbesinnung auf die großen Stiftergestalten – Ist die Stunde für eine neue Antwort gekommen? – Aljoscha in unserer Zeit.

Die Wiederkehr des reichen Jünglings – Die Befreiung vom Besitz – Die Spannkraft der Seele – Im Zweikampf mit den finsteren Mächten – Der Gang in die Wüste – Das Glutgebet – Die Heiterkeit der Seele – Der charismatische Arzt für ganz Ägypten – Es ist mir genug, mein Vater, dich zu sehen – Die Geistespädagogik des ersten Mönches – Athanasius' Lebensbeschreibung als Geschichte von ewiger Symbolkraft – «Lebt wohl, Antonius geht hinüber» – Inschrift auf ein unbekanntes Grab.

Eremitentum als Flucht aus der Gesellschaft – Die Lebensweise der ersten Einsiedler – Je weiter die irdische Wohnung, um so enger die himmlische – Die Gefahr des Individualismus – Vom Geist des Wüstenchristentums – Die Tränengabe – Im Wetteifer mit der Natur – Der Engel – Die Mittelmäßigkeit als Feind des Christentums – Orthopraxis statt Orthodoxie.

Krokodile als Beförderungsmittel – «Es ist nichts Kleines um das Tun eines Mönches» – Visionen als Fenster in die jenseitige Welt – Der Bau des Urklosters – Die von Engeln übermittelte Regel – Die Geburt des Zönobitentums aus dem Geiste des visionären Christentums – Das gemeinsame Zusammenleben der Brüder unter einer Regel – Die Bestimmung des ersten Klosters: das Heil der Seelen – Der religiös inspirierte Gehorsam – «Du hast sehr gefehlt,

Das übermächtige Erbe – Die Spiritualen und der Joachitismus – Eine Poesie des Himmels – Bonaventura und das franziskanische Wissen – Die Kapuziner treten auf – Der dritte Orden – Der unsichtbare Franziskus flüstert.

Die Erlösung vom Interessanten – Die Stunde der Schwäche – Auch von seinem Feinde kann man lernen – In der Stille reift ein großer Plan – Das Wort ist der Weg – Studieren ist auch ein Gottesdienst – Der Sinn der dominikanischen Armut – Der sachliche Mensch.

Der wundersame Duft – Die vom Logos erleuchtete Vernunft – «Alles, was ich geschrieben habe, erscheint mir wie Spreu» – Dominikanische Mystik – Meister Eckhart predigt einem Opferstock – Der gelassene Mensch bei Seuse – Die Frauenklöster – Fra Angelico und das Geheimnis der Mönche – Die Inquisition als Verrat am Geiste Christi – Savonarolas Tragödie – Mechthild von Magdeburgs Weissagung über die Dominikaner.

«Die Gewohnheit unserer Natur ist etwas Entsetzliches» – Die Gesetze der Schwerkraft der Seelen – Der vom Pfeil der Engel getroffene Mensch – Die cherubinische Mystik – Taten, nichts als Taten – «Du wirst große Dinge sehen» – «Achte diese Kälte nicht, denn ich bin die Wärme» – «Aus der Vernachlässigung des Zeitlichen pflegen große Nachteile für das Geistliche zu entstehen» – Aufruhr unter den Nonnen – Das Bekenntnis der sterbenden Teresa – Der dreifache Lobspruch – Die seraphische Nonne.

Vom Berg Karmel bis zur Reform in Spanien – Im Schatten des Johannes vom Kreuz – Ausbreitung durch Vision – Bruder Lorenz spricht – Hinter langen, schwarzen Schleiern.

Karmelsphäre – Eine Meditation über das nackte Kreuz – Allein mit dem Alleinigen – Das ewige Wort des Schweigens – Nichts und alles – Gebet als Gegenwart Gottes – Mein Amt ist lieben – Ausstrahlende Kontemplation.

Im Aufblick zum Sternenhimmel – Die ungewöhnliche seelische Wahrnehmung – Dolchstöße eines Bekehrten – Der Pilger mit der Kürbisflasche – Die Bedeutung von Manresa – Die Erleuchtung am Straßenrand – Geburtsstunde der Exerzitien – Die Mystik des Weges – Ignatius im Kerker – In der unterirdischen Kapelle auf dem Monmartre – Das «Fähnlein Jesu» – Allen alles zu werden – Das verlassene Sterben – Die Frage nach dem ewigen Antlitz – Vom Gottfinden in allen Dingen.

Das sublime Denkmal der Kirchengeschichte – Die Satzungen des Ordens –

«MÖNCHLEIN, MÖNCHLEIN,
DU GEHST JETZT EINEN GANG...»

Altes lehren ist schwerer als Neues lehren
(Hebräisches Sprichwort)

I

N Rainer Maria Rilkes «Stundenbuch», dessen erster Teil vom mönchischen Leben handelt, findet sich ein seltsames Gedicht, das ganz der östlichen Atmosphäre angehört. Von Mönchen ist in ihm die Rede, die «sich tief in die Erde gruben» und dadurch gleichsam in ihrer Mutter Schoß zurückkehrten. Ihr unterirdisches Leben ward wie «tausend Jahre groß», seitdem sie es «nicht mehr in Nacht und Helle schieden». Jetzt wallen Pilger zu den in den Kiewer Höhlenklöstern «Eingegrabenen» und betrachten ehrfürchtig die Heiligen, deren in die Erde eingetauchte Leiber nicht verwesen[1]. Trotz der mehr ästhetischen als religiösen Einstellung des jungen Dichters ist in diesen beinahe melancholisch klingenden Versen eine altrussische Stimmung heraufbeschworen. Das Gedicht wirkt wie ein Symbol für das Schicksal des Mönchtums in der Neuzeit, sein sinnbildlicher Gehalt verträgt noch eine andere Deutung, als sie Rilke selbst gegenwärtig sein mochte.

Seitdem die Ideen der Französischen Revolution und der deutschen Säkularisation sich im Abendland durchsetzten, brachten die Menschen für das monastische Leben kein Verständnis mehr auf. Mit ihrer rein diesseitigen Nützlichkeitseinstellung konnten sie das klösterliche Dasein nicht länger ihrem Lebensgefühl einordnen. Das Ordenswesen verfiel einer Verkennung, die sich in immer ungünstigeren Urteilen über die Mönche bekundete. An sich waren die Einwände gegen das Kloster als einer unnatürlichen Lebensweise nicht neu. Von Jovian bis zu Erasmus von Rotterdam läßt sich die Ablehnung des Mönchtums verfolgen. Im Zeitalter der Aufklärung verdichtete sich diese Abneigung zu einem wahren Sturm gegen die Mönchsorden und führte zur Aufhebung zahlreicher Klöster. Was blieb den Mönchen anderes übrig, als gleichsam in die Erde schlafen zu gehen, um ihr Geheimnis vor den allzu profanen Blicken zu bewahren. Wie die Kiewer Mönche, von denen Rilke in seinem dunklen Gedicht singt, ist das Mönchtum in der sich ausbreitenden Neuzeit immer mehr in die Katakomben untergetaucht und überwinterte, symbolisch verstanden, in der Tiefe der Erde. Die Außenstehenden verstanden das Hintergründige dieses merkwürdigen Vorgangs nicht und sprachen hierauf von der Erstarrung des Klosterwesens, dessen Geschichte nun zu der «erkaltenden Objektivierung» zu rechnen sei und als solche nichts mehr zur Lösung der Weltgeschichte beitrage[2].

Doch nicht für alle Zeiten vergruben sich die Mönche in der Erde. Das Verlangen nach dem monastischen Leben ist viel zu tief im Menschen verankert, als daß es je völlig verschwinden könnte. Es meldete sich immer wieder, und nie wird es eine Zeit ohne Klöster geben. Bereits im 19. Jahrhundert begann es, gleich einem ersten Erwachen aus dem Winterschlaf, in verschiedenen Orden mächtig zu rauschen. Wie Paulus in seinen Ausführungen über die Auferstehung der Toten schließlich den Korinthern zurief: «Siehe, ich sage euch ein Geheimnis», ist man bei diesem Thema heute innerlich genötigt, nicht minder eindringlich zu flüstern: Sehet, das Mönchtum zog sich deshalb in die Erde zurück, um dereinst wieder aufzuerstehen! Wahrhaftig, der tiefere Sinn der Eingrabung in die Erde liegt darin, der Zeit einer neuen Auferweckung, die unmittelbar bevorsteht, entgegenzuharren. Den nur auf die äußern Tagesereignisse eingestellten Augen entgeht dieser sich unter der Oberfläche abspielende Prozeß, der, geistig gesehen, zu den bedeutsamsten Ereignissen unserer Zeit gehört.

Dieser unsichtbar-sichtbare Vorgang ruft nach einer neuen Begegnung mit dem Mönchtum. Sie hat sich einen Augenblick an das Wort Franz Overbecks zu erinnern, der das Mönchtum eine Erscheinung nannte, «zu deren Würdigung freilich die katholische Theologie die Reinheit des Verständnisses längst verloren, die protestantische die Gerechtigkeit nie besessen hat»[3]. Statt über die angriffige Behauptung des profanen Kirchenhistorikers alsogleich entrüstet zu sein, wäre es weit besser, sie als eine Warnungstafel aufzufassen, über die es sich lohnte, länger nachzudenken. Offenbar ist es nicht so leicht, das innere Wesen des Mönchtums zu begreifen, wie es sich der Durchschnittsmensch vorstellt. Es müssen dazu Berge von Vorurteilen überwunden werden, die sich beinahe wie unübersteigbare Mauern vor dem Mönchtum auftürmen. Es gilt in erster Linie, das Thema aus den konfessionalistischen Auseinandersetzungen herauszunehmen, in welchen der Mensch ohnehin kein Phänomen in seinen reinen Umrissen erkennt. Der gerne zur Gehässigkeit verführende Gesichtspunkt des Konfessionalismus – nicht zu verwechseln mit der Zugehörigkeit zu einer bestimmten Konfession, in die Gott einen Menschen hineingestellt hat – büßte im Zeitalter des Totalitarismus wesentlich an Wichtigkeit ein, ganz abgesehen davon, daß die großen Ordensbildungen noch in der wundervollen Landschaft der ungeteilten Christenheit beheimatet waren. Eine über aller Polemik stehende Christlichkeit, die sich der Aufgabe verpflichtet weiß, allen Konfessionen zu dienen, muß schon aus ökumenischen Gründen den einengenden Parteistandpunkt durchbrechen. Sie wird auch dem Mönchtum mit ganz neuer Aufgeschlossenheit gegenübertreten und dieser mächtigen Gestaltung christlicher

Geistigkeit mit einer liebenden Verehrung begegnen, die keineswegs mit Kritiklosigkeit identisch ist.

Die religiöse Ehrfurcht bedient sich selbstverständlich der Mittel, die ihr die Wissenschaft zur Erfassung des Mönchtums zur Verfügung stellt. Die historisch-kritische Methode hat zur Herbeischaffung des Materials eine unermeßliche Arbeit geleistet. Mit aufrichtiger Dankbarkeit gedenkt der Verfasser der nachfolgenden Ausführungen der vielen Einzelstudien, die sich selbstlos der Erhellung einer Detailfrage der Klosterbewegung gewidmet haben. Allerdings führt die wissenschaftliche Objektivität oft zu einer innern Unbeteiligung, die mit ihrer Kühle das Entscheidende gar nicht wahrnimmt. Bei aller Notwendigkeit der gelehrten Untersuchungen verbleiben diese im Vorfeld und sind nicht zum letzten Maßstab zu machen. Es geht zur gegenwärtigen Stunde um mehr als um eine wissenschaftliche Darstellung, die für die neue Begegnung mit dem Mönchtum nicht ausreicht. Die akademische Wesenserfassung bedarf der überhöhenden Ergänzung durch eine verwandelte Haltung, die bereits im Zeitalter des Rationalismus jene magische Sehergestalt ausgesprochen hat, die sich selbst Novalis nannte. Dieser johanneische Gottesbote, der durch die «Spitzbogen der reinen Vernunft» hindurchgeschritten war und nun von einer höheren Wirklichkeit in das Land der Sinne hineinblickte, sprach in einem seiner zauberhaftesten Gedichte von einer kommenden Zeit, wo «die, so singen oder küssen, mehr als die Tiefgelehrten wissen»[4]. Jener Mensch, der in «Märchen und Gedichten, erkennt die wahren Weltgeschichten» gewinnt wieder die viel tiefsichtigere Position eines Novalis, auf die es in steigendem Maße ankommt. Die Erringung dieser neuen Sehweise deutet auch einmal Romano Guardini an, wenn er über den Unterschied zwischen Forschung im modernen Sinn und schauender Durchdringung schreibt, der ihm erst, nachdem er das Licht im Engadin gesehen habe, aufgegangen sei: «Vielleicht ist es mir vergönnt, einmal genauer zu entwickeln, was ich da gelernt habe – besonders als noch, gleichsam jene hohe Klarheit erläuternd, das milde Oktoberlicht des Allgäus und die schimmernde Süßigkeit jenes Lichtes hinzutrat, das von den Hügeln Venetiens auf die Bilder Tizians geflossen ist. Jedenfalls habe ich da von Platon einiges verstanden, was in keinem Buche steht – außer in seinen eigenen; aber in denen liest man es erst, wenn man jene Klarheit gesehen hat und einem darin das Herz übergegangen ist; jenes im Herzen, welches zugleich das Innerste des Geistes ist. Auch einiges verstanden hat von Plotin und wieder von Augustinus, denn in ihnen allen lebt es, wenn auch in jedem nach seiner besonderen Art. Und als ich sah, wie dieses Licht sich um die Bäume legte, um Blattrand, Zweig und Gestalt; was es aus den Bergen macht, am späten Nachmittag, wenn alles sich verwandelt, da habe ich geahnt, welche Bewandtnis es wohl mit der Lehre von der Verklärung haben müsse[5].» Diese bekenntnishaften Worte sprechen es genau wie Novalis kündende Verse aus, daß es sich bei dieser überwissenschaftlichen Betrachtungsweise nicht um eine bloße gefühlsmäßige Begeisterung handelt. Die intuitive Erfassung weiß sich auf den Beistand des erleuchteten Logos angewiesen, wodurch auch alsogleich das neue Eindringen in das Mönchtum aus einer Angelegenheit der gelehrten Akribie in eine Haltung lebendiger Religiosität verwandelt wird, die allein dem geheimnisvollen Auferstehen des Ordenswesens aus dem Winterschlaf entspricht. Dabei wird es nicht ohne zahlreiche Durchkreuzungen und Überraschungen abgehen, die an mehr als einer Stelle ein radikales Umdenken erfordern, das sich entschlossen von festgefahrenen Meinungen befreit. Die Bereitschaft, mit geöffneter Seele an eine Erscheinung heranzutreten, um sie in sein Inneres aufzunehmen und sie nicht zum voraus mit feindselig eingestellten Argumenten abzuwürgen, erlebt als Dankesfreude dafür die Wahrheit von Friedrich Nietzsches Wort: «Die Vergangenheit ist vielleicht immer noch wesentlich unentdeckt! Es bedarf noch vieler rückwirkender Kräfte[6].»

II

Der Versuch, das Mönchtum neu zu umschreiten, macht von vielfachen Aspekten Gebrauch. Die historische Sicht hilft dem modernen Menschen, dem die geschichtliche Orientierung ein selbstverständliches Bedürfnis geworden ist, zu einer ersten Einführung in das Mönchtum. Daraus geht gleich zu Beginn eindeutig hervor, daß das Ordenswesen auf eine lange Tradition zurückblicken kann und nicht einer Eintagsfliege gleichzusetzen ist. Auch nur eine historische Skizze vermag von den weitreichenden Schicksalen des Mönchtums in aller Welt wenigstens eine kleine Vorstellung zu vermitteln.

Das Mönchtum ist in verschiedenen Religionen anzutreffen. Der Hinweis auf den religionsgeschichtlichen Ursprung eröffnet keine ins Abwegige führende Blickrichtung. Sie stellt vielmehr die neue Begegnung mit dem Mönchtum von Anfang an in eine Weite und Freiheit, zu der es immer tiefer hindurchzudringen gilt. Nach der religionsgeschichtlichen Phänomenologie hängt das monastische Leben mit der religiösen Anlage des Menschen tief zusammen. Als nachdenkliches Beispiel erweist sich das religiös so reich begabte Indien mit seinen vielen Klöstern. Die geistesmächtigste Ausprägung erhielt das indische Mönchtum durch Gotamo Buddha, über den in ihm entsprechender Weise zu reden bis dahin noch die Kraft keines Abendländers ausgereicht hat. Dieser nicht zu bewältigende Mann beginnt seine lapidaren Reden stets mit der stereotypen Formulierung, «dies, ihr Mönche, ist die heilige Wahrheit …», womit er sich ausschließlich an Ordensmenschen richtet. In Buddhas echtem Jünger tritt faszinierend der strahlende Mönch auf, der als ein Losgesprochener und von der innern Meeresstille erfüllter Mensch durch diese Welt schreitet. «Liebevollen

Gemütes weilend strahlt er nach einer Richtung, dann nach einer zweiten, dann nach der dritten, dann nach der vierten, ebenso nach oben und nach unten: überall in allem sich wieder erkennend durchstrahlt er die ganze Welt mit liebevollem Gemüte, mit weitem, tiefem, unbeschränktem, von Grimm und Groll geklärtem[7].» Die von allen menschlichen Banden gelösten Mönche sandte Buddha aus zum Heil und zur Freude für viel Volk, aus Erbarmen für die Welt und zum Segen der Menschen, um zu verkünden die Lehre, die sie allseitig begütigend in einem reinen Wandel der Heiligkeit darstellen. Fürwahr, Buddhas strahlender Mönch ist ein Wesen, das rein ist vom Staube des Irdischen, der genau wie der Mondschein den Glanz der Sterne überstrahlt, ebenso mit seiner aus der Befreiung des Herzens hervorgegangenen Liebe all das niedere Tun der meisten Menschen überglänzt. Bereits die buddhistische Erscheinungsform des monastischen Lebens nötigt den reflektierenden Menschen, das allzu schnellfüßige, gewöhnlich gar nicht näher überdachte Urteil über das Mönchtum einer grundsätzlichen Revision zu unterziehen, die viel Erstarrtes wieder in Fluß bringt.

Vor allem ist das Mönchtum eine legitime Ausprägung des Christentums. Den größtenteils unfruchtbaren Diskussionen über die Entstehung des Mönchtums im Christentum ist der eine Satz entgegenzuhalten, daß die christliche Kirche das monastische Leben implizite in sich hat und daß dasselbe ihr nicht aus heidnischen Einflüssen zugeflossen ist. Die endgeschichtliche Botschaft Jesu führte zu einer Abkehr vom diesseitigen Leben, die bereits bei Paulus deutliche Form annahm. Die Wurzeln des christlichen Mönchtums gehen auf das Neue Testament zurück, in welchem sich zahlreiche Ansätze finden, die in diese Richtung weisen und an die ohne weiteres angeknüpft werden konnte. Bereits die ersten Einsiedler beriefen sich für ihr Tun auf die Bibel. Nach dem akonfessionell eingestellten Geschichtsphilosophen Oswald Spengler «beginnt das christliche Mönchtum nicht mit Pachomius, der nur das erste Kloster gebaut hat, sondern mit der Urgemeinde in Jerusalem»[8]. Geschichtlich gesehen hat sich das monastische Leben in gradliniger Weise aus dem altchristlichen Asketenstand herausentwickelt, als Gefahr drohte, innerhalb einer verweltlichten Christenheit kein ernstes religiöses Leben mehr führen zu können. Das Mönchtum und die Patristik sind die schönsten Blüten am altkirchlichen Lebensbaum. Unmöglich ist es, die alte Kirche in ihrer grundlegenden Bedeutung für alle nachkommenden christlichen Generationen anzuerkennen und das ihr zugehörende Mönchtum als eine Verirrung abzulehnen. Gegenüber der unseligen Verquickung von kirchlichem und politischem Geschehen, die bereits im 4. Jahrhundert begann, stellen die Mönche «gleichsam die andere Seite der Kirche» dar, die «durch ihre Askese die Waage im Gleichgewicht hielten»[9]. Diese Aussage weist auf die tiefste Bedeutung des Mönchtums hin: Das rein Religiöse des

Christentums kommt in ihm am leuchtendsten zum Vorschein. Auf diese andere, oft übersehene Seite der Kirche gilt es, das Augenmerk zu richten und das Ordenswesen als einen integrierenden Bestandteil des Corpus Christi zu begreifen, das auch in allen seinen Ausprägungen anzutreffen ist.

Für die Ostkirche wurde das Mönchtum bestimmend, und es nahm auch von ihr den Ausgang. Das morgenländische Christentum ist ohne Kenntnis seines Klosterwesens, von dem es weitgehend getragen wurde, schlechterdings nicht zu verstehen. «Wenn Sie den Geist des Christentums gründlich erfassen wollen, müssen Sie das Mönchtum kennenlernen», sagte Kirejewskij, damit den Weg zum tieferen Verständnis der Ostkirche weisend [10]. Er äußerte keine Sondermeinung, Konstantin Leontjew hat den gleichen Ratschlag erteilt, der auch zu Recht besteht [11]. Ein Blick in die Welt der «russischen Heiligenlegenden», wie sie neuerdings Ernst Benz zugänglich gemacht hat, zeigt aufs anschaulichste, wie allseitig das Mönchtum die Ostkirche durchdrungen hat. Das Interesse am östlichen Christentum, das in den letzten Jahrzehnten stark anstieg, ist nur dann keine modische Schwärmerei über die russische Seele, wenn es auch auf deren Klosterwelt eingeht, die unter einer fremdartig anmutenden Schale eine geradezu wundervolle Frömmigkeit verbirgt und die Rilke vom alten Rußland sagen ließ, es sei das Land, das an Gott grenze. Die religiösen Russen waren stets von der enormen Wichtigkeit des Mönchtums für das Volksleben durchdrungen. Wie tief die östliche Gläubigkeit mit dem monastischen Leben verbunden ist, bezeugt der religiös erschütterte Dichter Nikolaj Gogol, dessen metaphysischer Roman «Tote Seelen» in die Weltliteratur eingegangen ist und der am Ende seines Lebens selbst vom Heiligkeitsringen ergriffen wurde: «Es gibt keinen höheren Beruf als den Mönchsberuf. Gott gebe, daß es uns einmal beschieden sei, die schlichte Mönchskutte anzulegen, nach der sich meine Seele so sehnt! Schon der bloße Gedanke an sie ist mir eine große Freude. Allein aus eigener Kraft, ohne von Gott dazu berufen zu werden, können wir solches nicht vollbringen [12].» Sogar der Gegner der Ostkirche, Leo Tolstoj, hat die Wohltat des russischen Klosters erfahren, als er auf seiner letzten Flucht in Nacht und Nebel an eine Klosterpforte klopfte und auf die Frage, ob er trotz seiner Exkommunikation bei ihnen übernachten könnte, die klösterliche Antwort erhielt: «Wir nehmen alle auf!» Diese schlichten Pförtnerworte enthüllen mit einem Schlag den echt christlichen Geist, der in den östlichen Klöstern bis in unsere Gegenwart hinein lebte. Morgenländisches Christentum ist wesentlich monastisches Christentum, diese Wahrnehmung läßt sich nach Igor Smolitschs Buch «Russisches Mönchtum» gar nicht mehr bestreiten.

Die reichhaltigste Entwicklung erfuhr das Mönchtum in der westlichen Christenheit. Bei der Sintflut der Völkerwanderung und ihren Folgen haben sich die Klöster wie eine Arche Noah betätigt, indem sie zum großen Teil die antike, urchristliche und patristische Literatur retteten. Den Höhepunkt erlebte das Mönchtum im Mittelalter, das völlig in seinem Schatten steht. Die damaligen religiösen Gestalten gehören fast durchweg seinem Stand an, und was in jenem Zeitalter auf christlichem Gebiet Großes vollbracht wurde, haben meistens Mönche geleistet. Es waren vorwiegend Ordensmänner, die der Kirche das geistige Arsenal zur Verfügung stellten. An den Mönchen hatte die mittelalterliche Christenheit den stärksten Rückhalt. Obgleich fast alle Orden vor der Glaubensspaltung entstanden sind, so haben sie nachher einzig vom Katholizismus die ihnen zukommende Pflege erfahren. Für den heutigen Blick sind deswegen katholische Kirche und Mönchtum beinahe identisch. Jedenfalls sind sie eng miteinander verbunden und haben sich gegenseitig immer wieder befruchtet. Die katholische Kirche besitzt in den Orden ihre unversiegliche Brunnenstube, in der alle Wasser rieseln und ohne die das christliche Land weitgehend eingetrocknet wäre. Das Mönchtum bildet ihr geistiges Reservoir, aus dem zu einem großen Teil auch alle jene Heiligen hervorgegangen sind, die das Christentum mit einem überragenden Format vertraten und es zugleich liebenswert gemacht haben. Tatsächlich ist ein Katholizismus ohne Mönchtum nicht vorstellbar. Begreiflich, daß, wer die katholische Kirche tödlich verwunden will, immer den Angriff gegen die Klöster als ihre wahren Kraftzentren zu richten hat. Von der religiösen Substanz ihrer Orden und nicht von ihren politischen Aktionen lebt sie vorwiegend. Dort liegen die unerschöpflichen Quellen ihres Glaubenslebens. Zwar bewegt sich das Mönchtum innerhalb der katholischen Kirche nicht in gerader Linie vorwärts. Die Kurve zeigt neben steilen Anstiegen auch tiefe Abstürze, die aber immer wieder aufgeholt wurden. Allezeit schuf der Katholizismus neue Orden, was seiner innern Lebenskraft das beste Zeugnis ausstellt. Diese Fruchtbarkeit hat keineswegs seit der Gründung der Gesellschaft Jesu aufgehört, mit der unsere Ausführungen schließen. Die in den nachfolgenden Darstellungen behandelten Mönchsväter sind nur die wichtigsten, lange aber nicht alle. Leider müssen wir es uns aus Raumgründen versagen, noch andere Orden in die Schilderung einzubeziehen. Nach dem Tridentinischen Konzil erfuhr das Mönchtum eine straffere Organisation, indem die Kirche allseitigen Einblick in die mannigfachen Klöster zu gewinnen begehrte. Dadurch erlitt das Ordenswesen eine viel tiefer greifende Veränderung als gewöhnlich angenommen wird.

Viel zuwenig wird beachtet, daß der Protestantismus in einer einsamen Klosterzelle das Licht der Welt erblickte. Luther gehörte neunzehn Jahre lang dem Mönchsstand an; das Kloster war für ihn weit mehr eine Förderung als ein Hemmnis auf seinem Weg. Freilich geriet Luther in seiner religiösen Entwicklung in einen schweren Konflikt mit der Klosterwelt, und erst ganz am Ende seines Lebens lernte er wieder die erneuerten Klöster als «eine Burg des Friedens in der bösen Welt» schätzen [13]. Doch vermochte diese späte Einsicht nicht mehr zu verhindern, daß sein antimönchischer Affekt sich auf den Protestantismus vererbte, der sich bis heute noch nicht von diesem Komplex befreit hat. Luthers tragische Wendung wird gewöhnlich zu einlinig gesehen, auch wird zuwenig in Rechnung gesetzt, wie er im Grunde seiner Seele «Mönch blieb, obgleich er nicht mehr dem Mönchtum angehörte» [14]. Noch in Melanchthons Apologia Confessionis Augustanae schwingt bei aller Polemik gegen das Ordenswesen ein positiver Unterton mit, da sie doch etliche Klöster kennt, welche um «das heilige Evangelium von Christo wissen» [15] und namentlich die Ordensstifter «Bernhard, Franziskus und andere» vom damaligen verderbten Mönchtum distanziert [16].

Der Altprotestantismus war in diesen Fragen ohnehin kaum zuständig, da ihn seine Kampfsituation veranlaßte, das Mönchtum bis auf die verschwindenden Überreste der Stifte für adelige Damen, aus seiner Mitte auszumerzen. Wie der heutige Protestantismus über diese Austilgung denkt hat Adolf Harnack in seinem «Wesen des Christentums» ausgeführt: «Die Reformation hat das Mönchtum abgetan und abtun müssen. Mit Recht hat sie es für eine Vermessenheit erklärt, sich durch ein für das ganze Leben abgelegtes Gelübde zur Askese zu verpflichten; mit Recht hat sie jeden weltlichen Beruf, gewissenhaft vor den Augen Gottes geführt, dem Mönchsstande gleich, ja überlegen erachtet. Aber es trat nun etwas ein, was Luther so nicht vorausgesehen und gewollt hat – das ‚Mönchtum‘, wie es evangelisch denkbar und notwendig ist, verschwand überhaupt. Eine jede Gemeinschaft aber braucht Persönlichkeiten, die ausschließlich ihrem Zwecke leben; so braucht auch die Kirche Freiwillige, die jeden andern Beruf fahren lassen, auf die ‚Welt‘ verzichten und sich ganz dem Dienst des Nächsten widmen, nicht weil dieser Beruf ein ‚höherer‘ ist, sondern weil er notwendig ist und weil aus einer lebendigen Kirche auch dieser Antrieb hervorgehen muß. Er ist aber in den evangelischen Kirchen gehemmt worden durch die dezidierte Haltung, die sie gegen den Katholizismus einnehmen mußten. Das ist ein teurer Preis, den wir bezahlt haben; die Erwägung, wie viel schlichte und ungefärbte Frömmigkeit dagegen in Haus und Familie entzündet worden ist, kann ihm nichts abziehen!» [17] Obschon in Harnacks Worten das Problem eines evangelischen Mönchtums nicht umfassend aufgerollt wird, stellen sie ein bemerkenswertes Einverständnis eines Gelehrten dar, der mit seiner liberalen Ansicht sicher nicht einer Voreingenommenheit für die mönchische Institution bezichtigt werden kann. Er wiederholte auch in anderm Zusammenhang seine Aussage, daß der Protestantismus Gemeinschaften brauche, die von jenem Geist erfüllt sind, wie ihn die lauteren Mönche besessen haben und noch besitzen; dem wird kein Einsichtiger widersprechen, der sich eingehender mit diesem Thema beschäftigt.

Der Protestantismus erlitt durch die Ausrottung des Mönchtums eine Verarmung, die bereits die Täufer in ihrer Art korrigieren wollten und deswegen von Bullinger der neuen Möncherei bezichtigt wurden. Mehrfach unternahmen evangelische Christen Versuche zur Einführung der monastischen Lebensweise, welche Bemühungen nicht einfach aus einer romantischen Schwärmerei entstanden. Der stille Gerhart Tersteegen richtete auf dem Gut Otterbeck eine evangelische Klostergemeinschaft ein und gab ihr auch Satzungen, die ein ehrwürdiges Dokument protestantischen Mönchtums sind. Nach dem Mülheimer Bandweber versuchte Labadie in Holland ein ähnliches Unternehmen ins Leben zu rufen. Albrecht Ritschl fiel die innere Verwandtschaft von Mönchtum und pietistischer Lebenseinstellung auf, die in den Verhaltungsmaßnahmen der Diakonissinnen ihren Niederschlag fand.

Es gibt auf protestantischem Gebiet ganz unerwartete Anklänge an das Klosterwesen. So spricht vor allem Sören Kierkegaard in seinem Hauptwerk «Unwissenschaftliche Nachschrift» mehrfach von der mittelalterlichen Klosterbewegung[18]. Bezeichnenderweise betrachtete sich der Mann, der zuerst wieder das Christentum als eine Existenzmitteilung verstand, selbst dahin gehörend. In seiner Selbstdarstellung «Der Gesichtspunkt für meine Wirksamkeit als Schriftsteller» bemerkt Kierkegaard, wie er zur Zeit der Niederschrift des ästhetisch-ethischen Werkes «Entweder-Oder» «religiös bereits im Kloster war – was hinter dem Namen ‚Victor Eremita‘ sich verbirgt»[19]. Als ein im Kloster lebender Mensch ist sich Kierkegaard vorgekommen, eine Wesenseinsicht, die auch Martin Thust in seiner Monographie über den dänischen Religionsphilosophen betonte: «In diesem Sinn ist Kierkegaard ein protestantischer Mönch, der das Tiefste des alten Klosterdaseins mit der reformatorischen Rechtfertigung des Weltlebens einzigartig zu verbinden wußte[20].» Der Gedanke vom Mönch aus Kopenhagen würde, wenn durchgeführt, nicht nur die heutige monotone Kierkegaard-Auffassung auflockern, sondern man bekäme auch das verhüllte Antlitz eines neuen Mönchtums zu sehen, das im gegenwärtigen Moment mehr geahnt als verwirklicht werden kann. Auf alle Fälle bildet Kierkegaard eine der besten Vorschulen zu einem tieferen Verständnis für das Mönchtum, wie denn sein schwerwiegender Kampf gegen die dänische Staatskirche vorherrschend von asketischen Gesichtspunkten aus entworfen wurde.

Man wird diese mannigfachen Versuche gewiß nicht überschätzen dürfen, sie gelten aber als Symptome einer Mangelerscheinung im Protestantismus, die beseitigt werden sollte. Das Problem ist in der evangelischen Kirche nie ganz zur Ruhe gekommen; die Wunde muß auch offengehalten werden. Ihre Behandlung ist heute aktueller als je, weil die zu schmale Basis für ein nur auf das Gemeindebewußtsein abgestelltes Christentum offenbar geworden ist. Die Katastrophe ist in dem Augenblick da, wo die Gemeinde, wie eine Romanfigur von Bernanos sagt, zur «toten Gemeinde» absinkt. Das christliche Leben bedarf unbedingt weiterer Verankerungen als derjenigen der Kirchgemeinden, und eine solche Möglichkeit bietet die christliche Bruderschaft.

III

Der historische Überblick über die Auswirkung des Mönchtums in den drei Konfessionen der Christenheit erheischt eine Ergänzung durch die religiöse Sicht. Sie frägt nach dem Sinn des Mönchseins und ist prinzipieller Natur. Die in ihr enthaltene Wertfrage legt das Ordenswesen gleichsam auf Hiobs Waage und will sich über seine Bedeutung angesichts der Ewigkeit klar werden. Diese zweite Betrachtung knüpft an das berühmte Wort des Feldhauptmann Georg von Frundsberg an: «Mönchlein, Mönchlein, du gehst jetzt einen Gang, einen solchen Stand zu tun, dergleichen ich und mancher Oberste auch in unserer allerernstesten Schlachtordnung nicht getan haben; bist du auf rechter Meinung und deiner Sache gewiß, so fahre in Gottes Namen fort und sei nur getrost, Gott wird dich nicht verlassen[21].» Die in denkwürdiger Situation gesprochene Äußerung enthält einen gewichtigen, für jeden Mönch gültigen Hinweis. Niemals ist der angewandte Diminutiv geringschätzend gemeint, deutlich verrät er einen beinahe zärtlichen Unterton. Zu allen Zeiten ist der Weg des Mönches weder leicht noch selbstverständlich, sein Pfad führt immer an lichten Höhen und dunklen Abgründen vorbei, und ihn zu begehen, erfordert kühnen Mut.

Eine religiöse Wertung des Mönchtums darf von keiner Schönfärberei des Ordenswesens ausgehen. In der blinden Verherrlichung besteht der Fehler des umfangreichen Werkes von Montalembert, «die Mönche des Abendlandes», der wahrscheinlich der eigenen Unerfahrenheit im monastischen Leben zuzuschreiben ist. Der gereifte Mönch spricht anders als der französische Romantiker und ist deswegen von keiner geringeren Liebe zum klösterlichen Dasein erfüllt. Gegenüber den vor Gesalbtheit nur so triefenden, alles nicht engelhaft Aussehende unterdrückenden Darstellungen ist das Wort Nietzsches angebracht: «Wollt ihr die besten Dinge und Zustände zuletzt um alle Ehre und Wert bringen, so fahrt fort, sie in den Mund zu nehmen wie bisher!»[22] Ein unheimlich wahres Wort, das die Mißlichkeit der vorwiegend moralisch anstatt religiös eingestellten Hagiographie des 19. Jahrhunderts, die in eine tödliche Langweiligkeit abgeglitten war, rücksichtslos aufdeckt. Die Mahnung des Verfassers der «Fröhlichen Wissenschaft» kann von dem heutigen Christen als beständiges Memento nicht ernst genug genommen werden. Sie legt ihm eine schwere Verantwortung auf, der er sich gerade bei der neuen Begegnung mit dem Mönchtum nicht entziehen darf. Nicht in dem faden, oft auch direkt unehrlichen Ton des Lobredners des Ordenstandes gilt es weiterzusprechen, ein neues Alphabet ist vielmehr vonnöten. Mit Enthüllungspsychologie, die einen niedrigen Standort vertritt, hat diese vertiefende Bemühung nichts zu tun. Wohl aber schließt sie die grundsätzliche Befreiung von jener Apologetik in sich, die gleich Hiobs Freunden «Gott mit Trug verteidigt» (Hiob 13,7) und deswegen sich so erschreckend oft gegen die Wahrhaftigkeit versündigt. Sie ist ohnehin mit der erwähnten neuen Position von Novalis nicht zu vereinen, die wieder das liebende Schauen der ewigen Werte an Stelle der zergliedernden Besserwisserei setzt. Wer sich um das neue Alphabet bemüht, hat auch vom Unerfüllten offen zu reden, womit man keineswegs gegen die notwendige Ehrfurcht verstößt. Die Schmach des Mönchtums soll nicht vertuscht werden, ohne die es nicht teil hätte an der Herrlichkeit Gottes. Das oberste Bestreben geht dahin, zur monastischen Wirklichkeit vorzudringen, die auch die ungenügende Betrachtung von Idee und Praxis überwindet, welches das Zusammengehörende unzulässig auseinander spaltet. Die lebendige Bemühung ist auf jene tiefere Realität gerichtet, die heroische Erfüllung und klägliches Versagen zugleich umschließt und das Mönchtum als jene gottbewirkte Bewegung erfaßt, die, schwerste Schläge aushaltend, gerade darin ihre christliche Lebenskraft bewies. Durch die düstersten Schatten brach bei den Orden immer wieder das Licht siegreich hindurch. Einzig eine vom religiösen Realismus getragene Bewertung vermag zur mönchischen Wirklichkeit vorzustoßen, die in aller Niedrigkeit noch gotterfüllter ist als die übertünchten Zurechtrückungen.

Der Weg des Mönches ist der außergewöhnliche, und das Unglück besteht darin, daß er von zu vielen gewöhnlichen Menschen beschritten wurde, die ihm nicht gewachsen waren und denn auch folgerichtig an ihm scheiterten. Franz Xaver Bronners bekannte Autobiographie «ein Mönchsleben aus der empfindsamen Zeit», redet in dieser Beziehung eine unüberhörbare Sprache. Als Jüngling wurde Bronner zum Mönchsleben gegen seinen Willen überschwatzt und sann dann im Kloster seiner tändelnden Liebelei weiter nach. Da er sich um sein Leben betrogen fühlte, erzählte er aus seinem Ressentiment heraus ekelhafte Szenen mönchischer Verwilderung[23]. Es gibt kein stilwidrigeres Bild als diese unreligiösen Klostermemoiren; die großen Fragen des Mönchtums sind dem Verfasser in keiner Stunde seines Lebens auch nur annähernd aufgedämmert. Nicht nur im Rokokozeitalter traten viele unberufene Naturen in das Kloster ein, auch in der Gegenwart geschieht dies immer wieder. Sie verursachen jene komische Vorstellung von sich selbst gefangen haltenden Menschen, die trübsinnig hinter Klostermauern versauern und dadurch als Arbeitskräfte ihrem Volke verloren gehen. Diese Unberufenen täten besser, wie Monica Baldwin «über die Mauern zu springen», um ihr verfehltes Leben wenigstens noch notdürftig zu korrigieren, so gewiß ihnen auch kein wirklich Berufener nachspringen wird.

Diese ungeeigneten Menschen führten zu der abstoßenden Erscheinung jener Mönche, die Gott mit ihrer Tonsur belügen, wie sich Benedikt von Nursia einmal in seiner Regel ausdrückt. Sie sind in allen Jahrhunderten anzutreffen und veranlaßten François Mauriac das böse Wort vom «Snobismus der großen Orden» zu schreiben: «Zwar würde man bestimmte Ordensleute bestimmter Abteien in Staunen setzen, wenn man ihnen bewiese, daß ihr Geisteszustand sich nicht allzusehr von dem der Mitglieder eines Jockeyklubs unterscheidet[24].» Das Bedrückende an diesem traurigen Vorkommnis liegt in dem über das Einzelschicksal weit hinausgehenden allgemeinen Verderben, was sich aus dieser abwegigen Entwicklung notwendig ergab. Der aus dem Verfall der Klosterzucht resultierende Niedergang des Mönchtums hat sich jeweilen verheerend für die gesamte Christenheit ausgewirkt, seine katastrophalen Folgen können nur mit den schwärzesten Farben geschildert werden. Diese ungünstigen Auswirkungen des Ordenswesens sind unlösbar mit dem nicht leichten Gang verbunden, den der Mönch allezeit zu gehen hat.

Die Nachtseite des Mönchtums, die gewöhnlich seine Feinde mit Frohlocken anzuführen pflegen, ohne dabei nur zu ahnen, welch schlechtes Zeugnis sie sich damit selbst ausstellen, erschließt natürlich niemals dessen tieferen Sinn. Neben den Gefahren gibt es noch eine andere Auswirkung, die, in die Waagschale geworfen, auf der Stelle die Gewichtsverteilung vollständig verändert. Keineswegs ist damit eine Überschätzung des Mönchtums, als der höchsten christlichen Lebensform, verbunden. Vor solcher Überspannung haben die Mönche selbst gewarnt. In den Briefen des russischen Staretz Feofan, des Einsiedlers, stehen die Worte: «Es ist besser, nicht darüber nachzusinnen, ob einem das Kloster beschieden ist oder nicht, denn darauf kommt es nicht an. Wenn man das Kloster im Herzen hat, dann ist es gleichgültig, ob das Klostergebäude vorhanden ist oder nicht. Das Kloster im Herzen ist: Gott und die Seele[25].» Dies ist vortrefflich geurteilt; in der Anerkennung des monastischen Lebens sollte man sich nicht mönchischer als die Mönche selbst gebärden. Sinnvoll aber ist es, daran zu denken, daß moderne Dichter wie Hugo von Hofmannsthal und Gerhard Hauptmann den Wunsch aussprachen, in einem Mönchshabit begraben zu werden. Nicht anders ist dieser letzte Wille zu deuten, als daß sie noch mit ihrem Tode ein Bekenntnis zum Mönchtum abzulegen begehrten.

Eine religiöse Überlegung über das monastische Thema wird vorbehaltlos die Größe des Mönchtums anerkennen. Ihm kommt tatsächlich ein dermaßen gewaltiges Gewicht zu, daß seine bedenklichen Verfallsepochen bei weitem aufgewogen werden. Die Tat jener Mönche, die ihren Auftrag erfüllten, stellt alle Versager in den Schatten. Vor aller Augen liegen die kulturellen Leistungen der Ordensleute aus den früheren Jahrhunderten, die bleibende Werte schufen.

Doch geht der einseitige Hinweis auf die kulturfördernde Arbeit der Mönche am tiefsten Sinn des monastischen Lebens vorbei.

Das Mönchtum ist aus seinen eigenen Voraussetzungen heraus zu begreifen, und die liegen ausschließlich auf religiösem Gebiet. Nur die absolut christliche Erfassung des Ordenswesens entspricht seiner Wesensbestimmung. Jeder andere Gesichtspunkt verfehlt das Entscheidende. Wesentlicher als alle äußern Verdienste ist die rein auf das Ewige ausgerichtete Gottesliebe, die im Monasterium wie ein Rosenstrauch erblüht. Der Mönch ist der religiöse Mensch schlechthin, bei dem die brennende Sorge um die Seele im Mittelpunkt steht. Alles opfert er seiner christlichen Glut, die in ihm wie ein neuer Dornbusch lodert. Um der Regel willen, der er nachzuleben strebt, ist er ein disziplinierter Mensch. Der Mönch unterwirft sich bewußt einer christlichen Norm, die sein ganzes Leben formt und erleuchtet. Die vorbehaltlose Anerkennung eines Unbedingten verleiht seinem Dasein das geordnete Aussehen, wodurch ihm alle äußere und innere Zerfahrenheit fremd ist. In dieser inneren Festigkeit besteht der göttliche Glanz, der über dem monastischen Leben ausgebreitet ist.

Diese normative Einstellung befreit den Mönch von aller Unruhe und aller Ratlosigkeit, mit denen es die Menschen sonst beständig zu tun haben. Er kennt sein Lebensziel und weiß den Weg, den er zu gehen hat; mit dem Eintritt ins Kloster entschloß er sich auch, ihn konsequent zu beschreiten. Im schärfsten Gegensatz zur modernen Orientierungslosigkeit ist der Mönch der wegweisende Mensch, der einen Pfad nicht nur den andern predigt, sondern ihn auch selbst geht. Größeres kann von einer menschlichen Existenz kaum ausgesagt werden, und hier nähert man sich dem ewigen Geheimnis allen Mönchtums. Die geistige Mächtigkeit, jede Frage des verworrenen Lebens aus einer überlegenen Religiosität heraus richtunggebend zu beantworten, bildet einen der Hauptgründe für die tiefe Anziehungskraft, die das Mönchtum immer wieder ausstrahlt. Nichts fehlt unserer dunklen Gegenwart so sehr, als diese zu innerer Führung befähigten Persönlichkeiten, von denen eine therapeutische Wirkung ausgeht. Um der mönchischen Wegsicherheit willen ist es von bleibender Bedeutung, sich ernsthaft mit den Vätern des monastischen Lebens zu beschäftigen, was sich auch für ein in der Welt sich abspielendes Leben erhellend auswirkt.

Der Einwand, «aber es ist nicht der Weg, der sich für alle Menschen eignet», verfängt nicht. Gewiß ist er das nicht; allein, von welchem Weg kann dies behauptet werden? Nie ist eine Möglichkeit für alle gegeben, dieweil sie stets nur für eine bestimmte seelische Konstitution in Frage kommt. Gleichwohl schließt die mönchische Wegweisung das Geheimnis in sich, eine stille Leuchtkraft auszusenden, welche die Finsternis des Lebens überhaupt zu durchdringen vermag. Bei wenigen Bewegungen werden die enormen Kräfte, die das Evangelium im Menschen zu entbinden imstande ist, so deutlich sichtbar wie beim Studium des Mönchtums, aus dessen Mitte weithin die größten Söhne des Christentums hervorgegangen sind. Wir müssen wieder lernen, die Mönche mit den Augen Léon Bloys anzuschauen: «Diese Männer des Gebetes, diese Einfältigen, die sich ohne Murren unterdrücken ließen, die unser idiotenhafter Dünkel verachtet, sie trugen das heilige Jerusalem in ihren Herzen und Hirnen. Sie übertrugen, wie sie es nur zu tun vermochten, ihre Verzückungen auf die Steine der Kirchen, auf die strahlenden Glasfenster der Kapellen, auf das Pergament der Stundenbücher. Unser ganzes Bestreben muß – wenn wir nur ein wenig Größe in uns haben – dahin gehen, wieder zu dieser leuchtenden Quelle emporzusteigen[26].»

IV

Die erwähnten Worte des französischen Christen führen zu der aktuellen Sicht, welche die Folgerungen aus der historischen und religiösen Schau zu ziehen hat. Sie ist gegenwartsbezogen und geht von der Frage nach der Sendung des Mönchtums in der heutigen Zeit aus. Dabei handelt es sich nicht um eine These, die mit monomaner Leidenschaft verfochten werden soll, sondern um ein Ergebnis, das hier vorweggenommen wird. Die nachfolgenden Ausführungen sind als ein Resultat der ganzen Arbeit aufzufassen; sie stellen in Wirklichkeit ein Nachwort dar, das ausnahmsweise als Vorwort geboten wird.

Wer dem 20. Jahrhundert, das sich weigert, die Erlebnisse zweier Weltkriege zu verarbeiten, ins Angesicht schaut, der wird nicht umhin können, als vom Zeitalter der Zerstörung zu reden. Es stürzt von einer Katastrophe zur andern und findet aus dem tödlichen Wirbel keinen Ausweg mehr. Sein Fratzenbild ist der Mann mit der Maschinenpistole, der über ihre endlosen Trümmerfelder hinwegstampft. «Der Mann steht im Dienste der Maschinenpistole und nicht umgekehrt, man sollte nicht vom Mann mit der Maschinenpistole sprechen, sondern von der Maschinenpistole mit dem Mann», sagte Georg Bernanos in seiner erschütternden Genfer Rede «Welt ohne Freiheit»[27]. Diese entsetzliche Vernichtungsvision, welche die Dinge so sieht, wie sie wirklich sind, starrt den Menschen an. Entscheidende Fragen bedrängen jeden wahren Christen unablässig: Wie ist auf diese dämonische Apokalypse zu antworten? Wessen bedarf es, um dem Tier aus dem Abgrund wirksam zu begegnen? Wer ist dem Roboter unserer Zeit innerlich gewachsen und imstande, als Gegenspieler ihn im geistigen Kampf zu schlagen? Diese gewaltigen Fragen bilden das tiefste Thema der christlichen Geschichte der kommenden Jahrzehnte. Von den Staatsmännern irgendeine Lösung in der allgemeinen Zersetzung zu erhoffen, ist eine vergebliche Erwartung. Sie können nicht geben, was sie nicht haben. Die Regierungen der Gegenwart denken zu ausschließlich in politisch-militärischen Kategorien und fassen die Probleme völlig ungeistig auf. Deswegen sind sie zur Stunde auch aller neuen Ideen bar und kennen kein anderes Mittel als die Diplomatie, die noch immer versagt hat. Eine wirkliche Überwindung der drohenden Vernichtung der menschlichen Kultur kann nur vom Christentum herkommen. Allerdings nicht von einem Evangeliumsverständnis, das selbst von dem Fäulnisprozeß angesteckt ist, sondern von einem erneuerten Christentum, dessen Boten wieder in völliger Wehrlosigkeit wie Schafe mitten unter die Wölfe gehen, die mit dem neuen Gebot der Liebe, daran jedermann Christi Jünger erkennt, ganz Ernst machen und denen als kleine Herde auch wiederum die lebendige Hoffnung auf das Reich gegeben ist. Diese christlichen Christen versuchen, sich leidenschaftlich über die große Funktion Klarheit zu verschaffen, die dem Mönchtum bei der zukünftigen Gestaltung der Dinge im christlichen Raum zukommt.

Jeder Versuch der Erneuerung eines kompromißfreien Christentums wird auf die Ordensväter zurückgreifen. Eine Neubelebung der Orden in ihrem ursprünglichen Sinn wäre eine der wirksamsten Hilfeleistungen im Geisteskampf der Gegenwart. Diese unvoreingenommene Rückbesinnung, nein, Urbesinnung auf die großen Stiftergestalten gliche einer Fruchtbarmachung der edelsten Tradition abendländischer Christlichkeit. Die Stifter der großen Orden verkörpern die ursprünglichsten Kräfte, die von zeitloser Dauer sind, in reinster Ausprägung. Ihnen allein ist es gegeben, die von ihrem ersten Eifer abgewichenen Klöster wieder zu ihren Anfängen zurückzuführen. Die Mönchsväter schließen die Möglichkeit einer neuen Beschwörung der Urkräfte in sich. Sie sind einem Samenkorn zu vergleichen, welches die Fähigkeit hat, noch nach Jahrhunderten ganz unerwarteterweise wieder zu keimen. Darum ist eine geistige Wiederkehr der Ordensgründer die grundlegende Voraussetzung für eine neue Sendung des Mönchtums in unserer Zeit. Wenn ihre erste Erscheinung schon unübersehbare Wirkungen hervorgerufen hat, was für gewaltige Folgen hat erst ihre zweite Epiphanie für das Sein der Welt! Wie niemand anderer haben die großen Väter der Mönche die Verantwortung für das Ganze auf ihren Seelen getragen. Die Ordenstradition enthält ebenfalls die bedeutsame Auseinandersetzung mit der Zeit, doch sie muß dem Gründer gegenüber untergeordnet werden. Über alle sich im Laufe der Jahrhunderte herausgebildeten Gewohnheiten hinweg, gilt es stets den Ursprung in seiner Reinheit bloßzulegen, der allein einen Orden wieder in Bewegung bringen kann. Eine religiöse Wiedergeburt des monastischen Lebens hat auf die geistigen Intentionen zurückzugreifen, wenn «die Antwort der Mönche», um mit Walter Dirks aufgeschlossenem Buch zu reden, zu einem neuen Frühling führen soll.

Neben der Reaktivierung der alten Orden tritt als zweite, gewichtige Möglichkeit der bewußte Wille zu neuen Ordensgründungen. Ein im ersten Moment phantastisch scheinendes Unternehmen, das aber im Zeitalter, da sich die Form des Mönchtums von Grund auf wandelt, nicht eine bloße Utopie sein muß. Vielmehr nähert man sich damit jenem entscheidenden Punkt, um dessentwillen allein dieses Buch geschrieben wurde. Entschuldbar, wenn die Rede mehr einen stammelnden Charakter annimmt, wo sie am liebsten in den Ton der Beschwörung übergehen würde. Obschon der Christ weiß, daß der Ewige tausend Möglichkeiten hat, seine Pläne zu verwirklichen, die der Mensch gar nicht erwägt, ist man innerlich gedrängt, in der heutigen Zeit vor allem von neuen Ordensgründungen eine Wendung zu erwarten. Das Heil kommt durch ein neues, verwandeltes Mönchtum! Mag diese Erwartung als ein Beißen auf Granit verlacht werden, so hat dieser Hohn wie aller ungläubige Spott nichts zu bedeuten. Um die unumgängliche Notwendigkeit neuer Ordensgründungen zu erkennen, braucht man sich nur einmal die Bedeutung der geistlichen Ritterorden für das Mittelalter zu vergegenwärtigen. Was fehlte doch in der Christenheit, als es diese Querverbindungen zwischen Religion und Staat nicht mehr gab! Nur mangelndes Verantwortungsgefühl für das Abendland kann deren einstige Wirksamkeit als unwesentlich beurteilen. Auch die neuzeitliche Christenheit wird auf die Dauer nicht ohne eine neue Übertragung des Ordensgedankens auf die Gegenwart auskommen. Sie kann sich deren Dringlichkeit nicht länger verschließen, sobald sie das Problem nicht von einem konfessionellen Parteistandpunkt aus betrachtet, der immer der Wahrheit Abbruch tut. Die bedrohte Christenheit bedarf der neuen Orden, weil nur eine neue «Bruderschaft der vom Schmerze Gekennzeichneten», wie Albert Schweitzer sagt, auf die geistige Not der Jetztzeit die richtige Antwort geben kann. Vielleicht ist auch nur sie imstande, in der heutigen Aufspaltung der Welt zwischen dem kapitalistischen Westen und dem kommunistischen Osten jenes dritte Sein herbeizuführen, das allein der abendländischen Christlichkeit entspricht. Der Ausblick auf eine solche Möglichkeit gehört zu den tiefsten Hoffnungen, die unsere trübe Zeit erhellen.

Keineswegs sind neue Ordensbildungen ein Ding der Unmöglichkeit, wie der moderne Skeptizismus behauptet, der meint, Menschen von dieser selbstlosen Verzichtleistung und überbürgerlichen Lebenseinstellung gäbe es in unserer Zeit nicht mehr. Diesem Zweifel hält der Glaube den Ausspruch Christi entgegen: Bei Gott sind alle Dinge möglich. Bereits künden sich die ersten zaghaften Versuche an. Von den verschiedenen Anzeichen seien nur das protestantische Unternehmen von Taizé bei Cluny erwähnt, wenn es auch noch ganz in den Anfängen steht. Welchem unabweisbaren Bedürfnis es entgegenkommt, beweist die Entstehung weiblicher Parallelbewegungen in der Westschweiz und in Deutschland. Ebenso ist auf den mutigen Versuch der katholischen Arbeiter-Priester hinzuweisen, die mit ihren einfachen Gelübden das harte Leben von

Schlossern, Mechanikern usw. in den Fabriken von Paris führen, um den verlorenen Kontakt mit dem einfachen Volk wieder herzustellen, nicht durch Predigt und Bekehrungsversuche, sondern einzig durch ihre Gegenwart und ihr Beispiel. Hierin und anderswo liegen Ansätze zu einer neuen Ordensgründung vor, wobei man sich fragen kann, ob dafür nicht auch ein neuer Begriff einzuführen wäre.

Bestimmt kann die Rettung aus unserer verwirrten Zeit nur aus kleinen Kreisen hervorgehen, die zunächst des Mutes bedürfen, klein zu bleiben, um nicht durch ungeeignete Elemente zum voraus belastet zu werden. Die neuen Bruderschaften dürfen jedoch nicht mit einem interessanten «Ring» oder gerissenen «Klub» verwechselt werden, die im Unverbindlichen hängen bleiben. Ihre Lebensgemeinschaft wird sich zu dem monastischen Dasein bekennen, dessen Satzungen verpflichtende Gelübde in sich schließen und die auf dem religiösen Opfergedanken aufgebaut sind. In diesen neuen Ordensgründungen beginnen wieder die Quellen der Mystik zu fließen, die eine der wesentlichsten Voraussetzungen für eine christliche Wiedergeburt sind. Gedeiht doch nur in der Stille der neuen Klosterbehausungen und nicht in den geistreichen Caféhaus-Unterhaltungen jenes mystische Leben, das dem Menschen wieder die wirkliche Gottesverbundenheit vermittelt, ohne die es keine Genesung gibt.

Ein neues Mönchtum kann jedoch nur dann eine wirksame Umgestaltung des ganzen Zeitbewußtseins herbeiführen, wenn es nicht einfach in den bisherigen Vorstellungen eingemauert bleibt. Statt bloß rückwärts gewandte Hüter der Vergangenheit zu sein, hat es sich entschlossen, der Zukunft sich zuzuwenden. Die neuen Ordensgründungen müssen neue Bahnen beschreiten und dürfen nicht nur Imitationen sein. In der Mönchsgeschichte ist es immer wieder zu solch kühnen Schritten gekommen. Bei aller Ewigkeitsverwurzelung haben die neuen Orden die Farbe des 20. Jahrhunderts zu tragen, genau wie das Anachoretentum vom vierten Säkulum geprägt war. In ihrer Sendung wissen sie, daß Gott unendlich viel wichtiger ist als alle Klöster zusammen, der sich jedoch ihrer bedient, was nicht bezweifelt werden kann. Die neuen Mönche werden auch das, was mehr ist als der Orden, erkennen und gerade mit dieser Einsicht ins Übermönchische die Haltung des neuen monastischen Lebens unter Beweis stellen.

Bei aller brennenden Sehnsucht nach neuen Ordensgründungen können diese doch nicht künstlich gemacht werden, wenn sie nicht zur bloßen Farce werden wollen, die keinen Bestand hat. Göttliches empfängt man nie auf Bestellungen, stets wächst es organisch und beinahe lautlos. Nicht zufällig waren die Stifter der früheren Orden Heilige, die immer von Gott zu einer ganz bestimmten, geschichtlichen Stunde gesandt wurden. Die Heiligkeitsatmosphäre ist eine davon so wenig abzulösende Bedingung, wie die damit verbundene providentielle Geschichtsmission. Das Entstehen neuer Orden kann nur erbeten werden und ist vom Wehen des Geistes abhängig. Jeder Mönchsvater war ein Gefäß göttlicher Erwählung. Seine Gründung war ein Werk der Gnade. Echte Orden sind stets Geist-Schöpfungen, daher jeweils die Unwiderstehlichkeit ihrer Ausbreitung. Aus diesem Grunde kann es aber auch jeden Moment zu einem neuen Aufbruch kommen. Ohne diese Hoffnung müßte der Christ im Pfuhl des trostlosen Pessimismus versinken, mit diesem Glauben dagegen ist er in der dunkelsten Stunde nicht verzweifelt. Das Warten auf neue Ordensgründungen kreist unablässig um die eine Frage: Ist die Stunde für eine neue Antwort gekommen? Kann die neue Ordensform noch nicht geprägt werden? Hüter, ist die Nacht bald hin?

Bis es zu diesen, vom Geist bewirkten neuen Ordensgründungen kommt, erinnere man sich an Dostojewskijs Aljoscha aus den «Brüdern Karamasoff». Aljoscha ist zwar ein einmaliger Mensch, der in seiner unheiligen Heiligkeit nur mit Vorsicht als Vorbild genommen werden kann. Der Dichter, der so viel getan hat für das Verständnis des russischen Mönches und in ihm das Bollwerk gegen den Nihilismus sah, läßt überraschenderweise den Lieblingsschüler Aljoscha nicht im Kloster des Staretz Sossima bleiben, sondern er schickt ihn ausdrücklich in die Welt hinaus, die seiner so dringend bedarf. Nicht um sich an der «karamasoffschen Gemeinheit» zu beteiligen, welche Mitja und Iwan ins Unglück stürzt. Vielmehr eilt Aljoscha wie ein Cherub in Menschengestalt davon, um die erlösende Botschaft in die Verstrickungen seiner leidvollen Brüderwelt hineinzutragen. Innerlich bleibt Aljoscha ganz dem Kloster des Staretz Sossima verhaftet, aber äußerlich trägt er fortan ein weltliches Kleid. In seiner Doppelhaltung verkörpert er das geheime Kloster inmitten der in Finsternis eingehüllten Welt der Karamasoffs. In dieser Sendung gibt er sich als einer der ersten Vorboten des verwandelten Mönchtums zu erkennen, nach welchem man sehnsüchtig Ausschau hält und das gewiß noch einmal aus seiner Unsichtbarkeit heraustritt. Ein Aljoscha in unserer Zeit wird als neuer Mönch der modernen Welt wieder jenes christliche Wort verkünden, welches sie allein aus der gegenwärtigen dritten Sintflut errettet ...

ANTONIUS
UND DAS EREMITENTUM

I

N einer ägyptischen Kirche ereignete sich im 3. Jahrhundert ein scheinbar alltägliches Vorkommnis, das jedoch eine nicht alltägliche Wirkung nach sich zog. Schon öfters geschah es, daß in einem Gottesdienst aus dem Evangelium der Abschnitt vom reichen Jüngling verlesen wurde, und immer fühlten sich durch diese Gepflogenheit die Zuhörer lediglich in ihrer eigenen Erbaulichkeit bestärkt. Lange Zeiten schlummern gleichsam die Bibelworte als friedliche Lesungen in der Heiligen Schrift, bis sich plötzlich die in ihnen eingeschlossenen Kräfte zu regen beginnen und die Welt in Brand stekken. Das an sich gewöhnliche Vorkommnis führte unerwarteterweise zu einem ungewöhnlichen Ereignis, weil ein junger Mann mit Namen Antonius in jener Kirche saß. Er hörte aufmerksam zu und ihm war es «als ob um seinetwillen jene Lesung der Schriftstelle geschehen sei»[1]. Einzig diese Einstellung ließ den häufigen kirchlichen Brauch zu einem bestürzenden Vorgang werden. Antonius bezog die verlesenen Worte direkt auf sich. Sie gingen ihn und nicht den frommen Nachbarn an. Es war ihm, als hörte er aus dieser Erzählung nur den einen Anruf: Du bist der Mann! Mit einem Schlag kam er sich als der wiedergekehrte reiche Jüngling vor. Nur ein Bibelwort, das der Einzelne auf sich anwendet, kann überhaupt fruchtbar werden. Die Beziehung auf die eigene Person bildet die unumgängliche Voraussetzung seiner Keimfähigkeit. Der Eindruck: «um seinetwillen sei jene Lesung der Schriftstelle geschehen», machte diesen sonst harmlosen Gottesdienstbesuch zu einer der folgenschwersten Stunden für die gesamte Christenheit.

Die Antwort Jesu an den reichen Jüngling: «Willst du vollkommen sein, so gehe hin, verkaufe was du hast, und gib es den Armen und du wirst einen Schatz in den Himmeln haben; komm und folge mir nach» (Mt. 19, 21) stürzte Antonius zunächst in eine schwere, innere Unruhe, die den Anfang des geistigen Erwachens bildete. Die Forderung des Evangeliums bewirkte in ihm eine seelische Erschütterung, die bis in seine Wurzeln reichte und sein bisheriges Leben grundsätzlich in Frage stellte. Wie in einem Spiegelbild sah er sich in diesem Bibelwort als ein zweiter, reicher Jüngling, da er ebenfalls viele Güter besaß. Totenblaß traf ihn das Wort von dem Vollkommenheitsstreben, ohne welche Bemühung das ewige Leben nicht zu erlangen ist. Aber Antonius begann doch nicht wie der Reiche nach dem Hebräer-Evangelium «unwillig in seinen

Haaren zu kratzen», eine hilflose Gebärde, die das tragische Versagen des Jüng
lings verdecken wollte, der so großmaulig gesagt hatte, «das habe ich alles getan». Die Situation bestand gleichwohl nicht in einer bloßen Wiederholung,
sondern in Antonius war ein anderer reicher Jüngling wiedergekehrt. In seiner
Aufgewühltheit wartete er nicht einmal das Ende des Gottesdienstes ab. Die
Lesung hatte ihn dermaßen ins Gewissen getroffen, daß die Angelegenheit keinen verzögernden Aufschub duldete. Auf der Stelle mußte gehandelt werden,
und zitternd ging Antonius aus der Kirche hinaus, weil er seiner innern Erregung nicht mehr Herr zu werden vermochte. Welch denkwürdige Begebenheit! Nur ein einziges Mal wurde in einem christlichen Gottesdienst die Geschichte vom reichen Jüngling ohne jede Abschwächung ganz ernst genommen,
und dieses eine Mal genügte, um daraus eine unübersehbare Bewegung hervorgehen zu lassen. Erst der wiedergekehrte reiche Jüngling hat diese Begebenheit
des Evangeliums zum richtigen Abschluß geführt. Im Matthäusevangelium
bricht sie infolge des traurigen Davongehens des jungen Mannes unbefriedigend ab. Antonius begriff, daß dieses Ereignis der wiederaufnehmenden Wei-
terführung harrt, und durch sein Verhalten wird das Neue Testament in der
Kirchengeschichte gleichsam zu Ende «gedichtet», wenn man diesen gewagten
Ausdruck für diese neue Auffassung gebrauchen darf.

Die religiöse Bestürzung kam nicht völlig unerwartet über Antonius. Der um
das Jahr 250 im oberägyptischen Koma von christlichen Eltern geborene Antonius war schon früh von empfänglicher Gemütsart gewesen. Er war ein in sich
gekehrter Knabe, spielte kaum mit Gleichaltrigen und hielt sich von ihnen absichtlich fern. Nach dem Tode seiner Eltern verwaltete er den geerbten Grund-
besitz, der ihn zum reichen Jüngling machte und ihm zugleich durch die damals
unerfreulichen Steuerverhältnisse in Ägypten mit allerlei Sorgen belastete. Inmitten dieser Situation übte die Botschaft der Bergpredigt mit ihrer Aufforderung «sorget nicht um den morgigen Tag» auf ihn eine verlockende Anziehung
aus. Die Gütergemeinschaft der Urgemeinde kam ihm in den Sinn und zugleich
die großen Opfer, welche die Apostel im Unterschied zu den Christen seiner
Tage sich kosten ließen, um das Gottesreich zu gewinnen. Alle diese Momente
haben die Voraussetzungen jener Lebenskrise geschaffen, die über den Zwan-
zigjährigen hereinbrach und die durch die Lesung in der Kirche zum offenen
Ausbruch kam. In diesem Augenblick stürmten sie alle in verdichteter Weise
auf Antonius ein und bewirkten die ungeheure Verschärfung seiner seelischen
Erschütterung, die eine radikale Lösung erheischte.

Die Bedingung, die Jesus zur Erreichung der Vollkommenheit nannte, war
die Veräußerung des Besitzes. «Verkaufe was du hast und gib es den Armen»,
diese Worte hallten in den Ohren Antonius'. Er konnte sie nicht wie eine wäs-
serige Bibelerklärung nur «geistig» verstehen, oder als eine Mahnung Jesu, die

bloß jenem längst verstorbenen Menschen gegolten habe. Mit diesen Auslegungen wird dem Text nur eine wächserne Nase gedreht, und von einer solchen Eulenspiegelei war Antonius weit entfernt. Das Wort Jesu stand in seinem ganzen Radikalismus als unerbittliche Forderung unmißverständlich vor ihm. Er begann demzufolge seine Besitzungen an die Bewohner seines heimatlichen Ortes abzugeben. Seine übrige Habe verkaufte er, schenkte den Erlös den Armen, und nur eine geringe Summe legte er mit Rücksicht auf die unerwachsene Schwester beiseite. Die Güterverteilung war eine Tat von grundsätzlicher Bedeutung. Pflegt doch der Mensch an seinem Eigentum mit allen Fasern seines Wesens zu hängen, das preiszugeben ihn beinahe übermenschliche Selbstüberwindung kostet. Es bedarf eines scharfen Schnittes ins eigene, blutende Fleisch, um dem Radikalismus von Jesu Forderung nachzukommen. Das ewige Leben verlangt den höchsten Einsatz des Menschen, welche nach Jesu Auffassung die Weggabe der Habe in sich schließt. Wer zwischen Gott und dem Mammon geteilt ist, wird die Vollkommenheit nicht erreichen. Darum muß der Besitz fallen, welchem der Mensch doch hörig wird und der ihn deswegen an der Erlangung seiner Freiheit hindert. Jedoch sind nur ungewöhnliche Naturen zu diesem einschneidenden Bruch mit der bürgerlichen Welt des Besitzes fähig. Während der Jüngling des Evangeliums wegen dieser Forderung traurig von dannen schlich, gehörte Antonius zu diesen heroischen Gestalten und verkörperte damit eine Wiederkehr des reichen Jünglings auf höherer Ebene. Durch seine Güterabgabe befreite er sich von seinen goldenen Fesseln und betrat den Pfad des Außerordentlichen. Es gibt nicht nur die politische Freiheit und die herrliche Geistesfreiheit, welche dem Menschen mit Recht teuer sind, sondern auch die viel zuwenig beobachtete Freiheit von den Dingen, die dem Christen nur unter schwerstem Ringen zuteil wird. Die Befreiung aus der Eigentumskette ist der überraschende und vielversprechende Auftakt im Leben des Antonius. Sie ließ ihn jenen unermeßlichen «Schatz in den Himmeln» erwerben, von dem Jesus sprach und der die positive Ergänzung zu der negativen Entäußerung der Güter bildet.

Aus dieser Begegnung mit Jesu Wort an den reichen Jüngling ist Antonius zu verstehen und nicht aus der ägyptischen Landschaft. Gewiß darf seine Herkunft von Ägypten auch einmal unterstrichen werden, obschon er mit der Kultur eines Echnaton nicht in Berührung kam, da er keine Bildung genossen hatte und nur die koptische Sprache verstand. Seit den Tagen Herodots hat das geheimnisvolle Land der Pyramiden in den Menschen mehr als nur ein neugieriges Interesse geweckt. «In den Bauwundern der Ägypter, hinter den Stirnen ihrer Steinriesen leben gewaltige Gedanken: aber wer wagt es, sie zu lesen? Dies und nichts anderes ist die ägyptische Sphinx. Sie waren kein größeres und kein geringeres Rätsel, als es alle Kreatur ist; aber daß sie nicht sprechen, ist das Un-

begreifliche. Ihr Schicksal war, ein großes Rebus zu bleiben: sich und der Nachwelt[2].» Wenn auch Antonius, neben Origenes und Athanasius zu den einfluß-
reichsten Christen gehört, welche Ägypten der Kirche geschenkt hat, so darf er
trotzdem nicht aus seiner ethnographischen Abstammung erklärt werden, zumal der koptische Volksstamm sich als der Hellenisierung des Christentums am
wenigsten zugänglich erwies. Vielmehr ist er aus jener Tiefe zu deuten, welche
in seinem prinzipiellen Zu-Ende-Denken von Jesu Vollkommenheitsforderung
liegt und wodurch er erst die «ägyptische Finsternis» endgültig erhellte. Nur
die religiöse Erfahrung machte ihn zu jenem Menschen, der ein völlig neues
Element in die Christenheit hineinbringen konnte, dem man vor ihm in dieser
Ausgestaltung nicht begegnet.

Nachdem sich Antonius auf radikale Weise seines Besitztums entledigt hatte,
trat die zweite Forderung Jesu an ihn heran: «Komm und folge mir nach.» Antonius hat die Nachfolge Jesu mit der Askese gleichgesetzt. Dieses Verständnis
war durch die Aufforderung der Güterverteilung naheliegend und war doch
seine persönliche Deutung von Jesu Wort. Um die Nachfolge zu verwirklichen
siedelte Antonius in ein Wohngemach am Rande des Dorfes über. Die Trennung von den Menschen vollzog sich etappenweise, womit jedes überstürzte
Vorgehen vermieden wurde. Sie geschah nach dem Vorbild eines alten Mannes,
einem Vertreter des Asketenstandes, der in seiner Nähe ein einsames Leben
führte. Von ihm erlernte er die Anfangsgründe seiner neuen Daseinsform.

An der Grenze der menschlichen Behausungen begann für Antonius die
Schule der Askese, welche sich zur großen Aufgabe seines Lebens auswuchs.
Dem jungen Antonius wurde die Arbeit an sich selbst wichtig, die der Anfang
der Selbstheiligung ist. Er faßte die Askese nach den Ausführungen des ersten
Timotheusbriefes (4, 16) als ein Achthaben auf sich selbst auf und als eine ver-
schärfte Kontrolle über seine eigene Person. Sachte begann Antonius mit seiner
Askese, die er während seines ganzen Lebens nicht mehr preisgab. Nach der
ältesten Lebensbeschreibung «beobachtete er bei dem einen die Freundlichkeit, bei dem andern den Gebetseifer, an diesem sah er seine Ruhe, an jenem die
Menschlichkeit, bei dem einen merkte er auf das Wachen, bei dem andern auf
die Wißbegierde, den bewunderte er wegen seiner Standhaftigkeit; jenen wegen des Fastens und des Schlafens auf bloßer Erde»[3]. Was er an verschiedenen
Übungen bei den Menschen sah, versuchte er sich anzueignen. Immer härtere
Lebensbedingungen legte er sich auf und wurde durch diese asketische Schu-
lung ein anderer Mensch. «Er wachte so lange, daß er oft sogar die ganze Nacht
schlaflos zubrachte und dies nicht etwa einmal, sondern des öftern ... Nahrung
nahm er einmal des Tages zu sich nach Sonnenuntergang; bisweilen aß er nur
alle zwei, oft aber auch bloß alle vier Tage; er lebte von Brot und Salz und als
Getränk diente ihm nur Wasser[4].» Zum Schlafen benützte er eine Binsenmatte,

oder er legte sich einfach auf den Erdboden nieder. Antonius wollte auf seinem
asketischen Weg nichts wissen von der Zeit, die schon verstrichen sei, weil
nach seiner Erfahrung «die Askese täglich aufs neue beginnt»[5]. Nicht in die
Vergangenheit darf der Nachfolger Jesu blicken, um auf dem Erreichten selbst-
gefällig auszuruhen. Immer von neuem ist der schwere Anfang zu machen, gemäß dem Worte des Propheten Elias: «Es lebt der Herr, vor dem ich heute
stehe» (1.Kön.18,15). Dieses «heute» des Mannes vom Berge Karmel war dem
Antonius wichtig geworden, sagt er doch einmal: «Der Asket müsse in dem
Lebenswandel des großen Elias wie in einem Spiegel beständig sein eigenes Leben sehen[6].»
Mit seiner asketischen Arbeit hat Antonius das gewaltige Thema eröffnet,
welches sich durch die ganze Geschichte des Mönchtums hindurch verfolgen
läßt und in ihr oft einen Umfang angenommen hat, über den man nur staunen
kann. Der von blinder Lebensgier erfüllte Mensch ist geneigt, die Askese zu
verkennen und in ihr nur eine unfruchtbare Selbstquälerei zu sehen. Er fühlt
sich von ihr wie vor den Kopf geschlagen und kann sie seinem Lebensgefühl
nicht einordnen. Doch läßt sich diese Ablehnung bei längerem Nachdenken
nicht aufrecht erhalten. Die Askese ist dem Evangelium in die Wiege gelegt.
Nach Franz Overbecks Wesenserfassung ist «das Christentum zweifellos in seinem Grundcharakter asketisch, und zwar exzessiv asketisch»[7]. Die Weltvernei-
nung kann nicht von ihm weggedacht werden. Die Askese sieht von innen betrachtet ganz anders aus als es das vorschnelle Urteil über sie vermutet. In ihrem
Wesen ist sie die tägliche Übung, um den geistigen Werten die Vorherrschaft
zu sichern. Antonius hält dann «die Spannkraft der Seele für groß, wenn die Begierden des Körpers ohnmächtig sind»[8]. Um diese prachtvolle Spannkraft der
Seele geht es bei der Askese und um nichts anderes. Sie bildet ihren entscheidenden Nerv, und sie kann nie genügend erhöht werden. Die Steigerung der
seelischen Kräfte eröffnet dem Menschen eine ganz neue Welt, welche die äußere Wirklichkeit unwillkürlich verdunkelt. Sie versteht sich aber nicht von
selbst, sondern hat die Anspannung der Seele bis zum Äußersten zur Voraussetzung. Die seelische Realität ist nur auf dem Weg über den Leib zu erreichen,
diese Erkenntnis verleiht Antonius' erster Station eine ungewöhnliche Größe.
Kein geistiger Mensch kann auf das unablässige Ringen mit sich selbst verzichten, wenn er nicht unmerklich abgleiten will. Man merkt es jedem Christen an,
ob er nach einer Sublimierung seiner Triebwelt strebt und sie für die geistigen
Werte fruchtbar machen will oder ob er sich einfach seinen niedern Bedürfnissen überläßt, was immer den Tod der Seele zur Folge hat. Die echte Askese geht
nicht aus einer Verneinung hervor; der sie ausübende Mensch hat einen köstlichen Schatz entdeckt, der ihn von den Niederungen des Daseins zu den höhern Regionen aufruft. In der Geschichte der Menschheit hat sich die Askese

mit ihrer Erhöhung der Spannkraft der Seele als ein schöpferisches Element erwiesen, welches gewaltige geistige Kraft entband. Zwar gab es im Mönchtum
auch Überspannungen der asketischen Übungen, die sich feindselig gegen das
Geschöpf richteten und damit ins Unfruchtbare abglitten. Dieser negative Asketismus ist als eine Entartung zu bezeichnen, welcher zwar nicht die Gefahr
ist, die der heutigen Menschheit droht und vor der die Vertreter der wahren
Askese selbst gewarnt haben. Von Antonius wird die Äußerung überliefert:
«Es gibt einige, die ihren Leib durchs Fasten schwächen; sie sind aber von Gott
fern, weil sie keine Diskretion (Maßhalten) beobachten[9].» Dem Mißbrauch gegenüber steht die positive Auffassung, die asketische Zucht als notwendiges
Mittel und nicht als Ziel aufstellend. Für sie ist die Bändigung der Leidenschaft
ein unumgängliches Durchgangsstadium. Die heroische Askese realisiert im
Kampf mit der niedrigen Natur höchste religiöse Werte, die alles überstrahlen,
was die Genußsucht dem Menschen vermittelt. Das asketische Ringen in seiner Jugendkraft haben die Mönche vertreten, bei denen über die Steigerung der
seelischen Mächte unvergängliche Erkenntnisse zu finden sind.

Auch Antonius gelangte mit seiner Askese nicht ohne Kämpfe zum Ziel. Da
sie der Weg zur Vollkommenheit ist, bekam er es bald mit schweren Versuchungen zu tun. In seiner Behausung am Rande des Dorfes stiegen alte Erinnerungen
an seinen früheren Besitz auf, die Anhänglichkeit an die kleine Schwester erwachte in ihm wieder und ein Bedürfnis nach dem traulichen Verkehr mit Menschen meldete sich. Geldgier regte sich in ihm, die mannigfache Lust des Gau-
mens kitzelte ihn, und tausend andere Lustbarkeiten des Lebens traten verfüh-
rerisch vor seine Seele. Zugleich stellte er sich vor, wie rauh die Tugendübung
und wie groß die Anstrengung dabei sei; die Schwachheit seines Leibes und die
Länge der Zeit kamen ihm drückend zum Bewußtsein. Darüber hinaus machte
ihm das brünstige Verlangen der Sinnlichkeit zu schaffen, erotische Vorstellungen umgaukelten seinen Geist, und des Nachts sah er holde Mädchengestalten
sich ihm nähern. Nach Athanasius regte sich «ein gewaltiger Sturm von Gedanken»[10] in seinem Innern, der, einem Wirbelwind gleich, seine guten Vorsätze zerstreuen wollte. Antonius war den versucherischen Mächten ausgeliefert, die
von allen Seiten auf ihn einstürmten, um ihn aus seinem innern Gleichgewicht
hinauszuwerfen. Es war ein seelischer Taifun im wahrsten Sinne des Wortes.
Wie Wasserwogen gingen die Anfechtungen über ihn hinweg und drohten ihn
zuzudecken. Der elementare Aufruhr, der in seiner Seele tobte, machte Antonius zum Prototyp des versuchten Menschen. Es ist unmöglich, von Antonius
zu reden, ohne seine rasenden Versuchungen zu erwähnen, die er tapfer bekämpfte und gegen die er sich verzweifelt mit den Mitteln eines Asketen, wie
Gebet und Fasten, zur Wehr setzte. Seine zahlreichen Versuchungen sind in die
Weltgeschichte eingegangene Begriffe geworden. Von Hieronymus Bosch bis

zu Gustav Flaubert wurde der allezeit angefochtene Antonius zum Gegenstand einer ernsthaften Kunstdarstellung gemacht, und erst Wilhelm Busch blieb es vorbehalten, das Thema leider zu verulken, wobei ihm erst noch eine Verwechslung mit Antonius von Padua unterlief.

Was ist Versuchung? Wissenschaftlich ist darauf kaum eine Antwort zu geben, weil sie gewöhnlich in ihr doch nur eine längst überholte Einbildung sieht. Viel aufschlußreicher sind die Ausführungen Leopold Zieglers über dieses Problem: «Von wem wird eigentlich Antonius versucht? Von den unterdrückten, nie ganz zu unterdrückenden Süchten seines Fleisches? Oder von den wollustatmenden Frauenleibern, in die seine Süchte sich verkleiden? Oder von Mächten durchaus nicht bloß innerseelischer Herkunft und Wirklichkeit, sondern von irgendwie heimatlosen, irgendwie irrenden Triebfedern an sich und für sich, die ihrerseits nach einer Art Verleibung gieren und diese durch Vermittlung eines anfälligen Menschen zu erlangen hoffen? ... Gesetzt aber, wir vermöchten Antonius darüber zu befragen, dürfte er wohl den ganzen Vorgang dem Versucher in eigener Person zugeschrieben haben. Er selbst wähnte sich, es ist zu wetten, weder von innen versucht noch von außen. Sondern von unten, vom Widergott und seiner Hölle[11].» Nach diesen erhellenden Worten ist die Versuchung ein christliches Thema, das auch im Neuen Testament mehrfach zur Sprache kommt. Sie ist nicht nur eine vorübergehende Phase, sondern gehört zur Situation des Menschen schlechthin. Des Menschen Schicksal ist Versuchung und nicht Geborgenheit. Allezeit befindet er sich in einer versuchten Lage, sofern er sich selbst richtig versteht, und immer wieder muß er aus tiefstem Herzensgrund flehen: Führe uns nicht in Versuchung. In gesteigertem Maße widerfährt die Anfechtung dem religiösen Menschen. Auf die Frage, warum es überhaupt Versuchungen geben müsse, gab Antonius die nachdenkenswerte Antwort: «Schaffe die Versuchungen ab, und niemand wird gerettet werden[12].» Es lohnt sich bei diesem Antoniuswort einen Moment zu verweilen, weil es aus einem religiösen Erfahrungskreis hervorgegangen ist, der nicht allen zugänglich ist. Darnach hat das Vorbild des angefochtenen Menschen zugleich den unvergänglichen Sinn aller Versuchung gefunden: sie vermittelt dem Christen die Möglichkeit der Bewährung. In der Versuchung wird der Mensch wie das Gold im Feuer geläutert, in ihr fallen die letzten Schlacken von ihm ab. Anfechtung ist Erprobung, und tatsächlich käme ein Leben ohne Versuchung dem Versinken in die vollendete Gleichgültigkeit nahe, wo jedes geistige Ringen aufhört.

Nachdem Antonius sich fünfzehn Jahre gemeistert hatte, ging er einen Schritt weiter. Das Leben dieses ungewöhnlichen Menschen ist von einer deutlich wahrnehmbaren Steigerung erfüllt, welches zu immer kühneren Leistungen fortschritt. In mutiger Entschlossenheit verließ er seine Behausung am Dorfrand und sonderte sich noch mehr von den Menschen ab, indem er seinen Aufenthaltsraum in ein Felsengrab verlegte, das auf halber Höhe an einem Abhang angebracht war. Diese zweite Station seines Lebens kennzeichnete sich durch eine noch größere Einsamkeit; er gestattete einzig einem Bekannten, ihm in längeren Zwischenräumen Brot zu bringen.

Im Felsengrab widerfuhren Antonius die unerhörtesten Erlebnisse, die einem Menschen überhaupt begegnen können. Es gibt nichts Unheimlicheres und schwerer zu Erklärenderes als was der unerschrockene Einsiedler an diesem verlassenen Ort über sich ergehen lassen mußte. Es sträuben sich alle Instinkte, davon nur zu berichten, und doch wäre Antonius nicht mehr Antonius, wollte man das Felsengrab-Geschehen aus aufklärerischen Gründen mit Stillschweigen übergehen. Die Vorgänge in dieser Gruft machen es unmöglich, sich Antonius' Einsiedlertum als eine liebliche Idylle vorzustellen, in der er «sonnige und glückliche Jahre» verlebte, wie in erbaulichen Darstellungen zu lesen ist [13]. An sich ist ein idyllisches Dasein ein Ziel «aufs innigste zu wünschen» und ein göttliches Geschenk, aber Antonius war es keineswegs beschieden. Vielmehr ist es Pflicht, auch die dunklen Gegenkräfte zu nennen, welche das Leben des ersten Eremiten bedrohten, weil nur dieser düstere Hintergrund alle falschen Vergoldungen zum voraus ausschließt. Wer dermaßen stark zum Lichtreich hinaufstrebt, wie es Antonius in seiner Bemühung nach der Vollkommenheit tat, dem stellen sich mit innerer Notwendigkeit auch satanische Mächte entgegen. Man wird nicht Herr des Bösen, ohne mit den Dämonen den Kampf aufzunehmen. Das ist eine der wichtigsten Einsichten des frühchristlichen Mönchtums. Durch seinen Kampf mit den finstern Mächten erhält Antonius' innerer Lebensgang seine dramatische Note. Der Einsiedler wartete nicht, bis der Feind an ihn herankam. Er suchte ihn auf seinem Gebiete auf. Die Offensive an sich zu reißen, war der Sinn der Vertauschung seines Wohnortes vom Dorfrand zum Felsengrab, das völlig dunkel war und nach ägyptischer Ansicht als Aufenthaltsort der Dämonen galt. Allein ging er in die Grabeshöhle hinein und schloß, wie ausdrücklich vermerkt wird, sogar noch die Türe hinter sich zu, damit seinen Abschied vom gewöhnlichen Dasein betonend. Kaum befand sich Antonius im Felsengrab, bekam er die teuflische Wirklichkeit am eigenen Leibe zu spüren. Die Dämonenkämpfe gehen noch weit über seine Versuchungen hinaus, indem sie das Leben des Antonius in eine Dimension erhoben, für die alle Vergleiche fehlen. Als der Eremit dermaßen herausfordernd dem Feind auf den Leib rückte, stellte sich der Teufel dem überkühnen Kämpfer. Nicht zu einem gelehrten Disput saß er mit Satan, dem listigen Pfaffen, auf einer Bank, wie sich der französische Dichter ausdrückt. Das ist eine theoretische Angelegenheit, die noch nicht allzuviel zu bedeuten hat. Der tapfere Asket wurde in einen förmlichen «Zweikampf mit dem Teufel» verwickelt, wie die alte Lebensbeschreibung berichtet, der in einer Auseinandersetzung auf Leben und Tod bestand [14]. Es war ein phantastisches Ringen mit dem «alt' bösen Feind», das höchst handgreifliche Formen annahm und in welchem der Einsiedler zu keuchen begann. Nur mit verhaltenem Atem kann der Zweikampf verfolgt werden, der ein überwirkliches Geschehen war, wie man es nicht für möglich hält. Mit einer ganzen Schar von Dämonen überfiel Satan den Antonius und «schlug ihn so heftig, daß er sprachlos vor Qualen auf dem Boden lag. Antonius versicherte nachher, die Schmerzen seien so grausam gewesen, daß man behaupten könne, Schläge von Menschenhand hätten niemals eine solche Pein verursacht [15].» In seiner Bedrängnis nahm der Einsiedler seine Zuflucht zum Singen eines Psalmes, aber dessen ungeachtet stürmten die Dämonen nur mit einem noch wilderen Geschrei auf ihn ein und waren entschlossen, ihn zu vernichten. Sie vollführten einen ohrenbetäubenden Höllenlärm, der den Psalmengesang übertönte und den ganzen Ort erbeben machte. Antonius stand das Schlimmste bevor, und seine gigantische Schlacht mit dem Geisterreich drohte mit seiner Niederlage zu endigen. Inmitten des schrecklichsten Zweikampfes verwandelten sich nach der ältesten Berichterstattung die Dämonen aufs unfaßlichste «in die Gestalten von wilden Tieren und Schlangen, und gar bald füllte sich der Platz mit Erscheinungen von Löwen, Bären, Leoparden, Stieren und Nattern, Skorpionen und Wölfen. Jedes von diesen Untieren bewegte sich nach seiner besondern Art: Der Löwe brüllte, als wollte er anspringen, der Stier schien mit den Hörnern zu stoßen, die Schlange ringelte sich, aber sie kam nicht, der Wolf stürmte los, blieb aber wie festgebannt; der Lärm all dieser Erscheinungen zugleich war wirklich schrecklich und ihre Wut grimmig. Antonius, von ihnen zerpeitscht und zerstochen, fühlte zwar heftigen körperlichen Schmerz, aber ohne Zittern und wachsam in seiner Seele lag er da; er seufzte infolge seiner leiblichen Pein, aber klaren Geistes und voll Hohn» [16] verblieb er in seiner kämpferischen Haltung. Aller körperlichen Mißhandlung und allem teuflischen Haß zum Trotz ließ sich Antonius nicht aus der Fassung bringen. Zwar vermochte er nicht seine aufrechte Stellung zu halten, die Dämonen schlugen ihn zu Boden, und er war nahe daran, überwunden zu werden. Gänzlich erschöpft gab er nur noch stöhnende Laute von sich. Aber kaum hatte er sich ein wenig erholt, ermannte er sich und rief dem Angreifer die Worte entgegen: «Hier bin ich wieder, ich, Antonius, fürchte neue Schläge nicht [17].» Trotz den Dämonen, die mit aller Kraft auf ihn losfuhren, hielt Antonius unerschütterlich an dem Glauben fest, daß durch Christus der Satan besiegt sei. Als die unbeschreiblichen Dämonenkämpfe auf ihrem Höhepunkt angelangt waren und Antonius noch immer in standhafter Furchtlosigkeit verharrte, erbarmte sich endlich Gott und ließ seinem Knecht die erste Offenbarung zuteil werden, die wie heller Sonnenschein die finstere Nacht auflöste. «Denn als Antonius aufblickte, sah er das Dach geöffnet, und ein Lichtstrahl kam auf ihn herab»[18], eine Szene, die auf dem Isenheimer Altar mit einer realistischen Gläubigkeit ohnegleichen festgehalten ist. Sein Schöpfer vermochte ein metaphysisches Geschehen dank seiner künstlerischen Kraft auch metaphysisch zu malen und hat damit die bleibende Illustration zu diesem unnachahmlichen Ereignis geschaffen. Die Dämonen wurden unsichtbar, und Antonius erhielt die Zusicherung, daß Gott von Anfang bei ihm war und mit seiner Hilfe nur wartete, um zu sehen, wie er sich in seiner äußersten Gefahr bewähre.

Man steht zunächst sprachlos vor diesen Dämonenkämpfen des Antonius. Sie fallen aus dem Rahmen dessen heraus, was der Mensch zu erleben gewohnt ist. Die sorgsam verdeckten Hintergründe des menschlichen Lebens werden für einen Moment sichtbar, und man tut einen Blick in den Kampf, welchen die unsichtbaren Mächte um die Seelen des Menschen führen. Die täuschende Maja verflüchtigt sich für einen Augenblick, und es enthüllt sich das wahre Antlitz des konstantinischen Zeitalters, dem man in diesem Bericht bis auf den Grund zu schauen vermag. Deswegen sind diese Dämonenkämpfe nicht schnell zu übergehen, als hätte sich Antonius hierin eine Blöße gegeben, derer er sich zu schämen habe. Am Zweikampf mit dem Teufel entscheidet es sich vielmehr, ob man den Eremiten auch wirklich verstanden hat oder nicht. Denn in diesem Erleben bricht eine letzte Tiefe des Antonius hervor, und es kommt jene Wirklichkeit zum Vorschein, über die man kaum noch reden kann.

Aber nur einen Moment ist dem Leser dieser durchschauende Blick vergönnt, und dann melden sich ihm alsogleich eine Menge Bedenken, welche die blitzartige Klarheit wieder trüben. An sich täte er besser, mit seinem Urteil über ein Geschehen, das mit seltener Anschaulichkeit zeigt, was der Mensch kann und was er nicht kann, zurückzuhalten, aber diese behutsame Überlegung bringt er nur ausnahmsweise auf. Es liegt ihm näher, entweder zu klagen, daß in der alten Lebensbeschreibung der Teufel auch «eine gar zu große Rolle spiele»[19] oder als moderner Mensch alle Dämonenerzählungen kurzerhand als krausen Aberglauben und als das Produkt einer überreizten Einbildungskraft und eines zerrütteten Nervensystems abzutun. Seit dem Zeitalter der Aufklärung mit seinem segensreichen Kampf gegen den Hexenglauben sind alle Dämonengeschichten zu reiner Einbildung herabgesunken, denen keine Realität zukommt. Mit dieser durchgängigen Ablehnung ist jedoch keineswegs das letzte Wort über diese dunkle Seite des Lebens gesprochen. Wer die Existenz der Dämonen bestreitet, verbaut sich nur den Zugang zu der grandiosen Welt des frühchristlichen Eremitentums und büßt damit eine wesentliche Tiefendimension im Denken ein. Die Verneinung der dämonischen Wirklichkeit ist nichts anderes als ein Vorurteil des Zeitalters des Rationalismus, das die Kundgebungen des Bösen übersieht, obschon sie ihm im Blutdurst der Französischen Revolution erschreckend entgegentreten. Das 18. Jahrhundert schuf mit seinem allzu gesunden Menschenverstand eine entzauberte Welt, die ohne sein Wollen, aber schließlich folgerichtig zu einer entgöttlichten Welt führte. In seinem auf diesem Gebiet mit Blindheit geschlagenen Denken hat der Rationalismus lediglich durch seine Kritik die äußere Gestalt der Dämonen zerstört, nicht jedoch deren innere Wahrheit.

Alle diejenigen, welche noch immer nur den Schwanz des satanischen Ungeheuers sehen, können sich von Denis de Rougemont die Augen über «den Anteil des Teufels an unserer Kultur» öffnen lassen. Längst haben prophetische Dichter wie Baudelaire und Strindberg, Dostojewskij und Bernanos, die, kraft ihres Ingeniums, in diese hintergründige Welt vorzudringen imstande waren, von der Realität des Teufels auf eine gänzlich unpoetische Weise gesprochen. Sie schließt die freidenkerische Annahme aus, als würden hierin bloß Überreste einer primitiven Denkweise vorliegen. Die genannten Namen zeugen in nicht mißzuverstehender Weise von der Unheimlichkeit der satanischen Mächte, sie alle haben des Teufels grausamen Ritt mitmachend bekennen müssen: Dämonen, weiß ich, wird man schwerlich los. Oder will man die Ausführungen dieser Künstler mit den Worten Nietzsches zurückweisen: die Dichter lügen zuviel? Dies dürfte in dieser Angelegenheit nicht verfangen, zumal die Evangelien ebenfalls von Dämonen-Begegnungen berichten, welche gerade das Messias-Geheimnis zum Aufleuchten bringen. Antonius' Zweikampf mit dem Teufel führt nur detaillierter aus, was in den Dämonen-Austreibungen der Evangelien bloß angedeutet wird. Deswegen kann er nur im Hinblick auf «Jesus wird vom Satan versucht» annähernd richtig gesehen werden. Nach dem Neuen Testament geht der Teufel umher wie ein brüllender Löwe und sucht, wen er verschlingen könne, und hat er denn nicht beinahe die ganze moderne Menschheit in ihrer Vermassung und Vertechnisierung verschlungen? Die kosmischen Bilder der Offenbarung Johannes vom Satan bekommen angesichts dieser grauenhaften Vorgänge eine aktualisierte Bedeutung. Der einzige Trost in dieser Stunde des Bösen ist die Besinnung auf die frohe Botschaft, welche auf dem Fundament von Jesu Äußerung steht: «Ich sah Satan wie ein Blitz vom Himmel stürzen.»

Doch ist es nicht leicht, von dieser Überwirklichkeit mit den ihr entsprechenden Worten zu reden. Dämonen gehören einer Welt an, für die uns Anschauungen und Begriffe fehlen. Der ehrwürdige Matthias Claudius hat bereits trefflich darüber gesagt: «Wenn wir wirklich etwas von der unsichtbaren Welt verstünden, so müßten wir noch, um davon verständlich und bestimmt sprechen zu können, eine eigene Sprache haben. Unsere gewöhnliche Sprache, die in der sichtbaren Welt zu Hause ist, wird, wenn man sie auf die unsichtbare anwendet, eine bloße Hieroglyphe, die ein jeder nach der Analogie deutet wie er will und kann, um den korrespondierenden Begriff zu finden[20].» Tatsächlich sind Antonius' Dämonenkämpfe mit der Vernunft nicht zu erfassen – sie muß sie als durch allzu langes Fasten hervorgerufene Phantasien beurteilen – sondern sie verlangen nach einer neuen Symbolsprache. Bis dahin haben nur Martin Schongauer und Matthias Grünewald Antonius' Dämonenkämpfe mit der Seele und nicht mit einem Lexikon-Wissen erfaßt und haben dadurch in die letzte Tiefe des Daseins geschaut. In Antonius' bewußter Nachfolge sind die dämonischen Erscheinungen nicht dringlich, sondern in jenem Zwielicht des Undefinierbaren zu betrachten, für das es nur den Notbegriff des realistischen Symbolismus gibt, der in bildhafter Form eine übersinnliche Wahrheit ausdrückt, ohne die das menschliche Leben immer unfaßlich bleiben wird. Antonius' eigene Aussagen sind eine Anleitung zu diesem neuen Versuch, die Welt der Dämonen wieder mit innerem Wissen und nicht bloß mit akademischer Unbeteiligtheit zu begreifen. Wie kein anderer war er berufen, darüber Auskunft zu geben, was er in dieser hintergründigen Schicht selbst am eigenen Leib erfahren hat, das aller «fortschrittlichen Aufgeklärtheit» turmhoch überlegen ist. Als erprobter Kämpfer, der mit den satanischen Mächten von Angesicht zu Angesicht gerungen hatte, besaß er den unlernbaren Tiefblick in die getarnten Angriffsweisen der Dämonen. Die «Lebensbeschreibung» enthält denn auch eine ausführliche Dämonologie, die nie in intellektuelle Theorie absinkt, sondern von therapeutischen Absichten geleitet ist und deswegen eine viel stärkere Beachtung verdient. Wenn sie auch deutliche Spuren der zeitgenössischen Vorstellungswelt des 4. Jahrhunderts verrät, so schimmert die zeitlose Wahrheit doch immer wieder gewaltig hindurch. Nur eine solch reine Gestalt wie Antonius konnte in seinen Darlegungen die Welt des Bösen beschwören, ohne an der Seele Schaden zu nehmen. Der Mönchsvater macht zunächst auf die große Anzahl der Dämonen aufmerksam, die im Luftraum um uns sind. Ihrem Wesen nach sind sie «kühn und überaus frech»[21]. Außer ihrer Listigkeit besitzen sie die Fähigkeit «sich in alle möglichen Gestalten zu verändern und zu verwandeln»[22]. Ihm oft unsichtbar, sangen sie Psalmen und gebrauchten die Worte der Schrift. Manchmal stellen sie sich «auch in Mönchsgestalt dar und geben sich den Anschein, als ob sie wie Fromme redeten»[23]. Wer nur auf erbauliche Worte schaut und nicht auch darauf, ob sie aus einer echten Empfindung aufsteigen, ist gegen ihre Täuschung nicht gefeit. Die Dämonen können durch geschlossene Pforten eindringen und ergehen sich gerne in eitlen Prahlereien. Als Mittel·gegen sie anerkennt Antonius nur das Gebet und die Askese. Wer Gott fürchtet, der braucht sich vor diesen Erscheinungen nicht zu ängstigen, weil, wie Antonius überraschend sagt, «sie nichts sind und rasch verschwinden, wenn man sich schirmt durch den Glauben»[24]. Antonius hat mit dieser bedeutsamen Äußerung letzte Ausblicke in die geheime Mitte seiner beinahe nicht mehr in Worte zu fassenden Andeutungen über die untern Mächte eröffnet.

Diese Gewißheit führt Antonius zu der abschließenden Erkenntnis: «Mögen wir uns nur keine Schreckbilder von bösen Geistern machen, mögen wir uns nicht betrüben, als wenn wir verloren wären. Laßt uns vielmehr immer getrost und freudig sein als Erlöste und laßt uns eingedenk sein, daß der Herr mit uns ist, der sie besiegt und zu nichts gemacht hat. Laßt uns immer daran denken, daß, wenn der Herr mit uns ist, die Feinde uns nichts tun können. Denn die bösen Geister erscheinen uns verschieden nach den verschiedenen Gemütszuständen, welche sie bei uns vorfinden. Finden sie uns feige, so vermehren sie unsere Mutlosigkeit durch ihre Schreckbilder, und was wir von uns selbst denken, das vergrößern sie noch obendrein. Finden sie uns aber freudig im Herrn, mit der Betrachtung der zukünftigen Güter und der Dinge des Herrn beschäftigt, daran denkend, daß alles in der Hand des Herrn ist und daß kein böser Geist gegen den Christen etwas vermag, so wenden sie sich beschämt hinweg von der Seele, welche sie durch solche Gedanken verwahrt sehen[25].

Der freudige Ton dieser Ausführungen ist von einem solchen Gewicht, daß er noch eine kurze Erläuterung erfordert. In Antonius' Darlegungen scheinen sich zwei widersprechende Auffassungen zu durchkreuzen. Nach der einen Ansicht können die Dämonen unsichtbare Schläge austeilen, unter denen der Mensch laut aufschreit. Man hat sich somit unter ihnen durchaus wirkliche Wesen vorzustellen. Dann wieder hält Antonius sie für Gebilde, denen keine Realität zukommt, dieweil sie, wie er sagt, «nichts sind» und, je nach der Gemütslage der Menschen, verschieden erscheinen. Diese widersprechenden Anschauungen dürfen nicht als ein unklares Schwanken beurteilt werden. Vielmehr entsprechen diese gegensätzlichen Aussagen dem tiefsten Sachverhalt auf diesem Gebiet. Dämonen sind nach Antonius sowohl wirkliche als unwirkliche Wesen. Sie sind als reale Unrealitäten aufzufassen, weil letzte Realität nur Gott allein zukommt. Diese metaphysische Erkenntnis entspricht offenbar der Wahrheit selbst, und bis zur heutigen Stunde ist noch keiner tiefer in diese überwirkliche Welt eingedrungen.

Die siegreich bestandenen Dämonenkämpfe im Felsengrab waren ein erregendes Erlebnis, das kaum noch eine Überbietung zuließ. Und doch war Antonius fähig, noch eine dritte Steigerung zu bewerkstelligen, seinen Gang in die Wüste, der zur letzten Stufe seines Lebens führte. Das Vordringen in die Wüste bedeutete für die damalige Anschauung eine unfaßliche Neuheit, welche ihre Verständnismöglichkeit sprengte. Das Zeitalter des Antonius empfand in keiner Weise das Erhabene und Pathetische der Wüste. Für das Jahrhundert des Konstantin war sie lediglich ein unvorstellbarer Schrecken. Redete man doch im besten Fall von der geheimnisvollen Wüste, deren Schauer die menschliche Sprache nicht beschreiben könne. Die wasserarme Landschaft mit ihrer farblosen Ebene war für den hellenistischen Menschen ein befremdliches Phänomen, vor dem er nur peinigende Furcht empfand. Sie war jene lautlose Natur, die keine Grenze kannte und sich aller Urbarmachung der Menschen strikte entzog. Mit ihrem erstickenden Wind, der den Menschen die Lippen ausdörrte und mit ihrem gelben Sand, der überall eindrang, erweckte sie bloß das Gefühl der Unheimlichkeit. Die trostlose Öde, in der jeder Eindringling als winzig kleines Wesen wie in einem Ozean ertrank, war keine Freundin des Menschen. Weder seelisch noch körperlich war er imstande, die Geheimnisse der endlosen Wüste zu bezwingen, die nur Tod und keine Lebensfreude ausstrahlte. Sie wurde als die eigentliche Lagerstätte des Satans gefürchtet, und wer sie betrat, schied damit aus der menschlichen Kultur aus.

Das Aufsuchen der Wüste durch Antonius mutet zunächst wie die Formel eines Lehrbuches der Chemie an. Es ist ein unverständliches Zeichen, vor dem man ratlos steht. Nur wer die chemische Formel versteht, erkennt ihre Bedeutung. Genau in der Weise erscheint Antonius' Eindringen in die Wüste im ersten Moment als das Unternehmen eines Wahnsinnigen, das sich erst bei tieferem Verständnis als ein Symbol der immerwährenden Gottverbundenheit enthüllt. Er ließ die menschlichen Behausungen zurück und in den Mittelpunkt rückte das Ewige. Ein starker religiöser Einfluß geht von der Wüste aus, da es in ihr keine Ablenkung gibt und sie die höchste Konzentration ermöglicht. Mit seinem Gang in die Wüste reihte sich Antonius unter jene biblischen Gestalten, für die gleich Elias, Johannes dem Täufer, Jesus und Paulus die Einöde eine religiöse Bedeutung hatte. Sie spielte fortan in der Mönchsgeschichte eine große Rolle. Von der alten Kirche – die beinahe alle Probleme vorweggenommen hat, welche in der späteren Kirchengeschichte nur in anderer Form sich wiederholen – bis in die beginnende Neuzeit flammt der Wüstengeist immer wieder auf. Es gibt nichts Heroischeres als das Wüstenchristentum, in welchem der Enthusiasmus steil zum Himmel lodert. Sein Begründer war der mutige Antonius, dessen Spannkraft der Seele bis zum äußersten gesteigert war und der im Zweikampf mit dem Teufel alle Furchtgefühle überwunden hatte und deswegen die Kraft besaß, die Wüste zu seinem dauernden Aufenthaltsort zu erwählen. Die Angst vor ihrer Grenzenlosigkeit hatte einem religiösen Wüstenerlebnis Platz gemacht, dessen Neuheit jeden Vergleich ausschloß. Es ist ein einzigartiges Bild, wie Antonius als Inkluse in der endlosen Wüste allein lebte. Sein nur schwer erreichbarer Aufenthaltsort in der menschenleeren Landschaft hat Antonius schon früh zu einer ans Wunderbare grenzenden Persönlichkeit gemacht. Er war allem kleinlichen Menschentreiben entrückt und lebte in einer Atmosphäre, der man sich nicht leicht nähern konnte. Als ein dem üblichen Dasein enthobener Mensch hat er den Beinamen «der Große» bekommen, der nur ganz ausnahmsweise kirchengeschichtlichen Gestalten verliehen wurde.

Die große Liebe zur Einsamkeit bewegte Antonius, das abseits gelegene Felsengrab mit der noch ferneren Wüste zu vertauschen. Die unwirtliche Grabeshöhle war ihm immer noch zu nahe bei den Menschen, er wollte ganz einsam leben, fern von ihnen und allen Dingen. Die Verwirklichung des Eremitentums war sein tiefstes Anliegen und deswegen kommt ihm als erster der Name Mönch zu, was soviel als der allein Lebende bedeutet. Von einem brennenden Verlangen nach völliger Einsamkeit erfüllt, entfernte er sich stufenweise mehr und mehr vom kulturellen Leben, indem er vom Dorfrand über die Grabeshöhle bis zum gänzlichen Wüstenaufenthalt fortschritt. Antonius hat nicht über die «Hexe Einsamkeit» (Barlach) geklagt, die ihn am Kontakt mit den übrigen Menschen hinderte. Er empfand sie nicht als ein niederdrückendes Schicksal, unter dem er sich seelisch wund rieb. Die Abgeschiedenheit kam seinem innersten Wesen entgegen, und er konnte nicht genug die unendliche Einsamkeit erleben. Diese Sehnsucht trieb ihn immer noch tiefer in die Wüste hinein. Eine göttliche Stimme wies ihm den Weg, und darin erblickte er einen Beweis, daß sein Vorhaben von Gott gebilligt wurde. Am Fuße eines Berges ließ er sich auf einer Oase nieder und bestellte daselbst ein kleines Stück Land, um sich durch eigener Hände Arbeit zu ernähren und sich von der zweimal jährlichen Zustellung von Brot unabhängig zu machen. Einmalige Erlebnisse widerfuhren ihm in der innern Wüste, die legendär ausgeschmückt, von ewiger Schönheit sind. Als wilde Tiere ihm seine Gemüsepflanzungen zerstörten, sprach Antonius zu ihnen: «Warum schadet ihr mir? Ich habe euch nichts getan. Im Namen Gottes, geht weg und zeigt euch nicht mehr an dieser Stelle[26].» Erstaunlicherweise gehorchten die Tiere seinen begütigenden Worten, denen eine religiöse Kraft innewohnte, der sich sogar die Kreatur nicht entziehen konnte. Seine Befehlsgewalt gegenüber den wilden Tieren zeigt nicht weniger als seine Dämonenkämpfe die weit über das gewöhnliche Durchschnittsmaß hinausragende Gestalt, die ins Unfaßliche reichte.

Man kann Antonius in seiner Wüsteneinsamkeit nicht nachgehen ohne sich zu fragen, woher er die Kraft nahm, dieses entbehrungsreiche Leben jahrzehntelang zu ertragen. Auf diese Frage ist keine andere Antwort möglich, als daß sie ihm aus seinem mystischen Leben zugeflossen ist. An sich redet Antonius nicht viel von seiner Mystik. Er verplauderte seine inneren Erlebnisse nicht, sondern wußte sein Geheimnis für sich zu behalten. Aber Mystik war bei ihm vorhanden, sie mußte vorhanden sein, denn sonst hätte das wuchtige Wüstenerlebnis ihn seelisch förmlich erschlagen und einen negativen Ausgang genommen. Es werden denn auch von ihm ausdrücklich Entrückungszustände gemeldet. Antonius selbst deutet sein mystisches Leben an, als ein Weiser sich einmal erkundigte, wie er diese Abgeschiedenheit ohne den Trost der Bücher aushalte und er ihm die Antwort gab: «Mein Buch ist die Natur und die steht mir zu Gebote, sooft ich lesen mag, was Gott spricht[27].» Sehr deutlich kommt seine Mystik in seinem Gebetsleben zum Ausdruck. Nach der «Lebensbeschreibung» «betete Antonius beständig, da er gelernt hatte, daß man für sich allein unaufhörlich beten müsse»[28]. Das immerwährende Gebet ist eines der großen Mysterien des Christentums. Der darin eingeweihte Antonius betete oft ganze Nächte hindurch und rief der aufgehenden Sonne zu: «O Sonne, warum hinderst du mich und gehest schon auf, um mich von der Anschauung der Herrlichkeit dieses wahren Lichtes abzuziehen?» In solch «mächtigen Ausbrüchen seiner Sehnsucht», wie sich Adam Möhler ausdrückt, muß man Antonius belauschen, wenn man das Herz seiner Mystik schlagen hören will[29]. In ihnen bekundet sich, wie der erste Eremit das Glutgebet gekannt hat, das ihn zu einem Leben der denkbar größten Gottnähe führte, wie es der Mensch im Stadtgewühl nicht erfassen kann. Antonius wurde einmal gefragt, welches das höchste Gebet sei, und er gab darauf die nicht zu ergründende Antwort: «Das ist kein vollkommenes Gebet, solange der Mensch sich selbst, oder das was er betet, versteht[30].» Dieses von Cassian überlieferte Antonius-Wort reicht in mystische Tiefe hinab, der behutsam nachtastend, dem Christen eine letzte Erkenntnis vermittelt. Es ist, wie seine Äußerung über die Versuchung, nur ein kurzes Fragment von einer Gebetsmystik, aber was für eines! Wenn doch nur mehr solche Durchblicke von Antonius überliefert wären, die Christenheit würde weniger armselig dastehen. In dieser einen Antwort ist Unermeßliches und Unsagbares enthalten, umfaßt sie doch die ganze Mystik in einem einzigen Ausspruch. Seine Aussage wird durch die längsten Abhandlungen über das Gebet nicht aufgewogen. Sie spricht die urtümliche Wahrheit aus, daß im Glutgebet der Mensch außer sich ist, indem seine Seele von ihm weggehend zu Gott einkehrt. Antonius betätigte ein alles menschliche Verstehen übersteigendes Beten, bei dem zuletzt die Worte versagen und das mit dem Begriff Ekstase zu umschreiben ist. Man kann über das wesentliche Gebet nichts Erhellenderes sagen, als daß seine Glut so groß sein muß, bis der Mensch kein Bewußtsein seiner selbst mehr hat und er mit seinem Innersten Gott entgegenbrennt. Der erste Eremit hatte die entscheidende Einsicht, daß alles Reden mit Gott ein Überschreiten der Verstandessphäre ist. Es richtet sich nicht gegen die Vernunft, aber es geht über sie hinaus, durchaus über sie hinaus und reißt den Menschen mit seinem gänzlich irrationalen, glutüberströmten Tun förmlich in die obere Welt hinauf.

Dieser mystischen Verbundenheit mit dem Ewigen verdankt es Antonius, daß er in seiner Einsamkeit nicht jener bärbeißigen Menschenfeindlichkeit verfiel, die wie bei Schopenhauer, den Hund dem Nebenmenschen vorzog und stets eine brummende Miene zur Schau trägt. Nach der alten Lebensbeschreibung war Antonius nicht durch Mißmut grämlich und unzufrieden geworden. Er hat gar nichts Sauertöpfisches und Finsteres an sich, was immer eine schlechte Empfehlung für das Christentum ist. Von ihm wird im Gegenteil berichtet:

«Die Heiterkeit der Seele drückte auch seinem Gesicht den Stempel der Freude auf[31].» Diese beachtenswerte Bemerkung zeigt, wie eng Mystik und Freude miteinander verbunden sind. Das heitere Wesen des tief in der Wüste vergrabenen Einsiedlers zeugt von der frohen Botschaft des Evangeliums, die er verstanden hat, sonst wäre ihm die Freude unbekannt geblieben. Leben in Gott ist wesentlich Freude in Gott.

Es geschieht oft im menschlichen Dasein, daß das, was der Mensch sich am meisten ersehnt, ihm versagt bleibt. Merkwürdig ist, daß es Antonius nicht beschieden war, seine erstrebte Einsamkeit restlos zu verwirklichen. Sein Verschwinden in die Wüste war für die damaligen Menschen ein derart unbegreifliches Verhalten, daß es ihre Gedanken über die Maßen beschäftigte. Sie betrachteten es zunächst als ein ungewöhnliches Schauspiel, das sie sich nicht entgehen lassen wollten. Zahlreiche Neugierige versuchten den Eremiten in seiner Klause zu sehen, was ihm natürlich störend war. Doch gab es auch sachlichere Gründe, die die Menschen bewegten, Antonius in seiner Einsamkeit aufzusuchen. Sie spürten die Wirklichkeit des Göttlichen, welche den Eremiten umgab und die sie bei den im Getriebe des Lebens verstrickten Menschen umsonst suchten. Es braucht sowohl ungewöhnliche Nähe zu Gott als auch Distanz von aller Daseinshetze, will man zu den über dem Leben stehenden Erkenntnissen vordringen. Sie aber besaß Antonius, der nach der «Lebensbeschreibung» innerlich vollkommen gefestigt und zugleich «eingeweiht in die tiefen Geheimnisse der unsichtbaren Welt» war. Merkwürdig und nur von einer mystischen Warte aus überhaupt zu verstehen: der aus der Menschenwelt in die Wüsteneinsamkeit Geflohene strahlte eine Kraft zurück, die sich als eine der wirksamsten Hilfeleistungen in der Verworrenheit des menschlichen Daseins erwies. Antonius entzog sich vorerst den Besuchern und wurde schließlich durch seine immerwährende Verbundenheit mit Gott dazu geführt, sich ihnen als ein erleuchteter Seelsorger zur Verfügung zu stellen. Sein Umgang mit Leidenden und Betrübten ist eine seiner religiös wichtigsten Funktionen, welche den Argwohn, es handle sich beim Eremitentum bloß um einen verkappten Egoismus, in nichts auflöst. Der erste Einsiedler macht aus seiner «schenkenden Tugend» Gebrauch, und das Zutrauen der Menschen zu seiner ebenso ernsten als auch milden Persönlichkeit war bald ein grenzenloses. In ihren unlösbaren Lebensschwierigkeiten sprachen die Leute zuletzt nur noch: Geh zu Antonius, «es lebt ja der Große noch», leg ihm deine Seelennot zur Beurteilung vor und handle seinem Bescheid gemäß «denn durch ihn redet Gott zu dir», wie Palladius in seinem «Leben der heiligen Väter» berichtet[32]. So groß war die Verehrung des ersten Mönchsvaters, daß seine Worte als Antwort Gottes betrachtet wurden, die nicht fehl gehen können. Bedauerlicherweise haben sich wenige Aussprüche aus seiner seelsorgerlichen Beratung erhalten; eine tiefe Weisheit ist damit verlorengegangen. Sein Ansehen nahm oft eine nicht wiederzugebende Form an, wie die köstliche Anekdote von dem Besuch der drei Einsiedler zeigt: «Zwei von ihnen verlangten seinen geistlichen Rat; der dritte schwieg stille. Auf das Befragen des Antonius, warum er schweige, erwiderte er: Es ist mir genug, mein Vater, dich zu sehen [33].» Es war nicht einmal nötig zu reden, der bloße Anblick schuf schon eine Atmosphäre, in welcher sich die Lebensschwierigkeiten wie Dunst auflösten. Es ist ein geradezu hinreißendes Bild, wie man «dem Großen» einfach alles zutraute, wie er immer Rat wußte und nie einer ausweglosen Situation gegenüberstand. Seine vorwiegend dem Seelenheil geltenden Gespräche zielten stets auf eine innerlich fördernde Wirkung. Immer größer wurde der Zustrom der Besucher und ohne sein Zutun wurde sein Name weithin bekannt. «In der Tat, er war wie ein Arzt, den Gott dem Lande Ägypten geschenkt hatte. Denn wer kam traurig zu ihm und kehrte nicht voll Freude heim? Wer kam weinend wegen seiner Verstorbenen und vergaß nicht alsogleich sein Leid? Wer kam voll Zorn, ohne daß er zur Freundschaft umgekehrt wurde?» [34] Mit diesen Worten schildert die «Lebensbeschreibung» aufs vortrefflichste Antonius' seelenberatende Tätigkeit. Die glänzende Bezeichnung Antonius' als eines von Gott für Ägypten gegebenen Arztes bringt seine Bedeutung auf eine abschließende Formel, die das Schönste über einen Menschen aussagt. Seelenarzt für ganz Ägypten zu sein, diese charismatische Funktion kam zuletzt dem weltflüchtigen Einsiedler zu! Er war zu ihrer Ausübung befähigt, weil er nie das ihm selbst Zuträgliche dem Nutzen der Brüder vorangestellt hatte. Eine Generation ist nicht verloren, solange sie einen solchen Seelenarzt besitzt, der durch nichts zu ersetzen ist. Der in der Wüste einsam lebende Eremit war einer der größten seelischen Therapeuten aller Zeiten. Er verkörperte jenes religiöse Helfertum, nach dem die Menschen aller Jahrhunderte leidenschaftlich gesucht haben. Sogar von leiblich Kranken wurde Antonius um Hilfe angegangen, und seine geistige Kraft erwies sich auch den Krankheiten überlegen. Zwar heilte Antonius nicht durch Befehle, sondern durch Gebet und Anrufung Christi. Eine Reihe von Wundererzählungen werden von ihm überliefert, die seine mit übernatürlichen Kräften geladene Persönlichkeit in einem leuchtenden Licht zeigen. Nur von hagiologischen Gestalten werden solche unerklärlichen Taten berichtet. Dank seiner geistigen Begabung vermochte Antonius Fernwirkungen zu erzielen, Vorgänge der unsichtbaren Welt zu erkennen, Dämonen auszutreiben und die Zukunft vorauszusagen. Einmal verließ er auch seine Wüsteneinsamkeit und erschien unerwartet in Alexandrien, um Athanasius in seinem Kampf gegen die Arianer beizustehen. Die Menschen der ägyptischen Hauptstadt staunten ihn maßlos an, als sei er ein Wesen aus einer andern Welt, das sie noch nie gesehen hatten, was ihn veranlaßte, sich bald wieder in die Wüste zurückzubegeben, weil «die Fische sterben, wenn man sie ans Land zieht und die Mönche kraftlos werden in den Städten; laßt mich daher in die Berge zurückeilen, wie die Fische zum Wasser»[35].

Am meisten Gewinn trugen jene Menschen von Antonius' seelsorgerlicher Tätigkeit davon, die nicht nur zu einem flüchtigen Besuch kamen und nach einem kurzen Gespräch wieder von dannen gingen. Viele Christen waren von seinem Leben in der Wüste dermaßen beeindruckt, daß sie seine Schüler zu werden wünschten. Was sie bis dahin nur in dunkler Sehnsucht ahnten, stand in seiner Persönlichkeit als leibhaftige Verkörperung vor ihnen. Antonius verschwieg ihnen die Gefahren eines Lebens nicht, das sich derart von dem gewöhnlichen Menschendasein entfernte. Gleichwohl begehrten sie in seiner Nähe zu bleiben, und auf diese Weise «bevölkerte sich die Wüste mit Menschen, die alles verließen was sie besaßen und sich einzeichneten für das Leben im Himmel»[36]. Antonius hat ihnen viel Zeit geopfert, er war zu dieser Lehrtätigkeit befähigt, weil er selbst in der Schule der Askese die Spannkraft der Seele erfahren hatte und genau wußte, daß ohne Lehrzeit niemand das Leben der Einsamkeit beginnen kann. Aller Wahrscheinlichkeit nach sind vom Verfasser der «Lebensbeschreibung» Antonius' Belehrungen stilisiert worden, doch sind die Kerngedanken unverkennbar sein geistiges Eigentum. Er teilte den Schülern seine Erfahrungen mit, die darauf ausgingen, die Menschen für das eremitische Leben zu formen und die dartun, wie die Geistespädagogik mit der Geburt des Mönchtums zugleich gegeben ist. An der Spitze seiner Ermahnung steht der Hinweis, so zu leben «als wenn wir täglich den Tod erwarteten»[37]. Er warnte sie, auf ihre Leistungen eingebildet zu werden: «Wir wollen auch nicht auf die Welt sehen und glauben, wir hätten großen Dingen entsagt. Denn selbst die ganze Erde ist sehr klein gegenüber dem ganzen Himmel[38].» Über das Ringen des Menschen mit sich selbst finden sich in Antonius' Reden zeitlose Wahrheiten, die noch heute nicht weniger wahr sind als damals. Welche Weisheit liegt doch in seiner Anleitung «sich täglich Rechenschaft zu geben von all seinen Handlungen bei Tag und bei Nacht»[39]. Die Selbstkontrolle führte Antonius zu der Wahrnehmung, daß der Mensch sich oft in dem, was er tut, selbst verborgen bleibt. Er aber lehrte die Beschäftigung mit der Welt der Seele, welche dem Christen den innern Reichtum erschließt. «Ein jeder von uns soll die Handlungen und Regungen der Seele bemerken und aufzeichnen, als ob wir sie einander mitteilen wollten und sind überzeugt, daß wir, wenn wir überhaupt uns scheuen, erkannt zu werden, aufhören zu sündigen oder etwas Schlechtes nur zu denken[40].» Antonius lenkte die Aufmerksamkeit seiner Schüler darauf «täglich von neuem zu beginnen» und «nicht nachzugeben, wenn man einmal angefangen hat». Der Mönch muß sich Tag für Tag anstrengen «um vorwärts zu kommen». Nur auf diesem Weg wird die «Geradheit der Seele» erworben. Die Wahrheit dieser schlichten Worte erfährt allerdings nur jener Mensch, der sie an sich selbst erprobt. Antonius war auch befähigt, den Argumenten der ihn aufsuchenden heidnischen Philosophen überlegen entgegenzutreten: «Die also, welche den wirksamen Glauben haben, brauchen den Wortbeweis nicht, er ist vielmehr sogar überflüssig. Was wir aus dem Glauben wissen, das versucht ihr durch Worte aufzubauen; oft könnt ihr aber gar nicht sagen, was wir meinen. Die Tat durch den Glauben ist daher besser und kräftiger als eure sophistischen Syllogismen[41].»

Die Wirkung von Antonius' Belehrungen war, daß bald ein Eremitentum aufzublühen begann. Eine Einsiedelei neben der andern entstand und die Einöden Ägyptens füllten sich mit Anachoretenzellen. «Es war das alles in Wahrheit anzusehen wie ein Reich für sich, voll Gottesfurcht und Gerechtigkeit. Hier gab es niemand, der Unrecht tat oder litt, man wußte nichts von dem gehässigen Treiben der Steuereinnehmer[42].» Diese Worte des zeitgenössischen Berichterstatters geben das innerste Anliegen des Eremiten wieder: die Erschaffung einer Sonderwelt. Ein Reich für sich zu bilden, wie Karl Müller sich ausdrückte[43], ist das tiefste Wesen der neuen, von Antonius begründeten einsiedlerischen Lebensweise, welche neben dem gewöhnlichen Alltagsdasein der Menschen eine zweite Welt darstellt, in der völlig andere Gesetze gelten. Die Errichtung eines neuen Reiches ist eines der grandiosesten Ziele, welchem ein Mensch überhaupt nachstreben kann. Es ist der Griff nach dem Höchsten, er muß in jedem Christen, der nicht gleich sein möchte wie die andern, eine unbeschreibliche Begeisterung auslösen. Dieses Streben kann nur in einer außerordentlichen Seele geboren werden, einer Seele, die über sich selbst hinaus will. Der Wunsch, eine neue Welt zu sehen, verbindet den Mönch mit dem künstlerischen Menschen, der ebenfalls von einem ähnlichen Wollen erfüllt ist: Nicht die graue Alltäglichkeit einfach als unabänderliche Gegebenheit hinzunehmen, sondern eine höhere Wirklichkeit zu schaffen, welche über das gewöhnliche Dasein triumphiert und der Beginn des neuen Reiches ist.

Es war gar nicht anders möglich, als daß der Ruhm des Seelenarztes von Ägypten weit über die Grenzen seines Landes hinausdrang. Wie ein Weltwunder wurde Antonius' Dasein empfunden, und das Gerücht von seinem Wüstenaufenthalt drang bis nach Rom, nach Gallien und Spanien. Am kaiserlichen Hof wurde sein Name genannt und Konstantin schrieb dem Einsiedler einen Brief. Doch Antonius «legte dem kaiserlichen Schreiben keinerlei besondern Wert bei, er freute sich auch nicht über die Briefe»[44], womit der Eremit seine Freiheit von aller Eitelkeit bezeugte. Nach ihm hat es gar nichts zu besagen, wenn der Mönch von einem Weltmenschen gelobt wird; gegen das süße Gift der Ehrungen war der Einsiedler gefeit. Noch Chrysostomus bezeichnet in seinen Homilien Antonius als «den größten Mann, den Ägypten nach den Aposteln hervorgebracht hat und dessen Name in aller Mund lebt».

Am meisten hat zu Antonius' Ruhm die großartige Lebensbeschreibung beigetragen, welche Athanasius über den ersten Mönchsvater verfaßte. Dieser leidenschaftliche Vorkämpfer der Orthodoxie schrieb die Vita Antonii, ein gewaltiges Dokument, das viel gelesen wurde und das man immer mehr schätzen lernt. Die Echtheit der «Lebensbeschreibung» wurde eine zeitlang zu Unrecht angezweifelt, doch ist sie heute allgemein anerkannt[45]. Sie hat den unschätzbaren Vorzug, von einem Menschen verfaßt zu sein, der den Vater des Mönchtums persönlich kannte. Schreibt doch Athanasius selbst «ich habe ihn oft gesehen», und der Kirchenvater hat bei seiner Niederschrift sowohl aus eigener Anschauung geschöpft als auch von der Berichterstattung von Antonius' Schülern profitiert. Natürlich ist «die Lebensbeschreibung» so wenig wie die Evangelien ein geschichtliches Werk im modernen Sinn – sie will entflammen und nicht bloß berichten – aber es ist eine Übertreibung, zu behaupten, in ihr sei «die historische Wirklichkeit verlorengegangen»[46]. Wie Athanasius den ersten Eremiten dargestellt hat, wirkte Antonius in der Geschichte, der Kirchenvater hat die historische Realität auf eine höhere Ebene gehoben: Das Geschichtliche gewann ewige Symbolkraft! Wer den Blick für diese übergeschichtliche Schau nicht hat, wird verächtlich von der «verdummenden Wirkung» reden, die diese Biographie ausgeübt habe, wie überhebliche Gelehrsamkeit sich in der wilhelminischen Epoche ausdrückte. Eine dünkelfreie Betrachtung dagegen wird bereitwillig mit Karl Holl den bleibenden Wert der «Lebensbeschreibung» anerkennen: «Man muß im Altertum weit laufen bis man eine Schrift findet, die sich in Strenge des Stils und an künstlerischer Geschlossenheit mit der Vita Antonii vergleichen ließe. Ein großer Gedanke ist von Anfang bis zu Ende durchgeführt, alles steht genau an der Stelle, an der es stehen muß und kein überflüssiges Beiwerk stört die spannende Entwicklung[47].» Athanasius' Lebensbeschreibung gewinnt bei jeder wiederholten Lektüre, sie stellt Antonius in geistiger Lebendigkeit dar, und stets nimmt man neue Einsichten in ihr wahr.

Von Antonius' Äußerem kann kein Bild gezeichnet werden. Er trug bis an sein Lebensende ein aus Haaren verfertigtes Untergewand und ein aus Fellen hergestelltes Obergewand. Entsprechend seiner Bedürfnislosigkeit war auch sein Ende von einer ergreifenden Schlichtheit. Das Sterben des ersten Mönches ist ungewöhnlich, obschon der Tod unterschiedslos alle Menschen in seine gleichen Arme nimmt. Beinahe eine Feierlichkeit wohnt der Abschiedsszene inne, deren Getragenheit man sich nicht leicht entziehen kann. Zwei Schüler waren bei ihm, als er im hohen Alter mit den Worten auf den Lippen: «Und nun lebet wohl, Kinder, denn Antonius geht hinüber und ist nicht mehr mit euch» seine Seele dem Schöpfer zurückgab. Dem Klang dieser letzten Äußerung des Sterbenden ist bei aller frohen Gewißheit des Hinübergehens doch eine unverkennbare Schwermütigkeit eigen, die zu jedem Sterben gehört, und man möchte mit Elisa schreien: «Mein Vater, mein Vater, Wagen Israels und seine Reiter». Es ist als spürte es die Erde, was die Aussage bedeutete, daß Antonius «nicht mehr mit euch» ist. Der Mönchsvater hatte noch Vorkehrungen wegen seiner Bestattung getroffen, um die Verehrung seines Leichnams zu verunmöglichen. Den beiden Schülern legte er die Verpflichtung auf, niemandem zu sagen, wo sie ihn beisetzen werden, und sie haben dieses Versprechen gehalten. Wie Moses, der Begründer des alttestamentlichen Gottesvolkes, ruht auch Antonius, der Begründer eincs neuen Gottesvolkes in einer unbekannten Grabstätte.

Wer die Bedeutung dieser nicht leicht zu durchschauenden Gestalt in wenigen Worten zusammenfassen möchte, wird mit Ludwig von Hertling erfahren, wie schwer es ist, dieses Einsiedlerleben «auf eine rationale Formel zu bringen, obschon es in Wirklichkeit von einer monumentalen Einfachheit war»[48]. Dabei hätte Antonius eine Würdigung, welche sich bemühte, ihn aufs neue dem modernen Bewußtsein nahe zu bringen, mehr als verdient. Bleibt doch Antonius der Vater des Mönchtums, ein Ruhm, der ihm nicht genommen werden kann. Hieronymus' Versuch, ihm diese Bedeutung streitig zu machen, indem er Antonius den Einsiedler Paulus vor die Nase setzte, ist gescheitert, weil die vom Schöpfer der Vulgata verfaßte Mönchsnovelle viel zu märchenhafte Züge aufwies, als daß ihrer Fabulierlust historischer Wert zukäme. Wenn die Prioritätsfrage ernsthaft gestellt wird, ist Antonius als der Begründer des Eremitentums zu bezeichnen. Er war der erste für uns faßbare Mensch, der die Anachorese prinzipiell zu seiner Lebensweise machte. Mit Antonius trat ein ganz neuer Christ auf, dessen Bestreben nicht auf eine Verbindung von Christentum und Kultur gerichtet war, wie sie seine Zeit in allzu gedankenloser Leichtfertigkeit bewerkstelligte, sondern der die beiden Größen trennte und damit eine völlig andere Situation schuf. Mit seiner Distanzierung des Christentums vom kulturellen Leben hat er eine Bahn eröffnet, die unübersehbare Folgen hatte und welche die Menschen wieder auf das eine Notwendige hinwies. Niemand kann in Worte fassen, was das Mönchtum in der Welt alles geleistet hat. An seinem Anfang aber steht Antonius, eine der bedeutendsten Persönlichkeiten, die Ägypten zur christlichen Geistesgeschichte beigesteuert hat. Im pyramidengeschmückten Land war nicht immer ödes Fellachentum, es hat einst gewaltige christliche Gestalten hervorgebracht, die freilich den heutigen Menschen vor nicht weniger quälende Fragen stellen als die Sphinxgestalten, die so rätselhaft in die Welt hineinschauen.

Wenn man auf den unbekannten Grabstein Antonius' eine Inschrift anbringen wollte, welche die Bedeutung des Dämonenkämpfers und Arztes von Ägypten kurz zusammenfaßte, so könnte es nur jene sein, die sich Kierkegaard gewünscht hat: Jener Einzelne. Diese zwei Worte geben am prägnantesten das Wesen des

Mannes wider, der das Brennen im Gebet kannte. Die Begründung des Mönchtums hat Antonius als Einzelner vollbracht. Er hat keine fremde Hilfe beansprucht und es ganz allein ausgeführt. Das Eremitentum ist eines der instruktivsten Beispiele, was der Einzelne zu vollbringen imstande ist. Der Einzelne ist ein christlicher Begriff und darf in seiner Gottverantwortlichkeit nicht dem selbstherrlichen Individualisten gleichgesetzt werden, der von seinem Ich nicht loskommt. Die Bedeutung des in Gott gegründeten Einzelnen ist neu zu erfassen. Ist doch beinahe alles Große in der Geschichte nur durch eine persönliche Tat entstanden. Auch heutzutage vollbringt kein Mensch eine wertvolle Leistung ohne daß er als Einzelner seinen nur ihm zukommenden Weg unbeirrbar zu gehen versucht. Der Einzelne war die Stärke des Eremitentums. Keiner konnte sich auf den andern stützen. Jeder stand und fiel sich selber. Er hatte es ganz allein unternommen und mußte es ohne fremden Beistand durchführen. Dieses Bewußtsein, nur auf sich selber angewiesen zu sein, erzeugte jene heroischen Kräfte, welche in Antonius aufbrachen. Als ein Willensmensch mit seelischen Energien, wie ihn die Geschichte selten sah, war er jener Einzelne, der als der gottgewollte Gegenspieler des breitgetretenen Massenchristentums aufzufassen ist, welches gerade in seinen Tagen den Einzug in die christliche Kirche hielt. Mit Recht wurde Antonius schon als das stärkste «Zeugnis gegen die Lüge der konstantinischen Schöpfung» bezeichnet, und man muß diesem Wüstenvater auf dem Hintergrund «der Zeit Konstantins des Großen» sehen, wie sie in ihrer ganzen Zweideutigkeit Jakob Burckhardt geschildert hat, um dessen enorme Segensfunktionen richtig zu ermessen. Die Vermassung des Christentums bildet seine tödliche Krankheit, die es an den Abgrund des Verderbens bringt, eine Gefahr, in der Antonius den Weg zeigt, auf dem es gerettet werden kann. Im Massenchristentum hört die echte Beziehung zwischen Gott und der Seele auf, die stets den Einzelnen zur Voraussetzung hat. Daß die Christenheit des 4. Jahrhunderts diese Todesgefahr überstanden hat, ist nicht zuletzt das Verdienst von Antonius' neubegründeter Lebensweise, welche der trostlosen Erscheinung «Masse Mensch» gegenüber ohne viele Worte zu machen, jenen Einzelnen verkörperte, auf den es allezeit allein ankam. Aus diesem Grunde ist auch im gegenwärtigen Zeitalter, wo der Ansturm der Massen sich wie eine Dampfwalze auswirkt, wieder auf Antonius hinzuweisen, der heute eine unerwartete Aktualität gewinnt. Im Hinblick auf diese bedrohte Situation kommt dem Thema «Antonius in unserer Zeit» erneute Dringlichkeit zu, weil nur «jener Einzelne» dem Moloch des alles verschlingenden Kollektivismus geistig überlegen ist. Gewiß ist der erste Mönchsvater eine unwiederholbare Gestalt, trotzdem bedarf die Gegenwart eines neuen Antonius.

Die Hoffnung, welche von einer neuen Begegnung mit Antonius eine innere Erstarkung erwartet, bedeutet kein eitles Unterfangen. Antonius' Lebensweise hat sich an einem Wort des Evangeliums entzündet und ist nicht aus einer bloßen Grille hervorgegangen. Das Wort Jesu an den reichen Jüngling war in Antonius' Seele gefallen und hat ihn dazu getrieben, den ungewöhnlichen Weg des Einzelnen zu beschreiten. Von Jesu Forderung kam der Anstoß. Nur dieser Zusammenhang rückt das ganze Unternehmen des Antonius ins richtige Licht. Das Mönchtum ist nicht aus einem Gegensatz zum Evangelium entstanden – das ist eine Konstruktion der konfessionellen Polemik, die sich historisch nicht aufrecht erhalten läßt – sondern es hat von ihm seine entscheidenden Antriebe erhalten. Unvoreingenommen betrachtet, ist das Mönchtum ein Zweig an jenem Baum, der aus dem Senfkorn des Evangeliums herausgewachsen ist. Seine Bemühung mit der Verwirklichung des Christentums ganz ernst zu machen, ist hiefür ein eindeutiger Beweis. Es gibt wenige Anstrengungen, die ihm an Hingabe und Aufopferung an die Seite gestellt werden können. Antonius hat Wert darauf gelegt, daß ihm ein Engel den Weg in die Wüste gezeigt habe. Auf Gott selbst ist damit sein Werk zurückgeführt, das denn auch auf einem Felsen gebaut war, der Bestand hatte.

II

Antonius wurde «kinderlos der Vater eines unermeßlichen Geschlechtes» wie Karl Hase sich ausdrückt. Er hat mit seinem Eremitentum den Weg gefunden, den sein absinkendes Zeitalter als eine Lösung empfand. Allezeit ist es in der Geisteswelt bedeutsam, ob die Menschen einen Pfad kennen, den sie gehen können oder ob sie in die Klage ausbrechen, «wir hatten keinen Weg ...». Durch Antonius war dieser Notbestand behoben, und in den Tagen, als infolge der Religionspolitik Konstantins das Christentum wegen einer verhängnisvollen Verwässerung in eine verworrene Situation geriet, hat er eine Richtung aufgezeigt, wie diesem Übel zu steuern ist. Das Eremitentum hat in jener Zeit der Ratlosigkeit ein klares Ziel aufgestellt, wie trotz der veränderten Lage noch ein ernsthaftes Christenleben möglich war. Blieb es doch nicht bei dem einen Unternehmen des Antonius, dieweil sich sein Weg als gangbar erwies. Obwohl es ihm nur um die Gestaltung seines Lebens zu tun war, streute er doch eine Saat aus, die von unübersehbarer Nachwirkung war. Sein Werk sank nicht mit ihm ins Grab, sondern es wurde von seinen Schülern fortgesetzt. Es kam zu der Bewegung des Eremitentums, welche eine der ungewöhnlichsten Erscheinungen der christlichen Geistesgeschichte war.

Der Weg, den die eremitische Bewegung gefunden hat, bestand in der Flucht aus der menschlichen Gesellschaft. Der Eremit will aus dem Gemeindeverband heraustreten und sich dem Zusammenleben der Menschen entziehen. Sein Bestreben ist es, alle Güter dieser Welt zu fliehen, heißen sie nun Weib oder Kind,

Geld oder Wissenschaft. Sie sollen keine Macht mehr über seine Person besitzen. Er wünschte frei von allen Bedürfnissen zu werden, die den Menschen daran hemmen, Gott in ernsthafter Weise zu dienen. Um dem hereinbrechenden Verderben zu entrinnen, war Flucht die große Losung des Eremitentums. Es gab eine regelrechte Auswanderung aus den Städten in die Wüste, aus dem kulturellen Lärm in die Stille der Natur, und diese Strömung vollzog sich mit elementarer Gewalt, die jung und alt gleicherweise erfaßte und die beinahe ein Jahrhundert andauerte! Der Fluchtcharakter der eremitischen Bewegung unterliegt zunächst Bedenken. Flucht ist ein Wort, das keinen guten Klang hat. Wer flieht, weicht den Schwierigkeiten aus, anstatt sich ihnen zu stellen. Dieser Einwand hat seine Berechtigung, denn wenn das Mönchtum nur eine Fluchtbewegung wäre, würde es viel von seiner Vorbildlichkeit einbüßen. Doch sind seine Fluchttendenzen nicht nur negativ zu bewerten. Es gibt Situationen, in denen «Flucht aus der Zeit» wie Hugo Ball es formuliert hat, das einzig Richtige ist. Wenn die Verderbnisse allzusehr überhand nehmen, kann ihnen der Christ oft nur durch eine radikale Abwendung entgehen. Beim Untergang von Sodom bekam Lot den göttlichen Befehl: «rette deine Seele». Ohne sich umzusehen, hatte er der verderbten Stadt den Rücken zu kehren. Auch Jesu mahnte, «in die Berge zu fliehen» (Mt. 24, 16), um die Bedrängnisse der letzten Zeit zu überstehen. Alles Ding hat seine Zeit, die Flucht so gut wie der Widerstand. Im konstantinischen Zeitalter war die Flucht des Eremitentums eine Zurückziehung vom Äußern in das Innere. Es war eine Rettung des religiösen Gehaltes vor der allseitigen Entleerung, eine Abkehr aus der Nichtigkeit und eine Wendung zur Mitte. Die Einsiedlerbewegung hat sich ihrer Flucht nicht zu schämen; in jener Situation entsprach ihre Haltung dem Gebot der Stunde.

Nicht weniger bedeutsam ist die Tatsache, daß das Eremitentum eine Laienbewegung war. Man denke bei der Betonung des Laienelementes nicht gleich an eine antiklerikale Einstellung. Von diesem kurzschlüssigen Ressentiment war das Eremitentum noch frei. Das Mönchtum stand in seinen Anfängen gelegentlich in Spannung, aber nie in prinzipieller Opposition zum Klerus. Es war aber eine Bewegung, die aus Laienkreisen hervorgegangen war und auch von Laien getragen wurde. Schon sein Begründer Antonius war ein Laie, und fast alle Nachfolger seiner Lebensweise waren es ebenfalls. Darin zeigt sich nicht nur, wie die Laien sich als ein schöpferisches Element in der Christenheit ausgewirkt haben, sondern es machte sich auch ein Wiederaufflammen des urchristlichen Geistes bemerkbar. Im Urchristentum spielten die Laien eine gewichtige Rolle. Bereits über Jesus verwunderten sich die Juden: «Wie kann dieser die Schrift, so er sie doch nicht studiert hat» (Joh. 7, 15). Der Sprecher der Bergpredigt legte auf theologische Bildung kein Gewicht, wie sein Jubelruf über die Unmündigen beweist, denen Gott die Wahrheit geoffenbart hat, welche er den

Klugen verbarg. Diesen Worten entsprechend hat Jesus ungebildete Fischer und Zöllner in seine Nachfolge berufen, von denen die Apostelgeschichte vermerkt, «sie waren ungelehrte Leute und Laien» (4, 13). Die Eremitenbewegung war ein Wiedererwachen dieses religiösen Laientums, wobei man sich zu hüten hat, sich ihre Vertreter als naive Fellachen vorzustellen. Wenn sie auch keine Bildung genossen hatten, waren sie doch nicht ohne Scharfsinn. Unter den Eremiten gab es überlegene Menschen, deren Einsichten aus einer religiösen Verwurzelung und nicht aus der Gehirnsphäre stammten.

Die Eigenart der eremitischen Bewegung entfaltet sich in ihrer Lebensweise. Sie strebte einer intensiven christlichen Wirklichkeit nach. Die Einsiedler führten alles andere als ein liebliches und romantisches Dasein. Vielmehr bewegten sie sich in einer Richtung, die in allem bis an die äußerste Grenze der Erträglichkeit zielte.

Ungewöhnlich war bereits die Behausung der Eremiten. Von einer angenehmen Zelle, in welcher der Mensch das Gefühl eines trauten Heimes hat, war keine Spur zu sehen. Sie gruben sich eine Höhle in den Boden, die aber nicht behaglich war oder erbauten sich eine kleine Hütte, die kaum den nötigen Raum für den Körper bot. Die Zellen wurden absichtlich so klein gemacht, daß man weder aufrecht stehen noch mit ausgestreckten Beinen darin liegen konnte. Immer gebückt saß der Einsiedler in ihr, mit dem Gesicht die Knie berührend. Eine Vergrößerung lehnten sie mit der Bemerkung ab: «Ich fürchte, daß mit der Erweiterung der irdischen Wohnungen die himmlischen verengen[49].» Andere wiederum schlossen sich in Häuschen ein, die keine Lichtöffnung hatten. Akepsimes lebte über sechzig Jahre dermaßen eingeschlossen. Durch ein enges Loch streckte er die Hand heraus, um die dargereichte Nahrung in Empfang zu nehmen. Die Öffnung war jedoch nicht in gerader Führung, sondern mit einer Brechung angelegt, damit Neugierige durch sie nicht hineinblicken und er nicht herausschauen konnte. Einem andern Eremiten diente eine Zisterne, die kein Wasser mehr enthielt, als Wohnung, und ein dritter ließ sich in einer ehemaligen Grabstätte nieder. Ihre unbequemen Aufenthaltsräume waren in jeder Beziehung das Gegenteil der mit allem Komfort versehenen Wohnungen der modernen Zeit.

Der kümmerlichen Wohngelegenheit entsprach die dürftige Nahrung der Eremiten. Sie wollten von schmackhafter Speise nichts wissen. Einige eßbare Kräuter, Brot mit Salz und Wasser genügten ihnen. Manche Eremiten genossen in Wasser eingeweichte Gerste, Linsen, Erbsen oder Bohnen. Einige verschmähten Brot und nahmen an dessen Stelle nur Mehl, das mit Wasser angefeuchtet war. Dabei mischten sie dieses Gericht gleich für einen ganzen Monat, damit es schimmlig wurde und einen üblen Geruch bekam. Als besondere Steigerung der Askese galt der Nichtgebrauch von Feuer, so daß die Speisen in rohem Zustand verblieben. Geringes Quantum war selbstverständlich. Es gab Eremiten, die in der Woche nur einmal Nahrung zu sich nahmen. Sich niemals zu sättigen, sondern immer zu hungern und zu dürsten, war das Joch, das man sich auferlegte. «Wahres Fasten ist beständiges Hungern» lautet ein Mönchsausspruch.

Dürftig war auch die Bekleidung der Einsiedler. Modische und luxuriöse Gewandung war zum voraus ausgeschlossen. Der Eremit gestattete seinem Körper nicht einmal die Wohltat einer der Jahreszeit angepaßten Kleidung. Er trug Sommer und Winter die gleiche Hülle. Auf Fußbekleidung, sei es nur in der Form von Sandalen, wurde grundsätzlich verzichtet. Es war verpönt, zwei Gewänder zu besitzen. Der Körper wurde oft mit Tierfellen bedeckt, manchmal ließ man nur für Nase und Mund eine kleine Öffnung. Von einzelnen Eremiten wird erzählt, daß sie in der Kälte den Schatten und in der Hitze die Sonne aufgesucht haben.

Auch die übrigen Lebensgewohnheiten waren hart. Strengste Enthaltsamkeit verstand sich von selbst. Das Geschlechtsverlangen wurde radikal unterdrückt. Im nackten Weib sah der Eremit die Verkörperung des Teufels. Es gab Einsiedler, die oft vierzig und mehr Jahre keine Frau sahen. Auch dem Schlaf rückte man zu Leibe, wurden ihm doch so wenig Stunden als nur möglich eingeräumt, und halbe Nächte verbrachte man stehend im Gebet. Die Wohltat des Liegens hatten sich einige Eremiten vollständig abgewöhnt. Um in der Sprache der Wüstenväter zu reden, waren es «mannigfache Leitern für den Aufstieg in den Himmel», die sie sich ausgedacht hatten. Eine Lebensbedingung, die für alle Eremiten galt, war die strengste Abgeschiedenheit. Allein wollte der Einsiedler sein, um unaufhörlich mit dem Gott des Alls verbunden zu bleiben. In dieser Einsamkeit wurde absolutes Schweigen beobachtet. Auch Besuchern verwiesen sie alles neugierige Fragen nach Dingen, die keinen Nutzen bringen. Schüler durften oft ihren Lehrern nur von weitem folgen, damit sich keine Veranlassung zu einer Unterhaltung ergebe. Vom Eremiten Salomans heißt es, daß er nie mit einem Menschen gesprochen habe. Aus der Erkenntnis, wie leicht die Zunge sich verfehlt, wurde völliges Schweigen zum Gesetz erhoben. Ihre Zeit brachten sie mit kleinen Beschäftigungen zu, wie Körbe und Matten flechten. Schon früh ist die Arbeit im Mönchtum als Pflicht bewertet worden, wenn sie auch stets als Nebenwerk dem Hauptziel untergeordnet blieb. Ungeziemend fanden sie es, daß die Menschen der Welt mit ihrer Arbeit Kinder und Frauen ernährten, Steuern entrichteten, Zinsen bezahlten, Gott die Erstlinge darbrachten und nach Kräften der Armen Not steuerten, während sie dem Müßiggang frönten. Doch trat das Arbeitsethos bei diesen Einsiedlern gegenüber der Betätigung der Askese zurück. Auf diesem Gebiet immer neue Möglichkeiten ausfindig zu machen, war ihnen wichtig. Deswegen begannen einzelne Eremiten, sich mit schweren Gewichten zu belasten. Fing einer an, sich mit 120 Pfund

Eisen zu beladen, so nahm er später noch 50 Pfund hinzu, um am Ende seines Lebens beständig 250 Pfund Eisen mit sich herumzutragen, wenn die Berichterstatter nicht übertrieben haben. Tag und Nacht schleppten manche Eremiten solche an ihren Körper geschmiedete Gewichtsmassen herum, ohne sie je abzulegen. Sie legten eiserne Gürtel um die Hüften und schwere Halseisen um den Nacken. Auch weibliche Anachoretinnen beluden sich mit solchen Eisengewichten, die kaum ein starker Mann zu tragen vermochte, so daß sie ganz mit zu Boden niedergedrücktem Körper einhergingen.

In diesen Gewichts-Buß-Übungen kommt der negative Asketismus zum Vorschein, dem die eremitische Bewegung nicht immer entgangen ist. Allzu leicht gesellte sich eine ungesunde Rekordsucht hinzu, indem jeder Asket den andern durch eine noch seltsamere Leistung zu übertreffen suchte. Man focht in Höchstleistungen förmliche Wettkämpfe miteinander aus. Die Gefahr der Absonderlichkeit und der geistlichen Abenteuerei tauchte auf. Es gab offenkundig auch Verstiegenes und Verschrobenes bei ihnen; Auswüchse, die nicht verschwiegen werden dürfen. Palladius sieht sich in seiner «Historia lausiaca» zu der Bemerkung genötigt: «Sie leben nicht auf die nämliche Weise, sondern ein jeder so, wie er kann und will[50].» In diesem Satz hat der gewichtige Augenzeuge die Klippe angedeutet, die der ganzen Bewegung zum Verhängnis zu werden drohte. Jeder führte sein Vorhaben nach seinem persönlichen Eigenwillen aus, wie es ihm gerade am besten dünkte. An diesem übersteigerten Individualismus scheiterte beinahe das ganze Eremitentum. Es war wie zur Zeit der Richter, wo «kein König in Israel war und ein jeglicher tat, was ihn recht dünkte» (Richter 17,6). Diese Willkürlichkeit artete in Anarchie aus, eine Gefahr, die allem unbeherrschten Individualismus innewohnt, der nur in einer geordneten Welt nicht verderblich wirkt. Ein dunkles Gedränge beherrschte die eremitische Bewegung und trübte ihre Klarheit. Mannigfach waren die Möglichkeiten, welche die suchenden Gemüter nur verwirrten. Das Eremitentum drohte in Eigenbrödelei zu verschäumen. Da jeder etwas anderes tun wollte als der andere, entstanden aus dieser Sucht die bizarrsten Einfälle. Durch die burlesken Taten drohte das einsame Leben zum Gespött der Menschen zu werden. Das Mönchtum, das beim Untergang der Antike dazu bestimmt war, die tiefsten Gedanken des Christentums durch das Chaos hindurch zu retten, wäre beinahe am zügellosen Subjektivismus zugrunde gegangen. Es ist nötig, diese Gefahr wenigstens zu sehen, wenn man das Eremitentum in seiner Wirklichkeit und nicht in einem sich selbst zurecht gemachten Idealbild wahrnehmen will.

Trotzdem hat man mit dem Urteil über die oft absonderlichen Lebensgewohnheiten der Wüstenväter zurückhaltend zu sein. Der Mensch ist mit einem Spruch über eine Erscheinung immer viel zu rasch zur Stelle, gewöhnlich um so schneller, je weniger er ernsthaft darüber nachgedacht hat. Sonst müßte ihn

die eine Tatsache zur Vorsicht mahnen: Die Wüstenväter haben es gewagt, und
wir sitzen gewöhnlich in unsern behaglichen Stuben! Allein schon dieser Umstand macht die Berechtigung des meist unüberlegten Urteils fragwürdig. Die
eremitische Bewegung stellt nicht geringe Anforderungen an die Vorurteils-
losigkeit des Betrachters. Von einem bürgerlichen Standpunkt aus, dessen
höchstes Ideal eine plüschsofageschmückte Stube und eine Staatsanstellung mit
nachheriger Pensionsberechtigung ist, können die treibenden Kräfte des Eremitentums gar nicht wahrgenommen werden. In einer solchen Blickrichtung
erscheint das ägyptische Einsiedlertum lediglich als ein merkwürdiges Fakir-
tum, von dem man unwillkürlich einen Schritt zurückweicht. Um diesen wild
aussehenden Gestalten mit dem struppigen Haar und den armseligen Lumpen
überhaupt gerecht werden zu können, muß man wenigstens versuchen, im Leben einmal aus seinem allzu kleinen Weltanschauungsgehäuse herauszugehen
und sich in eine fremde Welt hineinzudenken. Wie will man sonst einen Eremiten wie Symeon den Styliten begreifen, welcher «der Gewaltige und das
große Wunder des Erdkreises» genannt wurde, und der von seiner Säule aus
eine unerklärliche Wirkung auf seine Zeitgenossen ausgeübt hat, weil das Ver-
blüffende seiner Erscheinung seine Lehrworte nachhaltig unterstützte. In seiner
«Mönchsgeschichte» hat Theodoret vermerkt: «Ich bin aber überzeugt, daß
dieses Stehen nicht ohne göttliche Fügung von ihm erwählt worden ist, weshalb ich Tadelssüchtige ermahne, ihre Zunge zu zügeln und ihr nicht freien
Lauf zu lassen [51].»

Beim Eremitentum ist nicht auf das äußerliche Bild abzustellen, dieweil es
nicht das Wesentliche wiedergibt. In den alten Werken des Rufinus und des
Palladius wird das Sichtbare des Mönchtums zu einseitig in den Vordergrund
gerückt. Man darf jedoch nicht bei ihm stehen bleiben, sonst erscheint dem Betrachter leicht das ganze Eremitentum als eine Kuriosität. Dies aber ist es gerade nicht. Gewiß, die äußere Lebensweise des Eremitentums ist nicht gering
zu achten. Sie ist ebenfalls wichtig. Aber die äußerliche Lebensweise zeigt nur
an, daß sich etwas Ungewöhnliches ereignet hat, wie es nicht alle Tage geschieht. Die Behausung, die Nahrung und die Bekleidung sind Zeichen, daß
sich im Innern etwas Entscheidendes vollzogen hat. Über der äußern Erscheinung gilt es zu dem innern Bild der eremitischen Bewegung vorzudringen, auf
das verborgene Antlitz dieser Männer ist das Hauptgewicht zu legen.

Der Kern des Eremitentums besteht in einem intensiven Gottesleben. Die
Wüstenväter pflegten das Glutgebet, wodurch diese Stürmer das Himmelreich
an sich rissen. In diesem Verhalten liegt die Seele des Einsiedlertums, dessen
lodernde Religiosität von hinreißender Kraft ist. Es ist beinahe nicht zu beschreiben, welche Realität die göttliche Gegenwart für diese Männer hatte, und
die einen nötigt, über diese oft befremdliche Askese umzudenken. Das Rufen

zu Gott füllte die Zeit der Einsiedler aus, das sich zu einem beständigen Umgang mit dem Allmächtigen steigerte. Dabei sprachen sie gar nicht viele Worte, sondern streckten nur ihre Hände aus und sagten dazu: «Herr, erbarme dich meiner, wie du willst und weißt.» Makarius, dessen «ganze Beschäftigung das stille Gebet war», erzählt einmal: «Nachdem ich alle frommen Übungen versucht hatte, wonach mich verlangte, regte sich der Wunsch in meiner Seele, fünf Tage nichts anderes zu tun als unverwandt meinen Sinn auf Gott zu richten. Ich schloß den Zugang meiner Zelle, um keinem Menschen Rede stehen zu müssen. So verblieb ich bereits den zweiten Tag und mahnte meine Seele: Steige nicht herab vom Himmel! Da hast du die Engel und Erzengel, die hocherhabenen Kräfte, die Cherubin und Seraphin, den Gott, der alles erschaffen hat. Steig also nicht herab vom Himmel! Nachdem ich zwei Tage und zwei Nächte ausgehalten hatte, geriet der Teufel in solche Wut, daß er zur Feuerflamme ward und alles verbrannte, was in meiner Zelle war, und auch die Matte, worauf ich stand, Feuer fing und ich selbst verbrannt zu werden glaubte. Endlich am dritten Tag ließ ich ab aus Furcht, ich könnte meinen Geist nicht mehr gänzlich gesammelt halten und mußte zur Betrachtung der Welt herabsteigen, damit es mir nicht als Stolz angerechnet werde [52].» Diesem Bericht lag ein gewiß nicht alltägliches Erlebnis zugrunde; die Mystik nahm die Form von sichtbarer Glut an. Von diesen versengenden Flammen lebten die Gottesmänner, deren Seelen wirklich in die obern Regionen hinaufgestiegen waren. Die überirdischen Kräfte waren bei ihnen fühlbar gegenwärtig. Sie fanden keine Ermüdung in der Betrachtung der ewigen Schönheit Gottes, mochten sie von der göttlichen Liebe noch so sehr verwundet werden. Dabei ging dieses mystische Gebetsleben oft in Verzückungen über. «Ich war im Geiste weit weg und im Schauen entrückt» gesteht Isidor [53], und von einem andern Mönch berichtet Palladius in seinem «Leben heiliger Väter», daß er infolge seiner fortwährenden Verzükkung «mehr bei Gott als in der Welt war [54]». Andere Eremiten wiederum waren mit der Tränengabe begnadet. Alle Worte begleiteten sie mit Tränen und ihre Wangen waren beständig benetzt. «Die heiße Liebe zu Gott», meinte Theodoret in seiner «Mönchsgeschichte», «preßt diese Tränen aus, sie entflammt den Geist zur Gottschauung, verwundet mit ihren Strahlen und drängt zum Weggang aus dieser Welt [55].» Diese Tränen haben nichts mit einer niedergedrückten Stimmung zu tun. Ist doch die Tränengabe eher ein Zeichen der Freude. Rufinus schreibt denn auch von den Wüstenvätern: «Sie lebten dauernd in ungewöhnlicher Heiterkeit und Begeisterung, der man bei keinem Menschen auf Erden sonst begegnet ...» Apollonius ermahnte sie oft und sprach: «Wer sein Heil in Gott sucht und auf das Himmelreich hofft, braucht nicht traurig zu sein [56].» Beachtenswert ist die ständige Hochstimmung, weil sie mit ihrem Glutgebet aufs engste zusammenhängt. Um dieser Verbindung willen vermochten sie gelegentliche Versuchungen zur Überheblichkeit auch zu überwinden. Sie blieben eingedenk, daß viele Menschen in der Welt, die aus Liebe zu Gott ihre Standespflichten erfüllten, vor Gott höher stehen als manche Mönche: «Man darf niemanden in der Welt verachten, er sei ein Räuber oder ein Gaukler, er sei Landmann oder Kaufmann oder Ehemann; denn in jedem Stande gibt es gottgefällige Menschen, die im Stillen solche Handlungen vollbringen, durch welche Gott erfreut wird; daraus ergibt sich auch, daß nicht so sehr der äußere Stand oder das Kleid Gott wohlgefallen, als vielmehr ein aufrichtiges und gutes Herz und rechtschaffene Werke[57].» Die Eremiten wußten, daß, wenn der Christ alles getan hat, was er kann, er immer noch ein unnützer Knecht bleibt. Dieses Bewußtsein der Demut veranlaßte Pambo seinen Schülern in seiner Todesstunde das Geständnis abzulegen, das für sie alle gilt: «Seit ich in diese Wüste kam und hier meine Zelle erbaute, verging kein Tag, an dem ich nicht mit meinen Händen eine Arbeit verrichtet hätte, noch erinnere ich mich, von irgend jemandem ein Stücklein Brot angenommen zu haben, noch reut mich in dieser Stunde ein Wort, das ich gesprochen; und doch gehe ich jetzt zu Gott, ohne daß ich angefangen habe, gottesfürchtig zu sein[58].»

Gleichwohl legt sich dem Betrachter die Frage auf die Lippen: Ist diese außerordentliche Lebensweise der Wüstenväter nicht überspannt? Geht sie nicht zu weit, und ist sie nicht übertrieben? Sagt das Sprichwort nicht: Allzu viel ist ungesund? In der Weise kann man fragen und diese Bedenken wurden schon unzähligemal gegen das Eremitentum vorgebracht. Aber diese Einwände löschen die Größe des Wüstenchristentums nicht aus, das ein Feuerbrand Gottes auf Erden war. Wie ein glühender Sonnenaufgang färbte es den Himmel rot. Solche Gestalten gab es *einmal* in der Geschichte des Christentums! Es waren Menschen mit einem Drang zum Außerordentlichen. Diese Mönche erfüllte eine wahre Leidenschaft der Selbstübersteigerung, denen keine Mühe und keine Anstrengung zu schwer waren. Sie haben gerungen und gekämpft, um durch die enge Pforte einzugehen, sie haben es sich etwas kosten lassen, um das Himmelreich zu stürmen. Die Einsiedler hatten eine Eigenschaft in sich, gegen die nicht aufzukommen war, ihren Heroismus, der nicht gleich als Titanismus verunglimpft werden darf. Diese Menschen wollten über sich selbst hinaus, sie waren von einem Verlangen nach dem Absoluten erfüllt und man ist versucht zu sagen: diese Eremiten waren nicht aus Fleisch und Blut, sondern bei aller menschlichen Schwachheit aus Geist und Feuer. Ohne diese brennende Glut ist im Christentum überhaupt nichts erreicht worden, vor dem man Ehrfurcht haben kann. Das Wüstenchristentum ist der stärkste Gegenpol zu dem parfümierten Salonchristentum, welches in weichen Pantöffelchen einhergeht und das Evangelium zum Gegenstand einer interessanten Unterhaltung beim Tee erniedrigt. In seiner heroischen Einstellung wird es selten verstanden, und nur

Christen wie Léon Bloy fühlten sich zu ihm hingezogen. Jedenfalls war im nachkonstantinischen Zeitalter das echte Christentum in der Wüste draußen und
nicht in den kaiserlichen Palästen. Und heute? Wird es nicht wieder in die
Wüste hinausgedrängt? Ist es nicht zu allen Zeiten die Stimme eines Rufenden
aus der Wüste? Wahrhaftig, anders hat das echte Christentum nur selten existiert. Statt sich über die Verirrungen einzelner Vertreter aufzuhalten, deren es
bei ihnen wie überall gab, ist es angebracht, darauf hinzuweisen, wie im Wüstenchristentum der Geistesfrühling der ersten Christen wiederkehrte. Ohne
dieses Urchristliche im Eremitentum ist die beinahe unwiderstehliche Anziehungskraft, welche diese Männer auf die damalige Zeit ausübten, nicht zu verstehen. Im Unterschied zu den übrigen Christen, besteht bei den Eremiten keine
Kluft zwischen Idee und Gestaltung. Sie brachten sie zu restloser Deckung. Die
ersten Anachoreten lebten ihre Ideen auf eine geradezu unheimliche Weise. Sie
waren die Verkörperung der eremitischen Gedanken. Diese Menschen küm-
merten sich nicht nur so nebenbei auch noch ein wenig um das Christentum,
sondern bei ihnen war es die alles ausfüllende Lebensrealität. Die Eremiten waren bestrebt «mit der Natur der Engel» zu wetteifern und bemühten sich, die
früheren Christen nachzuahmen, «nicht in Erz und Buchstaben ihr Andenken
eingrabend, sondern, ihr ganzes Tugendstreben im eigenen Ich abformend, lebendige Bilder und Statuen zu sein»[59]. Nur um das Heil der eigenen Seele be-
kümmert, vertraten diese Männer ein Christentum des Maximalismus, bei dem
sich deswegen auch furchtbare Abstürze ereigneten. Man kann nicht mehr weiter gehen als sie gegangen sind. Sie haben das Äußerste gewagt, was ein Christ
aufs Spiel setzen kann. Dieser Heroismus verleiht dem Wüstenchristentum seinen unsterblichen Glanz. Nach der Ursache ihrer Lebensweise befragt, nannten
sie nicht die Furcht vor den zukünftigen Schrecknissen. Die Eremiten wußten,
daß das Christentum auf der Liebe und nicht auf der Angst begründet war. Das
Hauptmotiv für ihre außerordentliche Lebensweise war die Liebe zur göttlichen
Schönheit: «Die Liebe ist es, welche sie nährt, sie benetzt, sie bekleidet. Sie gibt
Flügel und lehrt fliegen, sie befähigt über den Himmel zu dringen, sie läßt
nach Können den Geliebten schauen und entflammt durch das Schauen die Sehnsucht, erweckt Liebeswonne und facht mächtiger die Flammen an[60].» Wie eine
betäubende Trunkenheit kam die Macht der Liebe über die weltentsagenden
Büßer, und gar heftig empfanden sie die Stacheln der göttlichen Liebe. In Theo-
dorets «Mönchsgeschichte» sagt Markionus: «Wir schätzen das Fasten höher
als die Speise und nehmen diese erst ein, wenn die Nacht herankommt, aber
wir wissen, daß die Liebe wertvoller ist als das Fasten. Denn sie ist ein Werk
des göttlichen Gebotes, das Fasten hängt von unserm Willen ab[61].»
    Das Wüstenchristentum ist eine der erregendsten Erscheinungen in der Ge-
schichte des Christentums. Diese Menschen vertreten kein Ausverkauf-Chri-

stentum, keine Religion für jedermann und keine öde Gewohnheitskirchlichkeit. Mit all diesen trüben und langweiligen Verzerrungen hatten sie nicht das geringste zu tun. Vielmehr waren die Eremiten bewußt aus dem Allgemeinen herausgetreten. Was dies besagt, ist schwer zu ermessen. Dadurch wurden sie dazu geführt, den schwersten Feind des Christentums zu erkennen. Nicht die großen Sünder sind dem Evangelium am gefährlichsten. Daß Kurtisanen und Mammonsjäger am Rande der Hölle wandeln, weiß man und der «steinerne Gast» holt sie auch, wenn sie, wie Don Juan, bis zum letzten Augenblick verstockt bleiben. Über die Unvereinbarkeit ihrer Lebensweise mit dem Vollkommenheitsstreben besteht Klarheit, kein Mensch kann darüber getäuscht werden. Nicht dort steht die Gefahr, sondern die Mittelmäßigkeit ist der schwer zu erkennende Feind, gegen den die Wüstenväter erbittert ankämpften. In keiner Stunde waren sie bereit, sich mit ihr abzufinden, weil das Mittelmäßige keine kleinliche Angelegenheit ist, sondern das harmlos aussehende Verderben. Die Mittelmäßigkeit veranlaßt den Menschen, sich des Christentums nur bis zu einem gewissen Grade anzunehmen, sich·unter keinen Umständen mit ihm entscheidend einzulassen, sondern es nur als weihevollen Schmuck bei gewissen Anlässen zu gebrauchen. Sie hat unweigerlich jene Gesinnung zur Folge, welche weder warm noch kalt ist und darum in ihrer Lauheit von Christus ausgespien wird. Die Wüstenväter haben die den Menschen unmerklich herabziehende Mittelmäßigkeit nicht bei den andern bekämpft, sondern in sich selbst! Diese Haltung ist entscheidend, weil sie dadurch zu den vorbildlichen Wüstenheiligen und nicht bloß zu kulturkritischen Bußpredigern wurden. Das Gewaltige am Eremitentum ist die Entschlossenheit, die kleinbürgerliche Christentumsauffassung zu durchbrechen, die zahlreichen Sicherungen zu verlassen und den Schritt ins Unbekannte zu tun, wozu die Bibel den Menschen immer wieder auffordert. Das Überschreiten der «Grenzen der Natur» wie sie es selbst nannten, ist das Kühne und Ungewöhnliche an ihnen. Wenn die Christenheit den Sinn verliert für den nie beendigten Kampf gegen die Mittelmäßigkeit in ihren Reihen, dann ist ihr Salz zu nichts mehr nütze, und sie versumpft in ihrem eigenen Morast. Die Wüstenväter haben den «Glauben dem Schraubstock der Vernunft entrissen»[62] und waren hinübergeschritten. Ein Christentum jenseits des gesunden Menschenverstandes lebten sie, welches das Unfaßliche ihrer Lebensweise ist, die deswegen auch nie mit dem Verstand restlos begriffen werden kann. Sie betrachteten sich als Gestorbene, und auf sie ist die ungebräuchliche Bezeichnung «jenseitige Menschen» anzuwenden, die etwas vom Allermerkwürdigsten sind. Der Eremit Paulus frug denn auch einen Wanderer, der bei ihm vorbeikam: «Ob immer noch Menschen geboren, Häuser gebaut und Krieg geführt werde?» Dermaßen weit hatten sich diese Einsiedler von all dem entfernt, was sonst die Menschen erfüllte. Sie hatten Nietzsches Parole «gefährlich leben» jahrhundertelang vorweggenommen und ins Christliche gewendet. In ihrem Kampf gegen die Mittelmäßigkeit war die Religiosität wieder zur flammenden Gebärde geworden. Der Wüstengeist hatte sie entzündet, so daß sie förmlich zum Himmel loderten. Die Anachoreten waren Athleten des Geistes, die mit ihrer beständigen Begeisterung für das Ewige die Elite des Christentums bildeten. Selten hat der christliche Geist eine solche Höhe erklommen. In den Eremiten lebte der Wille zum Unbedingten. Vor dem Wüstenchristentum kann man sich nur mit Respekt verneigen, seine Signalisierung der Mittelmäßigkeit als des verkappten Feindes des Christentums ist von zeitloser Gültigkeit, sie ist zur heutigen Stunde nicht weniger dringlich als im 4. Jahrhundert.

Diese Erkenntnis führt zu der letzten Bedeutung des Wüstenchristentums. Im Zeitalter Konstantins erfuhr das dogmatische Anliegen eine große Anschwellung und erlangte eine Wichtigkeit, die es in den Mittelpunkt des Interesses rücken ließ. Die christologischen Fragen sind nicht gering zu achten, und ihre Abklärung entsprach einer Notwendigkeit. Welch denkender Christ hätte nicht schon das geistige Vergnügen empfunden, das ihm das spekulative Interesse auf religiösem Gebiet bereitet. Aber so naheliegend diese theologische Leidenschaft ist, steckt in ihr doch eine große Gefahr verborgen. Nur ein kleines Schrittchen, und schon ist die falsche Weichenstellung erfolgt, die das Christentum als eine bloß intellektuelle Beschäftigung mißversteht. Dieser holde Irrtum droht dem religiösen Menschen immer wieder, obschon es im Evangelium unzweideutig heißt: «Nicht jeder, der zu mir sagt ‚Herr, Herr' wird in das Reich der Himmel kommen, sondern wer den Willen meines Vaters in den Himmeln tut» (Mt. 7, 21). Das Christentum vorwiegend als theoretische Angelegenheit aufzufassen und die Seligkeit des Menschen von der Anerkennung einer dogmatischen Formel abhängig zu machen, dieser Gefahr waren die Theologen im konstantinischen Zeitalter weitgehend erlegen, und gegen dieses fatale Mißverständnis bildeten die Eremiten den großen Widerpart. Die Einsiedler gehörten glücklicherweise nicht zu den «Intellektuellen», und aus ihren Reihen stammt das Wort: «Wessen Verstand gesund ist, der braucht keine Wissenschaft [63].» Es ist gewiß eine Überspitzung, zu sagen, «Orthopraxis statt Orthodoxie» sei ihre Losung gewesen. Denn die echte Lehre war ihnen nicht gleichgültig, wie ihre gelegentliche Teilnahme am Kampf gegen die Arianer beweist. Und doch ist in dem Satz «Orthopraxis statt Orthodoxie» mehr als nur ein Körnchen Wahrheit enthalten. Als ihre Sendung empfanden sie die rechte Lebensweise. Sie war im Massenchristentum ungebührlich vernachlässigt worden, und der mittelmäßige Drückeberger hält sie sich ohnehin gerne vom Leibe. Es ist so viel leichter, richtig zu lehren anstatt richtig zu leben. Nach dem Dafürhalten der Wüstenväter geht jedoch das Christentum vorwiegend auf die richtige Daseinsform aus und ist nicht ein Gegenstand philosophischer Denkübung. Je einseitiger die

damaligen Kirchenmänner manchmal das Wesen des Christentums in religions-
philosophische Formeln ausprägten, um so notwendiger war das Mönchtum.
Neben den Theologen, welche die allerkompliziertesten Formulierungen auf-
stellten, tritt der schweigende Eremit, der in aller Schlichtheit seinen Glauben
in seiner Lebensweise ausdrückt. Offen sagten die Wüstenväter: «Keiner von
uns wird gerichtet nach dem, was er nicht weiß, und keiner wird selig gepriesen
deshalb, weil er etwas gelernt hat und Erkenntnis erworben, sondern darnach
wird jeder beurteilt, ob er den Glauben bewahrt hat und die Gebote treulich
beobachtete[64].» Die Eremiten hatten es ausschließlich mit der Verwirklichung
zu tun. Immer legten sie auf das Tun allen Nachdruck. Ein sterbender Einsiedler bezeichnete als den besten Weg zur Vollkommenheit: Nie jemand etwas zu
lehren, was man zuvor nicht selbst geübt hat! Nach ihrer Auffassung verderben
die christlichen Gedanken, wenn sie nicht in die Wirklichkeit umgesetzt werden
und nur in den Köpfen der Menschen brach liegen bleiben. Angesichts dieser
Wahrheit bleiben alle Einwände gegen das Eremitentum an der Oberfläche haften und treffen das Wesentliche gar nicht. Was man auch vorbringen mag, es
kommt alles nicht auf gegen das Ernstmachen mit dem Christentum als einer
praktischen Lebensweise, der die Anachoreten zugetan waren. Das Evangelium
als eine Anleitung zu einem neuen Leben zu verstehen, das alle bequeme Bür-
gerlichkeit tief unter sich läßt, ist das ewige Recht des Wüstenchristentums.
Den Hinweis, daß es im Evangelium auf die Verwirklichung ankommt, haben
die Christen aller Jahrhunderte nötig, weil er der einzige Beweis des Geistes und
der Kraft bildet, der unwiderlegbar ist.

Die Ausführungen über das Wüstenchristentum kann man am besten mit
einer Anekdote aus dem Leben des Antonius schließen, womit das Ende sich
wieder mit dem Anfang verbindet. Als sich viele Menschen zum Einsiedlerleben
hinzudrängten, wurde der Begründer des Eremitentums einst von seinen Schülern gefragt, ob dieser Eifer nie erkalten würde. Da verzogen sich die Gesichts-
züge des Antonius, er fing an zu weinen und erwiderte: «Ach nein, es wird eine
Zeit kommen, da werden die Mönche, statt die Einsamkeit zu suchen, in den
bewohntesten Städten ihre Wohnsitze aufschlagen; da werden sie prachtvolle
Gebäude errichten, gute Mahlzeiten suchen und sich in nichts mehr von den
Weltmenschen unterscheiden, als durch ihre Kleider. Doch Einzelne wird es
allezeit geben, in denen der ursprüngliche Geist der Stiftung sich erhalten
wird[65].»

PACHOMIUS
UND DAS KLOSTERWESEN

ACH der alten Lebensbeschreibung hat sich Pachomius beim Überqueren der Flüsse beständig der Krokodile bedient, die ihn jeweilen mit größter Schnelligkeit ans andere Ufer brachten[1]. Krokodile als Beförderungsmittel sind eine noch nie gehörte Verkehrseinrichtung. Auch der gutgläubigste Mensch wird solch phantastischen Nachrichten gegenüber nur ein mißbilligendes Kopfschütteln übrig haben, wenn sie als ernstgemeinte Behauptung vorgebracht wird. Es kommt ihm als allzu viel Butter aufs Brot gestrichen vor, und sein aufgestachelter Argwohn wird nicht durch die Aufforderung der alten Vita aus der Welt geschaffen, «dieser Erzählung kein Mißtrauen entgegen zu bringen».

Die unglaubwürdigen Krokodile machten die pachomianische Überlieferung mehr als verdächtig. Sie wurde mit der Zuverlässigkeit eines geschichtlichen Berichtes als unvereinbar empfunden, und lange Zeit war deswegen die Beschäftigung mit Pachomius mangelhaft. Dies hatte zur Folge, daß der zweite Mönchsvater zu einer unbekannten Gestalt für den heutigen Christen wurde. Von Antonius hat man dem Namen nach schon gehört, von Pachomius haben wenige überhaupt nur einen Klang vernommen, geschweige denn eine nähere Vorstellung bekommen. Nahm sich im vergangenen Jahrhundert doch einmal ein Historiker seiner an, dann stellte er sich die Aufgabe, «die Pachomius verherrlichenden Züge auf das berechtigte Maß zurückzuführen»[2]. Was konnte bei dieser Tätigkeit mit der Schere anderes herausschauen, als eine in ihrer Kahlgeschorenheit äußerst dürftige Gestalt, die wenig Fesselndes behielt.

Dabei hatten auch die Krokodile des Pachomius die gleiche Funktion auszuüben, wie dasjenige, welches Gott dem rebellierenden Hiob vor Augen führte: den Leser der alten Lebensbeschreibung auf jene Dinge aufmerksam zu machen, die zu hoch und zu wunderbar für ihn sind! Die in verschiedenen Fassungen überlieferte Vita des Pachomius ist als ein Dokument der altchristlichen Legendenwelt zu begreifen, der eine geistige Pracht von seltener Tiefe innewohnt. Was muß es doch für eine mächtige Persönlichkeit gewesen sein, der man solch erstaunliche Wunder der Flußüberquerung zutraute! Sie erinnert beinahe an den in feurigem Wagen gen Himmel fahrenden Elias. Man lasse sich doch nicht alsogleich von der legendarischen Ungewöhnlichkeit kopfscheu machen, sondern bringe den Mut auf, wenigstens ihren zeitlosen Symbolgehalt zu bejahen, und man wird zuletzt von der grandiosen Welt des Frühmönchtums förmlich überwältigt sein, in der Pachomius wie eine gewaltige Pyramide in der ägyptischen Landschaft steht. Auch die als Verkehrsmittel dienenden Krokodile sind in dieses magische Weltverständnis ausdrücklich einzuschließen, weil sich in ihnen die Auffassung verwirklicht, daß dem mit Gott geeinten Menschen auch die Tierwelt wieder mit paradiesischer Zutraulichkeit verbunden ist. Die wahre Größe des Pachomius konnte nur von der glühenden Legende festgehalten werden, der nicht mit einem weltanschaulich befangenen Wissenschaftspositivismus zu begegnen ist, dessen Instrumente sich als viel zu stumpf erweisen, um an den Kern dieser hintergründigen Persönlichkeit heranzukommen. Es bedarf zur Erschließung der legendengesättigten, farbigen Welt des Frühmönchtums eines Verständnisses für die symbolische Denkweise, welche der Legende viel mehr entspricht als das analytische Verfahren. Man kann sich dieser beinahe versunkenen Welt nur über den Weg des Neuerlebens nähern, während vom bloßen Begriff und rationalen Urteil kein Pfad in das Wesen der Dinge führt. Das innere Mitgehen ist die unumgängliche Voraussetzung, weil nur das seelische Eingehen in die Vergangenheit sie nochmals zum Leben zu erwecken vermag. Die der unkritischen Wundersucht gescholtene Lebensbeschreibung des Pachomius ist noch in jene «Dunstschicht des Unhistorischen eingegangen», in welcher, nach Nietzsche, alle entscheidenden Ereignisse entstanden sind[3]. Um ihre Sprache zu verstehen, ist jenes Herausahnen, jenes Hindurchfühlen, jenes Wittern von fast erloschenen Spuren der Legendenwelt neu zu erlernen. Die alte Vita war nicht darauf bedacht, die mächtige Vergangenheit einem trivialen Zeitgeist anzugleichen, sie erzählte von Pachomius bewußt zum Zweck des Lebens, was sich noch immer förderlicher als das bloß antiquarische Interesse ausgewirkt hat. Ausdrücklich gesteht sie: «Wir haben dies geschrieben, damit wir durch das Anhören zur Nacheiferung ihres Lebens angeregt werden[4].» Dank ihrer erzieherischen Tendenz prägt die Legende mit ihrer Symbolik «das Allbekannte zum Niegehörten» um und rettet damit das geschichtlich Lebendige vor dem Schicksal der Mumifizierung. Es gibt keinen andern Weg, den gleich hinter Antonius zu nennenden Mönchsvater nur annähernd zu begreifen, als den verzehrenden Wunsch in sich zu hegen, ebenfalls ein Pachomius zu werden!

Pachomius wurde von heidnischen Eltern in der Nähe der Stadt Esnah um das Jahr 290 geboren. Als unbemittelter Fellachensohn genoß er keine Schulbildung. In seiner Jugend verstand er nur koptisch, und erst später eignete er sich die griechische Sprache an. Mit zwanzig Jahren zum Militär eingezogen, erlebte er in der Rekrutenschule ausnahmsweise etwas anderes als nur Drill und rohen Soldatenton. Seine Abtransportierung zum kampfbereiten Heer brachte ihn unterwegs mit Christen in Berührung, die sich der grob behandelten Rekruten mitleidsvoll annahmen. Der Heide Pachomius hatte zum erstenmal in seinem Leben Gelegenheit, wirkliche Christen aus der Nähe kennenzulernen, und ihre hilfsbereite Menschenliebe machte auf ihn einen nachhaltigen Eindruck. Die wortlose Ausübung der Nächstenliebe hat sich noch immer als das beste Mittel zur Werbung für das Christentum erwiesen. Ihr wohnt eine Kraft inne, der man kaum widerstehen kann. Obschon Pachomius infolge des unerwarteten Friedensschlusses vorzeitig aus dem Militärdienst entlassen wurde, wirkte die Begegnung mit den Christen in seinem Innern nach. Das Erlebte veranlaßte ihn, sich der christlichen Gemeinde anzuschließen. Sein vorgängiges Priesterdasein in einem heidnischen Serapisheiligtum hat sich als ein Mißverständnis herausgestellt, das als erledigt zu betrachten ist.

Bald nach seinem Übertritt zum Christentum wurde Pachomius von der Eremitenbewegung ergriffen, welche sich damals in Ägypten ausbreitete. Das Erlebnis, das seine Weltflucht verursachte, wird nicht überliefert, wie denn vieles in der Pachomius-Vita mehr angedeutet als ausgeführt ist. Er war willens, bei dem Einsiedler Palamon in die Lehre zu treten, um von ihm die Anfangsgründe der Askese zu erlernen. Der Entschluß bereitete ihm zunächst eine bittere Enttäuschung, da der Eremit ihn nicht mit offenen Armen aufnahm. Unerwarteterweise erwiderte ihm der alte Mann: «Du kannst nicht Mönch werden; denn es ist nichts Kleines um das Tun eines Mönchs[5].» Die Antwort glich einer geistlichen Ohrfeige, die gleichwohl eine hinreißende Wahrheit in sich birgt, und eine Erkenntnis ausspricht, die im Ernste nicht widerlegt werden kann. Die Warnung kann als Ermahnungswert nur mit dem alten Gideonwort verglichen werden: «Wer blöde und verzagt ist, der kehre um.» Palamon hatte wahrscheinlich böse Erfahrungen mit Jünglingen gemacht, die das Einsiedlerleben wohl begonnen, aber dann weder die nötige Kraft noch die zähe Ausdauer besessen hatten, es auszuführen. Offenbar genügt ein bißchen jugendliche Begeisterung nicht zur Durchführung dieses schweren Berufes. Als reifer Mann wußte Palamon um das Eremitendasein Bescheid, das den Einsatz aller Kräfte verlangt. Seine Äußerung «es ist nichts Kleines um das Tun eines Mönches» trifft ins Schwarze und verdient als Motto über die ganze Ordensgeschichte gesetzt zu werden. Dies wahre Wort rückt gleich zu Beginn die monastische Angelegenheit in die richtige Perspektive. Vom Mönchwerden kann man nicht groß genug denken. Wo immer sein Tun in Verkennung als eine Kleinigkeit aufgefaßt wurde, war es mit seinem heroischen Anspruch vorbei und sackte es ins Platte ab. Wer den mönchischen Weg beschreitet, geht den Pfad des Außerordentlichen, und der Charakter des Ungewöhnlichen muß ihm unbedingt gewahrt bleiben. Der Ausspruch Palamons bekundet, wie er den Mönchsberuf nicht als eine Selbstverständlichkeit empfand. Statt die Leute mit gleißnerischen Versprechungen anzulocken, war der erfahrene Einsiedler eher bestrebt, sie abzuschrecken. Sie sollen es sich vorher überlegen, damit sie sich nicht dem Gespött aussetzen, als Menschen, die anfingen zu bauen und es nicht auszuführen vermögen. Pachomius gehörte jedoch zu den Naturen, die sich nicht abweisen lassen; beharrend auf seinem Verlangen, überwand er den Widerstand des Greises. Palamon nahm ihn zu sich und führte ihn in die Schule der Askese ein, die auch erlernt sein will, wenn daraus nicht gesundheitlicher Schaden entstehen soll. In der ersten Phase seines Lebens war Pachomius Eremit. Die beiden Einsiedler widmeten ihre Zeit vorzüglich dem Gebet und verrichteten daneben Handarbeiten, deren Erlös sie den Armen gaben. Ihre Kost war überaus einfach, sie genossen kein Öl und verzichteten ebenso auf das Feuer. Häufige Fasten unterbrachen ihre armseligen Mahlzeiten. Durch diese asketischen Übungen wurde Pachomius des Wachens kundig, der Schönheit der Welt gänzlich abgestorben und von der Macht der Demut restlos durchdrungen. In seiner mehrjährigen Lehrzeit hatte er reichlich Gelegenheit, die noch heute gültige Wahrheit des Wortes an sich zu erproben, daß es nichts Kleines ist um das Tun eines Mönches.

Eine Reihe von Jahren dauerte das harte Leben, das Pachomius mit der Askese vertraut machte. Wenn es nach seinem Sinn gegangen wäre, hätte er die eremitische Daseinsform immer beibehalten. Mit keinem Wort vermerkt die alte Lebensbeschreibung, daß er nur das geringste Ungenügen an ihr empfunden habe. Einsiedler zu sein entsprach offenbar seinem Bedürfnis. Über die Mängel dieser Lebensweise hat er aller Wahrscheinlichkeit nach nicht reflektiert. Das Wort der Bibel: «Wehe dem, der allein ist! Wenn er fällt, so ist kein anderer da, der ihm aufhelfe» (Prediger Sal. 4, 10) scheint bei Pachomius keine Rolle gespielt zu haben. Da er nie darauf Bezug nimmt, hat es auch nicht in seinen Ohren geklungen. Zu dem großen Lebenswerk des Pachomius, zu welchem das Eremitendasein nur den Auftakt bildete, wurde der Schüler Palamons beinahe gegen seinen Willen genötigt. Von sich aus hat er keine Änderung gesucht, sie wurde ihm von oben aufgedrängt. Die unerwartete Wendung hängt mit einem geistigen Erlebnis zusammen, das wie ein Gewitter über ihn hereinbrach und die ganze Szene völlig umkehrte.

Als Pachomius in der Nähe des einsam gelegenen Ortes Tabennisi weilte, hörte er plötzlich den Anruf eines unsichtbaren Wesens. Es wird nicht geschildert, welch maßloser Schrecken Pachomius durchfuhr, als ihn die himmlische Stimme ansprach, aber durch die knappe Berichterstattung fühlt man die Außerordentlichkeit des Vorganges wie eine zischende Stichflamme aufsprühen. Pachomius schaute im Gebet den Glanz des Überirdischen. Eine Engelgestalt sprach zu ihm: «Pachomius, bleibe hier und gründe ein Kloster, denn es werden zu dir viele kommen, die das Heil finden wollen. Diese leite nach der Vorschrift, die ich dir geben werde [6].» Der Einsiedler brachte der Engelsbotschaft nicht, wie der alte Zacharias, Unglauben entgegen noch erlaubte er sich, nach einer näheren Begründung des Auftrages zu fragen. Es wird nur berichtet, wie er gehorsam dem göttlichen Befehl nachkam. Wenn auch die karge Schilderung unser Wissensbedürfnis nicht befriedigt – das innere Ereignis einer Vision ist ohnehin aller Erforschung unzugänglich – so war doch die Engelvision die entscheidende Stunde im Leben des Pachomius. Jenes erschaudernde Erlebnis bewirkte einen radikalen Umsturz in seinem Dasein. Nie hat Pachomius Erschütternderes erlebt. An der Wirklichkeit dieses Gesichtes zu zweifeln, wäre töricht, Pachomius war Visionär. Seine ekstatische Begnadigung als eine Erfindung der alten Lebensbeschreibung hinzustellen, ist ein alberner Argwohn, der gerade das Leuchtende zudeckt. Visionen kamen in Pachomius' Leben mehrfach vor. Schon bei seiner Taufe wurde ihm sein erstes Gesicht zuteil. Auch später geriet Pachomius noch oft in Verzückung, in der er wunderbare Dinge schaute und woraus ihm die Gabe der Weissagung zufloß. Wie alle Visionäre sah Pachomius die wirkliche Welt sehr scharf, aber sein geistiges Auge erblickte noch eine andere Realität, die hinter der sichtbaren gelagert ist. Bei aller charismatischen Begabung hat Pachomius diese außerordentlichen Momente nicht überwertet. Als ihm einst ein Mönch eine Vision erzählte, machte er daraus kein großes Wesen, sondern tat hierauf den überlegenen Ausspruch: «Die schönste Vision ist ein frommer Mensch und die beste Offenbarung ist die, wenn du den unsichtbaren Gott in diesem sichtbaren Menschen siehst[7].» Diese trefflich formulierte Äußerung, die zu den religiösesten Worten des Pachomius gehört und die in ihrer Wahrheit dem einfachsten Christen zugänglich ist, bildet kein Argument gegen seine visionäre Veranlagung, als was sie schon verstanden wurde. Nur ein großer Visionär kann dermaßen erhaben über Gesichte reden. Johannes vom Kreuz hätte das gleiche sagen können, der ebenfalls ganz in der visionären Wirklichkeit lebte. Obgleich nach Pachomius die beste Offenbarung im Sehen des unsichtbaren Gottes im sichtbaren Menschen besteht, fand in Tabennisi ein elementarer Einbruch des Jenseitigen in dieses Dasein statt. In jener Verzückungsstunde, die alle Sinnen zum Schwinden brachte, erhielt Pachomius den Befehl zur Klostergründung. Die Tragweite der himmlischen Eingebung stellt sein ganzes bisheriges Leben in den Schatten. Diese Klostervision erklärt alles. Wer sie aus weltanschaulicher Voreingenommenheit als unmöglich ablehnt, muß zu willkürlichen Hypothesen seine Zuflucht nehmen, die von fragwürdigem Wert sind. Rein geschichtsmethodisch betrachtet, ist es besser, bei der Deutung der alten Lebensbeschreibung zu bleiben, anstatt nach einer außerhalb liegenden Erklärung zu greifen, die völlig in der Luft hängt. Es ist anzunehmen, daß sie bei ihrer viel größeren zeitlichen Nähe besser orientiert war als es ein Historiker sein kann, der vom Geschehen durch viele Jahrhunderte getrennt ist.

Kaum hatte Pachomius sich von dem furchterregenden Anblick seiner Vision erholt, erzählte er den erhaltenen Auftrag seinem Lehrmeister Palamon, der die

Göttlichkeit des Gesichtes anerkannte. Hierauf begann Pachomius mit der Errichtung «eines kleinen, zellenartigen Gebäudes nach dem Aussehen eines Klosters» [8]. Es ist dies nur ein unscheinbares Sätzlein, wie es geringfügiger nicht
dastehen könnte und doch, welch einen Inhalt schließt es in sich! Es berichtet
nichts Geringeres als daß der Bau des ersten Klosters in der christlichen Welt
entstand. An diesem einmaligen Ereignis in der Christenheit darf nicht schnell
vorbeigeeilt werden, es ist vielmehr Pflicht, in der Berichterstattung eine Be-
sinnungspause einzuschalten. Das Urkloster wächst gleichsam wie ein neuer
Baum des Lebens aus dem Boden bei den «Palmen der Isis», ein wunderbarer
Vorgang, der im Betrachter das Gefühl wachruft, Zeuge eines der entscheidenden Knotenpunkte der ganzen Kirchengeschichte zu sein. Eine sichtliche Weihe
ist spürbar, und es ist als ob die flüchtig vorüberhuschende Geschichte in diesem feierlichen Moment ihren Atem innehielte. An jenem Tag hat zwar niemand gemerkt, daß in der Christenheit etwas grundsätzlich Neues geboren
wurde, das auf ihre Entwicklung den größten Einfluß ausüben werde. Hat man
doch nicht einmal die genaue Zeit der Gründung festgehalten, die in den zwan-
ziger Jahren des 4.Jahrhunderts erfolgte. Und doch ist es wahrhaftig ein über-
ragendes Geschehen, daß zu dieser Stunde in aller Stille mit dem Bau eines «zellenartigen Gebäudes nach dem Aussehen eines Klosters» begonnen wurde und
die Christenheit jene geheiligte Stätte erhielt, welche in aller menschlichen Unvollkommenheit doch die günstigsten Bedingungen zu einem Leben der Gottnähe bildet. Das Kloster steht in der christlichen Geistesgeschichte an bevor-
zugter Stelle, die nur Voreingenommenheit nicht wahr haben will. Ein uner-
meßlicher Lebensstrom ist aus dem Kloster hervorgegangen, von dem die nachfolgenden Ausführungen bloß einen schwachen Abglanz zu vermitteln imstande
sind. Nur mit Ehrfurcht kann man die reichhaltige Mönchsgeschichte betrachten, die zum Großen gehört, was christlicher Geist geschaffen hat. Ohne sie ist
die abendländische Geschichte nicht denkbar. Die Klöster haben zu der Hin-
überrettung des Christentums durch die Sintflut der Völkerwanderung Uner-
setzliches beigetragen. In diesem beinahe unbemerkten Moment aber hat das
Klosterwesen in Ägypten seinen Anfang genommen und ein ehemaliger Rekrut
ist sein Begründer. Doch hat er es nicht selbst ersonnen, eine himmlische Stimme trug es ihm auf. Diese Errichtung macht das erste Kloster zu einem Urphä-
nomen, das nie mehr aus der Geschichte der Menschen verschwinden wird.
Kein stolzes Gebäude wurde damals in Tabennisi gebaut, wie dies später oft in
prunkhafter Weise geschah. Ausdrücklich vermerkt die Lebensbeschreibung,
es sei eine kleine Gebäulichkeit gewesen, mit der kein Aufsehen zu machen war.
Aus geringen Anfängen ist das Klosterwesen herausgewachsen, und nur was in
demütiger Bescheidenheit begonnen und nicht mit prahlerischer Großmanns-
sucht auftrat, hat Gott in der Geschichte Bestand verliehen. Der kleine Umfang

des Urklosters darf nicht zur Geringschätzung verleiten, das Entscheidende besteht darin, daß überhaupt ein Anfang mit diesem religiösen Weg gemacht wurde. Der Christ, der den ersten Schritt tat, war ein ägyptischer Laie, der ungebildet und einzig seiner Vision gehorsam war. Durch ihn hat Ägypten der Christenheit ein Geschenk gemacht, dem nicht viel Ebenbürtiges an die Seite gestellt werden kann, und Pachomius gebührt das Verdienst, Schöpfer des Urklosters zu sein, welchen Lorbeerkranz ihm keiner von der Stirne reißen kann. Diese Leistung erhebt ihn zum zweiten Vater des Mönchtums, dessen Name mit goldenen Lettern in das Buch des Klosterwesens einzutragen ist. Noch heutzutage kann kaum ein aufgeschlossener Mensch ein Kloster betrachten, ohne daß in ihm eine Fülle von Gefühlen und Gedanken wach werden. Welch ein seltsames Leben spielt sich in diesen Gebäulichkeiten ab, was für seelische Kämpfe werden hinter seinen Mauern durchgefochten und welch geistige Siege sind in ihnen schon errungen worden, deren Gewinn der gesamten Christenheit zugute kam.

Vom Wunsche getrieben, die Insassen seines Klosters in ihrem religiösen Leben vor neugierigen Blicken von außen zu schützen, legte Pachomius eine Mauer an, die das Urkloster umsäumte. Diese weißschimmernden Klostermauern sind ein Sinnbild für die Trennung des Mönches von der Welt geworden und damit eine Bestätigung für die Bestrebung des Frühmönchtums, sich eine Sonderwelt zu schaffen.

Die Errichtung des Urklosters hätte genügt, um Pachomius ewigen Ruhm einzutragen. Aber seine Leistung erschöpft sich nicht in diesem einen Werk. Nach der Vita gab ihm der Engel «eine Tafel, auf welcher die ganze Ausbildung derer, die zu ihm kommen sollten, aufgezeichnet stand»[9]. Der Engel händigte ihm in der Vision «eine Regel ein, der die Bedeutung eines Musters zukommt. Man hat dieser Engelvision Mißtrauen entgegengebracht, weil sie nicht in allen Fassungen der alten Lebensbeschreibung überliefert wird»[10]. Zu Unrecht. Natürlich ist sie eine legendäre und nicht eine geschichtliche Überlieferung. Die Aufstellung der ersten Mönchsregel durch eine Engelerscheinung fügt sich jedoch lückenlos in das Bild der alten Vita über Pachomius ein. Wenn der Klosterbau auf eine himmlische Vision entstand, dann ist doch die Übermittlung der Regel durch eine überirdische Gestalt ebenso gut möglich. Pachomius war ein Mann, der mit Engeln im Gespräch stand. Diese Vorstellung hat etwas Erregendes an sich; sie läßt sich von ihm nicht ablösen. Engelerscheinungen gehören zum Frühmönchtum nicht weniger als die Dämonen, die auch beim zweiten Mönchsvater das gleiche Unwesen trieben, wie schon bei Antonius. Sowohl Engel als Dämonen bezeugen dessen Verbundenheit mit der übersinnlichen Welt. Wie der Klosterbau, so ist auch die Regel engelhaft, dieweil sie ebenfalls für Ordnung eintritt und gegen das Chaos kämpft. Mit der Bezeich-

nung «Engel-Regel» ist sie denn auch in die Geschichte eingegangen. Sie war
wegen ihres überirdischen Ursprungs mit einem Ansehen umgeben, dem sich
die Mönche um so williger fügten. Ihre Übermittlung durch Engel vermindert
keineswegs die Leistung des Pachomius. Abgesehen davon, daß es sich in diesen
Dingen nicht um menschlichen Ruhm handelt, wurde die Engelregel ihm und
keinem andern mitgeteilt. Sie gehört zu dem Neuen, das sich mit seinem Namen verbindet und bleibt eine Großtat ersten Ranges, welche die Vita mit den
Worten kommentiert: «Der Vater selbst, in allem geleitet von der Gnade, war
für jede Art der Lebensführung Vorbild, Maß und Regel. Dem einen nämlich
war die Handarbeit zum Lebensunterhalt übertragen, dem andern wieder die
Aufgabe der Bestimmung für die gemeinsame Bruderschaft und zwar jedem
nach der ihm gegebenen Regel[11].

Die «Historica Lausiaca» des Palladius überliefert die auf ehernen Tafeln
aufgezeichnete Engelregel in einem Wortlaut, der jedoch lange Zeit Pachomius aberkannt wurde. Diese Hyperkritik besteht nicht zu Recht. Bei vorur-
teilsloser Betrachtung muß man doch sagen, daß die Regel mit der Vita des
Pachomius übereinstimmt. Beide Dokumente, die sich in nichts widersprechen,
spiegeln das gleiche Bild des zweiten Mönchsvaters wider. Im wesentlichen
geht die Pachomiusregel auf den Schöpfer des Urklosters zurück. «Die Regel
des Pachomius gehört zu den wichtigsten Denkmälern der altchristlichen Literatur» schreibt Otto Zöckler, «gerade ihr Lapidarstil, ihr rasches Fortschreiten
von Punkt zu Punkt, ihr Fernbleiben von kasuistischen Details gibt sie als das
Original zu erkennen, dem gegenüber alle übrigen Texte Produkte späterer Er-
gänzerarbeit sind»[12]. Ebenso ist ihre Systemlosigkeit ein Zeichen ihrer Ursprünglichkeit. Es ist möglich, daß sie einige Zusätze enthält, die nachträglich
eingefügt wurden, aber in ihrem Kern ist sie sicher der Geistigkeit des Pachomius zugehörig. Auch der Einwand, daß sie nur ein «du sollst nicht» kenne,
spricht für ihr hohes Alter[13]. Man kann sich aus ihr eine gewisse Vorstellung
machen, wie sich das Leben in den pachomianischen Klöstern vollzogen hat.
Der Eintretende wurde vorerst ins Gästehaus geführt, da man den Fremden
nicht ohne weiteres in das Innere des Klosters einließ. Er mußte zunächst die
unumgänglichen Grundbegriffe des religiösen Lebens lernen, ehe man ihm das
einfache Mönchsgewand verlieh. Von einem Gelübde ist noch nicht die Rede.
Dagegen legte Pachomius Wert darauf, daß alle Klosterinsassen im Lesen unter-
richtet würden, damit sie an dem Gottesdienst, der zweimal täglich stattfand,
aktiv teilnehmen konnten. Als Pachomius in der Vision gegen die geringe Anzahl von Gebeten Einsprache erhob, erwiderte ihm der Engel: «So hab' ich sie
festgesetzt, damit auch die Schwachen ohne Mißmut die Vorschrift befolgen
können. Die Vollkommenen bedürfen keiner Vorschrift, denn sie widmen in
ihren Zellen das ganze Leben frommer Betrachtung[14].» Die Mönche wohnen im

Kloster beisammen, doch hat jeder eine Einzelzelle, worin er nachts auf einem Liegestuhl schläft. Die Regel trägt möglichst allen Bedürfnissen der Klosterinsassen Rechnung, indem sie für einfache Kleidung, mäßige Nahrung und angemessene Erholung sorgt.

Natürlich gibt es viel vollkommenere Regeln als diejenige des zweiten Mönchsvaters. Dieser Behauptung ist ohne Vorbehalt zuzustimmen. Doch nicht darum handelt es sich. Bei Pachomius liegt die Urform der Regel vor, und dies allein ist wichtig. Es ist notwendig, in allen Dingen immer wieder auf die Urbilder zurückzugehen, weil sie entscheidend sind. Pachomius hat erkannt, daß ohne feste Norm eine klösterliche Gemeinschaft nicht bestehen kann. Er achtete unter seinen Mönchen auf strenge Disziplin, zumal ihm die Erkenntnis aufgegangen war, daß «bei Gott und den Menschen Ordnung und Zucht in hohen Ehren stehen»[15]. Das Klosterleben hat eine klare Richtlinie zur unumgänglichen Voraussetzung, eine Einsicht, die dem Begründer des ersten Klosters in einer Vision geschenkt wurde. Dies ist der bleibende Sinn der Engelregel, die dem Mönchtum einen ganz neuen Pfad eröffnete. Bis dahin kannte das Frühmönchtum nur den einzelnen Vaterspruch, dem lediglich die Bedeutung eines Hinweises zukam. Die Mönchsregel dagegen ist eine verpflichtende Vorschrift analog einem Gesetze[16]. Es ist etwas Gewaltiges um eine Regel, die der Mensch freiwillig als unverrückbaren Kanon auf sich nimmt. Damit hat Pachomius in das von Antonius gestaltlos geschaffene Mönchtum eine erhabene Form hineingebracht. Der Begründer des ersten Klosters wurde mit seiner Urregel auch der erste Gesetzgeber der Mönche.

Es ist nicht leicht, die passenden Worte zu finden, was Urkloster und Engelregel letztlich bedeuten. Sie stellen die Geburt des monastischen Lebens aus dem Geiste des visionären Christentums dar. Das gemeinsame, durch eine Vorschrift bestimmte Leben ist das absolut Neue des Pachomius, auf das er durch eine ekstatische Begnadigung geführt wurde. Für das neuzeitliche Bewußtsein sind Visionen gewöhnlich nur eine Quelle von Verlegenheiten, und dies ist vermutlich einer der Hauptgründe, warum man Pachomius so hilflos gegenübersteht. Dieses Unbehagen ist verständlich, weil Visionen eine unheimliche Welt erschließen. Nur mit Bestürzung nimmt man ihre erste Wirkung wahr: das natürliche Licht der Vernunft löscht aus. Es wird zunächst finster und in dieser Dunkelheit vernimmt der Mensch beunruhigende Dinge. Der feste Boden unter den Füßen scheint zu weichen, die reale Welt wird in eine irrationale verwandelt, tote Gegenstände beleben sich geheimnisvoll, und höchst eigenartige Symbole erstehen vor den Augen des betroffenen Menschen, wie es in der Offenbarung Johannes ausgeführt wird, die ganz dem visionären Christentum zugehört. Das Schulwissen reicht nicht aus, das Geschaute zu erklären; die Intuition vermag höchstens ein wenig zu ahnen, was in der Ekstase vorgeht. Wer keinen

Zugang zu der visionären Welt hat, besitzt nicht das Recht, deren Wirklichkeit zu verneinen. Gebe er doch ehrlich zu, einer Erscheinung gegenüberzustehen, der mit einer rationalistischen Einstellung so wenig beizukommen ist wie den flußüberquerenden legendären Krokodilen des Pachomius, die beide einem übergeschichtlichen Weltgefühl angehören. Die Visionen deswegen alsogleich als Wucherung einer üppigen Phantasie oder gar als eine geistige Störung zu bezichtigen, heißt die eigene Unzulänglichkeit zum Maßstab aller Dinge machen. Diese Ansicht wird den wahren Pachomius nie erfassen, weil er sich einer solchen Erklärung hartnäckig entzieht. In Wirklichkeit sind Visionen einzigartige Geburtshelfer, die in der Religionsgeschichte scheinbar Unmögliches zustandegebracht haben. Das visionäre Christentum hat auch zur Entstehung der endgültigen Form des Mönchtums geführt. Es ist der bloß moralischen Evangeliumsauffassung weit überlegen, die zuletzt nur noch das Vernünftige anerkennen will. Der ekstatische Mensch dagegen steht mit der obern Welt in realer Verbindung, was seiner Erscheinung die außerordentliche Bedeutung verleiht. Die Mönche lebten vom Geist des visionären Christentums, der dauernd ein günstiger Nährboden für das ekstatische Erleben blieb. Nicht zufällig zählt das Mönchtum so viele Visionäre in seinen Reihen. Statt dem visionären Christentum mit Skepsis zu begegnen, wäre es angebrachter, einmal offen zu fragen: Was wäre aus der Christenheit geworden, wenn sie keine großen Visionäre hervorgebracht hätte? Ihre Geschichte ist ohne sie nicht auszudenken. Die Visionäre gehören zu den bedeutsamen Charismenträgern. Echte Visionen, die auf göttlichen Erleuchtungen beruhen und nicht mit spintisierenden Einbildungen verwechselt werden dürfen, sind Fenster in die Überwirklichkeit. Sie verschaffen Durchblicke und lassen Licht einströmen in die Dunkelheit dieses verwirrten Daseins. Visionen gehören zu den wunderbarsten Geschehnissen in der christlichen Geistesgeschichte, welche den Kontakt mit der jenseitigen Welt vermitteln und den Weg für die göttliche Offenbarung zu den gläubigen Menschen bahnen. Die prinzipielle Verneinung ihrer Möglichkeit hat viel zur Verfinsterung der modernen Situation beigetragen, die, sich selbst überlassen, keine Weisungen mehr von oben empfängt. Visionen kann man sich selbst nicht geben. Nicht einmal wünschen darf man sie sich, weil das Verlangen nach einer außerordentlichen Gnade gegen die Demut verstößt. Aber man ist gehalten, auf die Menschen zu hören, die damit gewürdigt worden sind. Noch heute lebt die Menschheit von den Visionen eines Amos und jener, die Paulus fragen ließ: Was willst du, daß ich tun soll? Visionen sind Wegweiser, bei ihrem Ausbleiben versiegen die Quellen neuer Einsichten.

Bei dieser Betrachtung kann der heutige Mensch allerdings nicht mit Franz Schubert singen: «das Land, das meine Sprache spricht, da meine Toten auferstehen». Vielmehr mutet ihn dieses visionäre Christentum reichlich fremdartig an. Es ist nicht seine Welt, in der er sich bewegt und sich zu Hause fühlt. Diese Andersartigkeit ist schon darin begründet, daß Pachomius ein Kopte war und zwar ein Ägypter des 4. Jahrhunderts. Durch einen tiefen Graben ist er vom Mitteleuropäer des 20. Jahrhunderts getrennt. Es ist unmöglich, sich dieses visionäre Mönchschristentum ohne weiteres anzueignen. Man muß den Abstand erkennen und ihn nicht auf eine falsche Weise überbrücken wollen. Die Fremdheit kommt am deutlichsten in dem ungebändigten Haß zum Vorschein, den Pachomius gegen den preisenswerten Origenes empfunden hat. Oder sind die haßerfüllten Äußerungen Pachomius abzusprechen und auf das Konto des unbekannten Verfassers der alten Lebensbeschreibung zu setzen? Diese Frage ist nicht zu entscheiden. Es wird berichtet, daß Pachomius gegen «das törichte Geschwätz» des Origenes schroff Stellung genommen habe und er sich in seiner Abneigung bis zu der Behauptung verstieg: «Siehe, ich bezeuge euch im Angesichte Gottes, daß jeder Mensch, der den Origenes liest und seine Schriften vernimmt, in die Tiefe der Hölle kommen wird[17].» Nach der Vita meldete ihm bereits sein Geruchsinn, wenn er nur Menschen begegnete, die dem großen Alexandriner zugetan waren. Der koptische Visionär hatte für die feinsinnige Spiritualität des Origenes und dessen von der Kirche verurteilten Sonderlehren nichts übrig. Man kann diese affektgeladene Verdammung bedauern, zumal das Mönchtum der tiefsinnigen Gebetsmystik des Origenes sehr viel zu verdanken hat. Doch wäre es falsch, diese Gegnerschaft als beschränkten Fanatismus kurzerhand abzuschütteln; sie ist aus kirchenpolitischen Umständen zu erklären. Es drückt sich in diesem Gegensatz eine verschiedene Christentumsauffassung aus. Als Oberägypter vertrat Pachomius wahrscheinlich eine philosophiefeindliche Haltung, die von einem nicht zu beseitigenden Mißtrauen gegen geistvoll glitzernde Systeme erfüllt war. In diesem Haß gegen jede spekulative Auffassung des Evangeliums erweist sich das visionäre Mönchschristentum noch als einer viel größeren Ursprünglichkeit zugetan. Was es durch seine Bildungsablehnung an Subtilität verlor, gewann es dafür an Urwüchsigkeit. Die koptische Frömmigkeit steht dem griechischen Einschlag fern und ist intellektuell unverbogen, sie hat noch starke rudimentäre Kräfte in sich. Dieser Urtümlichkeit steht der heutige Christ vielfach verständnislos gegenüber, weshalb es für ihn nicht leicht ist, den zweiten Mönchsvater zu begreifen. Doch muß Pachomius in seiner ägyptischen Andersartigkeit belassen werden, er wirkt wesentlich größer in seinem visionären Koptentum als wenn er dem gegenwärtigen Zeitgeschmack angepaßt würde.

Trotz dieser eindrucksvollen Fremdheit des visionären Christentums ist Pachomius nicht gänzlich unverständlich, ist er doch keineswegs durchgehend wesensfremd. Die christliche Grundlage, auf der er mit all seinen Worten und Taten steht, schafft eine gemeinsame Basis des Verstehens, ohne die seine Klostergründung nicht vom Abendland hätte übernommen werden können, in welchem sie erst ihre unübersehbare Entfaltung erfahren hat.

Um die zeitlose Größe dieses religiösen Menschen wahrzunehmen, muß man sich zunächst durch mannigfache Vorurteile hindurchgraben, die den Zugang zu Pachomius versperren. Sie sind aus dem Irrtum entstanden, das Frühmönchtum immer von einem späteren Gesichtspunkt aus zu beurteilen.

Gegen Pachomius wurde schon eingewendet, daß es nur ein äußerliches Zusammenleben war, das er in seinem Kloster bewerkstelligte, in welchem ein niedriger Durchschnitt geherrscht habe und dessen Regel eine überwiegende Masse Unberufener voraussetze[18]. Gewiß spielte sich das Zusammenleben der ersten Klosterbrüder in denkbar einfachem Rahmen ab. Man kann es sich tatsächlich nicht primitiv genug vorstellen. Anders konnte es doch gar nicht sein. Aus allen Nachrichten empfängt man den Eindruck eines äußerst dürftigen Daseins: «In ihrer Kleidung aber hielten sie sich so armselig, daß sie niemals ein zweites Hemd trugen, außer wenn sie einmal verabredet hatten, das eine, das sehr schmutzig geworden war, zu waschen[19].» Ihre Einfachheit entsprach dem Fellachentum, aus dem sich die Mönche rekrutierten. Ihnen daraus aber einen Vorwurf zu machen wäre ungerecht. Wenn Amélineau behauptet, die ägyptischen Mönche seien um kein Haar besser gewesen als ihre heidnischen Vorfahren und die christliche Religion sei bei ihnen im Äußerlichen steckengeblieben, so liegt dieser Auffassung eine grobe Verkennung zugrunde. Die Anfänge einer Bewegung dürfen nicht an ihren späteren, entwickelteren Formen gemessen werden, wenn man sich nicht einer Ungerechtigkeit schuldig machen will. Sicher hat die pachomianische Wirklichkeit roh ausgesehen, dessen ungeachtet ist ihr Grundgedanke von einer einzigartigen Leuchtkraft. Pachomius hat die wesentlichen Prinzipien alles Mönchtums vorweggenommen: Gemeinsames Zusammenleben der Brüder unter einer Regel. Damit hat er eine neue Grundlage des mönchischen Lebens gelegt, die auch dem Menschen der Gegenwart noch zugänglich ist. In aller Unvollkommenheit hat er doch den Anfang des Klosterwesens gemacht. Leicht ist es nachher zu sagen, das hätte ein jeder von uns auch gekonnt, und unendlich schwer ist es, der zu sein, der es getan hat.

Es ist auch ungenügend, wenn Pachomius als der große Organisator gefeiert wird. Das Arbeitsethos seines Klosters, in welchem die Mönche in Reih und Glied zu ihrer Beschäftigungsstätte marschierten, darf nicht zu stark akzentuiert werden. Gewiß gab es zahlreiche Schneider, Färber, Gerber, Gürtler, Schuhmacher usw. unter seinen Mönchen, die er zu einer «großen Produktionsgenossenschaft zusammenfaßte»[20]. Aber er hat mit seiner Soldatennatur nicht die Klosterkaserne geschaffen, in der wie in einer Fabrik gearbeitet wurde. Zweifellos verfügte Pachomius über ein nicht alltägliches organisatorisches Talent, was er sowohl in der Gründung als auch in der Leitung seiner Klöster bekundete. Probleme der Organisation dürfen nicht als bloße Äußerlichkeiten gewertet werden. Zwar können sie den Menschen einer mechanischen Betriebsamkeit ausliefern, doch müssen sie nicht notwendig in ein bloßes Raffinement abgleiten. Der Arbeitseinteilung kommt eine wichtige Funktion zu, und wenn sie fehlt, kann auch das innere Leben leicht Schaden nehmen. Ohne eine gut funktionierende Organisation hat eine klösterliche Gründung keinen Bestand. Sie bedarf der praktisch veranlagten Menschen, zu denen auch Pachomius gehörte. Er brachte mit seiner organisatorischen Hand Ordnung in das chaotische Mönchtum. Es verdankt ihm jenes Fundament, auf dem das unvergängliche Gebäude des christlichen Klosterwesens errichtet werden konnte. Gleichwohl erfaßt man das innere Wesen des Pachomius nicht, wenn man ihn nur als organisatorisches Genie würdigt. Völlig verfehlt ist die Überbetonung der wirtschaftlichen Motive für das Handeln Pachomius'! Dieser Mann ist nicht einem geschickten Abteilungsleiter eines modernen Warenhauses gleichzusetzen. Nichts beweist stärker, wie ferne man Pachomius' visionärem Christentum steht, als wenn er vor allem als Verwalter einer kollektiven Wirtschaftsordnung bezeichnet wird. Der ekstatische Mönchsvater rückt dadurch in eine falsche Blickrichtung, und seine Gestalt erleidet eine fatale Verzerrung. Sein Bild bedarf hierin einer durchgreifenden Korrektur, da doch seine visionäre Begnadigung es gar nicht zuließ, daß sekundäre Fragen an erste Stelle gerückt und organisatorische Probleme anders denn als Mittel zum Zweck aufgefaßt würden.

Pachomius war vor allem ein überragender Seelsorger. Sein Urkloster mit der Engelregel hatte nichts anderes als «das Heil der Seelen» im Auge, wie die Vita sich ausdrückt [21]. Wie schon Heußi erkannt hat, war das rein Religiöse bei Pachomius das eigentlich Bewegende [22]. Die Seelenführung stand durchaus im Vordergrund, eine Bestrebung, die ihn allein zum wirklich begnadeten Mönchsvater machte. Ein eminent christliches Anliegen leitete ihn bei seinem Tun. Diese inneren Qualitäten verleihen ihm in erster Linie das enorme Gewicht, das ihm zukommt. Pachomius' religiöse Haltung drängt sich bei der Lektüre der alten Lebensbeschreibung förmlich auf, wenn man darauf achtet, wie er seine Mönche geleitet hat. Darnach schritt Pachomius zur Ansammlung von asketischen Schülern, indem er «die aufzunehmen begann, welche durch ihn infolge ihrer Sinnesänderung zu Gott gelangen wollten. Nach reiflicher Prüfung verlieh er ihnen das Gewand des Mönchs. Er verbot ihnen, sich den Dingen der Welt hinzugeben, dagegen führte er sie Stück für Stück weiter in der Askese. Vor allem ermahnte er sie, der ganzen Welt zu entsagen, den Angehörigen und nach dem Evangelium auch sich selbst, damit sie ihr eigenes Kreuz auf sich nehmen und dem Heiland folgen konnten [23].» Die Formulierung, «welche durch ihn zu Gott gelangen wollten», spricht die ausschließlich christliche Zielsetzung des Pachomius mit aller wünschenswerten Deutlichkeit aus. Kulturelle

Zwecke lagen nicht in Pachomius' Gesichtskreis. Später haben die Klöster auch kulturfördernde Arbeit geleistet. Sie wird von wohlwollenden Beurteilern gewöhnlich zuerst zu ihren Gunsten angeführt. Die zivilisierende Leistung der Klöster soll nicht verkleinert werden; doch hat diese Tätigkeit das Mönchtum nur zu oft auch von seiner wahren Bestimmung weggeführt. Ursprünglich entstand ein Kloster einzig zum Heil der Seelen. Kein gewiegter Organisator, sondern ein charismatisch begabter Seelsorger hat das erste Kloster gebaut. Nur die Absicht, seine Schüler zu Gott zu führen, leitete Pachomius bei seinem Unternehmen, wofür er sich verantwortlich fühlte. Die streng religiöse Zielsetzung ist größer als alle kulturellen Auswirkungen, und wer diese Bestrebung nicht versteht, der wird nie etwas vom wahren Geheimnis der Mönche begreifen.

Die Namen derer, die zuerst zu Pachomius kamen und Klosterschüler wurden, hat die Lebensbeschreibung ausdrücklich überliefert: Pserrthaisis, Surus und Opsis. Es verbindet sich mit diesen Persönlichkeiten keine plastische Anschauung. Gleichwohl verdienen sie erwähnt zu werden. Das Mönchtum lebt nicht nur von seinen geistesmächtigen Führergestalten, dieweil es auch den unbekannten Soldaten in seinem Heer braucht. Pachomius leitete mit dem Zusammenschluß von Schülern zu einer Hausgemeinschaft eine neue Etappe im Frühmönchtum ein. Zwar hatte auch schon Antonius Schüler. Aber er lebte nicht mit ihnen zusammen, und sein Bestreben ging eher dahin, sich ihrer zu entziehen, bis er es nicht mehr konnte. Beinahe zufällig bildeten sich später in der Umgebung des ersten Mönchsvaters eine Anzahl von Lauren, die aber in keinem Zusammenhang unter sich standen. Pachomius dagegen ging systematisch auf Schülerbildung aus, und er mußte es auch tun, um seinem Kloster den Bestand zu sichern. Seine entscheidende Tat bestand darin, daß er die zerstreuten Klausen zu einem Haus mit mehreren Zellen zusammenschloß, welches den Namen Kloster erhielt. Auch bei ihm wird das erzieherische Moment deutlich sichtbar, das vom Mönchtum nicht wegzudenken ist. Der monastischen Pädagogik des Geistes kommt eine Bedeutung zu, die einer Wiederentdeckung harrt. Pachomius war bestrebt, mit seinen Schülern ein gemeinsames Leben zu führen, und er erteilte ihnen seelsorgerliche Ratschläge «daß den Mönchen weder Gebet noch die Gesellschaft der Väter Nutzen bringt, wenn sie in sich selbst leichtfertig sind»[24]. Er ersuchte sie, die weltlichen Zusammenkünfte zu meiden, aber alle Christen in gleicher Weise zu lieben, damit seiner Frömmigkeit ein schönes Zeugnis ausstellend.

Bei seiner Pflege des Seelenheils verlangte Pachomius strenge Unterwerfung unter die Klosterordnung. «Alle forderte er auf, bereitwillig Gehorsam zu üben und ermahnte sie, niemals eigenwillig zu sein, damit sie auf den Nutzen Gottes bedacht seien und nicht auf ihren eigenen» heißt es in der Vita[25]. Wer dem Eigenwillen frönen wollte, der paßte nicht in die pachomianische Klostergemeinde. Der religiös inspirierte Gehorsam, der von demjenigen des Soldaten wohl zu unterscheiden ist, war für Pachomius oberstes Gesetz. Ihn kannte das Eremitentum nur in rohen Umrissen. Für das klösterliche Zusammenleben ist jedoch der religiöse Gehorsam von fundamentaler Wichtigkeit, und er spielt denn auch in der Mönchsgeschichte eine enorme Rolle. Bei Pachomius hat er begonnen, was wiederum ein Beweis der schöpferischen Kraft des Ägypters ist. Mit scharfem Blick hat er die unabweisbare Notwendigkeit der Gehorsamshaltung für das monastische Leben erkannt. Der Mönch hat sich möglichst lautlos in die Klosterordnung einzufügen. «Wenn sie zum Essen ruft, dann bleibe nicht ohne Nahrung, sondern komm mit den andern Brüdern und iß mit Maß das Brot und nimm von dem Gekochten, das dir vorgesetzt ist [26].» Jede Eigenbrötelei wird verabscheut, die immer etwas besonderes haben will, während der gute Mönch sich am besten völlig unauffällig der Klosterordnung unterzieht. Dem modernen Bewußtsein fällt es schwer, das Opfer des Gehorsams zu verstehen, geschweige denn es in dieser Strenge zu vollziehen. Die Größe des Verzichtes auf jeden Eigenwillen, dem doch im religiösen Leben eine wichtige Funktion zukommt, wird kaum noch begriffen. An dieser Verständnislosigkeit ist allerdings der Umstand schuld, daß gar oft der religiöse Gehorsam mit kriecherischer Unterwürfigkeit gleichgesetzt wurde, eine Verwechslung, die der Christenheit lediglich Schaden zugefügt hat. Willenlose Gefügigkeit gegen die vorgesetzte Behörde ist manchmal nur Feigheit und hat nichts mit jener erhabenen Seelenhaltung des religiösen Gehorsams zu tun, die Pachomius forderte. Ebenso abwegig ist es, wenn der Gehorsam in Gegensatz zur Autonomie der menschlichen Persönlichkeit gerückt wird. Dem Selbstbestimmungsrecht des Menschen wohnt ein sittliches Moment inne, das jedoch leicht in eine Selbstherrlichkeit ausartet, wofür die Neuzeit erschreckende Beispiele liefert. Der religiöse Gehorsam war Pachomius wichtig, welcher jener Mensch freiwillig leistete, der durch ihn zu Gott kommen wollte; diese Preisgabe des Eigenwillens kennt auch die Bibel. Um den verborgenen Sinn dieser Haltung zu begreifen, ist man genötigt, mit Paulus «alle Vernunft gefangen zu nehmen in den Gehorsam Christi» (2. Kor. 10, 5).

Eine kostbare Anekdote erzählt, wie Pachomius in eine ungewöhnliche Erregung geriet, wenn der aus freien Stücken auf sich genommene Gehorsam verletzt wurde. Das Vorkommnis verdient Beachtung, obschon es Pachomius nicht im Zustand ruhiger Abgeklärtheit zeigt. Doch wäre dies eine falsche Rücksichtnahme, die auf ein steifes, schematisiertes Heiligkeitsmodell zurückgeht. Sein Lebenslauf bekommt dadurch ein unerwartetes Gefälle. Pachomius stellte einige Klosterbrüder zur Rede, welche unter dem Vorwand, die Mönche würden doch nicht viel essen, vom Küchendienst davongelaufen waren und statt dessen von sich aus Matten angefertigt hatten. Er ließ sich nicht auf eine lange Diskus-

sion ein, sondern tat nur die Frage: «Wieviele Matten sind es, die ihr fertigge-
macht habt?» Die ertappten Mönche antworteten erschrocken: «Fünfhun-
dert.» Pachomius befahl: «Bringet sie her.» Als der Klostererbauer das Werk
der Ungehorsamen vor sich liegen sah, gab es für ihn keine milde Beurteilung
mehr. In tiefer Entrüstung ließ er die Matten ohne Rücksicht auf ihren Wert,
alsogleich ins Feuer werfen und sprach dazu: «Wie ihr die Regel, die euch hin-
sichtlich der Sorge für die Brüder gegeben war, vernachlässigt habt, so habe auch
ich schonungslos eure Arbeit verbrannt, damit ihr erkennt, daß es nicht recht
ist, Gesetze der Väter zu verachten, die zum Heil der Seelen gegeben sind[27].»
Es war ein Ausbruch des innerlich aufgebrachten Mönchsvaters, den man nicht
verharmlosen darf. In diesem flammenden Zorn, der ihn befehlen ließ, fünfhun-
dert Matten in Rauch aufgehen zu lassen, wirkt sich ein elementares Gefühl in
prachtvoller Weise aus, das als Warnungszeichen aufzufassen ist, sich diesen
majestätischen Gesetzgeber nicht zu weich vorzustellen. Pachomius führte diese
unerbittliche Gebärde des Vernichtens aus, weil er den Gehorsam verletzt sah,
der für ihn religiöse Bedeutung besaß. Wenn er auf dem Spiele stand, hörte für
ihn jeglicher Spaß auf. Wie ein zweiter Moses konnte er dann die Frevler be-
strafen, was seinem Aussehen eine gewisse Erhabenheit verleiht.

Die Verbrennung der Matten war nicht der einzige Beweis seiner furchterregenden Strenge. Als einst ein Bruder Sandalen zu einem höheren Preis verkaufte als vereinbart war, wurde er von Pachomius scharf getadelt: «Du hast
sehr gefehlt, da du das Mehr liebtest. Doch lauf schnell und gib den Überschuß
über den Preis denen zurück, die ihn dir entrichtet haben. Dann komm wieder
und bereue deinen Fehltritt[28].» Zu der Strafpredigt hinzu entsetzte Pachomius
ihn noch seines Amtes, dem er sich seiner Auffassung nach nicht als gewachsen
gezeigt hatte. Auch dieser Zwischenfall bringt einen sehr wichtigen Punkt zur
Sprache. Pachomius schaute darauf, daß die Klosterinsassen nicht von der Leidenschaft der Gewinnsucht angesteckt würden, durfte doch das Kloster keine
Stätte des Schätzesammelns sein. Überflüssige Klostervorräte mußten unter die
Armen verteilt werden. Mit dieser Einstellung erwies sich das Kloster als ein
neuer Ansatzpunkt im wirtschaftlichen Verkehr der Menschen untereinander.
Der Liebe zum Mammon, welche den Erwerbstrieb stets vergiftet, durfte nicht
der geringste Raum gegeben werden. Auch hierin sollte sich das Kloster als die
Keimzelle einer neuen sozialen Ordnung erweisen. Pachomius wollte nicht, daß
«das Mehr geliebt» werde. Jedesmal, wenn später die Klöster von dieser sau-
beren christlichen Richtlinie abwichen – und sie sind es nur zu oft in schänd-
licher Weise – ist ihnen dieser Verrat zum Verderben geworden.

Pachomius' Werk war für seine Zeit eine völlig neue Schöpfung. Noch nie
hatte die Christenheit eine ähnliche Einrichtung in ihrer Mitte gesehen. Das
Neue ruft gerne im ersten Moment eine ablehnende Reaktion hervor. Die Men-

schen fühlen sich durch das noch nie Gehörte in den liebgewordenen Anschauungen gestört und vollziehen nicht leicht eine innere Umstellung. Diesen Widerwillen gegen Neuschöpfungen bekam auch der Begründer des ersten Klosters zu spüren. Sein Werk mußte sich durch Widerstände hindurchkämpfen.
Die Welt des Frühmönchtums wäre sehr unvollkommen gezeichnet, wenn man
diese Kämpfe verschweigen würde, sie seien erwähnt, damit kein überzuckertes
Bild von dem geschichtlichen Werdeprozeß des Mönchtums entsteht, wonach
alles überaus erbaulich zugegangen sei. Diese Pseudogottseligkeit entspricht
nicht der Wahrheit. Gewiß haben bei der Entstehung des ersten Klosters En-
gelmächte mitgewirkt, aber deswegen ging doch nicht alles reibungslos vor
sich. Visionäre Vorgänge erhellen das Dunkel des Lebens, doch heben sie die
Erdenschwere nicht auf. Bei aller Entrückung verblieb Pachomius gleichwohl in
dieser Welt und hatte es mit Menschen zu tun. Wo immer aber Menschen einander begegnen, machen sich Meinungsverschiedenheiten geltend. Sie lassen
sich nicht vermeiden und müssen ausgetragen werden. Nur eine weltfremde
Auffassung kann sich darüber verwundern, daß es auch im Leben des Pachomius zu leidenschaftlichen Zusammenstößen kam, die sich in bösen Streitwor-
ten und tätlicher Zerstörungswut auswirkten. Der Hinweis geschieht nicht um
festzustellen: Also auch bei diesem Werk gab es wie überall menschliche, allzu
menschliche Schwächen. Dieser billige Triumph entspricht einer gewöhnlichen
Gesinnung. Die Bemühung ist eher darauf gerichtet, das Mönchtum in seiner
Wirklichkeit zu erfassen und absichtlich alle Übermalung zu vermeiden. Jede
Idealisierung läuft bewußt oder unbewußt auf eine Vergoldung hinaus, die dem
Mönchtum mehr geschadet als genützt hat. Die mönchische Wirklichkeit ist
trotz allen bleiernen Gewichten gotterfüllter als alle rosaroten Übertünchun-
gen. In der Realität ist Ewiges enthalten, während alle Schönfärberei bloß
fromme Lüge ist. Nur eine Wirklichkeit, die in ihrer ganzen Verworrenheit völlig unidealistisch gesehen wird, vermag das göttliche Licht zum Leuchten zu
bringen. Das Leben des zweiten Mönchsvaters zeigt, wie auch er durch erbit-
terte Kämpfe den Sieg errang und wie alle Widerstände einzig dazu da sind, um
von den Menschen in ehrlichem Ringen überwunden zu werden.

Die erste Gegnerschaft ging, nebst den Landsleuten von Esne, von seinem
Bruder Johannes aus. Er hatte sich seiner Klostergründung angeschlossen und
arbeitete zunächst mit Pachomius zusammen. Als leiblicher Verwandter ver-
meinte er jedoch mehr Recht zu haben als die übrigen Brüder. Er maß sich an,
in die Anordnungen Pachomius' hineinzureden. Als der immer stärker werdende Schülerandrang eine Vergrößerung des kleinen Klostergebäudes notwendig machte, konnte sich Johannes mit dieser Erweiterung nicht befreunden,
und er stellte sich seinem Bruder entgegen. Mit allen Mitteln versuchte er
den Neubau zu hintertreiben und riß in seiner Verdrossenheit sogar, die be-

gonnenen Mauern wieder nieder. Die beiden Brüder gerieten dadurch in heftigen Streit. Von dem erstrebten Leben der Gottnähe war im Moment nicht mehr viel zu sehen. Eine erregte Auseinandersetzung erhitzte die beiden Gemüter, die scharf aufeinander prallten. Es war als ob eine widerwärtige Staubwolke plötzlich die Landschaft der ersten Klostererweiterung einhüllen würde. Häßliche Worte schwirrten durch die Luft. Johannes schreckte nicht davor zurück, seinen Bruder mit der Beschimpfung zu beleidigen: «Höre auf, diese törichten Windbeuteleien zu treiben und dich auszubreiten [29].» Pachomius war nicht bereit, dem Frieden zuliebe nachzugeben, wenn er sich auch nachher unter Tränen bittere Vorwürfe machte, daß er sich von seinem Zorn hatte fortreißen lassen. Da seine ganze Sendung auf dem Spiele stand, glaubte er das höhere Recht auf seiner Seite zu haben. Er brach den Widerstand seines Bruders und setzte unbeirrbar seinen Weg weiter, durch alle Hemmnisse hindurch.

Unerfreulich war nicht nur die Auseinandersetzung mit dem eigenen Bruder, es stellten sich ihm noch weitere, widrige Umstände entgegen. Einfälle räuberischer Nomaden bedrohten das Kloster, aber noch schwerwiegendere Unannehmlichkeiten wuchsen Pachomius aus seinen Ekstasen, jener Begnadigung, aus der das Urkloster und die Engelregel hervorgegangen waren. Mit seinem visionären Christentums-Verständnis konnten sich nicht alle befreunden, sie beargwöhnten es wegen seiner Außerordentlichkeit, und Pachomius mußte um seinetwillen Anfeindungen über sich ergehen lassen. Seine Visionen brachten ihn in jenem dogmatisch interessierten Jahrhundert in den Verdacht der Ketzerei. Der Erbauer des ersten Klosters und der Schöpfer der Urregel im Geruch des Häretikers ist nicht gerade ein liebliches Bild, das sich zur Glorifizierung einer Heiligengestalt eignet. Nur allzu leicht hätte dieser Argwohn dem ganzen Werk zum Verhängnis gereichen können. Die näheren Vorgänge sind allerdings reichlich undurchsichtig, weil die griechische und die koptische Fassung der Lebensbeschreibung in diesem Punkt stark voneinander abweichen. Aller Wahrscheinlichkeit nach empfand der Bischof seines Sprengels das Unternehmen als eine unerwünschte Neuheit, die er mit Mißtrauen betrachtete, zumal es sich auf einen übernatürlichen Befehl stützte. Er zog Pachomius auf der Synode zu Latopilis zur Rechenschaft, indem er den visionären Inhalt seiner Reden als häretisch verdächtigte. Die Anschuldigung warf ihm Überhebung vor, weil er gesagt haben sollte, «er sei im Himmel gewesen und er könne in den Herzen der Menschen lesen». Nach der einen Lebensbeschreibung kam es bei der Verhandlung zu einem wilden Tumult, nach der andern gelang es Pachomius, die Verdächtigung als grundlos zu zerstreuen. Wie dem auch gewesen sein mag, glücklicherweise blieb das unerfreuliche Erlebnis eine vorübergehende Episode und wirkte sich nicht weiter nachteilig auf Pachomius' Lebenswerk aus.

Pachomius ließ sich in seiner geistigen Überlegenheit durch diese unerquicklichen Erfahrungen nicht in einen Gegensatz zum Klerus hineindrängen. Die Möglichkeit lag bei der Zitierung auf die Synode nahe, aber Pachomius ist ihr nicht erlegen. Es spricht für seine Klugheit, wie er nach diesem Erlebnis zu Latopilis mit doppelter Achtsamkeit darauf schaute, sich gegenüber dem Klerus korrekt zu benehmen. Er nahm keine Priester in seine Klostergemeinschaft auf und sicherte seinem Unternehmen den Laiencharakter. Pachomius wollte nicht «daß sich unter den Brüdern einer befände, der mit Gewalt ausgestattet war, die Hände aufzulegen; er erklärte vielmehr, es sei besser und für die Mönche überaus nützlich, nicht nach Ehre und Würde und Ansehen zu streben, besonders beim gemeinsamen Leben, damit nicht aus diesem Anlaß Streit, Eifersüchteleien und Zwietracht entstehe[30].» Hinter dieser Verfügung steht keine Kirchenfeindlichkeit. Ausdrücklich wird vermerkt, wie Pachomius jeweilen einen benachbarten Priester kommen ließ um das eucharistische Opfer zu feiern. Pachomius hielt die Mönche an «die Kirchen in gebührender Weise zu besuchen», und nach seinem Wunsch haben sich die Mönche dem Klerus geziemend unterzuordnen.

Aufbau und Ausbau von Pachomius' Kloster waren von Kämpfen umtost, es brandeten mannigfache Wellen gegen seine Mauern. Nach mehr als einer Seite mußte er mit aller Umsicht sein Werk schützen, das inmitten der Lebenswirklichkeit stand. Doch vermochten alle Schwierigkeiten nicht die großartige Entwicklung seines Unternehmens aufzuhalten, gehörte doch Pachomius zu den Menschen, die durch Widerstände nur erstarken. Das Wachstum seines Klosters nahm einen rapiden Verlauf. Es hatte nicht mit dem ersten Gebäude sein Bewenden. Das Werk breitete sich aus, weil es auf einen himmlischen Auftrag erfolgt war und offenkundig einem tiefen Bedürfnis entsprach. Pachomius sah zu seinen Lebzeiten mehrere Klöster entstehen, die alle dem Hauptkloster unterstellt waren, von dem die Zentralverwaltung ausging. Dazu kamen noch zwei Frauenklöster, denen seine Schwester vorstand. Sie alle hatte Pachomius zu leiten. Die Zahl der Klosterbrüder ging schließlich in die Hunderte, zumal es noch keine erschwerende Aufnahmebedingungen gab und kein Noviziat bestand. Ohne Übertreibung kann man zuletzt von einem Großunternehmen sprechen, die Klöster wuchsen zu einem Riesenbetrieb aus, der sicher für die Pflege der Einsamkeit nachteilig war. Aus diesem Umstand ist die Rede von Pachomius als dem geschickten Organisator hervorgegangen, welche jedoch sein wahres Wesen mehr verdunkelt als erhellt. Seine Schöpfung erhielt sich weit über seinen Tod hinaus. Ägypten erlebte seine Blütezeit des Mönchtums und war schon am Ende des 4. Jahrhunderts das klassische Land des Klosterwesens. Später wurde jedoch das Mönchtum auch im Reich der Pharaonen vom Verfall erfaßt. Es trieb dem Niedergang entgegen und fiel schließlich bis auf

geringe Überreste der Zerstörung anheim. Nicht einmal Trümmer sind vom
Urkloster übrig geblieben, so daß heute nicht mehr mit Sicherheit seine einstige Stätte festgestellt werden kann.

Dieses traurige Schicksal trübt das Andenken an Pachomius in keiner Weise.
Dieser Kopte hat der Christenheit eine unermeßliche Gabe geschenkt: Urkloster und Engelregel. Wie konnte sie auch so undankbar sein und diesen Mann
beinahe in einem Winkel stehen zu lassen. Wenn man seine bleibende Bedeutung in eine kurze Formel zusammenfassen will – obschon Formeln dem tiefen
Wesen einer Sache nie Genüge tun – besteht Pachomius' Verdienst in seinem
Schritt vom Eremitentum zum Zönobitentum. Es ist ungewöhnlich in jeder
Beziehung, wie es zu dieser Leistung kam. Nicht die geistige Not seines Jahrhunderts, die, wie die aller Zeiten, mit Problemen zum Bersten voll war, brachte
Pachomius' Denken in Bewegung. Ihn beschäftigte weder die Frage, wie der aus
den Fugen geratenen Christenheit zu helfen sei, noch grübelte er über die Un-
zulänglichkeit der Anachorese nach, der er selbst lange zugetan war. Sein Werk
enthält nicht die geringste Spitze gegen Antonius, den er als Anfänger des
Mönchtums glühend verehrte. Visionärer Geist ließ ihn das Zönobitentum
schauen, das er als eine zweite Form des Mönchtums neben die erste stellte.
Pachomius war sich bewußt, daß er mit der Preisgabe des Eremitentums auf
Großes verzichtete, freilich um dafür noch Größeres zu gewinnen, als was sich
das Kloster in der Geschichte bewährt hat. Von dieser zweiten Form aber konnte
Pachomius wie das Johannesevangelium sagen, daß sie weder vom Geblüt noch
durch den Zeugungswillen eines Mannes entstanden sei, sondern von Gott geboren wurde. Die zönobitische Lebensweise war nicht menschlichen Ursprungs.
Auf göttliche Anordnung hin war sie entstanden. Da sie dem Geist des visionären Christentums verpflichtet war, hatte sie die stärkste religiöse Verankerung erhalten. Damit besaß die neue Gründung eine Autorität, die sie aller
menschlichen Kritik vom voraus entzog. Der Schritt vom Eremitentum zum
Zönobitentum scheint ein kleines Stücklein Weges zu sein und war doch eine
Tat von unübersehbarer Tragweite. Die Klostergründung des Pachomius ist
die größte Umwälzung innerhalb des Mönchtums; es hat in dessen Geschichte
keinen radikaleren Bruch gegeben. Die Kühnheit dieser Umgestaltung hat sich
jedoch überaus produktiv ausgewirkt, denn das Mönchtum verdankt seine
farbige Entwicklung nur dem Zönobitentum, das einer reichhaltigen Modula-
tion fähig war. Das epochemachende von Pachomius' Schritt besteht in der
neuen Form des monastischen Lebens. Es gab nach ihm keine Maßnahme, die
von gleich einschneidender Bedeutung gewesen ist, wie seine Einführung des
gemeinsamen Lebens. Eine Vision vermittelte Pachomius die Überzeugung,
daß das Klosterleben auf einer höheren Stufe als das Eremitentum stehe. Er hat
den schrankenlosen Subjektivismus, der dem eremitischen Mönchtum zum

Verderbnis zu werden drohte, durch eine feste Klosterordnung gezügelt. Von
außen betrachtet, ist diese Veränderung oft als eine Kleinigkeit bewertet worden, zumal doch beides Mönchtum war. Aber von innen gesehen ist es weit
mehr als eine bloße Variation. Pachomius hat nach dem überaus wertvollen
Vorstadium, als welches das Eremitentum zu begreifen ist, das Mönchtum seiner endgültigen Form entgegengeführt. Die Anachorese mußte der vollkommenen Lösung der monastischen Lebensweise Platz machen, welche Pachomius
heraufführte, ohne damit in eine «Verbürgerlichung» des Christentums zurückzufallen.

Nur eine Persönlichkeit von ungewöhnlichem Ausmaß war fähig, ein solches
Werk in die Welt zu stellen. Obschon die alte Lebensbeschreibung nicht jene
Stufe biographischer Kunst erreicht, welche die Vita Antonii des Athanasius
auszeichnet, so schimmern gleichwohl durch ihre Ausführungen die Züge einer
überaus machtvollen Gestalt von selten charismatischer Begabung. Alle Deu-
tungsversuche, die diesen Mann aus seiner Herkunft und den heidnischen Einflüssen zu erfassen suchen, bleiben im Unzulänglichen haften. Pachomius ist
nur aus seiner visionären Begnadigung zu erhellen; von seiner Verbundenheit
mit der überirdischen Welt flossen ihm seine ungewöhnlichen Einsichten zu,
die ihn zum Anfänger einer ganz neuen Lebensweise machte. Zum Kern dieses
Mönchsvaters dringt man nur vor, wenn er als homo religiosus verstanden
wird. Einzig seine Religiosität macht die tiefen Hintergründe sichtbar, aus denen dieser Mensch lebte. Als Visionär pflegte Pachomius ein intensives Gebetsleben. Ganze Nächte verharrte er unbeweglich im Gebet. Dabei entstand «infolge des reichlichen Schweißes unter den Sohlen seiner Füße eine förmliche
Lache. Er war gewohnt, im Stehen die Hände zum Gebet auszubreiten und sie
unter keinen Umständen sinken zu lassen; nein, er breitete sie vielmehr aus,
wie wenn er am Kreuze ausgespannt wäre, und peinigte so seinen Leib und leitete seine Seele hin zur Nüchternheit[31].» Der wie am Kreuz ausgespannte Pachomius ist ein hinreißendes Bild, das seine Verwurzelung in Jesus Christus
symbolisiert. Auch das Charisma der Tränen war ihm beschieden, die er oft
nicht einmal während des Essens zurückhalten konnte und die wie Ströme hervorbrachen. Mit seiner christlichen Geistigkeit hat Pachomius über seine Mönche eine beinahe suggestive Kraft ausgeübt, die aus einer Vollmacht kam. Sie
beugten sich bereitwillig seinen Anordnungen, weil sie bei aller Strenge doch
seine verströmende Menschenfreundlichkeit fühlten, die ihr ewiges Heil im
Auge hatte. Der erste Gesetzgeber des Mönchtums hatte viel Verständnis für
die Schwächen der Menschen. «Wie schwache Bäumchen muß man sie behandeln», pflegte der gütige Seelsorger zu sagen, und dieser eine Ausspruch ersetzt
wohl ganze Wälzer der Pädagogik und deutet auf eine unbestreitbare Menschen-
kenntnis. Ausbrechende Streitigkeiten schlichtete er auf eine überlegene Art

mit dem Hinweis auf die christliche Liebe, die darin besteht «miteinander zu
dulden»[32]. Durch all seine Worte und Taten leuchtet immer wieder seine an-
ziehende Frömmigkeit. Eine seltene Hoheit ist von Pachomius ausgegangen,
die in seiner Übereinstimmung von Theorie und Praxis begründet war. Als eine
pestartige Seuche in Ägypten ausbrach, der viele Mönche zum Opfer fielen und
die auch Pachomius ergriff, wollte er in seiner Krankheit nicht anders behandelt
werden als die übrigen Brüder. Er duldete in seinem Fieberzustand keine härene
Decke, sondern befahl sie alsogleich wegzunehmen und ihn mit einer bloßen
Binsenmatte zuzudecken, wie es im Kloster Sitte war, und in diesem Zustand
erwartete er den Tod, der den Sechzigjährigen heimholte. Wie viele weltabgewandte Menschen besaß Pachomius ungewöhnliche Erkenntnisse, was seine
Schüler veranlaßte, in ihm einen «Propheten» zu sehen, dem sich die Geheimnisse der unsichtbaren Welt aufgetan hatten und der Anweisungen zu geben
fähig war, nach denen man leben konnte. Heinrich Bacht hat ihn in einem aufschlußreichen Aufsatz unter dem Titel «Pachomius, der große Adler» dargestellt, eine Studie, die den starken Eindruck dieser endgültigen Gestalt trefflich
widerspiegelt[33]. Pachomius war eine adlerhafte Erscheinung, die mit ihren Gei-
stesflügeln dem Höchsten entgegengeflogen ist.

Ist es angesichts all dieser Überlieferungen noch erstaunlich, daß man Pachomius zuschrieb, sich der Krokodile zu bedienen, wenn er einen Fluß überqueren
wollte? Nur zu begreiflich ist es doch, daß die mannigfachsten Wunder von ihm
erzählt wurden. Die Gabe, alle Sprachen zu verstehen, wurde ihm zugeschrieben und nicht weniger die Fähigkeit, Kranke zu heilen und Besessene zu lösen.
Bereits die Zeitgenossen sahen seine in der Legendenwelt verwurzelte Persönlichkeit in einem überirdischen Licht. Sie trauten dem Stifter des Klosterwesens auch das Unmögliche zu. Diese Fama widerfährt nur außerordentlichen
Gestalten, die weit über das Durchschnittsmaß hinausragen. Und dieser koptische Wundertäter, der offensichtlich über magische Kräfte verfügte, legte zuletzt in schlichter Bescheidenheit das demütige Bekenntnis ab, daß sein «Kampf
und sein ganzer Eifer nicht darin bestehe, zu Fuß einen Fluß zu überschreiten
oder über die Berge zu fliegen oder den wilden Tieren zu gebieten, die Gott von
Anfang an den Menschen untergeordnet hat, sondern darin, in sich aufzunehmen das Gericht Gottes und die teuflischen Ränke zu vereiteln durch die Kraft
des Herrn, der da befiehlt zu wandeln über Schlangen und Skorpione»[34].

BASILIUS
UND DAS ÖSTLICHE MÖNCHTUM

I

LS der neunundvierzigjährige Basilius am ersten Tag des Jahres 379 einem hartnäckigen Leberleiden erlag, standen seine Zeitgenossen unter dem Eindruck einer überwältigenden Persönlichkeit und gaben ihm den Namen Basilius der Große. Nur selten wird diese Bezeichnung auf eine kirchliche Gestalt angewendet. Es muß ein ganz außerordentlicher Mensch sein, bis er mit diesem Titel geschmückt in die christliche Geistesgeschichte eingeht. Dem Wort «der Große» haftet zwar ein weltlicher Klang an, der nicht mit dem Evangelium in Übereinstimmung zu stehen scheint, wonach der Größte der Diener aller ist. Doch gibt es auch eine innere Größe und über sie verfügte Basilius. Er ragte ins Überzeitliche hinauf, wodurch er befähigt war, seinen Mitmenschen Anweisungen zu geben, die ihn und sie gleicherweise überdauerten. Basilius hat den Namen «der Große» vollauf verdient. Er war groß, und noch größer war das Werk, das er ins Dasein rief.

«Der auf dem ganzen Erdkreis bekannte Basilius», wie er einst genannt wurde, erschließt sich dem heutigen Menschen jedoch nicht ohne weiteres. Dazu ist der zeitliche Abstand zwischen ihm und uns zu groß. Es bedarf einiger Anstrengung, bis man den lebendigen Kern seiner Persönlichkeit zu Gesicht bekommt. Die Lobreden, die nach seinem Tode Gregor von Nazianz und Gregor von Nyssa über ihn geschrieben haben, sind bei dieser Bemühung nur eine geringe Hilfe. Für das neuzeitliche Empfinden decken sie die entscheidendsten Probleme mit ihrer überschwänglichen Rhetorik mehr zu, als sie zu erhellen. Ein unmittelbareres Bild gewinnt man aus Basilius' Briefen. Aus ihnen geht hervor, daß der berühmte Kirchenvater nicht jene einlinige Gestalt war, als die er gewöhnlich geschildert wird. Der Mensch des 4. Jahrhunderts war alles andere als ein primitives Wesen. An Kompliziertheit steht er nicht hinter einer modernen Romanfigur zurück. In dem mehrschichtigen Basilius waren verschiedene Möglichkeiten vorhanden, die schwer auszuloten sind. Das Wort «welcher Mensch weiß, was im Menschen ist» gilt auch von ihm.

Im Gedächtnis der Christenheit lebte Basilius als eine geistig kraftvolle Persönlichkeit weiter. Der zur Tat drängende Mann war eine imposante Erscheinung, vor dem seine Gegner zurückwichen. Basilius wußte, was er wollte, und es gelang ihm, was er unternahm. Er war ein in sich gefestigter Mensch, der allen Situationen gewachsen war, in die er hineingestellt wurde. Zu diesem si-

chern Auftreten trug seine Herkunft aus einer begüterten Familie nicht wenig
bei, in der christliche und bildungsfreundliche Tradition gleicherweise gepflegt
wurde. Über Basilius' Kinderland leuchtete ein heller Sonnenschein, für den
seine Mutter Emmelia, die Tochter eines Märtyrers, der geistig aufgeschlossene Vater und die um des Glaubens willen Verbannung auf sich nehmende
Großmutter Makrina besorgt waren. Die kultivierte Umgebung seines elter-
lichen Hauses machte sich auch in Basilius' späterem Leben immer wieder bemerkbar. Nie war dieser Kappadozier gewillt, das Christentum der Barbarei
und die Wissenschaft dem Unglauben zu überlassen. Allezeit wandte er sich
gegen die Verächter der Bildung und faßte die Philosophie als Abglanz des ewigen Lichtes auf[1]. Aus seiner Feder stammt die Abhandlung: «An die Jünglinge,
wie sie aus heidnischen Schriften Nutzen schöpfen können.» Nicht zufällig war
Origenes sein Lieblingsschriftsteller, aus dessen Werken er eine Blütenlese her-
ausgab. Basilius arbeitete an der Überwindung des Gegensatzes von «Athen
und Jerusalem». Sein auf Harmonie eingestelltes Wesen war an einer Verbindung von christlichem und griechischem Denken interessiert. Er gehört zu jenen Bildungschristen, die das nachkonstantinische Zeitalter hervorgebracht hat.

Noch wuchtiger kommt Basilius' energische Persönlichkeit in seiner Tätigkeit als Kirchenpolitiker zum Vorschein. Mit seinem Freund Gregor von Nazianz und seinem Bruder, Gregor von Nyssa, zusammen war er der siegreiche
Kämpfer der nachathanasianischen Orthodoxie, wobei diesem Wort zu jener
Zeit noch nichts Erstarrtes anhaftete. Er hat die Überwindung des Arianismus
eingeleitet, eine Tat, die nur ein theologisch geschulter und kirchenpolitisch
befähigter Kopf vollbringen konnte. Äußerst geschickt verstand Basilius, die
Fäden in seinen Händen zu halten und wußte allen Angriffen vortrefflich zu begegnen. Mit eindrucksvoller Gebärde machte Basilius als Bischof von Cäsarea,
der den Titel eines Metropoliten von Kappadozien führte, seine Glaubensüber-
zeugung geltend. Er scheute sich nicht, in seinem Kampf gegen den Arianismus
auch dem Kaiser Valens entgegenzutreten. Als der byzantinische Herrscher
durch Modestus ihm Gütereinziehung, Verbannung, Marter und Tod androhte,
ließ sich Basilius nicht einschüchtern und gab als unerschrockener Widerstands-
kämpfer dem kaiserlichen Präfekten die mutige Antwort: «Sonst nichts? Von
all diesem trifft mich nicht eines. Wer nichts besitzt, dessen Güter können nicht
eingezogen werden; du erhieltest nur meine zerlumpten und abgetragenen
Kleider und meine wenigen Bücher, worin mein ganzer Reichtum besteht. Verbannung kenne ich nicht, denn ich bin überall auf Gottes weiter Erde zu Hause.
Marter kann mir nichts antun, da mein Leib ohnehin hinfällig ist. Der Tod aber
ist mir willkommen, denn er bringt mich schneller zu Gott. Auch bin ich größtenteils schon gestorben und eile seit langem zum Grabe[2].» Der Zusammenprall
zwischen Basilius und dem kaiserlichen Präfekten, bei dem es hart auf hart ging,

ist unstreitig eine dramatische Szene von historischer Gewalt, die für den Metropoliten gefährlich war. Nur wer die innere Überlegenheit sich vergegenwärtigt, begreift das ungeheure Ansehen, das er bei seinen Gläubigen genoß. Nicht alle Tage redet ein Vertreter der Kirche mit einem kaiserlichen Beamten in dieser Furchtlosigkeit. Die christliche Unerschrockenheit, mit der Basilius keinen Schritt zurückwich, machte auf Modestus sichtbaren Eindruck, der betroffen vor sich hinmurmelte: «Noch niemand hat es gewagt, mit mir in solchem Freimut zu sprechen.» Auf diese Bemerkung schloß Basilius die erregte Auseinandersetzung mit den Worten ab: «Dann hast du wohl noch nie einen Bischof gesehen!» Mit seiner Antwort wollte er nicht noch auftrumpfen, sie entsprach offenbar der Wahrheit. Dies ist doch der Schmerz, daß die Menschen so selten einen wirklichen Bischof zu sehen bekommen. Bei Basilius aber tritt er hoheitsvoll in Erscheinung. Er verkörpert im wahren Sinn des Wortes den altchristlichen Bischof, dem es nicht darum zu tun war, mit Mitra und Krummstab in würdevoller Haltung einherzugehen und nur repräsentative und machtgewaltige Funktionen auszuüben. In allem selbstbewußten Auftreten war Basilius kein Fassadenmensch, seine Unbeugsamkeit kam aus einer innern Vollmacht.

Der Berufsernst zeigte sich auch in seiner charitativen Tätigkeit. Er baute ein Hospital, in welchem er eigenhändig mithalf, die Kranken zu pflegen. Es kam ihm dies nicht unter seiner kirchlichen Würde vor. Als Kappadozien von einer schweren Hungersnot heimgesucht wurde, stand der Bischof von Cäsarea mit einer Schürze angetan, auf dem Marktplatz und schöpfte mit der Kelle in der Hand Hülsenfrüchte und eingepöckeltes Fleisch in die Töpfe der Armen. Dieser nicht alltägliche Anblick war bei Basilius bestimmt keine Pose. Ihm ging es nicht um Popularitätshascherei. Seine soziale Fürsorge floß aus seiner christlichen Liebe, die er praktisch betätigte und die auch in seinen mutigen Reden gegen die Wucherer zum Ausdruck kam. Gewaltig donnerte der hinreißende Redner die Reichen an: «Bist du nicht habgierig? Bist du nicht räuberisch? Was du zur Verwaltung empfangen, machst du das nicht zu deinem Eigentum? Wer einem ein Kleid wegnimmt, der wird Dieb genannt, wer aber den Nächsten nicht kleidet, ob er's gleich könnte, verdient der eine andere Bezeichnung? Dem Hungernden gehört das Brot, das du zurückhältst, dem Unbekleideten das Kleid, das du im Kasten hütest, dem Barfüßigen der Schuh, der bei dir vermodert, dem Bedürftigen das Geld, das du vergraben birgst. So handelst du an allen diesen unrecht, denen du helfen könntest.» Diese anklagenden Worte brachten ihm viele Feinde unter den Vornehmen. Doch darum kümmerte sich der Mann nicht, der sich nur von der Verantwortung seines christlichen Gewissens leiten ließ. Seine Worte über den Wucher sind als Kampfreden gegen das Laster und nicht als Sozialismus im modernen Sinn zu verstehen. Basilius bewies damit, daß er kein Beweihräucherer des Bestehenden war, die Predigt nicht als frömmelndes Gerede verstand und seine Stimme allzeit für die sozial Benachteiligten erhob, wie es religiöser Pflicht entspricht. Mit dem gleichen Mut forderte er freie Berufswahl für die Kinder, verlangte menschenwürdige Behandlung der Sklaven und setzte sich auch für den Bau von Straßen ein.

In all diesen Situationen hat sich Basilius als eine mächtige Persönlichkeit erwiesen, welche die Menschen schließlich den Großen nannten. Es hieße das Strahlende zu schwärzen, wollte man hierin ein Fragezeichen anbringen. Dieses kraftvolle Auftreten hat ihm zeitlosen Ruhm eingetragen. Gregor von Nazianz nannte denn auch Basilius den bedeutendsten Mann des Jahrhunderts, obschon damals auch Ambrosius und Chrysostomus lebten. Begreiflicherweise liebt es die Kirche, diesen würdigen Bischof auf das Postament zu stellen. Bei aller Anerkennung seiner Haltung kommt in dieser Tätigkeit jedoch nur die eine Seite seines Wesens zum Vorschein. Es gibt noch einen andern Basilius, der gewöhnlich nicht beachtet wird. Dieser unbekanntere Basilius ist vielleicht noch wesentlicher als der gewiegte Kirchenpolitiker. Ein leidender, ein schmerzbewegter Basilius, der nicht im grellen Rampenlicht der Weltgeschichte steht, aber dafür aus der Tiefe seiner Seele lebt. Man kennt Basilius, der still zusammenzucken konnte, noch nicht vollständig, wenn man nicht sein geistiges Antlitz wahrgenommen hat, über dem oft eine Melancholie ausgebreitet war. Ihm kommt wahrscheinlich eine noch christlichere Bedeutung zu als dem erfolgreichen Kirchenmann. Doch darf man sich nicht dazu verleiten lassen, den einen gegen den andern als den wahren Basilius ausspielen zu wollen. Er wurde nicht zwischen diesen beiden Möglichkeiten wie von zwei Mühlsteinen zerrieben. Für ihn bezeichnend ist, daß er als mehrschichtiger Mensch beide Seiten in sich hatte, ohne dabei an Geschlossenheit seiner Persönlichkeit einzubüßen.

Die Nichtbeachtung des von Tränen erschütterten Basilius führte auch zu einer falschen Einschätzung seines Studentenaufenthaltes in Athen. Seine Verbundenheit mit Gregor von Nazianz zu jener Zeit wird wie eine Wiederholung des Freundschaftsverhältnisses zwischen Orestes und Pylades gepriesen. Während seiner Studienzeit in der Stadt des Sokrates habe er «nur zwei Wege gekannt, den einen zur Kirche, den andern zur Schule». Diese Tugendsamkeit hört sich überaus erbaulich an und paßt zu jenem Klischee, nach welchem Basilius schon in seiner Jugend nur auf den Pfaden der Heiligkeit wandelte. Diese rhetorische Übermalung stimmt mit der Wirklichkeit nicht überein. Bei unvoreingenommener Betrachtung übte der Aufenthalt in dem damals bereits abgesunkenen Athen auf Basilius einen ungünstigen Einfluß aus. Das Wissen machte aus dem jungen Mann einen von sich selbst eingenommenen Menschen, der sich über die andern stellte. In der «Lebensbeschreibung seiner Schwester Makrina» berichtet sein eigener Bruder Gregor von Nyssa, daß Basilius «vom Wissensdünkel mächtig aufgeblasen war, alle Autoritäten verachtete und in seinem

Hochmut sich selbst über erlauchte Machthaber erhaben dünkte», was doch schlecht zu der salbungsvollen Behauptung paßt, daß er in Athen nur die zwei Wege zur Schule und zur Kirche gekannt habe.

Das hochfahrende Wesen, mit dem Basilius von seinem Hochschulstudium zurückkam, stand im Gegensatz zur tiefen Frömmigkeit seiner Schwester Makrina. Sie empfand sein großsprecherisches Benehmen als bloße Wichtigtuerei, und es kam zwischen den beiden Geschwistern zu einer prinzipiellen Diskussion, die für Basilius anders verlief als später die Auseinandersetzung mit Modestus. Der junge Rhetor vermochte mit seinem eitlen Wesen der ernsten Makrina nicht standzuhalten. Seine Schwester zerstörte rücksichtslos die zur Schau getragene Überheblichkeit des Basilius, und ihren von religiöser Kraft getragenen Worten gelang es, den geltungssüchtigen Bruder zu erschüttern. Der selbstgefällige junge Mann erlitt einen seelischen Zusammenbruch, der sich für ihn überaus heilsam auswirkte. Diese schwere Lebenskrise ist keine nachträgliche Deutung. Basilius hat sie selbst in einem Brief geschildert, dessen Inhalt keine Abschwächung duldet: «Ich verwandte viele Zeit auf die Eitelkeit, und fast meine ganze Jugend vergeudete ich in eitlem Bemühen, die Wissenschaft der von Gott für töricht erklärten Weisheit zu erlangen. Endlich aber erwachte ich wie aus einem tiefen Schlafe, richtete meinen Blick auf das wunderbare Licht der Wahrheit des Evangeliums, durchschaute, wie wertlos die Weisheit der irdischen Größen, die zu nichts werden, beweinte viel mein beklagenswertes Leben und bat um die Gnade einer Anleitung zur Einführung in die religiösen Wahrheiten. Vor allem aber ließ ich es mir angelegen sein, eine Besserung vorzunehmen in meinem Wandel, der durch den Umgang mit schlechten Leuten ein verkehrter geworden war[3].» Das Selbstzeugnis über die versäumte Jugend verdient alle Aufmerksamkeit. Schrecklich muß das Erwachen aus seiner gedankenlosen «Armseligkeit» gewesen sein, womit er nun sein früheres Studentenleben bezeichnete. Mit tränenüberströmtem Antlitz hat er sein armes Leben beklagt, das sich an Nichtigkeiten verloren hatte. Wer das innere Schluchzen nicht hört, der hat diesen Kirchenvater wohl kaum verstanden. Das schwesterliche Gespräch bewirkte ein furchtbares Zusammenstürzen einer hohlen Scheinwelt und führte Basilius in eine religiöse Erschütterung hinein. Der elementare Stoß warf Basilius dermaßen aus seiner Bahn, daß er alsogleich seinen schönrednerischen Beruf aufgab.

Noch wußte Basilius nicht, was er tun wollte. Dieser, das Schifflein der Kirche so unbeirrbar durch den Strom seiner Zeit hindurchsteuernde Metropolit hat eine Periode der Unsicherheit durchgemacht. Der ratlose Basilius stand vor der seufzenden Frage: Herr, was willst du, daß ich tue? Als er weder ein noch aus wußte, entschloß er sich, eine Klosterreise zu machen, die eines der seltsamsten Unternehmen ist, das ein Mensch ausführen kann. Sie hat nichts mit einer üblichen Vergnügungsreise zu tun, auf der es allerlei interessante Sehenswürdigkeiten zu betrachten gibt und die Menschen oft nur in die Zerstreuung hineinführt. Basilius strebte auch nicht darnach, alte Handschriften und wertvolle Kunstschätze in den Klöstern zu entdecken, was schon viele moderne Besucher bewegt hat, an eine Klosterpforte zu klopfen. Alle diese Eitelkeiten der Welt lagen nach seiner Lebenskrise weit hinter ihm. Dem seelisch verwundeten Basilius war es um die Frage der christlichen Verwirklichung zu tun. Seine Klosterreise verfolgte nur das eine Ziel, sich in seinem gestrandeten Leben neu zu orientieren und einen Halt zu gewinnen, was ihm jetzt viel wichtiger war als alle wissenschaftlichen Entdeckungen. Der erschütterte Basilius begab sich nach Ägypten, Palästina, Syrien und pochte an zahlreiche Klostertüren. Als gebildeter Rhetor, der es verstand, alle Dinge geistreich auszudrücken, dünkte er sich jetzt nicht zu vornehm, bei ungebildeten Mönchen in einsamen Zellen zu sitzen und sich von ihnen über die Einübung ins Christentum belehren zu lassen. Er war ganz klein geworden, und sein dünkelhafter Stolz wich einer suchenden Demut. Über ein Jahr war Basilius unterwegs, und auf dieser Klosterreise tat sich ihm eine neue, bis dahin unbekannte Welt auf, seinem Leben eine völlig neue Richtung gebend. Ein grenzenloses Staunen kam über ihn, da ihm in diesen abgelegenen Klöstern ein gelebtes Christentum entgegentrat, das alle seine Erwartungen und Vorstellungen überstieg. Die unfaßliche Verwunderung spürt man heute noch aus seinem eigenen Reisebericht heraus: «Da ich nun bei der Lektüre des Evangeliums zur Anschauung kam, ein höchst bedeutsamer Schritt zur Vollendung sei seine Güter zu verkaufen und sie mit den bedürftigen Brüdern zu teilen, überhaupt dieses Leben zu verachten und sich von jeder inneren Anhänglichkeit an das Diesseits loszumachen, so wünschte ich, einen der Brüder zu finden, der diesen Lebensweg gewählt hatte, daß er mit sich auch mich über diese flüchtige Lebenswoge hinüberführe. Und ich fand auch wirklich viele in Alexandrien, viele auch im übrigen Ägypten und wieder andere in Palästina, Cölesyrien und Mesopotamien. Ich bewunderte ihre enthaltsame Lebensweise, bewunderte ihre Energie bei der Arbeit, staunte ob ihrer Ausdauer im Gebete, wie sie über den Schlaf Herr waren, ohne sich von einem natürlichen Bedürfnis überwinden zu lassen, wie sie immer eine erhabene und freie Gesinnung bewahrten bei Hunger und Durst, bei Kälte und Blöße, ohne auf den Leib Rücksicht zu nehmen, und ohne daran zu denken, ihm einige Sorgfalt zu widmen, und wie sie, gleichsam als lebten sie in einem fremden Fleische, in der Tat bewiesen, was es heiße, ein Fremdling hienieden zu sein, und was es heiße, seinen Wandel im Himmel zu haben. In dieser Bewunderung und bei der Seligpreisung des Lebens dieser Männer, die in der Tat zeigen, daß sie das Todesleiden Jesu an ihrem Leibe herumtragen, wünschte auch ich, soweit möglich, ein Nachfolger dieser Männer zu sein[4].» Der achtundzwanzigjährige Basilius kehrte von der Reise zu den Mönchen als ein anderer Mensch zurück. Es war eine tiefgreifende Umwandlung in ihm vorgegangen. Die ewig gültige Erkenntnis tat sich Basilius auf: Der Weg geht nach innen! Dieses geheimnisvolle Novaliswort faßt das Resultat von Basilius' Klosterreise zusammen. Die äußere Welt hatte ihre Wichtigkeit für ihn verloren, und die inneren Realitäten waren an deren Stelle getreten. Die Meister des verinnerlichten Lebens mit ihrer strengen Selbstbeherrschung, ihrer unerbittlichen Arbeit an sich selbst, ihrem rücksichtslosen Hingeben an den Willen Gottes zeigten Basilius den Weg, den auch er zu gehen hatte. Aus diesen unvergeßlichen Eindrücken bildete sich die Grundlage für das spätere, kraftvolle Auftreten des Basilius. Ohne Mönchsreise wäre er nie jener furchtlose Mann geworden, der dem kaiserlichen Präfekten trotzte: «Du hast wohl noch nie einen Bischof gesehen!»

Basilius war nicht der Mensch, der sich damit begnügte, den geschauten Heroismus einfach zu bewundern. Bewußt verzichtete er auf seine rhetorischen Künste, mit formvollendeten Worten die Schönheit des Christentums zu preisen; ihn drängte es, das Erkannte selbst zu verwirklichen. Der von Tränen erschütterte Basilius, der auf seiner Klosterreise Heilung gesucht und gefunden hatte, fühlte sich innerlich genötigt, selbst in die Reihen der Mönche zu treten, und er gründete ein kleines Kloster in den pontischen Bergen. Was an dieser Gründung zunächst auffällt, ist der Ort, den Basilius hiefür aussuchte. Offenbar war er in allem asketischen Drang, der über ihn gekommen war, immer noch eine empfindsame Seele, die Sinn für landschaftliche Schönheit besaß. In einem anmutigen Brief an seinen Freund Gregor von Nazianz gibt er eine anschauliche Schilderung der reizvollen Umgebung seiner Einsiedelei, eine Beschreibung, die noch Alexander von Humboldt in helles Entzücken versetzte[5]. In unmittelbarer Nähe des Klosters goß sich ein Bergbach schäumend in die Schlucht, an dessen wundervollem Anblick sich Basilius erfreute. Er hob die Menge der Blumen und den Gesang der Vögel hervor, damit deutlich beweisend, daß die innere Umkehr keineswegs sein offenes Auge für die Naturschönheiten ertötet hatte. Ein idyllischer Zauber war über dem Kloster ausgebreitet, in dem Basilius gar bald das Mönchtum als jene Lebensform empfand, die eigens für ihn erfunden worden sei. Doch wäre es unrichtig, Basilius' Klostergründung als ein romantisches Abenteuer zu verstehen. Mit den «Herzensergießungen eines kunstliebenden Klosterbruders» wie sie Wackenroder und Tieck schildern, hat sie nichts zu tun. Basilius war es Ernst, sogar bitter Ernst mit seinem Mönchtum. Basilius schlief in seinem Kloster auf dem Boden und ernährte sich von kläglicher Speise. Sein Brot war so hart, daß man sich die Zähne daran ausbeißen konnte und die Insassen seines Klosters waren oft dem Hungertod nahe. Basilius hat sich sein Klosterdasein etwas kosten lassen, und ohne diesen asketischen Geist hat noch keine Mönchssiedlung Bestand gehabt.

Die Liebe zur Einsamkeit leitete ihn bei der Ausführung seines Klosterplanes, dessen Loblied Basilius sang. Eindringliche Worte standen ihm zur Verfügung, wenn er zur Aufgabe des Stadtlebens, «dieser Brutstätte unzähliger Übel» aufforderte. Was hat der Mensch anderes in der Stadt, ruft Basilius mit geradezu verführerischer Sprache aus, «als tolle Begierden», «unbezähmbare Reize» und «unselige Liebeshändel». Wie Nietzsche, der die Städte ebenfalls als die Orte verabscheute, da es zu viel der Brünstigen gebe, war auch Basilius gegen sie eingestellt. Allzu zahlreiche Ablenkungen stürmen da auf den Menschen ein, «bei der Kinderlosigkeit das Verlangen nach Kindern, im Falle des Kindersegens die Sorge um die Kindererziehung, die Obhut über die Gattin, die Fürsorge für das Haus, die Aufsicht über das Gesinde, Nachteile bei Verträgen, Reibungen mit dem Nachbarn, gerichtliche Verwicklungen, das Risiko beim Handel, die Mühen der Landwirtschaft. Jeder Tag, der kommt, bringt eine neue Verfinsterung der Seele, und die Nächte übernehmen die Sorgen des Tages und umgaukeln den Geist mit gleichen Träumen[6].» Um diesen mannigfachen Beschwerden zu entgehen, gibt es nach Basilius nur einen Weg: die Losschälung. In allen Tonarten fordert er dazu auf, sich aus diesem jammervollen Leben aufzumachen und den Weg zu betreten, der zu den Wohnungen Gottes führt. Seine Flucht aus der Welt bestand vor allem in einem Losreißen der Seele von der Anhänglichkeit an den Leib, in einem Verzicht auf Heimat und Haus, Eigentum und Gesellschaft. Nichts hat Basilius von dieser Losschälung ausgenommen, auch nicht die geistlichen Konferenzen, die er selbst aus eigener Erfahrung kannte und an denen schon damals nicht viel anderes zu hören war als «großsprecherische Reden und Fabeln, die nur zur Täuschung der Anwesenden» dienen. Darum blieb er ihnen fern und hielt sich nicht beim großen Haufen auf, sondern liebte die Einsamkeit und wollte immer für sich bleiben. Denn in der Einsamkeit hat auch der Herr verweilt, in ihr ist «die Eiche Mambre, die Leiter, die zum Himmel führt, die Engelscharen, die Jakob sah, hier die Wüste, in der das gereinigte Volk das Gesetz erhielt und so schließlich ins gelobte Land einzog und Gott schaute»[7]. Die Einsamkeit ist von größtem Gewinn, sie schläfert die menschlichen Leidenschaften ein und gibt der Vernunft Muße, sie gänzlich aus der Seele auszurotten. Es ist eine süße, beinahe berauschende Musik, die Basilius zum Erklingen brachte, der gegenüber auch der Mensch der Gegenwart nicht ganz unempfindlich ist. Wenn schon Basilius' Worte rhetorisch klingen, so enthalten sie doch mehr als nur eine glänzende Beredsamkeit. Sie sind herausgewachsen aus dem trüben Zeitalter, da die Gewässer der heidnischen Religionen kleine Wassertümpel zurückgelassen hatten und aus dem Morgenrot des Christentums jener regnerische Tag geworden ist, der nur unselige Streitigkeiten zwischen Orthodoxie und Arianismus kannte. Was konnte in dieser trostlosen Zersetzungszeit eine harmoniebedürftige Seele anderes tun als in die Einsamkeit zu fliehen. Basilius' Lobpreis der Einsamkeit tönt seither in der Geschichte des Mönchtums fort, er wird immer wieder zu hören sein und seine Macht auf gewisse Menschen ausüben, weil er offenbar einem tiefverwurzelten Bedürfnis der menschlichen Seele entspricht.

Bei Basilius diente die leidenschaftliche Sehnsucht nach Einsamkeit der Erlangung der Ruhe, die sein Ziel war. Das innerste Geheimnis dieses Lebensgestalters, der nie aufhörte, sein Dasein zu formen, bildet die Atmosphäre der Hesychia, wie der Grieche die göttliche Ruhe nennt. Sie stammt aus der Welt des Hebräerbriefes, wonach noch eine Ruhe vorhanden ist dem Volke Gottes, dem angehörend sich das Mönchtum betrachtete, und nicht aus jenen edlen Götterstatuen, welche Winkelmann so sehr bewunderte. Die erhabene Ruhe hatte es Basilius' Seele angetan. Nach nichts strebte er so stark wie nach Stille. Ganz ruhig wollte dieser Mann werden, so still sollte es um ihn sein, daß man die Luft erzittern fühlte. Aller Lärm mußte verklungen und alle seelische Aufregung geglättet sein, damit der Mensch die Stimme Gottes vernimmt, die in seinem Innern spricht. Basilius' ganzes Trachten ist auf diese Hesychia gerichtet, und er hat es schließlich auch erreicht, daß ihn die Ruhe später bei keiner leidenschaftlichen Auseinandersetzung mit den Theologen mehr verließ, zumal er stets eingedenk blieb, daß auch seine eigenen Aussagen nur den Schatten der Wahrheit und nicht das Wesen der Dinge wiedergaben. Der Erweckung der innern Ruhe diente auch seine Reform der Liturgie, die noch heute in der Ostkirche Gültigkeit hat. «Wir müssen versuchen, den Geist in Ruhe zu erhalten», schrieb der Kappadozier und der basilianische Mensch ist der Mensch der innern Stille[8]. Seine immerwährende Sehnsucht nach Ruhe floß bei Basilius nicht aus der Müdigkeit einer enttäuschten Seele, wie der russische Dichter Tschechow sein Schauspiel «Onkel Wanja» in die ergreifende Resignationsszene ausklingen ließ: «Wir werden ausruhen ....» Bei Basilius hat die ersehnte Ruhe einen völlig andern Sinn und darf nicht mit der Bequemlichkeit verwechselt werden, die nicht gestört sein will. Es war die metaphysische Ruhe, die dieser religiöse Mensch bereits in seinem Kloster zu verkosten wünschte. So wonnig, so unsagbar wonnig ist die erhabene Ruhe, die dem Menschen den reinsten Seelenfrieden auf Erden vermittelt. Eine heilige Scheu gestattet kaum, von dieser überirdischen Stille zu reden. Nur mit leiser Stimme ist es erlaubt, von der himmlischen Ruhe zu sprechen, die kein lautes Wesen verträgt. Doch das eine muß über sie vermerkt werden: es handelt sich nicht um ein persönliches Gemütsbedürfnis des Basilius, das in der Eigenart seiner Individualität begründet war. Es geht um eine religiöse Angelegenheit von grundsätzlicher Bedeutung. Basilius empfand die Ruhe als die Türe zum Göttlichen. Durch sie muß der Mensch eingehen, wenn er zum Ewigen gelangen will. Darin hatte er unbedingt recht. Im ohrenbetäubenden Lärm ist die Anwesenheit der himmlischen Mächte kaum zu spüren. Sie werden von ihm übertönt und gehen ungehört unter. Es bedarf dazu der unumgänglichen Stille, und nur wer innerlich zur Ruhe gekommen ist, empfängt das Ewige. Einzig der allem hastigen Weltgetümmel entrückte Mensch befindet sich in jener Atmosphäre, in der überhaupt eine Begegnung zwischen dem Göttlichen und der Seele stattfinden kann. Die köstliche Ruhe ist das Labsal der Seele, die sich heimgefunden hat. Für sie ist die Gottes-Stille das notwendige Lebenselement, in der sie allein atmen kann. Wie kein anderer Christ vor ihm, hat Basilius mit aller Klarheit erkannt: Ruhe ist der erste Schritt zur Heilung des Menschen. Wie aber soll der Mensch die weiteren Schritte tun können, wenn er nicht einmal diesen ersten ausführt? Er bestand mit aller Sanftmut darauf, daß die Hesychia die unumgängliche Voraussetzung der innern Gottesschau ist. Der pontische Klostergründer hat das ewige Licht geschaut, wie Gregor von Nazianz bezeugt, wenn er selbst auch mit seinem zurückhaltenden Wesen nicht gerne sein innerstes Erlebnis der Öffentlichkeit preisgab. Wer nicht den milden Hauch der Ruhe über sein Antlitz streichen fühlt, der ist nicht bis ins innerste Gemach des Gotterlebens eingedrungen. In der modernen Zeit hat ein Albert Schweitzer wieder eine Ahnung von der Kraft der überirdischen Ruhe, als er bezeichnenderweise aus dem Urwald die Worte schrieb: «Wenn ich noch zwei Jahre im innersten Afrika gelebt habe, dann werde ich mich als Organist vollkommen fühlen. Ich werde die Ruhe gefunden haben, deren Bach bedarf.» Nur in der Abgeschiedenheit findet der Mensch diese metaphysische Ruhe, die in ihrer Friedlichkeit ein Vorgeschmack des Himmels ist.

Durch sein unablässiges Streben nach Ruhe und Stille erfuhr bei Basilius das ganze Mönchswesen eine bewußte Verinnerlichung. Er hat aus dem bloß äußern Zusammenleben der Mönche in einem Kloster endgültig eine innere Angelegenheit gemacht. Das mechanische Nebeneinander wurde zu einem organischen Beieinander. Er schenkte dem Zönobitentum die Seele. Das ist sein unsterbliches Verdienst, das mit seinem Namen für immer verbunden bleibt. Aus diesem Grunde wünschte er nicht die großen Klöster Ägyptens nachzuahmen, die mit ihren Riesenbetrieben leicht ins Geschäftige abglitten, er erstrebte bewußt das kleine Kloster. Erst Basilius' Vergeistigung des Klosterwesens stellt eine wirkliche Überwindung des eremitischen Daseins von innen her dar und nicht eine bloß äußerliche Beseitigung. Wohl konnte Basilius mit beinahe betörenden Worten die Einsamkeit preisen, die dem Menschen die süße Ruhe in Gott vermittelt, aber beim genauen Hinhören ist es nicht die Einsamkeit des Eremiten, die er verherrlicht. Bei Basilius findet sich erstmals eine überlegene Kritik an der anachoretischen Daseinsform: «Ich ermahne dich also, verscheuch aus deiner Seele den Wahn, als brauchtest du die Gemeinschaft mit einem andern nicht⁹.» Christi Worte verbieten, daß man das Eigene suche, der Eremit aber lebt nur für sich. Die Christen sind nach dem Bilde des Paulus alle zusammen ein Leib, dessen Haupt Christus ist – der Einsiedler hat sich jedoch daraus gelöst. Wie kann man aber, wenn man sich am Leibe getrennt hat, mit dem Haupte noch verbunden sein? Der Anachoret steht nach Basilius nicht mehr im lebendigen Zusammenhang mit dem christlichen Organismus, aus dem er eigenwillig ausgebrochen ist, um einem verfeinerten Egoismus zu frönen. Die Mahnung des Apostels, sich mit den Fröhlichen zu freuen und mit den Weinenden zu weinen, kann der Eremit nicht erfüllen, dieweil er gar nichts mehr weiß vom Schicksal des Nächsten. Das Einsiedlerwesen entspricht weder der gesellig veranlagten Menschennatur, noch wird es dem Geist des Evangeliums gerecht. Da Basilius bereit war, das Wahrheitselement der Anachorese – die Einsamkeit – aufzunehmen, gelang ihm auch die innere Überwindung des Eremitentums. Nie wird eine geistige Haltung durch bloße Verneinung aufgehoben, es geschieht immer nur durch die Einbeziehung ihrer berechtigten Erkenntnisse.

Zu dieser Leistung war Basilius fähig, weil er das ganze Mönchtum als ein Suchen nach einer neuen Gemeinschaft, als Sehnsucht nach einem neuen Zusammenleben deutete. Dieses Verständnis führt eines der allerwichtigsten Probleme einer vorbildlichen Lösung entgegen. Scheinbar wollte diese aus den Städten fliehende Bewegung doch gerade das Gegenteil, ihre Menschen wünschten allein zu sein, Basilius aber hat sich nicht durch diesen vordergründigen Eindruck täuschen lassen. Er spürte, was unter der Oberfläche ans Licht drängte. Es war der unterdrückte Schrei nach Gemeinschaft, nach der neuen Ich-Du-Beziehung, über welche die ausgehende Antike nicht weniger diskutierte als die Gegenwart. Was gewöhnlich nur Gesprächsthema verbleibt, Basilius setzte es in die Tat um. Bei ihm kam es wirklich zur Bildung der neuen Gemeinschaft, die durch «ein gemeinsames Dach, einen gemeinsamen Tisch und ein gemeinsames Verstehen» charakterisiert ist [10]. In der Richtung nach einem neuen Gemeinschaftsleben schien Basilius das unbewußte Suchen seines in Auflösung befindlichen Jahrhunderts zu gehen. Das Eremitentum konnte die gesuchte Lösung nicht finden, weil es in seinem überspitzten Individualismus wesensgemäß gemeinschaftslos war. Das Kloster hingegen, das das soziale Element in sich schloß, war zu diesem bedeutsamen Werk geeignet. Doch galt es, wirklich eine neue Gemeinschaft zu schaffen, die dem Christentum entsprach und nicht nur eine Wiederholung des alten Zusammenlebens der Menschen im Heidentum war. Viele reden von Gemeinschaft, ohne sich über ihr wahres Wesen im klaren zu sein. Sie betrachten sie als das Selbstverständlichste der Welt, man brauche nur zusammenzusitzen, um sie zu haben und ahnen nicht von entfernt alle Bedingungen, die zu ihrem Zustandekommen erfüllt werden müssen. In ihrer Ahnungslosigkeit bringen sie es deswegen auch höchstens zur Gesellschaft und nie zur Gemeinschaft. Basilius wußte jedoch um die unendliche Größe des echten Gemeinschaftslebens. Er machte das Mönchtum zu jener Lebensgemeinschaft, die sowohl das Eremitentum als auch das Zönobitentum umfaßte, wie dies bereits Gregor von Nazianz als das Charakteristikum von Basilius' Kloster erkannt hat: «Da das einsame und gemeinsame Leben in der Regel sich widerstreiten und keines bloß Licht oder bloß Schatten hat, vielmehr ersteres mehr Ruhe und Frieden verbürgt und inniger mit Gott verbindet, aber den Dünkel nährt und der Tugend keine Proben stellt, letztes dagegen werktätig und nützlich ist, aber nicht frei von Stürmen, so hat Basilius beide Lebensarten miteinander ausgeglichen und verbunden: er begründete Mönchswohnungen und Einsiedeleien, aber nicht ferne von den Gemeinschaftshäusern, schied und trennte sie auch nicht voneinander, wie durch eine Mauer, sondern brachte sie in innige Beziehung zueinander, damit das beschauliche Leben nicht jeglicher Gemeinschaft bar und das praktische nicht ohne Beschaulichkeit sei[11].» Mit innerster, freudiger Anteilnahme entdeckt man bei Basilius die wirkliche Gemeinschaft, um die die Menschen aller Jahrhunderte mit unsäglicher Mühe ringen, weil sie nur auf religiöser Basis die Erfüllung finden kann. Die Gemeinschaft ist weder gegen den Einzelnen auszuspielen noch das Individuum dem Kollektivismus aufzuopfern, wenn nicht unabsehbarer Schaden entstehen soll. Vielmehr bedarf der Einzelne der Gemeinschaft, und umgekehrt kann sich eine wahre Gemeinschaft nur aus in Gott gegründeten Einzelnen zusammensetzen. Das richtige Verhältnis zwischen Individuum und Gemeinschaft ist die gegenseitige Ergänzung. Die einsame Gemeinschaft und die gemeinsame Einsamkeit, die Basilius der Große ins Leben rief, hat jenen Einzelnen zur Voraussetzung, der sich dienend einem höheren Ganzen einfügt. In dieser Richtung allein liegt auch heute noch der gangbare Weg, der zur wahren Bruderschaft führt, nach welcher die Welt hungert.

Die neue Gemeinschaft des Basilius löste auch die innern Probleme des Nächsten. Bei Jesus steht, entsprechend seinem Doppelgebot, der Nebenmensch im Vordergrund, aber im Eremitentum war er in Gefahr, übersehen zu werden. Der Einsiedler hatte in seinem Alleinsein nur wenig Gelegenheit, Nächstenliebe auszuüben. Basilius vollzog hierin eine prinzipielle Wandlung. Er stellte die Liebe zum Nächsten in den Mittelpunkt, ohne die es keine Vollkommenheit gibt. Seine neue Gemeinschaft will ausdrücklich die Aufgabe erfüllen, in Nächstenliebe mit den Mitmenschen der Klostergemeinschaft zu leben. Basilius hat mit der Einbeziehung des Nächsten nicht nur eines der allerchristlichsten Anliegen wieder aufgenommen, er hat ihm zugleich eine tiefe Auslegung gegeben. Die körperliche Hilfeleistung, wie sie dem Gleichnis vom barmherzigen Samariter zugrunde liegt, kam in seiner Situation weniger in Frage, weil in der klösterlichen Gemeinschaft die materiellen Dinge gewöhnlich geordnet sind. An ihre Stelle trat, gemäß dem Vergeistigungsprozeß von Basilius' Werk, die seelische Handreichung. Basilius rückt die religiöse Pflege der Seele ins Zentrum. Allerdings erklärte er nur innerhalb des Klosters die Seelsorge zu einer mönchischen Funk-

tion. Ein Bruder hat sich für den andern verantwortlich zu fühlen, und sich gegenseitig der Seelenführung zu befleißigen, deren der Mensch immer wieder
bedarf, wenn sein Innenleben gesund bleiben soll. Jeder Mönch hat seine Gedanken und namentlich auch seine Verfehlungen entweder einem einzelnen
oder auch mehreren Gliedern des Klosters zu bekennen. Nach Basilius' Anordnung «muß ein jeder der Untergebenen, will er einen nennenswerten Fortschritt machen und ein den Geboten unseres Herrn Jesus Christus entsprechendes Leben führen, keine Regung der Seele bei sich geheim halten noch irgendein unbedachtes Wort sprechen, sondern den Brüdern, welche voll Güte und
Mitleid für die Kranken zu sorgen haben, die Geheimnisse seines Herzens mitteilen» [12]. Diese Bestimmung schließt unübersehbare Folgen in sich. Das Ergebnis dieser zur Pflicht gemachten Gewissenseröffnung ist – man erschrecke nicht
– die Beichte! Es besteht kein Anlaß, bei diesem Wort alsogleich eine Gänsehaut
zu bekommen. Vielmehr hat Basilius damit eine überaus wertvolle Anordnung
geschaffen. Der Beichtgedanke taucht bereits im Jakobusbrief auf: «Bekenne
einer dem andern seine Sünden» (5, 16). Er ist biblischen Ursprungs und wurde
von Basilius aus seinem latenten Dasein zu einer der wichtigsten Funktionen
erhoben. Dieser Mann hat als erster das asketische Sündenbekenntnis dem
Mönchtum eingebaut. Der Neuordner der östlichen Liturgie gehört zugleich
zu den Schöpfern der Beichteinrichtung in der Christenheit [13]. Das Epochemachende dieses gewaltigen Verdienstes hat nicht leicht seinesgleichen. Vorläufig wurde die Gewissensprüfung- und -eröffnung nur den Klosterinsassen zur
Pflicht gemacht und außerhalb der Mönchsgemeinschaft noch nicht betätigt.
Die gegenseitige Mitteilung der Herzensgeheimnisse wie Basilius sich ausdrückt, wirkte sich im Kloster als eine Wohltat aus. Eine freiwillig gehandhabte
Beichte war von unschätzbarer Hilfe und brachte eine seelische Steigerung des
Gemeinschaftslebens. Die Möglichkeit der Aussprache bringt dem Menschen
eine innere Erleichterung, die der Seele überaus bekömmlich ist und therapeutisch als äußerst wertvoll empfunden wird, während das In-sich-Hineinwürgen
in der menschlichen Psyche Giftstoffe entwickelt, deren Schädigung sich bis ins
Körperliche hinein erstrecken kann. «Denn eine Sünde, die verschwiegen wird,
ist eine heimliche Krankheit der Seele», sagt Basilius wörtlich, damit eine der
wesentlichsten Erkenntnisse der ärztlichen Seelsorge vorweg nehmend [14]. Nach
der weisen Einsicht dieses scharfsinnigen Kenners des menschlichen Seelenlebens erschöpft sich das Beichtverständnis nicht nur in der Aussprache. Mit
dem bloßen Aufdecken einer seelischen Last ist das Problem noch nicht gelöst,
weil das Wissen nicht zugleich Rettung bedeutet. In dieser Auffassung besteht
das Ungenügende der modernen Tiefenpsychologie, dieweil die Sünde der Vergebung bedarf. Da es Basilius wirklich um eine Pflege der Seele zu tun war, die
aus christlichem Verantwortungsbewußtsein hervorging, wurde sie auch nicht

durch Bezahlungspflichten beeinträchtigt. Die Art und Weise einer solchen religiösen Seelsorge wirft ein wunderbares Licht auf die neue Gemeinschaft und zeigt sie in ihrem schönsten Glanz. Ein Beispiel möge die mönchische Seelenhilfe im Basilianischen Kloster verdeutlichen. Ein Mönch kam einst ganz verwirrt zu dem Abt Lot, der ihn fragte: «Was ist dir, Bruder?» Jener erwiderte: «Ich habe eine große Sünde begangen und vermag nicht, sie den Vätern zu offenbaren.» Darauf sprach der Abt zu ihm ermutigend: «Bekenne sie mir und ich werde sie tragen[15].» Welch ein ungewöhnliches, seltenes Verhalten! Statt des bloßen Mitanhörens, erklärt sich der Abt bereit, die in der Gewissenseröffnung zutage tretende Last ihm abzunehmen. Ein größeres Solidaritätsgefühl ist kaum mehr möglich. Diese evangeliumsgemäße Stellvertretung zeigt die religiöse Kraft der mönchischen Beichte in ihrer ganzen Tiefe. Der eine Bruder trägt den andern vor Gott und diese Christlichkeit erhebt Basilius' Kloster wirklich zu einer neuen Gemeinschaft.

Um dem Kloster, in welchem der Mensch durch die Einsamkeit zur überirdischen Ruhe gelangte und durch die religiöse Seelenpflege die neue Lebensgemeinschaft erlebte, die notwendige Grundlage zu geben, schrieb Basilius seine Regel, die er bezeichnenderweise vor seiner Priesterweihe verfaßte. Es gibt die «ausführliche Regel», die 55 Abschnitte enthält und die «kurzgefaßten Regeln, die als eine erläuternde Ergänzung zu verstehen sind und 313 Abschnitte umfaßten. Beide sind in das Schema von Frage und Antwort eingekleidet. Basilius' Regel hat allen Stürmen der Geschichte getrotzt, indem sie bis auf den heutigen Tag im östlichen Mönchtum maßgebend geblieben ist. Es kann kein kleines Werk gewesen sein, das seit bald sechzehn Jahrhunderten unzähligen Mönchen als normgebende Richtung diente. Die Echtheit von Basilius' Regel ist allgemein anerkannt[16]. Ihre Bedeutung wird gewöhnlich darin gesehen, daß sie dem Enthusiasmus des Mönchtums eine feste Form gegeben hat. Doch ist sie vor allem als «ein Handbuch des Mönchslebens aus pneumatischer Schau» zu verstehen[17].

Basilius hat an die Spitze seiner Regel die Liebe zu Gott gesetzt, welche die primäre Aufgabe des Mönches ist, wenn der Kappadozier auch eingedenk blieb, daß «die Liebe zu Gott nicht gelehrt werden kann»[18]. Gleichwohl feuert Basilius seine Mönche an, daß ihr «Herz niemals den Gedanken an Gott verliert», sondern ihn «beständig in ihrer Seele wie ein unauslöschliches Siegel bei sich zu tragen»[19]. Basilius' Regel besteht in einer ausführlichen Belehrung über das richtige Verhalten der Mönche, wobei er beachtenswerterweise das Ordensleben ganz aus der Heiligen Schrift ableitete und ausdrücklich jeden gesetzlichen Charakter vermied. «Daher können denn auch nicht alle, die sich der Übung der Frömmigkeit widmen, in eine und derselben Regel zusammengefaßt werden. Wir bestimmen nur das Maß für den gesunden Asketen»[20], womit Basilius der Freiheit Raum ließ und nicht alle Menschen in das gleiche Modell hineinpressen wollte. Die demütige Stimmung des Mönchs, der sich nach Basilius dem «göttlichen Kriegsdienst» verpflichtet hat, ist schon äußerlich durch den zu Boden gesenkten Blick sichtbar. Der Gang darf nicht träge sein, was einer Schlaffheit der Seele gleichkäme. Die Kleidung wird durch den Zweck bestimmt, eine Bedeckung für die entsprechende Jahreszeit zu sein und hat nicht der Eitelkeit zu dienen. Bei der Nahrung ist ebenfalls der Bedarf entscheidend. Für den gesunden Menschen genügen Wasser und Brot. Gelegentliche Gemüsegerichte verleihen dem Körper die erforderliche Kraft zur Arbeit. Nur eine Stunde des Tages wird dem Essen eingeräumt. Was über das Bedürfnis hinaus geht, ist als Luxus zu bezeichnen und daher Mißbrauch. Nach Basilius ist der Mönch ein in jeder Beziehung beherrschter Mensch. «Die vollkommene Entsagung besteht darin, auch gegen das Leben selbst gleichgültig zu sein, ihm abzusterben, so daß man nicht mehr auf sich selbst vertraut[21].» Die Reinigung der Seele wird durch die Reinigung des Körpers erreicht. Das Verhältnis ist ein gegenseitiges: Wenn die Seele steigt, sinkt der Körper und wenn der Körper übermächtig wird, verliert sich die Seele. Das Geld, als Feind des innern Menschen, hat der Mönch strikte zu meiden. Er darf sich weder aufregen noch murren. Nach der Leidenschaftslosigkeit zu ringen ist seine Pflicht. Auch das ausgelassene Lachen muß er sich abgewöhnen, weil der Herr selbst auch nicht lachte, sonst hätte er nicht sein Wehe über die Lachenden ausgerufen. Die Ablehnung von Possenreißen hat nichts mit Trübsinn zu tun. Es findet sich bei Basilius die Ermahnung, «stets fröhlich zu sein», da es «nicht ungeziemend ist, durch sanftes, heiteres Lächeln die Fröhlichkeit der Seele anzuzeigen»[22], womit angedeutet wird, daß der Kappadozier die innere Freude kannte. Bemerkenswert sind auch seine Ausführungen über den Besitz. Mit der Bestimmung «es ist überhaupt in einer Bruderschaft verboten, das Wort ,mein' und ,dein' zu nennen», nimmt Basilius das Anliegen des urchristlichen Liebeskommunismus auf, womit sich sein Kloster grundsätzlich von dem mammonistisch verseuchten Heidentum unterscheidet[23]. Basilius wünscht, daß im Kloster fleißig gearbeitet werde: «Wir müssen nicht glauben, daß das Ziel des frommen Lebens der Trägheit und Arbeitsscheu Vorschub leiste; im Gegenteil ist es ein Leben des Kampfes, häufigerer Arbeiten und der Geduld in Trübsalen[24].» Dagegen hält er nicht alle Arbeiten für das Kloster geeignet. Es müssen Tätigkeiten sein, «welche das Friedliche und Geräuschlose unseres Lebens nicht stören»[25]. Er betont damit, wie ernst es ihm ist, das Kloster zu einer Stätte der überirdischen Ruhe zu machen. Zweck der Arbeit ist die Unterstützung der Armen. Basilius hielt es für angebracht, «die Ware etwas unter dem Werte zu verkaufen», um sich vor «krämerischem Gewinn» zu hüten[26]. Alle diese Bestimmungen zeigen, wie auch in sozialer Beziehung im Mönchtum eine neue Auffassung an die Türe der Christenheit pochte, die größte Aufmerksamkeit und Nachahmung verdient.

Es bedarf einer innern Kraft, um Basilius' Regel nachzuleben. Ihre Erfüllung erfordert eine Überschreitung der Grenzen der menschlichen Natur, was nach Basilius nur mit Hilfe des göttlichen Beistandes möglich ist. Der Mensch kann nicht mit einer Anstrengung den Gipfel der Askese erklimmen. Der Mönch wolle nicht plötzlich mit seiner ganzen Vergangenheit brechen, er gebe allgemach die Verirrungen des Lebens auf. «Denn das mußt du dir gesagt sein lassen, Bruder, daß nicht der vollkommen ist, der gut anfängt, sondern der gut abschließt», hat Basilius in einem Brief ausgeführt [27]. Täglich gilt es fortzuschreiten, und nie darf man sich mit dem bisher Erreichten begnügen. Wenn seine Regel vor allem als religiöse Beratung zu verstehen ist, so hat sich doch Basilius mit ihr unter die großen Gesetzgeber des Mönchtums eingereiht. Sein asketisches Programm ist bei aller Strenge von einer edlen Menschlichkeit erfüllt und frei von jeder Übertreibung. Basilius' Spiritualität ist dem Maß verpflichtet, weswegen seinem Gesetzeswerk auch Dauer beschieden war. Mit seinem asketischen Handbuch hat der Bischof von Cäsarea als erster die Probleme des Mönchseins auch denkerisch zu verarbeiten gesucht. Er hat es verstanden, sein Kloster zu einer anziehenden Stätte zu machen, und voll Begeisterung ruft er aus, was gibt es Seligeres «als den Chor der Engel auf Erden nachzuahmen, gleich mit Tagesanbruch zum Gebete aufzustehen, mit Hymnen und Gesängen den Schöpfer zu ehren, dann beim hellen Sonnenschein ans Werk zu gehen und die Arbeit mit Lobgesängen wie mit Salz zu würzen» [28].

Außer seiner Regel hat sich Basilius durch die Abklärung der Beziehung zwischen Kirche und Mönchtum verdient gemacht. Das Verhältnis zwischen beiden Größen war zu seiner Zeit recht unklar und eine nicht leicht zu bewältigende Angelegenheit. Sowohl Kirche als Kloster hatten ihre Vorgeschichte. Das ursprüngliche Mönchtum war gegen die verweltlichte Christenheit eingestellt. Es bekämpfte den in die Kirche eingedrungenen Massengeist, welcher das Christliche verfälschte. Manche Christen zweifelten im nachkonstantinischen Zeitalter daran, innerhalb der Kirche die ewige Seligkeit erlangen zu können. Sie erschien ihnen zu verdorben, um noch Gewähr für eine wahre Heilsvermittlung zu bieten. Statt in den geweihten Räumen der Kirche suchten die Anachoreten das Göttliche in den unwirtlichen Gegenden der Wüste. Die Vermittlung des Priesters wurde auf die Seite geschoben, und bei manchen Anachoreten trat beinahe die vollendete Askese an Stelle der Sakramente. Bei vielen Eremiten ist nie vom eucharistischen Opfer die Rede. Offenbar haben sie nicht mehr daran teilgenommen und in der Wüste auch nicht mehr daran teilnehmen können. Unverkennbar vollzog das werdende Mönchtum eine Gebärde der Abwehr gegen die verweltlichte Kirche. Daraus ging jene leise Spannung zwischen Klerus und ursprünglichem Mönchtum hervor, die leicht ein gefährliches Ausmaß hätte annehmen können. Es gab mannigfache Differenzen, Zusammenstöße und

Feindseligkeiten zwischen ihnen. Die Anklage des Bischofs gegen Pachomius ist nur ein Beispiel. Es war nicht nur Demut, die viele Eremiten bewegte, das «Joch des Priestertums», wie sie es nannten, abzulehnen, sie fürchteten, dadurch wieder in die Weltlichkeit zurückzufallen, der sie doch entfliehen wollten. Als Makedonias unter falschem Vorwand in die Kirche gelockt und unter die Priester eingereiht wurde, zankte er nachher alle derb aus und bedrohte sogar den Bischof mit dem Stock. Nur schwer gelang es seinen Freunden, den Grollenden zu beschwichtigen. Andere Mönche schnitten sich sogar ein Ohr ab, um sich für das Priestertum untauglich zu machen.

Das älteste Mönchtum befand sich nicht im Gegensatz zur Kirche, aber es führte eine Sonderexistenz neben ihr, und war zeitweise in Gefahr, ins Häretische abzugleiten. Dann hätte die Kirche das Eremitentum, wie andere enthusiastische Bewegungen, ausscheiden müssen. Diese unheilvolle Möglichkeit ließ Basilius nicht Wirklichkeit werden. Was bereits Athanasius als Freund des Antonius begonnen hatte, vollendete der Bischof von Cäsarea, indem er das Mönchtum in den Organismus der Kirche eingliederte. Durch diese bedeutungsvolle Tat erlöste er das Mönchtum aus der bloßen Protesthaltung, die sich auf die Dauer unfruchtbar ausgewirkt hätte. Basilius hat das Klosterwesen vor dieser Sackgasse bewahrt und damit das Mönchtum gleichsam für die Gesamtheit der Christenheit zurückerobert. Dieser Leistung kommt noch mehr Gewicht zu als seiner gesetzgeberischen Tätigkeit. Sowohl für die Kirche als für das Mönchtum wurde diese Verbindung zu einem Jungbrunnen, daraus Ströme lebendigen Wassers hervorgegangen sind.

Die Eingliederung in die Kirche erforderte die Befreiung des Mönchtums von seiner rigorosen Kulturablehnung. Basilius selbst hatte einst, als das große Erwachen über ihn kam, die Eitelkeit des wissenschaftlichen Ehrgeizes durchschaut. Dieses Erlebnis überzeugte ihn, daß Menschen, die sich dem asketischen Leben widmen wollen, sich nur in der Abgeschiedenheit dem philosophischen Leben ganz hingeben können. Bezeichnenderweise waren ihm jedoch asketisches und philosophisches Leben identische Begriffe. Basilius verlernte trotz seiner tiefgreifenden Umwandlung sein griechisches Studium nicht. Das Bildungsinteresse blieb ein fortwährendes Anliegen, das er dem mönchischen Leben unterstellte. Der Metropolit von Kappadozien war eine Gestalt des hellenistischen Zeitalters, das sich bei ihm tief eingekerbt hatte. Basilius versuchte deswegen, seinem Kloster eine Neigung zur Geisteskultur einzuflößen. Ganz gelang ihm diese Bestrebung zwar nicht. Er vermochte nicht alle seine Mönche für das Studium im Kloster zu gewinnen. Er selbst aber und seine nächsten Freunde pflegten als Akademiker die geistige Arbeit. Basilius stellte den Mönchen die Aufgabe, in die Geheimnisse des Christentums einzudringen und sie sich innerlich anzueignen. Durch diese Bemühung verkörperte Basilius in seiner

Person einen neuen Typus: den gebildeten Mönch. In der Verbindung von wissenschaftlicher Tätigkeit und asketischer Lebensführung folgt Basilius den Spuren Origenes. Basilius' eigenes Kloster umschwebt ein letzter Hauch hellenischer Philosophie und es ist schade, daß nicht alle Klöster der Ostkirche hierin in seine Fußstapfen getreten sind. Allerdings führte Basilius mit der universalen Tendenz auch den Keim der Verweltlichung in das Zönobitentum ein. Doch ließ sich diese Gefahr nicht umgehen, von der alles Christliche stets bedroht ist. Mit der Verbindung von Kloster und geistiger Kultur hat Basilius das Mönchtum zugleich auch entwicklungsfähig gemacht. Die Kultur ist nicht nur als Spaltpilz des Religiösen zu bewerten. Diese einseitige Auffassung wird dem Problem nicht gerecht. Sie kann, aber sie muß nicht notwendig auf das Christentum zersetzend wirken. Wenn das Christliche auf die kulturellen Beziehungen verzichtet, bringt es sich um jeden Einfluß. Zur Erfüllung seiner Aufgabe ist die Kultur notwendig, wie die Kultur das Religiöse nicht entbehren kann, wenn sie nicht ins Barbarische absinken soll. Die Frage ist nur, ob das Christliche die Kultur seinem Lebensbezirk einordnet oder von ihr eingeordnet wird. Es gibt auch eine religiöse Kultur, die dem christlichen Humanismus verpflichtet ist, welche Basilius vertrat. Das durchgeistigte Niveau einer religiösen Kultur gehört zu den erstrebenswertesten Zielen. Die Menschheit hat zu wählen zwischen einer religiösen und einer atheistischen Kultur, und wohin die letztere führt, hat die Gegenwart mit Schrecken erfahren.

Als Basilius daran ging, dem christlichen Humanismus eine edle Heimstätte im Kloster zu schaffen, hat er jene geistige Überlegenheit bewiesen, der es zur Lösung dieses Problems bedurfte. Er hat damit eine Frage in vorbildlicher Weise bewältigt, vor der die Christen immer wieder stehen werden. Das älteste Mönchtum führte das Christentum in die Isolierung. Diese Notwendigkeit entsprach der damaligen Konstellation. Nur auf diesem Wege war sein innerer Gehalt vor der Verderbnis zu retten. Basilius hat diese zeitweilige Isolation mit seiner Liebe zur Einsamkeit durchaus begriffen. Gleichzeitig erkannte er dank seiner griechischen Bildung die Aufgabe der Universalität. Das Christentum ist das Allumfassende, mit seinem Schöpfungsglauben schließt es auch das Gute des profanen Lebens in sich. Was Basilius wirklich den Namen eines Großen verleiht, ist seine Einsicht in die Unumgänglichkeit von Diastase und Synthese in der christlichen Geistesgeschichte. Der mönchische Metropolit brachte sowohl für die Isolation als für die Universalität ein tiefes Verständnis auf, beide Haltungen lebten in gleicher Stärke in ihm, nicht als zwei sich gegenseitig aufhebende Möglichkeiten – er verband sie zu einer grandiosen Doppelbewegung, verknüpfte sie zu einem Rhythmus, um dadurch jede einseitige Tendenz zum voraus auszuschalten. Wie wenige Menschen hat Basilius die Notwendigkeit der Isolation *und* der Universalität für das Christentum erkannt, die in lebendiger

Polarität zueinander stehen. Er hat damit eine Einstellung verfochten, die oft verkannt wurde, aber nie veraltet ist und seiner Christlichkeit die ihr eigentümliche Lebendigkeit verschaffte.

Nach Josef Wittig war Basilius ein Mensch mit dem man «leben kann. Denn das erscheint mir als Hauptziel einer Biographie, daß sie nicht nur die Kenntnis eines Lebens vermittelt, sondern auch wirkliche Teilnahme an diesem Leben, wirkliches Mitleben ermöglicht[29].» Diese Fähigkeit verdankt Basilius seiner überaus anziehenden seelischen Beschaffenheit, die bis heute noch nicht die ihr gebührende Würdigung gefunden hat, die ihn dem neuzeitlichen Menschen wieder nahe brächte. Er war eine Natur, die Freundschaft pflegen konnte – «ich habe zeitlebens viele gute Freunde gehabt», sagt er – und seine Persönlichkeit strahlt eine Güte aus, die wie Sonnenstrahlen erwärmt. «Es fehlt an Liebe», äußerte er des öftern. Er durfte dies sagen, weil er sie selbst in selten reichem Maße besaß. Der Bischof von Cäsarea hat mit seinem unvergeßlichen Ruhebedürfnis nichts Aufregendes und Spannendes, nichts Kolossales und Hektisches an sich, all diese ungesunden Momente hatten in seiner religiösen Seelenpflege gar keinen Raum. Als Mann einer vornehmen Tradition hatte er Sinn für Niveau und gehörte zu den eindrucksvollsten Vertretern eines christlichen Humanismus, welcher die Mitte gefunden hatte. Um all dieser wohltuenden Eigenschaften willen ist Basilius zu jenen Erscheinungen zu zählen, deren man so wenig überdrüssig wird wie des täglichen Brotes. Er gehört mit Antonius und Pachomius zu den großen Mönchsgestalten des östlichen Christentums. Der Name «Vater des griechischen Mönchtums» ist sein mehr als verdienter Titel, mit seiner Geistigkeit hat er bis auf den heutigen Tag das Wesen des östlichen Mönchtums geprägt.

II

Das östliche Mönchtum wuchs zu einem Baum aus, der seine Früchte trug. Wesensgemäß stand bei ihm immer die religiöse Aufgabe im Vordergrund. Seine Vertreter bekannten sich stets zu der Auffassung: Wir sind hier nur vorübergehend, sind nur Gäste, die auf ihrer Wanderschaft zur Ewigkeit heute einkehren und morgen den Platz andern überlassen, unsere Arbeit ist Gebet und Kirchendienst, alles andere ist überflüssig. In seinen Klöstern lebten Mönche, die oft große Teile der Bibel auswendig wußten und die sich einer strengen Selbstzucht beflissen. Bei ihnen pflegte man in östlicher Besonderheit allezeit eine christliche Gesinnung, die Respekt verdient. Viele schöne Worte wurden schon über das östliche Klosterwesen geschrieben, aber das Gehaltvollste hat doch Symeon, der Neue Theologe geäußert, als er dessen Wesen in die Worte zusammenfaßte: «Wer wahrhaft Mönch ist, mischt sich nicht in die Weltlichkeit. Sein Wandel ist ewig mit Gott allein. Er schaut ihn, wird von ihm geschaut er liebt ihn, wird von ihm geliebt. Ein Licht wird er, in solcher Fülle leuchtend, daß es mit Worten nicht zu sagen ist. Je mehr das Lob ihn trifft, hält er für einen Bettler sich, und während viele durch Freundschaft ihm verbunden sind, ist er dennoch wie ein Gast und Fremdling nur. Ach, mit einem Wort ist es ein neues Wunder, das unaussprechlich ist[30].» Der große Hymnologe war zu dieser einprägsamen Wesenserfassung befähigt, weil er selbst einer der würdigsten Söhne des östlichen Mönchtums war. Seine Worte gewinnen an Leuchtkraft, je länger man über sie meditiert, sie sind in ihrer Kürze wie ein Extrakt des griechischen Klosterwesens, der es verdient, als Leitmotiv von jedem Christen beherzigt zu werden.

Entsprechend der verborgenen Haltung dieser weltabgeschiedenen Menschen hat das östliche Mönchtum nur eine geringe Geschichte erlebt. Im ersten Moment könnte man von einer Unveränderlichkeit reden. Doch ist die Behauptung von der geschichtslosen Geschichte der morgenländischen Klöster eine unhaltbare Fabel. Das östliche Mönchtum ist keine Mumie, die sich, zusammengeschrumpft, durch Jahrhunderte erhalten hat. Dies ist ein Vorurteil, geboren aus westlicher Voreingenommenheit, die nicht willens ist, sich in die andersartige Eigentümlichkeit des östlichen Klosterwesens hineinzudenken. Die Klöster des Morgenlandes sind nicht in einen Dornröschenschlaf versunken, sie führten kein totes Dasein, fühlte sich doch sogar der für die Ostkirche keine Vorliebe zeigende Adolf Harnack genötigt, festzustellen: «In diesen Asketen hat die Kirche fort und fort Erscheinungen erlebt von solcher Kraft und Zartheit der religiösen Empfindung, so erfüllt von dem Göttlichen, so innerlich tätig, sich nach gewissen Zügen des Bildes Christi zu bilden, daß man wohl sagen darf: hier lebt die Religion, und sie ist des Namens Christi nicht unwürdig[31].» Freilich hat die Geschichte des östlichen Mönchtums nicht jene Mannigfaltigkeit und Bewegtheit aufzuweisen, die das westliche Mönchtum auszeichnet. Der geschichtliche Prozeß verlief wesentlich langsamer. Gleichwohl hat auch das Mönchtum des Morgenlandes Wandlungen durchgemacht und seine verschiedenen Ausdrucksformen gefunden. Basilianische Klöster haben sich in Kleinasien und auf dem Balkan, in Unteritalien und später in Rußland verbreitet und in all diesen Ländern eine überaus segensvolle Funktion ausgeübt[32].

Das überwältigendste Denkmal hat sich das östliche Christentum in der Mönchsrepublik auf dem Berg Athos geschaffen, die bis in die Gegenwart hineinreicht. Der westliche Mensch empfängt einen denkbar starken Eindruck von diesen Mönchssiedelungen, die alles in den Schatten stellen, was er auf diesem Gebiet zu sehen gewohnt ist[33]. Eine ganz andere Klosterwelt tritt ihm entgegen, als sie das Abendland hervorgebracht hat. Noch heute befährt keine Eisenbahn diese griechische Halbinsel, deren Ufer mit schweigenden Mönchskastellen umsäumt sind. Eine ewige Stille lagert über diesen Stätten der Anbetung und des Schweigens, die nicht durch den geringsten Lärm gestört wird. Nach J.Ph.Fallmerayers bekannter Schilderung sind «das Weib, das begehrliche Aug, das Hochzeitsfest, üppige Künste, Kirmesfeier und sinneauftürmender Tumult mit aller Zucht des Haustieres aus dem Bereich der heiligen Gemeinde auf immer verbannt. Da ist kein Jahrmarkt, keine Spekulation, kein Wucher, kein Tribunal und kein Richterstolz; auf dem Athos weiß man nichts von Herr und Knecht, und dort allein ist wahre Freiheit und das richtige Maß menschlicher Dinge. Kein lebendes Wesen wird auf dem heiligen Berg geboren. Man stirbt nur, aber ohne Träne, ohne Monument[34].» Noch eindrücklicher als die paradiesische Schönheit dieser unberührten Schöpfungswelt ist das religiöse Leben, welches sich in den einundzwanzig Mönchsburgen während ihrer tausendjährigen Dauer abgespielt hat. Es macht den Heiligen Berg zu einem überwältigenden Zeugnis christlichen Geistes, der in der Geschichte des Mönchtums einen bevorzugten Platz einnimmt. Die Einmaligkeit der athonitischen Mönchssiedelung liegt nicht in der traumhaft schönen Natur, sondern in der wirklichen Weltlosigkeit dieses Klosterwesens. Es ist kaum zu fassen, aber in ihm setzt tatsächlich kein Mönch nur einen Fuß in die Welt hinein. Der Athos hat sich nie in die Kirchenregierung, in die weltliche Politik und in die wissenschaftlichen Streitigkeiten eingemischt. Mit all diesen Bestrebungen hatte er nichts gemein, er trachtete einzig darnach, die durch Christus eingeleitete Erlösung der Vollendung entgegenzuführen. Es ist das weltlose Mönchtum, das auf dem Heiligen Berg gepflegt wird. Der Athonist ist vor allem der Weltüberwinder und nicht so sehr der Büßer. Obwohl die Zeit in dieser gottgeweihten Wildnis stillezustehen scheint, hat sich auch auf dem Athos im Laufe der Jahrhunderte eine unverkennbare Entwicklung vollzogen, die oft stürmischen Charakter annahm. Der Schritt von den Klöstern des gemeinsamen Lebens zu dem Monasterium des eigenen Ratschlages ging nicht ohne Erschütterung vor sich. Den Höhepunkt der athonitischen Frömmigkeit bildet die Entstehung des Hesychasmus, in welchem die bereits von Basilius angestrebte Seelenruhe ihre mystische Vollendung fand. Der auf dem Berg Athos als Heiliger verehrte Gregor Palamas ist nur der geistvolle Verfechter und nicht der Schöpfer des Hesychasmus, da die erstrebte Stille der Seele so alt wie das Mönchtum ist. Nur Unwissenheit kann die Hesychiasten als bloße Nabelbeschauer verspotten. Diese tief religiösen Menschen führten die Gebetsversunkenheit bis zu dem wunderbaren Schauen des unerschaffnen Taborlichtes, das auf dem Berg der Verklärung aus dem Innern des Heilandes in die Welt hinaus erstrahlte und das die höchste in diesem irdischen Leben erreichbare Stufe ist. «Hange darum unablässig dem Namen Jesu an, damit dein Herz den Herrn in sich hineintrinke und der Herr das Herz und so aus beiden eins werde. Aber dieses ist nicht das Werk eines Tages oder zweier, sondern vieler Zeit und Dauer. Denn viel Kampf und Zeit ist vonnöten, auf daß der Feind hinausgeworfen werde und Christus Wohnung nehme[35].» Die Einswerdung mit Gott geschieht durch Gnade und ist nicht ein Naturzustand des Menschen, ihre unumgängliche Voraussetzung ist die von Jesu selig gepriesene «Reinheit des Herzens».

Eine der wundervollsten Blüten des östlichen Mönchtums ist das Starzentum, das in den russischen Klöstern zuerst beargwöhnt wurde und sich schließlich doch durchgesetzt hat. Seiner Herkunft nach stammt es von Athos, doch hat es seine höchste Blüte in Rußland erlebt und ist ohne den russischen Untergrund nicht völlig zu verstehen. In ihm ließ das Mönchtum seine religiöse Seelenpflege auch der Welt zugute kommen. Das Starzentum stellt eine eigenartige Vereinigung von Weltentsagung und Dienst an der Welt dar, bei allem Bleiben innerhalb des Klosters ging es doch geistig über dessen Mauern hinaus. Durch diesen bedeutsamen Schritt wurde das Starzentum zu einem der Brennpunkte des christlichen Lebens im russischen Geistesleben. Aus einer religiösen Verantwortung für das Volk war der Starez mit seiner begnadeten Seelenbetreuung einfach für die geplagten Menschen da, stand ihnen völlig unentgeltlich zur Verfügung, ohne sie für die kirchlichen Interessen einfangen zu wollen. Die Starzen tätigten eine Seelenführung, die nicht durch den leisesten Hintergedanken einer Machtausübung vergiftet war. Die Männer des innern Tuns «segneten die Welt und beteten für die Welt und leiteten die Menschen, auch die einfachsten und die ungebildetsten, zu einem Leben des beständigen Stehens vor Gott und des Verankertseins im Kreuze Christi an[36].» Die Starzen waren mit ihrer liebenden und weltoffenen Haltung zu dieser Betreuung der Menschen befähigt, weil sie selbst einen unerschütterlichen Halt im Göttlichen kannten. Gewöhnlich lebte ein solch geistiger Vater zuerst jahrelang im Schweigen, und erst dann öffnete er seine Zelle den Besuchern, wie es von dem hinreißenden Seraphim von Sarow erzählt wird[37]. Von diesem Zeitpunkt an wurden ihre kleinen Holzhäuschen zu einem wahren Volksheiligtum, zu dem die Angehörigen aller Stände pilgerten, um daselbst das wegweisende Wort zu vernehmen, nach welchem ihre Seele lechzte. Das Leben der Starzen strahlt eine Frömmigkeit in völliger Freiheit aus und vermag deswegen dem Zweifler am Sinn des Mönchtums das letzte Bedenken zu nehmen. Keiner, auch der Kirchenfeind Tolstoj nicht, hat das Starzentum abgelehnt, der mit ihm in eine reale Berührung gekommen ist. Das Buch «Vom russischen Mönch», das Dostojewskij seinem Roman «Die Brüder Karamasow» einverleibte, ist wohl eine dichterische Gestaltung eines Starzen, die aber doch stark der historischen Wirklichkeit des Klosters Optina entnommen ist. Es bedurfte der darstellenden Kraft eines des größten russischen Dichter, um von der Gotteswirklichkeit jenes wundervolle Bild zu zeichnen, das zum Schönsten gehört, was je geschrieben wurde. Das Starzentum ist die evangelischste Einrichtung innerhalb des östlichen Klosters, wobei man sich klar machen muß, daß nur Mönche, das will besagen, von der Welt völlig gelöste Menschen, zu dieser überlegen-tröstlichen Seelenführung befähigt sein können. In seiner Auswirkung ist das Starzentum ein unmittelbares Werk des Geistes, das niemals auf organisatorischem Weg nachgemacht werden kann. Seine Aufrechterhaltung gehört zu den wichtigsten Aufgaben des Klosterlebens. Für die religiöse Gesundung eines Volkes sind solche lichtspendende Stätten lebensnotwendig, die wohl vorübergehend in den Hintergrund treten, aber nie gänzlich vom Erdboden verschwinden können.

Obwohl Athos und Starzentum unvergängliche Erscheinungen sind, ist dem morgenländischen Mönchtum doch nicht mit jener unkritischen Ostkirchen-Schwärmerei zu begegnen, welche nach dem ersten Weltkrieg vielfach die frühere Geringschätzung ablöste. Die bengalische Beleuchtung, in der es manchmal gezeigt wird, gelangt nicht zu einer wahrhaftigen Wesenserfassung. Echtes Mönchtum ist eine nüchterne Sache, und ihm kann nur der göttliche Realismus gerecht werden, der allein der Wahrheit nahekommt. Der göttliche Realismus hat nichts mit dem glaubenslosen Naturalismus des ausgehenden 19. Jahrhunderts zu tun, dem es eine förmliche Wollust bedeutete, in der abstoßenden Seite des Lebens herumzuwühlen. Vielmehr hat er, kraft seiner religiösen Verwurzelung die Fähigkeit, die ganze vielgestaltete Wirklichkeit mit ihren himmlischen Tendenzen und grauenhaften Abstürzen zu umfassen. Die in Gott verankerte realistische Betrachtungsweise wird wegen einer betrüblichen Entartungserscheinung nicht sogleich am Ganzen irre, sie erinnert sich, wie nach der Bibel Gott mit Noah einen Bund machte und dieser Mann nachher trotzdem betrunken in seiner Hütte lag, ohne deswegen aufzuhören jener Arche-Erbauer zu bleiben, der als einziger die Sintflut überdauerte. Allezeit sind in der Geschichte Licht und Schatten erschreckend nahe beieinander, rätselhaft bleibt es, wie sie oft sogar ineinander übergehen. Solange die Welt besteht, wird das Himmlische gelegentlich ins Satanische verkehrt, ohne daß ob diesen zeitlichen Niederlagen der göttliche Realismus seinen Glauben an den endlichen Sieg des Ewigen einbüßte.

Über dem östlichen Mönchtum lagern auch dunkle Schatten. Mit seiner hochgespannten Lebensführung war das morgenländische Klosterwesen von zahlreichen Gefahren bedroht, über die es nicht zu allen Zeiten triumphiert hat. Viele seiner Vertreter sind ihnen erlegen, was ehrlich zuzugeben ist, wenn man das östliche Mönchtum in seiner Wirklichkeit und nicht in einer künstlichen Drapierung zu Gesicht bekommen will. Der berühmte Lasterkatalog zählt die Verirrungen, denen einzelne Mönche zum Opfer fielen, selbst auf. In ihm ist von Freßsucht und Unkeuschheit, von Eitelkeit und Hochmut die Rede. Die Erwähnung des achtfachen Kataloges bringt eine Mißtönung in das erhabene Bild der morgenländischen Klosterwelt hinein. Trotzdem sei von ihm die Rede, um keiner unwahren Schönfärberei zu verfallen. Er ist noch aus andern Gründen als nur um der Psychologie des Mönchtums willen anzuführen. Nicht Feinde des Klosterwesens haben den Latserkatalog erfunden, er ist aus der Mitte des Mönchtums selbst hervorgegangen, um die Gefahren zu signalisieren, die den Menschen bedrohen, der den monastischen Weg beschreitet. Er ist als Warnungstafel aufzufassen und beweist, wie das östliche Mönchtum in der Sünde nicht eine unabänderliche Gegebenheit, sondern eine immer neu zu bekämpfende Macht gesehen hat.

Wer dem Mönchtum übel gesinnt ist und ihm eines auszuwischen begehrt, pflegt gewöhnlich von den sittlichen Entgleisungen zu reden, die in seinen Reihen stattgefunden haben. Da der Lasterkatalog von der Sünde der Unkeuschheit redet, ist anzunehmen, daß nicht alle Mönche stets den Gelüsten des Fleisches Herr zu werden vermochten. Starke phantasiemäßige Beschäftigung auf erotischem Gebiet waren häufige Erscheinungen, und nicht immer blieb es bei dieser gedanklichen Vorstellung. Die Errichtung von Doppelklöstern förderte die Gefahr und wurden denn auch verboten. Das Bekanntwerden sittlicher Vergehen schadete dem gesamten Mönchtum, weil vereinzelte Vorkommnisse stets der leichtfertigen Verallgemeinerung unterliegen. Der sittliche Fall eines Klosterbruders ist sicher ein bedauerliches Geschehen, aber niemals ein schwerwiegender und ernsthafter Einwand gegen das Klosterwesen.

Schlimmer wirkte sich der Fanatismus aus. Die Mönche gebärdeten sich als leidenschaftliche Verfechter der Orthodoxie. Aus ihren Reihen gingen sture Vorkämpfer für die engste Rechtgläubigkeit hervor, die dogmatische Ansichten kurzerhand mit Gotteswahrheit gleichsetzten. Mit unduldsamer Gesinnung beteiligten sie sich am Kampf ihrer Zeit gegen das absterbende Heidentum. Mancher Tempel und viele Kultusgegenstände fielen der Zerstörung durch fanatische Mönche anheim. Der Haß, der oft zu furchtbaren Ausbrüchen führte, machte auch vor Menschen nicht halt. Gelegentliche Heidenverfolgungen bilden eines der dunkelsten Kapitel der christlichen Kirchengeschichte. Vom Zorn übermannte Mönche verstrickten sich dabei in grauenhafte Mordszenen, indem sie die edle Philosophin Hypathia buchstäblich in Stücke zerrissen. Auch die Ketzer bekamen die mönchische Gehässigkeit reichlich zu fühlen. Der Anteil der Mönche an der schändlichen Verleumdung des Origenes war groß und wirkte doppelt abstoßend, weil die Klosterfrömmigkeit der Geistigkeit des großen Alexandriners viel zu verdanken hatte. Nicht einmal vor der ehrwürdigen Persönlichkeit eines Chrysostomos scheuten sie zurück. Gewisse Mönche ließen sich zu handgreiflichen Gewalttätigkeiten hinreißen. Auf dem Konzil zu Ephesus warfen sie dem verhaßten Erzketzer Nestorius ein Evangeliumsbuch an die Brust. Manchmal bewaffneten sich ganze Mönchsscharen mit Knütteln und lieferten auf den Kirchenversammlungen regelrechte Schlachten, bei denen Blut floß. Natürlich dürfen solche Ausbrüche nicht dem gesamten Mönchtum zur Last gelegt werden. Der mönchische Fanatismus, in seiner Beschränktheit losfahrend gegen alles, was seinem Gesichtskreis entgegengesetzt war, gehört unter die Rubrik der Jähzornsünde des Lasterkataloges.

Vom Gesichtspunkt des Klosterwesens aus betrachtet, waren noch zwei andere Laster dem Mönchtum abträglich. Der Katalog wertet den Trübsinn als Sünde und nicht als eine seelische Erkrankung. Das ist für modernes Empfinden überraschend, das allzu gerne bereit ist, ihn mit einer Veranlagung zu entschuldigen. Das Mönchtum will jedoch den Trübsinn nicht wie Baudelaire in seinen Gedichten kultivieren, es sieht in ihm einen Mangel an Glaubenskraft, der den Anwandlungen der Melancholie nicht zu steuern vermag. Eng mit dem Trübsinn ist die Sünde der Schlaffheit verbunden. Sie ist der größte Feind des östlichen Mönchtums; ganze Klöster fielen in den Zustand der Lethargie. Die Schlaffheit der Seele stellt sich gerne als Reaktion auf die Hochleistungen der Askese ein, die sich die Mönche sowohl in körperlicher als auch in geistiger Beziehung auferlegten. An den oft tagelang fastenden Mönchen rächte sich das natürliche Eßbedürfnis, und es überfiel sie eine unwiderstehliche Freßsucht, die alles verschlang, wessen sie nur habhaft werden konnte. Auf Rekordleistungen folgten oft unüberwindliche Abspannungen, in denen die vergewaltigte Natur zu streiken begann. Die Schlaffheit, auch «die Seuche, die um den Mittag herumschleicht» genannt, gilt als typische Mönchskrankheit, wenn auch der in der Welt stehende Christ keineswegs gegen sie gefeit ist. Sie ist viel gefährlicher als die Unkeuschheit, weil sie jeglichen Aufstieg der Seele verunmöglicht. Ohne höchste Wachsamkeit bemächtigt sich unmerklich die erschlaffende Nachlässigkeit alles christlichen Lebens. Wie ein feiner Mehltau setzt sich die innere Müdigkeit auf das religiöse Ringen, das dadurch sachte in den Zustand des Halbschlafes übergeht. Ein bewußter Kampf gegen die Erschlaffung allein rettet den Mönch vor dem Dahinvegetieren in einem gleichgültigen Schlummerdasein, das in den Tod aller Geistigkeit mündet.

All die erwähnten Erscheinungen trugen dazu bei, das östliche Mönchtum in den Augen der Nachwelt zu diskreditieren und als ein kulturfeindliches Gebilde hinzustellen. Soll man das Klosterwesen des Morgenlandes gegen diese Anschuldigung zu entlasten versuchen? Dies wurde schon mehrfach getan, aber diese Apologien beweisen gewöhnlich ein geringes Verständnis für die wirklichen, die Geschichte bewegenden Mächte. Sie können nicht mit Behauptung und Gegenbehauptung aus der Welt geschafft werden, weil sie sich nicht auf einer gedanklichen Ebene abspielen. Der Lasterkatalog spricht nur in literarischer Form aus, was jedoch der Machtsphäre angehört. Diese Auswüchse sind schreckliche Verwüstungen der Dämonen im Mönchtum. Unkeuschheit und Jähzorn, Trübsinn und Schlaffheit sind keine belanglosen Lasterchen des Kataloges, welche die Mönche höchstens gelegentlich ein wenig gejuckt haben; es sind satanische Einbrüche, die einem Granatenhagel gleich auf diese himmelstürmenden Menschen niedergingen. Am Beginn des Mönchtums stehen die grauenhaften Dämonenkämpfe eines Antonius, die keineswegs mit seinem Tode ihr Ende gefunden haben. Sie durchtosen wie ein metaphysisches Gewitter die mit realen Mächten und nie bloß mit abstrakten Theorien kämpfende Mönchsgeschichte. Nicht alle Mönche sind aus den satanischen Angriffen als Sieger hervorgegangen, viele blieben als Besiegte auf der Walstatt liegen, verfielen dem süßen Gift der Schlaffheit, vermochten dem geschlechtlichen Verlangen nicht zu widerstehen und wurden von den Dämonen des Fanatismus überwunden. Diese metaphysische Deutung rückt das Geschehen unter den ihm entsprechenden Gesichtspunkt. Die Mönche haben allezeit die Sünden des Lasterkataloges als eine grausige Realität gefürchtet und sie nie nur als literarischen Unterhaltungsstoff betrachtet.

Es wäre unrichtig, das östliche Mönchtum einseitig nach den dämonischen Verwüstungen zu bewerten. Dieses verzerrte Bild würde der Wirklichkeit nicht entsprechen. Neben den dunklen Verirrungen gilt es die göttlichen Kräfte hervorzuheben, die das morgenländische Klosterwesen stets bewegten. Ströme strahlenden Lichtes überfluten es, alle Schatten bei weitem auflösend. Sein weißer Glanz überwiegt die nicht zu leugnenden Abstürze. Nur Blindheit kann die religiöse Kraft und die evangelische Herrlichkeit des östlichen Mönchtums verkennen, das Sergius Trubetzkoy mit den Worten kommentierte: «Die Klöster sind das beste Kleinod unseres Lebens, sein Stolz, mögen sie auch mit hochmütiger Verachtung von denen betrachtet werden, die das geistige Leben nicht kennen und die nicht einmal über die mächtigen Beweggründe nachdenken wollen, die so viele Menschen zu diesem schweren Opfer drängen. Man mag auch ruhig von der Laxheit der Sitten einiger Klöster reden, von der Trägheit und dem Müßiggang der Mönche und von ihren Lastern; wir wissen, daß nirgends der Gegensatz zwischen Ideal und irdischer Wirklichkeit größer zu sein vermag, obgleich er auch nirgends qualvoller und tiefer empfunden wird. Wir schätzen das Kloster als eine Anstalt, in der in lebendiger Weise die Lehre der Kirche zum Ausdruck kommt ... Wir schätzen die Klöster, trotz ihrer Schwächen, um der heiligen Perlen willen, die aus ihren Mauern emporleuchten. Sie waren geistige und sittliche Bildungsanstalten des Volkes[38].»

Viel wegweisender als die asketischen Leistungen sind die Vätersprüche, welche die lichtvolle Atmosphäre des östlichen Mönchtums am stärksten veranschaulichen. Nach fachmännischem Urteil wollen «die Vätersprüche durchaus nicht ,Literatur', oder ein wohlgeordnetes Kunstwerk sein. Die vielen Sammler, die daran gearbeitet haben, prägen ihnen kaum eine Spur ihrer Eigenart auf, sie fügten der Wirklichkeit nichts hinzu und begnügten sich, fortlaufend diese

Momentbilder des Mönchslebens wiederzugeben[39].» Natürlich haften den Vätersprüchen auch anekdotenhafte Züge an, beleuchteten sie doch vorwiegend Ausschnitte aus dem Leben der Mönche. In ihrem Gehalt aber, gehen sie darüber hinaus und sind als kleine Ganzheiten zu bewerten. Sie vermitteln eine Richtlinie, an die sich der Mönch halten konnte. «Das Logion der Mönchsväter ist nicht von dieser Welt, es ist aus dem Geiste Gottes geboren. Man darf sie nicht müßig auf Pergament schreiben und in Schreine versorgen. Es ist wie ein Orakel und wird als göttliches Offenbarungswort betrachtet[40].» In der Tat enthüllen die Vätersprüche das innere Antlitz des mönchischen Menschen. In diesen Worten eröffnen sich Fernblicke und Durchblicke in eine unergründliche Tiefe, deren Mysterium sich nur den Menschen mit religiösem Verlangen mitteilt. Die Mönche selbst haben es klar ausgesprochen, daß diese Dinge nicht durch Tinte vermittelt werden können. Der Christ kann nur immer wieder zu diesen kostbaren Worten zurückkehren und sie mit aufnahmebereiter Seele sich anzueigenen versuchen, da in ihnen der Geist des östlichen Mönchtums in reinster Form und seltenster Dichte weiterlebt. Nicht gewagte Spekulationen, nicht tiefsinnige Grübeleien und nicht philosophische Systeme werden in diesen Zeugnissen eines gesammelten Sinnes entwickelt. All diese Bemühungen lagen den Mönchen fern. Wer auf solche Dinge erpicht ist, wird von den Vätersprüchen enttäuscht sein. In ihnen spricht sich vielmehr eine oft langjährige geistige Erfahrung aus, der der Wert einer Erleuchtung zukommt. Freilich müssen sie mit dem Herzen und nicht mit dem Verstand aufgenommen werden. Nicht nur den heutigen Menschen führen sie in eine völlig unbekannte Welt hinein, von der er kaum einen Laut vernahm. Schon in jenen Zeiten waren sie nur für ungewöhnliche Naturen berechnet, die fernab vom breiten Weg sich mühten. Über ihrer Eingangspforte steht der prophetische Väterspruch: «Es kommt eine Zeit, wo die Menschen verrückt sein werden, und wenn sie einen sehen, der nicht verrückt ist, werden sie sich gegen ihn wenden und werden sagen: Du bist verrückt, weil er nämlich anders ist als sie[41].» Es ist ein Jammer, daß die gegenwärtige Christenheit von dem einzigartigen Schatz dieser Vätersprüche fast nichts mehr weiß. Dabei hat sie viel mehr Anlaß als damals, zu einem Altvater zu flehen «gib mir ein Wort», und wo anders findet es der nach einer Wegleitung Ausschau haltende Mensch heutzutage, als bei diesen den Lebenswirren entrückten Vätern. «Darum tue ein jeglicher beide Ohren auf, die innern und die äußern und merke der heiligen Altväter großen Streit und Sieg und die ewige Freude, die sie damit gewonnen haben. Und folget ihnen nach[42].»

An die Spitze ihrer Aussagen gehört die Anleitung zur Vollkommenheit, um die sich das ganze Mönchsleben dreht. Von ihr sagt Makarius – eine der größten Gestalten des östlichen Mönchtums – in seinen geistlichen Homilien: «Manche jedoch meinen, sie seien deshalb schon Heilige, weil sie sich vom Weibe und allem Sichtbaren enthalten. Allein dem ist nicht so. Denn die Bosheit ist im Geiste, sie lebt und erhebt sich im Herzen. Nur der ist heilig, der gereinigt und geheiligt ist dem innern Menschen nach ... Wie kann jemand sagen: Ich faste, lebe in der Einsamkeit und verteile meinen Besitz, also bin ich heilig? Denn die Enthaltung vom Bösen ist noch nicht die Vollkommenheit. Du mußt vielmehr in deinen befleckten Geist eindringen und die Schlange töten, die im Innern deines Geistes und in den Tiefen deiner Gedanken, in den sogenannten Kammern und Gemächern deiner Seele, lauert, um dich zu morden. Denn ein Abgrund ist das Herz[43].» Das Wichtigste ist, daß der Mensch in seinem Streben nach Vollkommenheit nie müde wird und sich nach allen Niederlagen immer wieder aufrafft. «Der Abt Pastor erzählte von dem Abte Johannes, daß Gott auf sein Gebet ihm allen Kampf mit den Leidenschaften abgenommen und seine Seele in eine gänzliche Ruhe gebracht habe. Er ging sodann zu einem Altvater und sprach zu ihm: Sieh an mir einen Menschen, der ruhig ist und keinen Kampf mehr hat. Der Altvater sprach zu ihm: Geh hin und bitte Gott, daß er dir wiederum den Kampf gebe, denn im Kampfe macht unsere Seele Fortschritte. Und als der Kampf in ihn wieder zurückgekehrt war, bat er ferner nicht mehr, daß er von ihm genommen würde, sondern sprach: Herr, gib mir Geduld, diesen Kampf auszuhalten[44].» Der Mönch bedarf zu seinem innern Ringen der Abgeschiedenheit, ohne die er sein Ziel nicht erreicht. Der Abt Allois pflegte zu sagen: «Wenn der Mensch nicht in seinem Herzen sprechen kann: Ich und Gott sind allein auf dieser Welt, wird er keine Ruhe haben[45].»

Um die Vollkommenheit zu erreichen, muß ein Mönch «so voller Augen sein wie ein Cherubim und Seraphim»[46]. Vorab muß er sich vor aller Überheblichkeit in acht nehmen, welche den Mönch besonders stark bedroht, und doch verwehrt nichts so sehr wie Hochmut den Zugang zur obern Welt. Eines Tages wurde der Mönch Silvanus «im Geiste verzückt und fiel auf sein Angesicht. Nach langer Zeit erhob er sich und weinte. Die Brüder fragten ihn: Abba, was fehlt dir? Er aber schwieg und weinte. Als sie nun weiter in ihn drangen, sprach er zu ihnen: Ich wurde in der Verzückung zu Gerichte geführt und sah viele der Unsrigen zur Hölle fahren und viele der Weltleute ins Himmelreich eingehen[47].» Nach diesem Väterspruch zu schließen, hat sich das Mönchtum nicht als die einzige Form christlichen Lebens angesehen, wie ihm oft unterschoben wird; es betrachtete auch das Dasein der Christen in der Welt als Gott wohlgefällig. Für alle Menschen gilt der tröstliche Vaterspruch: «Wenn du ein Herz hast, kannst du errettet werden[48].» Die echten Mönche waren gar nicht von ihren eigenen Leistungen eingenommen. Pambo, der kein Wort zu bereuen hatte, das er gesprochen, sagte gleichwohl in der Todesstunde: «Und nun gehe ich so zu Gott, wie wenn ich noch nicht angefangen hätte, Gott zu dienen[49].»

Mit der Ablehnung des Hochmutes war die starke Lobpreisung der Demut verbunden, die den Mönch dazu veranlassen soll, sich für niedriger als alle Menschen zu halten. «Wer reich ist an Gottes Gnade, muß recht demütig und zerknirschten Herzens sein und sich immer für einen Bettler halten[50].» Vom Heruntersteigen in den Abgrund der Demut reden die Väter und auf die Frage, «was ist Vollkommenheit, antwortete Isaak der Syrier: Tiefe der Demut. Ein Bruder fragte den Altvater: Worin bestehen denn die geistlichen Fortschritte eines Menschen? Die Antwort des Altvaters lautet: In der Demut. Denn je mehr jemand zur Demut geneigt ist, desto größere geistliche Fortschritte wird er machen[51].» Die Demut wird als eine Türe Gottes bezeichnet. Die sich allen unterordnende Einstellung erstreckt sich auch auf das Theodizeeproblem, worüber es eine in ihrer Schlichtheit ergreifende Anekdote gibt: «Der Abt Antonius verlor sich einst in der Betrachtung über die Tiefe der Gerichte Gottes, wollte von Gott sie erforschen und sprach: Herr, wie kommt es, daß einige Menschen so frühzeitig in der Blüte ihres Lebens sterben und andere zum höchsten Greisenalter gelangen? Und warum sind Einige arm, andere aber reich an Gütern? Und wie kommt es, daß die Ungerechten reich sind und Gerechte nicht selten unter dem Drucke der Armut leiden? Und es kam ihm eine Stimme, die sprach: Antonius, gib auf dich selbst acht; denn dies sind Urteile Gottes, welche zu wissen dir nicht zusteht[52].» Die Demut veranlaßte die Mönche, nie ihrer Meinung den Vorzug zu geben. Von einem Abte wird erzählt, «daß er niemals seine Meinung gegen die Meinung eines Altvaters verteidigt, sondern stets die Meinung eines andern mehr als die seinige gelobt und gutgeheißen habe»[53]. In dieser Selbstbescheidung zeigt sich ebenfalls die Demut eines Abbas Apollo, der glaubte, wenn er sich vor den Brüdern verneige, verneige er sich nicht vor Menschen, sondern vor Gott; «denn hast du deinen Bruder gesehen, so hast du deinen Herrn gesehen». Ein Mönch sagte einst zu Abbas Sisocs: «Ich merke an mir, daß der Gedanke an Gott mir immer gegenwärtig ist. Der Greis antwortete ihm darauf: Es ist dies keine wichtige Sache, daß du an Gott denkst. Sondern dies ist wichtig: Sich unterhalb von aller Kreatur zu sehen[54].» Aus dieser sich allen unterordnenden Demut floß das grenzenlose Erbarmen, mit der Mönch jeglichem Lebewesen begegnete. Nach einem der schönsten Vätersprüche fragte Isaak «was ist ein erbarmungsvolles Herz?» und erhielt darauf die Antwort: «Ein Brennen des Herzens über alle Kreaturen – über Menschen, Vögel und Tiere, ja sogar über Dämonen und über alles, was ist. So daß durch Erinnerung an sie oder durch ihren Anblick den Augen Tränen entströmen wegen der Macht der Barmherzigkeit, die das Herz in großem Mitleid bewegt. Dann wird das Herz weich und vermag nicht zu hören von Unrecht oder von einem auch noch so unbeträchtlichen Leiden, das die Kreatur erleiden soll. Und daher opfert er sogar in bezug auf die, die ihm schaden, zu jeglicher Zeit Gebete

und Tränen, daß sie bewahrt und gestärkt werden mögen. Ja selbst in bezug
auf das Geschlecht der Kriechenden – wegen des großen Mitleides, das in sein
Herz ergossen ist ohne Maß, nach dem Vorbild Gottes[55].»

In den Vatersprüchen ist die Liebe als das Herzstück des Evangeliums erfaßt.
Ein Mönch sagte: «Laßt uns das höchste Gut erlangen – die Liebe. Nichts ist
Fasten, nichts ist Wachen. Nichts sich Abmühen ohne Liebe, denn es steht geschrieben: Gott ist Liebe[56].» Die Haltung der Liebe führte sie dazu, die Lage
des Nächsten für die eigene zu halten und in allem mit ihnen mitzuleiden und
sich mitzufreuen und so zu leben, als ob sie gleichsam denselben Leib tragen
würden. Diese Einstellung verbot ihnen auch, den Nächsten zu richten, was in
den Vätersprüchen mehrfach abgelehnt wird: «Es ist ein sicheres Zeichen, daß
eine Seele noch nicht von der Hefe der Laster gereinigt ist, wenn sie mit fremden Fehlern nicht in barmherziger Gesinnung Mitleid hat, sondern die harte
Strenge eines Richters zeigt[57].» Ist doch gewöhnlich ein Mensch denselben Lastern unterworfen, die er an einem andern in herzloser, unmenschlicher Strenge
verurteilt. «Man darf die Leidenschaften, die ein anderer offenbart, ihm keineswegs zum Vorwurf machen, ja nicht einmal den Schmerz des Bedrängten auch
nur ein wenig verachten[58].» «Wenn du Ruhe finden willst, sowohl in diesem als
im künftigen Leben, so sage bei jeder Sache: Wer bin ich? damit du niemand
richtest», und ein anderer fügte hinzu: «Verachte Niemanden, verdamme Niemanden, noch rede Jemandem Übles nach, so wird dir Gott Ruhe geben, und
dein Leben in der Zelle wird ohne Verwirrung sein[59].» Einer der allertröstlich-
sten Seelsorgerratschläge kommt in jener Anekdote zum Ausdruck, nach der
ein Priester zum Abt Pastor sagte: «Vater ich habe eine große Sünde begangen
und will drei Jahre bessern und büßen. Da sprach Abt Pastor: Das ist zu viel.
Der Priester sprach: Heißest du mich, so will ich die Sünde ein Jahr büßen. Da
sprach der Vater: Es ist zu viel. Darauf sagten die andern Brüder, die anwe-
send waren: Laß ihn vierzig Tage büßen. Der Altvater aber erwiderte: Es ist
noch zu viel. Ich meine, so ein Mensch von Herzen seine Sünden bereut und
den Willen hat, fürbar nicht mehr zu sündigen, dann nimmt Gott die Sünde
gnädiglich von ihm, wenn er sie auch bloß drei Tage büßt[60].»

Viele Vätersprüche haben es mit dem Gebet zu tun, das als wahre Arbeit des
Mönches gilt. «Es fragten einige Brüder den Abt Agathon: Vater, welche Tugend kostet im geistlichen Leben die meiste Mühe? Er erwiderte ihm: Verzeiht
mir, mein Bruder, ich halte dafür, man finde in keiner andern Sache eine solche
Mühe wie im Gebete zu Gott; denn wenn ein Mensch sein Gebet zu Gott ab-
senden will, beeilen sich die Dämonen immer, es zu unterbrechen, indem sie
wohl wissen, daß ihnen kein Ding ein solches Hindernis bereitet, als das zu
Gott verrichtete Gebet. Denn jede andere Arbeit, die ein Mensch im geistlichen
Leben vornimmt, läßt ihm doch, wie beharrlich und gelassen er immer dabei

sich verhalten möge, einige Ruhe, das Gebet aber ist ein Werk, das ihm Mühe und großen Kampf verursacht bis zum letzten Hauche des Lebens[61].» Aus dem göttlichen Gespräch, welches sie beständig in ihrem Innern pflegten und welches der Grund ihres Schweigens war, floß die ungewöhnliche Heiterkeit ihrer Seele. Auf diese innere Begeisterung legten sie großes Gewicht: «Du kannst nicht Mönch werden, wenn du nicht ganz wie ein brennendes Feuer wirst[62].» Über das Glutgebet sagt ein Väterspruch: «Einmal kam der Abt Lot zum Abte Josef und sagte zu ihm: Vater, ich halte nach meinen Kräften meine kleine Regel, faste ein wenig, bete, betrachte und erhalte mich in der Ruhe; auch bin ich bemüht, die Reinheit in meinen Gedanken zu erhalten; was soll ich übrigens noch tun? Hierauf stand der Altvater auf, erhob seine Hände zum Himmel und seine Finger fingen wie brennende Kerzen zu leuchten an, und er sprach zu ihm: So kannst du durchs Gebet ganz wie Feuer entzündet werden[63].» Die wie leuchtende Lampen aussehenden Finger des Altvaters sind die eindrucksvollste Demonstration zu der Gebetsaufforderung, das wie Feuer zu Gott aufsteigen werde. Dabei waren diese Mönche von allen Verstiegenheiten frei. Sonst hätte der Abt Ewagrius nicht gesagt: «Wenn ein böser Gedanke dir ins Herz kommt, so suche nicht dies und jenes durchs Gebet zu erwirken, sondern ziehe wider den bösen Feind, der dich anficht, das Schwert der Tränen[64].»

Auch über das Maßhalten finden sich in den Vätersprüchen viele erhellende Ausführungen. Ein Mönch Antonius sagte einst zu einem Jäger: «Tue ein Geschoß auf deinen Bogen und spanne ihn. Er tat es. Darauf Antonius: Spanne noch mehr! und er spannte. Und Antonius wiederum: Spanne! Da sagte der Jäger: Wenn ich über das Maß spanne, bricht der Bogen. Darauf der Greis: So steht es auch mit dem Werk Gottes; wenn wir über das Maß hinaus den Bogen anspannen, dann werden die Brüder rasch zerbrechen, man muß daher bisweilen ihnen ein Zugeständnis machen[65].» Die gleiche Erkenntnis hatte Abt Alonius: «Wenn der Mensch in seiner Ordnung bleibt, wird er nicht verwirrt werden[66].» Sie pflegten eine bewußte Nüchternheit, indem sie der Meinung waren: «Wenn unser äußerer Mensch nicht nüchtern lebt, so ist es unmöglich, den innern zu bewahren» und warnten die Menschen vor drei Mächten, die allen Lastern den Weg bahnen: «Die erste ist die Vergessenheit Gottes, die zweite ist die Nachlässigkeit, die dritte die Begehrlichkeit[67].»

Endlos könnte man in der Anführung der Vätersprüche weiterfahren, und nie bekäme man das Gefühl, es sei jetzt des Guten genug. Sie stellen die würdige Parallele zu den herrlichen Anekdoten der jüdischen Chassidim dar, die Martin Buber gesammelt hat. In den Vätersprüchen öffnen sich jene Brunnen der Tiefe, die bereits in der Spruchweisheit des Alten Testamentes gewaltig aufgebrochen sind. Aus ihnen spricht die religiöse Weisheit, die von der Gelehrsamkeit wohl zu unterscheiden ist, die auch ein eitler und zerfahrener Mensch zum besten geben kann. Weisheit, ja was ist Weisheit? Sie ist das, was wir gewöhnlich nicht haben. Weisheit ist jenes seltene Verstehen des Lebens und jene innere Gefaßtheit, welche allen Situationen mit einem überlegenen Wort begegnet. Sie wird dem Menschen geschenkt, der seine lange Lebenserfahrung religiös zu verarbeiten sucht, sich den Fügungen des Daseins gegenüber nicht verstockt, sondern sich bemüht, immer auf den Grund der Dinge zu blicken. Die Vätersprüche sind jene Weisheit von oben, von der das Neue Testament redet, auf ihren Ausführungen ruht der Glanz der Ewigkeit, weil es nichts Schöneres als ein weises und verständiges Herz gibt. In der Weisheit der Väter ist das östliche Mönchtum am stärksten nach außen fruchtbar geworden, indem das Licht dieser Worte auch den verworrenen Lebensweg des in der Welt stehenden Christen erhellt. In ihnen lebt eine dem Menschen Mut machende, überaus tröstliche Wahrheit. Die Weisheit ist nach der Bibel Gottes Erstlingswerk, die von Ewigkeit an gebildet und mit dem Ursprung der Welt da war. Wie der tiefsinnige Ausdruck lautet, spielt die Weisheit auf Gottes Erdenrund und hat ihr Ergötzen an den Menschenkindern.

Wie muß die Äußerung beschaffen sein, um die unermeßliche Bedeutung des östlichen Mönchtums noch einmal schwer in die Seele des Lesers zu legen? Bei der Umschau nach einer geeigneten Zusammenfassung bietet sich einzig jene noch der Erfüllung harrende Weissagung an, die Dostojewskij seinem Starez Sossima in den Mund legt: «Wie sehr aber werden sie sich wundern, wenn ich sage, daß von diesen Gebeten dieser Demütigen und nach Einsamkeit und Stille sich Sehnenden die Rettung Rußlands ausgehen wird. Denn in Wahrheit werden sie sich in der Stille vorbereitet haben auf den Tag und die Stunde, auf den Monat und auf das Jahr. Das Vorbild Christi bewahren sie herrlich und unverfälscht in seiner göttlichen Reinheit und Wahrheit dort in ihrer Einsamkeit auf, so wie es uns von unseren alten Kirchenvätern, Aposteln und Märtyrern überliefert worden ist, und wenn es nötig werden wird, so werden sie es der weltlichen, zusammenstürzenden Wahrheit entgegenstellen. Das ist ein großer Gedanke. Im Osten wird dieses Licht aufgehen [68].»

AUGUSTIN
UND DAS GEMEINSAME LEBEN DER KLERIKER

I

ER Mensch wird gejagt gleich einem wilden Tier, das man dem Kaiser geben will: es wird gejagt, von den Hunden zerrissen und gebissen, und das ist dem Kaiser viel angenehmer, als wenn man es sanft gefaßt hätte. Gott ist der Kaiser, der die gejagte Speise essen will. Er hat auch seine Jagdhunde: Der Feind jagt den Menschen mit mancherlei Anfechtung. Er schleicht an allen Enden ein, auf alle Weise, und jagt dich mit mancherlei Anfechtung: Mit Hoffart, mit Geiz, mit allerlei Untugend: bald auch mit Missetat und ungeordneter Traurigkeit. Liebes Kind, steh fest, es schadet dir nichts: du sollst gejagt sein. Es kommen die Leute, ungestüm, mit ihren schweren, rauschenden Worten und verurteilen und jagen dich; es kommen deine eigenen Schwächen und natürlichen Neigungen. Und wenn der Mensch so von allem, was ihm naht, gejagt wird, soll er durch die Demut, Sanftmut und Geduld gehen, und soll sich erbarmen der greulichen Menschen, die ihn jagen und hinaustreiben, als ob er ein böser Mensch sei; dann sprich aus liebendem Grunde: ‹Lieber Herr, erbarme dich meiner und ihrer.› Und hüte dich, daß du nicht durch die Büsche hindurchbrichst, denn das Wild tut das nicht, sondern es läuft in gerader Richtung weiter; es beißt und bellt nicht wieder, sondern es läuft vor sich hin. Und hüte dich, daß du nicht ein Hund werdest, und wieder beißt. Denn unser Herr hat seine Jagdhunde, mit denen ihr gejagt werden müßt, überall: in Klausen, in Klöstern und in Häusern. Fliehe in Gott; wie der Hirsch nach dem Jagen durstig wird, also sollst du in gerader Richtung laufen und dich dürsten lassen in neuer Weise nach Gott: darum wirst du gejagt. Unser Herr jagt einen jeden, wie es ihm nützlich und nötig ist; lauf durch, sanftmütig, mit Geduld, so wirst du so wunderlich mürbe und schmeckst dann unserm Herrn über alle Maßen wohl[1].»

Diese Worte des erleuchteten Johannes Tauler zeichnen das Grundmotiv von Augustins Leben: Er ist der von Gott gejagte Mensch. Sein Selbstverständnis enthüllt einen Menschen, der als Gehetzter nirgends Ruhe hatte, der immer weitergetrieben wurde und dem kaum eine kurze Atempause vergönnt war. «Du hast von droben deine Hand ausgestreckt nach mir» schreibt Augustin[2], damit darauf hinweisend, wer in seinem Leben jene nicht zum Stillstand zu bringende Bewegung verursacht hat. Gott und nicht er selbst hatte diese Ruhelosigkeit in ihm wachgerufen. Augustin ist infolge seines Auftriebes bei den

Menschen einzuordnen, von denen er selbst ausführt: «Doch siehe, du, der du denen auf der Ferse bist, die vor dir fliehen[3].» Wie die Hunde das Wild jagen und aus allen Verstecken aufstöbern, so wurde auch Augustin von einer unsichtbaren Macht gehetzt. Gleichsam mit einer Keule in der Hand, war der Allmächtige hinter ihm her. Atemlos ging diese Jagd Gottes vor sich, kaum glaubte Augustin sich einen Moment in Sicherheit, begann die Hetzjagd aufs neue und nur noch keuchend folgte er zuletzt seinem Weg. Das ununterbrochene Gejagtwerden verleiht dem Leben dieses Menschen eine dramatische Spannung, die von keinem Roman übertroffen wird. Es gehört zum Lebendigsten, seinem nie zur Ruhe kommenden Dasein nachzugehen, das ihn davor bewahrte, im Endlichen zu versanden: «Ich wandte mich und wandte mich wieder, auf den Rükken, auf die Seite, auf die Brust, und überall fand ich das Lager hart. Und du allein bist Ruh! Und siehe, da bist du und befreiest mich aus meinem jammernswerten Irren und lenkest mich auf deine Wege und tröstest mich und sagst: So laufet denn[4].» Augustin wurde, als der von Gott gehetzte Mensch, zu einem Symbol für das Menschenleben überhaupt, und es ist das schlimmste Verhängnis, das über einen Christen hereinbrechen kann, von Gott nicht mehr gejagt zu werden, weil er dann unvermeidlich im Morast des Alltagslebens versinkt und sein höheres Selbst verliert.

Die Kehrseite dieser ruhelosen Jagd Gottes ist das unermüdliche Suchen, das Augustins Leben das typische Gepräge gibt. Der Sohn Monicas war gleich Leo Tolstoj von einem unersättlichen Suchergeist erfüllt, nie hörte er auf, nach der Wahrheit zu forschen. Doch war es nicht ein Suchen um des Suchens willen, was als bloßer Sport zu bewerten ist. Augustin gehörte nicht zu den Menschen, die immer strebend sich bemühen und doch niemals zur Erkenntnis der Wahrheit kommen. Er suchte, um zu finden und allein diese Einstellung macht sein immerwährendes Ringen zu einem sinnvollen Tun. Aus seiner Feder stammt eine der schönsten Formulierungen über das Verhältnis von Suchen und Finden: «Lasset uns den Blick des Geistes anstrengen und mit der Hilfe des Herrn Gott suchen. Suchen wir ihn, damit er gefunden werde; suchen wir ihn auch, wenn er gefunden ist. Um gesucht zu werden, bevor er gefunden ist, ist er verborgen; um gesucht zu werden, nachdem er gefunden ist, ist er unermeßlich. Darum heißet es: Suchet sein Antlitz immerdar. Denn nicht muß man deshalb nicht immer suchen, weil man bloß hier suchen muß, sondern wir sagen, man muß hier darum immer suchen, damit wir nicht hier einmal des Suchens aufgeben zu dürfen meinen ... So streben wir denn durch Suchen und gelangen durch Finden zu etwas und gehen suchend und findend zu dem, was noch übrig ist, hinüber, bis dort das Suchen aufhört, wo für die Vollkommenheit kein Streben nach Fortschritt übrig ist[5].» Augustin als einer der lebendigsten Wahrheitssucher der Weltgeschichte aufzufassen, ist nur die andere Seite des von Gott gehetzten

Menschen. Die Schilderung von Augustins Suchertum geht vom Menschen aus, sie bleibt im anthropologischen Raum stecken und dringt nicht zum übernatürlichen Aspekt vor. Wer aber die Initiative alles Geschehens Gott und nicht der Kreatur zuschreibt – eine der tiefsten Verschiedenheiten geistigen Verstehens – der wird in Augustin in erster Linie den vom Allmächtigen gejagten Menschen sehen und sein ruheloses Wahrheitsforschen lediglich als Ausfluß davon bewerten. Diese Umdrehung der üblichen Betrachtungsweise bringt wieder das ursprüngliche Augustin-Bild zum Vorschein, das ausschließlich religiös bestimmt ist.

Die Jagd Gottes begann schon in dem afrikanischen Städtchen Thagaste, in welchem Augustin seine schlimmen Jugendstreiche verübte. Er war, wie fast alle unter der Sonne des schwarzen Erdteils Geborenen, ein sinnlicher Mensch, der diese Veranlagung mit einer entwaffnenden Ehrlichkeit eingestand: «Ich taumelte durchs Leben in Unzucht und Hurerei und vergeudete und vergoß und verspritzte meine Kraft[6].» Sein heißes Blut ließ ihn in jungen Jahren nicht enthaltsam leben, und er verstrickte sich in mehrere Liebesgeschichten. Inmitten seiner erotischen Leidenschaften empfand Augustin jedoch qualvoll ein Ungenügen, in jedem Genuß nach neuer Begierde schmachtend. Lange Zeit lebte er im Konkubinat, und obschon aus dieser Verbindung ein hochbegabter Sohn hervorging, löste er eines Tages das lockere Band, indem er seine Gefährtin unter Verletzung aller gebotenen Zartheit kurzerhand fortschickte. Wenn einmal die Geschichte der Frauen großer Theologen geschrieben wird, ist auch die Tragödie dieser Verlassenen zu erwähnen, die namenlos ins Unbekannte zurückglitt, zumal mit ihren Augen gesehen, das Leben Augustins sich anders ausnimmt, als es fromme Erbaulichkeit zu schildern pflegt. Trotz des Vorsatzes, ehrsam zu leben, hatte er nicht die Kraft, auf Eros auch wirklich zu verzichten. Bald darauf versprach er sich einem noch minderjährigen Mädchen, daneben sich eine neue Konkubine haltend. Doch führte auch diese Verlobung wiederum nicht zur Ehe. Der Grund lag wohl darin, weil er von Gott gejagt wurde, demzufolge immer weiter mußte und nicht in einem glücklichen Familienleben verebben durfte. «Mit der zweigeflochtenen Geißel Furcht und Scham trieb ihn Gott ruhelos vorwärts[7].» Ein Nachteil blieb ihm aus diesen ungeordneten Liebesbeziehungen, den er nicht mehr los wurde und den er mit der ganzen, alten Kirche teilt. Da Augustin Eros nie in ehelicher Reinheit erlebte, schwärte zeitlebens der ohnmächtige Haß gegen das unbotmäßige Fleisch wie ein eiternder Dorn in ihm. Was er später über die Geschlechtlichkeit des Menschen ausführte, kann nicht anders als ein Biß verstanden werden, den ihm die hetzenden Hunde beigebracht haben. Diese vergiftete Wunde ist um so mehr zu bedauern, als Augustin seiner geistigen Struktur nach zu den großen Liebenden der christlichen Geistesgeschichte gehört, der hellenistischer Eros und urchristliche

Agape zu einer geistigen Einheit zu verbinden wußte[8]. Diese seltene Veranlagung verdankt er nicht zuletzt der religiösen Mütterlichkeit Monicas, die ihn durchs Leben begleitete.

Doch war Augustin nicht nur der heißblütige Sinnenmensch, der bloß erotisches Begehren kannte. In diesem gejagten Menschen lebte auch ein geistiger Drang, der viel elementarer war als seine sinnlichen Eigenschaften. Ein brennendes Verlangen nach Wahrheit gab seinem Leben die starke Strömung. Aber wo war die Wahrheit zu finden, nach der er mit dem ganzen Ungestüm seines Wesens suchte? Das dunkle Tasten darnach wuchs sich zu einer geistigen Odyssee aus, die für die erste Hälfte von Augustins Leben charakteristisch ist. Leidenschaftliches Lechzen nach Erfüllung trieb Augustin von Station zu Station, unablässig fragend nach Wahrheit und nie müde werdend. Bei der Lektüre von Ciceros «Hortensius», einem Buch, das «in seinem Herzen eine Wandlung» hervorrief, erwachte in Augustin ein mächtiges Verlangen nach Philosophie. Das philosophische Erkenntnisstreben zerschlug ihm das dumpfe Hinnehmen des Lebens als einer Selbstverständlichkeit, und die Jagd Gottes konnte erst recht beginnen. Zuerst trieben ihn die Hunde laut bellend in die Sekte der Manichäer, deren Lehre er begierig einsog und die ihn glauben machte, am Ziel seiner Sehnsucht zu sein. Fast neun Jahre lange hörte er irrenden Geistes auf den betörenden Manichäismus, dessen dualistisches Denken ihm zeitlebens unauslöschlich in Erinnerung blieb. Allmählich erwachten in ihm Zweifel an einigen Ausführungen der persischen Lehre; er äußerte seine Bedenken, auf die ihm keine befriedigende Antwort gegeben wurde. Wieder kam die Unruhe über Augustin, die Jagdhunde Gottes hatten ihn aufs neue aufgestöbert und hetzten ihn erbarmungslos weiter. Es ging ihm bei dieser neuen Jagd noch schlimmer als zuvor, da er in seiner Ausweglosigkeit in die Fangarme der Skeptiker geriet, nach deren Auffassung es überhaupt keine von Menschen zu erkennende Wahrheit gibt und alles Suchen nach ihr verlorene Liebesmüh ist. In dieser hoffnungslosen Sackgasse wäre das gejagte Wild beinahe zur Strecke gebracht worden. Denn Verzicht auf Wahrheit ist Sturz in das Nichts, was unweigerlich den geistigen Tod eines Menschen zur Folge hat. Offenbar mußte Augustin auch durch diese alles auflösende Phase hindurch, die ihn hart an den Rand des Abgrundes brachte, bis ihm das Erlebnis der innern Evidenz aufging: «Wie aber sollt ich wissen, ob er die Wahrheit sagt? Nein, ganz drin im Herzen, im geheimsten Hause meines Denkens würde mir's die Wahrheit sagen, nicht hebräisch und nicht griechisch, nicht in Latein und nicht in einer fremden Sprache, sondern ohne Mund und Zunge, und ohne Lärm der Silben würde mir's die Wahrheit sagen: Was er sagt, ist wahr[9].» Solch tröstliche Erfahrungen bewahrten Augustin davor, das Spiel auch in der äußersten Gefahr für verloren zu geben. Eine erste Erleichterung in dieses finstere Stadium brachten ihm Plotins «Enneaden», welche ihn lehrten, Geistiges auch geistig zu verstehen und dessen ästhetische Welterfassung seinem Schönheitssinn entgegen kam. Er baute den Neuplatonismus seinem Lebensgefühl ein, ohne ihn jedoch als das Ziel seiner Sehnsucht zu empfinden [10].

«Mit Staunen und Erschrecken» sah Augustin, welche «lange Zeit nun schon verflossen war, seit er, als ein Neunzehnjähriger, angefangen, mit heißem Eifer nach der Wahrheit zu suchen», und noch stak er im alten Schmutz, stets fragend: «Wo soll ich suchen? Wann soll ich suchen [11].» Es war eine quälende Situation, die ihn bis ins Innerste peinigte und die er doch nicht von sich aus zu beendigen die Kraft besaß. Ein die Kehle zuschnürendes Gefühl erfüllte Augustin, der sich in einer überaus schmerzensreichen Lage befand. Seine geistigen Irrfahrten waren nicht bloß eine schöngeistige Angelegenheit, sie haben die Bitternis seines Daseins aufgewühlt, und er hat nicht weniger Tränen geweint als Odysseus, der endlich heimzukommen begehrte. In seinem Wesen war Augustin das absolute Gegenteil des von den Affekten unberührten Menschen, welchem stoischen Ideal der Unbewegtheit er nach eigener Aussage alle Laster vorziehen würde [12]. Er stand unmittelbar vor dem entscheidenden Schritt, den er doch nicht zu tun fähig war, wie er selbst so plastisch ausführte: «Und immer näher kam ich und immer näher kam ich, und beinahe packt ich's schon und hielt's. Doch noch war ich nicht dort und packte es noch nicht und hielt's noch nicht und zauderte noch immer, dem Tod zu sterben und zum Leben neu zu leben. Das liebgewohnte Böse vermochte mehr in mir als all das ungewohnte selige Glück. Und jetzt im letzten spitzen Augenblick, da ich ein andrer werden sollte, je näher der mir kam, desto wilder war der Schrecken, den er durch meine Seele trieb. Doch trieb er mich nicht rückwärts und jagte mich nicht weg; er hielt mich bange schwebend festgebannt [13].» Wer spürte bei diesen psychologisch ungemein wahren Worten nicht die Jagd Gottes, die sich in diesem aufgepeitschten Lebenslauf vollzogen hat? Ist sie doch für alle, die sehen und hören können, geradezu mit Händen zu greifen. Alle Versuche Augustins «durch die Büsche hindurch zu brechen», wie sich Tauler ausdrückte, nützten ihm auf die Dauer nichts. Die Hunde waren zu stark hinter ihm her, er wurde von ihnen «gebissen und zerrissen», bis sie ihn endlich, endlich vor die Füße des göttlichen Jägers gebracht haben. Der Sinn dieser aufregenden Treibjagd Gottes, die Augustin weder in einem idyllischen Liebeserlebnis noch in irgendeinem weltanschaulichen Gehäuse zur Ruhe kommen ließ, ist kein anderer als ihn beständig tiefer in die unlösliche Lebenskrise hinein zu hetzen. Diesen qualvollen Irrungen und Wirrungen kann zuletzt nur Gott allein ein Ende bereiten, indem er mit einem einzigen Wort den gordischen Knoten durchschneidet. Augustin sollte mürbe werden, sich von allen Seiten umstellt fühlend, so daß ihm zuletzt nichts anderes übrig blieb, als sich kopfüber in die Arme Gottes zu stürzen. Diesen Plan verfolgte Gott mit Augustin, dem denn auch später die Unsagbarkeit Gottes überwältigend aufging, so daß er für den Ewigen keinen passenden Namen mehr fand. Das Leben des Afrikaners unter dem Gesichtspunkt einer Jagd Gottes zu betrachten, ist gewiß keine von außen an ihn herangetragene Konstruktion. Sie ergibt sich aus seinem eigenen Rückblick, der ganz auf die Tonlage abgestimmt ist: «Mit innerem Stachel triebst du mich, daß ich in Unruhe war, bis deiner ich in innerem Schauen sicher wäre[14].»

Auf dem Höhepunkt seiner geistigen Wehen, als die Situation zum Zerreißen gespannt war, leistete ihm – o wunderbare Fügung Gottes – das Mönchtum die entscheidenden Geburtshelferdienste. Als Augustin einst mit Alipius allein zu Hause war, besuchte ihn sein afrikanischer Landsmann Pontitianus, welcher den Beiden von «Antonius erzählte, dem ägyptischen Einsiedler, dessen Name damals schon hell leuchtete vor allen deinen Knechten, uns aber bis zur Stunde unbekannt geblieben war. Da er dies merkte, blieb er länger noch bei dem Gespräch und schilderte uns diesen großen Mann und wunderte sich sehr, daß wir von ihm noch gar nichts wußten[15].» Die Erzählung von dem ersten Wüstenvater machte auf den mit äußerster Aufmerksamkeit zuhörenden Augustin einen dermaßen starken Eindruck, der ihn bis in die Grundfesten seines Wesens erschütterte. Grenzenlos war sein Erstaunen, daß sich dies «in so jüngst vergangener Zeit und nahe unserer Tage» ereignet hatte[16]. War doch der hochbetagte Antonius erst gestorben als Augustin bereits als kleines Kindchen herumkroch. Pontitianus erzählte weiter von den ersten Klöstern, die sich eben damals im Abendland zu bilden begannen, wozu Augustin nur immer in hilfloser Verwunderung bemerken konnte: «Wir aber wußten von dem allem noch gar nichts[17].» Nach dem der Besucher sich verabschiedet hatte, löste das Gespräch in Augustin die denkbar heftigste Gemütserregung aus. Ein wilder Kampf wogte in seinem Innern, dessen er nicht mehr mächtig war. Verstört im Angesicht wie in der Seele, packte Augustin seinen Freund Alipius und schrie ihn plötzlich mit überlauter Stimme an: «Gilt das uns? Was ist das? Hast du es gehört? Die Ungelehrten stehen auf und reißen an sich den Himmel, und wir mit unserer Weisheit ohne Herz, sieh, wie sind wir tief in Blut und Fleisch verstrickt! Ist's, daß wir uns nur schämen, nachzufolgen, wo sie vorausgegangen, und sollten uns doch schämen, ihnen nicht einmal nachzulaufen!»[18] Es war ein durch Mark und Bein gehender Schrei «hast du's gehört», der sich aus der letzten Tiefe von Augustins Seele rang. Wer den größten aller Kirchenväter innerlich verstehen will, der muß diese aus afrikanischer Kehle kommenden Gutturallaute auch hören, weil sie die entscheidende Frage formulieren. Dieser Schrei redet vom Aufstand der Ungebildeten, die sich mit elementarer Gewalt erheben und die ganze von sich eingenommene, satte Gelehrsamkeit über den Haufen werfen. Was Augustin an dem Bericht über Antonius völlig aus der Fassung brachte, war die Fähigkeit dieser einfachen Menschen, sich zu entscheiden, was er mit seiner ganzen philosophischen Bildung – «Weisheit ohne Herz» nannte er sie – nicht vermochte. Die Kraft zur Entscheidung ist immer etwas vom Bedeutsamsten, wodurch alle Gelehrsamkeit aufgewogen wird. Eine dramatische Szene von wuchtiger Eindringlichkeit spielte sich im Garten Augustins ab. In diesem Moment brach die geistreiche Intellektuellenexistenz, die Augustin bis dahin geführt hatte, wie ein Kartenhaus zusammen und drohte ihn selbst unter den Trümmern zu begraben. Und was bewirkte diesen katastrophenähnlichen Einsturz? Einzig die Nachricht von jenen aufstehenden Mönchen, welche in die Tat umsetzten, was er mit seinen Freunden wie ein Kaffeehausliterat des 4. Jahrhunderts bloß zerredete. Der durch die Erzählung vom Einsiedlerwesen ausgelöste Seelensturm tobte in Augustin immer heftiger, und er ertrug zuletzt die Gesellschaft des Alipius nicht mehr. Gleich einem Besinnungslosen taumelte er von ihm weg, warf sich unter einen Feigenbaum auf den Boden, als wollte er sich in seiner äußersten Seelennot gleichsam an den Busen der Mutter Erde flüchten. Augustin ließ seinen Tränen, die aus seinen Augen wie Ströme hervorbrachen, in völliger Fassungslosigkeit freien Lauf, während er nur die Worte stöhnen konnte: «Wie lange noch? Wie lange noch? Morgen und immer wieder morgen? Warum nicht heute, warum nicht jetzt zu dieser Stunde das Ende meiner Schmach?»[19] In dieser dunkelsten Verzweiflung seines Herzens hörte er die bekannte Kinderstimme «nimm und lies» singen, die ihn bewog, aufzustehen und nach dem auf dem Tische liegenden Buch zu greifen. Noch einmal kam ihm der Vater des Mönchtums in providentieller Weise zu Hilfe, wie Augustin in seiner Berichterstattung ausdrücklich vermerkte: «Von Antonius hatte ich vernommen, daß er bei der Verlesung des Evangeliums, der er zufällig beigewohnt, sich durch ein Wort, als wär es zu ihm gesprochen, hatte aufrufen lassen[20].» Die Erinnerung an das Auslegeprinzip «als wär' es zu ihm gesagt», das sich schon bei Antonius als einzig fruchtbare Bibelexegese erwiesen hatte, veranlaßt Augustin, die Briefe des Paulus aufzuschlagen und die Worte des Apostels wie ein Orakel auf sich zu beziehen. Schweigend las er einige Verse aus dem dreizehnten Kapitel des Römerbriefes und dann «kam's in mein Herz, ein Licht der Zuversicht und der Gewißheit, und alle Nacht des Zweifels war zerstoben»[21]. Das mit dem ebenso ungenügenden als verbrauchten Wort «die Bekehrung des Augustin» benannte Erlebnis bestand in dem entscheidenden Durchbruch zum neuen Leben. Von jeher hat diese unerwartete Erleuchtung von oben als das augustinische Damaskus gegolten, wobei jedoch viel zu wenig hervorgehoben wurde, wie die Begegnung mit dem Mönchtum diese religiöse Umwandlung herbeiführte. Was alle philosophischen Gespräche mit ihrer Tiefsinnigkeit nicht zustande brachten, das vermochte das schlichte Vorbild der ersten Einsiedler. Man ist beinahe versucht, von einer übersinnlichen Fernwirkung des Antonius zu reden, der auch

Augustin noch zu seinen Wahlsöhnen machte! Als einer, der den entscheidenden Schrei «hast du's gehört» wirklich vernommen hatte, blieb Augustin fortan
im Banne des Mönchtums, und wer einmal in dessen Strahlungsbereich eingetreten ist, kommt nie mehr heraus.

Der von der Nacht des Zweifels befreite und zum Licht hindurchgedrungene
Augustin lernte nun die christliche Mystik kennen, die vielen seiner Ausführungen den unnachahmlichen Klang verleiht. Man hat Augustin die Bezeichnung eines Mystikers absprechen wollen. Zu Unrecht. Unter Mystik darf nicht
nur ein ekstatisches Erleben verstanden werden, das Augustin stets fremd geblieben ist. Die Berührung des Herzens durch das Göttliche hat er jedoch wie
wenige gekannt. Ohne diese Mystik, welche den tieferen Begleitakkord für die
zweite Hälfte seines Daseins gab, ist sein späteres Leben nicht zu erklären. Das
mystische Gefühl flammte erstmals auf, als er mit seiner Mutter Monica in
Ostia am Fenster gelehnt stand und ihrer beider Gedanken in den himmlischen
Regionen verschwebten: «Und da wir also sprachen und darnach verlangten,
berührten wir das Ewige leise, und wie mit einem vollen Schlag des Herzens»
spürten sie es über sich hinweggehen [22]. Nachdem die wundervolle Melodie
von der zarten Berührung Gottes in seinem Innern einmal erklungen war, kam
sie nicht mehr zum verstummen. Immer wieder stellte sich Augustin die Frage,
was er liebe, wenn sein Herz in der Liebe zu Gott entbrenne und gab sich selbst
darauf die unvergängliche Antwort: «Nicht Körperschönheit und nicht Glanz
der Welt, nicht strahlend helles Licht des Tages, was dem Aug so lieb ist; nicht
süße Melodien formenreicher Lieder, nicht Wohlgeruch der Blumen, Salben
und der Spezereien; nicht Manna und nicht Honig; nicht Leibesanmut, die zu
umarmen unser Fleisch sich sehnt. Das alles ist's nicht, was ich liebe, wenn ich
dich liebe, meinen Gott. Und doch lieb ich dich, als wärst du Licht und Melodie,
Wohlgeruch und Speise und Umarmung, wenn ich dich liebe, du mein Gott,
du Licht und Melodie und Wohlgeruch und Speise und Umarmung meines
innern Menschen! Dort drin in meiner Seele strahlt ein Licht, das keine Welt
faßt, dort klingen Melodien, die keine Zeit verschlingt, dort duften Wohlge-
rüche, die kein Wind verweht, dort schmecken Speisen, deren keine Sattheit
satt wird, dort lacht ein Glück vereinter Liebe, dem ein Überdruß nicht folgt.
Das ist es, was ich liebe, lieb ich meinen Gott [23].»

Die mit dem Durchbruch vorläufig beendigte Jagd Gottes, die nur scheinbar
Augustin so grausam von Ort zu Ort hetzte, während sie in Wirklichkeit die
wahre Barmherzigkeit ist, hat er selbst in seinen unsterblichen «Bekenntnissen» geschildert, die schon als Seelengemälde bezeichnet wurden. Über sie
glaubte André Suarès in Nachahmung Nietzsches als «Misère des Heiligen Augustin» seinen Spott ausgießen zu dürfen. Der französische Schriftsteller fand
die «Konfessionen» im Stil des Rokoko geschrieben, von öliger Gesalbtheit

triefend und mit ihrer übertriebenen Beredsamkeit selbst Gott noch nötigend, um Augustins unbedeutendes Anekdotisches zu kreisen. Augustin sei der ungriechischste aller Menschen gewesen, der sämtliche Pietisten auf dem Gewissen habe. Er besitze «keinen Sinn für Ironie und lasse als schlechter Schriftsteller uns nicht einmal an seinen Sünden Geschmack finden»[24]. Der aus ehrfurchtsloser Überheblichkeit hervorgegangene Snobismus verrät jedoch nur einen sträflichen Mangel an Sinn für religiöse Werte. Sich ernsthaft mit dieser Oberflächlichkeit auseinanderzusetzen, wäre reine Zeitvergeudung. Augustin gehört weit eher zu den wenigen Menschen, auf die Georges Bernanos' Äußerung anzuwenden ist: «Eine christliche Sprache sprechen, eine Sprache, welche die Herzen anrührt, die Herzen gewinnt – ich meine nicht bloß eine orthodoxe Sprache, die von den Zensoren genehmigt und ohne Tadel ist. Eine christliche Sprache, mein Gott! Wie oft habt ihr seit den Kindertagen wirklich christlich reden hören?»[25] Bei Beantwortung dieser drückendsten Gewissensfrage ist auf Augustin hinzuweisen. In seinen «Bekenntnissen» hat er eine christliche Sprache gesprochen, die in ihrem Gehalt auch die philosophische Schulsprache überwand und mit ihrem gotterfüllten Pathos von kaum erreichbarer Vorbildlichkeit ist. Nach Guardini, der dem innern Vorgang in den «Bekenntnissen» sorgfältig nachgespürt hat, wird man Augustin «nicht gerecht, wenn man nicht sieht, wie sehr er Künstler, und von welchem Rang seine Künstlerschaft ist»[26]. Seine dichterische Beschwingtheit gab ihm das «Gefühl für das Gestalthafte des Daseins», und nur amusische Menschen können die Musikalität dieser Sprache, die man so wenig vergißt wie ein Adagio von Haydn, mit gleißnerischer Rhetorik und unwahren Überspanntheiten verwechseln. Alle Fragen sind in Augustins Sprache immer vom Religiösen her und nie vom Standpunkt der Ästhetik aus beantwortet, wodurch sein Buch das unvergängliche Gewicht bekam. Die «Bekenntnisse» sind ein erhabenes Werk, das erlebt und nicht nur erdacht, erlitten und nicht bloß geformt ist. Sein Ton ist von einer heiligen Schwermut und einer christlichen Wahrhaftigkeit getragen, die sich in einer unsäglichen Traurigkeit auswirken. In diesem tränenschweren Buch lebt ein ungeheurer Gotteseindruck, der die Wirklichkeit des Ewigen wie die Feuersäule sah, die nachts vor Israel in der Wüste einherging. Mit einer solch anrufenden Gebärde kann nur ein Mensch vom Ewigen reden, der die Jagd Gottes am eigenen Leibe erfahren hat und sie nicht bloß zu einer literarischen Schilderung mißbraucht. Augustin war es in seinen «Bekenntnissen» um eine seelische Läuterung und nie um ein bloß psychologisches Experiment zu tun, weswegen auch sein schmerzerfüllter Wahrheitsbericht frei ist von aller eitlen Schaustellung des eigenen Ich. Das Buch ist im lobpreisenden Gebetsstil geschrieben; vor dem Angesicht Gottes bekannte er: «Warum erzähle ich es? Auf daß ich und jeder, der dies liest, wohl bedenke, aus welchen Tiefen man zu dir rufen muß[27].» In dieser stolzen Demut muß der Mensch über sein armes Leben reden, wenn es eine Verherrlichung der Erbarmungen Gottes und nicht nur ein klägliches Ausschütten des eigenen Jammers sein soll. Um der würdigen Sprache willen, mit der Augustin wiederum auf anständige Weise von Gott redete, griff die Nachwelt bis zum heutigen Tag nach dieser erschütternden Lebensbeichte, in welcher dieser Christ sich selbst als tiefstes Rätsel verstehend in den Ausruf ausgebrochen ist: «Da gehen die Menschen hin, und staunend sehn sie nach den Bergesgipfeln, den Meeresfluten ohne Grenzen, dem breiten Strom gewaltiger Flüsse, dem endlos weiten Rund des Ozeans und dem Lauf der Sterne, sich selber aber sehn sie nicht und sehn sich ohne Staunen[28].» Augustin aber hat sich gesehen, sich selbst als unauslotbares Geheimnis erblickt und zugleich sich im Lichte Gottes erkannt, wodurch sein in die letzte Tiefe bohrendes psychologisches Menschenverständnis von einem metaphysischen Glanz überstrahlt wurde. Dieser gejagte Mensch war von dem unaufhörlichen Bestreben erfüllt, über sich selbst hinaus zu gelangen, indem er stufenweise immer höher emporstieg. Die augustinische Losung «überhole dich selbst» macht das Alles-Überschreiten zum Prinzip: «Aufsteigen will ich zu ihm, hindurch durch meine Seele. Und hinausgehen will ich über diese meine Kraft[29].» Das unermüdliche Aufsteigen über sich und das noch leidenschaftlichere Übersteigen der äußern Wirklichkeit, brachten jene gestaffelte Bewegung in das Leben dieses vom religiösen Eros vorwärtsgetriebenen Menschen.

Das Leben des jungen Augustin ist spannend, sein Ablauf wirkt nervenkitzelnd wie ein Roman, und jedermann wird von dieser Hetzjagd gepackt. Aller Welt hat es der suchende Sohn der Monica angetan, dessen mannigfache Irrwege sie als eine Rechtfertigung ihres eigenen Sündenlebens empfindet. Aber noch viel gewaltiger als die sprühende Aufgeschlossenheit des jungen Suchers ist der christlich gewordene Augustin, der nicht weniger leicht entzündbar und geistig leidenschaftlich war. Eine vorgefaßte Meinung sieht ihn in bischöflicher Amtstätigkeit verstaubt und in braver Tugendsamkeit vertrocknet. Gewiß ist der pfirsichblütige Teint eines jungen Menschen hübscher anzusehen als das verrunzelte Antlitz eines Alten. Doch wirkt die rotwangige Pausbäckigkeit gewöhnlich noch reichlich ausdruckslos, während hinter den gefurchten Gesichtszügen oft eine überlegene Altersweisheit steht. Uneinsichtig wäre es deshalb, den jungen, heidnischen, gegen den alten christlichen Augustin ausspielen zu wollen. Geistig bedeutsam ist vor allem der reife Augustin, der auch die lebendige Schilderung über seine frühere Phase gegeben hat. Er besitzt religiöse Erfahrung, in ihm macht sich eine Abgeklärtheit bemerkbar, die alles jugendliche Draufgängertum in den Schatten stellt. Van der Meer hat in seinem Buch «Augustin als Seelsorger» aus hundert kleinen Steinchen aus dessen Briefen und Predigten ein Bild des christlichen Augustin zusammengesetzt, das wie ein Mosaik

von Ravenna wirkt und beinahe einer Entdeckung gleichkommt. Augustin
steht in seinem Alter als ein Mensch da, der um das Leben Bescheid wußte, der
selbst in viele Verwicklungen verstrickt war und sie alle überwunden hatte, der
durch den Irrtum hindurch gegangen war und zuletzt zur Klarheit gekommen
ist. Eine schwer errungene Ruhe gibt dem zweiten Teil seines Lebens das Gepräge und verleiht ihm eine Überlegenheit, um nicht zu sagen, Weihe, welche
der erste nicht hat. Nahm doch der ungeheure Gotteshunger im reifen Augustin noch zu, der nichts anderes noch zu erkennen begehrte als Gott und die
Seele. Die Jagd Gottes ist keineswegs einer verkalkten Langweiligkeit gewi-
chen. Sie ist nur viel innerlicher geworden. Augustin selbst schreibt in seinen
spätern Briefen: «Meine Ruhe birgt viel Unruhe in sich[30].» Die Unsicherheit in
aller Sicherheit wird gewöhnlich übersehen, weil für die zweite Hälfte seines
Lebens nur die korrekte Lebensbeschreibung seines Schülers Possidius zur Verfügung steht. Possidius war viele Jahre mit Augustin durch die gleiche Hausgemeinschaft verbunden, er hatte die Möglichkeit, ihn aus nächster Nähe zu
beobachten und verehrte seinen Lehrer aufrichtig. Aber er war eine nüchterne
Natur ohne Schwung und hatte nur eine geringe schriftstellerische Fähigkeit.
Er vermochte nicht entfernt mit Augustins «Bekenntnissen» zu konkurrie-
ren, aus denen dem Leser der Atem der Weltgeschichte entgegensprüht. Da die
beiden Biographien an Farbigkeit keinen Vergleich aushalten, stellt sich der
Eindruck von einer Vertrocknung der zweiten Hälfte von Augustins Leben ein,
der jedoch nur durch die glanzlose Vita des Possidius bedingt ist, die gegenüber
der augustinischen Geistesleidenschaft völlig versagt und nicht die Gabe besitzt, das Unbeschreibliche zu beschreiben.

«Und es beginnt ein neues Leben», diese Worte Dantes sind über die christliche Phase Augustins zu setzen. Er gehört nicht zu den vielen Bekehrten, die
nach ihrer innern Umwandlung das Leben mit säuerlicher Miene betrachten
und dadurch den Eindruck von einem grauen Spinngewebe erwecken. In seinem neuen Dasein stieß er auf das ungeheure Problem der Verwirklichung des
Evangeliums, mit dem man nie zu Ende kommt. Die Frage erfordert geistige
Spannkraft und religiöse Einsatzbereitschaft. Der hellsichtig gewordene Augustin spürte, daß es nichts Atemberaubenderes und nichts Lebendigeres gibt als
das Christwerden auch durchzuführen. Die religiöse Gestaltung seines Lebens
verleiht seiner christlichen Phase ein Gewicht und eine Anziehung, die seine
Sucherperiode weit überragt. Merkwürdig bleibt es, wie diese Evangeliums-
verwirklichung des christlichen Augustin so wenig beachtet wird und dabei
wohnt ihr eine Leuchtkraft inne, die bis heute eine erhellende Wirkung ausübt.
An dieser geringen Beachtung ist die einseitige Bevorzugung von Augustins
Lehre wesentlich mitschuldig, die fast ausschließlich behandelt wird. Nach Gilson jedoch «spricht ein wahrer Philosoph immer von den Dingen, nur die Pro-

fessoren der Philosophie reden von Ideen»[31]. Demnach verfolgte Augustin mit dem Nachdenken über intellektuelle Probleme den Zweck, die wahre Lebensweise des Christen zu finden. Es stimmt nicht, daß er in seinem christlichen Stadium nichts Erwähnenswertes mehr erlebt hätte. Die Lebensverwirklichung des reifen Augustin ist von einem viel religiöseren Tiefgang als die Odyssee des jungen Mannes; auch seinen denkerischen Bemühungen vermag sie die Waage zu halten. Sie bildet die tragende Unterlage seiner religionsphilosophischen Tätigkeit, da das schriftstellerische Werk als Frucht an seinem Lebensbaum gewachsen ist. Man muß ihre, in der Lebensweise des christlichen Augustin begründete Voraussetzung kennen, um die Echtheit seiner Umwandlung zu sehen. Gründlicher kann sich ein Dasein nicht unterscheiden, als dasjenige des christlichen gegenüber dem heidnischen Augustin. Aus dem irrtumsgesättigten Suchen der ersten Periode war ein zielsicheres Schreiten auf einer höheren Ebene geworden, ein stets tieferes Eindringen in das christliche Verständnis und ein völligeres Heimfinden. Bedauerlicherweise stellen die näheren Umstände dieser christlichen Lebensführung für die meisten Menschen einen unbekannten Augustin dar. Dadurch wird Leben und Werk auseinandergerissen, die doch eine Einheit bilden, und das innerste Anliegen dieses Mannes übersehen. Im vorliegenden Zusammenhang ist es unmöglich, das erfüllte Leben des christlichen Augustin in seinem ganzen Reichtum zu entfalten. Nur ein kleiner Ausschnitt kann davon gegeben werden, worin jedoch zugleich das Ganze enthalten ist.

Augustins Bekehrung war durch die Begegnung mit dem Mönchtum herbeigeführt worden. Seine Umwandlung bestand in der Entscheidung für die asketische Lebensweise, zu der er bis dahin nicht die Kraft besessen hatte. Die denkwürdige Stunde seines Lebens klang in ihm allezeit lebendig nach als wäre sie gestern gewesen und veranlaßte ihn, sich mit doppelter Intensität dem Mönchtum zuzuwenden. Alles, was mit dem monastischen Leben zu tun hatte, erregte fortan Augustins geradezu fiebernde Anteilnahme. Der Schlüssel zum christlichen Augustin liegt in seiner innern Beziehung zum Mönchtum. Mit Recht betont Adola Zumkeller wie Augustins «Persönlichkeit nur vom Mönchtum her ganz zu verstehen» ist, eine These, die der Verfasser in seinem Buch «das Mönchtum des hl. Augustin» mit reichhaltigem Material unterbaute[32]. Die Schilderung von Antonius' Leben hakte sich in Augustins Seele fest, er blieb zeitlebens ein glühender Bewunderer der Wüsteneremiten, wenn auch nach seinem Dafürhalten deren Lebensweise das menschliche Maß allzusehr übersteigt und die Einsiedler nicht unsere Vorbilder sein können, weil sie den Blicken zu stark entzogen sind. Die Mönche sind es, die nach Augustin mit der evangelischen Lebensverwirklichung am meisten Ernst gemacht haben, und sein Entschluß stand fest, es ihnen gleich zu tun. Er hat sich ihrem Reigen angeschlossen und wurde schließlich zu einem der großen Väter des Mönchtums.

Die erste Station im neuen, gottgeschenkten Dasein war Cassiciacum. In dieser Ortschaft verbrachte Augustin nach erfolgtem Durchbruch einige Wochen. Der Aufenthalt in Cassiciacum wird meistens in zartgetönten Pastellfarben gemalt. Augustin befand sich als Neubekehrter in einer wundersam weichen Stimmung. Er hegte den Plan, gemeinsam mit seinen Freunden und fern vom Getriebe der Welt ein Leben der Muße zu verbringen, wie es die antiken Philosophen taten. Romantische, ferienhafte Wochen verbrachte er in der Nähe von Mailand. Das christliche Leben befand sich noch im Keimzustand, der Entfaltung harrend. Das Ganze war jedoch ein viel zu idealistisches Vorhaben, dem die reale Grundlage fehlte. Cassiciacum war ein «Herrenklub», der sich in edlen Gesprächen erging, eine Art Sanatorium für erholungsbedürftige Seelen, was mit dem echten Kloster nichts zu tun hat. Bei aller Verehrung für das Evangelium, kannte dieser Kreis doch zu wenig die christliche Verpflichtung, weshalb Cassiciacum nur die Bedeutung eines Vorspiels zukam.

Als Augustin die Unhaltbarkeit dieses Unternehmens einsah, brach er nach einiger Zeit seine Zelte in Cassiciacum ab. Offenbar drängten ihn die Jagdhunde Gottes wieder weiter, wenn auch der Prozeß sich nun in einer viel vergeistigteren Weise abspielte. Er besuchte in der Umgebung Roms einige Klöster, die sich zu jener Zeit allerdings noch im Anfangsstadium befanden. Kurze Zeit darauf kehrte er nach fünfjähriger Abwesenheit nach Afrika zurück. Er ließ sich wieder in seinem Geburtsstädtchen Thagaste nieder und errichtete daselbst ein Hauskloster. Allzu schlicht vermerkt Possidius diesen entscheidenden Schritt Augustins: «Dorthin gekommen und rund drei Jahre ansässig, aber bereits dem Besitz entfremdet, lebte er mit seinen Anhängern Gott in Fasten, Gebet und guten Werken, über das Gesetz des Herrn nachsinnend Tag und Nacht[33].» Beim Nachdenken über den Gehalt dieser dürftigen Aussage entdeckt man zwei Bestimmungen: Einmal Augustins Rückzug aus der Welt. Der christlich gewordene Augustin ist zunächst weltflüchtig wie das ursprüngliche Mönchtum. Diese Einstellung ist zum wahren Verständnis Augustins unumgänglich notwendig. Dem folgt als zweites der Bruch mit dem Besitz. Nach dem Vorbild des Antonius verteilte er seine Erbschaft unter die Armen, um sich von seiner Anhänglichkeit an die irdischen Güter frei zu machen. Nur das elterliche Haus behielt er, weil er dessen zur Durchführung des gemeinsamen Lebens mit seinen Freunden bedurfte. Weltflucht und Güterverkauf sind die zwei Bedingungen, ohne die es kein echtes Klosterleben gibt, und zu beiden hat der christlich gewordene Augustin die Kraft der Entscheidung bekommen. Die Errichtung des Hausklosters in Thagaste machte Augustin zum Begründer des Klosterwesens in Nordafrika. Vor ihm gab es im restlichen Afrika keine Klöster, wie ihm dies die Donatisten in der Diskussion vorwarfen. Die Klostergründung bewegte sich in engem Rahmen, da zunächst nur sechs Klosterbrüder in dem Haus beisammen wohnten. Gleichwohl war es der ernsthafte Versuch, ein wirkliches Monasterium zu schaffen und keine bloße Klosterspielerei einiger lebensübersättigter Schöngeister. Dazu waren allzu viele Wasser Gottes über Augustin hinweggegangen. Gemeinsam führten sie ein Leben des Gebetes und des Studiums, wofür Augustin einige Grundsätze aufstellte. Dadurch bekam das Gemeinschaftsleben einen verpflichtenden Charakter, worin die grundsätzliche Überwindung des Versuches von Cassiciacum bestand. «In der Entwicklung des abendländischen Mönchtums bedeutet Thagaste einen Markstein. Hier unter der heißen Sonne Nordafrikas, nahe dem Rande der Sahara, sollte – vielleicht zum erstenmal in der Geschichte – ein Kloster aus wirklich abendländischem Geiste entstehen [34].» Augustin projizierte das künftige himmlische Jerusalem in dieses Hauskloster. In ihm konnten die Insassen frei von Geschäften und Sorgen ihrer Vergöttlichung entgegenreifen.

Trotz der Kleinheit dieses Hausklosters schauten die Einwohner von Thagaste fragend und bewundernd zu diesem christlichen Zusammenleben auf; es bedeutete ihnen mehr als eine bloße Sensation. In diesem artigen Kloster, das doch nur ein kleines Häuschen war, begann Augustin seine Tätigkeit als kirchlicher Schriftsteller. An keinem andern Orte als an dieser Stätte nahm der Große seinen Anfang. Hier fand er nach seinem gehetzten Dasein endlich die nötige Stille, um jene Werke niederzuschreiben, die ihn zum größten Kirchenvater aller Zeiten machten. Drei Jahre waren ihm vergönnt, in dieser Weltabgeschiedenheit zu leben, doch sie genügten, um ihn zum großen Denker zu machen, der die Christenheit in einer Weise bestimmte, daß man ihn schon überschwenglich «den Genius des Abendlandes» genannt hat. In seiner Klause sitzend, ganz dem Geistigen zugewandt, schrieb er die heute noch faszinierenden Werke. Seine Bücher dürfen von der mönchischen Voraussetzung nicht abgelöst werden. Es gilt, sich ihrer Herkunft zu erinnern, und ihre letzte Absicht wird verständlich, bleibt man eingedenk, daß sie von einem der Väter des Mönchtums stammen.

Die stille Zurückgezogenheit in seinem Hauskloster erfuhr eine jähe Unterbrechung. Abermals schienen ihn die Hunde Gottes wieder aufgespürt zu haben und drängten ihn auf seinem Lebensweg weiter. Der ahnungslos einem Gottesdienst in der Stadt Hippo beiwohnende Augustin wurde von einigen Anwesenden erkannt, die ihn während der Feier ergriffen und den Widerstrebenden kurzerhand vor den Bischofsstuhl zerrten, um ihn zum Priester für ihre Gemeinde zu begehren. Augustin wehrte sich aufs heftigste, aber weder seine Argumente noch seine Tränen vermochten das sich rasch abspielende Geschehen zu verhindern. Der greise Bischof Valerius legte ihm die Hände auf, und der Sohn Monicas war gegen seinen Willen unter die Priester aufgenommen. Vor der Weihe hatte er sich ernstlich gefragt, ob ein Mensch mit seiner Vergangenheit überhaupt das priesterliche Amt auf sich nehmen dürfe, zumal er noch später bei dem Gedanken zitterte, die früheren Leidenschaften könnten ihn wieder übermannen. Augustin empfand das Priesteramt zunächst als eine Last, die seinem Munde den gepreßten Seufzer entlockte: «Nichts ist schöner, als in der Stille im reichen Schatze der göttlichen Geheimnisse zu forschen, süß ist das und gut. Aber predigen, ermahnen, strafen, erbauen, für einen jeden am Platz sein: das ist eine große Last, ein schweres Gewicht, eine harte Bürde. Wer möchte nicht solcher Arbeit entfliehen? Doch das Evangelium erschreckt mich.» Er machte die endgültige Annahme der Wahl von der einen Bedingung abhängig, sein klösterliches Leben auch in seiner neuen Tätigkeit fortführen zu dürfen. Die Forderung Augustins weist auf eine tiefe Verwurzelung im monastischen Dasein hin. Er konnte nicht mehr darauf verzichten und rettete es in seinen neuen Beruf hinüber. Bischof Valerius bewies für das Verlangen Verständnis und schenkte ihm sogar das nötige Gartenland dazu. Auf diesem Grundstück errichtete der neue Priester sein Gartenkloster, die dritte Station im Leben des christlichen Augustin. Mit seinem zähen Festhalten am monastischen Leben bekundete der Presbyter vor aller Welt, daß Mönch und Priester sich gegenseitig nicht ausschließen. Für ihn ergänzten sich vielmehr beide Berufsarten aufs beste, sie gehören nach ihm zusammen, der Mönch hat Priesterdienste zu verrichten, und die Priester sollen sich eines mönchischen Lebens befleißigen. Mit dem Gartenkloster zu Hippo war das klösterliche Gemeinschaftsleben aus einer privaten Angelegenheit wie in Thagaste zu einer Sache innerhalb der Kirche geworden.

Nach dem Ableben des Bischofs Valerius war Augustin der gegebene Nachfolger. Erst als Bischof von Hippo hat der Verfasser der «Bekenntnisse» die letzte Stufe seiner äußeren Laufbahn erreicht. Man kennt Augustin nur ungenügend, wenn man nichts von seiner Tätigkeit als Bischof weiß. Mit zweiundvierzig Jahren wurde er mit diesem Amt betraut, das er über dreißig Jahre lang, bis zu seinem Hinschied, mit nie erlahmender Kraft ausgeübt hat. Die Umwelt, mit der es Augustin als Bischof beinahe ausschließlich zu tun hatte, entsprach in keiner Weise seiner geistigen Größe. Kleine, geistig unbedeutende Leute, wie sie in einer Hafenstadt anzutreffen sind, bildeten seine Gemeinde. Ebenso besaß unter seinen afrikanischen Kollegen keiner auch nur die Fähigkeit, seinen Riesengeist zu ermessen. Allein Augustin ließ sie ihre Inferiorität nie im geringsten fühlen. Schmächtig an Gestalt, mit stets unbedecktem, kahlgeschorenem Haupt und scharfgeschnittenen, glattrasierten Gesichtszügen begegnete er allen Menschen mit der gleichen Freundlichkeit. Er pflegte seine Zuhörer, die nach damaliger Sitte seinen Predigten stehend lauschten während er sitzend vortrug, zuletzt um Entschuldigung zu bitten, daß er sie mit seinen Ausführungen so lange in dieser unbequemen Stellung hingehalten habe. Augustin konnte von einer geradezu charmanten Liebenswürdigkeit sein, eine Eigenschaft, die durch seine Freiheit von aller eitlen Geltungssucht noch erhöht wurde. Er begehrte keine huldvollen Anerkennungen, dieweil er ganz seiner Arbeit lebte und oft bis tief in die Nacht hinein seine Briefe diktierte. Als religiöse Natur hatte Augustin eine Abneigung gegen zeitraubende Verwaltungsarbeiten und betrachtete sie nach Possidius als «Frondienst», der von der «süßen Beschäftigung mit den göttlichen Dingen» wegführte[35]. Gleichwohl unterzog er sich gewissenhaft allen bischöflichen Verpflichtungen. Sowohl Predigtaufgabe als Seelsorgertätigkeit nahm der denkgewaltige Religionsphilosoph überaus ernst, er ließ sich die Stunden hiefür nicht gereuen. «So gingen Sprechstunde, Seelenführung, Kirchenzucht und bischöfliche Rechtsprechung ineinander über. Unaufhörlich ergoß der Strom menschlicher Schwachheit seine trüben Wasser in das Flußbett von Augustins Leben»[36], ohne daß er einen Versuch gemacht hätte, die schwere Last abzuschütteln. Seinen jugendlichen Hochmut hatte er völlig überwunden, der mächtige Denker brachte sein weiteres Leben vorwiegend im Verkehr mit dem einfachen Christenvolk zu, als wäre es das Selbstverständlichste der Welt. Der größte Mann seines Jahrhunderts hat sich nicht wohlwollend zu ihm herabgelassen, er stellte sich aus einem innern Lebensgefühl mit seiner Gemeinde auf die gleiche Stufe. Auch seine Bischofswürde kehrte er nicht heraus, trug er doch weder Ring noch Kreuz. Das Schema des würdevollen, nach außen Eindruck machenden Kirchenfürsten trifft auf diesen lebendigen Menschen nicht zu, der allem Bonzentum feind war. Bischöfliche Prunkgewänder liebte Augustin nicht, und er konnte kostbare Kirchengefäße einschmelzen lassen, um mit dem Erlös eine Anzahl Gefangene loszukaufen. Er war in seiner reinen Menschlichkeit für alle zugänglich und bemühte sich stets, nach seinem unvergeßlichen Ausspruch zu leben: «Gott hat sich erniedrigt, und der Mensch ist noch stolz!» Je älter Augustin wurde, um so bescheidener trat er auf. In seiner grenzenlosen Demut wirkt er fast noch größer als in seinen denkerischen Leistungen. Nietzsches Überhebung gegenüber der Klein-Leute-Metaphysik nimmt sich dagegen wie Frivolität aus. Das Leben des Bischof von Hippo gleicht in seiner Demutsübung einer Illustration zu Christi Worte: Wer unter euch der Erste sein will, sei euer Knecht.

Augustin hat jedoch inmitten seiner umfangreichen Bischofstätigkeit sein Mönchtum nicht vergessen. Obwohl er sein abseits gelegenes Gartenkloster nicht mehr bewohnte und er wegen seiner Amtspflichten im bischöflichen Haus in unmittelbarer Nähe der Kirche lebte, gab er deswegen weder sein monastisches Leben preis noch ließ er es unmerklich verflüchtigen. Er behielt es bei und errichtete in seiner Residenz sein drittes Kloster, das man das Bischofskloster nennen kann. Bei seiner Wahl zum Nachfolger des Valerius hatte sich Augustin ausbedungen, daß man ihn einige Tage in der Woche in Ruhe lasse, damit er mit Gott allein sein könne. Er wollte nicht zu den überarbeiteten Menschen gehören, die vor lauter Tätigkeit nicht mehr zur Besinnung kommen, was unfehlbar einer seelischen Erkrankung ruft. Die Bedingung wurde nicht innegehalten, denn das Volk beanspruchte seinen Bischof in jenem aufgewühlten Zeitgeschehen über die Maßen. In Augustin lebte das unstillbare Bedürfnis nach einigen Stunden der Ruhe während des Tages, ohne die ein religiöser Mensch auf die Dauer kaum existieren kann. Sich selbst und allen Christen, die immer keine Zeit für höhere Dinge haben, hielt Augustin die Worte als Warnungstafel vor Augen: «Man darf sich nicht so sehr in Tätigkeit vergraben, daß man die besinnliche Betrachtung Gottes für überflüssig hält[37].» Er legte seinem ihm untergebenen Klerus den Aufenthalt im Bischofskloster nahe. Was er im Gartenkloster mit einigen Gleichgesinnten durchgeführt hatte, das wurde nun für alle Kleriker zur verbindlichen Verpflichtung. Mit scharfem Blick erkannte Augustin die Gefahren, denen ein frei herumschweifender Klerus in einer Hafenstadt ausgesetzt war. Seine Ethik war vor allem auf eine ordnungsgemäße Liebe zu den Dingen gerichtet. Auch war er von dem Wunsche erfüllt, mit seinen Mitarbeitern eine Gemeinschaft zu bilden, damit ihre Einheit sowohl in der Verkündigung als in der Lebensführung zum Ausdruck komme. «Wer mit mir zusammenleben will, wird Gott besitzen» hat Augustin bei dieser Gelegenheit gesagt, ein kühnes Wort, vor dem man beinahe zurückweicht[38]. Er zwang seinen Klerus nicht zum gemeinsamen Leben, doch gelang es ihm schließlich, alle, bis zum jüngsten Diakon, zum Eintritt in die Klostergemeinschaft zu bewegen. Zuletzt erreichte er, daß er keinen mehr zum Kleriker weihte, der nicht mit ihm zusammenzuleben bereit war. Seine Schüler wurden bald begehrte Kleriker, die verschiedene Bischofssitze bekleideten, ohne dabei das Mönchsleben aufzugeben. Die schon bei Basilius wahrnehmbare Vereinigung von Priestertum und Mönchtum erfuhr bei Augustin ihren Abschluß. Sie war nun fest zusammengefügt und nicht mehr leicht zu trennen. Das Klerikerkloster zu Hippo, an Wert neben Augustins religionsphilosophischen Schriften stehend, bedeutete eine einschneidende Wendung in der Geschichte des Mönchtums. Bis zu diesem Zeitpunkt war das Mönchtum weltflüchtig eingestellt, während in diesem Bischofskloster die Losung ausgegeben wurde: Die Kirche braucht uns! Predigt für sie, treibt Seelsorge unter ihren Gliedern! Wir dürfen uns ihren Aufgaben nicht entziehen. Es ist unsere Pflicht, in ihr unsere Dienste zu leisten. Mit dieser beschwörenden Parole vollzog er einen grundsätzlichen Wechsel: Das Kloster wurde weltzugewandt! Augustin bahnte eine neue Entwicklung an, die unübersehbare Folgen nach sich zog. Man steht vor einer Wegkreuzung innerhalb der Mönchsgeschichte aus der die Kirche unermeßlichen Gewinn schöpfte. Über den enormen Vorteilen dieser Wende sind jedoch nicht ihre Nachteile zu übersehen. Wohl bereitete man dadurch dem Nur-sich-selber-Leben ein radikales

Ende, aber es war oft nicht zu vermeiden, daß damit auch der Mönch im Laufe der Zeit oft bis zur Unkenntlichkeit seiner wahren Aufgabe entfremdet und das weltabgewandte Klosterwesen wieder in das Getriebe weltlichen Daseins hineinverwickelt wurde, was ihm zum inneren Schaden gereichte.

Eine wirkliche Anschauung von Augustins drittem Kloster bekommt man erst beim Versuch, in das konkrete Leben einzudringen, das der Bischof mit seinen Mitarbeitern geführt hat. Immer wird das Geschichtliche erst lebendig, wenn es sich im Detail und nicht im allgemeinen zu erschließen beginnt. Bei all seiner Liebe zur Einsamkeit war in Augustin stets das Verlangen lebendig, Menschen um sich zu sammeln, um sie in gemeinsamem Leben zu formen. In ihm war wie in allen Mönchsvätern ein ausgeprägtes erzieherisches Element vorhanden, das bewußt auf menschenbildnerische Tätigkeit ausging. Das Gemeinschaftsleben, das Augustin «mit seinen Brüdern» im «Garten Gottes» führte, wie er die klösterliche Vereinigung nannte, unterstand ganz dieser Absicht. Der Lebensstil im Bischofskloster war von einer edlen Mäßigkeit beherrscht. Kleider, Schuhe und Bettzeug waren von bescheidener Angemessenheit, weder allzu fein noch zu ärmlich. «Nur seine Löffel waren aus Silber; sonst waren die Gefäße, in denen die Speisen auf den Tisch kamen, irdene oder hölzerne oder aus Marmor, nicht aus Armut, sondern weil er es so bestimmte[39].» Nach Possidius hielt Augustin die Mitte inne, weder nach rechts noch nach links abweichend. Übertriebene Askese lehnte er ab, doch bekämpfte er die ungezügelte Gaumenlust und wollte nichts von der banalen Einstellung wissen: Wenn dem Kleriker schon die ehelichen Freuden genommen sind, dann muß er wenigstens an einem guten Essen sein Vergnügen haben. Es besitzt den Reiz einer kleinen Intimität, sich einmal an den Tisch Augustins zu setzen. Das Essen war einfach, immerhin gab es zuweilen auch Fleisch wegen der Gäste und Kranken, Wein stand immer auf dem Tisch. Von seinen Klerikern durfte bei den Mahlzeiten keiner fehlen, es war verboten, auswärts zu speisen. In den Tisch hatte Augustin die Inschrift einkerben lassen:

Wer da gerne mit scharfem Wort die benagt, die nicht zugegen,
Ist nicht wert, an diesem Ort mit uns Tischgespräch zu pflegen.

Der Kirchenvater duldete während des Essens kein unangenehmes Gerede über Abwesende, worin er eine Verletzung der Nächstenliebe sah. Als einst einige ihn besuchende Bischöfe diese Anordnung verletzten, zeigte Augustin mahnend auf das eingeritzte Sprüchlein. Doch die Gäste glaubten, für sie habe diese Warnung keine Gültigkeit. Da geriet Augustin in eine tiefe Erregung, erhob sich und sagte mit schneidend scharfer Stimme: «Entweder muß dieser Vers weg oder ich gehe stehenden Fußes in mein Zimmer[40].» Ein Augenblick höchster Peinlichkeit folgte auf den Ausbruch Augustins, alle verstummten erschrocken, und man hörte die Fliegen summen. Er sah den christlichen

Geist seines Bischofsklosters gefährdet, weshalb es dem Mönchsvater völlig gleichgültig war, diese unerquickliche Szene gegenüber seinen Gästen heraufbeschworen zu haben. Das Durchhecheln der abwesenden Brüder war für ihn keine Kleinigkeit, von der kein Aufsehen zu machen ist. Dem Augenzeugen Possidius hat sich dieses Auftreten des erzürnten Augustin unverlierbar im Gedächtnis eingeprägt. Es dokumentiert aufs eindringlichste, wie tief Augustins Bestreben ging, mit dem Christentum restlos ernst zu machen. Die christliche Bemühung durchdrang sein ganzes Leben bis in die kleinste Verästelung hinaus. Niemand wird von Augustin sagen können: ein großer Theologe, aber ein kleiner Christ. Vielmehr war seine Theologie nur die denkerische Verarbeitung seines radikalen Christseins, das bei ihm in seiner mönchischen Existenz begründet war.

Das Klerikerkloster zu Hippo strahlte ein weitreichendes Licht aus. Gleichwohl wäre es verfehlt, es als das Himmelreich auf Erden hinzustellen, man bekäme die augustinische Wirklichkeit nicht richtig zu Gesicht. Auch im Bischofskloster lebten Menschen, die voneinander verschieden waren und sich deswegen oft gegenseitig rieben. Es gab Kleriker, welche die in sie gesetzten Erwartungen nicht erfüllten. Das Enttäuschungserlebnis stellte sich zuweilen auch in der nordafrikanischen Klostergemeinschaft ein. Augustin selbst schrieb in einem Brief: «Ich bekenne es offen vor dem Herrn, unserm Gott, der Zeuge über meine Seele ist: Wie ich, seitdem ich Gott zu dienen begann, nicht leicht bessere Menschen gefunden habe als jene, die in Klöstern sich vervollkommneten, so habe ich doch auch keine schlechteren Menschen kennengelernt als jene, die in Klöstern gefallen sind[41].» Diese Erfahrungstatsache trifft bis auf den heutigen Tag nach beiden Seiten zu. Unter den Insassen, die mit Augustin das gemeinsame Leben teilten, gab es Individuen, die kläglich scheiterten, einmal sogar auf eine solch skandalöse Art, daß er als Bischof sich genötigt sah, die Angelegenheit auf der Kanzel darzulegen, damit nicht noch größeres Ärgernis in der Gemeinde entstehe und das ganze Kloster in Verruf käme. Doch darf nach Augustins Meinung nicht wegen einzelner Versager der Stab über das ganze Unternehmen gebrochen werden. Das Kloster ist keine Insel der Seligen, die gegen alle Stürme gefeit ist. Auch «der Hafen des Klosters hat einen offenen Zugang, durch den die Winde hereinblasen können; und wenn keine Klippen dort sind, so können doch die Schiffe im Sturme aneinanderprellen und sich verletzen» war die Meinung Augustins, nach der es nirgends eine absolute Sicherheit gibt[42]. Von diesem Urteil ist auch seine eigene Person nicht auszunehmen, will man nicht einer unechten Idealisierung zum Opfer fallen. Der überragende Kirchenvater konnte Worte äußern, wie der entsetzliche Ausspruch über die Heiden, deren Tugenden nur glänzende Laster seien, und ein Verhalten gegenüber den Donatisten an den Tag legen, das nicht aus einer falschen «Heldenverehrung» verteidigt werden darf. Als führende Persönlichkeit unter den Bischöfen Nordafrikas hatte er viel Zeit und Mühe auf die Verhandlungen mit den Donatisten verwendet, die trotzdem nicht das gewünschte Ergebnis zeitigten. Schließlich schlug Augustin die Türe zu, und er sprach jene berüchtigten Worte: «Nötiget sie hereinzukommen!» Nach dem Zusammenbruch seiner Friedenspolitik ging Augustin zur Zwangsmethode gegen die Häretiker über, die er zuletzt mit allen zweideutigen Argumenten verteidigte. Seine Rechtfertigung der gewaltsamen Ketzerbekämpfung hat ihm die Bezeichnung «der erste Dogmatiker der Inquisition» eingetragen [43]. Der zu weit gehende Anwurf übersieht, daß nach Augustins Losung doch nichts geschehen sollte, was grausam ist, und eine blutvergießende Kirche erregte zeitlebens seinen Abscheu. Aber es liegt trotzdem eine wider Willen auf sich geladene, die augustinische Wirklichkeit trübende Schuld vor, die das wache Gewissen nicht verkleinern darf. Mit zunehmendem Alter ertrug er immer weniger auch nur leiseste Widerrede, eine erstarrende Verhärtung senkte sich auf seinen Geist. Die dogmatischen Kämpfe haben in ihm zuletzt ein klerikal-autoritatives Denken gefördert, das seiner Wahrheitserkenntnis Abbruch tut und das er auch wieder zu durchbrechen versuchte. Der Klostergründer von Nordafrika ist eine solch eminent christliche Gestalt, daß er das Aussprechen dieser Wahrheit ruhig verträgt. Niemand hätte diese Fehlleistungen in der Stunde seines Abscheidens bereitwilliger zugegeben als Augustin selbst, der ein lebhaftes Sündenbewußtsein besaß.

Im irdischen Leben bedarf es der Schatten, um das Licht desto stärker zur Geltung zu bringen. Augustins glorreiche Leistungen für das Mönchtum sind, außer der eigentlichen Klostergründung, in einen dreifachen Ruhmeskranz zusammenzufassen. Beachtenswerterweise fehlt das gemeinsame Leben in keinem Stadium des christlichen Augustin, es begleitet ihn von der Taufe bis zu seinem Tode. Daraus geht die Unmöglichkeit hervor, vom reifen Augustin zu sprechen, ohne das mönchische Leben als seine Basis zu erwähnen. Er hat sich um das Klosterwesen grundlegende Verdienste erworben, über denen heute noch ein weißer Glanz schimmert.

Das Leben des Klerikerklosters ist durch eine von Augustin eigenhändig niedergeschriebene Regel bestimmt. Er hatte bereits für sein Hauskloster in Thagaste einige, das Zusammenleben der Insassen ordnende Grundsätze aufgestellt. Für sein Garten- und Bischofskloster arbeitete er eine ausführliche Regel in zwölf Kapiteln aus. Lange Zeit wurde sie als eine Jahrhunderte später entstandene Konstruktion betrachtet, die aus seinem berühmten Brief an die Klosterfrauen abgeleitet worden sei und sich an seinen Namen geheftet habe. Die Forschungen Winfried Hümpfers haben nachgewiesen, daß kein Anlaß besteht, die Augustinerregel dem Kirchenvater abzusprechen [44]. Sie ist sein Werk und hat als älteste abendländische Mönchsregel zu gelten. Augustin gehört zu den Männern und Gesetzgebern, die dem Mönchtum eine Regel geschenkt haben. Man darf nicht wegen der Kürze des Dokumentes seinen rühmlichen Gehalt vorbeischätzen. Unausschöpfbare Aussagen sind in der augustinischen Regel enthalten, mehr als der Mensch zu verwirklichen imstande ist. Es finden sich Ausführungen über den Psalmengesang, über das Fasten usw. darin. Auf eine gemeinsame Kleidung waren Augustins Kleriker noch nicht verpflichtet, wohl aber durfte sie nicht auffällig sein. Da sie als Priester in der Gemeinde mannigfache Funktionen zu verrichten hatten, konnte er ihnen den Ausgang nicht verbieten, aber er wünschte, daß sie möglichst zusammen und nicht allein ausgingen. Er verpflichtete sie, die Regel einmal in der Woche vorzulesen, damit sie nicht in Vergessenheit gerate. Augustin hatte mit seiner Regel eine klare und inhaltsgewichtige Richtschnur aufgestellt, nach der gelebt werden konnte. Sie blieb auch nicht auf dieses eine Klerikerkloster beschränkt. Bald in dieser und bald in jener Stadt wurde auf direkte oder indirekte Veranlassung Augustins ein Kloster gegründet, und schließlich war eine große Anzahl über ganz Nordafrika zerstreut. In Hippo entstand auch ein Frauenkloster, das seine Schwester leitete. Ihnen allen half er mit Rat und Tat. Augustin war nicht nur der schreibgewaltige Kirchenvater, sondern auch der klostergründende Christ, der Gemeinschaften ins Leben rief, in denen das von ihm verkündete Evangelium gelebt wurde. Den Psalmvers – siehe, wie gut und lieblich ist es, wenn Brüder miteinander wohnen – kommentierte er mit den Worten: «Dieses Lied hat die Klöster zur Welt gebracht; bei diesem Klang sind die Brüder aufgesprungen, die zusammenleben wollten. Dieser Vers blies zur Sammlung, er ertönte über die ganze Welt, und die getrennt waren, kamen zusammen[45].»

Augustins Klosterregel erhält ihr Gewicht durch die Klarheit, mit der sie die Liebe als das oberste Motiv des Mönchtums ausspricht. An ihre Spitze hat der begeisterte Klostergründer den Satz gestellt: «Vor allen Dingen, geliebteste Brüder, soll Gott geliebt werden, sodann der Nächste; denn das sind die Hauptgebote, die uns gegeben worden sind[46].» Die Liebe zu lieben, hat Augustin als das Wichtigste erkannt, mit dieser Aufgabe begann er seine Ausführungen. Das Zusammenleben der Brüder hat sich in Liebe zu vollziehen, durch sie sollen alle Anweisungen bestimmt werden und das Mönchtum zu sich selbst kommen. Die Liebe «hat über allem, was die Notwendigkeit des vergänglichen Lebens mit sich bringt, zu leuchten, weil nur sie ewig bleibt», führt Augustin in der Regel weiter aus[47]. Das augustinische Kloster ging nicht aus Weltmüdigkeit und Lebensresignation hervor. Wer aus Ekel am irdischen Geschehen ins Kloster geht, tritt aus einem falschen Grund ein. Das gemeinsame Leben erfolge vielmehr einzig aus Liebe zu Gott. Die Gottesliebe ist der primäre Grund, und ihr gegenüber treten alle andern Überlegungen in die zweite Linie. Augustins ganzes Denken ist vom neuen Gebot des Johannesevangeliums geleitet. Es ließ ihn jene glühende Liebesfrömmigkeit entwickeln, von der aus auch alle seine wundervollen Ausführungen über das Herz diktiert sind. Eingehen in Gott kann nach Augustin der Christ nur durch die Liebe, und das Evangelium ist für ihn *die* Religion der Liebe. Nur durch die Liebe unterscheiden sich die Kinder Gottes von den Kindern des Teufels. Der Satan glaubt auch, aber er liebt nicht. Wer die Liebe hat, der ist aus Gott geboren und zu dem darf man auch sagen: Liebe und tue dann, was du willst. Wo die Liebe ist, kann der Mensch nicht fehlen, und wo sie nicht vorhanden ist, was kann da Gutes geschehen? Augustin hat die Agape zum obersten Leitmotiv für sein Kloster aufgestellt, und seine Worte, die wie eine Fortführung von Paulus' Hohemlied im Korintherbrief anmuten, ertönen als ewig gültiges Manifest: «Die Liebe ist Richtschnur für das Essen, für das Reden, für die Kleidung, für das Benehmen. Zu einer Liebe vereinigen sie sich, und eine Liebe atmen sie alle. Die Liebe verletzen heißt Gott verletzen. Was der Liebe widerstrebt, wird bekämpft und verworfen. Was die Liebe verletzt, darf keinen Tag andauern. Man weiß nämlich: Die Liebe ist von Christus und den Aposteln so zur Vorschrift gemacht worden, daß ohne sie alles eitel, mit ihr alles vollkommen ist[48].» In dieser zeitlosen, entscheidenden Liebesweisheit hört man das Herz Augustins schlagen. Hier kommt sein innerstes Anliegen zur Sprache, das ihn zu dem unvergleichlichen Christen macht, der alle Jahrhunderte zu überdauern vermochte. Zwar flohen schon die ersten Eremiten um der göttlichen Liebe willen in die Wüste. Im ganzen Mönchtum war die Agape das treibende Agens. Doch erst Augustin war es dank seines hinreißenden Herzdenkens gegeben, das Liebesmotiv in dieser strahlenden Klarheit zu formulieren und ihm das Primat zuzusprechen. Liebe und Herz gehören zusammen, sie bilden die Mitte von Augustins Christentumsverständnis und haben dazu geführt, den Kirchenvater in der bildenden Kunst mit einem Herzen in der Hand darzustellen. Wie der Bischof von Hippo das Mönchtum mit seelischer Intensität gelebt hat, so hat er es mit seiner «Vernunft des Herzens» auch allseitig durchdacht und mit einer evangelischen Vollmacht die Liebe als den Urquell des gemeinsamen Lebens proklamiert. Er hat mit seiner Agape-Ausführung den antiken Intellektualismus grundsätzlich überwunden und für alle Zeiten klargestellt: Der Mensch ist, was er liebt, und nicht, was er denkt. Diese christliche Seinserkenntnis darf nicht mehr preisgegeben werden. Sie ist eine unüberbietbare Gipfelleistung, die im Mönchtum erreicht wurde. Weiter hinaufzukommen, wird schwerlich möglich sein. Ihre Evangeliumshöhe veranlaßte Pascal die denkwürdigen Worte zu schreiben: «Jesus Christus, Paulus stehen in der Ordnung der Liebe zu Gott, nicht der des Geistes; sie wollten nicht unterrichten, sondern entzünden; ebenso Augustin[49].» Mit diesem kurzen Nachsatz hat der Verfasser der «Pensées» das Schönste über den Mann von Hippo gesagt, was man über ihn überhaupt schreiben kann. Seine Äußerung wird von keinem Superlativ erreicht, mit dem schon Augustin gefeiert wurde, weil ihn diese schlichte Bemerkung in die neutestamentliche Reihe einordnet. Man muß Pascals Wort von der «Ordnung der Liebe zu Gott», in der auch Augustin stehe, anführen, will man das Tiefste über den afrikanischen Kirchenvater aussprechen. Damit hat der französische Christ auf jene Liebesfrömmigkeit hingewiesen, die den unvergänglichen und zukunftsweisenden Kern Augustins bildet.

Eng mit der Herausarbeitung des Liebesmotivs hängt die klare Umschreibung des Ziels des klösterlichen Lebens zusammen. Es ist jedoch nur aus seiner Geschichtsphilosophie restlos zu begreifen, die er in seinem Riesenwerk «der Gottesstaat» entfaltet hat und die ein geradezu aufwühlendes Verständnis für das kosmologische Drama verrät, weil in ihr wie beim Propheten Daniel und bei Paulus wiederum die Geschichte im Lichte der Offenbarung betrachtet wird. Nach Scholz sind die zweiundzwanzig Bücher des «Gottesstaats» «Abschiedsworte an eine versinkende und Prologomena zu einer neuen Kultur»[50]. Die Niederschrift des Werkes, das nur ein «wenig kleiner als die Apokalypse» ist, wurde stark von der Eroberung Roms durch Alerich bestimmt, mit welchem Geschehen sich Augustin eingehend auseinandersetzte. Das Ereignis hat die Christen erneut daran erinnert, wie alles Leben ein Dahinfließen ist, wodurch die religiöse Sehnsucht nach der ewigen Stadt im Menschen entfacht wird. Augustin redet von der greisen Welt, in der alles altert und an die der in Christus verjüngte Christ sich nicht klammern soll. Für den christlichen Geschichtsphilosophen war es nicht ausgemacht, daß Rom untergehe, vielleicht wird es von Gott nur gezüchtigt, damit es sich erneuert. Seinem scharfen Blick entging es jedoch nicht, daß die Gesellschaft in dem christlich gewordenen Erdkreis sich keineswegs regeneriert hat. Die sozialen Verhältnisse blieben beinahe unverändert und können innerhalb der weltlichen Zustände auch nicht beseitigt werden[51]. Da in der Welt das Christentum nicht zu verwirklichen ist, bedarf es der mönchischen Gemeinschaften, und ihnen hat Augustin in seiner Regel das erhabenste Ziel gestellt: «Das ist es, was wir euch im Kloster gebieten. Das erste Ziel eures gemeinschaftlichen Lebens ist, in Eintracht zusammenzuwohnen und ein Herz und eine Seele in Gott zu haben. Deshalb nennt nichts euer eigen, sondern alles gehöre euch gemeinsam, und durch eure Obern werde jedem von euch Nahrung und Kleidung zugeteilt, nicht allen in gleicher Weise, weil ihr nicht alle die gleiche Gesundheit habt, sondern vielmehr jedem so, wie er es nötig hat. So lest ihr ja in der Apostelgeschichte: Alles hatten sie gemeinsam und jedem wurde zugeteilt, je nachdem er es bedurfte[52].» Diese Worte lassen sich an fundamentalem Wert nur mit seinem Urschrei vergleichen: Hast du's gehört? Mit noch schärferer Deutlichkeit führen sie aus, was schon für das Hauskloster in Thagaste galt: «Wir haben den Wunsch, nach der Art der Apostel zu leben [53].» Darnach erstrebt das gemeinsame Leben im Kloster unmißverständlich die Erneuerung des Urchristentums. Den Geist der ersten Gemeinde neu zu beschwören, wahrhaftig, nie hat ein höheres Verlangen die Christen erfüllt. Es ist die bittende Gebärde nach der religiösesten Wirklichkeit. Sie überwindet mit einem Schlage alle Niederungen weltlichen Ehrgeizes und stellt sich mit einer heiligen Kühnheit wieder an den Anfang. Ein beispielloser Schwung erwächst aus dem glühenden Wollen, das nach dem Höchsten greift. Die Urgemeinde ist aus dem Feuer hervorgegangen, das an Pfingsten unter Furcht und Freude auf die Jünger fiel. Bei Augustin war es nicht nur ein unbestimmter Wunsch nach dem idealisierten Urzustand, da die Christen noch ein Herz und eine Seele waren. Das bloße Sehnen genügt nicht. Der Sohn der Monica setzte hiefür Himmel und Erde in Bewegung. Er brachte sich selbst zum Opfer, um dahin zu gelangen. Bewußt nahm er die urchristliche Gemeinschaft sich zum Vorbild, um ihr in der grauen Alltäglichkeit nachzuleben. Um seines brennenden Verlangens willen erlebte das Augustinische Kloster eine Art Wiederkehr der ersten Gemeinde, einen zweiten Frühling könnte man dieses klösterliche Leben nennen. Das ist der erstaunliche Vorgang, den Augustin herbeigeführt hat und von dem heute noch eine entzündende Wirkung ausgeht. Er verbietet ein für allemal die mönchische Lebensweise als eine neue Gesetzlichkeit gering zu achten, was einer Verkennung ihrer ursprünglichen Zielsetzung gleichkommt.

Die Urgemeinde hat sich in ihrer Lebensweise prinzipiell von der heidnischen Umgebung unterschieden, wozu die späteren christlichen Gemeinden nicht mehr fähig waren. Um das Eigentum nicht als das Höchste zu vergötzen, führten sie den Gemeinschaftsbesitz ein. Diese grundsätzlich neue Daseinsform war eine ihrer bemerkenswertesten Wesenseigentümlichkeiten, die in der Apostelgeschichte des Lukas zweimal stark unterstrichen wird. Zwar war es nur ein Kommunismus der Konsumation und nicht auch der Produktion, aber doch unstreitig ein ganz im christlichen Geist unternommener Versuch, das soziale Problem des Menschen durch den gemeinsamen Besitz zu lösen. Sein Merkmal war die Freiwilligkeit, jeder Zwang war ausgeschlossen, gemäß den Worten des Petrus an Ananias. Mit dem Liebeskommunismus bewiesen die Christen aufs unwiderlegbarste, wie durch das Evangelium im Zusammenleben der Menschen ein ganz neuer Anfang gemacht wurde, der in der Geschichte nicht seinesgleichen hat. Augustin erkannte dieses urchristliche Wesensmerkmal in seiner Grundsätzlichkeit und führte den Liebeskommunismus folgerichtig in seinem Kloster ein, das aus lauter Menschen bestand, die mit der Art der Apostel ernst machen wollten. Im kleinen Kreis konnte das Leben der ersten Christen in dieser Beziehung wieder hergestellt werden, während dies in der gewinnsüchtigen Welt des Handels und des Verkehrs nicht durchführbar war. Der bischöfliche Klostergründer ist «tief erfaßt von der Idee dieses christlichen Kommunismus und war der Überzeugung, daß gerade das Privateigentum die Quelle vieler Übel ist»[54]. Aus der durchgreifenden Maßnahme des Gemeinschaftsbesitzes geht der Radikalismus der alten Mönche hervor, die noch nicht fügsame Stützen der bestehenden Gesellschaftsordnung waren. Sie äußerten oft sehr anstößige Auffassungen und nannten mit Augustin die Staaten «Raubnester im Großen», weil ihnen die wahre Gerechtigkeit fehle. Dabei hat der Bischof von Hippo alle schematische Gleichmacherei vermieden, die mit dem areligiösen Kommunismus automatisch verbunden ist. Ausdrücklich hebt die Regel hervor, wie Nahrung und Kleidung «nicht allen in gleicher Weise» zugeteilt werden sollen, da die Bedürfnisse verschieden sind, «vielmehr jedem so, wie er es nötig hat». Mit dieser Bestimmung blieb die individuelle Behandlung in der Gemeinschaft gewahrt und alle konforme Uniformierung ausgeschlossen. Die Wiedereinführung des Liebeskommunismus im Kloster und die Tatsache, daß Augustin keine Schlüssel gebrauchte und sogar einige Erbschaften für die Kirche ausschlug, beweisen eindeutig, wie ernst es ihm war und wie er niemals nur eine unverbindliche «Schwärmerei für das Urchristentum» hegte[55]. Der klösterliche Gemeinschaftsbesitz ist die Probe aufs Exempel für die Lauterkeit, mit der dieser Zielrichtung nachgelebt wurde. Nur seinetwegen darf von einer Wiederkehr des Urchristentums gesprochen werden. Nicht die ganze Fülle der urchristlichen Geistesgaben brach im augustinischen Kloster wieder auf, aber ein wesentliches Anliegen kam zu neuer Geltung und wurde glücklicherweise in das Kloster hinübergerettet. Bei aller Unvollkommenheit, die diesem Versuch anhaftet, kann man ihn nicht betrachten, ohne zu nachdenklichen Erwägungen angeregt zu werden: Die späteren christlichen Gemeinden haben sich allzu bereitwillig den sozialen Lebensformen der heidnischen Umgebung angepaßt und zur Strafe für diesen Abfall vom urchristlichen Liebeskommunismus wurde ihnen der Zwangskommunismus auf den Nacken gesetzt. Zu Augustins Zeiten schon hat die afrikanische Bevölkerung ihn durch die zügellosen Banden der verbitterten Circumcellionen terrorartig zu spüren bekommen, die Kirchen und Häuser überfielen, verbriefte Schuldrechte vernichteten und die Freilassung von Sklaven erpreßten, Vorräte plünderten und die Herren aus ihren Fahrzeugen herausholten. Die Gegenwart erlebt die Ausbreitung des christentumsfeindlichen Zwangskommunismus mit den rücksichtslosesten Diktaturmethoden, welche das Leben vieler Menschen in eine Hölle der beständigen Angstvorstellungen verwandelt. Doch wird die dem Mammonismus verfallene Christenheit von dieser Geißel, mit der sie Gott bis aufs Blut züchtigt, nicht eher befreit werden, als bis sie sich wieder auf jene Gemeinschaft besinnt, die «ein Herz und eine Seele war». Nur Kräfte des urchristlichen Liebeskommunismus und kein bloß militärisches Rüstungspotential sind dem Gewaltkommunismus an Geistesmacht überlegen.

Diese mehrfache Leistung ist bei der Bestimmung des augustinischen Menschen zu berücksichtigen. Gewöhnlich wird Augustin als das Individuum hingestellt, das sich selbst zum Rätsel geworden ist. Doch scheute er sich nicht, über die seelische Zerrissenheit seiner ersten Phase das Urteil zu fällen: «So also ist's kein Rätselwesen, halb zu wollen, halb nicht zu wollen, nein, eine Seelenkrankheit ist es[56].» Augustin gilt als der kranke Mensch, der aus seiner Zwiespältigkeit nicht herauskam und zur tragischen Figur innerhalb der Schöpfung wurde, wie ihn Bernhard Groethuysen eindrucksvoll schilderte, der aber das christliche Stadium zu wenig berücksichtigte[57]. Andere Forscher wiederum haben in Augustin zwei Menschen gesehen: «Einmal ist er der entzückte, am Neuplatonismus geschulte und in sich selbst gekehrte Künstler, der sich über den Schein der Dinge und sogar der sakramentalen Zeichen erhebt und bis zum göttlichen Brennpunkt aufsteigt, wo alles Schwarz und Weiß sich in das reinste Licht auflöst. Dann wieder ist er der Mann, der, wenn er zuerst sein eigenes Leben und dann die Geschichte der Menschheit überblickt, alle Menschenseelen als eine einzig verdammte Masse in das Nichts fallen sieht – immer tiefer fallen, unter dem schreckenerregenden Geheimnis der göttlichen Zulassung, bis Gott mit der Menschwerdung seines Sohnes eingreift und uns offenbart, daß er den Wenigen gnädig sein will, die fortan, an seiner vorherbestimmenden Hand geführt, den schmalen Weg einhalten[58].» Allen diesen Auffassungen liegen richtige Beobachtungen zugrunde, sie setzen aber Augustins Denken über Augustins Sein. Der afrikanische Klostergründer war auch in seinen theologischen Aussagen alles andere als ein Intellektualist. Bei allem Scharfsinn, mit dem er die theoretischen Probleme erörterte, sie immer noch tiefer zu fassen suchte und sich mit keiner oberflächlichen Lösung zufrieden gab, blieb er nie im bloß Denkerischen hängen. Ihm ging es in seinen Ausführungen nicht um eine intellektuelle, das Christentum auf die gehirnliche Sphäre beschränkende Denkübung. Die rationale Durchdringung der Religion verführte ihn niemals dazu, die christlichen Fragen als eine Gelegenheit zu einem dialektischen Ballspiel zu betrachten. Von dieser Gefahr des religionsphilosophischen Menschen wurde Augustin durch seine klösterliche Lebensform bewahrt, die ihm sogar bisweilen den Anschein eines Rigoristen gab, der freilich in der Praxis viel milder war als in der Theorie. Nie vergaß er «daß das Christentum zuhöchst ein anderes sei als alles, was ‚Lehre' heißt»[59]. Seine eminente Bemühung, sich denkend über alle Fragen des Christentums klar zu werden, erfolgt aus dem Motiv der Daseinsgestaltung. Er verstand es auf wunderbare Weise, das Evangelium auch zu leben und nicht nur darüber tiefsinnig zu denken. In dieser Fähigkeit liegt einer der bedeutsamen Unterschiede zwischen ihm und den heutigen Menschen, die hiezu nur noch selten die Kraft aufbringen. Der Drang zur Lebensverwirklichung nötigt Augustin als christlichen Existentialisten zu bezeichnen, das

Wort im Kierkegaardschen Sinne verstanden. Das Denken in den Dienst des Seins zu stellen – in dieser Bestrebung liegt das Vorbildliche seines Wesens. Was Augustin im Geiste erschaut hatte, wollte er auch unbedingt in seinem Dasein verwirklichen. Die Theorie mußte Praxis werden, das war sein heißes Bemühen, von dem dieser Sucher nach Lebensnormen keine Stunde seines Lebens abließ. Allezeit bemühte er sich in baumeisterlicher Zucht auch das zu leben, was er lehrte und in seinen Taten das Stufenlied des Aufstieges zu Gott zu singen. Das praktische Ernstmachen stempelt Augustin zum begnadeten Erzieher und verleiht ihm eine Größe, gegen die keine Argumentation mehr aufkommt. Gegen alle intellektuellen Aussagen lassen sich Einwendungen vorbringen, ein wirklich gelebtes Christentum aber ist jeder Diskussion enthoben. Es besitzt eine Durchschlagskraft, vor der zuletzt alle Widerrede verstummt. Darin liegt die innere Unzerstörbarkeit der mönchischen Lebensführung beschlossen. Jede religiöse Erkenntnis ist wertvoll, die im Dasein des Menschen auch ihre Verwirklichung findet. Dies ist der Sinn des christlichen Existentialismus, den Augustin in seinem Klosterleben verkörperte und der allein jene gottlose Existenzphilosophie aus dem Felde schlägt, die das Ewige aus den Augen verloren hat. Letztere kann nur unvollkommen durch einen intellektuellen Kampf gegen den Nihilismus widerlegt werden – diese Befehdung bleibt im Bereich des Streites hängen – ein gelebtes Christentum allein stellt ihm die siegreiche Wahrheit gegenüber.

In das Bild des Mönchsexistentialisten fügt sich auch Augustins Verhalten angesichts des Todes lückenlos ein. Das ewige Antlitz des Menschen erhält in dieser schwersten Stunde die endgültige Prägung. Possidius überliefert, wie der Bischof im vertrauten Gespräch zu seinen Klerikern zu äußern pflegte, daß auch bewährte Christen nicht diesen Leib verlassen sollten, ohne hinreichend Buße getan zu haben. Als ein Leiden Augustin zwang, sich hinzulegen, zog er sich in seine Kammer zurück. Ein Testament zu machen lehnte er ab, weil er als ein Armer über nichts zu verfügen hatte. Dagegen ließ er vier Bußpsalmen auf ein Pergament schreiben und heftete sie an die Wand, damit er sie beständig vom Bett aus lesen konnte[60]. Der denkgewaltige Augustin kannte zuletzt nur noch die Bußworte, auf die seine fieberglänzenden Augen unverwandt gerichtet waren. Zehn Tage vor seinem Tode ordnete er weiter an, keinen Besucher mehr bei ihm einzulassen, damit er nicht durch teilnehmende Gespräche in seiner Stille gestört werde, in die kein Laut der geschäftigen Welt mehr hineindringen sollte. Ganz allein bereitete er sich in zerknirschtem Gebet und unter vielen Tränen nur noch darauf vor, dem Ewigen zu begegnen. Über diesem völligen Zurückziehen in sein Zimmer, diesem einsamen Warten und restlosen Verstummen liegt eine Weihe, der durch jedes anerkennende Wort bloß Abbruch geschähe. Sicher gab es heroischere Todesarten, und gewiß haben Christen schrecklichere Todesqualen auf dieser Welt erlitten, aber es wird kaum ein menschlicheres Sterben geben als es Augustin ertragen mußte. Eine geradezu überwältigende Ergriffenheit liegt in seinem wortlosen Ernst und in seiner unpathetischen Schlichtheit. Als Augustin auf seinem Sterbebett lag, wurde die Hafenstadt von den Vandalen belagert, wodurch der Rest seiner Erdentage noch die dunkelste Umrahmung erhielt. Nordafrika stöhnte unter den Verheerungen König Geiserichs, vor dessen Taktik der versengten Erde alles in wahnsinniger Angst flüchtete. Augustin mußte in seinem geschwächten Zustand bleiben, und der Belagerungslärm drang zuweilen von ferne in sein Krankengemach, verursachte ihm neue Tränen und vermischte sich mit den Träumen des Fiebernden. In seinem Dämmerbewußtsein legte er sich die Frage vor, ob wohl das Ende der Welt gekommen sei, indem der Kampf zwischen dem Gottesreich und den irdischen Reichen seiner Schlußphase entgegengehe. Dann aber hielt er den Tag aller Tage noch nicht für gekommen, und hoffend auf die Rettung der Welt ging er am 28. August 430 in die Ewigkeit ein. Kurze Zeit nachdem der Sechsundsiebzigjährige seine Augen für immer geschlossen hatte, stürmten die Vandalen in die inzwischen menschenleer gewordene Stadt ein, die sich vierzehn Monate gewehrt hatte, und machten sie dem Erdboden gleich. Die äußere und innere Jagd Gottes hatte endlich ihr Ende gefunden, das erlegte Wild lag zu den Füßen des Herrn, dem es über alle Maßen wohl gefiel. Erst beim Tode Augustins versteht man restlos, warum dieser gehetzte Mensch zum klösterlichen Leben gekommen ist. Zwischen der Treibjagd Gottes und dem Monasterium besteht ein tiefer, innerer Zusammenhang, das eine bedingt das andere. Nur auf diesem Weg kam Augustin zum Frieden Christi, der sich aller Schilderung entzieht.

Wer im Geiste an der Bahre Augustins steht, sucht unwillkürlich nach einem Bibelwort, welches dieses ungewöhnliche Leben symbolhaft zusammenfaßt. Welcher Vers würde sich hiezu besser eignen als das Jesuswort: «Wenn ihr alles getan habt, was euch befohlen ist, so sprecht: Wir sind unnütze Knechte, wir haben getan, was wir zu tun schuldig waren» (Lk. 17, 10). Dieses Wort redet augustinisch über Augustin. Der Bischof von Hippo war ein Mensch, der alles getan hatte, was ihm aufgetragen war. Es ist unmöglich, in Kürze sein ganzes Schaffen zu erwähnen. Er vollbrachte mit seiner nur mühsam gebändigten Natur ein ungeheures Werk. Als religiöser Denker gleicht Augustin geradezu einem Gebirgsmassiv, auf dem man endlose Wanderungen unternehmen kann. Es braucht ein ganzes Gelehrtenleben, um sein Werk restlos in sich aufzunehmen und auch die Literatur über ihn zu lesen; und selbst dann ist es noch eine Frage, ob man ihn auch wirklich bewältigt hat. Nur alle Jahrhunderte wird ein denkender Geist von der Größe Augustins geboren. In der Geistesgeschichte lebt Augustin als jener Theologe fort, dessen umfassendes Gedankengebäude Jahrhunderte überdauerte. Der größte lateinische Kirchenvater beschäftigte sich in unermüdlicher Arbeit mit fast allen theologischen Problemen. Über die

Dreieinigkeit, über die Erwählung, über die Bibelauslegung usw. sich verbreitend, kommt ihm vor allem das Verdienst zu, das paulinische Evangelium wieder erschlossen zu haben, wie es seit drei Jahrhunderten nicht mehr in dieser Klarheit ausgesprochen wurde. Daneben war Augustin ein ebenso ausgeprägt philosophischer Geist, der über die Probleme von Sein und Zeit, von Willensfreiheit und Erkenntnistheorie nachdachte, nicht zu vergessen seine, in zwölfjähriger Arbeit niedergeschriebene, erhellende Geschichtsphilosophie. Es gibt kaum ein denkerisches Problem, zu dem der intuitive Augustin nicht einen maßgebenden Beitrag beigesteuert hat. Seine dynamische Geistesleidenschaft ließ erfreulicherweise seine universale Religionsphilosophie nie zu einem in sich abgeschlossenen System gerinnen, das als Ganzes angenommen oder abgelehnt werden konnte. Der lebendige Augustinismus ist, worauf seine besten Kenner hinweisen, immer noch im Werden. In ihm lebt ein deutliches Gefühl, daß der religiösen Wirklichkeit nie mit Begriffen restlos beizukommen ist und alle Aussagen nur Zeichen sind für das Unaussprechliche. Das Unabgeschlossene von Augustins Denken – mehr Methode als System – macht ihn zu einem der ewigen, den christlichen Menschen durch alle Zeiten begleitenden Gefährten. Nicht nur das Mittelalter steht auf den Schultern dieses überströmenden Geistesheros, diskutierte und kommentierte seine Werke, auch die Reformation und die werdende Neuzeit sind ihm verpflichtet. Wo immer eine ernsthafte Besinnung auf die unvergänglichen Grundfragen des Christentums erfolgte, fällt der Name Augustins. Wahrhaftig, dieser Kirchenvater hat es sich etwas kosten lassen, bis zum Äußersten hat er sich angestrengt und ausgegeben und war nicht schnell mit sich zufrieden. Es übertrifft alle Vorstellungen, was dieser Mensch in seinem arbeitsreichen Leben sich abgerungen hat. Trotz des unerhörten Einsatzes kam er sich auf seinem Krankenlager als der unnütze Knecht vor. Er wagte ausdrücklich nicht, das Wort des sterbenden Ambrosius zu wiederholen, der sich seines Lebens nicht schämte und auch keine Scheu hatte, vor den Weltenrichter zu treten. Augustin kam sich als Schuldiger vor, dem nichts anderes übrig blieb, als kläglich seine sieben Sachen zusammenzupacken und gleichwohl mit leeren Händen vor dem Allmächtigen zu erscheinen. Es war keineswegs nur gespielte Demut; das Sündenbewußtsein entsprach vielmehr seinem Lebensgefühl, als er tränenden Auges auf die Bußpsalmen an seinen Wänden schaute. Allezeit hat der Mensch nur seine Pflicht getan; auch das beste Leben ist nichts anderes als eine Schuldigkeit. Es gibt kein Pochen auf Ruhm und Verdienst. Dem Christen bleibt nichts anderes übrig, als unerschütterlich an die Barmherzigkeit Gottes zu glauben, die ihn allein von dem Verderben errettet. Das inbrünstige Sich-Anklammern an die erlösende Gnade ist die christliche Haltung und zugleich Mittelpunkt von Augustins Glauben. Sein Ringen um die Vergebung ist innerstes Anliegen des Evangeliums. Mit dieser Einstel-

lung hat er noch in seinem Sterben auf die überrationale Gnadenlehre hingewiesen, für die er leidenschaftlich in seinen Schriften gegen Pelagius eingetreten ist und die das Entscheidendste enthalten, was von Augustin zu lernen ist.
Mit seinem gläubigen Vertrauen hat dieser unnütze Knecht noch mit seinem
Tode dargetan, wie alles Gnade ist.

II

Nach Augustins Hinschied fiel das blühende Gemeindeleben in Nordafrika
dem Vandalensturm zum Opfer. Die dürftigen, ihn überdauernden Reste löschte
zwei Jahrhunderte später der Islam noch vollends aus. Es schien, als blieben von
dem gewaltigen Werk dieses Mannes nichts als Ruinen übrig. In Wirklichkeit
aber geht kein Samenkorn ewigen Lebens verloren. Es ruht nur einige Zeit unter der Erde, dann beginnt es aufs neue zu keimen. Auch Augustins Saat ist aufgegangen und hat Frucht gebracht, dreißig-, sechzig- und hundertfältig. Sein
Werk ist schlechterdings nicht mehr aus dem abendländischen Geistesleben
wegzudenken. Augustins Wirkung schildern, hieße breite Strecken der christlichen Geistesgeschichte anführen. Die verschiedensten Richtungen haben sich
auf ihn berufen. Beinahe für jede Auffassung kann man ein Wort von Augustin
finden, dermaßen unerschöpflich ist sein Brunnquell. Sowohl die Kirche als die
Ketzer haben ihn für sich beansprucht, und beide Teile konnten ihn mit einem
gewissen Recht für sich reklamieren. Augustin war ganz bestimmt ein Mann
der Kirche. Wer die Kirche nicht zur Mutter hat, kann Gott nicht zum Vater
haben, das ist seine Formel. Sein Wort, daß er dem Evangelium nicht glauben
würde ohne die Autorität der Kirche, redet eine unmißverständliche Sprache.
Der Bischof von Hippo läßt sich niemals aus dem kirchlichen Zusammenhang
lösen. Jeder Versuch in dieser Richtung wäre gleich zu Beginn zu einem aus-
sichtslosen Verfahren verurteilt. Gottschalk, Calvin, Jansenius sind jedoch einzelnen seiner Ausführungen nähergekommen als die offizielle Kirchenlehre, die
nicht den ganzen Augustinismus übernommen hat. Der heißblütige Afrikaner
ist ein Ferment der Unruhe in der Christenheit geblieben, das immer wieder
gärend wirkte. Gleichwohl sind ihm doch nur jene Menschen wahrhaft treu geblieben, die auch das augustinische Kloster nicht preisgaben. Wer bloß die theoretischen Ausführungen und nicht auch die praktische Verwirklichung übernehmen will, der spaltet Augustin in zwei Teile.

Augustins Gründung des gemeinsamen Lebens der Kleriker hat, allerdings
wegen des Vandalensturmes, erst viel später Nachahmung gefunden. Der Met-
zer Erzbischof Chrodegang führte das Klerikerkloster bei seinen Untergebenen
ein, wenn auch von Augustins Regel nicht die Rede ist. Die Aachener Reichs-
synode erließ 817 Vorschriften für Kanoniker, die jedoch nicht den gewünsch-

ten Erfolg hatten, zumal die in Gemeinschaft lebenden Kleriker das Privateigentum beibehielten. Es war der fränkischen Reform keine Durchschlagskraft beschieden, weil sie von außen aufgezwungen und nicht freiwillig von innen kam. Erst im 11. Jahrhundert griff die Reformbewegung des Mönchtums auch auf die Kleriker über und brachte eine sichtliche Wendung. Sie eröffnete den Kampf sowohl gegen die Privatwohnung als gegen das Privateigentum und nahm bewußt Augustins Regel wieder auf. Die Lateransynode unter Nikolaus II. verordnete: «Die Geistlichen sollen bei den Kirchen, für die sie angestellt sind, gemeinsam speisen und schlafen, die Einkünfte gemeinsam haben und ein apostolisches Leben führen [61].» Aus der Durchführung dieses Beschlusses entstand der Orden der regulierten Kanoniker, der sich auf die Regel Augustins verpflichtete und deswegen kurzerhand die Augustiner-Chorherren genannt wurde. Diese Chorherren-Stifte, welche zunächst unter sich in keinem nähern Zusammenhang standen, haben viel dazu beigetragen, den Klerus zu einer streng religiösen Lebensführung zu veranlassen. Eine bewußt christliche Lebenshaltung einzunehmen, verstand sich leider nicht bei allen Klerikern von selbst. Doch gibt es keinen widerwärtigeren Anblick, als eine Geistlichkeit, die ungeistlich lebt. Die Augustiner-Chorherren waren ein Bollwerk gegen das Abgleiten der Priester in die reine Weltlichkeit. Sie haben sich als eine Segensmacht für die Christenheit erwiesen. Aus ihrer Mitte sind viele bedeutende Männer hervorgegangen. Wenn auch im Laufe der Zeit jeweilen die Augustiner-Chorherren vom Niedergang bedroht wurden, gab es unter ihnen immer wieder Männer, die sich dem Verfall entgegenstemmten. Die Viktorianische Mystik, die im Mittelalter viele Christen befruchtet hat, stammt aus ihrem Kreise. Ihm gehörte auch Nikolaus von Cusa an, jener geniale Religionsphilosoph des 15. Jahrhunderts, der sich durch das Sammeln der Meister-Eckhart-Predigten verdient machte und eine Anzahl eigene Schriften hinterließ, deren Bedeutung erst die Gegenwart erkannt hat. In seinen früheren Jahren zählte auch Erasmus von Rotterdam zu ihm, bis er sich von der Klerikerlaufbahn abwandte. Bereits in der Reformationszeit lösten sich eine Anzahl Chorherrenstifte auf; die stärkste Vernichtung hingegen brachte die Säkularisation. Trotzdem haben einzelne Stifte beide Stürme überdauert und sich bis zum heutigen Tag erhalten.

Eine weitere Frucht von Augustins Saat sind die Augustiner-Eremiten, deren es im Mittelalter verschiedene Formationen gab und die 1256 auf päpstliches Geheiß sich zu einem Orden zusammenschlossen, der später den Charakter eines Bettelordens annahm und noch in der Gegenwart seine Tätigkeit ausübt. Der Name ist nur von historischem Wert, indem kein Eremitendasein geführt wird. Im Gegenteil, für die Augustiner ist die Gemeinschaft Zweck und nicht nur Mittel. Noch heute darf kein Posten außerhalb des Ordens angenommen werden, weil die Patres in der Gemeinschaft verbleiben müssen, welche sie trägt und die sie auch wiederum tragen. Die im schwarzen Ordenshabit einhergehenden Augustiner-Eremiten wollen auch in der Gegenwart das Leben des Urchristentums als Beispiel in die Welt hineinstellen. Insofern sind sie dem ursprünglichen Ziel Augustins treu geblieben, wenn sie auch dessen spezifische Theologie gegenwärtig nicht in der Weise pflegen können, wie sie es selbst wünschen. Die Augustiner-Eremiten sind ein tätiger und nicht ein beschaulicher Orden, dessen Mitglieder nach dem Vorbild ihres Ordensvaters in der Seelsorge, in der Mission, in der Wissenschaft usw. arbeiten. Wenn auch bei der Gründung keine überragende Persönlichkeit an der Spitze stand, so hat sich der Orden doch rasch ausgebreitet und eine Reihe von berühmten Männern hervorgebracht, von denen Johannes Staupitz und Abraham a Santa Clara am bekanntesten sind.

Sie werden an religiöser Kraft bei weitem durch den Augustiner-Eremiten Martin Luther überstrahlt. Wie tief der junge Luther in den Geist des Mönchtums eingedrungen ist, zeigt ein wenig bekanntes Wort aus seiner Römerbriefvorlesung, die aus jener Zeit stammt, da die neue reformatorische Erkenntnis bereits in ihm aufgeblitzt war, aber noch keine Trübung durch seinen polternden Grobianismus erfahren hatte: «Ich glaube, daß es jetzt besser ist, ein Mönch zu werden als in den vergangenen zweihundert Jahren; aus dem Grunde nämlich, weil bis auf den heutigen Tag die Mönche vor dem Kreuz zurückgewichen sind und es rühmlich war, ein Mönch zu sein. Nun aber fangen sie wieder an, den Menschen zu mißfallen. Das heißt nämlich ein Mönch sein, der Welt verhaßt sein und ihr töricht erscheinen [62].» Luthers bis zur Erschöpfung gehendes Ringen um einen gnädigen Gott, war die typische Fragestellung eines im Gewissen erschütterten Mönches und kann in ihrer religiösen Tiefe vielleicht nur von einem Klosterinsassen völlig nachgefühlt werden. Zeitlebens klang in Luthers Denken das Mönchische nach, weswegen er auch mehr an das Mittelalter als an die Neuzeit heranzurücken ist. Dort, wo der Protestantismus völlig vergaß, daß er in einer Klosterzelle geboren wurde, da ist er einer Verflachung anheimgefallen. Aus diesem Grunde hat Kierkegaard, der sich im 19. Jahrhundert am stärksten gegen die unheilvolle Verbürgerlichung des Protestantismus auflehnte, die Parole ausgegeben, die heute noch dringender ist als zu seiner Zeit: «Zurück zu dem Kloster, aus dem Luther ausbrach, ist die Sache des Christentums zunächst zu führen [63].»

Sobald man Luther religiös und nicht nur kulturgeschichtlich sieht, erfaßt man, wie er in seinem harten Kampf um das Christliche, in welchem er wieder das nackte Kreuz sichtete, zum Erneuerer des freilich oft überspitzten Augustinismus wurde. Die «größte, christliche Tradition lebt nach Jahrhunderten des Schweigens in Luther in letzter Gewalt auf» [64] schrieb Przywara, und der Wittenberger Reformator bekannte, daß «die Christenheit nach den Aposteln keinen bessern Lehrer denn Augustin gefunden habe» [65]. Luther betrachtete ihn als «sei-

nen, frommen Mann, wenn er in jetziger Zeit lebte, so würde er zu uns halten ...
Augustin ist unter allen der Ernsteste, Tapferste und Reinste, aber er allein hat
nicht alles tun können, noch wieder zurecht bringen»[66]. Der größte Augustiner
des 16. Jahrhunderts glaubte in Augustin den Künder des gleichen Evangeliums,
das er vertrat, zu sehen, und der von allen Vätern am besten die Schrift verstanden
habe[67]. In seiner Gnadenlehre dürfte er Augustin als den geistesmächtigen Vor-
läufer empfinden. Ebenso konnte Luther in seinem Kampf gegen Erasmus' Lehre
vom freien Willen mit Recht eine Wiederholung von Augustins Auseinandersetzung mit Pelagius sehen. Es steckt viel Augustinisches in Luther, und es
ergäbe ein überraschend neues Bild des Reformators, näherte man sich ihm unvoreingenommen im Geiste Augustins[68].

Luther wurde denn auch zuerst im Orden mit Begeisterung begrüßt als der
Mann, der wieder die tiefsten religiösen Probleme zur Sprache brachte. Bald erkannten die Augustiner-Eremiten jedoch, daß seine Bestrebungen vom Ordens-
ziel wegführten, und sie rückten von ihm ab. Tatsächlich hat Luther mit seinem
Willen, tote Menschensatzungen zu beseitigen, um sich unmittelbarer an Gott
zu binden, das mönchische Leben zerstört, das bei Augustin an zentraler Stellung stand. Unter schweren Seelenkämpfen hat sich in Luther aus religiösen
Gründen der Mönch gegen das Mönchtum erhoben. Um seines Eigensten willen mußte er sich gegen sein Eigenstes wenden, woraus nur eine christliche Tragödie abgründigster Art hervorgehen konnte, die nicht mit dem Hinweis auf
die geschichtliche Situation allein zu erklären ist. Man bewältigt das innere Verständnis dieses erschütternden Dramas nur durch analoge Überlegungen, wie
sie Paulus im Römerbrief über die Zweige anstellt, die ausgebrochen sind, damit andere hineingepfropft wurden.

Vom Standpunkt Augustins aus – anders ist es, wenn der Bischof von Hippo
vom Aspekt des Wittenberger Reformators aus beleuchtet wird – kann Luther
trotz seiner verwandten Gnadenlehre doch nicht als dessen Fortsetzer und Voll-
ender betrachtet werden. Luther ist vielmehr als der verlorene Sohn Augustins
zu bezeichnen, dem jedoch nach Jesu Parabel der Vater mit doppelter Liebe begegnet. Erst wenn es durch eine Vereinigung von Luthers Söhnen mit Augustins Söhnen wieder zur ungeteilten Christenheit kommt, bricht der ewige Ru-
hetag Gottes an, mit dessen grandioser Vision Augustin seinen «Gottesstaat»
geschlossen hat: «Dies siebente Weltalter wird unser Sabbat sein; sein Ende
wird nicht ein Abend sein, sondern der Tag des Herrn als der ewig achte Tag,
der durch Christi Auferstehung geheiligt ist und die ewige Ruhe nicht nur des
Geistes, vielmehr auch des Leibes vorbildet. Dort werden wir feiern und schauen,
schauen und lieben, lieben und preisen. Siehe, was sein wird am Ende ohne
Ende. Denn das Oben ist unser Endziel, zu einem Reich zu gelangen, dem kein
Ziel durch ein Ende gesetzt ist[69].»

BENEDIKT UND SEINE REGEL

I

ENEDIKT heißt der Gesegnete. Wie wenige Menschen hat Benedikt, der Abt des Abendlandes, den göttlichen Segen an sich erfahren. Zunächst freilich spielte sich diese Begnadigung ganz in der Stille ab. Kaum wurde sie in seinem Jahrhundert bemerkt. Kein einziger Zeitgenosse hielt es für notwendig, auch nur den Namen Benedikts in einem Dokument festzuhalten. In aller Abgeschiedenheit wurde der Segen dem Patriarchen des Westens zuteil.

Erst zwei Menschenalter später gab Gregor I. als Einziger Kunde von dem außerordentlichen Ereignis. Dieser ungewöhnliche Musterpapst räumte das zweite Buch seiner «Dialoge» der Überlieferung Benedikts ein, das außer der Regel die einzige Quelle für den Gesegneten ist. Zwar hat Gregor, wie er gleich im Vorwort bemerkt, den Mönchsvater selbst nicht mehr gekannt: «Ich habe nicht alle seine Taten erfahren; das wenige aber, das ich erzähle, verdanke ich der Mitteilung von vieren seiner Schüler[1].» Oft hielt man sich darüber auf, daß Gregor beinahe nur Wundergeschichten von Benedikt berichte, die deutlich den biblischen Erzählungen nachgebildet sind. In historischer Hinsicht wären einige Fragen an Gregors Berichterstattung zu stellen. Doch kommt diesem geschichtlichen Bedenken keine entscheidende Bedeutung zu, sintemal Gregor keine Biographie im modernen Sinn schreiben wollte. Seine Ausführungen sind, religiös gesehen, von unersetzlichem Wert. Sie geben die hagiologische Grundlage von dessen Porträt zu erkennen, das so wenig mit einem kritischen Maßstab gemessen werden darf, als Jesu Verklärung auf dem Tabor wissenschaftlich zu zergliedern ist. Gregors Aufmerksamkeit kreist um den «Mann Gottes»; er wollte bewußt den unbegreiflichen Wundertäter zeigen. Sein «Dialog» spiegelt den Reflex des Gesegneten wieder, den Benedikt auf Schüler und Nachwelt machte. Es war für Gregor ein einziges Wunder, das er aus dieser kausalitätsbedingten Welt nicht abzuleiten vermochte, wie dieser in Gott verwurzelte Mensch zur Zeit des schrecklichsten Niederganges auftreten konnte. Durch sein unfaßliches Dasein sprengte Benedikt diese Welt allenthalben. Töricht, sich über die angebliche Wundersucht Gregors aufzuhalten, anstatt nach dem Sinn dieser Wundererzählungen zu fragen, die zu Benedikt gehören wie die Heilungen zu dem Christus der Evangelien. Die Lebensgeschichte des Gottesmannes ist in lauter Wunder eingehüllt, weil er selbst eine der wunderbarsten

Gestalten der abendländischen Christenheit war. Es sind große, jedoch keineswegs zu große Töne, die der päpstliche Hagiograph über Benedikt anstimmt. Wer dem Mann von Nursia innerlich nahekommen will, der folge Gregors Gedankengängen. Seine Schilderung Benedikts als eines Heiligen ist die ihm entsprechende Literaturgattung, wenn sie auch der Geschichtsschreiber, der schlecht mit ihr arbeiten kann, als Nasenstüber empfindet.

Freilich hat Gregors Darstellung zur Folge, daß man Benedikts Lebensgang nur notdürftig skizzieren, nicht aber eigentlich motivieren kann. Er ist ein zu verschleiertes Wesen, von dem man recht wenig weiß. Wie durch einem Nebel hindurch wird seine Persönlichkeit für Augenblicke sichtbar und entschwindet dann gleich wieder im Dunkel. Es ist etwas Geheimnisvolles, kaum zu Erhellendes um ihn, das dem Erraten überlassen bleibt und den Zauber seiner Persönlichkeit erhöht. Man hüte sich, ihn zu einlinig aufzufassen, soll er nicht an wesentlicher Tiefe verlieren. Kein psychologisch unterbauter Entwicklungsgang kann von ihm gegeben werden; nur einzelne Momentbilder aus seinem Leben tauchen auf, zwischen denen oft wieder lange Zeiträume liegen. Das ewige Benedikt-Bild zu zeichnen ist eine Arbeit, zu der jede Generation neu aufgefordert ist. Denn nie ist die Deutung eines religiösen Lebens abgeschlossen, will man es nicht der Erstarrung anheim geben. Benedikt, der den ihn befragenden Menschen immer wieder neu beschenkt, gehört zu diesen Unausschöpfbaren. Je leidenschaftlicher Benedikt umkreist wird, um so lebendiger wird sein geistiges Antlitz, und man spürt geradezu die von ihm ausgehenden Charismaströme.

Der aus dem römischen Landadel hervorgegangene Benedikt kam in jungen Jahren nach Rom. Doch fühlte er sich von der ewigen Stadt nicht angesprochen. Statt die Bauten der alten Zeit zu bewundern, fürchtete er, in den Abgrund des überhandnehmenden Verderbens zu stürzen, wenn er sich länger mit der Wissenschaft einlasse. Kaum hatte er seinen Fuß «auf die Schwelle der Welt gesetzt», zog er ihn gleich wieder zurück. Er brach seine Studien unvollendet ab und gesellte sich zu den «mit Wissen Unwissenden». Vom allgemeinen Niedergang angeekelt, flüchtete er in die Einsamkeit der Sabinerberge und begann dort das Leben eines Eremiten «mehr nach Leid als Lob dieser Welt» verlangend, wie Gregor bedeutungsvoll hinzufügte. Benedikt führte in einer Höhle ein anachoretisches Dasein, nicht anders als die ersten Eremiten. Entgegen der üblichen Auffassung gehörte er zu Beginn den morgenländischen Wüstenvätern an, und noch in seiner spätern Phase behielt er die strengste Weltabgeschiedenheit durchgenend bei. Ihn als «letzten Römer» zu preisen, dürfte eine anmutige Stilisierung sein, da auch später Vergil für ihn nicht existierte[2]. Als Einsiedler in einer unwirtlichen Gegend machte er eine starke Verwilderung durch, so daß vom ehemaligen Aristokratensohn bald nicht die geringste Spur mehr zu sehen war. Hirten erblickten ihn einst, mit einem zottigen Fell bekleidet, in einem Gesträuch und hielten ihn zuerst «für ein Tier»[3]. Man erschrickt unwillkürlich über die Verwahrlosung des jungen Eremiten. Der tierähnlich aussehende Benedikt paßt nicht ganz zu der gemessenen Figur, die man immer wieder von ihm zeichnet. Und doch zeigt er für einen Moment nicht nur dessen damalige ferne Unerreichbarkeit, er deckt auch den innern Zusammenhang auf, den Benedikt mit dem östlichen Eremitentum verband. Der äußerlichen Verwilderung ging eine seelische Kulturlosigkeit parallel. Er hatte sich dermaßen «weit von den Menschen entfernt», daß er in seiner Loslösung von der zivilisierten Welt nicht mehr wußte, an welchem Tag die Christenheit das Osterfest beging[4]. Benedikt hatte in seiner totalen Abgeschiedenheit das kirchliche Leben völlig aus den Augen verloren. Der Mann, an dessen Namen sich die reichhaltigste liturgische Ausgestaltung heftete, gedachte nicht einmal mehr des Auferstehungstages. Diese eine Tatsache spricht Bände für Benedikts damalige seelische Verfassung und über den weiten Weg, den dieser Mensch innerlich zurückgelegt hat. Um der Verborgenheit willen, in der sich dieser längere Werdeprozeß abspielte, kann er jedoch nicht nachgezeichnet werden.

Wie die alten Wüsteneremiten, hatte auch Benedikt in seiner Höhle heftige Versuchungen zu bestehen. Die verlassene Welt begann sich in ihm wieder zu regen und umgaukelte seine Sinne mit einer lichten Mädchengestalt, der er früher einmal begegnet war. Je mehr sich seine Phantasie mit dem süßen Erinnerungsbild beschäftigte, um so stärker loderte die Sehnsucht in ihm empor. Schon war Benedikt daran, seine selbstgewählte Einsamkeit aufzugeben, um jene holden Spuren in der Welt wieder aufzusuchen. Im letzten Augenblick, als er bereits seine Höhle verlassen hatte, erblickte er «ein dichtes Nessel- und Dornengestrüpp, zog sein Gewand aus und warf sich nackt in die spitzigen Dornen und in die brennenden Nesseln»[5]. Benedikt verwundete sich absichtlich am ganzen Körper, um die ersehnte «Lust in Schmerz zu verwandeln»[6]. Es gelang ihm nur auf diesem barbarischen Weg, sein lockendes Verlangen zu besiegen. Man möchte am liebsten vor dem sich in Dornen wälzenden Benedikt die Augen schließen, um nicht zu sehen, wie seine Haut aufgeritzt wird und das Blut in Strömen niederfließt. Und doch ist dieser erregende Anblick wegweisend für die Vorgänge hinter den Kulissen. Der abendländische Mönchsvater war eine ausgeglichene Gestalt; aber diese Abgeklärtheit hat ihren Ursprung weder in seiner Naturanlage, noch fiel sie ihm von selbst in den Schoß. Ohne eiserne Selbsterziehung und unablässiges Ringen mit sich selbst wäre auch Benedikt nie zu dem in sich geordneten Menschen geworden, als der er in Vorbildlichkeit dasteht. Dort im stechenden Dornengestrüpp hat er die Grundlage dazu gelegt, und ohne diesen Kampf bis aufs Blut wäre seine Heiligkeit nicht zustande gekommen. Ihm allein verdankt er, daß «von dieser Zeit an in ihm die

Versuchung zur Sinnlichkeit erstickt war, wie er selbst seinen Jüngern später erzählte»[7].

Bei aller Verborgenheit wurde sein außerordentliches Leben doch den Menschen bekannt. Gerüchte darüber drangen in die nähere Umgebung und verschafften ihm ein ungewöhnliches Ansehen. Aus diesem Grunde kam eines Tages die Bruderschaft eines Klosters mit der Bitte zu ihm, er möge ihr Vorsteher werden. Er lehnte zunächst ab, denn damals vertrat er noch bewußt eine eremitische Lebensweise; erst auf ihr wiederholtes Ansuchen entsprach er ihnen. Der Schritt von der Anachorese zum Zönobitentum war mit diesem ersten Klosterversuch getan. Doch endigte er nach kurzer Dauer mit einer unerwarteten Katastrophe. Die Insassen des Klosters waren entsprechend den zerrütteten Zeitverhältnissen an kein geregeltes Leben gewohnt, und die strenge Ordnung Benedikts behagte ihnen nicht. Sie empfanden sie nur zu bald als lästigen Zwang und empörten sich aufs heftigste gegen seine straffe Leitung. Zuletzt schütteten einige Mönche Gift in den Wein, um den unbequemen Abt wieder loszuwerden. Solche Verderbnisse schlichen sich unter den Menschen ein, die aus der Welt geflohen waren, um ein Gott wohlgefälliges Leben zu führen. Gregor hat in seiner Heiligenlegende diesen ruchlosen Plan nicht vertuscht, wohl aus Warnung vor der Gefahr, das werdende Mönchtum im Abendland in einem glorifizierenden Licht zu sehen, zumal kein Stand an sich gegen dämonische Verkehrung gefeit ist. Der geplante Mordanschlag beleuchtet blitzartig, wie auch Benedikts Weg ihn mit dem Bösen in Berührung brachte, das jedes Leben bedroht. Seine geistige Hoheit aber überwand das verbrecherische Unternehmen. Als er über dem Giftbecher, der ihm nach Klostersitte zur Segnung gereicht wurde, das Kreuzeszeichen machte, ließ ihn der meuchelmörderische Mönch aus innerer Angst fallen. Benedikt durchschaute alsogleich den Zusammenhang, erhob sich vom Tische und sprach: «O Brüder, Gott der Allmächtige habe Erbarmen mit euch, warum habt ihr so etwas an mir tun wollen? Habe ich es euch nicht zuvor gesagt, daß meine und eure Sitten durchaus nicht zusammenpassen? Gehet und suchet euch einen Abt nach euren Sitten, denn mich könnt ihr von nun an nicht mehr haben[8].» In diesen Worten wird erstmals Benedikts Stimme hörbar, über deren sonoren Klang man erstaunt aufhorcht. Diese Begebenheit ist ungewöhnlich und übersteigt noch an geistiger Mächtigkeit den in den spitzigen Dornen sich Wälzenden, um «Lust in Schmerz zu verwandeln». Hier wuchs bei aller demütigen Gesinnung der Mann Gottes zu einer Erhabenheit empor, vor deren innerer Majestät alle Einwände gleich dem Giftbecher des Mönches fallen. Wer von Benedikt nicht den Bescheid bekommen will «mich könnt ihr von nun an nicht mehr haben», der muß sich seiner würdig zeigen. Im übertragenen Sinn will dies besagen, daß man sich ohne seelische Lauterkeit nicht in seiner Nähe aufhalten darf. Trotz der eindrucksvollen Überlegenheit, die Benedikt in dieser unheilschwangeren Situation bewies, bedeutet jedoch diese Szene klar das Scheitern seines ersten Klosterversuches. Selbst Benedikt ist nicht an einem Tag ans Ziel gekommen, auch er mußte bittere Rückschläge in Kauf nehmen. Tastend und suchend ist er seinen Weg gegangen, der durch spitzes Dornengestrüpp und grauenhafte Mordanschläge hindurchführte. Als ein verwilderter Eremit hatte er angefangen und seine erste monastische Verwirklichung endigte mit dem betrüblichsten Mißerfolg. Schwere Enttäuschungen umsäumten auch die Lebensstraße des abendländischen Abtes, und es ist ein illusorisches Geschichtsbild, sieht man ihn von den grausigen Realitäten unberührt.

Zunächst verarbeitete Benedikt das düstere Erlebnis in seinem neuen Einsiedlerdasein. Trotz der niederdrückenden Erfahrung unternahm er einige Zeit später einen zweiten Klosterversuch, der sich wesentlich vom ersten unterschied. Er vermied bewußt den früheren Fehler und begab sich nicht mehr in ein Kloster, wo er als Neuangekommener sich in einer bereits bestehenden Gemeinschaft einfügen mußte. Jetzt ging er umgekehrt vor und nahm einige junge Menschen zu sich, die ein monastisches Leben zu führen begehrten. Dadurch hatten die Teilnehmer zum voraus sich ihm und nicht mehr er ihnen sich anzupassen. Benedikt war nun imstande, sie in seiner neubegründeten Siedlung nach seinem Willen zu erziehen. Der Abt des Abendlandes gehört zu den charismatischen Menschenbildnern der christlichen Geistesgeschichte. Er besaß die religiöse Fähigkeit, junge Menschen auch wirklich zu formen, sie zu Mönchen zu machen, welche den zersetzenden Mächten der Zeit als Damm entgegenstanden. Benedikt war ein gesegneter Pädagoge, er kannte ein festes Ziel und zugleich den dahinführenden Weg. Das junge Unternehmen war jedoch bald durch die feindselige Haltung des benachbarten Priesters Florentius bedroht. Doch ließ sich Benedikt, dessen Kloster eine reine Laiengemeinschaft war, nicht in unerquickliche Auseinandersetzungen mit dem übel gesinnten Kleriker ein.

Benedikt räumte kurzerhand den Platz und wanderte mit seinen Schülern im Jahre 529 nach dem Monte Cassino aus. Der Zeitpunkt fiel ins gleiche Jahr, da Justinian die Philosophenschule zu Athen schloß – gleichsam als Symbol des Abschlusses und Neubeginns. Auf dem in der Mitte zwischen Rom und Neapel gelegenen waldigen Berg, über den Ruinen eines verlassenen Jupitertempels, ließ sich Benedikt nieder, um auf dessen Grundmauern den Bau eines christlichen Klosters zu errichten. Auffallend ist die schöne Lage, die er sich für seine Neugründung aussuchte, worin sich eine offenkundige Abkehr von der morgenländischen Tradition kundtat, nach der die Klöster in unwirtliche Gegenden verlegt wurden. Die erste Tätigkeit der Mönche galt dem Bau des Klosters. Die Schwierigkeiten, die sich den in den Bauarbeiten ungeübten Mönchen entgegenstellten, waren enorm. Einmal brach eine Mauer wegen unsachgemäßer

Fundierung zusammen und begrub einen der Arbeitenden unter sich, doch Benedikts wundertätiges Gebet erweckte ihn wieder zum Leben. Ein anderes Mal fiel das Eisen eines Sichelmessers ins Wasser; Benedikt macht es, gleich Elisa, schwimmend, womit der Erzähler dieser Legende auf den in ihm wohnenden prophetischen Geist hinweisen wollte. Bei dieser Gelegenheit tröstete Benedikt den Mönch, dem das Mißgeschick widerfahren war, mit den Worten: «Geh an die Arbeit und sei nicht traurig[9].» Scheinbar ein kleines Sätzlein, von dem nicht viel Aufsehen zu machen sich lohnt, aber es enthüllt benediktinische Eigenart, die als Kleinod in allen Zeiten zu preisen ist. An Stelle von zeitvergeudenden Vorwürfen gibt Benedikt die Aufforderung zur unverdrossenen, von aller niederdrückenden Gemütsstimmung freien Arbeit. Überdenkt man die schlichte Losung «geh an die Arbeit und sei nicht traurig», die heute nicht weniger als zu jener Stunde ihre Gültigkeit hat, so begreift man plötzlich den Segen, der von Benedikt ausging. In dieser lichtvollen Anweisung ist eine Einstellung beschlossen, die dem Menschen zu allen Zeiten bekömmlich ist. Benedikts Geistigkeit macht kein großes Wesen, sie verrichtet mit ruhiger Seelenverfassung das Nächstliegende. Mit diesem gesammelten Sein senkte Benedikt jenen positiven Keim in die Klostersiedlung von Monte Cassino, der sie zum Neuanfang inmitten einer zu Ende gehenden Zeit machte. Bedauerlicherweise hat Gregor in seinen «Dialogen» nicht mehr Einzelheiten über das monastische Leben auf dem Monte Cassino erwähnt, dessen Name ein Begriff für abendländische Haltung geworden ist[10].

Für seine Schüler war Benedikt der Mann, den sie sich nicht restlos erklären konnten. Bei all seiner Menschlichkeit war er für sie unerreichbar, nach ihrem Dafürhalten vermochte er alles. Er konnte in den Herzen der Menschen lesen und war ein Künder des Verborgenen, wie seine Begegnung mit dem Gotenkönig Totila zeigt. Wer in dieser Begebenheit nur eine literarische Erfindung Gregors sieht, welcher auf dem Papier einen billigen Sieg über die verhaßten Goten zu feiern begehrte, verkennt den Sinn dieses außerordentlichen Zusammentreffens. Es geht nicht um eine nationale Überlegenheit – Benedikt war die religiöse Verantwortung wichtig. Der verschlagene Totila begehrte Benedikt kennenzulernen und ließ ihm seine Ankunft melden. Der König kam jedoch auf den hinterhältigen Gedanken, den Mann Gottes zuerst auf die Probe zu stellen und kleidete seinen Schwertträger in seine königlichen Gewänder, gab ihm das nötige Gefolge und sandte ihn zu Benedikt. Kaum aber war der Pseudokönig in seiner täuschenden Gewandung eingetreten, sagte Benedikt mit einem durchschauenden Blick: «Lege ab, mein Sohn, lege ab, was du anhast, das gehört nicht dir[11].» Der entlarvte Schwertträger fiel vor Schrecken zur Erde nieder, und als sich hierauf Totila selbst zu Benedikt begab, redete der Abt mit ihm in jener unerschrockenen Sprache, welche die echten Männer Gottes immer gegen

die Großen dieser Welt gewagt haben. Der Gründer von Monte Cassino ermahnte den Gotenfürsten, von seinen Ruchlosigkeiten abzulassen und weissagte ihm seine wenig erfreuliche Zukunft. In Benedikt lebte der Geist der Prophetie. Er sah die schrecklichen Zeiten voraus, denen sein Land entgegenging
und denen auch sein geliebtes Kloster zum Opfer fallen sollte. Seine prophetische Schau bedrückte ihn mit schwerer Trauer. Benedikt wurde weinend in seiner Zelle angetroffen als sich die nahe Zukunft seinem Geiste enthüllte. Seine
Tränen, von denen Gregor berichtet und die zum Bilde des Schöpfers von
Monte Cassino gehören, sind die unvergängliche Begleiterscheinung seiner
furchtbaren Zukunftsschau [12]. Es gibt keine echte Prophetie, die nicht mit Strömen von Tränen verbunden ist, eine Tatsache, die an ein vertieftes Propheten-
verständnis heranführt. Denn beinahe immer ist das kommende Zeitgeschehen
in namenlose Düsternis eingehüllt. Stets ballen sich über dem menschlichen
Geschlecht schwarze Wolken, die das Schrecklichste befürchten lassen. Ein
anderes christliches Zeitverständnis ist nur selten möglich, wie es schon Jesus
mit seinen Ausführungen angetönt hat: Ihr werdet von Kriegen und Kriegs-
geschrei hören ... Wenn nicht der Gnadenstrahl das Verhängnis durchbricht,
ist die Christenheit allzeit verloren, an diese Wahrheit mahnen die Tränen
Benedikts.

Die prophetische Begabung Benedikts deutet auf seine Beziehung zur Mystik
hin. Der schweigsame Abt sprach nicht viel von seinem mystischen Charisma,
aber dessen ungeachtet war es vorhanden, da der Mensch schwerlich auf die
Dauer das monastische Leben ohne Mystik erträgt. Benedikt selbst sind mystische Erlebnisse zuteil geworden, was bei diesem verinnerlichten Menschen
naheliegend ist. Einmal, als die Brüder noch schliefen, erhob sich Benedikt vom
nächtlichen Lager und begab sich zum Fenster. «Während er so in frühester
Stunde hinausblickte, sah er plötzlich, wie sich ein Licht von oben her ergoß,
die ganze Finsternis der Nacht verscheuchte und so hell aufleuchtete, daß dies
in der Finsternis strahlende Licht den Tag übertraf. Etwas sehr Wunderbares
war mit dieser Erscheinung verbunden; es wurde ihm nämlich, wie er später
selbst erzählte, auch die ganze Welt wie in einem einzigen Sonnenstrahl vereinigt vor Augen geführt [13].» Diese strahlende Lichtvision, über die schon Gregor in seinen «Dialogen» eine tiefsinnige Deutung zu geben versuchte, die
wiederum eingehende Erläuterungen gerufen hat, gehört ganz dem mystischen
Bereich an [14]. Welch unergründliches Geheimnis; der vom Lichte des Geistes
emporgehobene Benedikt ist «außerhalb der Welt»! Dieses mystische Erlebnis
entzieht sich allen rationalen Erklärungen, über die der Mensch gewöhnlich
allein verfügt. Man kann nur sprachlos vor ihm stehen. Und doch besitzt es
eine Leuchtkraft, von der man geradezu magnetisch angezogen wird. In jener
frühen Morgenstunde überkam Benedikt eine der allerseltensten Visionen, die

einem Christen geschenkt werden. Nur die größten Mystiker haben das Göttliche auf ähnliche Weise erlebt. Vielleicht ist Jakob Böhmes ebenfalls unergründliche Zentralschau eine Parallele hiezu. «Die ganze Welt wie in einem einzigen Sonnenstrahl vereinigt» vor Augen geführt zu bekommen, das verrät einen Verzückungszustand, in welchem die Seele eine unbegreifliche Erweiterung erfährt. Der angeblich nüchterne Benedikt wurde der einzigartigen Begnadigung gewürdigt, das himmlische Licht direkt zu schauen. Nach Thomas von Aquins besonnener Beurteilung durfte Benedikt Gott gleichsam von Angesicht zu Angesicht sehen, was sonst nur Abraham und Moses vergönnt war. Der Vergleich mit den beiden alttestamentlichen Männern reiht Benedikt in den höchsten Rang ein. In einem Teil das Ganze wahrzunehmen, ist die Erkenntnis der Engel und das Ziel aller mystischen Wesenserfassung. Das Unerhörte und Aufregende dieses Berichts ist Benedikts Charisma, im Kleinsten das Größte zu erblicken. So viel man auch über das Wunderbare dieses Vorganges wissen möchte, es kann nicht eingehender beschrieben werden, doch zittert das Unfaßliche des mystischen Erlebens in Gregors stammelndem Bericht noch deutlich nach. Mit solchen Segnungen wie diese Gottesschau wurde Benedikts Seele überschüttet. Sie weist auf die geheimen Quellen hin, aus denen dieser Mensch sich nährte, dessen Werk «als ein großartig angelegtes, alle Kräfte erfassendes Mittel zur Mystik» zu verstehen ist[15].

Noch ein unvergeßliches, kostbares Vorkommnis hat Gregor festgehalten. Benedikt pflegte einmal im Jahre seine Schwester Scholastika zu besuchen, die in der Nähe von Monte Cassino lebte. Bei einem letzten Zusammensein sprach die gottgeweihte Schwester zu ihm: «Ich bitte dich, verlasse mich diese Nacht nicht, damit wir bis zum Morgen von den Freuden des himmlischen Lebens sprechen können[16].» Benedikt, erstaunt über die Zumutung, eine Nacht außerhalb seines Klosters zuzubringen, schlug Scholastika die Bitte rundweg ab. Die Schwester drang nicht weiter in ihn, faltete nur die Hände und neigte ihr Haupt, um zum Allmächtigen zu beten. Noch während des stillen Gebetes brach ein strömender Regen los, der Benedikt zum Bleiben zwang. Er erfaßte alsogleich den Zusammenhang, aber Scholastika erwiderte nur: «Siehe, ich habe dich gebeten, und du hast mich nicht erhören wollen, da habe ich meinen Herrn gebeten, und er hat mich erhört[17].» Nachdem Benedikt unfreiwilligermaßen genötigt war, die Nacht bei seiner Schwester zuzubringen, erquickten sich die beiden Geschwister gegenseitig im heiligen Gespräch über das geistliche Leben. Diese duftige Anekdote zeigt aufs Schönste, wie schwesterliche Liebe die brüderliche Grundsatztreue überspielte und beweist zugleich die Unvoreingenommenheit Gregors, der diese Niederlage des Mannes Gottes nicht verschwieg. Benedikts Unterliegen veranlaßte ihn zu der Erklärung, Scholastika habe mehr vermocht, weil sie in dieser Stunde mehr geliebt habe. Prachtvoll ist

es, wie nach dieser weitherzigen Legende Gott auch in der Frage des nächtlichen Fernbleibens vom Kloster Ausnahmen kennt, während die kleinlichen
Menschen aus Angst, keine Präzedenzfälle zu schaffen, sich an den Gesetzes-
buchstaben klammern. Es gibt wenige zartgetöntere Begebenheiten in der
strengen Mönchsgeschichte als Benedikts letztes Zusammentreffen mit Scholastika, die nach Bonifaz Benzing «wie das Lächeln des Frühlings» anmutet und
wodurch die große Tradition des Benediktinertums «neu und jung in dieser
Ausnahme von der Regel erstrahlt, die Gott selbst durch ein Wunder bestätigte und heiligte»[18].

Benedikt sah mit seinem prophetischen Geist den Tag seines Todes voraus,
den er seinen Schülern mitteilte. Als der Zeitpunkt heranrückte, bat er sechs
Tage vorher sein Grab zu richten. Er verschloß seine Augen nicht vor dem To-
desereignis und wollte ruhig die Stätte sehen, die seine sterblichen Reste aufnehmen würde. Kein bebender Schrecken durchfuhr ihn angesichts des Unaus-
weichlichen, zumal er seine Mönche gelehrt hatte, «täglich den Tod vor Augen» zu haben! Ein quälende Hitze verursachendes Fieber begann an ihm zu
zehren. In seinen letzten Stunden ließ er sich von seinen Schülern in die Kirche
tragen «und stand da, die schwachen Glieder unter den Armen seiner Schüler
aufrecht haltend, mit zum Himmel erhobenen Händen und tat unter Worten
des Gebetes den letzten Atemzug[19].» Wie Benedikt in stehender Haltung seine
Seele dem Schöpfer zurückgab – wahrscheinlich am 21. März 547 – ist von sym-
bolischer Bedeutung. Eine unaussprechliche Gebärde veranschaulicht noch zum
letztenmal, wie der Vater der abendländischen Mönche zu einer einzigen, zum
Himmel lodernden Flamme wurde.

Es sind nur einzelne Momentaufnahmen aus dem Leben Benedikts, die Gregor berichtet. Fügt man sie aber alle zusammen, verbinden sie sich zu einem
Bilde von seltener Eindrücklichkeit. Sein Gehalt gewinnt noch an Plastik, betrachtet man es auf dem Hintergrund seiner Zeit. Das Jahrhundert Benedikts
war von einem Zerstörungstrieb erfüllt, der einen kulturellen Verfall ohnegleichen bewirkte. Ein trüberes Zeitalter kann es nicht mehr geben als es das ausgehende 5. Jahrhundert war, in welchem Benedikt geboren wurde. Mit einem
einzigen Satz charakterisiert, war es eine Zeit, in der alles auseinanderstrebte
und der Auflösung entgegentrieb. Die Zerrüttung hatte auf jedes Gebiet über-
gegriffen und drohte die gesamte abendländische Kultur in ihren Schlund hin-
abzuziehen. Gleich einem wuchernden Krebsgeschwür nahm die Zersetzung
überhand. Das unterhöhlte römische Reich war dem Ansturm der wilden Scharen aus dem Osten erlegen, und die Völkerwanderung wirkte sich als die zweite
Sintflut aus, die wie zu Noahs Zeiten alles unter sich begrub. Zu der sittlichen
Verderbnis der Gesellschaft kamen epidemische Krankheiten und Hungersnöte
hinzu, welche die Bevölkerung dezimierten und das Land beinahe in eine Öde

verwandelten. Wie es in Untergangszeiten immer zu geschehen pflegt, nahmen
die zentrifugalen Kräfte vollständig überhand. Von diesem trostlosen Niedergang hebt sich Benedikts aufbauende Tätigkeit um so leuchtender ab. Der Abt
von Monte Cassino ist der bauende Mensch; das ist der tiefe Sinn der hagiologischen Schilderung Gregors. Diese Formel weist auf einen neuen Benedikt hin,
der sich der gegenwärtigen Generation enthüllt, wenn sie die Frage stellt: Was
bedeutet der Vater des abendländischen Mönchtums unserer Zeit? Er ist für die
unter ihren Trümmern stöhnende Gegenwart vor allem die leibhaftige Verkörperung des göttlichen Willens, der nur im Aufbau und nie in der Zerstörung
die Bestimmung des Christenmenschen sieht. Von diesem, über Jahrhunderte
gebietenden Benedikt als einem Baumeister des Geistes zu reden, trifft sowohl
im wörtlichen als im übertragenen Sinn zu. Er war mit all seinen Worten und
Taten nur darauf bedacht, an der Burg Gottes auf Erden mitzubauen. Es gab
wenige so ausschließlich positiv eingestellte Menschen wie Benedikt, dem jede
negative Tendenz fern lag. Mit dieser aufbauenden Einstellung hat er den
neuen Weg gefunden, der in aller Stille das versinkende Abendland rettete.
Theologischen Streitigkeiten, welche die Menschen nur immer trennen, blieb
der Mann der Pax Christi fern. Auch verzichtete er grundsätzlich auf jede doch
bloß im Unfruchtbaren endende Polemik, indem er es für besser hielt, über unerfreuliche Erscheinungen «zu schweigen als zu reden» und sich mit der kurzen
Bemerkung «lassen wir das» davon abzuwenden[20]. Inmitten aller Dekadenz
war er einzig darauf bedacht, aufzubauen und um dieser Bestrebung willen
wurde Benedikt zu jenem Menschen, den man nicht anders als lieben kann. Er
war stets bemüht, in allem Niedergang einen neuen Grundstein zu legen, weswegen ihm auch der Name «der Gesegnete» vollauf zukommt. Je mehr man
sich mit ihm beschäftigt, um so stärker erkennt man in ihm den heiligen Gegenspieler zum teuflischen Nihilismus aller Zeiten. Sein unbeirrbarer Wille zum
Aufbau geht einem nicht mehr aus dem Sinn, hat man ihn einmal in seine Seele
aufgenommen. Er wird zur zeitlosen Wegleitung für den Christen, dessen Aufgabe es immer ist, das wieder herzustellen, was frevelhafter Mutwillen zerstörte. Benedikt war zu dieser aufbauenden Sendung befähigt, weil er seiner
seelischen Veranlagung nach das Gegenstück von einem Weltverbesserer war.
Nicht den geringsten Geltungsdrang und keine Reformatorenallüren erfüllen
diesen christlichen Menschen. Seine Neigung verlief in der umgekehrten Richtung, er war bestrebt, sich von allem zurückzuziehen und nur für seine eigene
Seele zu sorgen, damit sie nicht im allgemeinen Strudel unterging, um dann in
einem kleinen Kreis das neue Leben zu verwirklichen. Frei von allem eitlen Ehrgeiz wurde Benedikt zu jener aufbauenden Gestalt, die für eine überpersönliche
Aufgabe gebraucht werden konnte. Der Abt von Monte Cassino vermochte
diese überwältigende Wirksamkeit auszuüben als einer, der selbst «auferbaut

war auf dem Grund der Apostel und Propheten, deren Eckstein Jesus Christus ist» (Eph. 2, 20), und der unermüdlich nach jener Stadt Ausschau hielt, deren «Baumeister Gott ist» (Heb. 11, 10).

II

Die Probe aufs Exempel erfährt Benedikts aufbauende Tätigkeit durch seine Regula, die nach seiner Klostergründung auf dem Monte Cassino sein zweites Hauptwerk ist. Mit dieser Regula hat es seine eigene Bewandtnis. Sie ist nicht in einem fehlerfreien Latein geschrieben, und die Sprache läßt in vieler Beziehung zu wünschen übrig. Trotz allen Bemühungen findet man auch keine streng systematische Gliederung, und der juristische Blick, der ihr oft nachgerühmt wurde, darf nicht überbetont werden. Auch hat Benedikt bei ihrer Abfassung ausgiebig sich der Erfahrungen eines Pachomius, Basilius und Cassians bedient, worauf B. Steidle in seinem aufschlußreichen Werk über die Regel mit Recht hinweist. Alle diese Beobachtungen haben schon dazu geführt, ihr das schöpferische Element abzusprechen. Da kein pathetisches Wort in ihr steht, macht sie einen überaus nüchternen Eindruck. Infolge ihres sachlichen Tones empfindet man bei der ersten Lektüre eine leise Enttäuschung, zumal sie kein Interesse durch Spannung zu wecken sucht. Nicht nur der durch Romanlektüre verwöhnte Leser der Neuzeit tritt mit einer falschen Erwartung an sie heran, auch Mönche gestehen offen, daß es für sie nicht immer leicht sei, den Zugang zu ihr zu finden. Man kann und muß dies alles ehrlich sagen, und gleichwohl besitzt die Regula eine Eigentümlichkeit, die über alle diese Mängel triumphiert. Worin anders kann ihre weit mehr als epochale Bedeutung bestehen, als im aufbauenden Willen, dem jede Silbe dient. Benedikts formender Geist kommt überragend stark in seiner Regula zur Geltung, über die schon Gregor gesagt hat: «Er konnte nicht anders lehren als er lebte[21].» Ildefons Herwegen hob in seinem geistvollen Kommentar über «Sinn und Geist der Benediktinerregel» vor allem ihren pneumatischen Grundcharakter hervor und rührte damit an dieses Aufbau-Geheimnis[22]. Die Bemühung einer innern Wesenserfassung wird auf die stille Größe stoßen, die in schlichtesten Worten Letztes aussagt, was benediktinischer Lebensform entspricht.

Die Regula beginnt mit einem Prolog, dessen erster Satz schon einen eigenen Klang besitzt: «Vernimm, mein Sohn, die Lehren des Meisters und öffne das Ohr deines Herzens[23].» Mit dieser Aufforderung wird an die Herzkräfte des Menschen appelliert. Benedikt bedarf ihrer für den Grundgedanken seines Klosters, der im Vorwort mit rühmlicher Klarheit enthalten ist: «Eine Schule für den Dienst des Herrn wollen wir also errichten; wir hoffen dabei nichts Hartes, nichts Drückendes vorzuschreiben.» Die benediktinische Geistigkeit will den

Mönch zu einem Kriegsdienst für Gott erziehen, ein Ziel, das auf dem Weg einer neu geformten Menschlichkeit erreicht werden soll[24]. Sie gibt dem Mönch in der Regula eine Norm in die Hände, die mit einem unpersönlichen Gesetzesbuch nichts zu tun hat, aber als richtunggebender Leitfaden getreulich beobachtet sein will.

Die Persönlichkeit des Abtes ist für Benedikt das Fundament des Klosters. Er hat ihn an die Spitze der hierarchisch aufgebauten Klostergemeinde gestellt, deren ganzes Leben er als tragender Pfeiler stützt. Nach Benedikt ist der Abt «der Stellvertreter Christi im Kloster», eine Bestimmung, die seine religiöse Funktion aufs stärkste hervorhebt. Er hat einst Gott für die ihm anvertrauten Seelen Rechenschaft abzulegen und darf seine Tätigkeit niemals nur im verwaltungstechnischen Sinn auffassen. Seinen Schülern hat er mit doppelter Belehrung voranzugehen, die sich sowohl auf die eigene beispielhafte Tat als auch auf verantwortungsbewußte Worte erstreckt. Damit die Insassen des Klosters der Regula getreulich nachkommen, muß er sowohl Güte wie Strenge walten lassen. Er darf vor einschleichenden Fehlern die Augen nicht verschließen und soll bestrebt sein, mehr vorzusehen als vorzustehen und von seinen Untergebenen mehr geliebt als gefürchtet sein. Wie der Name Abt besagt, hat er ein väterliches Amt auszuüben, das nichts mit der Stellung eines militärischen Vorgesetzten oder eines unnahbaren Chefs zu tun hat. Es ist eine heilige Vaterschaft, die ihn erfüllt und mit der er sich auch des seelischen Lebens seiner Mönche allzeit beratend annimmt. Mit diesem väterlichen Verhältnis war eine neue, viel wärmere Beziehung geschaffen, welche die antike Akademie in ihrem Lehrer-Schüler-Verhältnis nicht kannte. Die geistige Vaterschaft wirkte sich in einer bewußten Leitung aus, ein Gedanke, den Benedikt für alle Zeiten dem Mönchtum mit auf den Weg gegeben hat. Es muß Führung im Leben geben, soll nicht alles chaotisch auseinander flattern. Sie geht im Kloster von einer richtunggebenden Gestalt aus. Man darf sich durch den grauenhaften Mißbrauch, der in den letzten Jahren mit der Führeridee getrieben wurde, nicht davon abhalten lassen, das Unvergängliche einer religiösen Vaterführung zu anerkennen. Damit war im Kloster ein leitender Mann an die Spitze gestellt, der die Verantwortung für das Ganze trug und den geistigen Kurs angab. Das zerfallende Zeitalter bedurfte unbedingt einer klaren Führung; durch ihre Verwirklichung im kleinen Kreis ging von Benedikts Kloster die Erneuerung aus. Die Gesundung war nur auf diesem Weg möglich, und immer ist es etwas Großes um eine richtunggebende, vor Gott ihrer Verantwortung bewußten Persönlichkeit, der man sich getrost anvertrauen darf.

Der Abt wird aus dem Schoß der Klostergemeinde gewählt. Als erster Grundsatz gilt das altkirchliche Prinzip der Einstimmigkeit. Wird sie nicht erreicht, so entscheidet die Würdigkeit. In diesem Fall hat die Minorität der Majorität voranzugehen. Nur beim Versagen dieser Mittel geht das Wahlrecht an den Bischof über, in dessen Sprengel das Kloster liegt, obschon Benedikt sonst darauf bedacht war, seine Unabhängigkeit von jeder bischöflichen Jurisdiktion zu wahren. In seinen Handlungen ist der Abt, der seine Entscheidungen wie ein Monarch fällt, souverän. Wohl versammelt er bei gewichtigen Fragen die ganze Mönchsgemeinde um sich und legt ihr die zur Entscheidung stehende Angelegenheit vor. Jeder Mönch, bis zum jüngsten hinab, darf seine Meinung äußern. Nach der allseitigen Erörterung entläßt der Abt die Mönchsfamilie und fällt die Entscheidung allein. Die gewissenhafte Prüfung der vorgebrachten Meinungen ist für ihn Pflicht, aber er ist nicht an den Rat gebunden. Damit war das gewöhnlich nur das Mittelmaß fördernde Mehrheitsrecht der modernen Demokratie ausgeschaltet. Erst das neuere Kirchenrecht sieht vor, daß der Abt in bestimmten Fällen, die manchmal den innern Bereich – Novizenaufnahme – manchmal den äußern – Vermögensverwaltung – betreffen, die Mönchsgemeinde abstimmen lassen muß.

Bei der Aufnahme ins Kloster fällt die Erschwerung des Eintrittes auf. Im Gegensatz zu der üblichen Praxis der Aufbietung aller verlockenden Mittel, um die Leute zum Christentum zu überschwatzen, ist Benedikt bestrebt, die Eintretenden zunächst abzuschrecken. «Kommt jemand, um das Klosterleben zu beginnen, so werde ihm der Eintritt nicht leicht bewilligt, vielmehr handle nach dem Wort des Apostels: ‹Prüfet die Geister, ob sie aus Gott sind.› Wird also der Ankömmling nicht müde, um Einlaß zu bitten und zeigt er sich während vier oder fünf Tagen, daß er unfreundliche Behandlung und die Schwierigkeiten, die man seinem Eintritt entgegenstellt, geduldig erträgt und auf seiner Bitte beharrt, so lasse man ihn eintreten[25].» Die ungewöhnliche Einstellung, durch Abschreckung zu gewinnen, entspricht Jesu Verhalten, der ebenfalls allzu bereitwilligen Versicherungen «ich will dir folgen wo du hingehst», mit dem zurückstoßenden Hinweis beantwortete, daß Füchse Gruben und die Vögel Nester haben, aber der Menschensohn habe nichts, wo er sein Haupt hinlegen könne. Dreimal soll der Novizenmeister dem Kandidaten die Regula vorlesen und ihn nachdrücklich auf das Schwere des klösterlichen Lebens aufmerksam machen. Jedesmal nach der Lesung spreche er zu ihm: «Siehe, das ist das Gesetz, unter welchem du deinen Kriegsdienst leisten willst. Kannst du es beobachten, so tritt ein, kannst du es aber nicht, so gehe frei von hinnen[26].» Blieb der Novize standhaft bis zur letzten Befragung, so wurde er zur Mönchsweihe, die als zweite Taufe gilt, zugelassen. Damit ist der Mönch dem Kloster eingegliedert und trägt von diesem Tag an das für die Benediktiner charakteristische schwarze Mönchsgewand, bestehend aus Tunika und Cuculla. Der Mönchshabit war sehr einfach und unterschied sich zu jener Zeit nicht von der Kleidung der niedern Volksklasse.

Bedeutsam waren die drei Gelübde, durch die der Mönch sich dem Abt unterstellte. Auch mit dieser Verpflichtung war eine neue Verankerung gegeben. Das benediktinische Gelübde, das vor Gott und seinen Heiligen abgelegt wird, umfaßt ein dreifaches Versprechen: «Beständigkeit, monastischer Lebenswandel und Gehorsam»[27].

Die stabilitas, wie der lateinische Begriff für Beständigkeit lautet, steht an erster Stelle. Der Mönch verpflichtet sich auf ein bestimmtes Kloster und gelobt, dort immer zu bleiben. Das Gelübde der Seßhaftigkeit ist einer der bedeutsamsten Beiträge Benedikts zur Geschichte des Mönchtums. Der Stifter von Monte Cassino hatte eine Abneigung gegen die umherschweifenden Mönche, die es nicht lange an einem Ort aushalten und von einem Kloster zum andern wechseln. Die Sucht, stets unterwegs zu sein, verrät eine unstete, mit dem Leben einer klösterlichen Familie nicht zu vereinbarende Gesinnung. Der benediktinische Mönch verläßt von sich aus sein Kloster nicht mehr, weil er innerlich Fuß gefaßt hat und die Treue hochhält, ohne die es keine dauernde Gemeinschaft gibt. Zweifellos ist das Gelübde der stabilitas loci wörtlich zu verstehen, aber es darf auch im übertragenen Sinn aufgefaßt werden, wodurch es für die Gegenwart eine unerwartete Bedeutung bekommt. Nach mönchischer Auffassung ist die Stabilität bei Benedikt «etwas Inneres, Seelisches, ungefähr was Charakter und unbeugsame Entschlossenheit besagt»[28]. In der Weise begriffen, muß vor allem das geistige Vagabundentum, das neugierig überall herumstromert und sich nirgends festlegen will, wie es die modernen Schriftsteller André Gide und Hermann Hesse mit zauberhafter Kunst verherrlichen, überwunden werden. Wer beständig dem Neuesten nachjagt, leidet an einer geistigen Neurasthenie, die mit ernsthafter Religiosität nicht vereinbar ist. Die äußere stabilitas ist ein Zeichen für den zur innern Ruhe gekommenen Mönch. Walter Dirks hat das Wort stabilitas loci weltgeschichtlich gedeutet: es heißt «Schluß mit der Völkerwanderung»[29]. Diese Interpretation ist nicht falsch, aber naheliegender ist es, die benediktinische Bodenständigkeit mit dem einzelnen Menschen in Verbindung zu bringen, für den sie von viel größerer Wichtigkeit ist als es im ersten Augenblick erscheint. Man bedenke nur, wie nach Dostojewskij die Trennung vom Boden zur Entstehung des Nihilismus viel beigetragen hat und wie der russische Dichter bewußt eine neue Bodenständigkeit erstrebte. Eine Meditation über die stabilitas loci, die wörtlich und geistig aufzufassen ist, führt den Christen einer religiösen Reife entgegen und trägt viel zur Genesung von der gegenwärtigen Krankheit bei.

Das zweite Gelübde «conversatio morum suorum» ist mit den Worten «Umkehr der Sitten» nur unvollkommen übersetzt. Mehr als die Abwendung vom unordentlichen Lebenswandel schließt es das positive Versprechen der monastischen Lebensführung in sich. Für Benedikt, wie für alle Mönchsväter, zeigt sich das Christentum nun einmal in einer ihm entsprechenden Daseinshaltung. Diese Forderung ist das A und das O mönchischer Christlichkeit. Der klösterliche Wandel involviert Eigentumslosigkeit und Keuschheit. Das Wort Armut gebraucht Benedikt nicht, dagegen wird die Eigentumslosigkeit des einzelnen Mönches scharf betont. Der persönliche Besitz gilt als Übel, das im Kloster mit der Wurzel auszurotten ist. «Keiner darf sich erlauben ohne Gutheißung des Abtes etwas zu verschenken oder anzunehmen oder etwas zu eigen zu haben, durchaus nichts, kein Buch, keine Schreibtafel, keinen Griffel, überhaupt gar nichts; denn die Mönche können nicht einmal über ihren eigenen Leib und ihren Willen frei verfügen[30].» Zur Besitzlosigkeit gesellt sich der Verzicht auf die Ehe. Der Mönch ist der unbeweibte Mensch. Ohne Ehelosigkeit ist ein monastisches Leben nicht durchzuführen, sie ist ein Opfer, das der Klosterinsasse bringt.

Schließlich umfaßt das Gelübde, welches der Mönch seinem Abt ablegt noch den Gehorsam. Die Regula richtet sich ausdrücklich an den, der «dem Eigenwillen entsagt und die herrlichen Heldenwaffen des Gehorsams» ergriffen hat. Die Mönche «leben nicht nach ihrem Gutdünken und folgen nicht ihren Wünschen und Launen, sondern richten sich nach fremdem Urteil und Befehl»[31]. Der Gehorsam als primäre Mönchstugend darf nicht mit offener Widerrede vollzogen werden, er hat «ohne Verzug», als ob «der Befehl von Gott käme», geleistet zu werden[32]. Es geht Benedikt um den innern Gehorsam, der mit «freudigem Herzen» dargebracht wird und sich bei unangenehmen Dingen zu bewähren hat, wo der Mönch schweigende Selbstbeherrschung an den Tag legt. «Wer den Obern gehorcht, der gehorcht Gott», sagt Benedikt[33]. Wahrscheinlich ist die beständige Ausübung des Gehorsams – und nicht wie gewöhnlich angenommen wird, die der Keuschheit – die schwerste Last, die ein Mönch auf sich nimmt. Der Mensch, der gewohnt ist, jederzeit seinem eigenen Willen zu folgen, macht sich von der immerwährenden Gehorsamsleistung des Mönchs kaum eine richtige Vorstellung. Sie ist ohnehin eine der Neuzeit mit ihrer Autonomiebestrebung völlig fremd gewordene Haltung. Gibt es doch kaum einen größeren Gegensatz als die Einstellung des Gehorsams und das Recht der Selbstbestimmung. Sie sind durch eine Kluft getrennt, die man nicht überbrücken kann. Gewiß kommt dem Bestreben, sich selbst Gesetz zu sein, wie Kant es ausführte, ebenfalls ein ethischer Ernst zu, den sich die Menschheit mühsam errungen hat. Es darf nicht abgelehnt werden, wenn es auch die Gefahr der Selbstherrlichkeit in sich birgt. Aber die Gehorsamseinstellung ist eine nicht minder respektable Haltung, die in der modernen Zeit viel zu wenig gewürdigt wird. Es braucht eine große, seelische Kraft, sich freiwillig in das Gehorsamsverhältnis zu begeben und es strikte durchzuführen. Ohne Gehorsamsforderung würde eine Klostergemeinschaft innert einer Woche auseinanderfallen. Sie wird durch den Gehorsam zusammengehalten, der in der religiösen Vorstellungswelt von großer Wichtigkeit und in der Bibel verwurzelt ist: «Gehorsam ist besser denn Opfer» (1. Sam. 15, 22). Auch Christus hat sich nach dem Neuen Testament erniedrigt und «ward gehorsam bis zum Tode» (Phil. 2, 8). Im Eigenwillen sahen die mittelalterlichen Mystiker das Verderben des Menschen. Es steht im Wort von den «herrlichen Heldenwaffen des Gehorsams» eine tiefe Wahrheit verborgen.

Benedikt ist es um eine einheitliche Mönchsgesinnung zu tun, auf die alle Kapitel der Regula hintendieren. Sie wird durch eine Reihe von Tugenden umschrieben, an deren erster Stelle die Demut steht, der der Mönch als ein Mensch des Gehorsams seine besondere Aufmerksamkeit schenkt. Die Demut wird – nach morgenländischem Vorbild – mit einer Leiter verglichen, auf welcher der Christ von der Erde zum Himmel aufsteigt. Zwölf Sprossen dieser Leiter erwähnt Benedikt des Ausführlichen. Die Demut zeigt sich vor allem in der Zufriedenheit des Mönches mit dem Allerniedrigsten. Ein weiteres Kennzeichen ist die Schweigsamkeit, von der ebenfalls ein ganzes Kapitel handelt. Der Mönch legt mit unmißverständlicher Gebärde den Finger auf den Mund, um das kostbare Geheimnis zu wahren. Reden und Lehren kommt dem Meister zu, Schweigen und Hören ziemt dem Jünger. «Wären die Reden auch noch so gut, fromm und erbaulich, selbst vollkommenen Schülern soll daher wegen der hohen Bedeutung des Schweigens nur selten Erlaubnis gegeben werden, zu sprechen[34].» Schwatzen und Lachen verpönt der Mönch. Im Kloster herrscht das große Schweigen, wodurch eine überaus wohltuende Atmosphäre der Stille entsteht. Auch die religiöse Heilkraft des Schweigens verkannte die Neuzeit völlig, und erst durch den immer mehr überhandnehmenden Lärm des modernen Lebens erwacht im Menschen wieder eine Sehnsucht nach der Stille, in der allein Gottes Stimme zu vernehmen ist. Was aber in der Gegenwart im besten Fall Postulat ist – «schaffe Schweigen!» – im Kloster ist es beständige Wirklichkeit. Alle geräuschvolle Aufregung hat dem Frieden Christi Platz gemacht, der für das Benediktinertum so charakteristisch ist, und durch den allein die Seele in das Schweigen eintritt. Die ausführlichste Darlegung über die Mönchsgesinnung enthält das vierte Kapitel der Regula, das von der Gottesliebe spricht, der alsogleich die Nächstenliebe folgt. Dem klösterlichen Tugendstreben dienen die zehn Gebote, die Ermahnungen der Apostel und berühmte Mönchsaussprüche, wie beispielsweise «böse Gedanken, sobald sie im Herzen aufsteigen, an Christus zerschellen und sie dem geistlichen Vater offenbaren» usw. All diese Bestimmungen sind nicht als unerfüllbare Moralsprüche aufzufassen, sie dienen vielmehr dem Heiligungsstreben, wozu Benedikt bemerkt: «Nicht heilig genannt werden wollen, bevor man es wirklich ist; vielmehr es zuerst sein, um dann mit um so mehr Recht so genannt zu werden[35].»

«Nichts darf dem gemeinsamen Gotteslob vorgezogen werden», verfügt die Regula[36] Benedikt war von seinem früheren Standpunkt, der ihn sogar die kirchlichen Feste vergessen ließ, gründlich abgekommen. Er erkannte seit den Tagen seiner Klostergründung den Wert der liturgischen Feiern und hat sie jeder andern Tätigkeit vorangestellt. «Sobald man zur Stunde des göttlichen Dienstes das Zeichen vernommen hat, muß man alles aus der Hand legen und in größter Eile herbeikommen, jedoch mit Ernst, um nicht zur Leichtfertigkeit Anlaß zu geben[37].» Benedikts liturgische Anordnungen sind durch den Willen gekennzeichnet, den Teilnehmern das mystische Gnadenerlebnis zu vermitteln und ihnen doch nicht übermäßig viele Chorstunden aufzubürden. Beim Gotteslob, das die Mitte des benediktinischen Lebens darstellt, ermahnt der Abt von Monte Cassino die Mönche, daran zu denken, «wie wir uns in der Gegenwart Gottes und seiner Engel benehmen sollen und stehen wir so beim Chorgebet, daß unser Geist im Einklang sei mit unserer Stimme»[38]. Das Bewußtsein, beim Singen der Psalmen sich in der Gegenwart Gottes zu befinden, schließt die Überdrüssigkeit durch die täglich mehrfachen Wiederholungen aus, zumal es nach Adalbert Stifter «auch ein Einerlei gibt, welches so erhaben ist, daß es als Fülle die ganze Seele ergreift, und als Einfachheit das All umschließt. Es sind erwählte Menschen, die zu diesem kommen und es zur Fassung ihres Lebens machen können»[39]. Die Liturgie hat in den benediktinischen Klöstern die stärkste Pflege und Weiterbildung erfahren; sie wurde oft als die eigentliche Sendung der Söhne Benedikts empfunden. Es ist dem gregorianischen Chorgesang, der mit wenigen Tönen auskommt, eine religiöse Schönheit eigen, die um so intensiver gefühlt wird, je mehr man ihn hört. Bei diesen klangvollen Männerstimmen drängt sich kein Solo-Star hervor, der in eitler Gefallsucht sich selber hören will; alles ist nur auf Gottes Wohlgefallen eingestellt. Das subjektive Element ist zuchtvoll gebändigt zugunsten des Dienstes am Objektiven, worin das Eindrucksvolle des benediktinischen opus Dei besteht. Dabei ist jedes monotone Tempelgemurmel vermieden, denn der Mönch versetzt sich bewußt in den Geist der Psalmisten um die geschilderten Gemütszustände mitzuerleben. Die benediktinische Liturgie ist stark in der Lichtsymbolik verwurzelt, in welcher das sinkende Licht am Abend und das langsame Heraufsteigen des Morgens zu einem Spiegelbild der tiefgründigen Mystik von Tod und Auferstehung in der betenden Seele verwendet wird. Es wechseln geheimnisvolles Schweigen mit jubelnder Freude ab und runden sich stilvoll zu einem Ganzen. Nach allen Aussagen der Söhne Benedikts stellt das tägliche Gotteslob den Höhepunkt des monastischen Lebens dar. «Das Chorgebet ist die Seele des Ordenslebens[40].» Den Benediktinern war es denn auch beschieden, bis auf den heutigen Tag in der liturgischen Bewegung eine führende Rolle einzunehmen, indem die Erneuerung der Liturgie vorwiegend von ihnen ausgegangen ist und in Odo Casels Bemühungen um das christliche Kultmysterium einen Kulminationspunkt erreicht hat[41]. Sie verkörpern die betende Kirche, in der die religiöse Fundamentierung im Vordergrund steht und nicht die juridische. Der Lobpreis Gottes beschränkt sich nicht nur auf die kunstvolle, feierliche Liturgie. Benedikt war der Meinung, daß das Beten die eigentliche Existenzberechtigung des Mönches ausmache. Deswegen räumte er neben der Liturgie auch dem innern Gebet einen breiten Raum ein, das weder mit lauter Stimme noch mit vielen Worten verrichtet werden soll, sondern «in Reinheit des Herzens und mit Tränen der Zerknirschung»[42]. Klöster, in denen die Mönche infolge zahlreicher Schulstunden und gelehrter Beschäftigung dafür keine Zeit mehr haben, könnten vor Benedikt sicher nicht bestehen.

Neben dem Gotteslob steht als zweite Forderung die Arbeit. «Müßiggang ist ein Feind der Seele», mit diesen Worten beginnen Benedikts Ausführungen über die Arbeit, die leibliche und geistige Beschäftigung umfaßt. Unter körperlicher Tätigkeit verstand er die für das Kloster notwendige Handarbeit, sei es nun in der Kirche, Mühle, Werkstatt oder im Garten. Das Kloster hat alle diese Einrichtungen innerhalb seiner Mauern zu beherbergen, womit es zum Musterbeispiel der Werkstattbildung wurde. Die Handwerkkultur, welche von der Menschenform in der Arbeit ausging und die in der Tätigkeit eine bewußte Stoffbelauschung pflegt – wie sie der unvergeßliche Schriftzeichner Rudolf Koch noch in unserer Zeit ausübte – hatte im Benediktinertum seine Heimat. In den heutigen Klöstern überlassen die Mönche die Handarbeit vielfach den Laienbrüdern, eine bedauerliche Entwicklung, die irgendwie rückgängig gemacht werden sollte. Benedikt selbst hielt sich für die körperliche Tätigkeit nicht als zu gut. Nach Gregors Schilderung kehrte er an der Spitze der Brüder von der Feldarbeit heim. Er erkannte der Arbeit einen selbständigen Wert zu und betrachtete sie nicht nur als asketisches Mittel. In dieser Auffassung liegt die Hauptbedeutung von Benedikts Arbeitsforderung. Der Gründer von Monte Cassino brach mit dem antiken Krebsübel von der Verachtung der körperlichen Arbeit und vermittelte den germanischen Völkern, deren Lehrer seine Schüler werden sollten, ein höheres Arbeitsethos, dank welchem die Weiterschleppung des heidnischen Müßigganges vermieden wurde. Dieses bedeutsame Verdienst kommt dem Abt des Abendlandes zu, der freilich noch nichts wußte von dem überlasteten, den Menschen versklavenden Arbeitstempo der modernen Zeit. Die Arbeitsleistung war schließlich auch zur Erhaltung des Klosters notwendig. Benedikts Absichten führten auf diesem Gebiet zu einer wirtschaftlichen Autarkie, denn ihm schwebte eine klösterliche Lebenskultur vor Augen, die durch Einfachheit ausgezeichnet und von drückender Armut frei ist. Dagegen konnte Benedikt durch seine Anordnungen nicht die Kapitalanhäufung verhindern, was sich in der Geschichte des benediktinischen Mönchtums gerächt hat. Die persönliche Eigentumslosigkeit des Mönches stand später oft in einem schreienden Gegensatz zu dem kollektiven Reichtum des Klosters, womit der Schatten erwähnt ist, der zeitweilig das abendländische Mönchtum überlagerte. Dabei hatte Benedikt aus seiner antikapitalistischen Gesinnung befohlen, die Klostererzeugnisse zu geringeren Preisen zu verkaufen als es von den Weltleuten geschehe, nicht aus Gründen der Unterbietung, sondern um alle gierigen Gewinnabsichten im Keime zu ersticken. Die geistige Arbeit bestand zunächst in der Lesung. Das war in einer Zeit, da die Beherrschung der Schrift keine Selbstverständlichkeit war, eine wichtige Forderung und schuf ein geistiges Niveau. Die tägliche Lesung der Bibel machte in den Klöstern das Schriftwort heimisch, das nie mehr aus ihnen verschwand. Die Lektüre erstreckte sich ferner auf die Literatur der Kirchenväter, vorab auf Cassian und Basilius, sowie die Lebensbeschreibungen morgenländischer Mönchsväter. Unter Benedikts persönlicher Leitung scheint das Studium in Monte Cassino auf religiöse Werke beschränkt geblieben zu sein, da keine profane Literatur erwähnt wird. Bald nach seinem Tod aber fand sie unter seinen Schülern Eingang. Die benediktinischen Klöster als Stätten eifrigen Bücherabschreibens retteten manches Werk der klassischen Literatur, das sonst im Chaos der Völkerwanderung verlorengegangen wäre. Seine Schöpfung erwies sich als Hüterin der antiken Wissenschaft und zugleich als Mutter der mittelalterlichen Geisteskultur. Die Pflege der religiösen Kunst fand ebenfalls eine Heimstätte, da «benediktinische Geistigkeit nie in der Verachtung des wahrhaft Schönen das Heil gesehen hat, sondern betrachtete das künstlerisch Schöne als einen Abglanz der Schönheit Gottes und darum auch als einen Weg der Seele zu Gott»[43]. All diese Leistungen nötigen den geistigen Menschen stets mit Ehrfurcht vom Benediktinertum zu sprechen..

Die Regula enthält ferner zahlreiche, die nächtliche Ruhe, den Küchendienst, die Ämterverteilung usw. ordnende Anweisungen. Benedikt blieb nie im Allgemeinen und Abstrakten hängen, er stieß immer ins Konkrete vor, wo sich allein das Religiöse entfalten und bewähren kann. Auch unter diesen konkreten Ausführungen hat es unvergängliche Bestimmungen. Man denke nur an die wundervolle Verpflichtung über die Gastfreundschaft: «Jeden Gast, der da kommt, nehme man wie Christus auf[44].» Die benediktinische Gastfreundschaft ist heute noch von erquicklicher Herzlichkeit, die auf den Besucher wie ein Labsal wirkt. Wenn die übrigen Anordnungen nicht im einzelnen erwähnt werden, geschieht es nur aus der Überlegung, daß sie in jeder Regelausgabe nachgelesen werden können[45]. Zudem sind einige Anweisungen Benedikts außer Kraft gesetzt worden. Gewisse Bestimmungen haben sich als zu zeitgeschichtlich bedingt erwiesen und lassen sich gegenwärtig nicht mehr durchführen. Darin ist kein Abfall zu erblicken; Benedikt selbst verfügte ausdrücklich, auf Ortsverhältnisse Rücksicht zu nehmen. Mit dieser Anordnung gab er dem Benediktinertum die Möglichkeit der Anpassung und Entwicklungsfähigkeit mit auf den Weg.

Wie gegen alles in der Welt können auch gegen Benedikts Regula Einwände vorgebracht werden. Man beschuldigte sie, daß sie mit ihren Forderungen vorwiegend eine moralische Auffassung des Christentums vertrete. Auch das Gesetzmäßige seiner Schöpfung wurde Benedikt zum Vorwurfe gemacht und darin das Unevangelische seiner Unternehmung gesehen. Auf alttestamentlichem Boden war für eine solche Gesetzesgründung Platz gewesen, nicht aber im Zeitalter des Sohnes, welches das Gesetzesende zur Folge hatte. Doch verkennen diese Vorwürfe sowohl die vom Geistigen her diktierte Regula als auch namentlich die geschichtliche Situation Benedikts. Es wäre wohl einsichtiger, statt an der Regula kleinlich herumzumäkeln, ihren zeitlosen Wert hervorzuheben. Gewiß, die Regula hat kein Gefälle und kann ihrem Wesen nach keines haben. Aber sie besitzt eine christliche Melodie, die vom Dauernden in der Zeit redet. Es geschieht entsprechend der benediktinischen Geistigkeit nicht laut und emphatisch, aber gerade mit ihrer ruhigen Unauffälligkeit zeigt sie um so nachhaltiger, was monastische Lebenskultur ist. Benedikt bemerkt in seinem Schlußkapitel: «Wir haben diese Regel geschrieben, damit wir durch ihre Beobachtung in den Klöstern eine gewisse sittliche Würde und einen Anfang im klösterlichen Tugendwandel an den Tag legen[46].» Sie enthält nach seiner Versicherung nicht sämtliche Vorschriften zur Vollkommenheit, er nennt sie nur «eine bescheidene Anleitung für Anfänger». Damit hat er deutlich ausgesprochen, wie er sie aufgefaßt wissen will und in welcher Richtung ihre Bedeutung zu sehen ist. Man darf sie nicht als das Höchste preisen, will man sich nicht einer unbenediktinischen Übersteigerung schuldig machen. Ihr Schöpfer selbst würde dagegen Einspruch erheben.

Die Regula schwingt sich aus dem Bereich der bloßen Ratschläge zu der Höhe bestimmter Gebote empor. Die dadurch bewirkte Einheit des Mönchtums ist das Neue an diesem Dokument. Benedikt faßte das Christentum nicht als eine gute, unverbindliche Angelegenheit auf, die der Christ nach Belieben annehmen oder ablehnen kann. Diese abschwächende Mißdeutung des Evangeliums führte die Christenheit in die Verderbnis. Für Benedikt gewannen die Worte des Herrn und seiner Apostel einen verpflichtenden Charakter, denen die Menschen nachzukommen haben und denen gegenüber sie sich mit keiner «geringen religiösen Veranlagung» entschuldigen können. Es gilt, die Regula als ein Geistesgebot zu verstehen, das für das neue Brudervolk der Mönche Gesetzeskraft besitzt. Im Unterschied zu den Anachoreten des Morgenlandes gab Benedikt keine Mönchssprüche zum besten; er schrieb für seine Schüler, um den paradoxen Begriff zu gebrauchen, eine Regula als evangelisches Gesetz, an die sie sich zu halten hatten. Gültige Anordnung und nicht geistreiche Meinungen und tiefsinnige Theorien braucht der christliche Mensch. «Die Regel ist kein Erbauungsbuch, kein Lehrbuch, sondern sie ist feste Norm, bindet Abt und

Mönch, alle und in allem[47].» Daher auch ihr lapidarer Stil. Mit der Proklamie-rung der paulinischen Parole «zur Freiheit seid ihr berufen» wäre Benedikt zu jener Stunde der Auflösung niemals durchgekommen. Bei der grenzenlosen Verlotterung aller Verhältnisse wären solche Worte vergebliche Luftstreiche gewesen. Jene schauerliche Verfallssituation erheischte eindeutige Normen, die dem sittlich-religiös verwahrlosten Menschen aufs bestimmteste sagten, was er zu tun und zu lassen hatte. Nur durch eine Regula, die einem christlichen Geistgesetz gleichkam, brachte der bauende Benedikt seinen Schülern eine feste Haltung bei, welche Menschen eines absinkenden Zeitalters doppelt nötig ha-ben. Es wäre unrichtig, das Gesetz als unerträglichen Zwang aufzufassen. In jedem Leben haben unumstößliche Bestimmungen eine dauernde Funktion aus-zuüben. Auch nach Goethe, kann nur das Gesetz dem Menschen Freiheit ge-ben. Es liegt in der freiwillig auf sich genommenen Verpflichtung geradezu eine Wohltat für den Menschen beschlossen, die ihm hilft, sein Leben zu gestalten. Dank der Regula wurde der benediktinische Mönch zu jenem normativen Chri-sten, der mit seiner seelischen Straffheit eine starke Anziehung ausübte und be-rufen war, den neuen Aufbau des Abendlandes einzuleiten. Die Unumgänglich-keit feststehender Verpflichtungen muß auch unsere Gegenwart wieder auf sich nehmen, wenn sie ihre Selbstzersetzung überwinden will.

Die Regula ist vom Willen zur Ordnung beherrscht, womit sie sich zu einem der entscheidendsten abendländischen Anliegen bekennt. Gleich im ersten Ka-pitel spricht Benedikt sein Vorhaben aus, den Mönchen «eine feste Ordnung zu geben»[48]. Alle seine Bestimmungen gehen darauf aus, im Kloster Ordnung zu schaffen und die geringste Unordnung auszuschließen. Nur Unreife kann sich über das Ordnungsprinzip als bloße Pedanterie hinwegsetzen und die Schlud-rigkeit als ein geniales Verhalten verherrlichen. Der Bureaukratismus ist nicht Ordnung, sondern mit seinem Schematismus Pseudoordnung. Er kennt nur die niedere und nicht die höhere Ordnung, die eine religiöse Bedeutung in sich schließt. Echtes Denken ist ordnen; der benediktinische Ordnungswille gibt nie irdische Einrichtungen als ewige Ordnungen aus, was zu einem falschen Konservativismus führen würde. Es ist nicht nebensächlich, ob ein Mensch nach einem Leben der Ordnung strebt oder ob ihm dies gleichgültig ist. Diese Wahrheit kann er nur zu seinem eigenen Schaden verkennen. Der Christ muß eine geordnete Existenz führen, in welcher die Dinge wieder am richtigen Ort stehen, wie es dem Schöpfungswillen Gottes entspricht. Ordnung ist eine reli-giöse Kategorie, das ist die nicht ernst genug zu nehmende Entdeckung Bene-dikts. Es kann bei ihm von einer christlichen Ordnung gesprochen werden, die in der Bibel begründet ist, nach der auch Gott «nicht ein Gott der Unordnung ist» (I. Kor. 14,33). Dem göttlichen Ordnungswillen steht das Chaos gegen-über, von dem sich dämonischerweise so viele Menschen angezogen fühlen und damit dem Untergang verfallen. Benedikt, dem auch alles Formlose in der Seele zuwider war, gehört zu den großen Ordnungsmännern der Geschichte. Nie wird die metaphysische Bedeutung der Ordnung klarer als bei der Lektüre seiner Regula. Sein Ordnungsgefüge ist beständig aus einem religiösen Sinn hervorgegangen und erschöpft sich nicht in einem bloßen äußerlichen Aufräumen der Dinge. Man kann in seinem Innern nicht ein vor Gott durchsichtiger Mensch werden, lebt man in einer äußern Unordnung. Nur das Sich-Einfügen in die ewige Ordnung vermittelt dem Christen die seelische Harmonie. Sie schärft den Blick für das Wesentliche, wie beispielsweise aus der Rangordnung im Leben zu ersehen ist, für die der Gründer von Monte Cassino einen ausgeprägten Sinn hatte. Von einer alles nivellierenden Gleichheit ist in Benedikts Kloster nichts zu finden, in welchem «nirgends das Alter die Rangordnung bestimmten oder einen Vorrang verleihten»[49], weil nach der Heiligen Schrift oft junge Leute wichtiger Einsichten von Gott gewürdigt wurden. Was die Erkenntnis des religiösen Ordnungssinnes anlangt, kann nur Konfuzius mit Benedikt verglichen werden, welch letzterer jedoch viel stärker dem Übernatürlichen geöffnet war als der chinesische Weise.

Das Ordnungsstreben wird durch die Zucht unterstützt. Die Regula redet auch von Strafen, die der Aufrichtung einer strengeren Klosterzucht dienen. Sie bezwecken, im Schuldigen die nötige Reue zu erwecken, die in der fußfälligen Bitte um Verzeihung vor dem Abt besteht. Durch eine stufenweise Begnadigung muß der straffällige Mönch sich seine frühere Stellung wieder erringen. Bei anhaltender Verstocktheit ist körperliche Züchtigung geboten, ein Mittel, das Benedikt von den morgenländischen Vätern übernommen hat. Wenn alle Maßnahmen nichts nützen, erfolgt als letztes die Ausstoßung aus dem Kloster. Frühmittelalterliche Abbildungen stellen Benedikt mit der Rute in der Hand dar und haben damit sein Wesen besser erfaßt als das heutige Bewußtsein, das sich an dieser Vorstellung gestoßen hat und sich vom Verfasser der Regula ein allzu gemessenes und daher oft unlebendiges Bild macht. Frei von unmenschlicher Härte, war seine Gesinnung bei aller Gelassenheit strenger als man gegenwärtig vielfach wahr haben will. Der Versuch, Benedikt neu zu sehen, nimmt wieder seine zuchtvolle Strafordnung ohne entschuldigende Erläuterung wahr, weil sie deren unumgängliche Notwendigkeit erkannt hat. Zucht läßt sich von seiner aufbauenden Tätigkeit nicht wegdenken. Nur mit ihrer Hilfe vermochte Benedikt die auflösenden Tendenzen seines Zeitalters zu meistern. Zucht muß sein. Der Verzicht auf sie bedeutet Verfall und nicht Fortschritt. Richtig verstanden besitzt sie auch eine großartige Seite, die in ihrer unlösbaren Verbundenheit mit Gebot und Ordnung begründet ist. Der benediktinische Mensch hat Sinn für adelige Zucht, der er sich freiwillig unterwirft. Auch die verwirrte Pädagogik der Gegenwart kann nicht gesünden, solange sie nicht den

Mut zur innern und äußern Zucht wieder findet. Mit einer Verteidigung des Prügelsystems hat dies gar nichts zu tun. Wohl aber geht einzig aus der Anerkennung einer zuchtvollen Ordnung und einer geordneten Zucht eine sich selbst in der Gewalt habende Lebenshaltung hervor, fähig, die moderne Zerfahrenheit zu überwinden. Echte Zucht ist dem Göttlichen Freund und nicht Feind; der Mensch, der sie sich selbst auferlegt, ist auf dem Weg zum Leben. Die unbeirrbare Schätzung vom Adel der Zucht machte Benedikts Kloster zur Stätte, von der die Erneuerung des Abendlandes ausging.

Alle Bestimmungen der Regula bekunden die Maßhaltung, die am deutlichsten in der Frage der Askese sichtbar wird. Man merkt es immer wieder: Benedikt war ein Asket. Er wollte seine Schüler zur Enthaltsamkeit und Selbstüberwindung erziehen. Der Abt von Monte Cassino duldete keine Verweichlichung. Seine Söhne haben das Joch Christi auf sich genommen. Wenn er von seinem Willen zur ausgesprochenen Bestimmtheit ein wenig ablassen muß, «da doch die Mönche unserer Tage sich davon nicht überzeugen lassen», enthält diese Formulierung einen klagenden Unterton[50]. Die Askese war der Gegenpol zu den Verfallserscheinungen des untergehenden römischen Reiches. Sie war aber als Gegenschlag ein Extrem und konnte nicht als alleiniges Heilmittel gewertet werden, zumal auch sie durch die Zügellosigkeit der östlichen Mönche gefährdet war. Es ist das Große an Benedikt, daß er nicht einseitig auf die naheliegende Linie der Askese eingeschwenkt ist, sondern auch ihre Klippen kannte. Deswegen ist auf dem Monte Cassino von einer rigorosen Askese, die den Körper mit Eisen belädt, ihn vom Ungeziefer auffressen läßt und ihn mit verschimmelter Kost ernährt, nichts zu sehen, woselbst der Mönch «nichts tun darf, was über die für alle verbindliche Klosterregel und das Beispiel der Älteren hinausgeht»[51]. Von Selbstgeißelung und unmenschlicher Kasteiung wollte Benedikt nichts wissen. Nach Gregor hat er gesagt: «Wenn du ein Diener Gottes bist, kette dich nicht an das Eisen, sondern an Christus[52].» Sein Prinzip kannte keine Verherrlichung der Schwierigkeit. Rekordähnliche Spitzenleistungen schätzte Benedikt so wenig wie behäbige Gemütlichkeit. Alles Überstiegene ist aus seinen Mauern ebenso verbannt wie jegliche Erschlaffung. Mit der Vermeidung beider Extreme bringt Benedikt am stärksten das abendländische Lebensgefühl gegenüber der Übersteigerung des morgenländischen Mönchtums zum Ausdruck. Benedikt war vom Geist des Maßhaltens erfüllt; eine weise Mäßigung verbindet sich bei ihm mit größter Bestimmtheit, wie sie nur aus einem seltenen Wirklichkeitssinn hervorgehen kann. Nach Salvatorelli steht «diese maßvolle Haltung Benedikts in einem so auffallenden Kontrast zu der asketischen Strenge seiner Zeit, daß sie als eine völlig bewußte Reaktion, ja als eine Revolution des Mönchtums bewertet werden muß»[53]. Benedikt besaß die rühmliche Eigenschaft, die seinem Jahrhundert in jeder Beziehung abging: das Beharren in der

Mitte! Benedikt konnte Maß halten, was wenige Menschen können. Hierin liegt eines seiner Geheimnisse. In allen seinen Bestimmungen, sei es über die Nahrungsaufnahme oder über die Psalmenzahl im Chorgebet, immer erklingt seine feierliche Mahnung: «In allem halte man Maß[54].» Die weise Maßhaltung ist schon Gregor neben der feinen Klarheit der Form als das Charakteristikum der Regel aufgefallen. Nie überschritt der Abt des Abendlandes das dem Menschen gesetzte Maß. «Von zwei ganz hohen Dingen: Maß und Mitte, redet man am besten nie. Einige wenige kennen ihre Kräfte und Anzeichen aus den Mysterien-Pfaden innerer Erlebnisse und Umkehrungen: sie verehren in ihnen etwas Göttliches und scheuen das laute Wort. Alle übrigen hören kaum zu, wenn davon gesprochen wird und wähnen, es handle sich um Langeweile und Mittelmäßigkeit», hat der unbekanntere Nietzsche geschrieben, damit unfreiwillig ein beredtes Zeugnis für die benediktinische Geistigkeit ablegend[55]. Die monastische Lebensführung von Monte Cassino besitzt das Klare, Vernünftige, Apollinische, vom göttlichen Logos Erleuchtete, dem man im Leben so selten begegnet. Diese wundervolle Ausgeglichenheit von Milde und Strenge macht die Unvergänglichkeit der Regula aus. Benedikts Parole «es gescheh auch dies maßvoll»[56] kann man nicht mehr vergessen, hat man sie einmal mit dem innern Ohr gehört.

Eine letzte Eigentümlichkeit der Regula besteht in ihrer neuen Ehrfurcht, die sie allem Geschaffenen entgegenbringt. Wie alle zerfahrenen Zeitalter hatte auch das Jahrhundert Benedikts das wahre Verhältnis zu den Dingen verloren, was notwendigerweise unordentliche Folgen nach sich ziehen muß. Die Regula schreibt dem Mönch vor, «alle Geräte und alle Güter des Klosters wie heilige Altargefäße» zu behandeln[57]. In dieser ebenso kurzen wie unermeßlichen Bestimmung ist viel eingeschlossen, das nur ausgewickelt werden muß, um in seiner Herrlichkeit empfunden werden zu können. Diese großartige Formulierung lehrt das wahre Verhältnis zu den Dingen, das der Mensch immer sucht und nur selten findet. Der Benediktiner ist weder den Dingen verfallen, die der Mensch in blinder Gier zu erraffen sucht, unbeherrscht gebraucht und nachher voll Ekel von sich schleudert, noch will er jede Freude an den von Gott geschaffenen Dingen unterdrücken, als ob die Losschälung das höchste Prinzip des Christentums wäre. Vielmehr ist er willens, auch die Dinge als einen Weg zu Gott zu betrachten und kennt eine Heiligung der natürlichen Neigungen. Wie später ein Jeremias Gotthelf – besonders abgeklärt in seiner Nachlaßnovelle «die Pfarrerin» – bemühte sich Benedikt, Gott in den Dingen zu begegnen, die für ihn ein Geheimnis sind und die er deswegen mit einer religiösen Ehrfurcht umfaßt. Nach Benedikt sind alle Dinge, ohne Ausnahme, «wie heilige Altargefäße» anzufassen, mag es auch ein gewöhnlicher Suppenteller sein, er ist geheiligt als Ding Gottes, mit dem man in Liebe umgehen muß. Damit wird auch die profane Sphäre ins Religiöse hineingezogen, die hierin aufgestellten Trennungswände fallen, und es beginnt die große Heiligung des natürlichen Bereiches. Benedikt kennt die fromme Mitverantwortung für die Dinge, er weiß um die Werttiefe ihrer Existenz, weil er sie aus der Hand des Schöpfers entgegennimmt. Die Dinge führen über sich hinaus und sind nach ihrer Beziehung zu Gott zu bewerten. Eine ihnen innewohnende Symbolik weist auf den Grund alles Seins, und für Benedikt wurden die natürlichen Dinge zu einer Stufenleiter ins Übernatürliche. Alles im Kloster ist Gott geweiht; mit dieser Einstellung hat Benedikt längst vor R.M.Rilke die neue Bestandesaufnahme der Dinge vollzogen, indem damit ausgesagt ist, was die Gegenstände eigentlich sind. Nicht einer zweideutigen Dingmystik ist damit das Wort geredet, wohl aber der religiösen Ehrfurcht, die allein den auflösenden Zynismus aus dem Felde schlägt. Mit der gleichen Haltung des innern Respektes haben sich die Mönche gegenseitig zu begegnen. Sie sprechen sich nicht beim bloßen Namen an, die Jüngeren sagen zu den Älteren «ehrwürdiger Vater», während die Älteren die Jüngeren mit «Bruder» grüßen. Für alle aber gilt die Bestimmung: «Die Mönche sollen einander in Ehrerbietung zuvorkommen [58].» Dies ist keine leere Förmlichkeit, sondern ein neues christliches Menschenverhältnis, das sich in diesen Ausführungen ankündigt. Auf diese Grundlage stellte Benedikt das monastische Familienleben, wie es in seinen Klöstern gedeiht. Ob es sich um die religiöse Ordnung und die adelige Zucht, um den Geist der Maßhaltung und das neue Verhältnis zu den Dingen handelt, immer hat sich der Abt von Monte Cassino als der aufbauende Mensch erwiesen, der in der größten Stille den neuen Weg gefunden hat, der heute nicht weniger als damals gangbar ist.

Es wäre noch viel zum Lob der Regula zu sagen und doch käme man damit an kein Ende, wollte man alles erwähnen. Genug, daß die Regula das schönste Denkmal Benedikts ist und von keiner modernen Würdigung nur annähernd erreicht wird. Sie vermittelt den großen, monastischen Lebensstil, das Wort als christlich geprägte Form und nicht im ästhetischen Sinn verstanden. Die Regula ist lebendige Wahrheit und nicht toter Buchstabe, sie baut das Klosterleben ganz auf Christus auf und weist unaufhörlich auf Gott hin. Mit ihren Wesensbestimmungen leitete Benedikt mehr das frühmittelalterliche Zeitalter ein, als daß er das altchristliche abschloß. Hinter ihren schlichten und doch so bestimmten Ausführungen steht eine richtungweisende Persönlichkeit, die über den Leser Gewalt gewinnt. Benedikts Regula erschließt eine Kraftquelle, die den Menschen plötzlich gefangennimmt. Sie ist eines der mächtigsten christlichen Dokumente, das in keiner Bibliothek eines religiösen Menschen fehlen sollte und in dessen Lektüre jeder Abschnitt eingehend bedacht sein will, da der Gründer von Monte Cassino seine eigene Lebenserfahrung und eine ganze mönchische Tradition hineinverarbeitet hat. Wie alles göttliche Wachstum

langsam vor sich geht, ist auch sie nicht von einem Tag zum andern entstanden,
sondern in einem vieljährigen Reifeprozeß reichlich erprobt worden. Ihr Schöpfer hat sie auch immer wieder verbessert, bis sie zu jener Magna Charta des
Mönchtums wurde, in der nichts vergessen und alles auf die einfachste Form
gebracht ist. Wer sie befolgt, wird leben; mit ihr hat Benedikt eine «Schule des
Lebens» begründet, um diesen Begriff Grundtvigs zu gebrauchen, die nicht wie
«die schwarze Schule» nur auf eine geistlose Paukerei ausgeht. Mit der Bestimmtheit, die genau weiß, was sie will und nirgends im unklaren stecken
bleibt, ist die Regula eine der denkbar stärksten bildnerischen Mächte, die dem
christlichen Abendland geschenkt wurden. Da sie keine uferlose Diskussionen
aufkommen läßt und allezeit vom Bewußtsein der Verantwortung getragen ist,
übt sie einen eminent erzieherischen Einfluß aus. Ihr liegt ein psychologisches
Empfinden zugrunde, wie es nur ein tiefer Menschenkenner besitzt. Die Anordnungen nehmen stets Rücksicht auf die Beschaffenheit der menschlichen
Seele, und man kann nur staunen über die Durchdachtheit jeder Verfügung. Ein
hervorragender Seelenführer nur besitzt diesen feinfühligen Takt. Es ist in ihr
eine pneumatische Pädagogik enthalten, und aus ihr spricht die Stimme des göttlichen Logos. Die Regula ist ein religiöses Schriftstück ersten Ranges, das immer nur von Gott redet, in dessen Dienst der Mönch steht. Von ihrer Größe
und Tiefe kann nicht genug gesagt werden, sonst hätte sie sich nicht über 1400
Jahre in der Christenheit erhalten können. Wenigen Schöpfungen ist eine solche Dauer beschieden – man nannte sie schon das bedeutendste Monument des
Mittelalters. Das Wort «Freude» kommt in ihr nur einmal vor, wenn vom Halten
des Osterfestes die Rede ist. Benedikt hatte es jedoch nicht nötig, sie speziell zu
betonen, floß doch die ganze Regula aus einer innern Fröhlichkeit heraus. Statt
den Menschen traurig zu machen, versetzt sie ihn in eine geistliche Heiterkeit.
Wie wenige Bücher ist sie geeignet, zu den teuersten Begleitern eines Menschen
zu werden. Ihre Seele schenkt sie freilich bloß dem, der sie nicht nur liest, sondern auch versucht, sie in seinem Leben zu verwirklichen.

III

Benedikts Bestreben ging nur darauf aus, ein Kloster auf dem Monte Cassino
zu gründen. Er dachte nicht daran, einen Orden ins Leben zu rufen, denn die
Kraft des Benediktinertums lag zu allen Zeiten im Einzelkloster. Nie ist es auch
ein Orden im üblichen Sinn geworden; der erst viele Jahrhunderte später erfolgte Zusammenschluß verband die einzelnen Kloster nur lose. Es konnte dies
auch nicht anders sein, weil das Benediktinertum «kein Zweckorden ist wie die
modernen Orden und Kongregationen, er ist nicht für kirchliche oder kulturelle
Aufgaben gegründet, verfolgt nicht irgendeinen Zweck, seinem ganzen Wesen

und Wirken liegt eine ausgeprägte Zielstruktur zugrunde»[59]. Trotz der bescheidenen Absicht Benedikts erlebte seine Schöpfung eine große Geschichte. Eine ungewöhnliche Ausbreitung sogar war ihr beschieden, die in diesem Zusammenhang nicht im entferntesten nur angedeutet werden kann. Die Geschichte des Benediktinertums zu schreiben ist eine der umfassendsten Aufgaben, die sich ein Historiker stellen kann. Stephan Hilpisch und Philibert Schmitz haben es in ihren Werken erfahren und lassen eine mannigfaltige, ungemein farbige Geschichtsentwicklung vor den Augen des Lesers abrollen, die ihn in helle Verwunderung versetzt[60]. Unermeßliches wurde in diesem ausgedehnten Geschichtsprozeß von Benediktinern bewirkt, ohne deren Tätigkeit das Abendland nicht zu denken ist, wenn auch das Mittelalter mit seinem Schwertglauben «die benediktinische Idee nicht angenommen hat»[61].

Freilich hat diese lange Geschichte auch tiefgreifende Veränderungen im Benediktinertum verursacht. Der englische Abt Cuthbert Butler wirft in seinem Standardwerk die Frage auf: «Ist das benediktinische Leben etwas anderes geworden oder ist es ein lebendes Gewächs, das den Gesetzen echter Entwicklung gehorcht hat? Wäre Benedikts Überraschung, wenn er sich plötzlich in einer neuen Benediktiner-Abtei einfände, anders geartet als die des Petrus, falls der Apostel einem päpstlichen Gottesdienst in der Kirche, die seinen Namen trägt, beiwohnen würde[62].» Die Fragestellung ist nicht als abwegig abzulehnen. Das Wesen der Geschichte besteht in Veränderung. Dabei ist nicht jede Wandlung entweder als Fortschritt oder als Entartung aufzufassen. Die Begriffe Aufstieg und Verfall halte man tunlichst fern, weil sie allzuschnell ein Werturteil mit einer Feststellung vermengen. Eine erste Veränderung war den Söhnen Benedikts auferlegt, als am Ende des 6. Jahrhunderts Monte Cassino durch die Langobarden zerstört wurde und die Mönche gezwungen waren, nach Rom zu fliehen. Der römische Aufenthalt hatte für die Benediktiner weitreichende Folgen. Gregor I. zog sie in die Missionsaufgabe hinein, wodurch sie für den Norden fundamentale Bedeutung erhielten. Wilfried, Bonifatius usw., deren großes Verdienst um die Christianisierung des nördlichen Abendlandes allgemein bekannt ist, waren Benediktiner. Noch eine stärkere Wandlung erfuhren sie, als die Benediktiner zugleich auch Priester wurden. Über den Zeitpunkt der Klerikalisierung der ursprünglichen Laiengemeinde kann nichts Genaues angegeben werden, wahrscheinlich hat sie sich allmählich herausgebildet[63]. Auch von benediktinischer Seite wird diese Entwicklung als einschneidender Wechsel empfunden, der die Mönche der Handarbeit entfremdete und die Einführung der Laienbrüder notwendig machte. Benedikt hat wohl kaum an eine solch mächtige Entfaltung gedacht, wie sie die benediktinischen Abteien im Mittelalter erlebt haben, sicher würde er sich vor allem in den schlichten Laienbrüdern wieder erkennen! Nach einer trüben Verfallszeit erlebte das entartete Benediktinertum in Cluny einen neuen, das Mönchtum vor dem Untergang rettenden Aufschwung. Der Name Cluny wird vielfach als Programm aufgefaßt, das, nach dem Übergreifen seiner Reformideen auf die Kurie in Rom, den Kampf zwischen Kaiser und Papst ausgelöst habe, welcher die mittelalterliche Welt in unübersehbare Verwirrung stürzte. Doch ist dies eine historisch unhaltbare Betrachtung, die für die Folgeerscheinung bereits den Ursprung verantwortlich macht. Dem burgundischen Kloster kommt eine geschichtlich große Bedeutung zu. Zwar ist damals auch in verschiedenen andern Klöstern ein neuer mönchischer Ernst erwacht, aber Cluny «erhob die allgemeine Reform der Klöster zum Prinzip» [64]. Es war auch dazu befähigt, besaß es doch nacheinander einige überragende Äbte von ungewöhnlicher Tatkraft. Odo und Aymard, Majolus und Odilo waren starke religiöse Persönlichkeiten, denen schon zu Lebzeiten Wunderkräfte nachgesagt wurden. Das befestigte Cluny, das eigenes Geld prägte und Verbindungen mit zahlreichen Höfen unterhielt, war ein mächtiges Gebilde, das unvermeidlich Respekt einflößte. Allerdings ist Cluny nicht in allen Teilen dem Geiste Benedikts treu geblieben. In ihren Anordnungen waren die Cluniacenser mehr Benedikt von Aniane verpflichtet, der bereits eine Abweichung vom ursprünglichen Benediktinertum darstellt [65]. In Cluny wurde in einseitiger Ausbildung, auf Kosten aller übrigen Arbeiten, die Liturgie zum Liturgismus gesteigert und damit eine Störung des benediktinischen Gleichgewichtes bewirkt.

Vom Cluniacensertum ging auf die mittelalterliche Welt noch eine Wirkung aus, die für das gesamte Benediktinertum als Symbol zu gelten hat. Abt Odilo, dessen Augen einen unheimlichen Glanz hatten und meist mit Tränen gefüllt waren, vernahm die Seufzer der Hölle auf eine nicht mehr überhörbare Weise. Sie machten ihm so viel zu schaffen, daß er sich gedrängt fühlte, eine christliche Tat zu vollbringen. Er verordnete allen von ihm abhängigen Klöstern, daß am Tage nach Allerheiligen das Gedächtnis aller verstorbenen Gläubigen durch Messen, Psalmen und Almosen gefeiert werde. Nicht mittelalterlicher Aberglaube ist im Allerseelentag zu sehen; Odilos Einführung zeugt von einem hinreißenden «Glauben an die Ganzheit auch des unerlösten Diesseits» [66]. Es war mönchische Liebe zum gesamten sündigen Menschengeschlecht, welche durch das Allerseelenfest der Hoffnung auf eine erlösbare Weltgeschichte Ausdruck gab. Das Allerseelenfest zeigt, wie das Benediktinertum bei aller monastischen Zurückgezogenheit stets für das Ganze der Christenheit gekämpft hat. Das Kloster brachte das erste Licht in die dunkle Welt des Purgatoriums. Solche Vorgänge sind zu beachten, sie machen die unzerstörbare Anhänglichkeit der Menschen an das Mönchtum begreiflich.

Die weitere Geschichte des Benediktinertums ist nicht weniger ruhmesvoll. Immer wieder sind aus seinen Reihen weit über das Durchschnittsmaß hinausragende Menschen hervorgegangen. Ein Anselm von Canterbury mit seiner

Losung «ich glaube, damit ich einsehe» wurde zum Vater der Scholastik, dessen gottliebende Spekulation noch zugleich «Meditation und Kontemplation» war[67]. Nicht zu vergessen sind die Benediktinerinnen, die dem mittelalterlichen Frauenleben einen vertieften Sinn vermittelten und deren Klöster zur Zeit ihrer Blüte «Hochburgen des geistlichen Lebens waren»[68]. In ihnen fanden sich geistvolle und tief religiöse Frauengestalten, wie Hildegard von Bingen, Mechthild von Magdeburg und Gertrud die Große. Auch die beginnende Neuzeit weist nicht alltägliche Persönlichkeiten unter den Benediktinern auf; man denke an den gelehrten Mabillon, dem die Wissenschaft vieles verdankt. Reformation und Säkularisation haben dem Benediktinertum schwere Wunden geschlagen. Gleichwohl erlebte es im 19. Jahrhundert einen neuen Aufschwung, der bis zum heutigen Tag anhält. Die Gegenwart kennt noch immer den Typus des benediktinischen Menschen, der mit seiner vorbildlichen Haltung in aller Stille von beachtenswerter Ausstrahlung ist.

Von der reichhaltigen Geschichte des Bendiktinertums gilt es jedoch stets wieder zu Benedikt und seiner Regel, als dem Quell der Erneuerung, zurückzukehren. Man kann sich diesen aufbauenden Menschen nicht vergegenwärtigen, ohne eine tiefe Sehnsucht nach dessen Nähe zu empfinden. Ein unstillbares Heimweh nach benediktinischer Geistigkeit beginnt sich zu regen, die etwas vom Frieden Christi widerspiegelt, der höher als alle Vernunft ist. Kein unbestimmtes Gefühl, das nach wenigen Minuten wieder vergeht, sondern ein verzehrendes Verlangen nach dem Gesegneten nimmt überhand und fängt in den Eingeweiden förmlich zu brennen an, wie es in den Psalmen heißt. Je tiefer man sich mit dem Verfasser der Regula einläßt, um so stärker ballt sich der Wunsch: Wenn es doch nur zu einer geistigen Wiederkehr Benedikts käme!

I

RUNO VON KÖLN widerfuhr einst in Paris eines der unheimlichsten Erlebnisse, die einem Menschen begegnen können. Er nahm am Totenoffizium des verstorbenen, angesehenen Lehrers Domherr Raimund Diokres teil. Der Sarg mit dem Toten stand in der Kirche, die Nocturnen waren bereits gesungen, und der Priester begann die Lesung. Bei den Worten «antwortete mir» richtete sich zum Entsetzen aller Anwesenden plötzlich der Kopf des Verstorbenen im Katafalk auf, die erstarrten Lippen bewegten sich und stießen in furchtbarem Tone die Antwort hervor: «Ich bin gerecht angeklagt vor dem Richterstuhl Gottes.» Während das Haupt des Toten wieder in seine ursprüngliche Stellung zurücksank, durchhallte ein Schrei des Schreckens die vom blassen Kerzenschimmer erhellte Kirche, und die wie Espenlaub zitternden Priester verschoben das Totenoffizium auf den nächsten Tag. Doch als die Totenfeier am andern Morgen aufs neue begann, richtete sich der Domherr im Sarg abermals auf und sagte mit tränenerstickter Stimme: «Ich bin gerecht verurteilt vor dem Richterstuhl Gottes!» Wiederum wurde das Offizium von den erbleichten Priestern abgebrochen, und die Nachricht von dem geisterhaften Geschehnis durcheilte die Stadt. In gespannter Erregung sah man dem kommenden Tag entgegen, an dem der verstorbene Domherr sich bestürzenderweise zum drittenmal aus dem Sarg erhob und die Worte hervorpreßte: «Ich bin gerecht verdammt vor dem Richterstuhl Gottes.» Die Priester flohen in unbeschreiblicher Angst, und die aufgewühlte Menge warf den Leichnam kurzerhand auf den Schindanger. Das Unfaßliche an dem noch nie erlebten Vorkommnis war um so größer, als der verstorbene Domherr als ein guter Christ gegolten hatte, dem einzig ein gewisser Geltungsdrang nachgesagt werden konnte. Bruno aber überlegte: Eitelkeit scheint nur eine geringfügige Schwäche zu sein und doch genügt diese kleine, das christliche Leben zerstörende Giftdosis, um in die Hölle zu kommen – und augenblicklich beschloß er, auf alles Weltleben zu verzichten!

Die Bruno-Forschung lehnt diese Begebenheit als bloße Dichtung ab. Mit beflissener Genugtuung weisen die Biographen darauf hin, daß diese «Altweibermähr» von keinem Zeitgenossen überliefert werde und Bruno zudem gar nie in Paris gewesen sei. Sie taucht erstmals in der ausführlichen Chronik der fünf ersten Kartäuser-Prioren auf, die ein unbekannter Verfasser hundertundfünfzig Jahre nach Brunos Tod geschrieben hat. Sogar die Ritenkongregation strich das gruselige Ereignis aus dem Brevier, um die Lektion zu verkürzen und weil ihm keine Bedeutung für die Heiligkeit Brunos zukomme. Nach Hermann Löbbels gründlicher Bruno-Monographie hat «jede gesunde Kritik in unserm Jahrhundert das Wunder verworfen»[1]. Tote pflegen sich nicht im Sarge zu erheben, und die erfundene Geschichte trage das Merkmal der Unmöglichkeit allzu deutlich auf der Stirne. In der Weise denkt die kritische Forschung, und man wird vom wissenschaftlichen Standpunkt aus ihren Argumenten kaum widersprechen können.

Trotz des Streichungsbeschlusses der Ritenkongregation und ungeachtet der Ablehnung durch die kritische Geschichtswissenschaft erklärte jedoch der Kartäuser Le Masson mit ruhigen Worten: «Lasset uns in der Einfalt unserer Herzen beharren und zugeben, daß diese Erzählung im tiefsten Sinn wahr ist[2].» Die Aussage des Kartäusers scheint von herausfordernder Sturheit zu sein, und doch ist ihr im Ernste zuzustimmen. Ich gäbe unbedenklich die ganze Bruno-Forschung für diese *eine* Begebenheit hin, ohne die alles unverständlich bleibt. Gewiß, Brunos Erlebnis beim Totenoffizium ist keine Geschichte, sondern «nur» eine spät entstandene Legende. Diese verworfene Legende aber enthält jene Erklärung, welche die Geschichte nicht zu geben vermag. Das Sargerlebnis gehört der legendären Welt an, die zum Verstehen der großen Mönchsväter einfach unentbehrlich ist. Von der wissenschaftlichen Betrachtungsweise unterscheidet sich das legendäre Verständnis prinzipiell, das mit der künstlerischen Erfassung verwandt ist. Newman umschrieb seine Eigenart mit den Worten: «Es verlangt, als seine primäre Bedingung, daß wir uns nicht über die Gegenstände stellen, in welchem es ruht, sondern zu deren Füßen; daß wir das Gefühl haben, sie seien über uns und über uns hinaus, daß wir zu ihnen hinaufsehen; und anstatt uns einzubilden, wir könnten sie begreifen, sollten wir es für sicher hinnehmen, daß wir selber von ihnen umringt und begriffen sind. Es schließt ein, daß wir sie als weit, unermeßlich, undurchdringlich, unerforschlich, geheimnisvoll verstehen, so daß wir im besten Falle nur Mutmaßungen über sie bilden, nicht Schlüsse, denn die Phänomene, die sie darbieten, lassen viele Erklärungen zu, und die wahre können wir nicht erkennen[3].» Im vorliegenden Zusammenhang will das legendäre Verständnis besagen, daß es gar nicht auf das historische Faktum ankommt. Die geschichtliche Tatsächlichkeit zum einzigen Maßstab zu machen, ist ein positivistisches Vorurteil, das am Äußerlichen hängenbleibt. Bei jeder Legende ist auf die innere Wahrheit zu achten, die sich in ihrem Sinn dokumentiert. Der geistige Gehalt aber ist bei der Sarglegende von einer Großartigkeit, wie er prachtvoller nicht sein könnte. Sie enthält die einzig mögliche Motivierung von Brunos Wendung, man erlebt die äußern Umstände des innern Geschehens mit unüberbietbarer Anschaulichkeit. Deswegen kann und darf sie nicht preisgegeben werden. Das Sargerlebnis ist für Brunos Leben von gleicher Symbolkraft wie die Legende von der mehrfachen Ausfahrt für Buddhas Aufbruch. Beide Erzählungen weisen auf das auslösende Erlebnis hin und geben den im Leben dieser Menschen entscheidenden Klang an. Die Legende vom Totenoffizium entschädigt wirklich für das geringe Tatsachenmaterial, das sich sonst über Bruno erhalten hat. Mit einer psychologischen Argumentation kommt man bei dem Begründer des Kartäusertums ohnehin nicht weit, da die nötigen Unterlagen hiezu fehlen. Der Versuch führt unweigerlich zur bloßen Bärenkost, worunter man das Belecken der eigenen Pfoten versteht. Wird die karge Überlieferung noch mit der Methode der Entmythologisierung behandelt, so löst sich die Persönlichkeit vollends auf. An Stelle dieses unadäquaten Vorgehens muß man wieder legendär zu denken lernen, was nicht heißen will, fromme Geschichten zu erfinden, sondern die Überlieferung symbolisch anzuschauen und zu sagen: Hinter diesem einen Satz steht eine ganze Welt, die es neu zu entdecken gilt. Wahrhaftig, nur die Legende redet von Bruno mit der ihm gebührenden Eindrücklichkeit. «Im tiefsten Sinn ist sie wahr», mit dieser Feststellung Le Massons schließen wir den Prolog über die Legendenfrage.

Der Sinn der verpönten Legende weist unmißverständlich auf die Stimme aus der transzendenten Welt hin, die Bruno in seinem Leben aufgeschreckt hat. Über den Mann von Köln kam – nicht leicht ist es zu sagen und noch viel schwerer, es richtig zu verstehen – eine Offenbarung des Todes. Ein Toter hat sich im Sarge aufgerichtet und mit Zerknirschung in der Kirche sein eigenes Verdammungsurteil verkündet. Die Stimme kam aus jenem Land, von dem sonst kein Wanderer wiederkehrt. Sie hallte aus dem Jenseits herüber und tönte deswegen um so schauerlicher. Selbstredend eignet sich dieses, lähmendes Entsetzen auslösende Ereignis nicht zu erbaulichen Zwecken. Niemand wird dadurch in seinen frommen Gefühlen bestätigt. Lenkt doch dieses erschreckende Geschehen die Blicke des Menschen dorthin, wo er gerade nicht hinsehen will: Zum Schicksal, das seiner nach dem Tode harrt! Nur zu leicht raubt ihm dieser unheimliche Ausblick den nächtlichen Schlaf. Bruno jedoch hielt dem Anruf aus der jenseitigen Welt stand, er ließ sich durch diese Offenbarung des Todes an den Rand des Daseins hinausdrängen, an den äußersten Punkt, da der Mensch nicht mehr stehen, sondern nur noch fallen kann. Wenn nach dem Gleichnis vom reichen Mann und dem armen Lazarus die Menschen nicht hören, auch wenn einer von den Toten auferstünde – der Begründer des Kartäuserordens horchte auf und bejahte das ungewöhnliche Ereignis, das diese radikale Wende bewirkt hat. Nur ein außerordentliches, alle Gewohnheitsvorstellungen zerschmetterndes Erleben der unbegreiflichen Todeswelt, bringt eine solche Erschütterung zustande. Der metaphysische Einbruch muß mit elementarer Gewalt geschehen sein, sonst ließe sich das Ausmaß seiner Umwälzung nicht deuten. Offenbarungen des Todes gehören in ihrer Unheimlichkeit zu den seltensten Erfahrungen eines Menschen, und deswegen bildet auch der Ewigkeitsschrecken im Pariser Totenoffizium den unerläßlichen Rahmen, der erst das ganze Leben Brunos zur richtigen Geltung bringt.

Was für ein Mensch war dieser Bruno, von dem eine solche Legende entstehen konnte? Das kann nur notdürftig angedeutet werden und muß mehr der innern Ahnung als dem rationalen Bewußtsein überlassen bleiben. Es spielt sich alles in einer beinahe unerkenntlichen Tiefe ab, zu der man kaum vorzudringen vermag. Das Leben des um 1030 in Köln geborenen Bruno ist der deutsche Beitrag zur Geschichte der Ordensgründungen, die alle nationalen Grenzen sprengt. Er entstammte einer Familie vornehmer Abkunft, doch ist über seine Jugend nichts Näheres bekannt. Im Jünglingsalter begab er sich nach Reims zur wissenschaftlichen Ausbildung. Der junge Bruno wurde vom Eifer für die Gelehrsamkeit ergriffen, der er sich mit ganzer Seele hingab. Nach Beendigung seiner Studien begann er seine glänzende Laufbahn als Lehrer an der Domschule zu Reims. Die Heranziehung des jungen Mannes zur Lehrtätigkeit war eine Anerkennung für seine Tüchtigkeit, die auch in der Abfassung gelehrter Werke zum Ausdruck kam. An der Domschule unterrichtete Bruno die angehenden Kleriker, eine erzieherische Tätigkeit, die ihm später von Nutzen war. Er wußte mit jungen Menschen umzugehen, ihren Eifer anzuspornen und sie für ein großes Ziel zu begeistern.

Die erfolgreiche, über zwanzig Jahre dauernde Lehrtätigkeit wurde durch seine Berufung zum Kanzler des Erzbischofs Manasse in Reims unterbrochen. Bei der Übernahme des Kanzleramtes wußte Bruno nichts von der Skrupellosigkeit des Erzbischofs, und als er die ganze Situation überschaute, kam es zu einer dramatischen Auseinandersetzung mit dem Vorgesetzten, die mit des Kanzlers Flucht aus Reims endigte. Er hielt an seiner Ansicht von der Verdorbenheit dieses Mannes fest, auch als es dem listigen Manasse vorübergehend gelang, den Papst zu überzeugen, daß er zu seinem Bistum nicht auf simonistischem Weg gekommen sei. Bruno ließ sich von keiner irdischen Autorität imponieren. An seinem Urteil über Recht und Gerechtigkeit konnte ihn nichts irremachen, und er erlebte zuletzt auch die Genugtuung, daß Gregor VII. den verdorbenen Charakter Manasses erkannte und Bruno in sein Kanzleramt wieder einsetzte. Da jedoch keine Anekdoten aus dieser Lebensphase Brunos überliefert sind, gelingt es auch nicht, den erfolgreichen Lehrer und standhaften Kanzler plastisch darzustellen. Es verbleibt dies alles in der Vorläufigkeit stecken, die der religiöse Mensch möglichst rasch hinter sich zu bringen bestrebt ist.

Die trüben Erfahrungen im simonistischen Zeitalter erzeugten in Bruno notwendigerweise eine begreifliche Weltüberdrüssigkeit. Die kirchenpolitische Tätigkeit kam ihm als ein Waten durch den Kot vor, und man kann das Enttäu-

schungserlebnis nicht übersehen, das sich auf seinem Antlitz widerspiegelt. Alle
erlebten Widerwärtigkeiten drängten diesen unbeugsamen Menschen weiter,
der die Eitelkeit der Welt zu durchschauen begann. Allmählich reifte in ihm
eine jenseitsgerichtete Stimmung, und es bedurfte nur noch eines entscheidenden Ereignisses, um dem Faß den Boden auszuschlagen. Dies geschah, als nach
der Legende der tote Domherr sich in seinem Sarg aufrichtete und sein eigenes
Verdammungsurteil aussprach, das zugleich auch das Verdikt über das gesamte,
von der Simonie verseuchte Zeitalter war. Mit einem Schlag wurde es Bruno
klar, wohin alles ehrgeizige und skrupellose Dasein führt: Zur Verdammnis!
Er selbst hatte sich zwar tapfer gegen den Schlamm des Lebens gewehrt, aber
offenbar genügte das bißchen Rechtschaffenheit noch nicht, um dem ewigen
Gericht zu entgehen. Zu deutlich enthüllte ihm das Sargerlebnis das Ende aller
menschlichen Wege. Die Legende zeigt mit unüberbietbarer Treffsicherheit,
was Bruno in den kirchenpolitischen Kämpfen zum Bewußtsein gekommen war:
Der Ernst der Ewigkeit, wie unerbittlich sie richtet, wie gar nichts ihr entgeht
und wie das Kleinste noch wichtig ist. Der Kanzler sah keinen andern Ausweg
mehr, als aus der grauenhaft verdorbenen Gesellschaft der Menschen zu fliehen.

Bruno faßte den großen Entschluß, Mönch zu werden. Die Offenbarung des
Todes und nicht unbefriedigter Ehrgeiz hatte ihn dahin gebracht. In einem
Briefe an Radolf Viridis hat er sein Motiv klar ausgeführt: «Du wirst dich erinnern, Geliebter, daß wir eines Tages, als wir uns, ich und du und Fulcius Mo-
nocutus, in dem Garten befanden, der an das Haus Adams stößt, in dem ich
mich damals eine Zeitlang aufhielt, uns über die falschen Freuden und Ergöt-
zungen dieser Welt und über ihren vergänglichen Reichtum unterhielten, daß
wir dann eine Zeitlang über die Freuden der ewigen Glorie sprachen und darauf,
glühend aus Liebe zu Gott, versprachen, ja, dem heiligen Geiste das Gelübde zu
Füßen legten, in Kürze die nichtige Welt zu fliehen, und nur das was ewig ist
zu suchen und das Mönchskleid zu nehmen. Das wäre auch in Bälde ausgeführt
worden, wenn nicht damals Fulcius nach Rom gereist wäre und wir infolge dessen die Ausführung des Gelübdes bis nach seiner Rückkehr verschoben hatten.
Da dieser aber dann seine Abreise verschob, so erkaltete, zumal noch andere
Umstände hinzukamen, die göttliche Liebe, die Tatkraft erlahmte, der Eifer
ließ nach ... Laß dich doch nicht abhalten durch die trügerischen Reichtümer,
noch durch deine Propstwürde, die nicht ohne große Gefahr für das Seelenheil
bekleidet werden kann[4].» Darnach waren die widerwärtigen Erfahrungen mit
Manasse Anlaß und nicht Ursache, sich dem Kloster zuzuwenden. Obschon
Bruno seinen Entschluß ohne Wankelmütigkeit durchführte, mußte auch er auf
dem Gebiet des Mönchtums noch den Weg suchen, der für ihn bestimmt war.
Er trat in Molesme in ein Benediktinerkloster ein, das von Abt Robert geleitet
wurde, dem späteren Gründer von Citeaux. Aber die dortigen Mönche waren

von dem verdorbenen Zeitgeist angesteckt, und ihre lahmherzige Befolgung der Regel bewirkte in Bruno eine zweite Enttäuschung. Mit Zustimmung des Abtes verließ er das Kloster und zog sich mit zwei Gefährten in eine nahegelegene Waldeinsamkeit zurück, um ein strenges Büßerleben zu führen. Während dieses Aufenthaltes beschäftigte er sich mit den Lebensbeschreibungen der alten Wüstenväter. Besonders Simeon der Stylite, in dessen Leben er Vorbildlichkeit und nicht Torheit sah, machte einen starken Eindruck auf ihn. Das altchristliche Eremitentum vermittelte ihm Weg und Ziel seines Lebens.

Auf seiner Suche nach einem Ort noch größerer Abgeschiedenheit kam Bruno mit seinen Gefährten nach Grenoble zu Bischof Hugo de Chateauneuf, einem seiner früheren Schüler. Er gestand Hugo seine mannigfachen Enttäuschungen, die ihm sowohl in seiner Kanzlerlaufbahn als auch bei den Benediktinermönchen widerfahren waren und beriet sich mit ihm in eingehendem Gespräch. Nach Brunos Auffassung mußte in dieser untergangsreifen Situation das Äußerste gewagt werden, es drängte ihn zu einem Übermönchtum, das Wort im Sinne von Angelus Silesius gebraucht, dem ebenfalls noch nicht genügte, was man von Gott gesagt, dieweil die Übergottheit sein Wesen und sein Licht war. Man bedenke, ein fünfzigjähriger Mann, und nicht ein unreifer Jüngling entwickelte diesen kühnen Plan. Hugo, der viel Sinn für asketische Lebensführung besaß, ging auf Brunos Darlegungen bereitwillig ein. Er lehnte sie nicht als Überspanntheit ab, besonders da er in jenen Tagen einen Traum hatte, nach welchem «Gott in der Einöde sich einen Tempel erbaute, wobei ihm sieben Sterne das Geleite gaben».

Die beiden Männer kamen überein, daß Bruno in der Einsamkeit der Dauphinéer Berge sich eine Mönchsstätte bauen sollte. Im Jahre 1084 machte sich die kleine Schar, zu der sich noch einige helfende Holzhauer gesellten, auf den Weg. Dieser Aufstieg zur Einöde ist ein nicht alltägliches Ereignis, das man nur mit Erregung verfolgen kann. Bruno und seine Begleiter hatten bald die Ebene hinter sich, zugleich ein Sinnbild, wie sie auch alle Flachheiten des Lebens überwunden hatten. Bereits im Vorgebirge nahmen sie im wuchernden Gestrüpp weder Pfad noch Steg wahr und hatten größte Schwierigkeiten, mit ihrem Gepäck weiterzukommen. Eine urtümliche, noch nie gesehene Wildnis trat ihnen entgegen. Die völlige Weglosigkeit entmutigte sie jedoch nicht. Unter unsäglicher Mühe drang die heldenmütige Kolonne immer weiter vor bis sie nur noch von überhängenden Felsen und steil abstürzenden Abgründen umgeben waren. Je unwirtlicher die Alpen der Dauphiné und je wuchtiger der Eindruck der Gegend wurde, um so leuchtender strahlten ihre Augen. Dort, wo die letzten Tannen wuchsen, ihnen nur noch spitze Felswände entgegenstarrten und ein wilder Bergbach tosend in eine enge Schlucht sich stürzte, machten sie Halt und beschlossen, in dieser rauhen, unfruchtbaren Landschaft einige Hütten zu er-

richten, die später dem Namen jener Gegend entsprechend, Kartause genannt
wurden. «Man vernimmt dort den letzten Lärm der Erde und das erste Konzert
des Himmels» hat Chateaubriand angesichts dieser erhabenen, dem Menschen
beinahe feindlich gesinnten Natur gesagt.

Die Ungeheuerlichkeit dieses Aufstieges kann der heutige Mensch kaum
richtig ermessen. Um ihn nur annähernd in seiner Ungewöhnlichkeit zu sehen,
sei auf die Furcht des mittelalterlichen Menschen vor den Bergen hingewiesen.
Der Christ scheute sich im Mittelalter ins Gebirge zu gehen, wie die bekannte
Anekdote von Petrarca zeigt, den die Hirten förmlich beschworen, diese tödlich
verlaufenden Gefahren zu fliehen. Die Bergwelt galt damals als unheimlich, vor
ihr empfand der Mensch nur lähmenden Schrecken. Nichts Einladendes bot die
Natur, da sie von unberechenbaren Berggeistern bewohnt war. Brunos kühnen
Gang mit Albrecht von Hallers Entdeckung der Schönheit der Alpen zu ver-
gleichen wäre abwegig. Er ist gewiß nicht beim majestätischen Anblick dieser
Gebirgswelt wie Léon Bloy bei seinem Besuch der großen Kartause in den Ruf
ausgebrochen: «Zu Gottes Ruhm leuchten die Sterne, zu seinem Ruhm stürzt
der Gießbach seit Jahrtausenden in die Tiefe, zu seinem Ruhm erstrahlen die
Firne der Gebirge.» Das sind neuzeitliche Frömmigkeitsempfindungen, die
Bruno fernlagen. Es gilt die Kühnheit des Wagnisses zu sehen, das aus einem
unheroischen Heroismus hervorging, dem es allein um Buße, Einsamkeit und
Gottverbundenheit zu tun war.

Brunos Aufstieg zu einem unwegsamen Ort, zu dem noch nie ein Mensch gekommen war, verlangt noch eine Deutung. Nach der Lektüre der Lebensbeschreibungen der alten Eremiten begehrte Bruno, wie sie, in die Einöde zu gehen. Ihnen nachzueifern war sein Ziel. Inmitten der großen Felsmassen, die sich
vor ihm in ihrer ganzen Unheimlichkeit auftürmten, überkam Bruno nun das
Erlebnis der Wüste. Nach dieser Erfahrung ging sein heimliches Streben, und
hier wurde sie ihm zuteil. Im Herzen von Europa hat Bruno eine wirkliche und
nicht bloß symbolische Wüste gefunden, denn das Gebirge ist die Einöde des
Abendlandes. An Ungewöhnlichkeit stand deswegen sein Unternehmen nicht
hinter der Tat des Antonius von Ägypten zurück, es war der gleiche Schritt ins
Unbekannte. Als einen Antonius redivivus konnte man Bruno bezeichnen, er
war vom gleichen Geist zum Unerhörten erfüllt, und bei ihm flammt das alte
Wüstenchristentum wieder auf. Nur ein Mensch, der einen Toten sich im Sarge
erheben sah, konnte auf diesen unerhörten Gedanken kommen. Dieser Aufstieg
in die Französischen Alpen ist das zweite, unfaßliche Erlebnis Brunos, das die
positive Ergänzung zum Pariser Totenoffizium bildet. Das wilde Gebirgsmassiv
entsprach seiner Vorstellung von der Wüste, die so weit von allen menschlichen
Siedelungen entfernt war, daß sie beinahe jede Berührung mit ihnen ausschloß.
Verschollen sein für die Welt – gleich wie von einem Gestorbenen sollte sie von

ihm nichts mehr wissen. Niemals wollte er jedoch im Leeren stehen, es drängte ihn vielmehr, ganz nah und ungestört bei Gott zu sein. Der äußere Weg in die gebirgige Einöde ist ein Symbol für seinen innern Aufstieg zu Gott. Der letzte Sinn von Brunos Gründung der Kartause im Gebirge wird am besten mit einem Wort von Kierkegaard umschrieben: «Geistes-Existenz, besonders die religiöse, ist nicht leicht, der Gläubige liegt beständig über der Tiefe, hat 70 000 Faden Wassers unter sich. Wie lange er auch draußen liegt, bedeutet es doch nicht, daß er nach und nach dahin kommt, auf dem Lande zu liegen und sich zu strekken. Er kann ruhiger, erfahrener werden, eine Sicherheit finden, die den Scherz liebt und den frohen Sinn – aber bis zum letzten Augenblick liegt er über einer Tiefe von 70 000 Faden Wassers[5].» Diese Äußerung weckt unwillkürlich ein Schaudergefühl. Und trotzdem bringt sie das Kartäuserdasein auf die allein ihm entsprechende symbolische Formel: 70 000 Faden Wasser unter sich! Wer sie sich innerlich anzueignen versucht, hat eine Möglichkeit, Brunos Offenbarung des Todes zu verstehen.

Mit seinen Begleitern begann Bruno allsogleich den Bau von dürftigen Zellen, die, in gleichmäßigen Zwischenräumen voneinander getrennt, die Form kleiner Sennhütten hatten. Die Zellen lehnten sich an einen Felsen; dicke Balken stützten das Dach gegen allzu schwere Schneelasten. Auch eine kleine Blockkapelle aus Holz bauten sie, für die Hugo eine Stiftungsurkunde ausstellte, nach welcher er den Eremiten die Einöde zum Besitz übergab. Im nächsten Jahr wurde auf Betreiben des Bischofs ein regelrechtes Kloster mit Kreuzgang errichtet und die Zellen zu kleinen Häuschen mit drei Zimmern erweitert, die alle auf einen Gang mündeten. Die Einrichtung entsprach nicht ganz dem Willen Brunos, der um seine Einsamkeit fürchtete, aber er fügte sich dem Ratschlag Hugos. Einige Jahrzehnte nach dem Aufstieg zertrümmerte eine Schneemasse Kirche und Kloster, so daß die Mönche genötigt waren, einen tiefer unten gelegenen, besser geschützten Platz zu suchen, der weniger der Lawinengefahr ausgesetzt war. Über die Lebensweise der ersten Kartäuser, die sich in der denkbar einfachsten Form abspielte, ist man nicht auf bloße Vermutungen angewiesen. Es hat sich ein Bericht aus der Feder Guiberts, des Abtes von Norgent, erhalten, der zwanzig Jahre nach der Gründung die Kartause besuchte und dessen Beschreibung der Wert eines Augenzeugenberichtes zukommt: «Die Kirche steht auf einem Felsen, um sie herum befinden sich die einzelnen Zellen, in denen die Mönche einzeln arbeiten, schlafen und essen. Am Sonntag erhalten sie vom Schaffner die Speisen: Brot nämlich und Gemüse, die einzige Speise, die sie gekocht genießen, und die sich ein jeder selbst zubereiten und kochen muß. Das Wasser entnehmen sie aus einer Quelle, die an allen Zellen vorbeifließt und infolge bestimmter Vorrichtungen durch Kanäle in die einzelnen Wohnungen geleitet wird. An Sonntagen und hohen Festtagen genießen sie Fisch und Käse; Fische jedoch nur, wenn sie solche geschenkt erhalten, denn gekauft werden keine. Gold, Silber, Kirchenschmuck kennen sie nicht; sie besitzen nichts als einen silbernen Kelch. Zur Kirche kommen sie nicht wie wir zu den gewohnten Tageszeiten, sondern nur zu bestimmten Horen; die Messe hören sie, wenn ich nicht irre, nur an Sonn- und Feiertagen. Fast nie sprechen sie; wenn sie etwas notwendig haben, bedienen sie sich der Zeichensprache. Der Wein – wenn sie überhaupt solchen trinken – ist derart durch Vermischung verdorben, daß er nicht nur keine Kräfte mehr bringt, sondern nicht einmal noch Geschmack hat; er ist kaum besser als gewöhnliches Wasser. Ein Cilicium tragen sie auf dem bloßen Leibe, die übrigen Kleider sind sehr dünn. Sie stehen unter einem Prior; die Stelle des Abtes vertritt der Bischof von Grenoble, ein Mann von außergewöhnlicher Heiligkeit. Wenn sie aber auch in jeder Hinsicht sehr arm sind, so haben sie sich doch eine sehr reiche Bibliothek erworben; je weniger Vorrat sie nämlich haben an materiellem Brot, eine desto größere Menge suchen sie von jener Speise, die in Ewigkeit währt. Der Boden ist schlecht und unfruchtbar, sie haben deshalb nur einige Weizenfelder; sie halten aber eine große Menge Vieh, durch dessen Verkauf sie ihren Unterhalt bestreiten. Übrigens leben sie durchaus getrennt von der Welt, nur nach ihrer Vervollkommnung strebend[6].» Diese älteste Schilderung des Kartäuserlebens gleicht weit eher einer Photographie als einem Gemälde; sie ist ohne persönliche Deutung und läßt zahlreiche Fragen offen, die man gerne beantwortet haben möchte. Sie vermittelt aber wenigstens die erste Nachricht, die, abgesehen von der irrtümlichen Erwähnung der Zeichensprache, im wesentlichen mit Peter des Ehrwürdigen Ausführungen übereinstimmt, der ganz unabhängig einen ähnlich lautenden Bericht geschrieben hat. Der Abt von Cluny spricht ebenfalls von einer überaus strengen asketischen Lebensführung dieser Mönche, die in der einsamen Gebirgswelt auch räumlich dem Himmel näher sein wollten. Ihr ganzes Bestreben ging dahin, in der bergigen Wildnis ein Dasein der Gotteseinsamkeit zu führen.

Ein eschatologisches Motiv veranlaßte Bruno zur Errichtung seiner Kartause. Es ist dies bei einem Mann, der durch einen sich aufrichtenden Toten im Innersten erschrak, begreiflich. In einem Brief an den bereits erwähnten Radulf Viridis führt er an: «Ich bewohne eine Einöde, fern jeder menschlichen Behausung, in der Gesellschaft von Ordensbrüdern, unter denen Männer sind von umfassendem Wissen, die, in nächtlicher Anbetung verharrend, der Rückkehr des Meisters warten, damit sie in dem Augenblick, da er anklopfen wird, ihm allsogleich öffnen können.[7]» Eine der wenigen Äußerungen des schweigsamen Bruno – sie läßt uns in seine auf die schreckenerregende Ewigkeit sich vorbereitende Seele blicken und zeigt, wie sein geistiges Auge auf die Wiederkunft Christi gerichtet war. Er wartete auf das zweite Kommen des Herrn, das sich in Bälde ereignen werde. Die eschatologische Ausgerichtetheit blieb den Kartäusern eigen, wie auch Dionysios Werk über «die letzten Dinge des Menschen» bekundet. Noch später trug eine Glocke der «Großen Kartause» die Inschrift: «Der Tag des Jüngsten Gerichtes ist nahe und ich zähle die Stunden.» Die ungewöhnliche Formulierung erinnert an das Urchristentum, da die Gläubigen ebenfalls das Weltende als nahe bevorstehend erwarteten. Diese urchristliche Sehnsucht trieb Bruno und seine Gefährten in die Einsamkeit, um von dem großen Ereignis nicht unvorbereitet überfallen zu werden. Sie stellten keine eschatologische Lehre auf, aber sie lebten wirklich in dieser Erwartung. Ihre Büßereinstellung wirkte sich als eine Weltüberwindung aus. Diese Menschen waren nicht unter die Räder des Lebens gekommen, sie triumphierten darüber. Die endgeschichtliche Erwartung ließ sie alle Ratlosigkeit überwinden und sie standen, wie das Urchristentum, wieder im Sieg des Lebens.

Kaum war die Kartause über die ersten Schwierigkeiten hinaus, brach eine unerwartete Tragik über das junge Werk herein. Der Begriff des Tragischen gehört nicht nur, wie oft behauptet wird, dem alten Griechentum an. Es gibt auch eine christliche Tragik, die allerdings nach andern Gesetzen verläuft, in denen der Mensch aber ebenfalls nicht handeln kann, ohne Unrecht zu begehen. Bruno mußte die religiöse Tragödie in ihrer ganzen Bitternis empfinden, als er nach sechsjährigem Aufenthalt in der Gebirgswüste, wo er sich von aller Welt vergessen glaubte, plötzlich vom Papst «zum Dienst beim Heiligen Stuhl» gerufen wurde. Wie ein Blitz aus heiterem Himmel traf ihn der unerwartete Befehl und versetzte ihn in eine wahre Bestürzung. Der päpstliche Ruf führte ihn in ein schweres Dilemma. Als Mönch wußte er, was er dem Papst schuldig war, und doch schloß dessen Aufgebot den Verzicht auf sein Werk in sich! Gehorsam oder Einsamkeit, diese gegensätzliche Forderung zerriß sein Inneres. Es konnte für Bruno keine schwerere Kollision geben. Das verlangte Opfer drohte die Substanz dieses ungewöhnlichen Menschen anzugreifen, und er wankte unter diesem Akt der schwersten Selbstverleugnung. Ein zerfleischendes Drama war in dieser Entscheidung beschlossen, weil es die neugegründete Mönchsgemeinschaft an den Rand der Auflösung brachte. Nach reiflicher Überlegung kam Bruno dem päpstlichen Schreiben nach, und er verließ zu seinem herbsten Leidwesen das kaum begonnene Kloster, das er nie wieder sehen sollte.

Sein tragischer Weggang wuchs sich zur Katastrophe für sein Werk aus, die viel größer war, als er befürchtet hatte. Eine Trostlosigkeit ohnegleichen befiel die Mitbrüder, die nach seiner Abreise jeglichen Mut verloren. Sie kamen sich verlassen, wie Kinder ohne Vater vor und wußten sich in keiner Weise zu helfen. Ohne das lebendige, anfeuernde Beispiel Brunos, der für sie die Verkörperung der Regel gewesen war und an dessen Vorbildlichkeit sie sich jeden Tag neu entzündet hatten, fühlten sie sich nicht mehr fähig, in ihrer Kartause der Vollkommenheit nachzustreben. Kopflos ließen sie das Kloster im Stich und zerstreuten sich in alle Welt. Gleich einer aufgeschreckten Hühnerschar stoben die Mönche auseinander und erwiesen sich in ihrer ungewöhnlichen Askese als schwache Menschlein. Dieses klägliche Verhalten der davonlaufenden Mönche ist das unrühmlichste Geschehen in der ganzen Geschichte des Kartäusertums. Es lehrt uns erschütternd, wie auch der himmelstürmende Heroismus auf der Stelle zusammensackt, wenn Gott seine Hand nur einen Augenblick von ihm zurückzieht. Damit der Ruhm Gottes bleibe und nicht den Menschen zugute komme, darf das kleingläubige Gebahren der ersten Kartäusermönche nicht aus unwahrer Schönfärberei vertuscht werden. Es bildet einen nicht abzulösenden Bestandteil der Kartäuserwirklichkeit, die man in ihrer ganzen Nüchternheit sehen muß, so wie die Flucht der Jünger bei der Gefangennahme Jesu zum Garten von Gethsemane gehört und erst die Passion des Herrn völlig macht. Einige der flüchtenden Mönche tauchten nachher in Rom auf, um Bruno ihre Schwäche zu klagen. Der Gründer der «großen Kartause» war über das unerwartete Wiedersehen in der ewigen Stadt alles andere als erfreut. Er redete ihnen ermutigend zu, an ihre Stätte zurückzukehren, was sie auch kleinlaut und gebeugten Hauptes taten.

Bruno selbst besorgte die ihm in Rom aufgetragenen Geschäfte, die, sofern man über die weiteren Lebensschicksale dieses merkwürdigen Mannes richtig orientiert ist, in den Vorbereitungsarbeiten zu einem Konzil bestanden. Als er sie in der Hauptsache erledigt hatte, erbat er von Urban II. die Erlaubnis zur Rückkehr in seine Kartause. Der Papst war aber nicht gewillt, ihn in diese Entfernung zu entlassen und schlug ihm die Bitte rundweg ab. Bruno erwies sich auch hierin als der wiedergekehrte Antonius, da er, wie der Vater des Mönchtums, nur von dem einen Wunsch erfüllt war, in der Einsamkeit zu leben und diesem einzigen Verlangen nicht nachkommen durfte. Diese Unerfülltheit bereitete ihm einen beständigen, nie aufhörenden Schmerz. Es war die Last seines Lebens, die ihm auferlegt war. Die Seelentrauer, seine tiefste Bestimmung nicht verwirklichen zu können, schleppte er wie eine eiserne Kette mit sich. Auf die Dauer war es ihm unmöglich, sich mit dieser päpstlichen Anordnung abzufinden. Nach längerem Bitten erhielt er vom Papst endlich die Erlaubnis, in die Einsamkeit zurückzukehren unter der Bedingung, daß er in Italien verbleibe, damit er ihn bei Bedarf schneller zu sich rufen könne. Bruno suchte einen geeigneten Ort und baute alsdann in der wild-romantischen Landschaft Kalabriens auf einem bewaldeten Berg ein zweites Kartäuserkloster. La Torre kann an Rauheit des Klimas nicht mit der «Großen Kartause» in den Französischen Alpen verglichen werden; es ist viel zu südlich gelegen, um an jene schauerliche Wüste zu erinnern. Bruno selbst sagte von seiner neuen Stätte: «Das ist ein Ort, an dessen Reizen sich der menschliche Geist erquickt und bei dessen Anblick er wieder freier aufatmet, wenn er infolge seiner Schwäche durch andauernde geistige Arbeit ermüdet ist; der Bogen, der allzu straff gespannt ist, wird zu seinem Zwecke untauglich[8].» In Kalabrien nahm er seine frühere Lebensführung wieder auf, die bald von einigen Brüdern geteilt wurde. Doch fühlte sich Bruno nicht am Ziel seiner Sehnsucht. Sein innerstes Verlangen drängte zur Rückkehr zu seiner ursprünglichen Kartause bei Grenoble. Dieser Wunsch aber ging ihm nicht in Erfüllung. Statt dessen trat an den Siebzigjährigen eine Krankheit heran, der sein von Abtötungen geschwächter Körper nicht gewachsen war. Das Fieber nahm überhand, und am Sonntag, den 6. Oktober 1101, hauchte Bruno unter den Gebeten seiner Brüder seine Seele aus.

In S. Maria degli Angeli steht eine eindrucksvolle, oft abgebildete Statue von Bruno. Doch vermittelt auch diese plastische Figur, wie alle Standbilder, einen einseitigen Eindruck, der in der demütigen Erhabenheit dieses schwer zu erfassenden Menschen liegt. Es fehlt jegliche Beschreibung seiner Persönlichkeit, so daß man nicht weiß, wie Bruno ausgesehen hat. Auch sind nur wenige Äußerungen von ihm überliefert, die dazu verhelfen könnten, sich ein Bild von seinem geistigen Antlitz zu machen. Die unter seinem Namen kursierenden Schriften stammen mit wenigen Ausnahmen von seinem Namensvetter. Bruno gehört zu den nicht leicht erkennbaren Gestalten der Kirchengeschichte. Er verfügt über eine Größe, die man nicht bezwingen kann und über ein Geheimnis, das bis jetzt noch kein Biograph entschleiert hat. Ihm ist mit den phrasenhaften Ehrentiteln wie «Leuchte der Kirche» und «Zierde seines Jahrhunderts» nicht beizukommen[9]. Der Stifter der ersten Kartause ist kaum zu fassen, er entzieht sich an allen Enden. Bei der namenlosen Dürftigkeit der Überlieferung gewinnt man gleichwohl von ihm den Eindruck einer ganz singulären, unvergleichlichen Persönlichkeit. Es gibt im Abendland kaum jemanden, der mit diesem Mann in Parallele gesetzt werden könnte, welcher in der Abgeschiedenheit und nicht in der Gelehrsamkeit das höchste Ziel des Menschen fand. «Sein Schweigen wird nur von Zeit zu Zeit durch den trunkenen Aufschrei seines Herzens unterbrochen, der aus seiner abgründigen Tiefe aufsteigt: O Bonitas! »[10] Dies war das Lieblingswort Brunos, das er mehrfach gebrauchte und das seine innerste Empfindung wie in einem Brennpunkt zusammenfaßt. In seiner unbeschreiblichen Glut ist es erhellend für seine Gottesauffassung. Diesem Manne, der die Kämpfe der Kirche zur Befreiung von Simonie aufs unangenehmste erlebte, den nach der Legende ein Toter aus dem Sarg erschreckte und der dann den einzigartigen Aufstieg in die unheimliche Gebirgswüste unternahm und dort das entbehrungsreichste Leben führte, offenbarte sich das Wesen Gottes als unendliche Güte, über die der Mensch nur einen demütigen Lobpreis anstimmen kann. Dieser eine Glutausbruch weist hin auf Brunos prinzipielle Verschiedenheit von jenen Menschen, die von Marcion bis zu Carl Spitteler sich nicht genügend über die Unvollkommenheiten der Welt aufhalten können, während er voll jubelnder Dankbarkeit von der Bonitas Gottes überwältigt wurde, die wie ein Echo auf das Wort aus dem Schöpfungsbericht anmutet: Und siehe, es war alles sehr gut. Die eigentliche Bedeutung dieses Mannes vermochte bis jetzt noch keiner auszusprechen. Von einem archimedischen Punkt innerhalb der Welt hebt er die ganze Welt aus den Angeln. Seine Offenbarung des Todes wirkte sich aus als ein Geruch zum ewigen Leben aus; in seinem Schweigen steht Bruno ungeheuer groß da. Was er war, ahnt man nur indirekt aus dem Leben seiner Schüler. Doch sind auch die Kartäusermönche in der Regel nicht wortgewaltig; sie hüllen sich in das gleiche Schweigen der Ewigkeit, das wie eine undurchdringliche Wand den Stifter umgibt. Wenn seine Söhne auch nicht gebührend davon zu reden vermögen, durch ihre Lebensführung bringen sie unwiderlegbar zum Ausdruck, wie Bruno der Vertreter eines Christentums war, das nicht mit der Vernunft begriffen werden kann. Vom rationalen Standpunkt aus betrachtet ist sein Leben unsinnig. Es verlangt nach andern Maßstäben gemessen zu werden und ist erst verständlich, bedenkt man die Todessituation, durch die er hindurchgegangen ist. Sie verändert alles, so daß er nachher das Vordere hinten und das Linke auf der rechten Seite sah. Bruno entfaltete nicht eine Fülle von Möglichkeiten, er verfolgte nur eine Linie, die er jedoch ganz konsequent durchführte. Seine christliche Potenz von seltsamer Wucht stellte er nicht zur Schau. Vielmehr ist er beinahe eifersüchtig darauf bedacht, sie den Blicken der Menschen hartnäckig zu entziehen. Unter seine Statue könnten die Verse der Droste-Hülshoff angebracht werden:

> Meine Lieder werden leben,
> Wenn ich längst entschwand:
> Mancher wird vor ihnen beben,
> Der gleich mir empfand.
> Ob ein anderer sie gegeben
> Oder meine Hand:
> Sieh, die Lieder durften leben,
> Aber ich entschwand[11].

Brunos Lied war die Kartause mit ihrem Aufstieg zu Gott, und vor ihr hat mehr als ein Mensch bis ins Innerste gebebt, der wie er empfand. Während Bruno selbst gleichsam im Nebel der Jahrhunderte verschwand, durfte sein Lied leben. Dieses Schicksal entspricht dem Geist des Kartäusertums. Nicht der Stifter ist wichtig, sondern das Werk, das er hinterließ und vor dem alles zurückzutreten hat.

II

Die Kartäuser erstrebten zunächst eine Erneuerung des alten Eremitentums. Sie wollten in erster Linie Einsiedler sein. Das Wüstenchristentum feierte bei ihnen inmitten des Abendlandes eine unerwartete Auferstehung. Noch einmal schlug aus der anachoretischen Asche die helle Glut hervor, geläutert durch die abendländische Entwicklung. Den Kartäusern aber war es nicht um eine bloße mechanische Wiederholung des Eremitentums zu tun. Das von Pachomius begründete Zönobitentum hatte sich als ein Schritt nach vorwärts herausgestellt, den sie nicht verkannten und mitberücksichtigten. Das Gemeinschaftsleben in das Einsiedlerleben einzugliedern, war ihr Ziel. Die Kartäuser befolgten die Regel Benedikts, die jedoch durch Bestimmungen ergänzt wurde, die Bruno den alten Wüstenvätern und den Kamaldulensern entnahm. Durch diese Verbindung kamen die Kartäuser zu einer Vereinigung von Eremiten- und Zönobitentum, die schon Basilius angedeutet hatte. In der Verbindung beider Lebensarten besteht das Originelle von Brunos Schöpfung. Das Wesen des Kartäusertums stellt eine Synthese von Einsiedlertum und Klostergemeinschaft dar, die bis dahin in der Mönchsgeschichte unbekannt war. Diese Leistung ist das Neue, sie macht seine eigentliche Bedeutung aus. Von beiden Mönchsformen hat es das Gute genommen und sie miteinander vereinigt, ohne einen Mischmasch zu machen. Niemand wird sagen können, das Kartäusertum sei weder Fisch noch Vogel. Die beiden Ziele sind bei ihm organisch miteinander verbunden und bilden ein Ganzes, vor dem man betroffen stille steht.

Zur Eigenart des Kartäusertums gehört nicht ein Welthaß, wie denn das Wort Haß einen Affekt voraussetzt, der ihm fremd ist, wohl aber kennzeichnet das Jakobuswort sein Lebensgefühl: «Wer der Welt Freund sein will, der wird Gottes Feind sein» (Jak. 4,4). Seine Losung war «keine Verbindung mit den Dingen eingehen», wie sich der Kartäuser Gigo von Kastell einmal äußert, weil der Mensch, der sich mit ihnen eingelassen hat, auch alsogleich von ihnen gefesselt und nur zu oft zersetzt wird[12]. Wer in der Liebe zu den Dingen Gott zu lieben vermeint, gibt sich nach ihrer Auffassung einer Täuschung hin und hat noch nicht das falsche Kosen durchschaut, mit dem die Geschöpfe den Menschen umgarnen und zuletzt aus der Fassung bringen. Die Kartäuser waren von keiner Verneinungssucht erfüllt, aber sie stellten sich bei allen Vorkommnissen die Frage: Ist das wesentlich? Und diente es nicht dem Einen-Notwendigen, so verlor es für sie die Bedeutung, und sie ließen davon ab. Die unscheinbare Frage «ist das wesentlich» bewahrt den Menschen bei ernsthafter Beantwortung vor allem Haschen nach Wind und lehrt, den Blick auf das Bleibende zu richten. Die Freiheit von dem Begehren nach den Dingen ist eine höchst bedeutsame Angelegenheit, die auch in Buddhas Denken eine entscheidende Rolle spielt und allen Nachdenkens wert ist. Nicht um nachher im Leeren zu stehen. Wohl aber begehrt der Kartäuser, wenn er die Verbindung mit den Dingen gelöst hat, das Gespräch mit der Ewigkeit aufzunehmen. Nach dem vertrauten Umgang mit Gott verlangt er, der jedoch die Einsamkeit zur Voraussetzung hat.

Dieses Streben ist der tiefere Grund für die gewollte Verborgenheit, in der sich das Kartäuserleben abspielt. Der Kartäusermönch war streng darauf bedacht, möglichst unbemerkt zu bleiben. Es ging ihm nicht darum, in der Welt große Wellen zu werfen. Diese Bemühung war in seinen Augen Eitelkeit der Eitelkeiten. Mit Eifer wachten die Kartäuser über ihre Zurückgezogenheit. Eine kleine Ahnung von der Kostbarkeit dieser verborgenen Lebenseinstellung ist Nietzsche aufgedämmert, als er die Worte niederschrieb: «Lebe im Verborgenen, damit du dir leben kannst! Lebe unwissend über das, was deinem Zeitalter das Wichtigste dünkt! Lege zwischen dich und heute wenigstens die Haut von drei Jahrhunderten! Und das Geschrei von heute, der Lärm der Kriege und Revolutionen soll dir ein Gemurmel sein [13].» Was Verborgenheit ist, wissen die Kartäuser am besten. Um in ihr dauernd leben zu können, muß der Mensch freilich durch die Todesgrenze hindurchgegangen sein und die Ewigkeit bereits in sich gefunden haben. Von niemandem besser als von den Kartäusern kann man die völlige Gleichgültigkeit gegenüber allem öffentlichem Gerede lernen. Sie haben die Wohltat der Freiheit von jedem unglückseligen, den Menschen nur versklavenden Geltungsdrang erkannt. Das Sich-nicht-Kümmern um allen Ruhm, Ehre und Ansehen entspricht allein dem Leben in Gott. Wer Gott sagt und doch immer auf Anerkennung erpicht ist, bei dem ist das religiöse Leben nicht in Ordnung. Er meint sich und nicht Gott. Allerdings versteht sich diese Losgelöstheit von allem Ehrgeiz nicht von selbst, sie muß erkämpft werden und wird zuletzt dem Menschen doch nur geschenkt. Der Wille zur Verborgenheit ist bei den Kartäusern so groß, daß sie auch keinen Kanonisationsprozeß für ihre verstorbenen Mitglieder anstreben. Sogar Bruno wurde erst vierhundert Jahre nach seinem Tode heiliggesprochen, und zwar vermittelte dem weltabgekehrten Stifter die Ehre des Altars ausgerechnet jener weltfreudige Renaissancepapst Leo X., der seine Wahl zum Träger der Tiara mit dem Ausruf annahm: Lasset uns das Papsttum genießen! Im Verzicht auf die Anstrengung von Heiligkeitsprozessen besteht ein deutlicher Unterschied der Kartäuser zu den übrigen Orden, die darin einen erlaubten Ruhm sehen, möglichst viele Heilige hervorgebracht zu haben. In den Kartausen leben gewiß viele Heilige. Wahrscheinlich nirgends so viele wie bei ihnen, da die Selbstheiligung der einzige Zweck ihres Daseins bildet. Doch soll man es nicht wissen, weil sie sonst ihren «Lohn dahin» haben, wie es in der Bergpredigt heißt.

III

Sehr aufschlußreich ist auch die Geschichte des Kartäusertums. Paradoxerweise liegt bei ihnen beinahe eine geschichtslose Geschichte vor, denn in den Augen der Welt haben die Kartäuser nicht viele große Gestalten hervorgebracht. Nicht aus Unfähigkeit, es lag eine Absicht dahinter, denn die Mönche sollten nicht bekannt sein. Im ausgehenden Mittelalter wurde «Das Leben Christi» des Kartäuser Ludolf von Sachsen viel gelesen, und ebenso fanden die Schriften des Kartäusers Dionysios damals starke Beachtung. Doch hat der Orden wenig getan, um diese Werke zu verbreiten, und er überließ es andern Menschen, für sie einzutreten. Der Grund lag wohl nicht in der Erkenntnis, daß Dionysios ein mehr reproduktiver denn schöpferischer Denker sei; der Orden fürchtete weit mehr, daß seine Klostergenossen dadurch abgelenkt würden. Später gestattete er seinen Mitgliedern nicht mehr, ihre Werke zu publizieren. Die wenigen Kartäuserveröffentlichungen der Gegenwart sind von Angehörigen anderer Orden herausgegeben. Das Publikationsverbot scheint grausam zu sein, besitzt aber gerade in der heutigen Zeit eine tiefe Bedeutung. Dem unübersehbaren Bücherschwall kann nur noch diese Stimme des Schweigens entgegengesetzt werden. Die Kartäuser legen keinen Wert auf schriftstellerische Wirksamkeit, sie halten dies für unwesentlich, und es ist ihnen gleichgültig, was die Welt über sie denkt. Je weniger man von ihnen spricht, um so mehr kommt dies dem echten Kartäusersinn entgegen.

Deswegen machten nur wenige Ereignisse von sich reden. Allgemein bekannt ist die Begebenheit, die sich anläßlich der finanziellen Bedrängnis der «Großen Kartause» ereignete. Damals erfand ein Kartäuser nach einigen Versuchen die Zubereitung eines Likörs, der in der Welt durch den Namen Chartreuse berühmt wurde. Kennt doch der Durchschnittsmensch von diesem Orden in der Regel nur den Namen dieses süßen Likörs. Damit wissen jedoch jene Genießer, die in den Bars auf jenen lächerlich hohen Stühlen sitzen, um mit lässiger Gebärde die Leerheit ihres Lebens zu vergähnen, von dem Orden nur gerade das, was mit seinem Geist nicht das geringste zu tun hat.

Bedeutsam für das Kartäusertum war der Schritt zum Orden, der zwar nicht von Anfang an gegeben war. Nie erwog sein Stifter, einen neuen Orden zu gründen, dieses hohe Ziel lag ihm ferne, weshalb er sich auch nicht mit der Niederschrift einer Ordensregel beschäftigte. Ohne daß er es beabsichtigte, ist aus seiner Gründung der Kartäuserorden herausgewachsen; allerdings entstand er erst nach seinem Tode. Als er schon längst im Grabe lag, hat Gigo von Kastell, der fünfte Prior, auf Drängen der übrigen Klostervorsteher die Gebräuche der großen Kartause schriftlich zusammengefaßt, welche Satzungen vom Papst Alexander III. im Jahre 1170 bestätigt wurden. Vorher gab es Kartausen; von diesem Jahr darf vom Kartäuserorden gesprochen werden. Diese Entstehung ist ein denkwürdiges Geschehen, das sich nicht alle Tage wiederholt und dementsprechend ist auch seine weitere Entwicklung von höchster Eigenart. Während die meisten Orden des Mittelalters bei ihrer Gründung einen raschen Aufschwung nehmen, der dann von einem fatalen Niedergang abgelöst wird, ging bei den

Kartäusern die Entwicklung anders vor sich. Zunächst wollte es mit dem Wachstum nicht recht vorwärts gehen. Es entwickelte sich überaus stockend und verlangsamte sich noch nach einigen Jahrzehnten durch eine kleine Spaltung, die aber keine Bedeutung erlangte. Erst zwei Jahrhunderte nach dem Tode des Stifters nahm der Kartäuserorden einen stärkeren Aufschwung, den auch das päpstliche Schisma im 14. Jahrhundert nicht zu hemmen vermochte. Einige Klöster kamen infolge ihrer Viehzucht – Ackerbau trieben die Kartäuser nie – sogar zu einer gewissen Wohlhabenheit, die ihnen jedoch nicht zum Schaden gereichte.

Aus der beinahe unbewegten Geschichte ragt eine für die kartäusische Geistigkeit bezeichnende Begebenheit heraus. Papst Urban V. war dem Orden sehr gewogen und vom harten Büßerleben seiner Mitglieder stark beeindruckt. Um dem Kartäusertum ein Zeichen seiner Sympathie zu geben, verordnete er einige Abänderungen der Ordensregel, wie die Einführung des Generalabtes, gemeinsame Mahlzeiten, Fleischgenuß für schwache Mitglieder usw. Allein, sein Geschenk rief bei den Kartäusern eine wahre Bestürzung hervor. Als sie sich von ihrem ersten Schrecken erholt hatten, beschlossen sie, eine Delegation an den päpstlichen Hof, unter der Führung des Priors Johannes von Neuville, zu senden. Es war ein ungewohnter Anblick, als nach der Legende die weißen Mönche mit ihrem rauhen Schuhwerk die schönen Gemächer des Papstpalastes betraten. Urban V. empfing sie überaus wohlwollend und begrüßte sie mit den Worten: «Bruder Johannes, du kannst dir gar nicht vorstellen, wie sehr ich deinen Orden liebe, deshalb habe ich ihm auch neue Satzungen gegeben, wovon du wohl schon gehört haben wirst.» Nach dieser huldvollen Begrüßung nahm das Gespräch eine Wendung, auf die niemand gefaßt war. Alle erwarteten den gebührenden Dank der Kartäuser für die päpstliche Gunstbezeugung. Statt dessen sank Johannes auf die Knie und erwiderte: «Gewiß, heiliger Vater, ich habe davon gehört, aber erlaubt mir es auch freimütig zu sagen: Diese neuen Satzungen sind nicht dazu angetan, uns Nutzen zu bringen. Sie zielen im Gegenteil auf den Untergang unseres Ordens; denn sie zwingen uns, die Satzungen unserer Väter zu verletzen[14].» Kniefällig begründete er dem Papste nach diesen Worten aufs genaueste, wie sämtliche seiner Abänderungen für sie nicht in Frage kämen, und flehte ihn demütig um Aufhebung an. Das einzigartige Ereignis ist eine Umkehrung von all jenen Vorgängen, die sich sonst in den päpstlichen Audienzen abzuspielen pflegen. Die Besucher erbitten sich vom Papst meistens Vergünstigungen, und Rom gewährt gnädig die gewünschten Privilegien. In dieser Stunde aber bat eine Delegation von alten Kartäusern in der unterwürfigsten Haltung um das Gegenteil. Dieses ungewohnte Ansinnen war auch für den wohlmeinenden Papst eine Überraschung, mit der er nicht gerechnet hatte. Man kann sich das Erstaunen vorstellen, das sich auf dem Antlitz aller Anwesenden widerspiegelte, die sich über solchen Worten verdutzt anschauten. Urban V. besaß die innere Vornehmheit, über die Zurückweisung seines Geschenkes nicht verletzt zu sein, und nach kurzer Überlegung entschied er: «Lassen wir den Kartäusern ihre althergebrachte Einfachheit. Sie wollen nichts von den Milderungen wissen, die wir glaubten ihnen anbieten zu müssen; so mögen sie denn ihren heiligen Entschlüssen folgen und ausharren in der Beobachtung ihrer alten Strengheit.» Scheinbar eine kleine Begebenheit der Kirchengeschichte, von der man nicht viel Aufsehen macht, weil sie keine weltgeschichtlichen Folgen nach sich zog. Und doch zeigt sie auf köstliche Art, wie stille Mönche dem höchsten Würdenträger der Kirche in aller Demut zu widerstehen vermochten. Diese Szene enthüllt das wahre Antlitz des sonst gerne verschleierten Christentums. In diesem knienden Flehen der Kartäuser um die Beibehaltung der strengen Regeln zeigt es sich in seiner Reinheit. Von solchen Augenblicken lebt die Christenheit! Ihr Verhalten veranschaulicht in eindringlicher Hoheit, was aus dem Christentum geworden wäre, wenn es allezeit der Versuchung zur Anpassung an den Geist dieser Welt mutig widerstanden hätte.

Wesen und Geschichte des Kartäusertums haben das geistige Schicksal des Ordens bestimmt. Seine Ungewöhnlichkeit kommt deutlich zum Vorschein, vergleicht man es mit der übrigen Mönchsgeschichte. Die meisten Orden sind aus einem Enthusiasmus entstanden, erlebten ihre Blütezeit und trieben hierauf dem Verfall entgegen. Der Niedergang der Orden kommt natürlich in einer Schilderung über die Väter der Mönche nicht zur Geltung. Aber es war jeweilen katastrophal, und es wirkte auf die Christenheit verheerend, wenn die Stätten der Vollkommenheitsbemühung sich dem Wucher, der Jagd, den Gelagen usw. ergaben. Als eines der größten Verhängnisse in der Christenheit muß der temporäre Verfall des Mönchtums bezeichnet werden. Wohl überwanden einzelne Orden diesen sich nicht schlimm genug vorzustellenden Verfallsprozeß durch eine innere Reform, die eine neue Epoche einleitete. Der Rhythmus von Niedergang und Erneuerung läßt sich durch die ganze Geschichte des Mönchtums hindurch verfolgen, die darin dem menschlichen Leben ähnlich ist, das nun einmal aus Degeneration und Neuanfang besteht. Die Kartäuser dagegen machen von diesem geschichtlichen Gesetz eine rühmliche Ausnahme. Von ihnen wurde der Satz geprägt, daß sie nie eine Reformation erlebten, weil sie auch nie eine Deformation durchgemacht hatten. Das ist eine höchst erstaunliche Feststellung, die nicht ihresgleichen hat. Tatsächlich weisen die Kartäuser in all den Jahrhunderten nicht den geringsten Verfall auf, auch nicht im auseinanderbrechenden Spätmittelalter. Kein einziges ihrer Klöster löste sich im Reformationszeitalter selbst auf. Wozu auch? Sie waren nicht verlottert und gaben deshalb dem Einbruch der Reformation keinerlei Anlaß. Das Geheimnis dieser Unveränderlichkeit liegt im zähen Festhalten an der alten Strenge. Nie waren sie auf eine große

Ausbreitung bedacht und vermochten dadurch auch ihre straffe Haltung durchzuführen. Stets ging ihnen die Qualität über die Quantität, durch alle Geschichts-
stürme hindurch vermochte diese «kleine Herde» ihre ursprüngliche Reinheit
zu bewahren. Das Kartäusertum bewies mit seiner Treue gegen die heilige
Überlieferung, daß das konservative Prinzip nicht notwendig zur Erstarrung
führen muß. Im Gegenteil, es trug im Orden viel dazu bei, ihm seine Jugend zu
erhalten.

Damit hat das Kartäusertum, ohne viele Worte zu machen, einen der wertvoll-
sten Beiträge zu dem stets aktuellen Thema der religiösen Reform geleistet.
Um der Verfallsneigung zu steuern, die alle geschichtlichen Gebilde in sich tragen, ist das Christentum immer wieder vor die Notwendigkeit einer innern
Reformation gestellt. Fast in allen Jahrhunderten haben die Menschen diese
Frage zu lösen, aber unbegreiflich wenigen Christen gelang es, sie anständig
zu beantworten. Die Diskussion der spätmittelalterlichen Reformbewegun-
gen, ob die Reformatio zuerst am Haupt oder an den Gliedern beginnen müsse,
ist nur ein Symptom für die Hilflosigkeit diesem Problem gegenüber. In der
Gegenwart wird der ernsthafte Wille durch das geschäftige und eitle Spielen
mit der Reformdurchführung zum voraus zunichte gemacht, eine verhängnisvolle Einstellung, die bereits Kierkegaard aufgedeckt hat: «Das Böse in unserer
Zeit ist nicht das Bestehende mit seinen vielen Mängeln; nein, das Böse in unserer Zeit ist gerade diese böse Lust, dieses Buhlen mit Reformationsgelüsten,
diese falsche Reformierungssucht ohne Opferwilligkeit; diese leichtfertige Einbildung, als könne man reformieren, ohne auch nur eine Vorstellung, geschweige
denn eine erhabene Vorstellung davon zu haben, wie ungewöhnlich groß der
Gedanke einer Reformation ist[15].» Die Mehrzahl der Versuche, eine innere Reform herbeizuführen, verebben, ehe sie begonnen haben, weil sie in der Regel
auf eine bloße Reduktion ausgehen. Mit dieser Bequemlichkeit wird nur ein
ganz schnell vorübergehender Erfolg erzielt, der sich später notwendigerweise
rächen muß. Eine echte Reformation unterscheidet sich von einer falschen Reformierungssucht dadurch, daß sie eine Erschwerung und nie eine Erleichterung
des Christentums erstrebt! Denn allezeit sind es, wie Nietzsche einmal sagt,
«unsere Erleichterungen, die wir am härtesten büßen müssen»[16]. Überaus ein-
drücksvoll ist es, was die Kartäuser in aller Schlichtheit zu diesem Problem von
jeher gesagt haben. In ihrem christlichen Ernst empfanden sie am Ausgang des
Mittelalters die religiöse Not bitter und sprachen es sogar im 16. Jahrhundert
deutlich aus, «der Papst weigert sich, seinen Pomp und sein Puppenspiel aufzugeben»[17]. Doch erschöpfte sich ihre vorbildliche Haltung nicht in ätzender Kritik, die gerne im Negativen steckenbleibt. Sie vertraten die überraschend einfache Losung: Nicht die andern reformieren, sondern sich selbst! Mit dieser
Parole gaben die Kartäuser die religiöse Erkenntnis bekannt, von der jede echte

Reformation ihren Ausgang nehmen muß: Nicht den andern predigen, vielmehr bei sich selbst anfangen. Nur sich selbst hat der Mensch in der Hand, und wenn er sich ändert, werden auch automatisch die verdorbenen Zustände gebessert. Diese in ihrer Einfachheit so leuchtende Wahrheit, «sich selbst und nicht die andern reformieren», hat in der Christenheit aus nur allzu begreiflichen Gründen selten Anklang gefunden. Die Menschen verdrießt es nun einmal, daß das Wahre so einfach ist, und doch liegt einzig in der Befolgung dieser Richtlinie eine Aussicht beschlossen, des christlichen Standes Besserung auch wirklich zu erreichen.

Selbstverständlich pochten die verschiedenen Zeitströmungen auch an die Pforten der Kartäuserklöster. Die Kölner Kartause beispielsweise stand im ausgehenden Mittelalter eine Zeitlang im Brennpunkt einer erneuerten christlichen Frömmigkeit[18]. Bald jedoch kam es ihr zum Bewußtsein, daß der Versuch, auf die Zeit einzuwirken, sie vom echten Kartäusergeist wegführe, der nie direkt gegen die Feinde der Kirche kämpfte – wodurch nur deren Widerstand gestärkt wird – sondern indirekt durch sein Büßerleben dem Verderben Einhalt zu gebieten sich bemühte. Folgerichtig lehnten die Kartäuser den Humanismus des 16. Jahrhunderts ab und untersagten ihren Mitgliedern auch die Lektüre von Erasmus von Rotterdams Schriften. Diese Unveränderlichkeit führte dazu, daß in einem Kartäuserkloster noch heute das Leben sich wesentlich gleich wie vor achthundert Jahren abspielt. Die Einrichtungen Brunos haben sich bewährt und das jahrhundertelang Erprobte wird nicht preisgegeben. Nachdem die Kartäuser die günstigsten Bedingungen für die sich ausschließlich dem Göttlichen hingebenden Menschen gefunden hatten, behielten sie diese Anordnungen strikte bei. Der Grundsatz des Kartäuserordens liegt darin, möglichst keine Veränderungen vorzunehmen. Noch heute gebrauchen die Kartäusermönche die ältesten in Europa konstruierten Schlüssel. Kaum irgendwo hat sich das mittelalterliche Glaubensleben in dieser Reinheit erhalten wie im Orden Brunos. Als ob es keine Renaissance, keinen Humanismus, keine Reformation, keinen Barock, keine Aufklärung, keine Neuzeit gegeben hätte, geht das geistliche Leben in den Kartäuserklöstern noch heute gleich vor sich wie ehemals, gemäß dem Wahlspruch des Ordens: «Es steht das Kreuz, während der Erdkreis in Umwälzung ist!» Diese jenseitigen Menschen haben der Geschichte mit ihren unaufhörlichen Wandlungen keinen Zutritt gestattet. Die Zeit scheint in der Kartause, gleich einer nicht umgedrehten Sanduhr, stillezustehen. Es wird ihr nicht die geringste Konzession gemacht. Nicht die Kartäuser werden von der Zeit überflutet, die alles unterspült und aushöhlt, sondern umgekehrt, diese nach innen blickenden Mönche haben über den «scheelen Gast» triumphiert. Mit ihrer Nichtbeachtung aller Zeitströmungen vollbrachten sie eine einzigartige Überwindung der Zeit und gelangten zu einer Überzeitlich-

keit, die schon oft postuliert, aber noch nie erreicht wurde. Als Menschen des
Ewigen haben die Kartäuser das Trügerische der beständig ablaufenden Zeit
erkannt, von der ein Adam im Paradies noch nichts wußte. Sie haben die Zeit
hinter sich gebracht, und darin besteht die höchst eigenartige Antwort der Kartäuser auf das Zeitproblem.

IV

Ein Besuch in einem heutigen Kartäuserkloster führt dem Menschen nicht eine
versunkene Vergangenheit vor Augen, sondern eine freilich schwer zugängliche
und selten bemerkte Gegenwart. Allerdings – wer darf eine Kartause besuchen?
Neugierige Menschen, die ein Kloster lediglich unter dem Gesichtspunkt der
Sehenswürdigkeit betrachten, werden nicht gewünscht. Die Kartäuser gestatten
nur zwei Gruppen von Menschen den Zutritt, den Freunden des Hauses und den
notorischen Sündern, wobei sich der Schreiber dieser Zeilen bei seinem Besuch
durchaus zu den letzteren gezählt hat. Die Satzungen verbieten ausdrücklich
weibliche Besucher, «mögen sie bejahrt oder vornehm sein, mag es eine Gräfin,
eine Marquise, selbst eine Herzogin sein, vor denen sich manches Tor bereitwillig öffnet – die Pforte der Kartause bleibt ihnen verschlossen, und wenn sie
auch noch so inständig darum bitten». Sie erlauben ihnen nicht, ihre Schwellen
zu betreten, wohl wissend, daß weder Salomon, der Weise, noch David, der
Prophet, noch Samson, der Richter, noch Adam, der von Gott selbst erschaffene
Mensch, ihren Schmeicheleien zu widerstehen vermochten und man kein Feuer
im Schoße bergen kann, ohne die Kleider zu verbrennen. Das strenge Verbot
will jede Verleumdung zum voraus verunmöglichen und wird in gleicher Ausschließlichkeit auch gegenüber den Männern in den Kartäuserinnenklöstern in
Anwendung gebracht, von denen es jedoch nur sehr wenige gibt.

Je nach der Gemütsreaktion eines Menschen wird der Eindruck bei einem Besuche der Kartause verschiedenartig sein. Auf einen poetisch veranlagten Besucher wird das Ganze im ersten Moment eine romantische Wirkung ausüben.
Die Einsamkeit der Gegend, die lautlose Stille im Kloster, unterbrochen durch
das Vogelgezwitscher in der grandiosen Natur, die seltsam aneinandergebauten
Häuschen, kurz, alle diese Wahrnehmungen vermitteln dem Besucher die Vorstellung von einer Romantik, die nicht zu überbieten ist. Was immer er gelegentlich in einem historischen Roman vom Klosterleben gelesen hat, wird nun
lebendig und erfüllt ihn mit Entzücken. Die Kartause kann jedoch auch einen
schreckhaften Eindruck erwecken, der dem Besucher in die Glieder fährt. Allzu
verschieden ist die Gegenwart des Kartäusers von derjenigen des Weltmenschen. Was ihm lieb und wichtig ist, wie Kunst und Wissenschaft, Sport und
Mode, wird weit zurückgelassen. Der Kartäuser übersteigt dies alles und dringt
in ganz andere Regionen vor. Der Eindruck kann dermaßen unheimlich sein,

daß er nur an baldige Rückkehr in die Welt denkt und oft noch in der gleichen Nacht voller Entsetzen über die Mauern flüchtet. Wenn auch beide Eindrücke am Entscheidenden vorbeigehen, so ist der schreckhafte, sich auflehnende doch besser als der romantische. Er hat wenigstens eine Seite des Kartäusertums wahrgenommen, die Härte, während der andere einem bloßen Mißverständnis zum Opfer gefallen ist. Das Gefühl des Entzücktseins läßt sich von der äußern Aufmachung täuschen und bleibt völlig an der Oberfläche haften. Mit dem romantischen Lebensgefühl hat das Kartäuserkloster nichts, aber auch gar nichts zu tun. In seine Mauern ziehen sich nicht Menschen mit gebrochenem Herzen zurück, um ihr Leben in Resignation zu vertrauern, wie Stendhal seinen berühmten Roman «Die Kartause von Parma» abschließt. Wer das Kartäusertum nur als ein «fabelhaft interessantes» Phänomen betrachtet, bleibt in einer Selbsttäuschung befangen. Den Mönchen liegt jedes reizvolle Element fern, da sie bereits die Phantasie als Feindin werten, vor der sie sich äußerst in acht nehmen. Nicht zufällig fehlen in ihren gepflegten Bibliotheken die Dichter, und man sieht in ihren Klöstern kaum ein ästhetisch einwandfreies Bild. Sogar gegen den Titel des guten Buches «Das weiße Paradies» von Pieter van der Meer der Walcheren erheben sich Bedenken, weil sich mit seiner Überschrift zu unbeschwerte Assoziationen verbinden können. Ist es doch ein beispiellos hartes Leben, das sich innerhalb den Mauern eines Kartäuserklosters vollzieht. Die geringste Weichheit ist verpönt. Die Sache des Kartäusertums wird nur erfaßt, wenn es mit der ihr eigenen Nüchternheit geschildert wird. Nur keine rhetorische Überschwenglichkeit, die zum Schweigen der weißen Mönche in schroffem Widerspruch steht. Ihre unbestechliche Sachlichkeit ist aller Beweihräucherung abhold. Je weniger der Berichterstatter von sich aus hinzufügt, um so getreuer gibt er einen der allerstärksten religiösen Eindrücke wieder, denen sich ein Mensch überhaupt aussetzen kann. In der Kartause wird ein christliches Dasein von einer Unbedingtheit gelebt, das sich dem Besucher als unauslöschliche Erinnerung einprägt.

Was es heißt, sein ganzes Leben in einer Klosterzelle zuzubringen, weiß vor allem der Kartäusermönch. Sein Gemach darf jedoch nicht mit dem Raum in Dürers Stich «Hieronymus im Gehäuse» gleichgesetzt werden, das aus einer viel zu malerischen Vorstellung herausgeflossen ist. Der Kartäuser bewohnt ein zweistöckiges Häuschen, bestehend aus Gang, Vorraum und Zelle. Der Flur bietet ihm bei schlechtem Wetter Gelegenheit, sich eine kleine Bewegung zu verschaffen. Unter der Zelle befindet sich ein Holzbehälter mit einer notdürftig eingerichteten Werkstätte. In ihr muß der Mönch jeden Tag eine Stunde der körperlichen Arbeit obliegen. Doch verfertigt er keine kunstgewerblichen Gegenstände, um nicht durch ein handwerkliches Interesse von seiner religiösen Aufgabe abgelenkt zu werden. Meistens begnügt er sich mit der Herstellung von Hobelspänen für den Winter. Vor dem Häuschen grünt ein Gärtchen, umgeben von einer hohen Mauer, die jeglichen Blick zum Nachbarmönch verunmöglicht. Die Möblierung der Zelle ist denkbar einfach: ein Bett mit hartem Strohsack, Wolltücher und Wolldecke, ein Kasten und ein Betgehäuse. Auch ein Tisch mit Büchergestell ist vorhanden, und in der Mitte des Zimmers steht ein kleiner Eisenofen mittelalterlicher Konstruktion. Durch eine Schalteröffnung neben der Türe reicht ein Laienbruder dem Mönch wortlos das Essen hinein, das heutzutage für alle in der Klosterküche zubereitet wird und das mit Ausnahme des Sonntags und der Festtage jeder allein in seiner Klause zu sich nimmt. In diesem Häuschen verbringt der Kartäuser sein Leben, er ist vor allem Einsiedler und hat das Gemeinschaftsleben der Anachorese untergeordnet. Tag und Nacht ist er allein in seiner Zelle und spricht mit seinen Brüdern nur auf dem wöchentlichen dreieinhalbstündigen Spaziergang. Gegenseitige Besuche in den Häuschen sind verboten, können aber beim Prior erfragt werden. Nur der Prior visitiert von Zeit zu Zeit die Zelle und schaut nach, ob sie in Ordnung ist. Die Kartause ist eine potenzierte Mönchszelle, in ihr haben die Söhne Brunos inmitten Europas die Totenstille jener Wüste gefunden, welche die ersten Einsiedlermönche fern vom Getöse der Welt aufgesucht haben. Der Kartäusermönch empfindet die Einsamkeit nicht als eine Last, da er der Ansicht huldigt, der Mensch sei nie weniger allein als wenn er mit Gott allein ist. «Wenn du der innern Schauspiele nicht ermangeltest, würdest du niemals zu äußeren ausgehen», notierte sich der Kartäuser Gigo in sein Tagebuch[19]. Mit seiner Klause ist der Kartäuser geradezu verlobt, sind doch «alle seine Ansprüche Zeit seines Lebens auf die vier Wände einer Zelle beschränkt und nachher auf einige Fußbreit Erde». Den Zugang zu dieser bedürfnislosen, jeglichem Brauchtum spottenden Lebensweise verschafft das Pascal-Wort: «Alles Unglück kommt daher, daß der Mensch nicht in seinem Zimmer bleiben kann.» Diese Äußerung des in seinen jungen Jahren weltgewandten Pascal erscheint zunächst als eine Narretei; meditiert man aber über sie, dann dämmert dem Menschen eine kleine Ahnung auf, um was es in der Kartäuser-Wirklichkeit geht. Je länger der Mönch in seiner Zelle lebt, um so inniger liebt er sie. Der Friede, den er in seinem Häuschen gefunden hat, läßt ihn das Alleinsein als einen Schutz seines inneren Lebens empfinden. Der Mensch hat ein heiliges Recht auf Einsamkeit, die nur im kollektiven Kolchosenbetrieb als Krankheit bewertet wird und in Wirklichkeit das höchste Wachsein der Seele bedeutet.

Dreimal innerhalb vierundzwanzig Stunden verläßt der Kartäuser seine Zelle, um sich schweigend in die Klosterkirche zu begeben, in der bezeichnenderweise die Kanzel fehlt. Jede Nacht unterbricht der Mönch um elf Uhr den Schlaf, geht mit einer kleinen Laterne durch den langen Kreuzgang und singt im Chorstuhl bis gegen zwei Uhr morgens das Gotteslob. Diese sich Nacht für Nacht wiederholende Erhebung vom Lager ist immer wieder eine Überwindung Es braucht stets aufs neue Kraft, der gottesdienstlichen Verpflichtung nachzukommen, und ist für all jene Menschen undurchführbar, die so gerne mit den Sprüchen Salomos sagen: «Noch ein bißchen schlafen, ein bißchen schlummern, ein bißchen die Hände ineinanderlegen im Bett» (6,10). Einzig der Gesang in der Kirche unterbricht die schweigende Stille im Kloster. Emil Baumann hat die überaus eindrucksvolle Situation des nächtlichen Gottesdienstes in der nur spärlich erleuchteten Kirche mit den Worten kommentiert: «Diese Menschen, die ihr Bittgebet zu dem Allerhöchsten emporsenden, während die andern schlafen oder sich fleischlichen Genüssen ergeben, sind die Wächter der Ewigkeit. Sie teilen die Nachtwache der Engel und Hirten auf dem nächtlichen Feld von Bethlehem[20].» Der französische Schriftsteller hat mit seiner Formulierung das zentrale Erlebnis wiedergegeben, das einem Mysterium nahekommt. Diese nächtlichen Wachen sind rational schwer verständlich zu machen; sie stehen, wie das gesamte Kartäuserdasein, außerhalb aller menschlichen Beurteilung. In ihrer Unbegreiflichkeit entziehen sie sich jeglicher Vergleichsmöglichkeit, wenn auch für den in der Welt an Schlaflosigkeit leidenden Menschen ein merkwürdiger Trost darin beschlossen liegt, daß um die gleiche Zeit, da er wach auf seinem Lager liegt, die weißen Mönche ihrem Gebete obliegen. Aus der wenig erhellten Dunkelheit erhebt sich ein schmuckloser Gesang, der in seiner Herbheit von keiner Orgel begleitet wird. Im ganzen Kloster gibt es kein einziges Musikinstrument, was für jenen Menschen ein schwerer Verzicht bedeutet, der vor seinem Eintritt in die Kartause ein Leben ohne Musik als Irrtum empfand. Die Kartäuser-Liturgie ist noch heute unverändert diejenige des 11.Jahrhunderts. Der alte gregorianische Gesang ertönt aus diesen rauhen Männerkehlen in beinahe klagendem Ernst. Ausdrücklich betonen die Satzungen über den Chorgesang: «Da die Beschäftigung eines echten Mönches viel mehr das Weinen als das Singen ist, wollen wir unsere Stimme so gebrauchen, daß sie in der Seele mehr jene innere Freude hervorbringt, welche aus den Tränen kommt, als die seelischen Bewegungen, welche durch die Akkorde einer harmonischen Musik hervorgerufen werden. Zu diesem Zweck werden wir mit Gottes Hilfe alles ausmerzen, was diese innerlich leeren Gefühle hervorruft und was nicht unbedingt notwendig ist[21].» Wiederum scheint die Bestimmung von der Vermeidung aller melodiösen Ergötzung der Sinne rigoros zu sein, sie enthält aber die Bemühung, einem rein geistigen Gottesdienst möglichst nahezukommen.

Während des Chordienstes werfen sich die Kartäuser, auf ein Zeichen, plötzlich zu Boden. Sie sinken im Gebet nicht in die Knie, sondern liegen flach auf der Erde, die Kapuze über den Kopf gezogen. Dieses unerwartete und schlagartige Niederwerfen des Körpers auf die bloße Erde wirkt erschütternd; man scheut sich, dieses Innerste ans Tageslicht zu zerren. Der auf dem Boden hingestreckte Mönch entspricht jedoch der Seinslage des Kartäusers, der nicht erhobenen Hauptes einherschreitet, sondern sich in demütigster Beugung buchstäblich vor Gott in den Staub wirft. Er erinnert an Jesu Gebetskampf im Garten von Gethsemane. Diese beständige und eindrucksvolle Bußgesinnung betätigt er auch in seiner einzigen Mahlzeit pro Tag und in vielem Fasten bei Wasser und Brot. Ein aus Roßhaaren verfertigtes Cicilium trägt der Kartäuser Tag und Nacht auf der bloßen Haut, und ebenso nimmt er wöchentlich an der nicht gebotenen, aber zum Gewohnheitsrecht gewordenen Selbstgeißelung teil.

Das entbehrungsreiche Leben der weißen Mönche läßt keine idyllische Deutung der Kartause zu. Schon die Rute, die noch heute als Symbol in einer Ecke des Kapitelsaals steht, spricht eine Sprache, die alle lieblichen Auffassungen vom Kartäuserleben im Keime erstickt. Die immerwährende Einsamkeit, die Mönche selbst schon mit einem Grab verglichen haben, in das sie sich freiwillig hineinlegen, verursacht nach einiger Zeit oft schwere Seelenkrisen, denen nicht alle Menschen gewachsen sind. Immer wieder gibt es Novizen, die um Entlassung bitten müssen, weil sie die Gleichförmigkeit dieser Lebensweise nicht mehr länger aushalten. Von dem die Schwierigkeiten überwindenden Kartäuser wird das einsame Dasein in seinem Häuschen jedoch als eine große Bevorzugung empfunden, lebt er doch des Glaubens, «unser Leben formt und gestaltet sich vollkommen um, sobald die göttliche Innewohnung, die Gegenwart Gottes in uns, sich voll auswirken kann, ohne daß wir ihm Widerstand entgegensetzen»[22]. Seine Einsamkeit ist gar keine Einsamkeit mehr, da er in seinem Schweigen die Nähe Gottes erlebt und sich nicht allein in seiner Zelle fühlt. Er spürt die Gegenwart Gottes in seinem intensiven Gebet, dem er beinahe ununterbrochen in der Klause obliegt. In nichts anderem als im Beten üben sich diese Mönche, das für sie eine ganz andere Realität ist als für den Unglauben, der darin nur ein dummes Selbstgespräch erblickt. Fürwahr, diese Mönche können mit Gott reden und erleben denn auch nach jahrelanger Konzentration im Gebet eine starke und unaussprechliche Freude, die unverwechselbar mit allen Gefühlsergüssen ist. Nur von diesem mystischen Hintergrund sind diese Männer des Gebetes überhaupt zu verstehen, und ohne diese erlebte Gottesfreude bliebe die ganze Einrichtung heller Wahnsinn. Der Kartäuser kennt nur das eine Ziel der unekstatischen Vereinigung mit Gott, dem alles unterstellt wird. Er schreibt keine tiefsinnigen Bücher über Mystik, aber er lebt sie in nüchterner Glut. Sie ist bei ihm spürbar vorhanden. Mystik als Leben mit Gott verstanden – und nicht Theologie – ist das Geheimnis des Kartäusertums. Weder Gelehrsamkeit noch Machtausübung interessiert diese in Gott versunkenen Mönche. Alle Prunkentfaltung, die dem Katholizismus bald als Äußerlichkeit zum Vorwurf gemacht und bald wieder als geschickte Massenbehandlung zum Lobe angerechnet wird, fehlt dem Kartäusertum. Es hat keinen Anteil daran, weil diese Dinge bei den ganz in Gott lebenden Kartäusermönchen gar nicht aufkommen können. Einzig das geistliche Leben erfüllt sie, und immer tiefer suchen sie in Gott einzudringen. In der unendlichen Zwiesprache mit dem Ewigen haben sie den kürzesten Weg zu Gott gefunden und bedürfen deswegen aller Hilfsmittel, wie Natur, Musik, Malerei usw. nicht mehr. «Jede Lebensfunktion, jede Handlung, jedes Stillsitzen, jede Gebärde, jede Haltung, bis zu den kleinsten Bewegungen des Herzens und des Geistes, ist auf das eine Ziel gerichtet: die möglichst innige Vereinigung mit Gott, ständig Herz an Herz mit Gott zu leben und sich in Liebe verzehren[23].» Die von den Kartäusern geübte Losschälung von allen Dingen ist nicht Selbstzweck, vielmehr wird sie als Vorbedingung für die immerwährende Gottverbundenheit aufgefaßt. Deswegen empfinden sie das Verbot der Zeitungslektüre und das Nichtäußern eines Wunsches nicht als Plage. Glückselig, wer von diesem Verlangen befreit ist. Alles steht unter der Direktive: «Sich im Geheimnis der Gottesgegenwart verborgen halten, nach dauernder Zwiesprache mit dem Himmel trachten, sich freudig als Unbekannter fühlen, unbeachtet von den Menschen sein, in allen Dingen nur das erfassen, was zu einer wahren und tiefen Demut führt, der Wurzel aller Tugenden und gewissermaßen dem Kanal der Gnade Gottes – das ist, in kurzen Worten, das Ziel des Kartäuserordens[24].»

Aus dieser verzehrenden Gottessehnsucht sind ihre Einrichtungen zu verstehen, die sie bei Sterbefällen beobachten. Hat einer der Mönche die Augen für immer geschlossen, wird dem Toten seine Kapuze über den Kopf heruntergezogen, seine Kutte auf einem Brett festgenagelt und er hierauf ohne Sarg ins Grab versenkt. Ein einfaches Holzkreuz ohne Namensinschrift steht auf dem nur mit Gras überwachsenen Erdhügel, wie es dem Menschen entsprach, der von der Welt unbemerkt leben wollte. Nach der Grablegung versammeln sich die Kartäuser im Refektorium und nehmen eine ihrer wenigen gemeinsamen Mahlzeiten zu sich aus Freude, daß wieder einer am Ziel angelangt ist. Diese nüchternen Bestattungsriten stehen in striktem Gegensatz zu jenen, den Hinschied des Menschen weglügenden Gepflogenheiten, die Evelyn Waugh in seinem Roman «Der Tod in Hollywood» mit letztem Ekel geschildert hat. Die schlichte Beerdigung der Kartäuser ist keine Pietätlosigkeit, denn nirgends gedenkt man der Toten so viel im Gebet und lebt mit ihnen so verbunden wie im Orden Brunos.

Das mystische Leben mit Gott verdrängt jede mürrische Gemütsgesinnung. Diese oft recht alten Mönche behalten eine ungezwungene Natürlichkeit und besitzen in ihrer stillen Nachdenklichkeit ein überraschendes Verstehen auch des außerklösterlichen Lebens. Aus den Augen der Kartäuser schauen dem Besucher keine erloschenen Blicke, wohl aber strahlt ihm ein eigentümliches Leuchten entgegen. Dieser warme Glanz ist durch keine andere Ursache bedingt als durch das in ihm wohnende Gottesleben, welches sich auf seinem Antlitz widerspiegelt. In einem auffallenden Gegensatz zu den vielen mißmutigen und unzufriedenen Gesichtern in den Städten stehen die leuchtenden Augen der Kartäuser, an die man immer wieder zurückdenken muß, wenn sich die Tore der Kartause längstens hinter dem Besucher geschlossen haben.

Der Mensch des alltäglichen Lebens kann eine Schilderung des Kartäusertums kaum mitanhören, ohne nicht alsobald einen Einwand dagegen vorzubringen. Er hört zu, er findet die Sache zuerst «originell», aber er schüttelt doch immer mehr den Kopf und kann das Kartäusertum nicht begreifen, weil es sich in völlig anderen Bahnen bewegt als er selbst. Bereits allzulange hat er seine Bedenken zurückhalten müssen, zuletzt bricht es wie ein Strom von seinen Lippen: Wozu ist das nütze? Dies alles hat doch gar keinen praktischen Wert. Von einem solchen Dasein geht nicht die geringste Frucht hervor. Die Kartäuser treiben keine Predigttätigkeit, keine Seelsorge und keine Mission, kurz, sie leisten nichts Brauchbares. In ihren Häuschen führen sie ein egoistisches Dasein, lassen sich von ihren Laienbrüdern bedienen und frönen einem reinen Solipsismus. Einem Mönchtum, das Wälder rodet und Schulen gründet, ist der moderne Mensch noch bereit, zur Not einen gewissen Sinn abzugewinnen, aber nicht einem Klosterleben, das auf jegliche Wirksamkeit nach außen prinzipiell verzichtet hat und das am Vortage der christlichen Feste noch extra streng fastet, um für jene Sünder Sühne zu leisten, welche die hohen Tage durch ein ruchloses Verhalten schänden. Für das Durchschnittsurteil ist der Kartäuser der überflüssige Mensch, der keine Existenzberechtigung auf Erden hat, und der moderne Leser kann sich in einen wahren Eifer über dessen Nutzlosigkeit hineinreden.

Soll man das Kartäusertum gegen die an sich verständlichen Einwände verteidigen? Ist es notwendig, darauf hinzuweisen, wie es durchaus ein falscher Standpunkt ist, jede Lebensweise danach zu beurteilen, ob man sie selbst ausführen könnte oder nicht, weil diese allzu ich-bezogene Einstellung in der religiösen Welt keinen Platz hat. Muß man ausdrücklich sagen, daß nicht alle alles ausführen können und eine uns selbst fremd anmutende Daseinsform deshalb noch lange nicht falsch ist, weil es nun einmal verschiedene religiöse Wege gebe. Besteht nicht eine moralische Pflicht, alle jene Gründe namhaft zu machen, die zugunsten der Kartäuser sprechen, welche das kontemplative Leben pflegen, das sich auf das Jesuswort berufen kann, daß man sich nicht viel Mühe und Arbeit machen soll, dieweil nur eines not tut. Diesem Einennotwendigen ist die Kontemplation zugewendet, die eine tiefe Berechtigung hat, denn ohne sie versickert mit der Zeit alles geistige Dasein. Das Mittelalter stellte die Vita activa und die Vita contemplativa einander gegenüber und wertete die zweite höher, weil diese die erstere richtig reglementiert. Die Beschaulichkeit, die es mit Göttlichem und nicht mit dem Menschlichen zu tun hat, ist eine der höchsten Stu-

fen des menschlichen Geistes. Sollte man darum eine gewandte Verteidigungs-
rede zugunsten des Kartäusertums halten, das noch intensiv das betrachtende
Leben pflegt, dessen Verkennung viel zur Entstehung des modernen Chaos beigetragen hat, weil es in der Welt unumgänglich solche Stätten der Meditation
geben muß?

Nein, diese Apologie kann man sich ersparen. Brunos Nachfahren haben selbst
auch nie eine gehalten. Nach Gigo «wird die Wahrheit nicht verteidigt, sie verteidigt sich selbst. Denn nicht sie braucht dich, sondern du brauchst sie[25].» Mögen die Kartäuser als unnütz gescholten werden von denen, die sich keine Stunde
mit ihnen ernsthaft beschäftigt haben und die alles nur nach utilitaristischen
Erwägungen beurteilen, wie es banausischer Gesinnung entspricht. Das hat gar
nichts zu bedeuten. Eine Verteidigung ist immer zugleich auch eine Entschuldigung und ihrer bedürfen die Kartäuser nicht. Nach ihrer Auffassung ist dies jedoch die «große Gerechtigkeit: sich nicht verteidigen»[26]. Die Kartäuser lassen
diese Verkennung über sich ergehen und lächeln dabei lediglich ein wenig über
die Ironie von Kierkegaards Aphorismus: «Hat der Apostel Paulus ein Amt?
Nein, Paulus hatte kein Amt. Verdiente er denn auf andere Weise viel Geld?
Nein, er verdiente auf keine Weise Geld. So war er doch wenigstens verheiratet? Nein, er war nicht verheiratet. Dann ist ja Paulus gar kein ernsthafter
Mann! Nein, Paulus ist kein ernsthafter Mann[27].»

Nur eine Begebenheit ist zum Abschluß noch zu erwähnen, welcher der Wert
eines Gleichnisses zukommt, das Sinn und Bedeutung des Kartäusertums unübertrefflich umreißt. Als Israel gegen die Amalekiter stritt, erhob Moses betend seine Hände zum Himmel, und sein Volk vermochte im Kampfe zu bestehen. Nach einiger Zeit wurde der Mann Gottes müde und ließ seine Arme sinken. Im gleichen Moment stürmten die feindlichen Scharen siegreich vor und
Israel geriet in schwere Bedrängnis. Moses mußte erneut die Hände erheben,
und das Kriegsglück wandte sich abermals zu Israels Gunsten. Als sich das Vorkommnis mehrfach wiederholte, unterstützten schließlich Aaron und Hur die
betenden Hände Moses, damit er sie nicht mehr sinken lassen konnte bis der
Sieg errungen war. Dieses geschichtliche Ereignis ist ein Symbol für die Kartäuser. Sie tun das gleiche für die Christenheit, was Moses in der Amalekiter-
schlacht für Israel getan hat. Die Kartäuser sind nichts anderes als diese zum
Himmel erhobenen Hände. In der Weise haben sie sich selbst immer verstanden. Zeitlichen Nutzen, den man in klingende Münzen umsetzen könnte, hat
diese flehende Gebärde wahrscheinlich wenig, für das ewige Leben aber ist ihre
Bedeutung von solcher Unermeßlichkeit, daß sie nicht in Worte gefaßt werden
kann.

BERNHARD
UND DIE ZISTERZIENSER

I

U bist der Adler, der in die Sonne schaut» schrieb Hildegard von Bingen in einem Brief an Bernhard von Clairvaux[1]. Das Wort der ersten Naturforscherin Deutschlands war keine bloße Schmeichelei, eine solche wird man der hehren Seherin nicht zutrauen. Es stellt vielmehr eine visionäre Wesenserfassung dieses burgundischen Menschen dar. In die Sonne schauen kann der gewöhnliche Mensch nicht, da er von ihren Strahlen geblendet wird. Bernhard dagegen vermochte das Außerordentliche; als geistiger Adler blickte er in die Gottessonne! Es bedarf zur Ermessung seiner in jeder Beziehung überragenden Erscheinung des intuitiven Verständnisses, zu dem Hildegard in einer Vision kam, als sie «einen Menschen sah, der in die Sonne schaute und sich nicht fürchtete, sondern sehr kühn war». Die Seherin vom Rhein gelangte mit ihrer Schau zu der einzig richtigen Erkenntnis Bernhards, die sie abschließend in die geistesverwandten Worte kleidete: «Ich senke mich in deine Seele.»

Als man diesen Weg der innern Anschauung aus den Augen verloren hatte, nahm im 19. Jahrhundert die ungünstige Bernhard-Beurteilung überhand. Schiller formulierte sie erstmals in einem Brief an Goethe, indem er schrieb, «daß es schwer möchte sein, in der Geschichte einen zweiten so weltklugen geistlichen Schuften aufzutreiben, der zugleich in einem so trefflichen Element sich befände, um eine würdige Rolle zu spielen ... Er haßte und unterdrückte nach Vermögen alles Strebende und beförderte die dickste Mönchsdummheit, auch war er selbst nur ein Mönchskopf und besaß nichts als Klugheit und Heuchelei[2].» Diese Ansicht hat Jakob Burckhardt ungeprüft in seine «Weltgeschichtlichen Betrachtungen» übernommen und sich berechtigt gefühlt, Bernhard jede Größe abzusprechen. Andere Historiker bezeichneten den Abt von Clairvaux sogar als den Typus jenes Systems, das «aussieht wie ein Kreuz und doch ein Schwert ist»[3]. Nach all diesen Urteilen war Bernhard ein finsterer Reaktionär, der sich dem Fortschritt seiner Zeit entgegenstemmte, was für das neuzeitliche Empfinden das Schlimmste ist, das man über einen Menschen sagen kann. Es ist nicht nötig, sich über diese Verkennung zu entrüsten. Ein kleines Körnlein Wahrheit ist auch in diesen Aussagen enthalten, wenn sie selbstverständlich mit ihrer grotesken Verkennung am Entscheidenden vorbeigehen. Ihre bedauernswerteste Folge war, daß Bernhard dadurch für das moderne Bewußtsein der Vergessenheit anheimfiel; mit seinem Namen verbindet der gebildete Mensch der Gegenwart kaum noch eine nähere Vorstellung.

Das neue Bernhard-Bild besteht natürlich nicht aus einem Kompromiß zwischen der genialen Sicht des Mittelalters und der erbärmlichen Verzeichnung der Neuzeit. Solch ausgleichende Vermittlungen taugen in der Regel nicht viel. Bernhards inneres Wollen bekommt nur derjenige zu Gesicht, der ihn aus dem 12. Jahrhundert heraus zu verstehen sucht, das in religiöser, künstlerischer und wirtschaftlicher Beziehung sich in einem mächtigen Umbruch befand. Bernhard nahm führenden Anteil an ihm und sprach dessen neue Ideen am klarsten aus. Der Abt von Clairvaux war alles andere als ein konservativer und rückwärtsgewandter Geist. In Wirklichkeit brach bei ihm ein ganz neues, in die Zukunft weisendes Lebensgefühl hervor. Es entstand nur unter schwersten Geburtswehen, die nicht zu leugnende Narben hinterließen. Als mittelalterlicher Mensch war der Abt von Clairvaux seelisch nicht so einfach konstruiert, wie man ihn sich oft vorstellt. Was der heutige Mensch als widerspruchsvoll empfindet, waren bei ihm nicht sich ausschließende Gegensätze, er vermochte sie mit seiner Spannweite gleichzeitig zu umfassen. Auch genügen weder Reden vom modernen Fortschrittsstandpunkt aus noch solche im Tone der traditionellen Jubiläumsfeiern zur tieferen Erfassung seines Wesens. Es gilt, ihn in die Not der Zeit hineinzustellen, und man wird erfahren, wie er unsichtbar auch den Menschen der Gegenwart noch am Ärmel zu nehmen vermag, um ihn auf einen neuen Weg zu führen. Bernhard gehört zu den Durchbruchsgestalten dieser Zeit; sucht man nach der das Herz dieses Mannes erschließenden Kategorie, so ist vor allem Kierkegaards These herbeizuziehen: «Die Wahrheit ist die Subjektivität[4].» Bei dem großen Zisterziensermönch ist die neue Subjektivität aufgebrochen, die im Hochmittelalter so wenig wie bei Kierkegaard mit Willkür verwechselt werden darf. Bernhard ist subjektiv, aber er ist nicht subjektivistisch und hat nichts mit jener Ichbetonung zu tun, die den Menschen zum Maß aller Dinge macht. Beim Abt von Clairvaux bleibt das subjektive Lebensgefühl noch ganz in der Welt des Objektiven eingebettet und besteht einzig im persönlichen Erleben des Evangeliums. In dieser subjektiven Erfassung des objektiven Christentums ist bei ihm sowohl der «nicht sterben wollende Humanist» als auch der verkappte Künstler begründet, den er in seinem Briefstil verrät[5]. Das Aufmerksamwerden auf die religiöse Subjektivität in diesem Zisterzienser führt zu jenem neuen Bernhard-Bild, das ihn als Sturmwind Gottes erfaßt, der über das Mittelalter hinwegbrauste. Beinahe übermächtig ist die Sturmesgewalt dieser subjektiven Frömmigkeit, und vor ihrer Heftigkeit löst sich zuletzt auch das trübe Zerrbild in ein Nichts auf, das seit dem 18. Jahrhundert das innere Antlitz dieses Menschen verdeckte.

Der aus burgundischem Adel am Ende des 11. Jahrhunderts geborene Bernhard hatte, nach neueren Forschungen, germanisches Blut in sich, woraus sich das Ungestüme vieler seiner Handlungen erklären läßt. Er war von schlankem, hohem Wuchs und weißer Hautfarbe, rötlichblondem Haar und blauen Augen. Sinnliche Versuchungen blieben dem schönen Jüngling nicht erspart, doch erkannte er schon früh die Enthaltsamkeit als die ihm entsprechende Lebensform. Seit diesem Entschluß übte der Zauber des Weiblichen keine Wirkung mehr auf ihn aus. Als sich einst eine Dirne zu ihm ins Bett legte, räumte er ihr kurzerhand die Hälfte seines Lagers ein, drehte sich nach der Seite um und schlief ungestört weiter, ohne von den Wallungen des Blutes belästigt zu werden. Bernhard «sah, daß die Welt ihm äußerlich vieles bot, große Dinge, größere Hoffnungen, aber trügerisch alle». Unmöglich ist es, eine schwerwiegendere Erfahrung kürzer auszudrücken als es in dem Nachsatz geschah, «aber trügerisch alle». Diese Erkenntnis, die zugleich die Welterfahrung des mönchischen Menschen ist, war das bedeutsamste Jugenderlebnis Bernhards, der in allem Glanz der Erscheinungen das Illusionäre des Lebens erfaßte. Gerade die edelsten Naturen werden von der Melancholie dieser nur allzu wahren Erfahrung heimgesucht. Ohne Beachtung der bestürzenden Einsicht, wie trügerisch alle Versprechungen der Welt sind, versteht man den jungen Bernhard nicht. Diese Wahrheit drang wie ein Pfeil in sein Inneres, und er wurde diese seelische Verwundung nie mehr los. Bevor er den täuschenden Schleier des Lebens zerriß, der als Wahn die Klugen umfangen hält, interessierte sich der junge Bernhard für die Dichter. Doch die Liebe zur Poesie vermochte die Wende seines Lebens nicht aufzuhalten. Als er in seiner häuslichen Umgebung erstmals den Gedanken äußerte, der Welt den Abschied zu geben, entsetzten sich seine Brüder über den Klosterplan und versuchten ihn mit dem Hinweis auf seine Neigung zu wissenschaftlichem Studium dem weltlichen Leben zu erhalten. Das Argument verfing jedoch nicht mehr; Bernhard war allzu unbefriedigt von seinem Schulstudium, das schon damals nicht in die Tiefen des Menschen drang. Die erregte Auseinandersetzung endigte mit dem Resultat, daß die Brüder nicht nur ihren Widerstand gegen sein Vorhaben aufgaben, sondern sich sogar seinem Schritt anschlossen!

Die entscheidende Stunde im Leben des jungen Bernhard war kurz vor Ostern 1112, als er an die Klosterpforte von Citeaux pochte. Ein kleines Türchen von schlechter Arbeit war es, kein prachtvolles Tor mit schön geschwungenem Bogen und kunstvollem Schloß, an das er klopfte. Hinter ihm standen dreißig Gefährten, die mit ihm gleichzeitig um Aufnahme baten – ein einmaliges Ereignis in der Mönchsgeschichte! Bernhard begehrte nicht im reichen Kloster Cluny um Einlaß, wie es seiner adeligen Abkunft entsprochen hätte, er erbat sich im armen Klösterlein Citeaux das Mönchskleid. Diese Wahrnehmung deutet bereits darauf hin, daß sich bei Bernhard ein neues Mönchtum zum Durchbruch meldete, das mit der unmittelbar hinter ihm liegenden Zeit nur noch wenig zu tun hatte. Man begreift Bernhard überhaupt nicht, wenn man nicht beständig im Auge behält, daß er ein Zisterziensermönch war. Das Mönchtum ist der Schlüssel zu diesem Menschen, und von seinem subjektiv ganz neu erlebten Klosterdasein darf er nicht abgelöst werden. Alle schiefen Urteile über diesen Mann beruhen auf der Außerachtlassung von Bernhards Zisterziensertum. Es ging bei ihm durch alles hindurch und seine manchmal nicht leicht miteinander zu vereinbarenden Worte und Taten werden durch seinen Mönchsenthusiasmus zu einer Einheit zusammengehalten.

Drei Jahre nach seinem Eintritt in Citeaux wurde Bernhard ausgesandt, ein Tochterkloster zu gründen, dem er als Abt vorzustehen hatte. Er drang mit seiner Schar in das wilde Wermutstal vor, das diese Mönche in ein Lichttal verwandelten, unter welchem Namen es auch in die Geschichte eingegangen ist. Es waren ihrer dreizehn Mönche in Clairvaux, denen sich vorerst beinahe unüberwindliche Widerstände entgegenstellten. Alles mußte von Grund aus geschaffen werden, da gar nichts vorhanden war. Zunächst rodeten sie die Wildnis und gewannen dadurch Holz für den Klosterbau. Die Axt kam in den ersten Monaten nicht aus den Händen der Mönche. Hunger und Kälte litten sie, bis sie das notdürftigste Dach über sich hatten. Dunkles Gerstenbrot und Hirsebrei bildeten ihre Nahrung. Sie kochten aus Blättern ihre Suppe und oft aßen sie bloße Eicheln. Der Mangel nahm schließlich einen solchen Umfang an, daß die Mönche ihren Abt aufs innigste anflehten, sie doch wieder aus diesem Tal der Bitterkeit nach Citeaux zurückzuführen. Doch von diesem Ansinnen wollte Bernhard nichts wissen, er war nicht der Mann, der auf kleinmütiges Umkehren einging, ihn reizten förmlich schwere Anforderungen. Es dauerte Jahre, bis sie den mannigfachen Schwierigkeiten Herr geworden waren und Clairvaux als festgegründetes Kloster dastand. Aus den Erlebnissen dieser Situation sind die Worte Bernhards zu verstehen: «Trau meiner Erfahrung, du wirst in den Wäldern etwas mehr finden als in den Büchern; Holz und Stein werden dich lehren, was du von Lehrern nicht zu hören bekommst[6].» Ein eigentümlicher Klang ertönt aus der Aufforderung: Die Buchen werden es dich lehren! Sind diese Darlegungen mit einer knospenden Naturinnigkeit in Verbindung zu bringen? Man glaubte, sie einem Manne absprechen zu müssen, der einen ganzen Tag am Genfersee entlangreiten konnte, ohne den See auch nur zu bemerken. Doch darf aus dieser Insichgekehrtheit nicht geschlossen werden, Bernhard habe gar keinen Blick für die Natur gehabt. Seine neue Subjektivität ließ ihn den Glanz der Mittagssonne und des Frühlings Erwachen nicht weniger lieben als die über die Wolken hinausreichenden Berge. Bernhard hatte, was gewöhnlich übersehen wird, eine lebhafte Beziehung zu den Tieren, er empfand Mitleid mit den Vögeln im Winter, er konnte durch ein Kreuzeszeichen ein fliehendes Häslein vor den Hunden retten und trat mit gesegnetem Salz den Tierseuchen entgegen.

Gleichwohl entsprangen seine Worte, er habe nie andere Lehrer gehabt als die Eichen, vor allem dem mönchischen Lebensgefühl. Sie weisen darauf hin, wie weit sich Bernhard von allem gesellschaftlichen Leben des Menschen entfernt hatte, was bei einem Manne nicht weiter verwunderlich ist, der wie der Adler in die Sonne blicken konnte. Nach Bernhard kommt man in den Wäldern Gott näher als durch die nur einseitig das Wissen pflegenden Schulen. Der harten Einsamkeit redete er das Wort, die dem mönchischen Menschen allein bekömmlich ist.

Bernhard erreichte sein Ziel durch die einzige pädagogische Methode, die nie fehl geht und die darin besteht, das asketische Beispiel vorzuleben. Er hielt den Mönchen nicht die benediktinische Zucht vor Augen und schloß sich selbst davon aus. Der neue Zisterzienserabt war der strengste Asket von allen, der nichts so sehr fürchtete wie Selbstverweichlichung. In seinen jungen Jahren war er von einer erschreckenden Härte gegen sich selbst und rang in schonungslosem Kampf seinen Körper nieder. Er fastete bis zur Ruinierung seiner Gesundheit und zog sich denn auch ein unheilbares Magenleiden zu. Infolge seiner Nahrungsaskese verlor er zuletzt die Fähigkeit, den Geschmack der Speisen festzustellen. Er konnte Schweineschmalz nicht mehr von Butter unterscheiden und merkte auch nicht, ob er Öl oder Wasser trank. Ein armseliger Verschlag neben der Treppe, der mehr einem Winkel als einem Zimmer glich, diente ihm als Abtzelle. Er konnte nicht einmal aufrecht in ihr stehen ohne mit seinem Kopf an den Dachbalken anzustoßen. Durch ein schmales Fensterchen drang ein wenig Licht in sein düsteres Gemach, in welchem er nachts auf einem mit Stroh umwickelten Stück Holz schlief, das ihm als Kopfkissen diente. In solch kahlem Zellenloch lebte dreißig Jahre lang der größte Erwecker des 12. Jahrhunderts, für das sein Name ein Programm war! Bernhard forderte die gleiche asketische Zucht auch von seinen Mönchen. Fast alle, die sich ihm angeschlossen hatten, entstammten aus Frankreichs bestem Adel. Bernhard empfand das Mönchtum als eine Angelegenheit des adligen Geblütes; es appellierte nur an vornehme Seelen. Allerdings verstund er es als eine Sache des Geistesadels und nicht des Blutadels. Für ihn war das Mönchtum ein Rittertum Christi. Im Hochmittelalter setzte sich der Ritter noch als Schutzmacht zum Beistand für die Wehrlosen ein. Dem Wort ritterlich ist der gute Klang bis zum heutigen Tag geblieben. Die Vorstellung vom ritterlichen Mönchtum entnahm Bernhard der Regel Benedikts, nach welcher das Leben des Mönches ein Kriegsdienst ist, den er Christus leistet[7]. Mit dem königlichen Ideal von der ritterlichen Heiligkeit gelang es Bernhard, seine Mönche zu beinahe übermenschlichen Leistungen anzuspornen, die sowohl Natur als Gewohnheit weit hinter sich ließen.

Für das hehre Ziel einer neuen Zucht, das Bernhard seinem Jahrhundert wieder klarmachen wollte, suchte er beständig junge Leute zur Mithilfe. Der große

Zuwachs seiner klösterlichen Gründung kam nicht von ungefähr, denn nicht alle sind von sich aus hinzugeströmt. Bernhard hat kräftig nachgeholfen. Nach der Meinung dieses geborenen Menschenbildners, dessen Geheimnis in seiner Persönlichkeit begründet war und infolgedessen nicht erlernt werden kann, gibt es viele Jünglinge, die sich nach einer hohen Aufgabe wohl sehnen, sie aber selbst nicht finden. Man muß sie dahin leiten und darum hat Bernhard eifrig seine Netze ausgeworfen, wie es sich einem Menschenfischer geziemt. Die besorgten Bedenken der Eltern zerstreute er mit der Versicherung: «Trauert also nicht und weint nicht; denn euer Gaufried eilt zur Freude, nicht zur Trauer. Ich bin ihm Vater, ich Mutter, ich Bruder und Schwester. Ich werde ihm das Krumme grad richten und das Rauhe ebnen; ich werde ihm alles so mäßigen und so verteilen, daß sein Geist vorwärtskommt und auch der Körper nicht herunterkommt[8].» Wer hörte aus diesen Worten nicht das neue Ich reden, das sich bei Bernhard in allem objektiven Weltgefüge zu Worte meldet. Auf dem Wege zum Kloster legte sich freilich unerwarteterweise ein Schatten über das Angesicht Gaufrieds, der ihn zu der wehmütigen Äußerung veranlaßte: «Ich fühle, daß ich von nun an nicht mehr heiter sein werde.» Die Worte wurden Bernhard hinterbracht, der darauf nichts erwiderte, jedoch in die nächste Kirche eintrat und für den jungen Menschen betete, um die unheilvolle Ahnung zu vertreiben. Der Gemütszustand des Jünglings heiterte sich alsobald wieder auf, und mit freudestrahlendem Gesicht sagte er zu dem über seine Verwandlung verwunderten Begleiter: «Allerdings habe ich vorhin gesagt: Ich werde nicht mehr fröhlich sein, jetzt aber sage ich voller Zuversicht: Von nun ab werde ich nie mehr traurig sein[9].» Diese Begebenheit ist köstlicher als die zahlreichen Wunder, die Bernhard nach gut bezeugten Urkunden bewirkt hat. Sie veranschaulicht das von seiner geistesmächtigen Gestalt ausgegangene, einzigartige Fluidum und vermittelt einen Blick in das Herz dieser Persönlichkeit. Die Überwindung der Traurigkeit durch die innere Freude kommt darin mit strahlender Evidenz zum Ausdruck. Sie läßt noch heute die Macht Bernhards über die Menschen spüren. Es muß eine hinreißende Gewalt in ihm gewesen sein, der niemand auszuweichen vermochte. Wehrlos waren die Christen diesem Sturmwind Gottes ausgeliefert. Nicht umsonst fürchteten die Mütter für ihre Söhne und die Frauen für ihre Männer, wenn Bernhard in der Nähe weilte. Seine suggestive Macht, die ihn in seiner Überredungskunst die ganze Stufenleiter der Töne, von liebevoller Einladung bis zur schneidenden Schärfe gebrauchen ließ, läßt sich nicht aus seinem französischen Charme erklären. Das Unwiderstehliche ging aus einem höheren Hauch hervor. Bernhard fühlte sich für das innere Ergehen seiner Mönche verantwortlich und er hat sie auch seelsorgerlich wirklich väterlich betreut. Als einst ein Mönch vom Tisch des Herrn wegblieb, weil ihm der Glaube fehlte, sagte Bernhard zu ihm: «Wie? Mein Mönch sollte in die

Hölle fahren? Ferne sei dies! Wenn du keinen Glauben hast, so gebiete ich dir, kraft des Gehorsams, gehe hin und kommuniziere mit meinem Glauben[10].» Nur ein gottbegnadeter Seelenkundiger konnte mit dieser evangelischen Vollmacht sprechen, die mitten ins Schwarze traf und die von einer Genialität des Herzens zeugt, welche über allen Zweifel erhaben ist. Sogar mit dem Strick zum Galgen geschleppte Straßenräuber konnte Bernhard losbitten, sie in seine Obhut nehmen, wo sie die umbildende Kraft des Christentums an sich zu spüren bekamen. Offenbar war in dieser hageren Gestalt doch noch etwas anderes als nur «die dickste Mönchsdummheit» vorhanden, wie die Menschen der Aufklärung höhnten.

Wie Bernhard das Mönchtum, aus dem bei ihm alles abzuleiten ist, verstand, hat er einmal in die Worte zusammengefaßt: «In den Augen der Weltleute scheinen wir Kraftübungen zu machen. Wir fliehen alles, was sie herbeiwünschen, und wir verlangen nach allem, das sie fliehen; wir gleichen den Gauklern und den Tänzern, welche mit dem Kopfe nach unten, den Füßen nach oben, also in einer Weise, die nichts Menschliches hat, sich aufrecht halten, auf den Händen sich fortbewegen und so die Augen der ganzen Welt auf sich ziehen[11].» Eine dermaßen grandiose Formulierung ist aus dem Munde eines Cluniazensers, der in seinem Reichtum darauf erpicht war, mit beiden Füßen auf der Erde zu bleiben, schlechterdings unvorstellbar. Die neue Auffassung vom Mönchtum kann nicht prägnanter ausgedrückt werden, als es der Abt von Clairvaux in diesen kühnen Worten getan hat. Im ersten Moment ist man von ihrer überraschenden Neuheit ganz benommen, aber einmal in ihren tieferen Sinn eingedrungen, überkommt den Menschen eine tiefe Freude. Wie kläglich sinken doch alle kleinlichen Einwände gegen das Zisterziensertum angesichts dieser umstürzenden Parole Bernhards in sich zusammen. Man schämt sich, sie nur zu erwähnen. Diese Worte veranschaulichen sein tiefstes Wollen, indem sie das wahre Geheimnis des Mönchs enthüllen. Er war es, der unwidersprechlich die Umwertung aller Werte verkündete. Plötzlich begreift man die sprengenden Kräfte, die vom echten Klosterdasein allezeit ausgegangen sind, das in aller Verborgenheit doch immer wie ein vorweggenommener Tag Jahwes gewirkt hat. Es gibt wenige Ausführungen in der ganzen Mönchsgeschichte, die mit solcher Deutlichkeit das innerste Wesen des monastischen Menschen zeigen und zugleich klar machen, daß man diesen christlichen Typus ganz unmöglich nach dem üblichen Schema des Normalbürgers beurteilen darf. Die Seele Bernhards ist in diesem, vom göttlichen Sturm gepeitschten Bekenntnis enthalten, das jedes Klammern an feste Lebenssicherungen belächelt. «Mit dem Kopf nach unten und den Füßen nach oben» bewegt sich Bernhard fort – eine ungewöhnliche, Staunen erregende Lebenshaltung. Beinahe übermenschlich groß wirkt der Zisterziensermönch in ihr, und als ein kraftloses Salz von unausstehlicher

Langweiligkeit muß er gescholten werden, kneift er ihr aus. In diesem geistlichen Handstand, der «nichts Menschliches» mehr an sich hat, tritt der Aufruf zum irrationalen Leben leuchtend hervor. In ihm liegt auch der Inhalt von Jesu Botschaft beschlossen, den das Zisterziensertum neu aufgenommen hat. Aus diesem Grunde kann das echte Mönchtum nicht rational verständlich gemacht werden, will man es nicht unzulässig verwässern. Der natürliche Mensch mit seinem obersten Ideal einer sichern Staatsstellung mit nachheriger Pensionsberechtigung wird immer einen innern Schauder vor diesen «Gauklern und Tänzern Gottes» empfinden. Der wahre Christ erschien zu allen Zeiten den Weltmenschen, die ein dermaßen asketisches Leben nicht fassen konnten, in dieser unbegreiflichen Rolle, und doch schließt dieses Sich-auf-den-Händen-Fortbewegen die größte Seligkeit in sich! Bernhard nahm mit seiner Losung die paulinische Aufforderung «ein Narr zu werden in dieser Welt» wieder auf und entfernte sich damit meilenweit vom bloßen Namenchristentum.

Am glühendsten spricht das ungewöhnliche Mönchtum Bernhards sein neues Wort in jener mystischen Woge aus, die das Abendland im 12. Jahrhundert überflutete. Bereits im Benediktinertum, das zu erneuern die Zisterzienser bestrebt waren, liegt eine verborgene Mystik. Die benediktinische Mystik ist jedoch verhalten ausgedrückt, und erst durch Bernhard erlangte sie im Mönchtum eine ungeahnte Blütezeit, die als *sein* Werk zu gelten hat und die seither im Zisterzienserorden auch gepflegt wird. Eine erste Eigenart der bernhardschen Mystik besteht in ihrer Freiheit von allem Neuplatonismus. Sie ist ganz aus dem christlichen Untergrund herausgewachsen und hat keinen fremden Beigeschmack[12]. Bernhard war als Mönch vor allem Mystiker und nicht Religionsphilosoph. Kraft der Mystik vermochte er die Strenge seines mönchischen Lebens zu ertragen. Wer keinen Sinn für Mystik hat, der gebe nur gleich alle Bemühungen, den Abt von Clairvaux zu verstehen, auf, denn alle Gelehrsamkeit nützt ihm dabei nichts.

Bernhard entfaltete seine Mystik in seinen Predigten, nie hatte er sie theoretisch in einem System entwickelt, was stets den Verdacht einer von außen her erfolgten Betrachtung erweckt. Der Abt von Clairvaux gehört zu den mächtigsten Predigergestalten der christlichen Geistesgeschichte, der das ewige Wort mit einer Beredsamkeit sondergleichen so oft verkündete, als es ihn drängte, ohne sich an den Ordensbrauch zu halten. Den Höhepunkt seiner klösterlichen Predigttätigkeit bildet seine Auslegung des Hohenliedes, die sich über viele Jahre erstreckte. Dieses alttestamentliche Liebeslied mit seinen leidenschaftlichen Beteuerungen, daß Liebe süßer als Wein sei und mit seinen erregenden Aufforderungen, in das Gemach zu kommen, diente Bernhard dazu, um im Kloster zu Clairvaux seine Mystik zu verkünden. Es ist gewiß nicht zufällig, daß er sich von diesen glutvollen Ausführungen dermaßen angesprochen fühlte und

sie ihm zum Anlaß wurden, seine feurigsten Gedanken zu äußern. Offenbar ist
er da auf eine verwandte Ader gestoßen, an der sich seine Seele entzünden konnte. Es ist uneinsichtig, sich an der sinnlichen Ausdrucksweise zu stoßen[13]. Denn
trotz der betörenden Atmosphäre des salomonischen Gesanges ist Bernhards
Sprache an keiner Stelle schwül. In keiner seiner Predigten steigt der Verdacht
von verdrängter Erotik auf, was schon durch seine allegorische Auslegung vermieden wird, die immer bestrebt war, den unter der farbigen Bildersprache verborgenen geistigen Sinn aufzuspüren. Dem heutigen Leser bereitet die Lektüre
der Hoheliedpredigten wegen ihrer Symbolik eine gewisse Mühe. Wer jedoch
diese Eigenart begriffen hat, wird unwillkürlich von dieser überschäumenden
Zisterziensermystik gepackt.

Vom religiösen Eros fortgerissen, verkündete Bernhard seinen Mönchen:
«Heute lesen wir im Buch der Erfahrung. Euch selber kehret euch jetzt zu und
bei den Punkten, die nun besprochen werden sollen, achte ein jeder einzelne
darauf, was er darüber von sich selber weiß[14].» In dieser Aufforderung bricht
bereits das neue Wort Bernhards auf, um das es ihm wesentlich zu tun ist. «Ich
glaube, damit ich erfahre» – «glauben heißt gefunden haben», sagt er einmal[15] –
in ihm lebte eine verzehrende Sehnsucht nach dem realen Erleben des Göttlichen. Dieser unstillbare Hunger nach religiöser Erfahrung dokumentiert un-
widerleglich die neue Subjektivität. Darin besteht das Moderne an ihm, das die
ihm unmittelbar vorangehenden Jahrhunderte gar nicht kennen: er will das
Göttliche als wirkliche Erfahrung verkosten und es nicht nur als Lehre zur
Kenntnis nehmen. Man muß bis zu Augustin zurückgehen, von dem Bernhard
nicht umsonst so viel gelernt hat, um einer gleichen religiösen Erlebniskraft zu
begegnen. Nach seiner «Überzeugung kann niemand das Wesen dieses Erlebnisses erklären, außer derjenige, der es empfangen hat»[16]. Damit hat der enthusiastische Prediger eine religiöse Erkenntnis von grundlegender Bedeutung
ausgesprochen, der viel zu wenig Rechnung getragen wird. Sie allein entscheidet über die Echtheit einer Aussage, denn auf religiösem Gebiet gelten nur Erfahrungen, die man selbst erlebt hat. Alles andere ist wertlos. Freilich würden
dann der Worte bald weniger, aber die wenigen hätten einen wahreren Klang.
Bernhard kannte das mystische Erlebnis nicht nur vom Hörensagen. Er tauchte
ganz in dieses hinein und erfuhr sogar vor dem Kreuz unsagbare Verzückungen,
in denen Christus seine durchbohrten Hände vom Kreuze löste um ihn zu umarmen! Diese Vision verleiht seinen Ausführungen eine glutvolle Farbe, die sie
von allen bloß theoretischen Abhandlungen über Mystik grundsätzlich unterscheidet. Das Buch der Erfahrungen, das Bernhard aufgeschlagen hat, läßt die
Vermutung entstehen, ob man es bei seiner Mystik nicht mit einer Erlebnis-
frömmigkeit zu tun habe[17]. Aber warum ist in dieser Wahrnehmung bereits ein
verdächtiges, möglichst auszuschaltendes Element zu sehen? Gewiß, der ewige

Ursprung wird als solcher nie erlebt. Nur Strahlen von ihm sind uns zugänglich. Auf alle Beargwöhnungen der Erfahrungssehnsucht sei jedoch ruhig gesagt, daß ohne eigenes Erleben das Göttliche nicht wahrhaftig in den Menschen eindringen kann. Das Erfahrungserlebnis bildet einfach die Eingangspforte dazu. Die Christus-Wirklichkeit muß erlebt werden, sie kann gar nicht stark genug erlebt werden und je tiefer sie der Christ erlebt, um so besser ist es für ihn. Nur dann ist das Ewige nicht mehr ein bloß gehirnlicher Vorgang, über den man in abstrakter Weise theologisieren kann, sondern erfaßt den ganzen Menschen in seiner Tiefe und wird in seinem Dasein die alles bestimmende Wirklichkeit. Bernhards Erfahrungen sind das Erlebnis des Innewerdens Gottes und in seinem Ringen, das Unfaßliche in greifbare Worte zu kleiden – obwohl auch er wußte, wie alles Unendliche durch menschliche Aussagen verendlicht wird – vernimmt man noch heute spürbar den mystischen Flügelschlag. In diesem christlichen Erfahrungswillen liegt das zeitlose Recht der zisterziensischen Subjektivität, die persönlich dem Ewigen entgegenbrandete und doch ganz im Objektiven verankert blieb.

Der Inhalt dieser neuerblühten Erfahrungswelt besteht für Bernhard in einem ganz merkwürdigen Kommen und Gehen des Bräutigams in der Seele, womit er eines der unergründlichsten Geheimnisse zur Sprache brachte. Nach ihm findet mit größter Bestimmtheit in der Seele ein solches Hin und Her, ein Gehen und Zurückkommen des Bräutigams statt, welches ihm die Gewißheit des Innewohnens des Göttlichen vermittelt. Doch gelang es ihm trotz der schärfsten Beobachtung nicht, auszuführen, wie dieses Mysterium sich abspielt. «Wenn es nun auch öfter zu mir kam, ich merkte nicht ein einziges Mal, wie es eintrat. Ich merkte, wenn es da war, ich kann mich erinnern, daß es da gewesen ist, zuweilen konnte ich auch vorausfühlen, daß es käme, merken konnte ich seine Ankunft nie, auch nicht einmal sein Weggehen [18].» Bernhard wendet seine Aufmerksamkeit der Frage zu, auf welche Weise das ewige Wort zu ihm komme und sieht sich dabei zu der Erklärung genötigt: «Durch das Auge trat es gewiß nicht ein, denn es hat ja nichts von Farbe an sich; aber auch nicht durch das Ohr, denn es ist kein Ton; aber auch nicht durch die Nase, weil es nicht in die Luft eingeht, sondern in den Geist und nicht in die Luft eindringt, sondern die Luft hervorbringt ... Auf welchem Wege also kam der Seelenbräutigam her? Oder kam er vielleicht gar nicht herein, weil er gar nicht von außen herkam? Er ist ja nicht ein Ding der Außenwelt. Auf der andern Seite kam er auch nicht von innen heraus zu mir, weil er gut ist, während in mir, wie ich weiß, nichts Gutes ist. Ich steige in Gedanken über mich empor, aber siehe, noch höher hinauf ragt das Wort. Grübelnd und forschend steige ich unter mich hinab, trotzdem, es befindet sich in noch tieferen Tiefen. Wenn ich nach außen schaute, so erfuhr ich, daß es noch außerhalb allem war, was außer mir ist, schaute ich aber

nach innen, so war es noch innerlicher[19].» Mystischer kann man nicht reden als
es Bernhard in diesen Ausführungen tat, in denen das christliche Seelengeheim-
nis beinahe greifbar nahe ist. Die Realität des Bräutigam-Besuches ist dank der
Erlebnisgewalt sichtlich spürbar, obschon Bernhard schließlich die Unerforsch-
lichkeit dieses Kommens und Gehens des göttlichen Wortes feststellen muß, die
jedoch die Gewißheit dieser Erfahrung nicht im geringsten antastet. «Du fragst,
woran ich seine Gegenwart erkenne? Alsbald nach seiner Einkehr in mein Inneres weckte es meine schlummernde Seele auf. Es bewegte, erweichte und verwundete mein Herz; denn dieses war hart und steinern. So kehrte denn das
Wort als Bräutigam manchmal bei mir zu; aber niemals hat es seinen Eintritt
durch irgendwelche Anzeichen kundgetan, weder durch Wort noch Gestalt
noch Schritt. Kurz: durch keinerlei Bewegungen ward mir sein Eintritt offenbar, durch keinen meiner Sinne glitt es in mein Inneres. Einzig aus der Bewegtheit meines Herzens erkannte ich, wie ich sagte, seine göttliche Gegenwart[20].»
Wo hat man vor Bernhard diese wundervollen Töne vernommen? Hatten Eri-
gena und Gottschalk, hatten Beda und Anselm solche subtilen Seelenerfahrun-
gen? Das ganze frühe Mittelalter weiß nichts von diesem Kommen und Gehen
des Bräutigams in der Seele, erst bei Bernhard erwachte dieses neue Christentums-Verständnis, das von weitreichendem Nachhall war. Bernhard als «kein
neues Schiff mit neuer Fracht», sondern lediglich als «mächtiger Fahrwind für
das Alte» zu bezeichnen, ist kaum eine aufrecht zu haltende Ansicht[21]. Meldet
sich doch in ihm durchaus ein neues, bis dahin nie vernommenes Wort, durch das
er zu jener religiösen Quelle wurde, aus der auch die deutsche Mystik sich nährte.

Welch neue Seele bei Bernhard zu sprechen begann, zeigt sich in der noch ge-
naueren Präzisierung seines mystischen-Erlebnisses. Der Abt von Clairvaux bemühte sich nicht, das Unsagbare in rationalen Begriffen auszudrücken, was stets
ein unzulängliches Unternehmen ist. Wie alle Mystiker, versuchte er das Göttliche in Bildern zu umschreiben, wobei man sich zu hüten hat, die bildliche
Wahrheit in die Begriffssprache zu übersetzen. Bernhard umriß das Unaussprechliche in dem holdseligen Bild vom dreifachen Kuß, das er den ersten Worten des
Hohenliedes Salomos entnahm: «Er küsse mich mit dem Kusse seines Mundes»
(1, 1). Über diesen Vers meditierte Bernhard in seinem kontemplativen Leben
eingehend, bis es ihm gelang, seine ganze Mystik daran aufzuzeigen. Man
braucht das Bild vom ewigen Kuß nur zu skizzieren, um alsobald die wohltuende Wärme, die gelöste Innigkeit und die verzehrende Glut dieses Menschen zu empfinden; «O seliger Kuß, o erstaunliches Wunder von Herablassung! Da preßt sich nicht Mund auf Mund, da eint sich Gott dem Menschen.
Dort bedeutet die Berührung der Lippen eine Umarmung der Seelen, hier aber
legt die Verbindung der Naturen Menschliches mit Göttlichem zusammen und
stiftet Frieden zwischen Erde und Himmel[22].» Angesichts dieses gefühlsgesät-

tigten Symbols verblassen alle jene Auffassungen, welche die Beziehungen des Menschen zum Göttlichen als ein moralisches Pflichtverhältnis bestimmen. Bei Bernhard bricht eine viel strömendere Gottesbeziehung auf, die freilich die Stufenfolge nicht mißachtet. Nach seinem Gefühl für Rangordnung darf die Seele bei diesem unaussprechlichen Kuß nicht gleich alle Stufen überspringen; in einem innern Reifungsprozeß soll sie Gott immer näher kommen, bis es zwischen ihnen keine Trennungswände mehr gibt.

Der Mensch kann nicht gleich mit der höchsten Auszeichnung Christi gewürdigt werden. Eine Seele, die mit Sünden beladen ist, ruft Bernhard beschwörend aus, «soll sich nicht tollkühn zum Munde des liebevollsten Bräutigams emporstrecken, sondern sich angstvoll mit mir zu den Füßen des allerstrengsten Herrn werfen und mit dem Zöllner zitternd zur Erde und nicht zum Himmel schauen»[23]. Dieses Sich-zu-Boden-Werfen nennt Bernhard «den Kuß des Fußes», der der ersten Stufe entspricht. Das Vorbild des ersten Kusses hat die große Sünderin gegeben, von der das Lukasevangelium Unnachahmliches berichtet. Gleich der seligen Büßerin muß die schuldbeladene Seele sich von hinten Jesu nähern und sich ihm zu Füßen werfen. Dieser Kuß des Fußes ist der Bußakt, der nach Bernhard in jedem christlichen Leben zu erfolgen hat. In der reuevollen Stellung, da der Christ die Füße Christi unaufhörlich mit Tränen benetzt und mit Küssen bedeckt, muß die Seele so lange verharren, bis der göttliche Bräutigam die unendlich beglückenden Worte zu ihr spricht: Deine Sünden sind dir vergeben. Der Kuß des Fußes symbolisiert die Demut, ohne die ein mystisches Leben nicht denkbar ist.

Nach dem Fußkuß geht es eine Stufe hinauf, doch darf die Seele noch nicht das Letzte empfangen. Auch Bernhard hält weiterhin die Reihenfolge genau inne: «Ich will nicht plötzlich an die Spitze kommen. Ich will Schritt für Schritt voranschreiten ... Du versöhnst Gott schneller, wenn du dich in deinen Grenzen hältst und nicht suchst, was für dich zu hoch ist[24].» Bernhards Überlegung verweilt noch ein wenig bei den vergebenden Worten Christi und wirft dann die Frage auf: Was nützt dies dem Menschen, wenn er nicht aufhört zu sündigen? Wenn er in seinem Sündenleben weiterfährt, macht er die huldvolle Zusicherung illusorisch und darum bedarf es einer vorsorgenden Sicherung. Ihr dient «der Kuß der Hand», wie ihn Bernhard nennt. Der zweite Kuß stellt das verpflichtende Gelöbnis dar, sich künftig eines in sich gekehrten Lebenswandels zu befleißigen und ein Leben der Nachfolge Christi zu führen. Der Kuß, den die Seele auf die Hand des Herrn drückt, ist das Versprechen, auf dem Weg der Frömmigkeit unwandelbar zu beharren. Der zweite Kuß symbolisiert die aufkeimende Liebe zu Gott, die Bernhard zu dem Lobpreis veranlaßt: «Zuerst werfen wir uns ihm zu Füßen, und vor dem Herrn, der uns gemacht hat, beweinen wir das, was *wir* gemacht haben. Dann greifen wir nach der Hand dessen, der die schlotternden Knie aufrichtet und gestärkt hat. Haben wir es zuletzt mit vielen Bitten und Tränen erlangt, dann endlich wagen wir es vielleicht, das Haupt zu seinem glorreichen Mund zu erheben um – nicht bloß zu forschen, sondern um auch zu küssen[25].»

Die letzte Steigerung ist endlich der überschwengliche Kuß des Mundes, der eine Hulderweisung Gottes ist, bei welcher dem Menschen die Sinne schwinden. Es gibt keine genügend starken Worte, um diese größte aller Erfahrungen zu schildern, die mit einer plötzlichen Gewalt über eine Seele hereinbricht, ein Vorgang, bei dem sie gleichsam den Tod der Engel stirbt. Der Mundkuß ist die höchste Bitte, die ein Mensch zu tun vermag und stellt das eigentlich mystische, die Seele mit Gott vereinigende Erlebnis dar. Sie taucht in die Überfülle heiliger Gotteswonne unter und verliert bei dieser Vermählung – Bernhard gebraucht als einer der ersten diese Terminologie – jede Empfindung ihrer selbst. Freilich ist auch die Ekstase nur ein Vorgeschmack der Seligkeit, dieweil zu deren Wesen die ewige Dauer gehört. Doch erlebt die verzückte Seele in der mystischen Vereinigung die höchsten Wonnegefühle, die sie zu empfinden fähig ist. «Was gibt es wohl Lieblicheres, als diese Vermählung? Ist das nicht das Band einer heiligen Ehe? Das Wort Band ist zu schwach; es ist die Innigkeit, die Verschmelzung, eine Verschmelzung in der zwei Geister nur einen bilden, und zwar durch die bis zur Einheit gesteigerte Vereinigung des Willens zweier Geister[26].» Bernhard verwendet auch, um die Innigkeit dieser Vereinigung darzutun, das Bild vom Wassertropfen, der in viel Wein hineingegossen wird und der seine eigene Natur zu verlieren *scheint*, indem er Geschmack und Farbe des Weines annimmt. Das Wörtchen «scheint» deutet den Vorbehalt Bernhards an, der bereits im biblischen Text enthalten ist. Im Hohenlied heißt es nicht: er küsse mich mit seinem Munde. Derart küssen sich Menschen und das entspricht einer direkten Unmittelbarkeit. Die Bibel kennt aber die ungebräuchliche, jedoch wohl überlegte Formulierung «er küsse mich mit dem Kusse seines Mundes», also nicht direkt mit dem Munde soll er küssen, sondern mit dem Kusse seines Mundes. Damit ist eine bewußte Hemmung eingeschaltet, die der Majestät Gottes die schuldige Ehrfurcht erweist. Bernhard hält eine direkte Schau Gottes in diesem Leben nicht für möglich und wehrt sich auch dagegen, daß die Vereinigung allzu wörtlich verstanden wird: «Du mußt dich aber davor hüten, zu meinen, diese Vereinigung der Seele mit dem Worte sei eine körperliche Wahrnehmung ... Unsere Worte, womit wir die Entrückung Gottes in der Seele schildern können, bezeichnen Vergleiche von geistigen Vorgängen[27].» Der Abt von Clairvaux wahrt die Souveränität Gottes, indem die geistliche Vermählung zwischen Gott und Seele ein Zusammenstimmen der Willen und nicht ein Zusammenfließen der Wesenheit ist. «Gott und Mensch hingegen bestehen für sich und sind durch eigene Willen und Substanzen getrennt. Darum weilen sie nach unserer Auffassung in ganz anderer Weise ineinander: sie sind nicht in ihren Substanzen vermengt, sondern in ihren Willen gleichgerichtet. Diese Einigung bedeutet für sie eine Kommunion der Willen, eine Harmonie der Liebe [28].» Nach Bernhard wird die Substanz des Menschen in keinem Fall die Substanz Gottes. Vielmehr bleibt sie in ihrer Wesenheit, so daß seine machtvoll lodernde Mystik mit pantheistischer Identitätsphilosophie nichts zu tun hat. Wie das weißglühende Eisen dem Feuer ähnlich wird, aber sich doch nicht selbst in Feuer verwandelt, so bleibt auch die Seele in der Stunde der Verzückung ihrer Wesensbeschaffenheit nach Mensch. Sie erfährt bei ihrer Vergöttlichung die denkbar größte Umformung, doch zeigt sich die Eigentümlichkeit der Verschmelzung stets in ihrer Wirkung.

«Niemand soll glauben, er habe diesen Kuß erhalten, solange er die Wahrheit erkennt, ohne sie zu lieben» ruft Bernhard aus [29]. Wenn der Christ sich frägt, ob er diesen Kuß auch wirklich empfangen habe, dann verstummt er unwillkürlich, entweder aus Betrübnis, seiner nicht gewürdigt oder aus Freude mit ihm unerklärlicherweise begnadigt worden zu sein. Bernhard wurde durch ihn dazu geführt, die Gottesbeziehung als ein Verhältnis der Liebe zu erfassen. Ist Gott die Liebe, wie das Neue Testament sagt, dann ist die Liebe auch die unerläßliche Bedingung für alle Gottesbeziehung. Die Liebe triumphiert selbst über Gott, meint Bernhard einmal kühn, um jedoch alsogleich hinzuzufügen, doch was ist so ohnmächtig wie die Liebe? Sie ist so sieggewaltig und wird doch so gewaltig von Gott besiegt. «Die heilige Liebe, die den einzigen Inhalt dieses ganzen Buches bildet, ist nicht nach Wort oder Sprache, sondern nach der Tat und Wahrheit zu bewerten. Liebe spricht aus jeder Zeile; und wenn jemand Kenntnis dessen, wovon darin die Rede ist, zu erlangen wünscht, so liebe er! Wer nicht liebt, der hört und liest das Lied von der Liebe umsonst. Denn ein kaltes Herz vermag eine feurige Rede schlechthin nicht zu fassen [30].» Da nach Bernhard das Maß unserer Liebe zu Gott darin besteht, ihn ohne Maß zu lieben, so ist die christliche Gottesbeziehung nichts anderes, als ein unaussprechliches Liebesverhältnis. Es ist eine heftige, brennende, ungestüme Liebe, die sich an keinen Brauch hält und über alle Zeit, Vernunft, Anstand hinwegflutet. In ihr kommt wiederum der Gottessturm zum Vorschein, den Bernhard mit seiner neuen Subjektivität entfesselt hat, zumal seine wahre Liebesraserei nur noch glutvolle Hingabe kennt. Man werde ihn vielleicht für einen Wahnsinnigen halten, meinte einmal Bernhard selbst, aber als solcher werde er nur in den Augen derer gelten, die nicht lieben und die auch nicht die Macht der Liebe fühlen. In der Tat war auch dieser prachtvoll lodernde Mensch, der mit dem Kopf nach unten und den Füßen nach oben einherging, nicht «normal». Vielleicht macht seine Aussage über den Wahnsinn der göttlichen Liebe die zahlreichen, professoralen Verkennungen verständlich, die Bernhard in der Neuzeit zuteil geworden sind. All die negativen Äußerungen sind aus einer fatalen Unkenntnis von Bernhards Liebesrausch hervorgegangen, sie sagen höchstens etwas über die Beurteiler und gar nichts über diesen vom göttlichen Wahnsinn ergriffenen Mönch aus, der als Mensch der Sehnsucht mit dem Hohenlied sagen konnte: Ich bin krank vor Liebe. Diese von der Liebe durchpulste Zisterziensermystik geht in ungeheure Tiefen, sie zeigt Weg und Ziel, sie leitet nach innen und nach oben, kurz, sie umspannt alle Kräfte. Dabei führte diese überquellende Sprache ein asketischer Mönch, der sich beständig in zuchtvoller Gewalt hatte, und dieser Umstand bewahrte seine blühende Liebesmystik davor, in eine weichliche Sentimentalität auszuarten, sodaß sie Kraft und geistige Macht bleiben konnte.

Obwohl Bernhard mehrfach betont, daß wir auf dieser Erde noch im Schatten Christi wohnen, hatte ihn die mystische Woge doch zu einem neuen, lange nicht mehr ereigneten Jesuserlebnis geführt. Das Frühmittelalter stand noch ganz unter dem antik-christlichen Christusbild, das von einer überzeitlichen und metaphysischen Erhabenheit war[31]. Doch wohnte diesem in sich ruhenden Gottesbild eine Majestät inne, welche die Menschen auch daran hinderte, ihm ganz nahe zu kommen. Bei Bernhard tritt eine tiefgreifende Wendung ein, auf eine ganz neue Weise erfaßte er die Menschheit Jesu. Die Niedrigkeit Jesu ging seiner neuen Subjektivität auf. Er nimmt die Krippe wahr, darin die schwächlichen Glieder des Kindleins liegen und hört dessen klägliches Wimmern, womit er dem Weihnachtswunder seine Realität zurückgab. Ungeheuer stark geht Bernhard ins Konkrete und erlebt auch Christi Passion in einer bis dahin unbekannten Wirklichkeit. Einem vorausgeeilten Grünewald gleich ruft er seinen Zuhörern zu: «Schau ihn an, wie schmutzig sein Gewand, wie er blau vor Striemen, mit Speichel bespritzt, im Tode erblaßt ist[32].» Diese erschütternden Worte hört man erstmals bei Bernhard. Obschon auch er den erniedrigten Jesu mit dem erhöhten Gottessohn identifizierte, liegt bei ihm eine wirkliche Jesusminne vor, die zugleich ein neues Christuserlebnis in sich schloß. Bernhard liebte Jesus auf eine menschliche Weise, und dadurch blieb der Herr für ihn keine bloß historische Persönlichkeit, er wurde zu einer lebendig-gegenwärtigen Macht. Bernhard und kein anderer hat zum erstenmal dem Mittelalter den leidenden und sterbenden Erlöser vor die Augen gestellt, und zwar mit einer solchen Intensität, daß es vor dem neuen Ruf zur Nachfolge nicht mehr zurückweichen konnte. In seinen Predigten über das «Hohelied» finden sich die Worte: «Das ist einstweilen meine höchste Philosophie: Jesus zu kennen, und zwar als Gekreuzigten[33].» Diese Jesusinnigkeit geht bei ihm durch alles hindurch, schrieb ihm jemand, begehrte er Jesus darin zu finden, sprach jemand zu ihm, mußte der Name Jesu darin erklingen, und war jemand traurig, so ist nach Bernhard nur Jesus in sein Herz zu rufen und alle Dunkelheit schwindet alsogleich vor dem Strahl dieses Lichtes. Der Abt von Clairvaux trachtete darnach, Jesus zu ergreifen und dieses Ziel erreicht man nach ihm durch die Nachfolge viel schneller, als wenn man über ihn Schilderungen liest. Als Braut begegnet die Seele der als Bräutigam aufgefaßten Jesusgestalt. Diese Anschauung eröffnet in der mittelalterlichen Geistesgeschichte eine neue Epoche. Bis zu Bernhard verstand man unter der Braut Christi, die Kirche, während der Abt von Clairvaux diese Auffassung zwar keineswegs ablehnte, daneben aber noch eine zweite stellte, welche der nach Gott dürstenden Seele diese Rolle zuschreibt. In dieser Ergänzung erscheint wiederum das für Bernhards Jesuserlebnis kennzeichnende subjektive Moment. Die strömende Gewalt dieser Jesuserfahrung ließ Hermann Kutter die Frage aufwerfen, ob Bernhard «nicht darum größer» als alle Gotteszeugen war, «weil er heller, glühender, überzeugender als sie von der Jesusliebe» zu schreiben verstand[34].

Durch das Erleben von Jesu Menschlichkeit wurde Bernhard zum Vater des neuen religiösen Gefühles, das mit der Auffassung zusammenhängt: die Wahrheit ist die Subjektivität. Nie geht es bei ihm in einen bloßen Stimmungsdusel über, da es allezeit eine gestraffte Gefühlskraft bleibt. Doch begegnet man in der Geschichte nicht allzu oft einem solch elementaren Gefühlsausbruch, wie bei dem Abt von Clairvaux. Seine Jesusbeziehung ist ganz von der Emotion und nicht vom Intellekt getragen. «Was ihn beherrscht, ist die Empfindung; der Gedanke ist ihr Fittich[35].» Bernhard gehörte zu den Vertretern einer emotionalen-intuitiven Erkenntnis, welche dem Menschen manchmal mehr zu vermitteln vermag als das rational-logische Vorgehen. Wenn einmal, so darf man bei diesem Zisterziensermönch von einer «Metaphysik des Fühlens»[36] sprechen. Mit ihr gelang es ihm, seinem neuen Gottesverhältnis zum Durchbruch zu verhelfen, ohne mit dem überlieferten Gottesbild der früheren Epochen direkt zu brechen. Seine Jesusmystik vom dreifachen Kuß ist ein einzigartig beredtes Zeugnis von dem glühenden Brand, der sich oft wie ein Fieberzustand ansieht. Man spürt die Fluten der Erregung und der Wallung aus seinen sämtlichen Ausführungen. Was hat diese Gefühlskraft alles zum Schmelzen gebracht! Jeden Widerstand, der sich ihr entgegenstellte, versengte sie gleich. Wahrhaftig, Bernhard hat den neuen Wein nicht in alte Schläuche gefüllt, bei ihm kam es dank dem neuen religiösen Gefühl wieder zu einem christlichen Frühling. Nicht umsonst waren ihm die Worte des Hohenliedes aus der Seele gesprochen: Der Winter ist vorüber, die Blumen sind erschienen in unserem Lande, der Ruf der Turteltaube läßt sich hören, der Weinberg blüht, und der Feigenbaum hat seine Knospen angesetzt (2, 11-12). Das Große an dem religiösen Gefühl Bernhards bestand in der Aufspürung eines konkreten, für den mittelalterlichen Menschen auch gangbaren Weges. Bei dem Zisterziensermönch war ein existentielles Anliegen im Mittelpunkt und nicht nur eine Theorie. «Was liegt mir an der Philosophie», sagte Bernhard, «meine Lehrer sind die Apostel; sie haben mich nicht gelehrt Plato zu lesen oder die Spitzfindigkeiten des Aristoteles zu entwirren; aber sie haben mich gelehrt zu leben. Du meinst, das sei wenig, wenn man zu leben verstehe? Großes, ja das Größte ist es [37].» Das ist echt bernhardisch gesprochen. Diese Worte enthalten eine ungeheure, jenes Vorurteil geradezu wegblasende Aussage, nach der die Mönche durch den Eintritt ins Kloster auf das Leben verzichtet hätten. In Wirklichkeit sind sie es, die leben und nicht die genußsüchtigen Menschen, die sich in ihrer Gier nichts entgehen lassen wollen. Bernhard hat unbedingt recht: das Christentum lehrt den Menschen leben! In ihm ertönt der Ruf zu einem Wandel in einem neuen Dasein. Für den Abt von Clairvaux war das Evangelium eine Anleitung zum Leben, und dieses Verständnis erschloß seinem Gefühl dessen tiefsten Kern.

Diesem mystischen Hintergrund entsprang Bernhards Tätigkeit in seiner Zeit, welche das Problem vom kontemplativen und aktiven Leben zur Voraussetzung hat. Sein ganzes Dasein kreiste um diese beiden Pole. Wer die geheime Verbindung der beiden Brennpunkte nicht wahrnimmt, dem bleibt Bernhard ein unlösbares Rätsel, und er wird sich immer wundern, wie dieser kontemplative Mensch eine solche Aktivität entfalten konnte. Diesem Erstaunen erschließt sich das Wesen des glühenden Gottesbeschwörers. Beschauliches und tätiges Leben fielen bei ihm nicht in zwei Hälften auseinander, die miteinander nichts zu tun haben. Statt Gegensätze zu sein, spielten sie aufs wunderbarste zusammen. Vita contemplativa und vita activa ergänzen sich bei Bernhard und verhalten sich wie Wurzel und Frucht. Sie gehören untrennbar zusammen. Eine Kontemplation, die sich nicht in Aktivität äußern kann, ist eine sich selbst verzehrende Innerlichkeit, und eine Aktivität ohne Beschaulichkeit artet in eine atemlose, den Menschen seelisch ruinierende Betriebsamkeit aus. Nach Bernhard soll das tätige Leben aus dem Kontemplativen hervorgehen. Natürlich gelang auch ihm der harmonische Ausgleich zwischen beiden Lebenshaltungen nicht zu allen Zeiten. Es kam zuweilen zu Spannungen, und in Stunden der Ermüdung machte er seinem gepreßten Herzen Luft: «Es ist Zeit, daß ich meiner nicht vergesse. Es klagt zumal mein ungeheuerliches Leben, mein kummervolles Gewissen. Ich bin die Chimäre meines Jahrhunderts geworden, nicht Priester, nicht Laie. Zwar trage ich noch das Kleid eines Mönchs, führe aber nicht mehr sein Leben [38].» Bittere Qual kommt in diesem Aufschrei zum Ausbruch. Offenbar hat Bernhard zuweilen stark darunter gelitten, daß er als Mönch der Selbstheiligung leben sollte und statt dessen allzuoft in der Welt tätig war. Gleichwohl ist eine solche Äußerung der seelischen Müdigkeit, in der Bernhard sich selber zum Rätsel geworden war, nicht zum Ausgangspunkt seines Verständnisses zu machen. Bernhard war kein zwiespältiger Mensch, den der Gegensatz von Beschauung und Tätigkeit zerriß. Sie waren bei ihm in einer fein ausbalancierten Wechselwirkung, in der richtigen Stufenfolge geordnet. Überzeugt davon, daß der Mensch sich zuerst mit einem christlichen Inhalt füllen muß, ehe er daran denken darf, sich in tätiger Arbeit auszugeben, warnt er die Christen eindringlich, sich in ihrem Handeln zu überstürzen. Der Mensch soll sich nicht «eher an das Reden machen als man geschaut hat», was sich sonst verhängnisvoll auswirkt[39]. «Darum, wenn du klug bist, mache dich zum Behälter und nicht zum Kanal. Denn ein Kanal nimmt auf und gibt fast zur gleichen Zeit wieder ab; ein Behälter aber wartet, bis er voll ist und teilt dann ohne eigenen Verlust von der Überfülle mit ... Achten wir wohl, wieviel wir erst in uns eingießen müssen, um wagen zu können, etwas auszugießen, wenn wir aus der Fülle, nicht aus dem Mangel spenden wollen[40].» In dieser Ausführung leuchtet bernhardische Weisheit von großer Vorbildlichkeit auf. Noch jeder Mensch, der nicht nach ihr handelte, hat Schaden an seiner Seele genommen.

Das Eingreifen des Abtes in die Zeit hängt mit der damaligen, alles andere als erfreulichen abendländischen Situation zusammen. Alle Erscheinungen wirkten auf die Kirche zurück, deren Zustände Bernhard schwer bedrückten. Mitten in seinen mystischen Betrachtungen rief er aus: «Die Kirche leidet an einer innern, unheilbaren Wunde[41].» Von einem fauligen Eiter sprach er, welcher durch den Leib der Kirche schleiche. Darnach trieb nicht eitler Geltungsdrang Bernhard dazu, überall herumzureisen. Nach eigenem Geständnis veranlaßte ihn die schwere Not der Christenheit, sein Kloster zu verlassen, um in der Welt aufzutreten. Das päpstliche Schisma stellte für die Christenheit eine Verwirrung dar, über die der mittelalterliche Christ unmöglich zur Tagesordnung hinweggehen konnte. Der Zank der beiden Päpste übte mehr als nur eine demoralisierende Wirkung aus, die einer dringenden Abhilfe rief. Eine innere Notwendigkeit verlangte unter allen Umständen seine Beseitigung, und Bernhard setzte seine ganze Kraft ein, um unzweideutig für Innozenz II. einzutreten und gegen Anaklet Partei zu ergreifen. Dabei hat er sich für den rechtlich weniger einwandfrei gewählten, aber dafür sittlich besser legitimierten Papst erklärt. Das ganze Gewicht seiner Persönlichkeit warf er in die Waagschale und ruhte nicht, bis er Innozenz II. allgemeine Anerkennung verschafft hatte. Bernhard handelte aus priesterlichem Standpunkt heraus, weil in einem päpstlich zerrissenen Abendland das klösterliche Leben nur mühsam gedeihen konnte. Es war durchaus der Mönch in Bernhard, der unermüdlich gegen die Mißbräuche, Laster und Unordnung der Kirche Einspruch erhob und bei diesen Gelegenheiten manch treffliches Wort sprach, das noch heute viele allzu fügsame Seelen beherzigen dürften: «Ich sage nicht, daß die Befehle der Vorgesetzten von den Untergebenen geprüft werden müssen, wo nichts dem göttlichen Gesetz Widerstreitendes geboten wird; aber ich behaupte, daß auch die Klugheit notwendig ist, wahrzunehmen, wo etwas dem göttlichen Gesetze widerstreitet, und die Freiheit, in diesem Falle den Befehl rücksichtslos zu verachten[42].»

Diese politische Tätigkeit bildete allezeit den Stein des Anstoßes in der Beurteilung Bernhards. Nicht erst Schiller hat sich darüber aufgehalten, bereits den Kardinälen seiner Zeit war Bernhard hierin nicht immer bequem, denn er durchkreuzte nur zu oft ihre Pläne. Damals zählte Bernhard noch nicht zu den fünf Kirchenlehrern, wodurch er beinahe der Diskussion entrückt ist. Es gibt mehr als ein abfälliges Wort hoher Würdenträger über ihn als dem «lärmenden und lästigen Frosch». Die Männer der Kurie gaben ihm ihr Aufgebrachtsein oft deutlich zu verstehen. Ein Schüler von ihm und nicht er wurde zum Papst gewählt; später setzte man ihm in seiner wichtigsten Mission zwei mittelmäßige Legaten vor die Nase. Aber es zeigte sich doch immer wieder, daß man es ohne Bernhard nicht machen konnte. Er war unentbehrlich. Der hagere Mönch zwang sein Jahrhundert vor sich auf die Knie. Dies war nur einem gigantischen Menschen möglich, der ins Unheimliche hinauffragte. Wer möchte sich anmaßen zu behaupten, ihn geistig verstanden zu haben? Selbstverständlich ging es bei dieser Tätigkeit Bernhards, wie in aller Politik, nicht ohne Meinungsverschiedenheiten und Fragwürdigkeiten ab, woraus ihm viele Gegner erwuchsen. Auch der Abt von Clairvaux bekam zu spüren, daß Politik das Geschäft schmutziger Hände ist. Sein Kleid erhielt deswegen mehr als einen Spritzer vom Kot dieser Welt. Die Betrachtungsweise des göttlichen Realismus wird dies nicht apologetisch bestreiten. Gleichwohl darf über Bernhards kirchenpolitischer Tätigkeit nicht kurzerhand der Stab gebrochen werden. Der Profanhistoriker Erich Caspar hat ausgeführt, wie in Bernhard «der geistliche Politiker in besonders klarer Ausprägung des Typus» vorliegt, der in keine Doppelzüngigkeit hineingeriet und in seiner Politik sauber dastand[43]. In der Tat hat sich Bernhard dem Geschehen ehrlich gestellt und sich nicht als graue Eminenz vorsichtig im Hintergrund gehalten. Er suchte dabei auch keine persönlichen Vorteile und ist auf der hierarchischen Leiter nicht eine Sprosse hinaufgestiegen. Einzig das Verantwortungsbewußtsein veranlaßte den Mönch Bernhard, sich in die politische Arena zu begeben. Sein Gewissen gebot ihm, der konkreten Situation nicht auszuweichen. Er nahm die Last der politischen Entscheidung auf sich. Wenn ihm dabei auch gelegentlich Mißgriffe unterliefen, verdient dieses Verantwortungsgefühl gegenüber dem Zeitgeschehen Anerkennung. Bei aller Fragwürdigkeit der kirchenpolitischen Tätigkeit besteht doch stets eine christliche Verpflichtung gegenüber den staatlichen Dingen. Es war nichts Geringeres als Politik aus dem Geist, was Bernhard betrieb, und wie sie in der Weltgeschichte selten anzutreffen ist. Anstatt sich darüber aufzuhalten wäre es klüger, über den Unterschied von Politik aus dem Geist und machtsüchtiger Parteiwirtschaft nachzudenken. Die Andersartigkeit zeigt sich darin, daß Bernhard trotz seiner politischen Fähigkeit den Kuß des Mundes weiter empfing, was sicher nicht der Fall gewesen wäre, wenn er sich irgendeines unsaubern Wirkens schuldig gemacht hätte.

Zu seiner kirchenpolitischen Auseinandersetzung gehört auch Bernhards Kampf mit Abälard, obschon er weit darüber hinausging. Bernhards Verhalten gegenüber seinem Gegenspieler hat ihn in der modernen Zeit am meisten in Verruf gebracht. Die süße Sprache in seiner Auslegung des Hohenliedes wird als ein Widerspruch zu seiner Hartnäckigkeit empfunden, mit der er Andersdenkende verfolgte. Nun wird das christlich wache Gewissen, das sich nicht durch große Namen blenden läßt, kaum Bernhards Verhalten gegenüber Abälard vorbehaltlos billigen. Die Art und Weise seiner Kampfführung ist mit der Höhe seines Jesus-Verständnisses nicht fugenlos vereinbar. Bernhard hat in seiner Gegnerschaft gegen Abälard und Arnold von Brescia Mittel in Anwendung gebracht, die mehr seinem starken Temperament als seiner Heiligkeit entsprungen sind. Briefe über Briefe ließ er in dieser Sache abgehen und entwickelte dabei eine Diplomatie, die des großen Themas nicht würdig war. Er hat Abälard Konsequenzen unterschoben, die man folgern kann, die jener aber nicht gezogen hatte, was als eine nicht einwandfreie Kampfweise bezeichnet werden muß. In der Hitze des Kampfes ließ er sich auch zu Beschimpfungen hinreißen. Fraglos entwickelte er darin zuviel Eifer, mit dem sich mehr menschliche als göttliche Leidenschaft vermengte. In seinem Kampf vermochte er Person und Ideen nicht mehr auseinanderzuhalten. Dem Abte genügte es nicht, die Gedanken seiner Gegner zu bekämpfen, er verunglimpfte Abälard und Arnold von Brescia auch als Menschen. Die Härte, mit der Bernhard seine Feinde verfolgte, ist schwer verständlich, wenn sich auch die Frage erhebt, was davon ihm persönlich eigentümlich und was Denkweise des 12. Jahrhunderts war, das ein humanes Verhalten auf diesem Gebiet noch nicht kannte. Diese Vorbehalte sind zu berücksichtigen, obwohl schon Otto von Freising darauf aufmerksam machte, daß «Bernhard aus religiöser Glut ein Eiferer war». Der Abt von Clairvaux war eine christliche Eliasgestalt, in ihm lebte der verzehrende Eifer des alttestamentlichen Propheten, der sich bis zur Erschöpfung für seinen Gott aufreiben konnte.

Abälard war kein kleiner Gegenspieler. Der berühmte Geliebte der bezaubernden Heloise war ein ungewöhnlicher Mensch, dessen Charakter nicht an seine Begabung reichte, so daß sein Leben in einer erschütternden Tragödie endigte. Gelehrt und schlagfertig, ehrgeizig und witzig, aufgeschlossen und philosophisch interessiert fand er als einer der ersten Menschen im Mittelalter den Mut, sich seines Verstandes zu bedienen. Die intellektuelle Begabung war seine Stärke, die alles andere überwucherte. Er strebte zu wissen, und zwar analytisch zu wissen, und deswegen begründete er die dialektische Methode, die mit ihm ihren Einzug in das mittelalterliche Geistesleben hielt. Abälards Betonung des Zweifels als eines notwendigen Durchgangsstadiums wirkte sich als mächtiger Gärungsstoff im 12. Jahrhundert aus und half mit, die neue Zeit heraufzuführen.

Viele Gedanken von Abälard sind später durchgedrungen und wurden zu gewaltigen Bausteinen für das stolze Gebäude der Scholastik.

Bernhard hatte gar keine Wahl, sich Abälard entgegenzustellen, wenn ihm auch die Fehde mehr aufgedrängt wurde als daß er sie gesucht hätte. Über den unerquicklichen Begleitumständen darf man nicht die religiöse Notwendigkeit von Bernhards Kampf gegen Abälard verkennen. Die tiefere Berechtigung von Bernhards Abwehr steht außer Frage. Was er an Abälard als unerträglich empfand, ist aus seinem alarmierenden Ausruf zu entnehmen: «Wer wird es aushalten in solcher Kälte? Von dieser Kälte gefriert die Liebe[44].» Diese Worte rühren an den Nerv jenes Gegensatzes, in welchem es um letzte Entscheidungen ging. Abälards dialektische Methode wirkte sich wie ein unerwarteter Frost auf den Frühling des religiösen Gefühles aus, den der Abt von Clairvaux heraufgeführt hatte. Gleich einem Rauhreif mußte Bernhard dessen Wirksamkeit empfinden, der seine Blüten aufs stärkste bedrohte. Was bei ihm so warmblütig aufgebrochen war, durch Abälards intellektuelle Kälte kam es in Gefahr, vorzeitig zu erfrieren. Nach Bernhard redet Abälard «Schlechtigkeit im Erhabenen; er verletzt die Unberührtheit des Glaubens, die Keuschheit der Kirche. Er überschreitet die Grenzen, die unsere Väter gesetzt haben: indem er über den Glauben, die Sakramente, die heilige Dreifaltigkeit disputiert und schreibt, wandelt, mindert, und mehrt er jedes Stück nach Willkür. Ein Mensch ist's, der sein Maß überschreitet, der in Wortweisheit die Kraft des Kreuzes Christi unterhält. Alles kennt er, was im Himmel und was auf Erden ist, nur nicht sich selbst[45].» Das Wissen neigt gerne zum intellektuellen Hochmut, den Bernhard bekämpfte, da er die wissenschaftliche Einstellung schon früh innerlich überwunden hatte. Infolgedessen nahm er auch der theologischen Wissenschaft seiner Zeit gegenüber eine abseits liegende Haltung ein. Ihm widerstrebte die verstandesmäßige Betrachtung des Religiösen, und mit feinem Spürsinn sah Bernhard hinter Abälards dialektischer Methode jenen Mann, der sich «würdelos anmaß, den Sinn des Glaubens kleinen Menschengedanken zum Spiel zu überlassen»[46]. Früher als alle Zeitgenossen spürte Bernhard die ertötende Wirkung der dialektischen Denkweise auf religiösem Gebiet. Er stellte sich deswegen Abälard entgegen, dessen Methode jene geordnete Welt gefährdete, welche die Voraussetzung auch seines mönchischen Daseins bildete. Man kann den Kampf Bernhards gegen Abälard nicht verfolgen, ohne fortwährend erstaunt zu sein, wie instinktiv richtig Bernhard die Entwicklung vorausgesehen hat, die er freilich nicht aufzuhalten vermochte. Er signalisierte die Gefahr im Moment ihres Entstehens, seine Worte sind als eine Warnung an die Scholastik aufzufassen. Die Behauptung ist unrichtig, Bernhard habe in Abälard lediglich den Gegner bekämpft, dessen er in seiner eigenen Brust nicht Meister wurde. Ebenso falsch ist es, wenn der Gegensatz zwischen Abälard und Bernhard mit dem Fortschritt und der Konservativität verglichen wird. Diese unerlaubte Vereinfachung stellt eine völlige Verkehrung der innern Verschiedenheit dar. Bernhard war mit seiner gefühlsmäßig erlebten Jesuserfahrung nicht minder der Herold einer neuen Zeit als Abälard. Beide Männer kämpften um ein werdendes Christentumverständnis, suchten es aber in einer ganz verschiedenen Richtung. Gerade weil sowohl Abälard als Bernhard Neuerer auf entgegengesetzten Wegen waren, mußten sie um so härter aneinanderprallen. Eine tiefgreifende, sachliche Verschiedenheit lag innerhalb des Bestrebens zur Erreichung einer neuen Verlebendigung der christlichen Wahrheit. Bernhards Weg der feurigen Liebe und der Weg des kühnen Denkens, den Abälard beschritt, hatten kaum nebeneinander Platz. Sie schlossen sich gegenseitig aus. Die dialektische Methode drohte den Gefühlssturm Bernhards aufzulösen, der in Abälards kritischer Tätigkeit mehr als nur ein Störungsmoment sehen mußte.

Die sachliche Verschiedenheit zwischen den beiden Männern ist am prägnantesten in dem Satz Bernhards zusammengefaßt: «Glühen ist mehr als wissen[47].» Ein wundervolles Wort, ein Wort, wie es ein schöneres nicht geben kann, ein Wort, um das man jeden Tag beten muß, daß es an uns selbst in Erfüllung gehe. In diesem Ausspruch ist der ganze Bernhard enthalten. Die religiöse Gewalt von Bernhards Parole ermißt man nur, wenn vorerst die Größe des Wissens restlos anerkannt wird. Nie hat der Abt von Clairvaux Verstand und Wissen verachtet. Er hat sich ausdrücklich gegen diesen Argwohn verwahrt[48]. Auch für ihn war der Wissensdurst eines Jünglings etwas Herrliches, und er freute sich, einem wissenden Menschen zu begegnen. Man kann nie genug wissen, und die Ignoranz ist stets ein Feind des Christentums. Freilich birgt das Wissen auch eine Gefahr in sich, leicht wird es zum toten Ballast und übt keine heilbringende Funktion mehr aus. Wissen ist nicht das Höchste, weshalb die Größten der Menschheit sich zur wissenden Unwissenheit bekannt haben. Glühen ist mehr. Was ist es doch um das Brennen nach Gott, um das Entflammtwerden eines Menschen, wenn das Ewige in ihm lodert. Für Bernhard, als dem Mann der neuen Subjektivität, kam es auf das Ergriffenwerden an, dem rasenden Enthusiasmus galt seine Sehnsucht. Ihm war es um das liebeglühende Herz und um die alle Ufer überflutende Trunkenheit des geistlichen Freudenweines zu tun. Wie kläglich nimmt sich neben der seelischen Ekstase das kritische Zergliedern aus, das nur darauf ausgeht, einem farbenfrohen Vogelgefieder alle Federn auszurupfen. Diese Analyse wirkt doch geradezu nichtssagend gegenüber einem glühenden Menschen, der vom göttlichen Geist fortgerissen wird. Ein solcher aber war Bernhard, und deshalb sind alle gegen ihn angebrachten Einwände gering. Wissen und Glühen sind Gegensätze. Schwerlich ist beides zugleich zu verwirklichen. Der Mensch muß wählen zwischen diesen beiden Haltungen und sich innerlich klar werden, auf welche Seite er gehört. Bernhard hatte sich entschieden, und zwar vorbehaltlos für die religiöse Glut und gegen die kalten Wisser. Aus dieser klaren Entscheidung entspringt die hinreißende Geschlossenheit seiner Persönlichkeit. Ein Feuer loderte in ihm. Bernhard ist der Lehrer des Glühens, worin seine göttliche Pädagogik bestand. Den kühlen Kritikern der Neuzeit, die vermeinen, schulmeisterlich auf ihn herabschauen zu dürfen, wäre in seiner Nähe Sehen und Hören vergangen. Wie ein feuerspeiender Berg steht er da. Sein Höherstellen des seelischen Glühens über das verstandesmäßige Wissen verkörpert eine Haltung, die in der Gegenwart neue Aktualität gewinnt. Unserer Zeit tut das Brennen des Geistes not, das nichts mit dem Fanatismus gemeinsam hat. Sie weiß genug und übergenug und geht an einer Wissensübersättigung innerlich zugrunde, während Bernhard jenes Glühen vermittelte, das die Menschen allein in die obere Welt hinaufreißt.

Anläßlich des zweiten Kreuzzuges griff Bernhard zum letztenmal in das politische Geschehen seiner Zeit ein. Wiederum hat er sich nicht auf dieses Unternehmen gestürzt, sondern der Papst und der französische König spannten ihn in diese mühsame Arbeit ein, die sich zu einer riesenhaften Sache auswuchs. Nachdem er einmal die Aufgabe übernommen hatte, beschränkte er sich nicht auf gutgemeinte Ratschläge, sondern trug die Hauptlast der Kreuzzugspredigt. Wenn auch Bernhard die Meinung Norbert von Xantens vom bereits erschienenen Antichrist nicht teilte, lebte er doch auch des Glaubens, «die willkommene Zeit und die heilerfüllten Tage sind da!»[49]. Deswegen bereiste er die verschiedensten Gegenden und rief die Christenheit auf, das bedrohte Jerusalem zu retten.

Bei dieser Gelegenheit kam nochmals eine neue Seite Bernhards zum Vorschein, der nie aufhörte, Überraschungen zu bereiten. Er wurde in seiner Kreuzzugspredigt zur prophetischen Gestalt, der seine Zeitgenossen nicht zu widerstehen vermochten. Einem Meteor gleich stürzte er in ihre Sphäre, blendete sie mit seiner Leuchtkraft, und doch begriffen sie ihn kaum. Der auf einem unscheinbaren Maulesel herumziehende Bernhard wurde zum Wundertäter. Durch sein Wirken widerlegte er die unmögliche Auffassung, früher hätte es Wunder gegeben, heute aber nicht mehr. Ebensowenig begnügte er sich bloß damit, längst vergangene Wunder zu verteidigen; er zeigte das Wunder im Vollzug, denn die ihn umdrängenden Lahmen und Besessenen gingen als Geheilte von dannen. Nach einem zeitgenössischen Biographen diktierte Bernhard auch einmal im Freien, bei strömendem Regen einen Brief, wobei das Pergament völlig trocken blieb. Eine ganze Kette von Wundern ereignete sich in seiner unmittelbaren Umgebung. Wolfram von der Steinen hat in seiner Bernhard-Monographie über dieses Thema wertvolle Einsichten ausgeführt, die keinem falschen Erklärungsbedürfnis verfallen[50].

Bernhards Kreuzzugspredigt reichte mit ihrem unwiderstehlichen Pathos ins Übernatürliche, weswegen seine Zuhörer oft gegen ihren Willen sich das Kreuz anhefteten. Unvergeßlich ist die berühmte Szene im Dom zu Speyer, wo der deutsche König Konrad III. kurz vor Weihnacht, entgegen allen Vernunftgründen, das Kreuz nahm, was auch Bernhard als «das Wunder aller Wunder» bezeichnete und der Fürst trotz den anders gerichteten Wünschen des Papstes festblieb. Auch in fremdsprachigen Gebieten, in denen die Leute von seiner Rede kein Wort verstanden, waren sie seiner feurigen Beredsamkeit wehrlos ausgeliefert. Der abgezehrte, alle Freuden des Daseins verschmähende, aber vom heiligen Feuer glühende Bernhard machte auf die mittelalterlichen Menschen einen unvergeßlichen Eindruck. Gleich Hypnotisierten kamen Fürsten seinen Befehlen nach, und Bischöfe gehorchten ihm. Eine beispiellos innere Mächtigkeit ging von diesem bleichen Mönch aus. Seine Reisen glichen wahren Triumphzügen, die Menschen standen Spalier, die Glocken läuteten, und das Volk fühlte sich in seinen Freudenbezeugungen an die größten Tage auf Erden erinnert. Die Begeisterung brach auf eine elementare Weise durch, und die Wogen des Enthusiasmus trugen Bernhard über sich selbst hinaus. Die Menge raste förmlich bei seiner Erscheinung, was sich jeweilen in tosendem Beifall äußerte. Die Verehrung, die ihm die Masse entgegenbrachte, grenzte an Vergötterung. Ein leises Gefühl des Unbehagens nötigt den prüfenden Menschen zu fragen, ob des Taumels nicht zu viel war? Hat Bernhard nicht eine unbewußte Massensuggestion betrieben, die wiederum auf ihn zurückgefärbt hat? Diese Fragen sind auch gegenüber Bernhard aufzuwerfen, will man nicht auf die Freiheit eines Christenmenschen verzichten und sich einer blinden Verherrlichung schuldig machen.

Doch blieb Bernhard in aller Massenbeeinflussung immer sich selbst. Er wollte nicht, daß die Mönche sich persönlich am Kreuzzug beteiligten: «Sie sollen nicht nach dem irdischen, sondern nach dem himmlischen Jerusalem trachten und dahin nicht mit den Füßen, sondern mit der Richtung des Herzens wallen [51].» Der Abt hat wegen des Kreuzzugsunternehmens nicht die ganze Mönchsordnung umgestülpt. Allezeit blieb er eingedenk, was dem göttlichen Willen gemäß ist und was nicht. Inmitten des Kreuzzugsfiebers schritt er gegen die entsetzlichen Judenpogrome ein, die er als eine Schändung des Evangeliums empfand. «Warum euern Eifer oder vielmehr eure Wut gegen die Juden wenden? Sie sind lebende Bilder der Leiden des Herrn. Es ist nicht erlaubt, sie zu verfolgen und niederzumetzeln, nicht einmal sie zu verbannen», führt Bernhard in seinem großen Kreuzzugsbrief an die Deutschen aus [52]. Dieses Eintreten für die Juden ist ein untrügliches Kriterium für Bernhards wahrhaft christliche Gesinnung. Jeglicher Antisemitismus findet im Abt von Clairvaux einen unbeirrbaren Gegner. Wer die Söhne Israels belästigt, ist nach ihm in Gefahr, den Herrn an seinem Augapfel zu verletzen. Nach dem jüdischen Chronikschreiber wäre ohne sein Eingreifen kein Hebräer am Leben geblieben.

Als der mit viel Opfermut begonnene, aber politisch und finanziell zu wenig vorbereitete Kreuzzug unrühmlich scheiterte und in einer Katastrophe endigte, stand Bernhard als ein falscher Prophet da. Der klägliche Ausgang gehört zu dem realistischen Bild des Abtes von Clairvaux. Sein Ansehen war aufs schwerste getroffen, und die Enttäuschten hätten ihn am liebsten gesteinigt. Er trug die Niederlage mit Würde und erachtete es für besser, die Schuld auf sich zu nehmen, als daß die Leute an Gott verzweifelten. In dieser Stunde sieht man Bernhard in der Erniedrigung, eine Situation, die zum echten Christenleben gehört. Am allergrößten erscheint er uns in seiner Demut, mit welcher er die Schmach trug.

Während seines Lebensabends verfaßte Bernhard das Buch «Über die Betrachtung». Es war an Eugen III. gerichtet, der als erster Zisterziensermönch auf dem päpstlichen Thron saß und sein ehemaliger Schüler war. Erstaunlich ist es, wie unerschrocken Bernhard dem Papst ins Gewissen redet, und unvorstellbar ist die Kühnheit seiner Sprache bei einem heutigen Katholiken. Das Buch ist Bernhards Schwanengesang. Als sein Testament ist es von unüberschätzbarer Bedeutung. Es erscheint ganz unmöglich, nach dessen Lektüre ihn als Wegbereiter der kirchlichen Weltherrschaftspläne hinzustellen. «Es gibt kein Eisen und kein Gift, daß ich so sehr für dich fürchte als die Leidenschaft zu herrschen» führt Bernhard darin aus. Klar gibt er zu verstehen, wie er die seelenverderbende Gefahr der Macht scharf erkannt hat. «Wir können nicht leugnen, daß Ihr zu einer hohen Stelle erhoben seid; ich glaube aber doch nicht, um zu herrschen. Denn zu dem Propheten, als er auf ähnliche Weise erhoben ward, wurde gesagt: Daß du ausreißen, zerbrechen, verstören und verderben sollst, und bauen und pflanzen. Welcher dieser Ausdrücke deutet auf weltliche Pracht? Vielmehr ist das geistliche Werk unter dem Bilde eines sauren bäuerischen Schweißes dargestellt. Auch wir, daß wir auch viel von uns halten, mögen erkennen, daß ein Dienst uns auferlegt, keine Herrschaft uns übertragen worden ist[53].» Genau besehen, ist Bernhards Schrift in einem «schroff antigregorianischen Geiste» geschrieben, wie bereits Hampe stark betont hat[54]. Nichts Geringeres tat der Abt von Clairvaux, als das Programm Gregors VII. ins Gegenteil umzukehren, und er vollbrachte damit nochmals eine letzte, unerwartete, die Krönung seines Lebenswerkes darstellende Leistung. Bernhard forderte die Kirche des Dienens und nicht diejenige des Herrschens, er wollte die arme und nicht die reiche Kirche. Nicht Ehrgeiz, sondern Demut, nicht Prunk, sondern Reinigung des Tempels mit der Geißel Christi ist Sache des Papstes. «Über das Irdische zu richten, sind Könige und Fürsten eingesetzt, warum greift Ihr also in die Grenzen einer fremden Gewalt ein? Nicht daß Ihr dessen nicht wert seid, sondern daß es Eurer unwürdig ist, solchen Dingen obzuliegen, da Ihr mit Höherem beschäftigt seid[55].» Die dienende Kirche ist auch frei von aller Hoffart.

Nach Bernhard weiß man von Petrus nicht, daß er edelsteingeziert, in Seide und Gold, auf weißem Zelte, von Reisigen und lärmendem Dienertroß umgeben dahinzog, und ein Papst, der dies tut, folgt Kaiser Konstantin und nicht dem Fischer von Galiläa nach. In jeder Beziehung ungewöhnliche Ausführungen finden sich in diesem Alterswerk, in dem noch einmal der bernhardische Gottessturm an den Pforten der Kirche rüttelt, der ein ganz neues Zeitalter heraufzuführen im Begriffe war. Auch in diesem letzten Wort bricht die neue Christentumsauffassung Bernhards mächtig durch, für die er sich zeitlebens eingesetzt hat. Die Kirche des Mittelalters folgte ihm leider nicht auf dieser evangeliumsgemäßen Fährte. Bonifazius VIII. mit seinen machtsüchtigen Tendenzen ist wiederum in allem das Gegenteil von dem, was dieser Heilige gewollt hat. Wären Bernhards Gedanken von der Kirche des Dienens durchgedrungen, dann hätte Dostojewskij nie sein Großinquisitor-Poem dichten können.

Bernhard vermochte seine religiöse Intensität bis zu seinem letzten Atemzug in sich lebendig zu erhalten. Was er lehrte, verkörperte er selbst und brachte es bei seinem Scheiden aus diesem Leben noch einmal zur Anschauung. Vor seinem Sterben sagte der völlig Entkräftete zu den um ihn versammelten, weinenden Mönchen: «Ich habe euch kaum gute Beispiele der Religion zu hinterlassen, aber drei Punkte gibt es, die ich eurer Nachahmung empfehle und die ich, soweit meine Kräfte reichten, beobachtet habe. Ich habe mich immer weniger auf mein Urteil verlassen als auf das anderer. Wenn man mich verletzt hatte, habe ich niemals gesucht, mich an dem zu rächen, der mich verletzte. Ich habe so weit als möglich es vermieden, Ärgernis zu geben, und wenn Ärgernis vorgekommen ist, so habe ich mich bemüht, es zu haben[56].» Das seltsame Abschiedswort weiß «kaum gute Beispiele» zu rühmen und erwähnt dann drei an sich anerkennenswerte Bemühungen, welche jedoch nicht sein zentrales Bestreben hervorheben. Kein Wort von seinem Aufruf zur irrationalen Lebensführung «mit dem Kopf nach unten und den Füßen nach oben», keine Erwähnung seiner mystischen Verkündigung vom dreifachen Kuß, keine Erinnerung, daß Glühen mehr ist als Wissen und keine Beschwörung, der Kirche des Dienens nachzufolgen. Doch sind in der Situation des Sterbens auch kaum noch Worte wichtig, ausschlaggebend war nur, wie dieser Mönchsvater auf einem armseligen, mit Asche bestreuten Häuflein Stroh ausgestreckt lag, wo er am 20. August 1153 seine Seele dem Schöpfer zurückgab.

Dem schlichten Abt, der in der Hierarchie keinen hohen Rang einnahm und doch eine Zeitlang die abendländische Christenheit bestimmte, war ein großer Nachruhm beschieden. Begreiflicherweise, da seine Gestalt gewinnt, je länger man sich mit ihr beschäftigt. Sie darf nur nicht gewaltsam in das übliche Heiligkeitsschema hineingezwängt werden, das sie an allen Enden überschreitet. Bei Bernhard gibt es mannigfache Überraschungen; dieser außerordentliche Mann tat nie das, was man von ihm erwartete, sondern immer etwas anderes, er fand stets eine neue Wendung. Seine Zeit hat sich nach ihm benannt, vom «Jahrhundert des heiligen Bernhard» sprach man, und die Schriften, die sich mit seinem Leben und Werk beschäftigten, gingen bald in die Hunderte. Sein Ansehen hat die Glaubensspaltung überdauert, noch Luther schätzte ihn höher «denn alle Mönche und Pfaffen auf dem ganzen Erdboden» und Matthias Flacius reihte ihn in seinen «Katalog der Wahrheitszeugen».

Die Beurteilung dieses Mannes geht am besten von der Ahnung Dantes um Bernhard aus. Bernhard und Dante ist ein viel fruchtbareres Thema als Bernhard und Schiller, das nur Mißverständnisse aufzeigen kann [57]. Kenner haben schon die Frage aufgeworfen, ob Bernhard neben Virgil und Beatrice nicht zu den Hauptgestalten in Dantes «Göttlicher Komödie» gehöre. Der florentinische Dichter verehrte Bernhard von allen natürlich Gezeugten am höchsten. Er hat das Hinaufleitende des Abtes von Clairvaux erfaßt und ließ ihn in seinem Himmel Dante der Vollendung entgegenführen, damit seine wahre Funktion enthüllend. Das Gebet Bernhards an die Jungfrau Maria bildet den abschließenden Höhepunkt der «Göttlichen Komödie». Doch das Schönste über den Abt von Clairvaux hat Thomas von Aquino gesagt: «Mit dem Weine seiner Süßigkeit hat er alle Welt trunken gemacht.» Diese Charakterisierung gibt die gewaltige Wirkung Bernhards unübertrefflich wieder und ist Hildegards Wort ebenbürtig: «Du bist der Adler, der in die Sonne schaut.» Der Begriff «Trunkenheit» umfaßt Bernhard, der kein Normalchrist war, dem steife Korrektheit das Höchste bedeutete. Beim Auslegen des Hohenliedes schäumte der göttliche Geist über, und seine strömende Mystik ist von einer nicht mehr zu steigernden Süßigkeit. Mit seiner nüchternen Trunkenheit weckt er im Menschen unstillbare Gefühle der Sehnsucht, die Gott direkt entgegenbrennen. Die Köstlichkeit der Zisterziensermystik brachte Bernhard den Titel «der honigfließende Doktor» ein. Er spendet den Menschen in aller Herbheit einen berauschenden Trank, und der Christ kann auf diesen «Wein der Süßigkeit» nie mehr verzichten, wenn er nur einmal seine Lippen an den Becher dieser Mystik gesetzt hat. Bernhards objektive Subjektivität, um diese paradoxe Formulierung zu gebrauchen, hat der glühenden Herzenstradition im Christentum zum Durchbruch verholfen, die von der kalten Verstandesbestrebung immer wieder übertönt, aber doch nie mehr völlig verdrängt werden konnte.

II

Von Bernhard und seinem Werk mußte in dieser Ausführlichkeit die Rede sein, um das Zisterziensertum zu begreifen. Zwar darf er nicht mit dem Orden völlig identifiziert werden. Der Abt von Clairvaux hat Seiten an sich, welche die Zisterzienser nicht aufnahmen und auch nicht aufnehmen konnten. Dazu war er eine zu übermächtige und einmalige Persönlichkeit. Doch ist er der größte Sohn des Zisterziensertums, vor und nach ihm gab es im Orden nicht seinesgleichen. Er hat ihm am meisten Menschen zugeführt.

Das nach dem Namen jener Gegend benannte Klösterchen Zisterz war ein armseliges Unternehmen, das nur eine kleine, noch heute nicht völlig aufgehellte Geschichte hinter sich hatte.

Gegründet wurde es von Robert, von dem wegen des mangelnden Quellenmaterials kein plastisches Bild gezeichnet werden kann. Seine Bedeutung ist bis zum heutigen Tag umstritten. Er wurde in jungen Jahren Mönch, machte hierauf eine kurze Einsiedlerperiode durch und trat dann in das Benediktinerkloster zu Molesme ein. Das Leben der Klosterbrüder genügte jedoch seinem Eifer nicht, was ihn auf den Gedanken brachte, eine neue Stätte des monastischen Lebens zu gründen. Seinen Plan ausführend, machte er sich mit einigen Brüdern «freudig auf den Weg nach der Einöde, Cistercium genannt». Im Jahre 1098 bauten sie inmitten eines wilden Gehölzes ein kleines Klösterchen. Es war alles andere als eine malerische Lage, da der Boden mit dichtem Gestrüpp überwuchert und die Wildnis von Wölfen bewohnt war. Die Armut zwang die Mönche jeweilen zum Bettel. Gleichwohl wies Robert alle Schenkungen ab. Sein Vorhaben konnte er aber nicht zu Ende führen, weil ihn die Mönche von Molesme zurückbegehrten und er auf kirchlichen Befehl hin diesem Gesuch nachkommen mußte. Da Roberts Aufenthalt in Citeaux nur ein wenig mehr als ein Jahr dauerte, ist er wohl der Gründer des Klosters, aber nicht der des Ordens.

An seiner Stelle übernahm Alberich als Abt die Führung der wenigen Mönche in jener sumpfigen Gegend. Auch er war bereits in Molesme gewesen, wo er mit Robert zusammen für eine ernstere Lebensführung eingetreten war. Seiner Abttätigkeit stellten sich viele Schwierigkeiten entgegen, zumal die Mönche der nächstgelegenen Klöster sich durch seine strenge Zucht im Gewissen getroffen fühlten und ihm allerlei Unannehmlichkeiten bereiteten. Alberich ließ sich jedoch an seiner beinahe übermäßigen Strenge nicht irre machen. Wahrscheinlich war Alberich der Mann, der die leitenden Gedanken von Citeaux aufstellte und somit der geistige Inspirator der neuen Bewegung. Keine spekulativen Ideen erfüllten ihn, er erstrebte einfach die Rückkehr zu dem alten Mönchtum. Bei ihm nimmt man wahr, was mehr ist als Tiefsinn: das Ernstmachen mit der erkannten Wahrheit. Statt geistreiches Geflunker zum besten zu geben, erstrebte Alberich Verwirklichung. Aber auch ihm war keine lange Wirksamkeit vergönnt, da er schon 1109 durch den Tod abberufen wurde.

Zum neuen Abt wurde Stephan Harding gewählt, der, aus England stammend, ebenfalls Robert von Molesme her kannte und auch mit Alberich eines Geistes war. Er führte dessen Werk weiter und gab der neuen Bewegung die notwendige Organisation. Harding ward eine schwere Prüfung auferlegt, die ein weniger glaubensstarker Mensch kaum überstanden hätte. Unter seinen Mönchen brach ein unerklärliches Sterben aus. Natürlich höhnten die Insassen der umliegenden Klöster, er mute seinen Mönchen zu viel zu, und deswegen würden sie ins Grab sinken. Es war für Stephan ein schwer zu ertragender Vorwurf, zumal keine neuen Mönche kamen, welche die Plätze der Verstorbenen einzunehmen gewillt waren. Jahrelang kam Harding sich in Citeaux wie die Unfruchtbare vor, die keine Kinder gebiert. Das Kloster stand auf dem Aussterbeetat, es hatte sich scheinbar als lebensunfähig erwiesen. Sein ohnehin ernstes Gesicht wurde noch sorgenvoller, und das Ausbleiben von Neueintritten brachte ihn beinahe an den Rand der Verzweiflung. Nachdem er unermüdlich unter Tränen zu Gott gefleht hatte, sollte Stephan endlich den Lohn jenes Menschen empfangen, der im Leben warten kann, bis ihm der Allerhöchste das Erbetene schenkt. Während der langen Prüfungszeit hat sich Stephan nicht von der Ungeduld übermannen lassen und sich zu keiner Abschwächung bequemt, um den Bestand des Klosters zu sichern. In dieser äußersten Trostlosigkeit klopfte unerwarteterweise Bernhard mit seinen dreißig Gefährten an die Pforte, – das nur spärlich bewohnte Kloster war vor dem Erlöschen gerettet.

Robert, Alberich und Stephan waren Männer, die mit ihrer mutigen Tatkraft ein kühnes Werk ins Leben riefen. Nur ungewöhnliche Naturen waren zu einer solchen Leistung befähigt. Ihnen kommt Größe zu. Noch größer jedoch war Bernhard, der sie alle in den Schatten stellte. Wer von den Zisterziensern reden will, muß Bernhard in den Vordergrund rücken, obschon er nicht der eigentliche Gründer des Ordens war. Doch gehört er zu den Vätern, die ihn entscheidend geprägt haben, denn ohne Bernhard wäre der Zisternzienserorden nie zu dieser Blüte gelangt. Er hat ihm das rühmliche Ansehen verschafft. Bernhard war nicht der erste, aber der gewaltigste Zisterzienser, der je gelebt hat. Dieser Mann ist ausschlaggebend für den Geist des Ordens. Bernhard änderte nichts an den Gründungsideen, er hat sie übernommen und hielt ihnen zeitlebens die Treue. Die strikte Beibehaltung der grundlegenden Gedanken erfuhr aber durch seine Einführung der Mystik eine wesentliche Vertiefung. Darin besteht eine der hauptsächlichsten Bedeutungen, welche Bernhard für den Orden bekam. Er trug am meisten zur Erweiterung seiner geistigen Basis bei.

Für ein tieferes Verständnis des Zisterzienserordens ist die Kenntnis von dessen ursprünglichem Ideengut eine unumgängliche Notwendigkeit.

Das primäre Bestreben der Zisterzienser war die genaue Erfüllung der Regula Benedikts. Unter Ausschaltung der unerfreulichen Zwischenentwicklung vollzogen sie eine bewußte Rückkehr vom 12. zum 6. Jahrhundert und wollten als getreue Söhne Benedikts nichts anderes, als die Regel ohne jede Abschwächung und Interpunktion durchführen. Mit heiligem Eifer waren sie entschlossen, Benedikts Anordnungen in ihrer ganzen Strenge zu halten, mochten sie darüber auch als Abenteurer gescholten werden. Das Zisterziensertum ist als ein Benedictus redivivus zu bezeichnen; wie denn der Orden bis zum heutigen Tag den Gründer von Monte Cassino als seinen Vater verehrt. All das früher Gesagte über Benedikts Regel wäre an dieser Stelle zu wiederholen. Obschon die Zisterzienser nicht den Ehrgeiz hatten, ein neues Werk zu schaffen, brachte die buchstäbliche Erfüllung der Regel in der geschichtlich veränderten Situation eine unerwartet große Wirkung hervor.

Um die Rückkehr zur Regula zu bewerkstelligen, waren die Zisterzienser darauf gerichtet, das Mönchtum aus dem Gesellschaftsbau des Mittelalters herauszunehmen. In der Eingliederung des Benediktinertums in die Kultur lag nach ihrer Überzeugung eine der Hauptursachen des Niederganges. Der Platz des Klosters war nach dem ursprünglichen Mönchtum am Rande der menschlichen Gesellschaft. Im Laufe der Zeit jedoch rückte dasselbe von der Peripherie immer mehr in das Zentrum der Gesellschaft. Zu diesem Prozeß hat der Umstand beigetragen, daß das Frühmittelalter das Phänomen der Stadt noch nicht kannte. Die Klöster, die für mehrere hundert Personen Aufenthaltsräume besaßen, stellten neben den Burgen hiefür einen Ersatz dar. Fürsten kehrten mit ihrem Gefolge vorwiegend bei ihnen ein, blieben oft mehrere Tage und brachten dadurch ein Stück Welt in die klösterliche Einsamkeit hinein. Die Zisterzienser bereiteten dieser Entwicklung ein radikales Ende. Gemäß ihrer strengen Rückkehr zur ursprünglichen Regula Benedikts stellten sie die Forderung auf: Das Kloster gehört in die Einsamkeit und nicht an die Landstraße, die im Mittelalter eine ähnliche Funktion hatte wie die Zeitung in der Neuzeit. Fern von allem menschlichen Treiben soll sich das Kloster des büßenden Mönches befinden, der mit der Welt abgeschlossen hat. In seinen Mauern dürfen keine glänzenden Ritterspiele abgehalten werden. Stephan Harding verbot trotz des Ausfalls der Unterstützung, die ihm von seiten der vornehmen Gesellschaft zuteil wurde, daß irgendein Fürst seine Pracht in Citeaux entfalte. Er wußte, daß Gott sich der Verlassenen mit doppelter Liebe annimmt. Aus diesem Grunde bauten die Zisterzienser ihre Klöster absichtlich in menschenverlassene, weltabgelegene Gegenden, womit sie jede Berührung mit dem geselligen Leben vermieden. Der Mönch hat sich in keiner Weise mit der Außenwelt zu beschäftigen, auch nicht mit dem kirchlichen Leben, es sei denn im Gebet vor Gott. Keinerlei Unterricht sei im Kloster der Jugend erteilt, ebensowenig haben die Insassen die Predigttätigkeit auszuüben, Seelsorge zu betreiben und Pfarreien zu besitzen. Alle diese Verpflichtungen verquicken wieder mit der Welt, wenn auch mit einer kirchlich angehauchten Welt und machen den weltflüchtigen Charakter des Mönchtums illusorisch. Wo immer die Zisterzienser später gleichwohl kirchliche Funktionen übernahmen, taten sie es unter höherem

Druck, wie in Österreich, da der Josephinismus die Weiterduldung ihrer Klöster von pfarramtlichen Tätigkeiten abhängig machte.

Mit der Erneuerung der alten Regel war eine Wiedereinführung der Handarbeit verbunden. Sie war bei Benedikt vorgesehen, aber im Laufe der Zeit, und namentlich durch die Erweiterung des Chordienstes im Cluniazensertum, kam sie den Mönchen abhanden. Die Zisterzienser griffen auf sie zurück und erkannten wieder die ewig gültige Weisheit: Arbeite, du müßiger Mensch! Sie schämten sich der werktätigen Beschäftigung nicht, noch kamen sie sich als Adelssöhne zu vornehm vor, mit beiden Händen die Dinge anzupacken. Die Wiederaufnahme der Handarbeit war kein nebensächlicher Vorgang, sie trug unbedingt zum Gesundungsprozeß bei. Mit ihr verschafften sich die Zisterzienser gleichsam «wieder Gott durch Arbeit», wie Dostojewskij sich einmal ausdrückte. Allezeit kommt dem Arbeitsethos eine erzieherische Bedeutung zu; es wurde dadurch die geistliche Tändelei ausgeschaltet, die das Mönchtum zum Müßiggang verführt und an den Rand des Unterganges gebracht hatte. Die Zisterzienser waren entschlossen, sich Gott durch ihre Arbeit, und zwar durch grobe Bauernarbeit, würdig zu erweisen, wodurch jene parasitische Menschengattung gar nicht aufkommen konnte, die als eine faulende Schimmelschicht dem Kloster nur verderblich war. Bei allen Zisterzienserklöstern sah man nun wieder, wie in früheren Jahrhunderten, die Mönche in völligem Stillschweigen ihre Arbeit verrichten. Sie bestellten den Acker und mahlten das Korn in der Mühle, sie rodeten die Wälder und legten die Sümpfe trocken, wodurch ihre Tätigkeit auch einen sozialen Nutzen bekam. Jegliche Arbeit, die sie freilich nur in der Nähe des Klosters ausführen durften, war für diese neuen Söhne Benedikts wieder geheiligt. «Die Körperarbeit war Sinnbild für das Grundgesetz dieser Mönche, daß man durch die Vita activa die Vita contemplativa verdienen und vertiefen müsse[58].»

Scheinbar war das Zisterziensertum lediglich eine Rückkehr zum ältesten Benediktinertum, in Wirklichkeit aber war es eine Neuschöpfung. Es gibt in der Geschichte keine mechanischen Wiederholungen, jeder ernsthafte Versuch einer Erneuerung früherer Zustände brachte bis dahin unbekannte Gestaltungen hervor. Diese Wahrheit wird durch die Wahrnehmung bestätigt, wie die Zisterzienser mit der wiederaufgenommenen Bauernarbeit sich zugleich verpflichteten, nie aus der Arbeit eines andern Menschen Nutzen zu ziehen. Sie legten sich ursprünglich selbst das großartige Verbot auf, weder Bodenzinse noch Zehnten zu nehmen, wie auch keine Hörigen zu halten. Das war ein äußerst bemerkenswerter Entschluß, der eindeutig beweist, daß es zu allen Zeiten Menschen gab, welche die entscheidenden Probleme des sozialen Lebens sahen. In dieser kühnen Verfügung widerspiegelt sich der neue, sich in der Liebe zur Armut erfüllende Geist. Wieder zeigt sich darin, wie eine rein rückwärts gewandte

Bewegung, die das konservative Prinzip bis zur äußersten Grenze durchführt, sich automatisch für die Gegenwart umstürzend auswirkt. Denn, wäre das Zisterziensertum seinem Beschluß des Zehntenverbotes nicht untreu geworden und die mittelalterlichen Stände auf diese Reform eingetreten, hätte es zu nichts Geringerem als zur Geburt einer neuen Gesellschaftsordnung geführt! Es ist nicht auszudenken, was daraus alles hervorgegangen wäre. Nie hätte dann die Welt jene verzweifelten Bauernerhebungen gesehen, in deren grauenhafter Erstickung das gotische Zeitalter ausklingt. Im zisterziensischen Verzicht, andere Menschen als Hörige auszubeuten, lag der Keim zu einer neuen Ordnung beschlossen. Es ist geboten, auf diese Möglichkeiten viel mehr zu achten, als es gewöhnlich in der Kirchengeschichtsschreibung geschieht, will man die soziologische Bedeutung des Mönchtums erfassen.

Die Zisterzienser brachten ferner ein neues, äußerst brauchbares Element in die Mönchsgeschichte hinein, das später auch von den übrigen Orden übernommen wurde: Sie gaben dem Laienbrüderinstitut die endgültige Form. Von geistlicher Betrachtung und wissenschaftlicher Tätigkeit waren die barttragenden Konversen, wie man die Laienbrüder nannte, ausgeschlossen. Ihre mangelnde Bildung reichte hiefür schon nicht aus, rekrutierten sie sich doch aus bäuerlichen Kreisen im Unterschied zu den Mönchen, die fast durchwegs adeliger Abstammung waren. Den Laienbrüdern oblag ausschließlich die Sorge um die ökonomische Sicherheit des Klosters. Diese Einrichtung ergab sich aus einer organisatorischen Notwendigkeit, denn die Meierhöfe lagen teilweise sehr weit von den Klöstern entfernt, und es war den Mönchen verboten, außerhalb ihres Klosters zu nächtigen. Laienbruder war jedoch in der ersten Zeit alles andere als nur ein getarnter Name für Höriger. Gleichwohl stößt sich modernes Empfinden an der unterschiedlichen Behandlung von Laienbrüdern und Mönchen im Kloster. Heute noch sind die Konversen sowohl vom aktiven als passiven Wahlrecht in klösterlichen Angelegenheiten ausgeschlossen. Dabei trifft man unter diesen einfachen Brüdern oft Menschen, die von hoher Heiligkeit erfüllt sind. Zum Verständnis der Laienbrudereinrichtung sei noch erwähnt, daß diese Institution aus der Feudalzeit hervorging, deren soziales Gewissen nicht mit einem neuzeitlichen Maßstab beurteilt werden darf. Verglichen mit der Menschenbehandlung jener Zeit macht sich bei der zisterziensischen Institution der Laienbrüder doch ein wesentlich christlicherer Geist bemerkbar. Wie es die Brüderlichkeit erforderte, verpflichteten sich die Zisterzienser, ihre Konversen im Leben und Tod wie sich selbst zu halten. Tatsächlich arbeiteten sie mit ihnen zusammen, wie denn die Beziehungen zwischen Mönchen und Laienbrüdern keineswegs locker waren. Die Laienbrüder nahmen nach den Gesetzen des Ordens an allen geistlichen Gütern Anteil, und sie legten auch gleich den Mönchen in Gegenwart des Abtes ihre Gelübde ab.

Eine weitere Änderung vollzogen die Zisterzienser in der Kleidung. Das pelzverbrämte Mönchshabit der Cluniazenser betrachteten sie als Überfluß und kehrten zu dem einfachen Gewand der früheren Zeit zurück. Da sie weder Wolle noch Tuch färbten, ergab sich daraus jedoch ein Farbwechsel, dem sie eine symbolische Bedeutung zuschrieben. Für die Zisterzienser ist das grauweiße Mönchskleid charakteristisch, wodurch sie sich von den schwarzen Benediktinern unverwechselbar unterscheiden. Für die Männer von Citeaux war «das Leben eines Mönches nicht nur eine Buße, sondern glich dem der Engel, und sie trugen deshalb weiße Gewänder, um die geistliche Freude ihres Herzens zu zeigen»[59]. Die Nacht verbrachten sie wiederum im ungeheizten Schlafsaal. Völlig angekleidet lagen sie auf ihren Strohbetten, um beim ersten Glockenschlag ohne lange Vorbereitung sich gleich in die Gegenwart Gottes zu stellen. Der Morgenschlaf war mit der Begründung verboten: Zu der Stunde, da der Herr sich aus dem Grabe erhob, darf der Mönch nicht schlafen. In der Nahrung machten sie die alte Askese in ihrer ganzen Härte geltend, zwei Mahlzeiten wurden einfach und möglichst ohne Fett zubereitet.

Die Zisterzienser waren bestrebt, in der Einrichtung des Gotteshauses alle überladene Ausschmückung bewußt zu vermeiden. Auch hierin zeigte sich ihre Armutsliebe. An Stelle des Glockenturmes trat der Dachreiter, eine einzige, kleine Glocke war an ihm befestigt, die zum Zusammenrufen der Klostergemeinde genügte. Gemalte Fensterscheiben wurden ursprünglich nicht geduldet, und auch die Wände der Kirchen blieben ungeschmückt. Frei von Skulpturen war der Raum, denn nichts sollte vorhanden sein, das an Stolz und Üppigkeit gemahnte. Nicht einmal die Kelche waren aus Gold; die Zisterzienser pflegten zu sagen, es sei ein Kreuz aus Holz und nicht eines aus Silber gewesen, das die Welt erlöste. Bernhard hat vernichtende Urteile über die reichgeschmückten Kirchen der Cluniazenser gefällt, womit sich zugleich sein soziales Empfinden kennzeichnete: «Die Wände der Kirchen strahlen, und ihre Armen sind in Not. Ihre Steine kleidet sie in Gold und läßt ihre Kinder nackt gehen. Man schmeichelt den Augen der Reichen, und die Armen haben das Nachsehen. Die Kunstgenießer finden dort genug, um ihrem Geschmack zu frönen, die Elenden aber haben nichts zu essen [60].»Da Bernhard keine Kunstwerke duldete, ging er nach dem Urteil heutiger Zisterzienser in seinem Puritanismus viel zu weit, zumal auch der Gottesdienst gekürzt und zahlreiche Feste abgeschafft wurden. Trotz der Ablehnung alles Glanzvollen im Kultus, besitzen die einfachen Zisterzienserkirchen ihre unverkennbare Schönheit. Jegliche abstoßende Geschmacklosigkeit ist vermieden. Die Ausschaltung aller dekorativen Sujets bringt die Reinheit der Linienführung viel stärker zur Geltung; die Einfachheit und Größe des Stils vermögen den Betrachter sichtlich zu beeindrucken. Im Unterschied zu den allzu reich ausstaffierten Kirchen wohnt der Zisterzienserkirche die edle

Würde des Schlichten inne. Der Baustil der Zisterzienser stellt den Übergang von der romanischen zur gotischen Kunst dar. In ihm erwacht die Frühgotik. Wer eine alte Zisterzienserkirche lange betrachtet, spürt förmlich die in ihr verborgene religiöse Kraft. Kein größeres Mißverständnis ist möglich, als sie wegen ihrer Schmucklosigkeit der Primitivität zu bezichtigen, der die tieferen Probleme noch unbekannt geblieben sind. Die Stille der frühgotischen Zisterzienserkirche ist nicht einer geistigen Unerwachtheit gleichzusetzen. Selbstverständlich wußten die Zisterzienser auch um die Erregung der Seele, sonst hätten ihre Formen nicht jene gewaltige Wucht angenommen. Ihr neuer Baustil aber verrät die Meisterung der Aufgewühltheit, was sich in der Sicherheit ihres Jenseitsbewußtseins zeigt, das allerdings unter Anstrengung aller Seelenkräfte erkämpft wurde. Die weißen Mönche gelangten von der Unruhe zur Gottesruhe, und dieser seelische Prozeß dokumentiert sich eindrücklich in der Einfachheit des frühgotischen Stils, der mit der Romantik zusammen zu der allerchristlichsten Kunst gehört.

Die zisterziensische Frömmigkeit besteht in dem asketischen Lebensgefühl, das mit dem Teufel gerungen und den Frieden Gottes gefunden hat. Ihr mächtiges religiöses Erlebnis hat zum Aufbruch der abendländischen Seele geführt, was im 12. Jahrhundert geschah. Obschon sich die zisterziensische Geistigkeit gegenüber der Wissenschaft zurückhaltend benahm, pflegte sie Bibliotheken, und in ihren Klöstern las man Augustin. Trotz ihrer ausgeprägten Marienverehrung haben sich die ersten Zisterzienser gegen die Einführung des neuen Festes «Maria Empfängnis» gewehrt. Dieses scheinbar gegensätzliche Verhalten gilt als Warnung, die Söhne von Citeaux nicht als zu einlinig gebaute Wesen aufzufassen. Bei aller Eindeutigkeit sind sie innerlich viel reichhaltiger, als der moderne Betrachter zu vermuten geneigt ist. In ihrer Askese huldigten die Zisterzienser keinem finstern Geist. Während sich ihre Körper unter der harten Arbeit krümmten, erhoben sich ihre Seelen zum Himmel. «Es war freilich selbst für ihre Zeitgenossen unerklärlich, wie sie so leben konnten; aber das Geheimnis lag in der Glut des Geistes, welche das träge Fleisch und Blut aufrecht hielt, ihr Leben war übernatürlich[61].»

Stephan Harding war der Schöpfer der «Charta caritatis», der größten Neuerung des Zisterziensertums. Die auf Pergament geschriebene Urkunde faßt alle Zisterzienserklöster zu einer einzigen Familie zusammen, wobei Citeaux die gemeinsame Stammutter ist und mit den vier ersten Abteien die übrigen Klöster beaufsichtigt. Diese Liebesurkunde ist ein überaus bedeutsames Dokument, welches das Zisterziensertum zum ersten Orden des Mittelalters macht. Das Benediktinertum war noch kein Orden, da es nur einzelne Klöster baute, die zwar alle nach der Regel des Gründers von Monte Cassino lebten, aber in denen sich sonst sehr verschiedene Gewohnheiten ausbildeten. Bei den Zisterziensern dagegen trat neben der Regel Benedikts als gleichwertige Autorität die «Charta caritatis». Sie wollte nicht das einzelne Kloster in seiner selbständigen Entwicklung stören. Nach wie vor besaß jedes Kloster freie Wahl des Abtes, dem volle Rechte zubemessen waren. Nur in der Auslegung der Regel hatten sich die einzelnen Äbte dem Mutterkloster von Citeaux zur Treue zu verpflichten, während sie im übrigen vollständige Freiheit genossen. Der Abt war nicht nur ein untergeordneter Prior, der in seinen Handlungen stets dem Mutterkloster Rechenschaft zu geben hatte. Es bestand die ausdrückliche Bestimmung, daß Citeaux keine Abgaben entrichtet werden dürften. Es hat den Tochterklöstern keine Gesetze vorzuschreiben, sondern kennt nur die Sorge der Liebe für sie. Das Mutterkloster griff nur ein, wenn ein Abt sich allzu selbstherrlich gebärdete oder sich der Pflichtvergessenheit schuldig machte. Visitationen waren vorgesehen, denen alle Klöster unterlagen. Die vier ältesten Tochterklöster visitierten auch Citeaux und beugten dadurch einem allzu großen Vorsprung des Mutterklosters vor. Die höchste Autorität des Zisterzienserordens liegt beim Generalkapitel, dem sämtliche Äbte angehören. Der organisatorisch begabte Stephan Harding schuf auch diese Einrichtung, die später von den meisten andern Orden übernommen wurde. Das Generalkapitel versammelt sich ordnungsgemäß alle Jahre einmal und bespricht den Stand aller Zisterzienserklöster. Bei Uneinigkeit des Generalkapitels hat der Abt von Citeaux als «Erster unter Gleichen» den ausschlaggebenden Entscheid zu fällen, und die andern Äbte müssen sich seiner Stimme fügen. Die ganze Verfassung der Charta Caritatis ist in ihrer Einfachheit ein wahres Meisterwerk. Sie wahrte die Einheit, ohne die Eigenheiten der einzelnen Klöster zu beseitigen. Die individuelle Entwicklung des Einzelklosters wird gefördert und gleichwohl das gemeinsame Band nicht vernachlässigt. Föderalismus und Zentralismus sind in dieser Verfassung auf eine vortreffliche Weise ausbalanciert. Mit ihrer weisen Überlegung ist die Charta caritatis ein Dokument echt zisterziensischen Geistes, das die neuen Ideen der Freiheit und der Genossenschaft des Hochmittelalters vorwegnimmt. «Es gehörte Mut dazu, die Charta caritatis, in der weder Papst noch Bischof genannt wurde und die eine derartige Ausnahmestellung verlangte, dem Oberhaupte der Kirche zur Gutheißung zu unterbreiten», der sie jedoch am 23. Dezember 1119 bestätigte [62].

III

Nach der Überwindung der Anfangsschwierigkeiten nahm der Zisterzienserorden einen großen Aufschwung. Wie ein Lauffeuer breitete sich seine Reform aus, und seine Geschichte war zunächst ein einziger Siegeszug «Die Welt ist voll Mönche», frohlockte damals Bernhard. Zwar wurden gelegentlich über-

triebene Zahlen angegeben. Nach dem sorgfältigen Studium von Leopold Janu-
scheck besaß der Orden beim Tode des Abtes von Clairvaux bereits 343 Klöster
und am Ende der zweiten Periode über 700. Die allzu rasche Vermehrung der
Niederlassungen wurde für den Orden beinahe zur Gefahr, und er sah sich genötigt, die Gründungen neuer Abteien vorübergehend abzustoppen. Damals
schien die Welt zisterziensisch zu werden, und die weißen Mönche erhellten
gleich brennenden Lampen den dunklen Raum der Christenheit. Kaiser bemühten sich um die Freundschaft des Ordens, und Päpste förderten ihn. Die goldene
Zeit, wie die Zisterzienser ihre Blütezeit nennen, dauerte fast zweihundert
Jahre – ein mächtiger Beweis der innern Kräfte des Ordens.

Doch erfuhr auch der Zisterzienserorden die traurige Wahrheit von Kierkegaards Wort an sich: «Wenn ein Hund gezwungen wird, auf zwei Füßen zu gehen, so hat er in jedem Augenblick die Neigung, wieder auf allen vieren zu gehen und wird dies sofort tun, wenn es irgendwie angeht, und wird stets darauf
warten, daß er es tun kann. So geht in der ganzen Geschichte der Christenheit
das Streben des Menschengeschlechts dahin, wieder auf alle viere zu kommen [63].»
Der Verfall des Ordens war durch verschiedene Faktoren bedingt. Der Schwarze
Tod im 14. Jahrhundert und der Hundertjährige Krieg in seinem Stammland
trugen viel zur Entvölkerung der Klöster bei. Auch die zu weltweite Organisation, der die damaligen Verkehrsmittel nicht gewachsen waren, machte sich in
nachteiliger Weise bemerkbar. Im Laufe der Zeit verglomm die erste Glut unmerklich, und die Anpassung an den jeweiligen Zeitgeist war verhängnisvoll.
Ganz schlimm wirkte sich die Unsitte der Kommendataräbte aus, die als Weltmenschen das Kloster lediglich als Ausbeutungsobjekt betrachteten. Auch der
Reformation und der Aufklärung fielen zahlreiche Klöster zum Opfer. Doch
würde es wiederum einen falschen Eindruck erwecken, wollte man die ganze
Geschichte des Zisterzienserordens – die bis heute noch nicht geschrieben ist –
seit dem Goldenen Zeitalter sich nur als unaufhaltsamen Verfall vorstellen. In
diesem Fall wäre das Zisterziensertum schon längstens vom Erdboden verschwunden. Vielmehr gab es immer wieder zahlreiche ernste Äbte, die dem ursprünglichen Geist nachzuleben suchten und mit aller Kraft sich dafür einsetzten, daß die Mönche nicht «wieder auf allen vieren» gingen. Haben sich doch
die Zisterzienser bis zur Gegenwart erhalten, und heute noch wird in ihren Klöstern auf eine würdige Weise das monastische Leben gepflegt. Wenn es auch
eine willkürliche Auswahl bedeutet, seien aus der bewegten Geschichte des Ordens nur drei Namen herausgegriffen, die von dessen Lebendigkeit ein beredtes
Zeugnis ablegen.

Am Ende des 12. Jahrhunderts lebte in Kalabrien der Zisterzienserabt Joachim von Fiore. An einem Pfingstmorgen wurde ihm die Erleuchtung von den
drei Zeitaltern des Vaters, des Sohnes und des Heiligen Geistes geschenkt.

Diese Gabe machte ihn zu einem der größten Erwecker des mittelalterlichen Geisteslebens. Die Hoffnung auf das demnächst beginnende Zeitalter des Geistes, das die sohnliche Epoche ablöst, ist ein großartiges Geschichtsbewußtsein. Einen Durchbruch zu neuen, noch größeren Vollkommenheiten menschlichen Daseins enthält Joachims Weissagung, die sich von der gefürchteten Erwartung des Weltendes deutlich abhob. Von der Überwindung der bestehenden Klerikerkirche durch die zukünftige Geistkirche erwartete Joachim das Auftreten neuer Orden, die nach seinen Andeutungen auch verheiratete Glieder der Kirche umfassen werde[64]. Ein ganz neues Mönchtum dämmerte bei Joachim auf, das ihn in Konflikt mit seinem Orden brachte. Er schritt zur Gründung eines neuen Zweiges, der sich erst nach einigen Jahrhunderten mit dem alten Zisterziensertum wieder vereinigte. Die beinahe überkühne Schau von Joachims Geschichtsprophetie konnte der Orden sich nicht zu eigen machen, obschon in ihr aufs neue Bernhards Gottessturm vom Glühen, das mehr ist als Wissen, aufflammte. Insofern war es nicht zufällig, daß ein Zisterzienserabt mit der Botschaft von dem nachkirchlichen Weltalter auftrat. Folgerichtig hat der Orden den außergewöhnlichen Abt auch nicht von sich abgeschüttelt und schließt ihn noch heute in seine Gebete ein. Die Deutung von Joachims Lehre ist umstritten. Die allzu eifrige Betonung seiner Übereinstimmung mit der kirchlichen Auffassung läuft auf eine Verharmlosung seiner Botschaft hinaus, während die schroffe Herausarbeitung seiner die Klerikerkirche sprengenden Ausführungen wieder seine Selbstdeutung verzerrt. Joachim wollte sicher kein Häretiker sein und war es auch bei seiner Freundschaft mit den Päpsten nicht. Die Strahlen seiner Geisteskirche weisen jedoch in eine messianische Zukunft hinein, in der ein völlig neues Geschichtsgefühl aufbricht. Der Abt von Kalabrien sprach eine der größten Hoffnungen aller Zeiten aus, welche die Welt davor bewahrte, in die Verzweiflung zu versinken. Diese unvergeßliche Sehnsucht verdankt die Christenheit einem Zisterzienser!

Dem Orden hat sich auch ein weiblicher Zweig angegliedert. Es gibt Zisterzienserinnen, die, meistens aus vornehmen Familien stammend, das kontemplative Leben pflegen. Ihre völlige Zurückgezogenheit bringt es mit sich, daß wenig von ihnen geredet wird, sie begehren auch nicht in der Leute Mund zu sein. Es befinden sich unter ihnen Frauen von tiefster Religiosität und feinster Bildung, wie sie beispielsweise das Kloster Port Royal beherbergte. Man hat von Port Royal schon als von einem Pseudokloster gesprochen und liebt es, ein gruselndes Schaudergefühl zu erwecken, wenn das Gespräch darauf kommt. Diese forcierte Ablehnung verrät jedoch nur ein Nachplappern von veralteten Schlagworten, die heute keine Berechtigung mehr haben. Was Port Royal im 17. Jahrhundert veranlaßte, einer verweltlichten Religiosität entgegenzutreten, war zunächst echter Zisterziensergeist, der sich erst nachträglich in die Auseinandersetzung mit dem Jansenismus verquickte. Nun hat der Jansenismus eine Seite, die dem Zisterziensertum entgegenkommt, wenn er auch niemals ihm gleichzusetzen ist. Die Jansenisten pflegten ein dogmatisches Sondergut, welches das Zisterziensertum nicht teilte. Ihr ethischer Ernst dagegen ist der zisterziensischen Zucht verwandt. Deswegen drang jansenistischer Geist in viele Zisterzienserklöster in Frankreich ein, und seine Übertreibungen gewisser Praktiken führten dann freilich zu schweren Reibungen. Über diesem Schaden darf eine gerecht urteilende Geschichtsschreibung jedoch nicht das Wertvolle verkennen, das im Kampf der zisterziensisch-jansenistischen Geistigkeit gegen die Laxheit bestand. Unmöglich kann man sich in das Leben der Zisterzienserinnen von Port-Royal vertiefen, ohne vor ihrer vorbildlichen Frömmigkeit Respekt zu empfinden. Neben der führenden Angelica stand die tapfere Jacqueline, die inmitten der jansenistischen Wirren die Worte schrieb: «Ich weiß es wohl, daß es nicht die Sache der jungen Mädchen ist, die Wahrheit zu verteidigen, obgleich man sagen könnte, daß heute, wo durch eine traurige Vertauschung der Rollen die Bischöfe den Mut von jungen Mädchen haben, die Mädchen den Mut von Bischöfen haben sollten. Aber wenn es auch nicht unsere Sache ist, die Wahrheit zu verteidigen, so ist es doch unsere Sache, für sie zu sterben[65].» Diese Worte waren keine Phrasen im Munde von Pascals Schwester; diese Nonnen haben damals schwerste Gewissenskämpfe durchgelitten, die jeden religiösen Menschen ergreifen müssen, mag er nun ihren Standpunkt teilen oder nicht. Wahrhaftig, das Zisterziensertum hat sich der Klosterfrauen von Port Royal nicht zu schämen. Sie gereichen ihm zur Ehre und sind der Väter des Ordens würdig. Wie das Intrigenspiel der Politik zum staatlichen Befehl führte, das Kloster Port Royal dem Erdboden gleichzumachen, gehört zu den erschütternden Tragödien der christlichen Geistesgeschichte und verdient eine viel subtilere Beurteilung, als ihr bis dahin vom Standpunkt der Sieger zuteil geworden ist.

Das folgenschwerste Ereignis in der neueren Geschichte des Zisterzienserordens verbindet sich mit dem Namen le Bouthillier de Rancé (1626–1700), einer der ungewöhnlichsten Persönlichkeiten des französischen Geisteslebens. Rancé war ein außerordentlicher Mensch, dessen Leben den denkbar schärfsten Bruch aufweist. Er war vornehmer Abkunft, Patenkind von Richelieu und glänzend begabt. Als vergnügungssüchtiger Priester, der ein verwegener Reiter und beliebter Gesellschafter war, lebte er nach dem Wahlspruch: Morgens predigen wie ein Engel und abends jagen wie ein Teufel. Der plötzliche Tod seiner Freundin schreckte ihn aus seinem ausgelassenen Sündenleben auf und bewirkte eine radikale Änderung seiner bisherigen Daseinsführung, denn er begehrte seine Ausschweifungen zu sühnen. Erschütternd kam es ihm zum Bewußtsein, daß er zwar Doktor der Sorbonne war, jedoch nicht einmal das Alphabet des Christentums kannte. Er verzichtete auf alle seine Pfründen und entschloß sich, nach harten inneren Kämpfen, mit siebenunddreißig Jahren in den nach seiner Ansicht niedrigsten und mühseligsten Stand der Kirche, den Ordensstand, einzutreten. Er wurde Regularabt im Kloster La Trappe, dessen Kommendatarabtwürde er bis dahin innegehabt hatte. Er war genötigt, die verwilderte Mönchsschar, die mehr einer Räuberbande glich als einer Klostergemeinschaft, zum größten Teil zu entlassen, und mit dem zurückgebliebenen kleinen Rest führte er eine strenge Reform durch. Rancé vermochte nochmals die ursprünglichen Kräfte des Zisterziensertums zu beschwören, indem er vor allem an den jungen Bernhard anknüpfte, dessen Härte ihn begeisterte, während die Mystik des Hohenliedes bei ihm keine Erneuerung fand. Der Reformator von La Trappe war eine Natur, auf welche die Kategorie der Ganzheit angewendet werden darf. Nie tat er etwas halb, in allem ging er seinen Weg bis zur äußersten Grenze. Es gab für Rancé nur Konsequenz und nichts anderes. Das ist das Eindrucksvolle seiner Persönlichkeit, die von mönchischer Höflichkeit war und doch nicht den geringsten Kompromiß kannte. Seinen Bemühungen standen die stärksten Hemmnisse entgegen; die hohe Geistlichkeit erklärte ihn als überspannt und verrückt. Er gab diesen Verleumdungen sozusagen selbst Nahrung, vertrat er doch den Standpunkt, daß «das Studium der Wissenschaften ein Feind jenes Geistes ist, welcher das ganze Verhalten der Mönche beseelen muß»[66]. Allein, Rancé besiegte mit seiner strengen Selbstverleugnung alle Widerstände und brachte eine vollständige Erneuerung seines Klosters zustande. Nach seinem Tode griff die Reform auch auf andere Zisterzienserklöster über und führte schließlich zu dem Trappistenorden, der jedoch nichts anderes als das reformierte Zisterziensertum sein will. Bossuet nannte Rancé den vollkommensten Seelenführer für das Klosterleben, den es seit Bernhard von Clairvaux gegeben habe.

Obschon Rancé nur das Zisterziensertum erneuern wollte, ist aus seinen Bestrebungen doch ein neues Gebilde entstanden. Die Veränderung wird einem alsogleich bewußt, nimmt man die seltsame Stimmung in sich auf, die in einem Trappistenkloster mit seiner Abgeschlossenheit und Unwiderruflichkeit herrscht. Fast möchte man von einer heiligen Traurigkeit reden, die sich auf die ewige Seligkeit vorbereitet und die das Mönchtum als eine Art Märtyrertum auffaßt. Im Trappistenkloster wird das Schweigen der Wüste beobachtet. Die Mönche dürfen nicht miteinander sprechen und verständigen sich im Notfall durch eine Zeichensprache. Lautlose Todesstille herrscht Tag und Nacht im Trappistenkloster und verleiht den schweigsamen Räumen das Aussehen eines Grabes, womit die vielen Zungensünden gebüßt werden sollen. Nur zu Gesang und Gebet öffnet der Mönch seinen Mund in der Kirche, die ganz nüchtern eingerichtet ist. Was nützt die Weihrauchwolke aus silbernen Gefäßen, sagt de Rancé, sie muß aus dem Herzen kommen. Außer dem ewigen Stillschweigen ist das

Leben in den Trappistenklöstern durch eine ungewöhnliche Strenge bestimmt. «Für den Trappisten ist die natürliche Familie fort, für ihn bleibt nur eine Familie, das ist die Gottes[67].» Nicht einmal der Tod des leiblichen Vaters wird dem Mönch mitgeteilt, da er in jeder Beziehung mit der Welt abgeschlossen hat. Er darf sich auch nie ausruhen und nimmt seine fettlose Mahlzeit auf einem einbeinigen Stuhl zu sich, um jede Bequemlichkeit auszuschließen. Sein täglicher Lebenszweck ist die Verdemütigung, die sich in der noch heute ausgeübten, wöchentlichen Fußwaschung der Brüder kundgibt. Unter dem Kopfkissen hat er eine Geißel, von der er alle Freitage während der Nokturnen Gebrauch macht. Alle diese Verpflichtungen nimmt der Trappist mit innerer Freude auf sich, wohl wissend, daß er mit seinem ganzen Leben Buße tut. Was Büßertum im wahren Sinne des Wortes bedeutet, das haben die Trappisten begriffen, die ihr Leben mit der Vorbereitung auf den Tod zubringen, der ihnen als Befreier beständig vor Augen schwebt: Diese Nacht vielleicht! «Wenn es hart ist, als Trappist zu leben, so ist es doch gar süß, so zu sterben[68].»

Dem heutigen Menschen geht in einem Trappistenkloster bald der Atem aus. Wenn er als Christ im Natürlichen ein von Gott geschaffenes Werk sieht und die Heiligung der irdischen Sphäre erstrebt, kann er nur den Kopf schütteln über das schroffe Nein, das die Söhne de Rancés zur Welt sprechen. Die rigorose Askese bringt ihn in Harnisch, und eine Auflehnung gegen die Unnatürlichkeit wird in ihm wach. Doch zeigt sich in dieser Aufgebrachtheit nichts anderes, als daß er endlich einmal echtes Mönchtum zu Gesicht bekommen hat, das man nicht mit einer geistlichen Sensationslust oder einem plätschernden Klosterbrünnlein neben einigen Rosenbüschen verwechseln darf. Man muß die reformierten Zisterzienser in ihrer radikalen Fremdheit stehen lassen, sie ragen wie ein erratischer Block aus einem fremden Zeitalter in unsere verweichlichte Gegenwart hinein. Die Trappisten stellen eine Möglichkeit dar im großen Haushalt Gottes, die ihre Berechtigung hat, wenn sie auch nicht zur Auffassung des Durchschnittsbürgers paßt. Dem Menschen, der sich über das Fehlen der Mitte in dieser extremen Lebenshaltung aufhält, kann man nur zu bedenken geben: Lästere nicht, was du nicht verstehst! Ist es doch das Allerwenigste, was man tun kann, daß man über dieses Haus des Schweigens zunächst auch einmal schweigt, anstatt alsogleich seine unbedachten Urteile hervorzusprudeln. Schweigen ist noch immer das Angebrachteste gegenüber einem Phänomen, das über das eigene Verständnis hinausgeht.

Die Trappisten haben über Jahrhunderte hinweg wieder den Weg zu Bernhard von Clairvaux gefunden, dessen Wort sie nicht vergessen konnten: «Mein Sohn, wenn du wüßtest, wie groß die Verpflichtungen eines Mönches sind, so würdest du kein Stücklein Brot essen, ohne es mit deinen Tränen zu benetzen[69].» Welch ein unnachahmlicher Klang lebt in dieser herben Äußerung: Kein Stücklein Brot ohne Tränen! In dieser Mahnung ist noch einmal der ganze Bernhard beschlossen. Es ist das gewöhnliche Schwarzbrot gemeint, das man in den Klöstern seines Ordens zu essen pflegt, und doch kommt auch diesem Brot, wenn auch in anderem Sinn, eine symbolische Bedeutung zu, die das Johannesevangelium in die Verheißung gekleidet hat: «Wer von diesem Brot essen wird, der wird leben in Ewigkeit» (6, 51).

FRANZISKUS
UND DIE MINDERBRÜDER

I

RANZISKUS nahm zuweilen ein Holzscheit wie eine Geige in die linke Hand, einen Stecken in die rechte und strich sich seine Lieder vom Holz, das Leid vom Herzen, indem er zum stummen Spiel, dessen Wohllaut er allein vernahm, hin und her den Körper wiegte. Da rannen ihm jedesmal die Tränen über die Wangen, bis er Geige und Bogen und schließlich sich selber zur Erde warf und in der eigenen Seele wie eine Woge verging[1].»

In dieser von Celano überlieferten Begebenheit aus dem Leben des Franziskus ist mehr als eine seltene Schönheit enthalten. Obwohl sie wie das Gemälde eines alten Meisters wirkt, an dem man immer neue Feinheiten entdeckt, führt sie in eine jede bloß bewundernde Einstellung weit hinter sich lassende Tiefe. Sowohl alles Menschenleid ist in diesem Vorkommnis eingefangen als auch das innerste Wesen dieses Mannes wie in einem Brennspiegel zusammengefaßt. Das erschütternde Geigenspiel dieses Mannes verlangt nach einer behutsamen Interpretation, die vielleicht das Geheimnis dieses einzigartigen Nachfolgers Jesu Christi zu erahnen vermag.

Wenn der Arme von Assisi zuweilen ein Stück Holz an die linke Schulter stemmte, einen Stecken in die Rechte nahm und ganz versunken sich seine Traurigkeit vom Herzen strich, bis die stürmische Erregung der Seele in strömenden Tränen seinem Spiel ein Ende bereitete, kommt darin ganz eindeutig Franziskus' Bedürfnis nach Musik zum Ausdruck. Er war eine Künstlernatur, die öfters durch göttliche Einflüsterungen in einen französischen Jubelgesang überschäumte. Das «Herzbrausen des göttlichen Raunens», dem sein Ohr im geheimen lauschte, konnte er nicht für sich behalten, und so brachte er das tränende Jauchzen in einem Lied zum Ausdruck. Der bekannte Sonnengesang mit seiner christlichen Weltheiligung ist nur das hervorragendste Beispiel jener trunkenen Freude des Geistes, mit dem nach einem schönen Wort Leopold Zieglers Franziskus gleichsam «die Kindheit Europas noch einmal für eine kurze Weile gerettet hat»[2]. Der Poverello bezeichnete die Seinen als Spielleute Gottes, die in der Heiterkeit das Lob des Herrn singen. Wie Musik sollte es tönen, wenn die Brüder zum Volke sprechen. «Was sind die Knechte Gottes anders als seine Spielleute, die an die Herzen der Menschen rühren und sie mit der Heiterkeit des Geistes erfüllen?»[3] Töne kommen dem göttlichen Überschwang viel näher als die nüchterne Begriffssprache der Theologen, und welcher Verkündiger des Evangeliums hätte nicht schon gerne in seiner Rede innegehalten, um mit einem Instrument seinen Zuhörern jene ewigen Klänge vorzuspielen, die sich mit dürren Worten nicht mehr formulieren lassen. Freilich diente die stumme Musik, die Franziskus gar zauberhaft seinem Holzscheit entlockte, nicht dem bloßen Unterhaltungsbedürfnis gelangweilter Menschen. War der Sänger Gottes doch der Meinung: «Die Kinder dieser Welt kennen die göttlichen Heiligtümer nicht; denn die Musikinstrumente, die ursprünglich zum göttlichen Lob dienten, hat die menschliche Sinnenlust zum Ohrenkitzel verstimmt[4].» Franziskus war bestrebt, Himmelsklänge vor den Ohren seiner erstaunten Mitmenschen zum Ertönen zu bringen, um diese aus ihrem tierischen Dasein zu höheren Sphären fortzureißen, wo ihre wahre Heimat liegt.

Eine kleine Vorstellung von der Unvergleichlichkeit dieser Musik vermittelt Franziskus' Verhältnis zur unvernünftigen Kreatur. Sprach er doch die Vögel als geflügelte Brüder an und predigte ihnen das Wort Gottes. Von den Sternen am nächtlichen Firmament bis zum Würmlein am Wege fühlte er sich allem in seelischer Sympathie verschwistert, er rief auch die Geschöpfe zum Lobe des Herrn auf, als ob sie Vernunft besäßen. Franziskus war von jener glühenden Liebe erfüllt, «die jenseits allen menschlichen Verstehens liegt; der ganze Mann erstrahlte in heller Freude, reinste Fröhlichkeit erfüllte ihn, er schien ein neuer Mensch aus einer andern Welt zu sein»[5]. Welche himmlischen Freuden Franziskus verkostete, kann nur der Mensch wissen, der sie selbst auch erlebt hat, den andern ist es nach Celano nicht gegeben. Sie flossen aus einer überwältigenden Begegnung mit Jesus, die sich bei Franziskus bis zur Trunkenheit steigerte. Alles entsprang seiner bestürzenden Verbundenheit mit Jesu, und wer ihn davon abzulösen versucht, beraubt ihn seiner Wurzeln. Franziskus erlebte eine alle Vorstellungsfähigkeit weit übersteigende, immerwährende Nähe Christi, aus der seine Worte und Taten hervorgingen. Um seiner gleich einem Sturzbach daherbrausenden Christusliebe willen war Franziskus' Musik echt, es gab keinen unreinen Ton in ihr. Sie war wirklich ein Klang aus der oberen Welt und übte auf die Menschen eine unwiderstehliche Anziehungskraft aus. Bei jedem Strich, den er mit seinem Stecken zog, spürte man die höheren Gewalten, die ihm den Bogen führten. Diese Musik kam aus andern Regionen und erklingt bis zum heutigen Tag in den Ohren der Menschen wie eine noch nie gehörte Melodie.

Über dem Wohllaut seiner Sphärenklänge ist jedoch nicht das mehr als dürftige Instrument zu übersehen. Ein grobes Holzscheit und ein beliebiger Stekken dienten ihm bei seinem Musizieren, primitive Mittel, die mit einem Schlag die allzu duftigen Vorstellungen von diesem Geigenspiel zerstören. Die äußere Situation war von kläglichster Unansehnlichkeit und stand in einem seltsamen Kontrast zu der Himmelsmusik. Vor allem ist auch das franziskanische Lied nur durch eine unermüdliche Übung zustandegekommen, wie sie der fleißigste Violinspieler nicht auf sich genommen hat. Um die lautlosen Klänge des Poverello nur annähernd richtig zu verstehen, muß man wissen, was sich ereignet hat, ehe er sie hervorbrachte. Franziskus war durch eine verlorene Jugend belastet, die er in Verschwendung verrauscht hatte. Hinter dieser Musik stand ferner jenes erschaudernde Erleben mit den Aussätzigen, von denen sich Franziskus zuerst angewidert abgewandt hatte, bis es ihm gelungen war, sich selbst zu besiegen und, vor den Leprosenkranken niederkniend, deren übelriechende Eiterwunden zu küssen, damit Bitteres in Süßes verwandelnd. Des Mannes von Assisi Geigenspiel war beschwingt durch die unbeschreibliche Christusvision im Kirchlein von San Damiano, in welchem ihm der Herr selbst befahl, das zerfallene Gotteshaus wieder aufzubauen und das er wie ein italienischer Pflasterer eigenhändig vermörtelte. Kurze Zeit darauf folgte der nicht wieder gutzumachende Bruch mit dem maßlos erzürnten Vater auf öffentlichem Platz, eine Begebenheit, die er später mit leiser Stimme als das Schwerste von allem bezeichnete. Jede dieser ungewöhnlichen Erfahrungen hätte genügt, einem ganzen Leben Gestalt und Inhalt zu geben. Sie alle zusammen trugen mit ihrem Gewicht dazu bei, Franziskus ins Ungewöhnliche zu formen. Der heutige Mensch versteht von Franziskus' Musik nicht einen einzigen Klang richtig, denkt er nicht diese schwerwiegenden Begebenheiten als unumgängliche Voraussetzung beständig hinzu. Nie darf man das armselige Holzscheit und den lächerlichen Stekken bei diesen Tönen aus dem Auge verlieren, weil sie zur franziskanischen Realität gehören, die ganz sicher nicht «entzückend» war. Denn ein Büßender brachte diese Musik zum Erklingen. Doch wie sehr man sich auch bemüht, von Franziskus' primitivem Geigenspiel eine realistische Anschauung zu vermitteln, gleichwohl gelingt es nie, ihm auf den Grund seiner Seele zu blicken. Dieser Heilige ist mit keiner Deutung auszuloten. Sie alle dringen nicht bis zum innersten Kern vor. Aus diesem Grunde befriedigt keine Schilderung des Franziskus völlig, obschon es viele und vortreffliche gibt. Immer hat man das Gefühl, das Wichtigste sei noch nicht gesagt. Alle bis heute versuchten Interpretationen genügen so wenig wie die vorliegende. Die einzige Möglichkeit liegt darin, stets aufs neue mit der Bemühung des Verstehens einzusetzen, auch wenn man nie ans Ziel kommt; es ist trotzdem immer wieder ein Geschenk, sich mit diesem größten Christen aller Zeiten zu beschäftigen. Die Unausdeutbarkeit des Franziskus hängt mit seinem Geigenspiel zusammen. Töne können nie adäquat in Begriffe umgesetzt werden. Der Mensch kann sie nur spüren, sich von ihnen durchfluten und bis ins Innerste erregen lassen – aber in Worten auszudrücken sind sie nicht.

Nur wer sich über diese Eigenart Rechenschaft gibt, macht sich vom musizierenden Franziskus keine falsche Vorstellung. Die Auffassung vom «heiligen

Lerchenleben» und dem «urwüchsigen Naturkind von Umbrien» ist eine un-
zulässige Verharmlosung des Poverello. Von dem poetischen Franziskus und
seinem «Sitzen am Waldbrünnlein», einem sanften und liebenswürdigen «Va-
gabunden» muß man sich bewußt befreien, denn er entspricht nicht der Wirklichkeit[6]. Das psychologisierte, allzu romantisch geschaute Franziskusbild bedarf der gleichen Korrektur wie der «liebe Heiland», der mit der echten Jesusgestalt der Evangelien auch nichts zu tun hat. Der Stifter der Minderbrüder ist
kein Gegenstand voll entzückender Naivität. Diese Ansicht rückt ihn in eine
verkürzte Perspektive, die in ihrer Unrichtigkeit zu durchschauen nicht schwer
ist, denkt man nur an sein erschreckendes Wort vom Kadavergehorsam. Auch
das Geigenspiel gehört nicht unter einen romantischen Gesichtspunkt, man erlebte sonst eine bittere Enttäuschung. Für den kleinen Armen von Assisi mit
seiner niedrigen, flachen Stirn, den aufrechtstehenden Ohren und dem dünnen
Bart, einem Aussehen, das nach dem Bericht der Augenzeugen weder schön
noch edel war, kann man unmöglich schwärmen. Franziskus war ein anderer
Christ, als er gewöhnlich geschildert wird. Der angeblich so weiche Poverello
besaß eine Härte, die man ihm nicht zutrauen würde. Er konnte unerbittlich
strafen, wenn sich ein Bruder gegen seine Anordnung verging. Den sich eine
Abschwächung erlaubenden Provinzialminister von Bologna verfluchte er und
war durch alle Bitten der Brüder nicht zu bewegen, seine Worte zurückzuneh-
men. «Meine Söhne, ich kann den nicht segnen, dem der Herr flucht und so
bleibt er verflucht[7].» Die gleiche Verwünschung ließ Franziskus über das
Schwein ergehen, welches ein Lämmlein zu Tode gebissen hatte, obschon es
doch kein Bewußtsein von der Verwerflichkeit seines Tuns besaß. Auch sein
Verhältnis zur stummen Kreatur ist in seiner Jesustrunkenheit begründet, die
ihn nach Ägidius' Bericht «wenig Wohlgefallen an den Ameisen finden ließ wegen der zu großen Sorge in Einheimsung ihrer Lebensmittel»[8]. Ebenso überraschend ist es, wie Franziskus bei aller Demut ein Selbstbewußtsein entwik-
keln konnte, das gewöhnlich ganz übersehen wird und worin er wiederum Jesus
ähnlich ist. Es kommt zum Vorschein, als er darüber nachdachte, wer nach seinem Tode die Leitung des Ordens übernehmen sollte und «er keinen finden
konnte, der dazu geeignet gewesen wäre»[9]. Danach fand er selbst, niemand sei
wie er. Sein Selbstbewußtsein geht auch aus seiner Predigt hervor, die er als
Laie vor den versammelten Kardinälen zu halten sich erkühnte, wo er «eine aus-
giebige Rede vom Hochmut der Prälaten hielt, von ihrem schlechten Beispiel,
und was für eine Schmach darin für die ganze Kirche liege»[10]. Mit all diesen
Charakterzügen tritt der Poverello aus dem üblichen Klischee des wandervogel-
artigen Naturschwärmers heraus. Wie der unstatthaft modernisierte Jesus
schließlich doch an unserer Zeit vorüberging und in die seinige zurückkehrte,
genau so ist auch Franziskus in seine Wirklichkeit zurückgetreten. Sie mutet

uns vorerst fremdartig an, wirkt aber gerade deswegen um so gewaltiger. Der mit keiner Bezeichnung restlos auszudrückende Franziskus besitzt wieder jene Unfaßlichkeit, die zu seinem Wesen gehört. «Wer nicht zunächst so etwas wie Schrecken verspürt vor dem Ungeheuren, das da fordernd vor ihm empor-wächst, nicht Anstoß nimmt an dieser gewaltigen Verneinung des gewohnten Menschenbildes», schreibt Joseph Lortz, «der hat nicht den legitimen Zugang zum heiligen Franziskus gefunden[11].»

Die Himmelsmusik, die Franziskus auf seinem Holzscheit spielte, gewann eine unerklärliche Macht über die Menschen. Ohne sein Zutun kamen Zuhörer zu ihm und fragten ihn, ob sie ihr Leben mit ihm teilen dürften. Es blieb nicht bei der ersten Anfrage des reichen Bernhard von Quintavalle. Immer mehr Men-schen fühlten sich von Franziskus beinahe magnetisch angezogen. «Der Herr hat mir Brüder zugesandt», mit diesen Worten hat Franziskus selbst später diese Begebenheit umschrieben. Er betrachtete sie als Brüder und nicht als Schüler, eine in ihrer Feinheit beachtliche Unterscheidung. Zuerst war es nur ein winziger Kreis jener Lebensgemeinschaft, die Franziskus vorschwebte. In kurzer Zeit aber ergab sich eine immer ansehnlichere Schar von Anhängern. Die unpathetische Aufforderung an seine Mitmenschen, Buße zu tun und Frie-den zu halten, griff wie ein Feuer um sich. Bald wurde dieser und bald jener von ihr erfaßt, hochgestellte und niedere Personen gesellten sich zu Franziskus, und in Kürze war es eine richtige Bewegung. Zwar hatte die geringe Schar in ihren Anfängen mit mannigfachen Schwierigkeiten zu kämpfen. Als «Narren und Trunkene» erschienen sie den Menschen, bei denen sie «höchstes Aufsehen er-regten, weil sie in Kleidung und Lebensweise allen Menschen unähnlich waren und eine Art Waldmenschen zu sein schienen»[12]. In ihrer Frühzeit stieß die Bruderschaft des Franziskus bei vielen Menschen auf eine heftige Ablehnung, was nicht der Fall gewesen wäre, hätte es sich dabei um jene, oft als harmlos empfundenen Gesellen gehandelt. Allzusehr fielen sie aus dem Rahmen der ge-wohnten Lebensauffassung heraus. Es haben sich hievon Nachrichten erhalten, die an Deutlichkeit nichts zu wünschen übriglassen. «Obzwar nun manche an-gesichts ihres heiligen Wandels in Ehrfurcht ergriffen wurden, so folgte ihnen gleichwohl zunächst niemand; vielmehr flohen Frauen und junge Mädchen zit-ternd, wenn sie sie nur von ferne sahen, um ja nicht von der Torheit oder dem Wahnsinn jener mit fortgerissen zu werden[13].» Im ursprünglichen Franziskaner-tum blitzt etwas von der Narrheit auf, von der Paulus im ersten Korintherbrief schreibt. Allem Mißtrauen und Spott zum Trotz breitete sich die franziskani-sche Bewegung aus. Sie verfügte über eine elementare Stoßkraft, da der bei-spiellosen Liebesfähigkeit des Franziskus nicht zu widerstehen war. In den er-sten Jahren war die Schar des Franziskus von einem unverkennbaren Enthusias-mus erfüllt. Diese Menschen trug ein Frohlocken und eine Begeisterung, die sich aufs stärkste von dem Schlaf der Gleichgültigkeit abhob, der damals sich vieler Christen bemächtigt hatte. Der franziskanische Jubel hat nichts mit Ausgelassenheit zu tun; in ihm manifestiert sich die religiöse Freude über das Kommen des Reiches. Sie äußerte sich nicht nur in einer stillen Heiterkeit, die über alle Traurigkeit, die Franziskus als ein Werk der Dämonen betrachtete, triumphiert. Der Poverello konnte in seiner überströmenden Freude Pfähle, Steine und ähnliche Dinge küssen und erging sich oft in geradezu tanzenden Bewegungen. Das ursprüngliche Franziskanertum war eine Parallele zum Pfingststurm, der über die ersten Jünger in Jerusalem hereingebrochen war.

«Wer sind diese, und was für Worte sind es, die sie sprechen?», fragten die Leute, wenn sie die in einer unbeschreiblichen Jesustrunkenheit daherkommenden Brüder sahen. Daß die Zeitgenossen sich in der Weise fragten, ist begreiflich; weniger verständlich ist jedoch die Uneinigkeit, die heute noch in der historischen Forschung über das Ziel des Franziskus besteht. Denn über sein Wollen hat der Poverello mit aller wünschenswerten, keine innere Unklarheit zulassenden Deutlichkeit Auskunft gegeben. Nach seiner eigenen Aussage gab ihm der Allerhöchste zu verstehen, daß er «ein Leben nach den Vorschriften des heiligen Evangeliums führen sollte»[14]. Darnach hat Franziskus sich als einen von Gott selbst und nicht von Menschen Unterwiesenen gefühlt, was seinen Ausführungen eine ungewöhnliche Autorität verleiht. Die Aussendungsrede Jesu aus dem Matthäusevangelium, welche er in einer Kirche verlesen hörte veranlaßte ihn, in die Hände klatschend zu sagen: «Das ist es, was ich suche, das ist es, was ich suche.» Er empfand diese Worte Jesu wie eine Erleuchtung und sah in ihnen sein innerstes Sehnen ausgesprochen. Somit erstrebte die franziskanische Bewegung eindeutig eine Evangeliumserneuerung. Dies und nichts anderes war ihr ursprüngliches Ziel. Der Poverello versuchte wieder zum Evangelium durchzustoßen, es zu leben und nicht nur zu lehren. Bis zum Herrn und seinen Aposteln begehrte er vorzudringen und nicht bloß bis zur Urgemeinde, wie die klösterlichen Gemeinschaftsformen es taten. Franziskus wollte in einer Weise Jesus nachfolgen, wie ihm bis dahin noch niemand nachgefolgt war. Gleich dem Herrn, der seine Jünger in alle Welt ausgesandt hatte, damit sie die frohe Botschaft verkündeten, begehrte auch Franziskus mit seinen Brüdern noch einmal den Erdkreis zu durchziehen. Nichts Geringeres als eine Wiederkehr des Evangeliums liegt bei Franziskus vor, von der gewaltige Strahlungen ausgingen. Die franziskanische Bewegung glich in ihren Anfängen einem neuen Ausbruch des evangelischen Vulkans. Ihre Benennung als Waldbrüder beweist lediglich, daß die Zeitgenossen diese charismatischen Kräfte nicht einordnen konnten. Sie standen kopfschüttelnd vor diesem Phänomen, nicht anders als die Juden, die an Pfingsten von den Jüngern sagten: sie sind voll süßen Weines.

Zunächst wurden Franziskus und seine Brüder als «Büßer aus der Stadt Assisi» bezeichnet, «denn Orden nannte sich ihre gottselige Gemeinschaft noch nicht»[15]. Aus dieser Bemerkung der «Legenda trium Sociorum» geht klar hervor, daß Franziskus' Evangeliumserneuerung ursprünglich nicht auf eine Klostergründung tendierte. Die ältesten Berichte unterstreichen diese Feststellung deutlich. Kardinal Johannes Colonna riet, nach Celanos Vita, Franziskus, sich für das Mönchsleben zu entscheiden, «aber der heilige Franziskus wies seinen Vorschlag zwar demütig, jedoch so entschieden wie möglich zurück, nicht weil er den Rat verachtete, sondern weil etwas anderes sein frommer Zweck war und er von einem höheren Wunsche geleitet wurde»[16]. Die ihm von hoher kirchlicher Seite nahegelegte klösterliche Zielsetzung lag somit nicht in Franziskus' ursprünglicher Absicht, damals, als seine ersten Brüder noch in Hütten nächtigten und ihre vom Frost durchfrorenen Glieder an ihrer inneren Glut erwärmten. Der Poverello hatte eine andere göttliche Weisung empfangen, die ihn unmißverständlich den Anschluß an einen bestehenden Orden ablehnen ließ. Die Celano-Überlieferung findet in Bruder Leos «Spiegel der Vollkommenheit» ihre Bestätigung, nach welcher der Heilige gesagt hat: «Meine Brüder, Gott hat mich auf den Weg der heiligen Einfalt und Demut gerufen, und diesen Weg hat er in Wahrheit mir und all denen geoffenbart, die mir glauben und nachfolgen wollen. Und daher will ich nicht, daß ihr mir irgendeine Regel nennt, weder die des heiligen Benedikt, noch die des heiligen Augustin, noch die des heiligen Bernhard, nach irgendeiner anderen Weise und Form zu leben, außer der, welche der Herr mir in seiner Barmherzigkeit gezeigt und übergeben hat. Und der Herr sagte mir, daß ich ein Tor sein solle in dieser Welt, er wolle uns keinen andern Weg als den Weg dieser Weisheit führen[17].» In dieser außerordentlich aufschlußreichen Äußerung hat Franziskus selbst seine Evangeliumserneuerung von der Klosterwelt grundsätzlich unterschieden. Der Poverello hat die großen Ordensstifter der Vergangenheit gewiß nicht gering geachtet. Bestimmt hat er das Gewicht, das einem Augustin, Benedikt und Bernhard zukommt, in der ganzen Tragweite gefühlt. Wenn Franziskus trotzdem ihren Weg für sich als nicht in Frage kommend bezeichnet, so muß er seinen schwerwiegenden Grund gehabt haben, der nur darin bestehen konnte, daß ihm Gott selbst eine andere Weisung erteilt hatte. Man kann es nicht scharf genug betonen: Franziskus ist durch eine tiefe Kluft von den früheren Vätern des Mönchtums getrennt. Sowohl Benedikt als Bernhard waren auf eine Zurückziehung in die Einsamkeit bedacht, ein Weg, für den auch Franziskus nicht unempfänglich war. Der Wunsch nach der Einsiedelei trat mehrfach in verlockender Gestalt an ihn heran, doch gab er ihm höchstens vorübergehend nach. Aufs Ganze gesehen war ihm dieser Weg verwehrt und mit seinem neuen Lebensgefühl einer religiösen Weltheiligung unvereinbar. Seine Brüder sollten nicht aus der Welt fliehen und sich hinter Klostermauern zurückziehen. Vielmehr war der Auftrag der Seinen, als Toren in die Welt hinauszugehen und ihr Leben als Botschafter Christi unter den Menschen zuzubringen. Er schuf eine direkt entgegengesetzte Bewegung, die sich bewußt von der Verpflichtung der Stabilitas loci löste. Ihm schwebte gerade nicht ein Dasein außerhalb des Säkulums vor, und Guardinis Bemerkung besteht sicher zu Recht: «Die Begriffe des ersten, zweiten und dritten Ordens waren wohl Hilfsvorstellungen, mit denen etwas Neues gemeint wurde[18].» Um der völlig andersartigen Sendung willen, die ihm aufgetragen war, hat Franziskus all die kostbaren, erprobten Regeln zurückgewiesen, die man ihm zur Gestaltung seines Lebens unterbreitete. Die Lebensweise der Augustiner, Benediktiner und Zisterzienser entsprach nicht der Aufgabe, um derentwillen sich Christus ihm aufs neue vergegenwärtigt hatte. Diese Verschiedenheit von allem früheren Mönchtum ist deutlich zu markieren, und wer sie verwischt, bewirkt nur eine Verkennung der franziskanischen Eigenart in ihrer Ursprungszeit.

Ist in Anbetracht dieses tiefgehenden Unterschiedes zu den alten Orden die franziskanische Bewegung noch als Mönchtum zu bezeichnen? Sicher nicht im überlieferten Sinne. Will man trotzdem den Begriff Mönch gebrauchen, so geschehe es in neuer Weise, denn bei Franziskus brach ein vollständig neues Mönchtum auf, das mit den vorerwähnten Orden nur noch in losem Zusammenhang steht. Der Bettelmönch ist gegenüber dem alten Zönobiten eine neue Erscheinung. Franziskus schwebte für seine Gemeinschaft, die er zunächst Bruderschaft und nicht Orden nannte[19], eine viel freiere Form vor als das bisherige Klosterwesen seinen Insassen gewährte. Diese Wahrnehmung brachte die Forschung schon auf den Gedanken, Franziskus habe «eine Zeitlang an die Möglichkeit eines Mitteldinges zwischen Mönchtum und Weltleben geglaubt»[20]. Tatsächlich beginnt mit der franziskanischen Bewegung ein neues Kapitel in der Geschichte des Ordenswesens. Niemand anders als Franziskus selbst hat dies unmißverständlich ausgesprochen. Nach Bruder Leo berichtete Franziskus einmal von einem Gebet Christi: «Vater, ich will, daß du mir in dieser jüngsten Zeit ein neues und gedemütigtes Volk gebest, welches sich durch Demut und damit von allen andern, die vorausgegangen sind, unterscheidet und dem es genügt, mich allein zu besitzen[21].» Stärker betonen kann man die Neuheit nicht mehr, als es in dieser Äußerung geschah. Darnach verstund Franziskus seine Brüder als ein neues Gottesvolk, das sich durch eine andere Lebensführung von allen früheren Mönchsbewegungen in beinahe gleich prinzipieller Weise unterscheide, wie einst die ersten Christen gegenüber dem alten Israel. Im Gedanken, die Christen als ein Volk und nicht immer nur als eine Gemeinde aufzufassen, liegt eine Wahrheit verborgen, der noch heute in veränderter Ausprägung Bedeutung zukommt. Franziskus' Unterscheidung seines neuen Gottesvolkes vom bisherigen Mönchtum war von gleich tiefeinschneidender Art wie Pachomius' Zönobitentum gegenüber der eremitischen Lebensform. Seit den Tagen des

Kopten gab es in der Geschichte des Mönchtums keine so umwälzende Neuheit mehr, wie sie Franziskus herbeiführte, der auf einem total andern Fundament aufbaute. Keineswegs entwertete er das alte Mönchtum; davon kann nicht die Rede sein; wohl aber geht es darum, das völlig neue Antlitz des franziskanischen Mönchtums zu erfassen. Er wollte mit seiner Laienbruderschaft die Welt noch einmal christianisieren und sie für das Evangelium heimholen.

Das durch die Evangeliumserneuerung hervorgerufene neue Mönchtum wirkte sich gleich einem Erdbeben aus, das alles erschütterte. Franziskus nur als religiösen Troubadour zu verstehen, ist eine zu ästhetische Betrachtungsweise, die der Wucht der urfranziskanischen Bewegung nicht gerecht wird. Weit eher glich sie einer christlichen Revolution, die es verunmöglicht, sein Geigenspiel bloß als musikalischen Genuß aufzufassen. Der Begriff «christliche Revolution» kommt bei Franziskus nicht dem Worte, sicher aber der Sache nach vor und erläutert sein neues Mönchtum aufs beste. Unter christlicher Revolution ist das Umdenken zu verstehen, mit dessen Aufforderung Jesu seine Reichsbotschaft einleitete und die jene Männer verkündeten, welche nach der Apostelgeschichte «den ganzen Erdkreis erregen» (Apg. 17,6). Sie ist eine Folge des Ostererdbebens, von dem die Evangelien berichten und geht auf die weltenumwerfenden Worte Christi zurück, nach denen die Ersten die Letzten sein werden und die Dirnen eher ins Reich Gottes eingehen werden als die Schriftgelehrten. Natürlich ist diese christliche Revolution, wie schon ihr Name besagt, wesensgemäß verschieden von den sozialen Umwälzungen der Neuzeit. Sie baut keine Barrikaden und zettelt keine Verschwörungen an. Von aller Gewaltanwendung weiß sie sich grundsätzlich getrennt. Nicht Auflösung, Chaos und Trümmer bewirkt sie, sondern Auflockerung des Festgefahrenen und Erschütterung der Gedankenlosigkeit, Vollzug der Umwertung aller Werte und Verwandlung der Bitternis in Süßigkeit. In ihrer Andersartigkeit ist die christliche Revolution nicht weniger radikal als die politischen Umstürze. Wer die Geschichte des Christentums einmal unter dem Gesichtspunkt einer Reihe von religiösen, weltensprengenden Revolutionen betrachtet, wird dem Franziskanertum einen gewichtigen Platz einräumen müssen. Es verursachte eine der stärksten Aufrüttelungen der mittelalterlichen Christenheit und war nach Dietrich von Hildebrand auf eine «Umgestaltung des Antlitzes der Erde» gerichtet [22]. Nur eine aus der letzten Tiefe kommende Bewegung war imstande, solch nachhaltige Wirkungen hervorzurufen. Das Umwälzende dieser Evangeliumserneuerung konnte einzig von einem Manne ausgehen, «der allen andern ganz unähnlich war» [23]. Wie Erdstöße aus dem Innern machte sich die christliche Revolution des Franziskus geltend, die ausschließlich aus dem gelebten Evangelium hervorgegangen war, das er als reines Tun verstand [24]. Nicht zufällig haben sich seine Brüder vorzüglich an die untern Volksklassen gewandt, ließen sich mitten unter den kleinen Leuten nieder und vollzogen damit eine Annäherung an das Volk, die wiederum in der Geschichte des Mönchtums eine ganz ungewohnte Erscheinung ist[25]. Es war ein Radikalismus besonderer Art, den diese unrasierten Gesellen vertraten, die ein offensichtliches Element der Gärung in das mittelalterliche Gesellschaftsleben hineintrugen. Begreiflicherweise hat das Kardinalskollegium zuerst die von Franziskus begonnene Tätigkeit als «etwas innerhalb der Kirche Nochniedagewesenes und Unmögliches» bezeichnet, bis einer der Anwesenden daran erinnerte, daß diese Behauptung eine Lossagung vom Evangelium bedeute. Die franziskanische Geistigkeit löste ursprünglich zweifellos eine christliche Revolution aus, wie an wenigen Beispielen verdeutlicht werden kann.

Das Umwälzende von Franziskus wird in seinem Verhältnis zur Armut am sichtbarsten. Er selbst entäußerte sich alles dessen, was er als wohlsituierter Tuchhändlersohn besaß und begab sich ganz in die Armut hinein. Das Wort Armut ist ein auf seiner Geige oft erklungener Akkord. Nicht arm genug konnte er leben, denn nichts, aber auch gar nichts mehr wollte er sein eigen nennen. Es ist unmöglich, in wissenschaftlichen Begriffen auszudrücken, was die evangelische Armut für Franziskus bedeutete, die nichts mit der modernen Massenarmut zu tun hat. Personifizierte er sie doch mit einer holden Frauengestalt, der er sich in keuscher Liebe vermählt wußte. Nach den «Fioretti», die gerade hierin Franziskus' Gedanken nicht poetisch verklären, war er darum bemüht, «den unermeßlichen Schatz der heiligen Armut zu besitzen. Denn sie ist ein so kostbarer und göttlicher Schatz, daß wir des nicht würdig sind, sie in unsern dürftigen Gefäßen zu besitzen. Sie ist jene himmlische Gabe, kraft derer wir alle irdischen und vergänglichen Dinge verachten, daß sie sich frei mit dem ewigen Gotte vereinigen mag, und sie ist jene Kraft, so die Seele, welche noch auf Erden wohnt, mit den Engeln im Himmel reden läßt und ist jene, die Christo an das Kreuz nachfolgte, mit Christo begraben ward, mit Christo auferstand und mit Christo zum Himmel fuhr[26].» Der Mann von Assisi stand in einem mystischen Verhältnis zur Armut. Ist es nicht höchst sonderbar, daß, während fast für alle Menschen die Armut eines der schrecklichsten Übel ist, unter deren Geißelhieben sie stöhnen und die sie auf alle erdenkliche Weise von sich abzuwenden versuchen, sie für Franziskus ein lockendes Verlangen war und er die Armut als eine Fülle empfand? Ihr zuliebe überwand er sich selbst, und bettelnd ging er von Haus zu Haus. Mochten die in seinem Topf zusammengeschütteten Speisereste noch so unappetitlich anzuschauen sein, Franziskus verzehrte sie freudiger als das leckerste Mahl. Der Bettel gehört zum echten Franziskanertum, dessen Anhänger daher auch den Namen Bettelmönche bekommen haben; nur Unverständnis verfällt dem Irrtum, sie mit den Faulenzern gleichzusetzen. Im Mendikantentum sah Franziskus nichts Unrechtmäßiges, zumal er das Almosen als eine Gabe bewertete, die ihm der Herr Christus erworben habe und er den Bettel als die höchste Form der Nachahmung der Armut Christi betrachtete. Moderne Schöngeister empfinden aus der Distanz die franziskanische Armut «reizend», die sie in unbeteiligter Verkennung als südländische Bedürfnislosigkeit preisen. Diese unverbindlichen Ausrufe lösen sich in bloßen Dunst auf, sieht man sich nur die Kehrseite der Armutsmedaille genauer an, die ein Bild zeigt, vor dem man entsetzt zurückfährt.

Franziskus' evangelische Armutsliebe schloß die unerbittliche Verwerfung des Geldes in sich. Was der Menschen sehnlichstes Verlangen ist, das verabscheute Franziskus mit einem beinahe physischen Widerwillen. Für ihn war Geld ein Gegenstand des Bösen, und deswegen haßte es der liebeglühende Franziskus geradezu und verfluchte es förmlich[27]. Der Verächter des Geldes hielt seine Brüder an, «Kot und Geld einander gleichzuhalten», er bewertete es wie Dünger. Als einer der Seinen Geld nur angerührt hatte, das Franziskus als unrein betrachtete, tadelte er ihn scharf und «befahl ihm, das Geld mit seinem Munde vom Fenstersims aufzuheben, es vor die Mauer hinauszutragen und dort – noch immer mit dem Munde – auf den Misthaufen des Esels zu legen»[28] In der Beharrung auf diesem Befehl tritt die oft übersehene, seinen Brüdern Furcht einflößende Härte des Franziskus erschreckend zutage. Eine radikalere Umkehrung, als sie Franziskus in der Bewertung des Geldes vollzogen hat, ist nicht denkbar, und man beginnt zu spüren, wie die christliche Revolution alles andere als eine spaßhafte Angelegenheit ist. Ihre Dynamik stößt bis ins Letzte vor, und an dieser Stelle schneidet nach Laurentius Casutts Urteil «das Messer nicht nur in die Wurzel der bürgerlichen, sondern auch der moralischen Existenz»[29]. Statt von der «tragischen Situation eines heilig Getäuschten» zu reden, womit man den franziskanischen Angriff unwirksam macht, wäre es besser, daran zu denken, wie auch die Bergpredigt das gleiche unerbittliche Entweder-Oder ausspricht: Niemand kann zweien Herren dienen ... Gleich zu Beginn des bürgerlichen Zeitalters hat Franziskus mit seinem vernichtenden Urteil über den Mammon die Axt gründlicher an die Wurzel alles Bestehenden gelegt als alle sozialen Erhebungen zusammen. Mit welchem Scharfsinn des Herzens er dieses schwere Problem bis zum letzten Ende durchdachte, geht aus seiner rücksichtslosen Verwerfung des Besitzes hervor. Er hat auf den Einwand des Bischofs von Assisi gegen die Härte seiner Lebensweise die alles schachmattsetzende Antwort gegeben: «Mein Herr, wenn wir Eigentum hätten, so wären uns Waffen nötig zu unserem Schutz. Denn aus ihm erwachsen Rechtsstreit und Händel, und hierdurch pflegt die Liebe Gottes und des Nächsten vielfältigen Abbruch zu leiden. Darum wollen wir in dieser Welt durchaus kein zeitliches Eigentum haben[30].» Nationalökonomisch betrachtet ist diese Einstellung eine Utopie, vom Evangelium aus gesehen die lautere Wahrheit, welche die beste Lösung der sozialen Frage in sich schließt. Wahrhaftig, es ist kein Euphemismus, von einer christlichen Revolution bei Franziskus zu reden. Sie war vorhanden und wirkte wie ein Tauwind, der das Eis in den Flüssen löste und die Verkrustungen der Menschen wieder flüssig machte.

Eine nicht minder eingreifende Umwertung aller Werte war Franziskus' Verwirklichung der Demut. Sie galt bereits für das alte Mönchtum schon als Leiter, auf deren Sprossen die Menschen zum Himmel aufsteigen. In ihr dokumentiert sich die christliche Lebensführung am stärksten. Wie alle echten Christen hat sie Franziskus leidenschaftlich ausgeübt und sie zu einem Wagnis erhöht, das Zeitgenossen und Nachfahren gleichermaßen in Erstaunen setzte. Der Poverello war von einem verzehrenden Durst nach Selbsterniedrigung erfüllt und hat die Demut mit einer Eindrücklichkeit verkörpert, welche dem Menschen diese Seinshaltung absolut neu zum Bewußtsein brachte. «Wir dürfen niemals wünschen, über andere zu stehen zu kommen, sondern müssen aus Liebe zu Gott wie Diener jeder menschlichen Kreatur unterworfen sein[31].» Es ist tiefster Wesensausdruck und gar nicht Zufall, daß er seine Brüder Minoriten nannte. Gott selbst habe ihm geoffenbart, daß sie die Allergeringsten sein sollten. Da Franziskus ganz in die Demut hineingegangen ist, enthüllte sie auch bei ihm ihre oft zu wenig beachtete, umstürzende Auswirkung.

Die sich bei Franziskus bis zur Erde verbeugende Demut wuchs wieder zur stärksten Kraft, die alles aus dem Sattel hob. «Denn er wußte, daß die Demut, nachgiebig wie etwas Weiches, das Harte in sich aufnimmt, wenn sie dem Harten weicht, daß aber hart auf hart im Widerstand sich gegenseitig zerstören», wie der Spirituale Ubertin von Casale[32] Franziskus' Auffassung wiedergibt. Wie die Demut alles umkehrt, zeigt sich in der anfänglichen Ausschaltung des Vorsteheramtes in der franziskanischen Gemeinschaft. Der Obere gerät ungewollt in eine Situation, die ihn durch seine Befehlsgewalt mit der Demut in Widerspruch bringt. Die Rangordnung wurde deswegen zu Beginn durch die sprengende Kraft der Demut aufgehoben; es gab weder Vorgesetzte noch Untergebene, sondern nur noch Minderbrüder. Als die größer werdende Gemeinschaft die Einführung von Ministern und Guardianen notwendig machte, da hat ihnen Franziskus bezeichnenderweise die Aufgabe der Mütter vor Augen gestellt. In liebender Fürsorge und nicht in Herrschsucht sollen sie ihres Amtes walten. Auf die aufgebrachte Frage, ob denn der Herr dem Knecht dienen sollte, hätte Franziskus lachend mit dem Staretz Sossima geantwortet: «Warum denn nicht, und wenn es auch nur ein einziges Mal geschieht?»[33] Wiederum wird das verborgene Antlitz der christlichen Revolution sichtbar, in der ein ganz neues Lebensgefühl an die Tore der Welt pocht. Sie allein vermag das dornenvolle Problem der Klassengegensätze im Geiste Jesu Christi zu lösen. An diesen Standesunterschieden sind bis dahin alle sozialen Revolutionen gescheitert. Jeder gewaltsame Umsturz bewirkte stets nur eine Vertauschung der Rollen, die untern Schichten wurden hinaufgehoben und die obern heruntergedrückt, aber noch nie führte einer eine wirkliche Gemeinschaft von Brüdern herbei. Die franziskanische Demut dagegen hatte eine freiwillige Aufhebung aller Klassenunterschiede in der Bruderschaft zur Folge, worin sich die Geistesgewalt des neuen Mönchtums manifestiert, vor dessen Kühnheit begreiflicherweise viele Menschen die Flucht ergriffen.

Nach den «Fioretti» ließ Franziskus Bruder Masseo sich mehrere Male im Kreise herumdrehen, um den Weg zu erkunden, den sie nach Gottes Willen gehen sollten, was die Beteiligten selbst als recht läppisch empfanden. Durch dieses Verhalten guckt Franziskus' Einfalt, die ihn zunächst bei den Menschen in den Ruf eines Toren gebracht hat, den man zuweilen bei seinen Lebzeiten als einen «Blöden» verspottete. Der Poverello hat viele Beweise seiner Geisteseinfalt gegeben, die sein Leben zu einer wundervollen Illustration jenes kaum zu begreifenden Jubelrufes Jesu machte, daß es der himmlische Vater den Weisen verborgen und den Unmündigen geoffenbaret hat. Franziskus gehörte zu diesen ganz seltenen Unmündigen, er besaß jene berückende Kindereinfalt, die ohne jede Schlauheit ist und die deswegen förmlich entwaffnet. In seiner Arglosigkeit hat er sich wirklich wieder in jenes Kinderland zurückgefunden, aus dem die meisten Menschen schon früh endgültig herausgefallen sind, weshalb sie auch nur schwer in das Reich Gottes eingehen können. Wer die in der Bergpredigt selig gepriesenen «Armen im Geiste» eigentlich sind, erfaßt heutzutage kaum noch ein Mensch; in Franziskus aber hat diese göttliche Einfalt ihre Fleischwerdung gefunden. Doch war diese als Drolligkeit gerühmte Herzenseinfalt wiederum von einer Nebenwirkung begleitet, die revolutionäre Folgen nach sich zog.

Der Poverello empfand einen ehrlichen Respekt vor den angesehenen Gelehrten. Aber innerhalb seiner Lebensgemeinschaft begegnete er den Doktoren mit einer offenkundigen Reserve. Schrieb er doch in seinem Brief an Antonius von Padua: «Ich bin gerne damit einverstanden, daß du den Brüdern die heilige Theologie vorträgst, wenn sie nur nicht diesem Studium zulieb den Geist heiligen Gebetes und der Innerlichkeit auslöschen, wie es in der Regel heißt[34].» Dieses «wenn sie nur nicht» ist doch ein deutlicher Vorbehalt, der einem Herzensseufzer Franziskus' gleichkommt. Nach Max Scheler war Franziskus ein «abgesagter Feind der Scholastik und ihrer Lehre vom aristokratisch-hierarchischen Stufenbau»[35]. Die Gelehrsamkeit hat in der Welt ihren Platz, aber ob auch innerhalb des Franziskanertums? Die Tätigkeit der gelehrten Doktoren ist nur schwer vereinbar mit dem Bewußtsein, der Geringste zu sein. Der Poverello vertrat die Ansicht: «Jene, die keine wissenschaftlichen Kenntnisse haben, sollen auch nicht trachten, sie zu erlangen, sondern es soll ihr ganzes Streben sein, den Geist des Herrn zu besitzen[36].» Das Urfranziskanertum distanzierte sich von der Gelehrsamkeit, weil nach seinem Dafürhalten in ihr gerne der Geist der Überheblichkeit lauert. Das Wissen bläht den Menschen auf und gefährdet die Demut. Franziskus erstrebte die unfaßliche Weisheit der Einfalt und nicht den Ehrgeiz der Wissenschaft. Er stellt sich dem stolzen Anspruch des Geistes entgegen und seine Tätigkeit ist das erregende Beispiel, wie die evangelische Einfalt die in der Christenheit mit Recht allezeit geförderte und gepriesene Gelehrsamkeit von ihrem Throne stürzt. Wiederum bewahrheitete es sich aufs unheimlichste, wie «nicht viele Weise nach dem Fleische» berufen sind, sondern was töricht ist vor dieser Welt, das hat Gott erwählt, damit es die Weisen zu Schanden mache (1. Kor. 3, 26–27). Für Franziskus war es eine selbstverständliche Voraussetzung, daß «ein großer Geistlicher auch auf seine Gelehrsamkeit bis zu einem gewissen Grade verzichten müsse, wenn er zum Orden kommt, damit er auch dieses Besitzes ledig, sich bloß in die Arme des Gekreuzigten werfen könne. Viele macht die Wissenschaft ungelehrig; etwas Starres in ihnen gibt ihnen nicht zu, daß sie sich den niedrigen Lehren beugen[37].» Dermaßen mächtig brandete die christliche Revolution daher und schwemmte das in der Welt Hochangesehene einfach mit sich fort.

Die durch die neue Vergegenwärtigung Christi heraufgeführte franziskanische Umwertung stellte die Kirche vor ein schwieriges Problem. Sie war die Pflegerin des Evangeliums und spürte zugleich deutlich, wie durch Franziskus' gelebtes Christentum auch ihre der Welt angepaßten Grundlagen zu beben anfingen. Das Verhältnis von Franziskus zur Kurie war schon Gegenstand zahlreicher Erörterungen. Bestimmt war der Poverello ein treuer Sohn der Kirche, worüber es keine ernsthafte Diskussion geben kann. In einem alten Kirchlein hatte er seine erste Vision erlebt und den Befehl Christi empfangen, «die zerfallene Kirche aufzubauen», den er zunächst wörtlich und erst später im übertragenen Sinn verstanden hat. Zu den Priestern hatte er ein «unbegrenztes Vertrauen wegen ihrer Weihe» und «über ihre Sünden will ich hinwegsehen», gesteht er in echt christlicher Liebe[38]. Demnach nahm sie auch Franziskus wahr, aber sie veranlaßten ihn nicht, gleich den Waldensern, zur Opposition gegen die Kirche überzugehen. So wenig Franziskus in irgendeinem Gegensatz zur Kirche steht, ebenso unrichtig ist es, seine Beziehung zur Kurie nach dem Schema von Schaf und Wolf zu schildern. Diese Weiß-Schwarz-Malerei bewirkt nur eine Verwirrung des Problems. Im geschichtlichen Leben hat selten der eine nur Recht und der andere ausschließlich Unrecht. Franziskus' Evangeliumserneuerung bot der Kirche keine Spitze, wollte er doch dort in freundschaftlicher Gesinnung einspringen, wo die Priester versagt hatten. Die Kurie nahm denn auch die Kirchentreue des Poverello alsogleich wahr und begegnete ihm mit sichtlichem Wohlwollen, als er schon früh seine Schritte nach Rom lenkte.

Es war eine nicht alltägliche Begebenheit in der Kirchengeschichte, als der menschliche Seraph dem mächtigen Papst Aug in Aug gegenüberstand. Mochte der gewaltige Innozenz III. zuerst ein wenig über die unansehnliche Persönlichkeit des Franziskus gelächelt haben, dessen grenzenlose Demut verfehlte ihren Eindruck auf den hohen Kirchenfürsten nicht, und er gewährte ihm, wenn auch in unverbindlicher Weise, seine Bitte der Evangeliumsverkündigung. Später hatte es Franziskus vorwiegend mit Hugolino zu tun, zuerst als Kardinal und nachher als Papst Gregor IX.[39]. Franziskus fühlte sich zu Hugolino hingezogen, und er erbat ihn sich ausdrücklich als Protektor. Freilich war Hugolino in seiner Struktur ein ganz anderer Mann als Franziskus. Seine aufrichtige Frömmigkeit war entsprechend der mittelalterlichen Doppelseitigkeit von einem hierarchischen Herrscherinteresse überschattet. Als Verstandesmensch beschäftigten ihn auch stark organisatorisch-verwaltungstechnische Probleme und verschoben seine kirchlichen Bestrebungen mehr auf einen nach außen sichtbaren Erfolg. Im übrigen dürfen in diesem Zusammenhang die Vertreter der Kurie nicht allzu persönlich betrachtet werden. Sie repräsentierten die Kirche und waren deswegen in ihrem Verhalten gebunden. Eine Institution vom Ausmaß der Kirche konnte nicht ohne weiteres ihre Zustimmung zu allen Plänen des jungen Franziskus geben. Sie war sich eine gewisse Zurückhaltung schuldig, die Innozenz III. meisterhaft in die Worte kleidete: «Meine lieben Söhne, als allzu hart und rauh erscheint uns euer Leben; denn wenn auch nach unserer Überzeugung eure Glut so groß ist, daß an euch ein jeder Zweifel verboten, so müssen wir doch an jene auch denken, die euch künftig nachfolgen werden, daß dieses Leben ihnen nicht als zu hart erscheine[40].» Nach der päpstlichen Ansicht waren nicht alle Menschen fähig, ihre Gottesflamme dermaßen zum Himmel lodern zu lassen, wie die erste Schar des Franziskus. Tatsächlich gibt es viele Franziskaner, aber nur einen Franziskus, der sehr anders war als alle seine Brüder. Die Kirche blickte zurück auf eine geistige Erfahrung, über die sie sich nicht hinwegsetzen konnte. Sie war verpflichtet, sie zu berücksichtigen, auch gegenüber dem stürmischen Anliegen des Franziskus, das Evangelium ohne Abstrich zu vertreten. Schließlich muß auch der Kurie zugute gehalten werden, daß von Franziskus' Musik nur «er allein den Wohllaut vernahm», sie aber gleich den andern Menschen lediglich sah, wie er beim stummen Spiel seinen Körper hin und her wiegte. Wer will dann aber den Päpsten und Kardinälen einen Vorwurf machen, daß ihnen die innerste Melodie entgangen ist? Gehören wir doch selbst auch zu denen, welche von seinem himmlischen Geigenspiel ebenfalls nichts vernommen haben.

Die Kurie erstrebte eine Eindämmung der christlichen Revolution. Sie bestritt die Notwendigkeit einer Besserung der kirchlichen Zustände nicht, aber sie war doch darauf bedacht, daß die Wasser der geistigen Erneuerung nicht

allzu stark über die Ufer traten. Im Innersten fürchtete sich ein Hugolino vor
dem stürmischen Wehen dieses Geistes, und seine Verordnungen zielten darauf
hin, das enthusiastische Geschehen abzubremsen. Diese Bemühung des Protektors wirkte verflachend, und doch kann sie nicht einseitig bedauert werden, dieweil sie sich rätselhafterweise für das größer gewordene Franziskanertum wiederum auch als nützlich erwies. Hugolino erkannte vor allem die Notwendigkeit einer strafferen Organisation. Nach seiner Auffassung mußte die Lebensgemeinschaft des Franziskus ordensähnlichen Charakter annehmen, wenn die
rasch wachsende Bewegung nicht im Uferlosen verschäumen sollte. Franziskus
verschloß sich dieser Argumentation nicht, zumal der Protektor ihm wiederum
die Idee eines ganz neuartigen Ordens zubilligte, da das alte Mönchtum mit seiner Weltabgewandtheit für sein Ziel nicht in Betracht kam. Die beiden Männer
verstanden sich in der Bemühung, der franziskanischen Lebensgemeinschaft
eine neue Form zu geben. Das Mendikantenwesen hatte die Zustimmung der
Kirche erhalten, und für die Gewährung dieser Bitte war Franziskus bereit, auch
den Wünschen Hugolinos entgegenzukommen. Der Stifter der Minoriten war
kein weltfremder Idealist, der in seiner Eigenwilligkeit mit dem Kopf durch die
Wand wollte. In den Verhandlungen mit dem päpstlichen Protektor bewies er
durchaus einen Blick für die Realitäten des Lebens, und er verkannte die sozio-
logischen Bedingtheiten einer Bewegung nicht. Er besaß auch die innere Beweg-
lichkeit, auf einen andern Gedanken einzutreten, wenn dieser auch nicht in
allen Teilen seiner Auffassung entsprach. Mit der Anpassung seines Ordens an
die neue Evangeliumserneuerung war Franziksus durchaus einverstanden. Man
hat ihm in Rom nicht etwas aufgezwungen, das gegen seinen Willen war.

Einen viel schwereren Schaden erlitt Franziskus' christliche Revolution durch
Elias von Cortona. Nicht die Kurie, sondern Elias ist der Urheber des Übels.
Aus den eigenen Reihen kam der Verräter, um auch hierin die Ähnlichkeit mit
dem Evangelium herzustellen. Der Charakter dieses unglückseligen Mannes ist
nicht leicht zu erfassen. Die alten Quellen berühren aus begreiflichen Gründen
seinen Namen möglichst wenig, und vielleicht wurde unter dem Einfluß des
Spiritualen sein Bild auch zu einfarbig gemalt. Begabt, sehr klug und äußerst
geschickt in weltmännischer Diplomatie, war er trotzdem eine tragische Figur,
die dem Franziskanerorden zum Verhängnis gereichte. Der Brief, den er nach
dem Tode von Franziskus an die Brüder schrieb, hat einen gewissen Schwung.
Als Herrschertalent stand er aber mit seinem energischen, geschäftstüchtigen
Wesen der franziskanischen Mütterlichkeit völlig fern. Der Mann von Cortona
war von den Benediktiner- und Zisterzienseräbten beeindruckt und wünschte
es ihnen an imposantem Auftreten gleichzutun. Auch die dominikanische Bewegung hatte es ihm sichtlich angetan, so daß er den Minoritenorden zu ihrem
Rivalen machen wollte. Sein ehrgeiziger Plan war, alle diese Strömungen einzu-

fangen, was sich notwendig zu einer Wesensentfremdung von Franziskus' Zielsetzung auswachsen mußte. Er wurde wegen seiner Bemühungen zum eigentlichen Gegenspieler des Poverello, wenn ihm dies auch nicht selbst zum Bewußtsein kam. Sein nicht gemeisterter Ehrgeiz stand im Widerspruch zur franziskanischen Demut, und sein ungezügelter Machthunger riß ihn selbst ins Verderben. Äußerlich zeigte sich Elias sehr besorgt um den Poverello, weswegen
ihm Franziskus auch Vertrauen entgegenbrachte; aber nach dessen Tod entfremdete er sich immer mehr von ihm. Als lebensgewandter Mensch war es ihm
um eine angesehene Stellung zu tun, und es gelang ihm auch, sich an die Spitze
der Bewegung zu stellen und den Orden schließlich in seine Hand zu bekommen. Im Sattel sitzend, machte Elias aus der mystischen Brüderschaft eine großartige Weltorganisation, die dem Ursprungsziel des Franziskus entgegengesetzt
war, ein Vorgang, den man nur mit wahrer Bestürzung verfolgen kann und der
an die Worte Christi erinnert: «Freund, verrätst du den Menschensohn mit
einem Kuß.» «Elias drängte den franziskanischen Orden in den Strudel der großen Politik, in das Getriebe und Gezänk der aufstrebenden Länder, alles in der
Absicht, seinem Orden Weltgeltung zu verschaffen ... In seiner Person entwik-
kelte der Geist der Weltanpassung, der seit dem Kapitel 1217 um Geltung
murrte, eine Riesenkraft und lenkte den Orden mit rücksichtslosem Geschick
stark von seinen Urzielen ab[41].» Wie ein Fürst lebte Elias von Cortona, hielt
sich mehrere Pferde und erschien in der Öffentlichkeit nur hoch zu Roß. Nie
speiste er mit seinen Brüdern zusammen, denn ein eigener Koch bereitete ihm
seine Mahlzeiten. Widerspruch duldete Elias nicht, und um keine Kritik entgegennehmen zu müssen, rief er auch das Generalkapitel nicht mehr zusammen.
Nach dem Tode des Franziskus begann er alsogleich mit dem Bau einer prunkvollen Grabeskirche in Assisi, was schwerlich im Sinne des Ordensstifters geschah. Die ersten Gefährten zertrümmerten aus heiliger Entrüstung über diese
unfranziskanische Tat die Opferstöcke, aber Elias von Cortona ließ sie dafür
körperlich züchtigen. Sein zügelloser Ehrgeiz und die gewalttätige Machtausübung führte endlich zur Entlassung aus seinem Amt und schließlich gar zur
Ausstoßung aus dem Orden. Der Unselige verfiel wegen seiner Verbindung mit
Friedrich II. zuletzt der Exkommunikation und machte erst vor seinem Tod den
Frieden mit der Kirche. Die Reaktion gegen sein Regiment der Willkür kam
innerhalb des Ordens zu spät, viele seiner Einrichtungen ließen sich nicht mehr
rückgängig machen. Mochte auch Elias von Cortonas Ordensleitung einzelne
Verdienste haben, als Ganzes betrachtet war seine Wirksamkeit ein Dolchstoß
ins Herz des Franziskus. Seine unfranziskanische Tätigkeit ist der schwarze
Schatten, der das strahlende Bild der ersten Generation verdunkelt. Sie hat das
minoritische Urgut mit einem völlig andern Element überfremdet und erreichte
damit die Liquidierung der christlichen Revolution.

Die traurigen Machenschaften waren nur möglich, weil Elias von Cortona von zahlreichen gleichgesinnten Brüdern unterstützt wurde. Später Hinzugekommene vertraten «vernünftigere» Anschauungen und versuchten, das Unternehmen des Poverello zu neutralisieren, denn in ihnen wohnte nicht mehr der Enthusiasmus der ersten Brüder. Es geschähe diesen Brüdern Unrecht, betrachtete man sie als Bösewichte, die darauf ausgingen, Franziskus' Bewegung zu verderben. Diese Absicht lag ihnen sicher fern. Sie standen neuen Problemen gegenüber, die sich notwendigerweise durch das unerwartet rasche Anwachsen der Franziskanerschar ergaben. Auch waren sie bereit, der Schwachheit der menschlichen Natur ihren Tribut zu zollen. Im jungen Minoritenorden entstanden Gegensätze, die auszugleichen sie sich bemühten, während der Poverello die Spannungen des Lebens aushielt. Franziskus streute in seiner Askese Asche auf die Speise und verbot zugleich den Brüdern, stachelige Gürtel auf der bloßen Haut zu tragen. Solche Widersprüche vermochte Franziskus in sich zu vereinigen, während sie für die Mehrzahl seiner Brüder hoffnungslos auseinanderbrachen. Je mehr Antinomien ein Mensch in sich zusammenzufassen vermag, um so gewaltiger ist seine geistige Kraft. Eine Frage wird man allerdings gegenüber Franziskus' Bettelorden nie ganz unterdrücken können: Kann man die seraphische Liebe, wie sie in Poverello loderte, überhaupt in eine Gemeinschaft organisieren oder ist sie in dieser irdischen Welt höchstens in einem Einzelleben durchführbar? Die Kurie hat diese Frage sicher gesehen, und daher ist ihre hemmende Einstellung zu verstehen, während Franziskus sie zum voraus in seinen Flammen versengte.

Die erste Veränderung innerhalb des Ordens nahm Franziskus nach seiner Rückkehr von seiner Missionsreise im Orient wahr. Er wanderte damals von Venedig nach Bologna, wo die Brüder ein klosterähnliches Haus gebaut hatten, das der Provinzial als dem Orden gehörend betrachtete. Damit war dem tief im Menschen verankerten Verlangen nach Besitz nachgegeben. Franziskus empfand das Vorgehen des Provinzialministers als eine schändliche Verletzung der Armut, und er weigerte sich voll Entrüstung, das Gebäude auch nur zu betreten. In seinem heiligen Zorn ordnete er die sofortige Räumung des Hauses an, sogar die Kranken mußten auf der Stelle hinausgetragen werden. Die ganze Unerbittlichkeit Franziskus' liegt in diesem Befehl; er sah im Hauptschuldigen einen Zerstörer des Ordens, mit dem er nichts mehr zu tun haben wollte.

Der Besitz eines Klosters in Bologna war lediglich das erste Symptom für die unablässig sich vollziehende Veränderung. Eine nicht geringe Abkehr vom Urziel waren die neuen Erlasse, welche die beiden Stellvertreter während Franziskus' Aufenthaltes im Orient herausgegeben hatten. Seine getreuen Anhänger lehnten sich gegen diese Verordnungen auf, erfuhren jedoch für ihre Einwendungen nur die unfranziskanischste Behandlung. «Nicht nur wurden die Widersetzlichen mit ungerechten Bußen belegt, sondern wie mißratene Brüder aus der Gemeinschaft gestoßen ... Viele flüchteten sich vor dem Grimm der Oberen, wanderten von Siedelei zu Siedelei und klagten über das Fernsein ihres Hirten und Helfers[42].» Die grausame Verfolgung der Franziskus in Treue anhangenden Brüder beweist bereits mit aller Deutlichkeit den andern Geist, der sich der übrigen bemächtigt hatte.

An dieser Umwandlung war die Klerikalisierung des Ordens nicht unwesentlich beteiligt. Franziskus hatte ein ehrfürchtiges Verhältnis zu den Priestern, denen er allezeit mit großem Respekt begegnete. Der Priester war für ihn der Mensch, der den Leib des Herrn spendet. Sein Werk wollte er im Frieden und nicht in Uneinigkeit mit den Klerikern ausführen. Er selbst war nicht Priester und seine ersten Brüder mit Ausnahme Silvesters desgleichen nicht. Sie waren Laien, und seine Schar war ursprünglich vorwiegend eine Laienbewegung wie das älteste Mönchtum. Schon früh baten auch Priester um Aufnahme in den Orden, und Franziskus sah keinen Grund, sie abzuweisen. Er nahm alle auf – aber er behandelte sie gleich den übrigen Minderbrüdern, denn die christliche Revolution beseitigte alle Standesunterschiede. Es gab keine Scheidung zwischen Klerikern und Nichtklerikern. Bei Tische saßen sie brüderlich nebeneinander, wie es sich gerade ergab. Franziskus wünschte, «daß die Kleriker unter seinen Brüdern eine solche Demut erlangen, daß ein Magister der Theologie auf das Wort eines Laienbruders, der predigen will, seinen Vortrag abbricht»[43]. Mit der Zeit machte sich der Bildungsunterschied jedoch immer mehr bemerkbar. Die Kleriker waren bei aller Ehrfurcht vor Franziskus doch von einer andern Denkweise erfüllt. Sie gewannen schließlich die Oberhand über die Laien, und nach dem Tode des Franziskus wurden die Laienbrüder «für unfähig für alle höheren Ordensämter erklärt, mit andern Worten, die Umgestaltung der Genossenschaft zu einem Klerikerorden war besiegelt»[44].

Durch das Überhandnehmen der Kleriker änderte sich auch die Einstellung zu den wissenschaftlichen Studien. In den ersten zehn Jahren der franziskanischen Lebensgemeinschaft spielte die Wissenschaft in ihr keine Rolle. Die evangelische Einfalt des Herzens ließ das Interesse an ihr gar nicht aufkommen. Die Minderbrüder sollten nach Franziskus keine gelehrten Reden halten; die gottestrunkene Urpredigt der Franziskaner verkündete dem Volk das Reich Gottes und die Buße, sie hielt ihm in kurzen Worten Strafe und Belohnung vor Augen. Die Kleriker stießen sich jedoch an der «beinahe sturen Haltung des Heiligen gegenüber der Wissenschaft»[45]. Sie betonten die Notwendigkeit der Studien für das Predigtamt, welch berechtigte Forderung Franziskus einsah, wenn er sie auch auf das unumgänglichste Maß beschränken wollte. Allen Warnungen zum Trotz drängten sich die Brüder «stürmisch zum Lehramt», so sehr der Poverello das «kopflose Betragen dieser Leute verwünschte»[46]. Der Widerstand des Stifters wurde vom Verlangen der Brüder nach schulmäßiger Wissenschaft erstickt. Franziskus vermochte das Eindringen der Studien nicht zu verhindern, und durch diese Entwicklung ging seine Befürchtung in Erfüllung, daß eine «aufgeschlossene Gelehrsamkeit den Anlaß zum Verfall des Ordens wurde»[47]. Einer der ältesten Brüder des Franziskus, Ägidius von Assisi, hat das Ergebnis dieses Prozesses in den Jammerschrei zusammengefaßt: «Das Schiff ist zerbrochen, die Katastrophe ist da; es fliehe, wer fliehen kann! Paris, Paris, warum zerstörst du den Orden des heiligen Franziskus?»[48]

In diesem unverkennbaren Umwandlungsprozeß kommt der Frage, wie sich Franziskus zu der Veränderung seines Ordens verhalten hat, entscheidende Bedeutung zu. Niemand wird dem Manne von Assisi zutrauen, daß er mit seinem Scharfsinn des Herzens gleich dem Vogel Strauß den Kopf in den Sand gesteckt habe, um den unerfreulichen Verlauf der Dinge nicht zu sehen. Seine brennende Bemühung um eine Evangeliumserneuerung veranlaßte ihn, mit größter Wachsamkeit alle Vorgänge innerhalb des Ordens zu überschauen. Mit feinem Empfinden spürte er bald die andersartigen, fremden Kräfte am Werke, die darauf ausgingen, die christliche Revolution zu brechen. Sie nötigten ihn zu einem Verhalten, das zu verfolgen für seine innerste Wesenserfassung von ausschlaggebender Wichtigkeit ist. Dabei wird aufs neue evident, wie der Poverello gewöhnlich viel zu weich gesehen wird. Gewiß war er ein äußerst sensitiver Mensch, der auf alle Gegenströmungen seismographisch reagierte. Bei aller Zartheit aber hatte er auch wieder eine Widerstandskraft in sich, die man bei ihm gar nicht vermuten würde. Der Verfasser des Sonnengesanges setzte sich mit einer erstaunlichen Hartnäckigkeit für die urfranziskanische Bewegung zur Wehr. Er versuchte, der andersartigen Entwicklung zunächst durch verschiedene Regeln, die er seinem Orden gab, zu steuern.

Die in den Anfängen aufgestellte Urregel ging verloren und kann nicht mehr nachkonstruiert werden. Nach Franziskus' eigener Aussage bestand sie nur aus «kurzen und einfachen Worten», wahrscheinlich aus aneinandergereihten Sätzen der Evangelien[49]. Es kam ihr jedoch nicht jene normative Autorität zu, wie der Regel Benedikts, weil im letzten Grunde Franziskus selbst die Regel war. Seine jesusähnliche Lebensweise war die lebendige Verpflichtung, die für die Brüder Beispiel und Gesetz war. Wie Franziskus einst aus einem Selbstbewußtsein heraus zu einem Jüngling sagte, «*ich* bin dein Brevier», so war seine überragende Persönlichkeit ursprünglich die bestimmende Regel, die alle wie eine Hostie verehrten. Die Urregel war verdichtetes Evangelium und enthielt nach Gemellis Vermutung «nur wenige Gebote, nichts Förmliches, verinnerlichte Zucht, eine Freiheit und Möglichkeit der Ausdeutung, die ganz der Achtung entsprach, die der Heilige für die Eigenart eines jeden besaß»[50].

Das rasche Wachstum des Ordens, der schon in der Mitte des zweiten Jahrzehntes Tausende von Brüdern umfaßte und sich bereits im ganzen Abendland auszubreiten begann, machte die Niederschrift genauerer Bestimmungen, der zweiten Regel, notwendig. Sie stammt aus dem Jahre 1221 und ist ein hervorragendes Dokument von Franziskus' Geist, obschon der Poverello seiner seelischen Struktur nach alles andere als ein Gesetzgeber war. Aus jeder Zeile spricht noch der Enthusiasmus, der bereits in den einleitenden Worten die Richtung angibt: «Das ist das Leben nach der Weisung des Evangeliums Jesu Christi, das sich Bruder Franziskus vom Herrn Papst Innozenz genehmigen und bestätigen ließ[51].» Leuchtend klar verstund es Franziskus, sein unverrückbares Ziel gleich an den Anfang seiner Ausführungen zu stellen: die evangelische Lebensweise zu erneuern. «Der Fußspur unseres Herrn Jesus Christus zu folgen», einzig dieser Bemühung gilt sein Streben, das ihn Tag und Nacht bedrängte. Von «unserer Lebensweise» und «unserer Lebensart» redet die zweite Regel ununterbrochen. Sie stellt mit vorbildlicher Klarheit die Richtschnur auf, «wie die Brüder durch die Welt gehen sollten». Für eine evangelische Daseinsgestaltung und nicht für irgendeine Doktrine wollte Franziskus seine Brüder gewinnen, damit bekundend, wie auch sein neues Mönchtum ausschließlich Existenzmitteilung ist. «Wer immer zu ihnen kommt, Freund oder Feind, Dieb oder Räuber, soll gütig aufgenommen werden»[52], verfügt die zweite Regel. Franziskus veranstaltete ursprünglich keine Würdigkeitsprüfung, er nahm alle auf, wer es auch immer war, und bewies damit seine Geistesverwandtschaft mit der Einladung zum großen Abendmahl. Die schrankenlose Bereitschaft, auf alle Menschen einzugehen, kann nur auf der Ebene des Evangeliums durchgeführt werden, und außerhalb der neuen Gegenwart Christi ist es eine groteske Einstellung, die nur Mißbrauch und Enttäuschung nach sich zieht. Ausdrücklich sendet Franziskus seine Brüder zu den Erniedrigten und Beleidigten der Welt: «Sie sollen sich freuen, wenn sie mit geringen und verachteten Leuten verkehren, mit Armen, Schwachen, Kranken, Aussätzigen und solchen, die am Wege betteln[53].» Die Minderbrüder dürfen sich «in ihrem Äußern nicht traurig und wie trübe Heuchler geben, sondern sie sollen sich im Herrn froh, heiter und entsprechend gefällig zeigen[54]». Es lebt eine urfranziskanische Beschwingtheit, ein wundervoller Klang von seiner Himmelsmusik in der zweiten Regel, die sich noch heute jedem Menschen mitteilt, der sie in sein Inneres aufnimmt. In Franziskus' Regel fehlen scharfe Strafandrohungen, ein scheinbar kleiner und doch inhaltsreicher Unterschied zu den Satzungen früherer Ordensgründer. Der Poverello vertraute auf die Jesusmacht und ließ seine Ausführungen in die glühende Ermahnung ausklingen: «Ich beschwöre alle und küsse ihnen die Füße, daß sie nur diese Regel doch ja lieben und sie gut verwahren ... und verbiete streng, irgend etwas von der Regel, wie sie hier geschrieben steht, auszutilgen oder noch schriftlich etwas einzutragen[55].»

Es wird immer zu bedauern sein, daß der sich rasch vergrößernde Orden nicht bei dieser unreglementierten Regel des Franziskus verharrte, sondern mit Hilfe des Protektors eine Abänderung erzwang, die folgerichtig in einen Kompromiß zwischen den beiden Richtungen innerhalb des Ordens ausmündete. Schon zwei Jahre später nötigten die Brüder Franziskus, eine dritte Regel zu schreiben, die genauere Vorschriften enthielt und sich weniger begeistert in einer evangelischen Lebenserneuerung verströmte. Das Verlangen nach gesetzesmäßiger Präzision siegte über die urfranziskanische Spiritualität, die man wie den Wind sausen hörte, von der aber nicht zu sagen war, von wo sie kam und wohin sie führte. Wenn die dritte, wesentlich kürzere Regel auch nicht mehr die taufrische Unmittelbarkeit besitzt, die wie eine neue Geburt aus Geist und Wahrheit anmutet, so ist doch die Hand des Franziskus darin nicht zu verkennen. Alles, was Franziskus tat, war ein getreues Spiegelbild seines Herzens. Er konnte nicht anders, als von der christlichen Revolution zeugen, die in ihm wieder zur Eruption gekommen war. Echt franziskanischer Geist ermahnte die Brüder in der dritten Regel, «die Leute nicht zu verachten und zu verurteilen, die sie in weichen und bunten Kleidern einhergehen und feine Speisen und Getränke genießen sehen; jeder soll vielmehr sich selbst richten und geringschätzen» [56]. Das Verzeihen der Schwächen der andern Menschen, ihre Sünden im Lichte der Vergebung zu sehen, ist immer ein untrügliches Kennzeichen für die evangelische Gesinnung eines Menschen, der streng mit sich selbst und mild mit den andern umgeht. Leider machen sich in der dritten Regel bereits unangenehm störend die Franziskus' Glut ferne stehenden, fremden Einflüsse geltend, die an ihr mitgearbeitet haben. Verglichen mit der zweiten, ist die dritte Regel viel nüchterner und prosaischer, sie nähert sich mehr den Paragraphenbestimmungen einer festgefügten Körperschaft. Zwar ist das Verbot, Geld anzunehmen, in ihr enthalten, aber zu Franziskus' Schmerz duldete Kardinal Hugolino nicht die Erwähnung des Jesuswortes, nichts mitzunehmen auf den Weg «weder Beutel noch Tasche, weder Brot noch Geld». Der Poverello empfand diese Unterdrückung als eine Verabschiedung seiner evangelischen Armut, für die er bereit war, sich ins Feuer zu stürzen. Dieses Beispiel berührt einen zentralen Punkt und weist auf die verändernden Kräfte hin, welche die anfänglichen Absichten des franziskanischen Ordens unwirksam machten. Das Tor zu einer andersartigen, nicht mehr aufzuhaltenden Entwicklung war geöffnet.

Nachdem Franziskus gegenüber der neuen Mehrheit nicht durchzudringen vermochte, trat er von der Leitung des Ordens zurück. Zur Niederlegung seines Amtes bewog ihn freilich auch seine angegriffene Gesundheit und sein unstillbares Verlangen nach immer neuen Demutsübungen. Eine unsagbare Seelentrauer schwebt über diesem Vorgang. Auf die Frage eines Bruders, warum er sich zurückgezogen habe, antwortete er: «Quäle mich nicht, laß mich ... ich kann nichts mehr ... es ist zu spät[57].» Der erschütternde Rücktritt von der leitenden Verantwortung befriedigte Franziskus' Stimme seines Gewissens nicht. Der Pfahl im Fleisch schmerzte weiter. Auf dem nächsten Kapitel war der Poverello nicht verbittert, aber erbittert und hat mit letzter Kraft den Brüdern in beschwörendem Ton seine, von der ihrigen verschiedene Auffassung dargelegt. Franziskus' Verhalten gegen die nicht nach seinen Wünschen verlaufende Entwicklung des Ordens ist nicht mit einer unwahren Harmonistik zu verschweigen, ansonst seine Gestalt wesentlich an Größe, Tiefe und Lebendigkeit einbüßt.

Ergreifende Klagen über die ihm fremde Entwicklung entrangen sich seinem Munde. Auf die immer stärker werdende Zurückdrängung seiner Predigt des Beispiels gegenüber der verweltlichten Christenheit, antwortete Franziskus: «Mein Sohn, ich liebe die Brüder, wie ich es vermag, aber wenn sie meinen Spuren folgten, würde ich sie noch mehr lieben und wäre ihnen nicht entfremdet worden. Denn es gibt unter den Obern einige, die sie zu andern Dingen ziehen, indem sie ihnen das Beispiel der älteren Orden vorhalten und meine Ermahnungen zu wenig beachten[58].» Die Ungehaltenheit des Poverello über die Wendung der Dinge drückt sich in diesem Schmerzensschrei unmißverständlich aus. Nicht lange nach dieser wehmütigen Klage über die Selbstentfremdung von der eigenen Bewegung wurde Franziskus von einer Krankheit befallen. Er richtete sich von seinem Lager auf und rief voll innerer Peinigung: «Wer sind die, welche meinen Orden und meine Brüder meinen Händen entrissen haben? Wenn ich zum Generalkapitel komme, werde ich ihnen zeigen, was ich will[59].» In diesen wehen Worten zittert die ganze Erregung über die Abschwächung seiner Evangeliumserneuerung nach. Eine Seelenpein durchwühlte den Poverello, die Casutt zu der Feststellung nötigte: «Es ist durchaus wahr, daß Franziskus in den letzten Lebensjahren von den eigenen Söhnen ein Martyrium zu erdulden hatte[60].» Es war jenes Schwert, das einst Maria und das jetzt seine tiefbetrübte Seele durchdrang. Die Ehrfurcht vor dem Leid erlaubt keine Vertuschung der unsäglichen Seelenqual Franziskus', die seine Lebenskraft mehr als seine körperlichen Krankheiten aufgezehrt hat.

Franziskus begnügte sich nicht damit, herzzerreißende Klagen auszustoßen. So ungern er den Brüdern entgegentrat, befriedigte ihn dieses zu passive Verhalten auf die Dauer nicht. Schließlich ballten sich seine schweren Gewissensnöte zu einem Protest zusammen, der seinen christlichen Mut aufs prachtvollste unterstrich. Das im Todesjahr verfaßte Testament ist ein mächtiges Zeugnis dieses Widerstandes gegen den ihm entgleitenden Orden. In diesem Dokument flammt das franziskanische Feuer in seiner ursprünglichen Glut mit bezwingender Gewalt auf, es besitzt eine Erhabenheit, die einige Brüder veranlaßte, es an religiöser Bedeutung einer biblischen Schrift gleichzusetzen. Das Urthema ist

darin nochmals mit aller Kraft und Unmißverständlichkeit zur Sprache gebracht. Mit beschwörender Gebärde erhebt sich Franziskus und ruft zum letztenmal dem Orden zu: «Allen meinen Brüdern, Geistlichen und Laien, verbiete
ich streng, kraft des Gehorsams, zu der Regel und diesen Worten Bemerkungen
zu machen und zu sagen: Das muß man so verstehen. Der Herr ließ mich die
Regel und diese Worte in schlichten und einfachen Ausdrücken niederschreiben,
und ebenso schlicht und einfach sollt ihr sie verstehen und in heiligem Wandel
halten bis ans Ende[61].» Untrüglich, wie nur der von der Einfalt des Evangeliums bewegte Mensch ist, erkannte Franziskus als einer der ersten, wie die
Exegese stets in Gefahr ist, dem ursprünglichen Text einen andern Sinn unter-
zulegen. Langatmige Erläuterungen führen oft unbemerkt von der entscheidenden Sache ab. Darum sollen Regel und Testament ohne jegliche Auslegung einfach gehalten werden. «Ohne Glosse, ohne Glosse» haben nach der Losung des
Franziskus die Brüder der Lebensweise der evangelischen Armut nachzueifern.
Doch auch dieser kraftvolle Protest vermochte die über Franziskus hinwegge-
hende Entwicklung seines Ordens nicht aufzuhalten. Papst Gregor IX. erklärte
nach dem Tode des Franziskus das «Testament» kurzerhand für rechtsungül-
tig, weil es zu einer Zeit verfaßt worden sei, da der Poverello nicht mehr das
Amt des Generalministers innehatte. Die päpstliche Entscheidung ist von for-
mal-juristischem Standpunkt sicher richtig, aber sie war doch ein empfindlicher
Schlag gegen den Geist des Franziskus.

Die Entwicklung des Ordens ging über Klage und Testament mit jener Unerbittlichkeit hinweg, die nun einmal den brutalen Geschichtsverlauf kennzeichnet. Bei der Wahrnehmung, wie Franziskus auf diese Erfahrung reagierte,
ist noch einmal und zum letztenmal an sein Geigenspiel zu erinnern. Als der
Heilige sah, daß es ihm nicht gegeben war, den Orden von seiner andersartigen
Richtung zurückzuhalten, kam jener ergreifende Moment, wo er Holzscheit
und Stecken, mit dem er sich das Leid vom Herzen strich, von sich warf und
zur Erde fiel. Seine unwiedergebbare Musik fand in den strömenden Tränen ihr
Ende, und schluchzend lag er auf dem Boden. An ihm, der vom Leid am ganzen
Körper geschüttelt wurde und dessen eigene Seele wie in einer Woge verging,
scheint etwas Unerklärliches geschehen zu sein. Die Deutung dieses Schluch-
zens ist der letzte Prüfstein des wahren Franziskus-Verständnisses. Lange Zeit
übersah man gewollt das erschütternde Leid am Ende von Franziskus' Leben,
weil man darauf ausging, dessen Dasein in unbeschwerter Harmonie zu schildern unter Vermeidung aller Gebrochenheit. Es war ein Schritt zur Wahrhaftigkeit, als in der Franziskus-Literatur der religiöse Schmerz des Stifters nicht
mehr in schönfärbendem Propagandastil überkleistert wurde. Die Spannungen
seines Lebens sind in aller Ehrlichkeit ungeschmälert hervorzuheben, wie Franziskus selbst sie auch nicht im geringsten verbarg. Das entscheidende Problem

beginnt jedoch erst bei dem Versuch, den Sinn dieser tränenschwangeren Situation zu erhellen. Ist das Ende von Franziskus' Geigenspiel einfach das Ergebnis des unvermeidlichen Widerspruches zwischen Ideal und Wirklichkeit? Stand er einem unlösbaren Problem gegenüber, von dem er wie zwischen zwei Mühlsteinen zerrieben wurde? Befand sich der Poverello tatsächlich in einem Konflikt, der von seiner «Lage aus gesehen nicht zu lösen ist?»[62]. Muß er der Unfähigkeit zu einer richtigen Bewältigung dieser Situation bezichtigt werden? Zu dergleichen unzulänglichen Auffassungen gelangt man notgedrungen, wenn man immer von den «Idealen des Franziskus» spricht, die in dieser steinigen Welt leider nicht durchzuführen waren. Bei dieser Betrachtung muß die franziskanische Bewegung folgerichtig unter das klägliche Schema von Idealität und Realität gerückt werden. Von Idealen des Poverello zu sprechen, bedeutet jedoch die Anwendung eines ihm völlig wesensfremden Begriffes. Schöne Ideale vertrat ein Fichte, aber Franziskus war nicht ein Sohn des deutschen Idealismus, dessen hochgespannten Forderungen gegenüber die Menschen stets versagen. Über den tiefen Wesensunterschied zwischen Idealismus und Franziskus muß man sich ganz klar sein. Der Mann von Assisi war so wenig wie Jesus ein «tragischer Held». Alle diese Vorstellungen sind von ihm fernzuhalten, da sie gar nicht an Franziskus heranreichen. Bildet doch das faszinierende Geheimnis dieses Bettelmönches, daß er im Sein und nicht im Sollen stand. Bei Franziskus war Erfüllung des Göttlichen und nicht bloß Sehnsucht darnach. Sein Stehen in der Mitte kannte keine Zwiespältigkeit des Herzens, worin er sich von den übrigen Christen unterschied. Nachdem Christus in das Leben des Poverello eingegangen war, gab es in dessen Dasein nicht das geringste Schwanken oder gar Irrewerden mehr. Die Wirklichkeit des Evangeliums war bei ihm aufs neue aufgebrochen und rückte sein ganzes Leben in eine völlig andere Dimension. Er lebte in der Realität und nicht von über der Erde schwebenden Postulaten. Zur franziskanischen Wirklichkeit gehören sowohl paradiesische Vogelpredigt und hymnologischer Sonnengesang als auch schmerzliche Entfremdung der Brüder und unergründliches Weinen am Boden. Sie umschließt die ganze unfaßliche Seinsnot des Menschen, dessen Leidenscharakter mit keinen Worten wiederzugeben ist. Was den Poverello bewog, Holzscheit und Stecken und sich selbst auf den Boden zu werfen, wagt man kaum auszusprechen, und doch muß es wenigstens in gedämpftem Ton geschehen: Franziskus war in den Garten von Gethsemane eingetreten! Auch Christus warf sich am Ölberg auf sein Angesicht und lag flach am Boden, wo er jene letzte weltenverdunkelnde Betrübnis empfand und er im Gebete rang, bis der Blutschweiß auf die Erde tropfte. Die Nacht in Gethsemane, in welcher der Herr infolge seines Zitterns so anders erscheint als in seiner sonstigen hoheitsvollen Überlegenheit, ist aus dem Leben Jesu nicht wegzudenken. Wenn Franziskus seinem Herrn ähnlich werden wollte, mußte er zuletzt ebenfalls die Passion auf sich nehmen. Der durchbohrende Schmerz Jesu durfte im Leben des Poverello nicht fehlen, denn erst dadurch wurde seine Nachfolge vollkommen. So sehr man von dieser tränendurchtränkten Qual nur mit stockenden Worten reden kann, nimmt einzig diese Deutung seines Erlebens die richtige Sicht wahr und läßt alle idealistischen Interpretationen weit hinter sich. In Franziskus' Passion fand die christliche Revolution ihre Vollendung, und darin liegt ihr tiefster Unterschied zu allen Gewaltaktionen. Der Leidensweg nach Gethsemane schloß für den Poverello jede trotzige Auflehnung aus. Er durfte sich nicht gegen den betrüblichen Gang der Entwicklung empören, so namenloses Weh sie ihm bereitete. Der Schmerz Jesu am Ölberg erforderte von ihm verpflichtenden Gehorsam, und in unbegreiflicher Ähnlichkeit mit dem Herrn endigte Franziskus' Leben. Das göttliche Siegel auf diesem Passionsweg waren die Stigmata, die Franziskus in einer Entrückung auf dem Berg Alverna empfing. Die Menschen haben viel über Möglichkeit und Unmöglichkeit dieser Transfiguration gerätselt, weil sie den innern Zusammenhang von Stigmata und Leidensweg nicht beachteten. Die Wundmale Christi, die der Seraph Franziskus aufdrückte, sind ein Wunder, aber vor allem ein Bekenntnis Gottes zu der Passion des Poverello.

Franziskus' körperliche Schwäche führte seine frühzeitige Auflösung herbei. Er bat den Arzt, ihm die Wahrheit zu sagen, da er den Hinschied nicht fürchtete, und tatsächlich hieß er mit der gläubigsten Gebärde den Bruder Tod willkommen. Der sterbende Franziskus war wieder von der religiösen Freude erfüllt, und er bat seine Brüder, ihm vom Tode zu singen – ein Wunsch, der, nach dem erlebten Karfreitag, in einen Osterjubel überging. Sie stimmten mehrfach den Sonnengesang an, und Franziskus erwartete nackt auf dem Boden liegend den Kuß Gottes. Über diesen sonst kaum vernommenen Zusammenklang von Freude und Tod sagt der Bruder Ägidius: «Niemals sollte man den Namen Franziskus aussprechen, ohne große Süßigkeit zu empfinden [63].»

Franziskus war für das 13. Jahrhundert eine Erscheinung, vor der die Zeitgenossen sprachlos dastanden. Die überschwänglichen Urteile sind ein Beweis, wie sie den Poverello nicht restlos in sich aufzunehmen vermochten: «Leuchtend wie das Frührot und wie der Morgenstern, ja, wie die aufgehende Sonne die Welt mit glühenden Strömen des Lichts überflutet zu ihrer Fruchtbarkeit, so erschien Franz in seinem Aufbruch gleich einem neuartigen Licht. Beim Aufgang dieser Sonne lag die Welt gewissermaßen im winterlichen Frost erstarrt, in Finsternis und bar des Lebens. Sein Wort und seine Tat war wie ein schönes Leuchten … Es war wie der Einzug des Frühlings in die Welt [64].» Franziskus' Auftreten mit dem Kommen des Frühlings zu vergleichen ist nicht als allzu überschwengliches Urteil abzutun. Er war eine einzigartige Verleiblichung der irrationalen Botschaft des Evangeliums. Seine Brüder deuteten seine Erschei-

nung als den Anbruch einer Weltzeit der Freude und entrückten ihn immer
mehr der menschlichen Sphäre, indem sie ihm beinahe die Rolle eines neuen
Messias zuschoben. In elfter Stunde hat ihn Gott der Christenheit gesandt, die
«Fioretti» steigerten ihn bis zum «andern Christus» hinauf[65].

II

Franziskus hinterließ dem Orden ein Vermächtnis, dessen Verarbeitung die
Kraft seiner Erben bei weitem überstieg. Bei aller ihm entgegengebrachten Verehrung war es für ihre Schultern viel zu schwer. Seine Söhne besaßen kaum die
Fähigkeit, die unermeßliche Hinterlassenschaft zu bewältigen, woraus sich die
betrübliche Nachgeschichte erklärt. «Wir haben so Vieles und so Großes gesehen, daß es uns unmöglich ist, alles aufzuschreiben», gesteht Bruder Leo und
meinte, «weder ihr noch wir haben die ganze Heiligkeit dieses Menschen erkannt, wie wir sie hätten erkennen sollen[66].» Auch nach Celano haben «unsere
Worte viel vom Glanze seiner Eigenschaften weggenommen, da eben, um solche
Vollkommenheit zu schildern, ihre Kraft nicht hinreicht»[67]. Franziskus großes
Erbe wurde durch seine dunkelgefärbten Weissagungen über den Orden noch
mehr belastet, als es ohnehin der Fall war. Unmittelbar vor seinem Abscheiden
hatte der Poverello die Worte gesprochen: «Lebet wohl, meine Söhne, verhar-
ret in der Furcht Gottes und bleibet in ihm immerdar; denn es steht euch eine
große Versuchung bevor, bald kommt Trübsal. Selig, die in dem ausharren, was
sie begonnen haben; denn das kommende Ärgernis wird manche von uns trennen[68].» Franziskus' Prophezeiungen ergeben zusammengestellt eine bedrük-
kende Last, die freilich nicht im Pessimismus untergeht. Außer der angekündig-
ten Trübsal und Trennung «wird die Zeit kommen, da durch böse Beispiele
der von Gott geliebte Orden in schlechten Ruf kommt, so daß sich die Glieder
schämen, unter die Menschen zu gehen»[69]. Seine düstere Zukunftsschau wird
jedoch durch die Gewißheit wieder aufgehellt, daß der Orden nie untergehen
werde, indem Gott zu Franziskus einmal gesagt habe: «Warum ängstigst du
dich, Menschlein? Habe ich dich etwa über meinen Orden als alleinigen Hirten
eingesetzt, daß du nicht mehr weißt, daß ich Haupt- und Schutzherr bin? Äng-
stige dich also nicht, sondern sorge für dein Heil; denn wenngleich der Orden
bis zur Dreizahl zusammenschmölze, so wird er doch stets durch meine Huld
unerschüttert bleiben[70].» Die beiden sich ergänzenden Prophezeiungen widersprechen sich nicht und weisen auf jene unvermeidliche Trübung hin, die alles
Menschenwerk durch den Geschichtsprozeß erleidet.

Das Schicksal von Franziskus' Vermächtnis in der Geschichte veranschaulicht, wie seine christliche Revolution weder durchgedrungen noch mißlungen
ist. Doch darf bei der Schilderung der Ordensgeschichte der Historiker nie den

törichten Anschein erwecken, als wäre bei seiner Anwesenheit alles besser herausgekommen. Es ist so leicht, nachträglich zu sagen, wie es hätte richtig gemacht werden sollen und doch so unendlich schwer, im konkreten Vollzug die
sachgemäße Entscheidung zu treffen. Die Entwicklung des Ordens ist weder
unter den Gesichtspunkt des Abfalls noch unter die Anwendung des Gleichnisses vom Senfkorn zu reihen. Beide Aspekte machen sich einer unstatthaften
Vereinfachung schuldig, dieweil zum allermindesten die zwei Vorgänge miteinander verflochten sind. Franziskus hatte eine Bewegung ins Leben gerufen,
die teilweise mächtiger war als er und deren Wachstum über ihn hinausging.
Auch gegenüber dem oft nicht wunschgemäß verlaufenen Geschichtsprozeß
muß man doch die innere Notwendigkeit dieser andersartigen Entwicklung
einsehen, die nicht einfach einer Fehlleistung gleichzusetzen ist. Der Orden
konnte nicht immer auf der Stufe der Gründungszeit verbleiben, statt zu gedeihen, wäre er einer langsamen Verkümmerung verfallen. Wer bedenkenlos
von Verrat redet, übersieht das Große, das doch auch aus der Ordensentwicklung hervorging, und urteilt unhistorisch. Der Orden besaß die Pflicht, sich jeweilen mit den veränderten Zeitumständen auseinanderzusetzen. Jedes geschichtliche Gebilde muß sich entfalten, was unumgänglich eine Veränderung
mit sich bringt. Dies ist ein historisches Gesetz, das keine Ausnahme kennt.
Man hat nur darauf zu schauen, an welchen Stellen die andere Entwicklung einsetzte und aus welchen Gründen sie geschah, dies allein entspricht einer fruchtbaren Fragestellung.

Als die legitimen Nachfolger des Franziskus fühlten sich jene Kreise, aus denen später die Spiritualen hervorgegangen sind, die den Wortlaut der Regel für
sich hatten und sich auch für die Beibehaltung der ursprünglichen Ordensbestimmungen einsetzten. Es waren Männer, die dem Poverello ganz treu bleiben
wollten, sie traten für die Permanenz der christlichen Revolution ein, die nach
ihrer Ansicht nicht zur Ruhe kommen durfte. Die Haltung der Spiritualen ist
in der Einleitung zum «Spiegel der Vollkommenheit» am besten wiedergegeben, in der erzählt wird, wie Elias von Cortona zu Franziskus gesagt habe: «Da
sind die Provinzialminister, die gehört haben, daß du eine neue Regel machst
und weil sie fürchten, du werdest sie allzu streng machen, widersprechen sie dir
und weigern sich, denn sie wollen auf diese Regel nicht verpflichtet sein. Du
sollst sie für dich machen und nicht für sie. Da wandte der selige Franziskus sein
Angesicht zum Himmel, und also sprach er zu Christus: Herr, habe ich dich
nicht gepriesen dafür, daß diese nicht an mich glauben? Da hörten alle die
Stimme Christi aus der Höhe antworten: Franziskus, nichts aus deiner Regel
stammt von dir, sondern alles ist mein, was darin ist, und ich will, daß diese
Regel also befolgt werde: auf den Buchstaben, auf den Buchstaben, auf den
Buchstaben; ohne Deutelei, ohne Deutelei, ohne Deutelei. Und er fügte hinzu

Ich weiß, was die menschliche Schwachheit vermag, und ich will ihnen helfen. Wer aber die Regel nicht befolgen will, der soll den Orden verlassen[71].» Diese Legende spricht die Denkweise der Spiritualen am prägnantesten aus. Sie verharrten auf diesem Standpunkt in all den folgenden Jahren und ließen sich keinen Schritt davon abbringen. Man ist im ersten Moment versucht, jenen Männern, die das franziskanische Erbe am getreuesten bewahrten, vollständig zuzustimmen. Jedenfalls darf man von ihrer leidenschaftlichen Bemühung nicht unbeteiligt schreiben, was ihrer opferfreudigen Einsatzbereitschaft nicht gerecht wird. In ihnen glühte ein echter Funke von Poverellos Feuer und als linker Flügel der minoritischen Revolutionsbewegung haben sie der bestehenden Kirchlichkeit viel zu schaffen gemacht. Nach Gemelli verdankt man diesen überkühnen Eiferern «das große franziskanische Heldengedicht»[72]. Trotzdem unterliegen auch die Spiritualen einem nicht loszuwerdenden Bedenken. Ihre Parole «auf den Buchstaben» steht im Widerspruch mit der neutestamentlichen Erkenntnis: Der Buchstabe tötet, der Geist aber macht lebendig. Die Buchstabentreue führte sie in eine Enge, die nicht frei von Zelotismus war. Zudem verharrten auch sie nicht einfach auf den Satzungen des Franziskus, indem sie aus dessen Evangeliumserneuerung vorwiegend die Armutsverwirklichung herausgriffen. Dies war aber nur ein Teil, wenn auch ein überaus wichtiger Teil vom Ganzen. Mit diesem leidenschaftlichen Kampf um die strenge Armut vermischte sich zudem bald ein fremdes Element, das den Minoritenorden in die Bahnen des Joachitismus zu lenken versuchte.

Im Jahre 1241 floh ein Abt des Fioreordens vor dem anrückenden Kaiser Friedrich II. nach Pisa und hinterlegte im dortigen Minoritenkloster alle Schriften Joachim von Fiores. Die Lektüre der Joachimschriften wirkte auf die Franziskaner wie der Funke im Pulverfaß, sie entfachte ihre verhaltene Glut aufs neue zur lodernden Flamme. Das joachitische Denken verband sich mit der Einstellung der Spiritualen, was der christlichen Revolution einen erneuten Auftrieb geben mußte. «Die eigentlichen Revolutionäre gehen also aus dem unmittelbaren Einbruch des Joachitismus in die franziskanische Frömmigkeit hervor; die Brüder wurden zu Revolutionären, indem sie sich selbst und die großen Ereignisse ihrer Zeit als Erfüllung der joachitischen Verheißungen ansahen[73].» Die Spiritualen gerieten in einen fieberhaften Zustand, weil die Weissagung des Zisterzienserabtes vom Zeitalter des Geistes nach ihrer kühnen Deutung in Franziskus den Anfang genommen habe! «Franziskus ist wirklich der Engel, der das sechste Siegel öffnet», war ihre Überzeugung, und sie erhöhten nach Alois Dempfs Formulierung den Poverello zu «einem unerhörten, weltgeschichtlichen Mythos», der einen berückenden Glanz ausstrahlte, wenn es darin heißt, «daß das Feuer seine Glut zügelte, das Wasser den Geschmack veränderte, die Luft in der Nacht hell aufleuchtete, der trockene Stein einen würzigen Quell entließ, daß insgesamt die Elemente dem unschuldigen Franziskus dienstbar waren»[74]. Statt Joachims Prophetie als verfrühten Messianismus zu erkennen, jubelten sie voll Freude über das Christentum des heiligen Geistes, dessen Kommen unmittelbar bevorstehe. In dieser überhitzten Perspektive sahen die Spiritualen die Situation, und die Wogen ihres hochgehenden Enthusiasmus verebbten auch nicht, als durch den unerwarteten Tod des Kaisers Friedrich II. die Weissagungen des Joachitismus einen fatalen Stoß erhalten hatten. Aus den Reihen der Spiritualen sind Johann Peter Olivi und Ubertin von Casale hervorgegangen, brennende Verkünder des «ewigen Evangeliums», welche Botschaft die Spiritualen von den Evangelien im Neuen Testament unterschieden. Die überaus lebendige Geschichtstheologie der franziskanischen Reformation mit all ihren Hoffnungen und Enttäuschungen hat Ernst Benz in seinem aufschlußreichen Buch «Ecclesia spiritualis» erstmals in ihrer überraschenden Neuheit dargestellt. Allerdings erzeugte die Verbindung von Franziskanertum und Joachitismus bei zahlreichen Brüdern auch eine ungesunde Verstiegenheit, die, auf dem Siedepunkt angelangt, an Schwärmerei grenzte. Sonderbare Konstellation, die sich daraus ergab: Die Erwartung des dritten Reiches gibt dem Spiritualenkreis eine überraschende Farbigkeit, und doch wurde gerade diese Einbeziehung des Joachitismus ihm zum Verhängnis. Denn damit rückte ein unfranziskanischer Gärungsstoff in den Mittelpunkt, den viele Brüder als den Weg zur Sekte empfanden. Zudem verquickten sich die hochgeschraubten Erwartungen der Spiritualen mit offenkundig häretischen Behauptungen, was der Kurie die Berechtigung gab, gegen sie einzuschreiten. So kam es, daß sie auch ihr ursprüngliches Ziel der Verwirklichung der strengen Armutsauffassung wegen ihrer Übersteigerung der apokalyptischen Sehnsucht nicht erreichten. Ihr ist nach Karl Balthasars Urteil «die Hauptschuld an dem tragischen Ende der Bewegung zuzuschreiben»[75]. Die Spiritualen können deswegen bei aller sympathischen Begeisterungsfähigkeit nicht einfach mit Franziskus gleichgesetzt werden. Es besteht zwischen dem Poverello und den Spiritualen ein deutlicher Unterschied, der vor allem in ihrem Mangel an Liebe zum Ausdruck kommt. In ihrer rigorosen Armutsauffassung vergaßen sie das Wort des Franziskus: «Selig der Mensch der den Nächsten in seiner ganzen Schwachheit erträgt, wie er selbst von ihnen ähnlich ertragen werden möchte[76].» Wie alle geschichtlichen Bewegungen beherbergten auch die Spiritualen zweierlei Elemente; neben ausgezeichneten Forderungen finden sich fragwürdige Praktiken. Ihre Bestrebungen lagen sicher in einer Rettung der christlichen Revolution, aber der Versuch wurde mit untauglichen Mitteln unternommen und war deswegen notwendig zum Scheitern verurteilt.

Bei aller geistlichen Abenteuerlust der Spiritualen verdankt die Nachwelt ihnen jedoch die schönsten literarischen Denkmäler franziskanischer Geistig keit. «Die symbolische Franziskuslegende», die eine hinreißende Auffassung des Poverello wiedergibt, ist im wesentlichen ihr Werk[77]. Vor allem aber gingen die weltberühmten «Fioretti» aus ihrer Mitte hervor, die frei von Joachitismus sind und das spirituale Anliegen nur in sehr verhüllter Weise aussprechen. An dieser Legendensammlung arbeitete die franziskanische Volksseele mit, die vieles besser erfaßte als die erste Lebensbeschreibung Celanos, der noch nicht alles wissen konnte. Mag der Historiker über «die Blümlein des Franziskus», die erst aus dem 14. Jahrhundert stammen, seine kritische Stirne runzeln, sie haben doch den Klang von Franziskus' Melodie in hervorragender Weise eingefangen. Die «Fioretti» dürfen niemals als bloße Märchenlegenden bewertet werden. Ihre geläuterte Menschlichkeit trägt die Krone der Heiligkeit. Ein Dokument echt franziskanischen Geistes kann allein auf die Frage nach der vollkommenen Freude die alles Begreifen übersteigende Antwort des Poverello erteilen: «Wenn wir in S. Maria degli Angeli angelangt sein werden, so ganz vom Regen durchnäßt und von Kälte durchschauert, wenn wir, schwer von dem Kote der Straße und von Hunger gequält an die Pforte klopfen werden, und der Pförtner zornig herauskommen wird und uns sagen wird: Wer seid ihr? und wenn wir dann sagen werden: Wir sind zwei von euren Brüdern – er aber sagen wird: Ihr lügt, Landstreicher seid ihr, die ihr die Welt betrügt und den Armen die Almosen wegnehmt, geht ihr nur fort! Und, wenn er uns nicht auftun wird und uns wird draußen stehen lassen in Schnee und Regen, in Frost und Hunger bis in die Nacht hinein; dann, wenn wir solche Unbill und solche Grausamkeit und so harten Bescheid geduldig entgegennehmen, ohne uns zu entrüsten oder zu murren; dann, wenn wir demütig und liebevoll erwägen, daß jener Pförtner uns wohl kennt, daß ihn aber Gott wider uns reden heißt: das, Bruder Leo, ist die vollkommene Freude[78].» Solche Äußerungen können schwerlich erfunden werden, und wenn man sie gleichwohl als Dichtung bezeichnen will, dann spricht sich darin die ewige Poesie aus, die der Himmel selbst gedichtet hat.

Die andere Richtung des Ordens vertraten die Befürworter der «Kommunität», die später Konventualen genannt wurden und die ebenfalls ernst gesinnte Franziskaner waren. Auch ihnen hatte sich die überragende Demutsgestalt des Franziskus unvergeßlich eingesenkt. Nach der Ansicht der Konventualen hatte die Stiftergestalt eine solche Seinshöhe erreicht, daß sie nicht auf alle Menschen angewendet werden kann. Diese Überlegung verleitete sie zu Abschwächungen, die dem Orden offenkundigen Schaden zufügten. Die christliche Revolution fand bei ihnen ein Ende. Nach den Jahren des Aufbruchs hatte jetzt die Zeit der Konsolidierung zu folgen. Die Konventualen wollten bewußt den religiösen Radikalismus des Franziskus vermindern, um dem Orden mehr Menschen zuzuführen. Nicht aus böser Absicht hegten sie den Wunsch zur Milderung, ihre Einstellung entsprang weit eher einem Nichtkönnen als einem Nichtwollen. Die Kurie war ihren Bestrebungen günstig gesinnt und mit ihrer Hilfe erreichten sie auch ihr Ziel. Der Vorwurf, die Konventualen hätten Franziskus' Regel und Testament mit Füßen getreten, tut ihnen in dieser Allgemeinheit Unrecht. Gewiß gab es unter ihnen auch gleichgültige Vertreter, die einer verhängnisvollen Laxheit huldigten. Daneben fanden sich aber auch viele rechtschaffene Franziskaner, die durchaus ihrem seraphischen Vorbild nacheiferten, soweit es in ihren Kräften stand. In ihrer Mitte lebte später Joseph von Copertino, einer der überwältigendsten Ekstatiker aller Zeiten.

Den Konventualen stand Bonaventura nahe, der aber nicht völlig mit ihnen identifiziert werden darf. Er führte einen einwandfreien Lebenswandel, besaß hohe Geistesgaben und war von versöhnlicher Liebe erfüllt, so daß schon gesagt wurde, Adam scheine in ihm nicht gesündigt zu haben. Mit seiner entgegenkommenden Art, die sich bemühte, über den Parteien zu stehen, war er der rechte Mann, dem durcheinandergeschüttelten Orden den dringend notwendigen Frieden zu geben. Die lichte Gestalt des Bonaventura war als Ordensgeneral bestrebt, der Regel des Franziskus nichts hinzuzufügen und nichts wegzunehmen. Freilich war er, entgegen Franziskus' Absicht, als Lehrer in Paris den Studien zugetan. Doch verleugnete er in seiner Lehrtätigkeit den franziskanischen Geist nicht und erstrebte eine friedfertige Ausübung des wissenschaftlichen Berufes. «Was der heilige Franziskus gefühlt und gelebt hatte, sollte der heilige Bonaventura denken», schreibt Gilson[79]. Tatsächlich stellte Bonaventura seinen «Verstand in den Dienst der Andacht» und gebrauchte die Wissenschaft lediglich als Methode zur Erreichung eines viel tieferen Zweckes. Er suchte weniger nach Wissen als nach Weisheit, die allezeit von der Liebe durchglüht war. Dieser «Mann der Sehnsucht» schrieb die Worte: «Sehnsucht aber wird in uns auf doppelte Art entflammt: Nämlich durch den Ruf des Gebetes – welches laut schreien läßt aus dem Seufzer des Herzens – und durch den Blitz des geistigen Blickes, in dem das Gemüt den Strahlen des Lichtes auf das Unverwandteste und Ausdrücklichste sich zukehrt. Deshalb lade ich zum Seufzer des Gebetes durch Christus, den Gekreuzigten, durch dessen Blut wir gereinigt werden vom Schmutze der Laster, zu allererst den Leser ein: daß er nicht etwa glaube, ihm genüge Lesung ohne Salbung, Betrachtung ohne Verehrung, Nachforschung ohne Bewunderung, Umsicht ohne Frohlocken, Betriebsamkeit ohne Frömmigkeit, Wissenschaft ohne Liebe, Einsicht ohne Demut, Eifer, fern von der göttlichen Gnade, Spähen, fern von göttlich eingehauchter Weisheit[80].» Die Bonaventura-Überlieferung ist mehr eine geistige Atmosphäre denn ein logisches System, und ihr augustinischer Platonismus drängt letztlich auf Lebensverwirklichung. Von innen gesehen verfochten deswegen die Franziskaner bis zum Auftreten der genialen Denker Bacon und Duns Skotus eine anders gerichtete Scholastik, als sie meistens auf den mittelalterlichen Hochschulen gelehrt wurde

Die ältere Franziskanerschule pflegte keine Erkenntnis bloß um der Erkenntnis willen, eine Einstellung, die zur Vielwisserei führt und in einem krisenhaften Wissensüberdruß endigt. «Viel wissen und nichts verkosten, was nützt es!» Bonaventura kennt kein Wissen an sich, das losgelöst vom Menschen ist und das notwendig zur Unfruchtbarkeit führt. Jenes Wissen, das nicht zum Erwachen und Durchschauen der Wahrheit anleitet, ist bloß gelehrter Ballast, der den Menschen vom Wesentlichen ablenkt. Bonaventura begehrte zu erkennen, um gut zu werden. Nur so viel sollte nach ihm der Mensch wissen, als er in seinem Leben auch zu verwirklichen fähig ist. In dieser Einsicht steckt eine lösende, ja erlösende Kraft. Einzig das Wissen, das den Menschen innerlich fördert und ihn emporstuft, ist heilsames, heiliges Erkennen. Dieses Prinzip der franziskanischen «Wissenschaft» ist eine äußerst beachtenswerte Einstellung, die neu angewandt auf die Gegenwart allein vermag, die tödliche Wissenskrisis unseres hochintellektualistischen Zeitalters zu überwinden.

Zwischen den Spiritualen und den Konventualen kam es zu schweren Auseinandersetzungen, die Heribert Holzapfel in seiner «Geschichte des Franziskanerordens» geschildert hat. Sie machten die Geschichte des Ordens zu einer wahren Leidensgeschichte, die wie eine Verlängerung der Passion des Franziskus anmutet. Man verwundert sich oft, daß Franziskus' Stiftung all diese Erschütterungen zu überstehen vermochte. Die beiden Parteien bekämpften sich gegenseitig mit einer geradezu traurig stimmenden Maßlosigkeit, über deren Heftigkeit die ganze franziskanische Bewegung aus den Fugen zu gehen drohte. Das Erbe des seraphischen Mannes, der seine Brüder angewiesen hatte, die Menschen mit dem Gruß anzusprechen, «der Herr gebe dir Frieden» wurde in den gehässigsten Streit hineingezogen – auch darin das Schicksal Christi wiederholend, dessen letztes Abendmahl ebenfalls unbegreiflicherweise zum Zankapfel zwischen den Christen ausartete. Diese unversöhnliche Auseinandersetzung bildet die größte Tragik in der Geschichte des Ordens, doch gehört auch sie zur franziskanischen Wirklichkeit, die um der Wahrheit willen ungeschminkt erwähnt sei. Bitter verstößt sie gegen das Franziskuswort: «Und liebe diejenigen, die dir entgegen sind!» Bei aller Trauer, die man über diese Kämpfe empfindet, sind sie doch nicht aus bloßer Streitlust hervorgegangen. Das Streitobjekt war das Vermächtnis des Franziskus, um das die Brüder sich ereiferten. Wo immer aber letzte Wahrheiten auf dem Spiele standen, wurde die innerste Leidenschaft des Menschen erregt, begann ihn sein Gewissen zu drücken und konnte er nicht einfach bereitwillig nachgeben, so unerfreuliche Nebenerscheinungen dabei zutage traten. Das Eingreifen der Päpste beschwichtigte jeweilen die aufgebrachten Gemüter nur notdürftig. Die Konventualen als Mehrheitspartei setzten schließlich ihre Auffassung durch. Auf dem Generalkapitel von 1262 wurde sogar beschlossen, alle alten Lebensbeschreibungen des Franziskus, mit Ausnahme derjenigen von Bonaventura, welche die früheren Legenden ersetzen sollte, zu vernichten, um kein störendes Bild vom ursprünglichen Poverello mehr aufkommen zu lassen, eine verhängnisvolle Aufforderung, der man glücklicherweise nicht allseitig Folge leistete. Mit Hilfe von päpstlichen Erlassen gelang es den Konventualen, die Strenge der Armut zu mildern, und durch die Niederlassungen in den Städten wurde auch die Annahme von Geldalmosen gestattet, da der Naturalbettel kaum mehr durchzuführen war. Widerstrebende Spirituale verurteilte man zu ewigem Kerker, und etliche fanden den Tod auf dem Scheiterhaufen. Schließlich verfiel der ganze linke Flügel des Ordens der Exkommunikation. Die Abwürgung der Spiritualen ist ein erschütterndes Drama innerhalb der Geschichte des Ordens, bei dem sich beide Seiten in schwere Schuld verstrickten. Im Jahre 1430 kam es zu einer erneuten Trennung, indem die schwarzen Franziskaner sich zum Klosterbesitz bekannten, während die braunen Franziskaner die Besitzlosigkeit beibehalten wollten, im übrigen aber ebenfalls das Testament als unverbindlich betrachteten und Studien betrieben.

Gegenüber der These der Spiritualen und der Antithese der Konventualen können die Kapuziner als eine Synthese aufgefaßt werden. Sie gehen auf Matthäus von Bascio zurück, der einst im Gebet den Ruf einer innern Stimme gehört hatte, «befolge die Regel buchstäblich treu». Um der himmlischen Aufforderung gehorsam zu sein, verließ er heimlich sein Klösterchen und erflehte vom Papst in Rom die Erlaubnis, diesem göttlichen Befehl nachkommen zu dürfen, was er ihm gewährte. Dieser Tag ist als Gründung des Kapuzinerordens zu betrachten, dessen Zustandekommen allerdings die alten Observanten alle erdenklichen Schwierigkeiten entgegenstellten. Doch gelang es Matthäus, für seine Reformpläne Brüder zu gewinnen, deren Zahl sich rasch vermehrte. Die Kapuziner – Kinder prägten diesen Namen, welche sie mit dem Ruf Cappucini = Kapuzenmänner begrüßten – muten wie eine Auferstehung der Spiritualen ohne joachistische Tendenzen an. Sie wollten wieder die alte Regel in ihrer ganzen Strenge erfüllen und erklärten auch das Testament des Franziskus als verbindlich, welcher Entschluß die Billigung der Kurie erhielt. «Die Regel ist nicht um des Gehorsams, um der organisierten Gemeinschaft willen geschaffen, sondern der Gehorsam, das Kloster ist um der Regel willen da. Für diesen Grundsatz sind die Kapuziner eingetreten; für die Oberhoheit der Franziskusregel über die Organisation haben sie gekämpft; den treuen Gehorsam gegenüber der Regel haben sie vom Gesamtorden gefordert» notiert ihr Geschichtsschreiber[81]. Der Kapuzinerorden nahm dank der glühendsten Prediger, die sich in seinen Reihen fanden, einen raschen Aufschwung, und seine Funktion hätte wahrscheinlich im 16. Jahrhundert noch viel größere Tragweite erreicht, wenn nicht sein General Ochino, ein genial, aber unruhig veranlagter Mensch von der Kirche abgefallen wäre, womit er die junge Reform aufs schwerste kompromittierte. Ochinos Flucht nach Genf gefährdete die ganze Weiterexistenz der Kapuzinerbewegung. Die Gemeinschaft überwand die lebensgefährliche Krisis, indem sich die Kapuziner fortan mit doppeltem Eifer anstrengten, linientreu zu bleiben und auf diese Weise ihre frühere Popularität zurückgewannen. Bis zum heutigen Tag sind die Kapuziner beliebte Volksmissionare, die in ihren Predigten sich den Bedürfnissen der Zuhörer anpassen und bei ihrer Kanzeltätigkeit kräftig, lebensnah und anschaulich sich ausdrücken. An Volkstümlichkeit kann sich wohl kein anderer Orden mit ihnen messen, denn durch keinen intellektuellen Graben sind sie von der einfachen Bevölkerung getrennt.

Ein wesentlich ruhigeres Gelände stellen die Klarissinnen dar, wie man den weiblichen Zweig der franziskanischen Bewegung nennt. Der zweite Orden darf zunächst für sich den Ruhm beanspruchen, das Erbe des Franziskus am treuesten verwaltet zu haben. Er war hiezu befähigt, denn an seiner Spitze stand die adelige Clara, die zu den frühesten Anhängern Franziskus' gehörte, und die mit echt weiblichem Spürsinn die Seele des Poverello in sich aufgenommen hat. Die Beziehungen, welche Clara mit Franziskus verband, sind von einer religiösen Zartheit, wie man ihr in der Geschichte nur selten begegnet. Es bleibt von zeitloser Vorbildlichkeit, wie diese wehrlose Frau allen Versuchen der Kurie, sie ebenfalls zu einer Abschwächung ihrer strengen Armutsauffassung zu bewegen, ohne im geringsten eine Verbohrtheit an den Tag zu legen, zu widerstehen vermochte. «Ich wünsche in Ewigkeit nicht von der Nachfolge Christi dispensiert zu werden», erwiderte sie in demütiger Hoheit allen päpstlichen Versuchen gegenüber und war imstande, für den Orden der armen Frauen die vollkommene Besitzlosigkeit durchzusetzen [82]. Die geistig erstgeborene Tochter des Franziskus ist mit der ungewöhnlichen Versicherung in die Ewigkeit eingegangen: «Seit ich die Gnade unseres Herrn Jesus Christus erfahren habe, ist mir keine Mühe bitter, keine Buße schwer und kein Leiden qualvoll erschienen [83].» Die Arbeit, welche die Klarissinnen für die Kirchen und Schulen im Laufe der Jahrhunderte in aller Stille geleistet haben, kennt nur Gott allein, der ins Verborgene sieht.

Schließlich ist noch die «Laiengenossenschaft der Büßer» zu erwähnen, wie der dritte Orden ursprünglich hieß. Er ist nicht als Ersatzbewegung mit wenigen Worten nur zu streifen, da er zur Überbrückung des Abstandes zwischen geistlicher und weltlicher Lebenseinstellung Wesentliches geschaffen hat und ein «integrierender Teil der ganzen franziskanischen Bewegung ist» [84]. Die Terziaren vertraten ein genuines Anliegen des Franziskus, das die Welt aufs neue mit dem Evangelium durchdringen wollte. «Was nämlich vorher keinem Ordensstifter in den Sinn gekommen ist, das Ordensleben zum Gemeingut aller zu machen, das hat Franziskus als erster getan»; mit diesen Worten würdigte

Papst Benedikt XV. die Schöpfung des dritten Ordens. Den in ihrem Berufs-
leben und in ihrer Ehe verbleibenden Mitgliedern des dritten Ordens kommt
für die Durchdringung der Christenheit mit franziskanischem Geist eine enorme
Bedeutung zu. In aller Unscheinbarkeit trugen sie viel zur Verbreitung des
minoritischen Gedankens bei. Bereits das ursprüngliche Verbot, das den Terziaren keine Waffen zu tragen erlaubte, mußte sich in der von beständigen
Kriegsfehden zerklüfteten Welt des Mittelalters wohltuend auswirken. Der
dritte Orden will dem in der Welt verbleibenden Menschen einen für alle Christen gangbaren Weg zur Vollkommenheit zeigen. Die Terziaren «sollen wirklich und wesenhaft mit der Welt denselben Bruch im Geiste vollziehen, den die
Ordensleute auch äußerlich, buchstäblich vollziehen»[85]. Der Orden für Weltleute ist tatsächlich ein neuer Stand und unterscheidet sich von allen früheren
Bruderschaften. Anstatt von einer Vermönchung der Laien zu reden, gilt es, die
neue Form des Mönchtums zu sehen, die im dritten Orden wie ein über die
Ufer getretener Fluß dahinströmte. Keineswegs hat er das Ordenswesen ver-
bürgerlicht, sonst wären aus ihm nicht immer wieder wirkliche Heilige hervorgegangen, die das franziskanische Licht gar hell in der Welt zum Erstrahlen
brachten. Es braucht nur an die unendlich liebenswerte Elisabeth von Thürin-
gen erinnert zu werden, die gelegentlich ihre Mägde auf den Schoß nahm und
damit zeigte, wie die christliche Revolution den fürstlichen Standesdünkel beseitigte gemäß ihrer Losung: «Habe ich es euch doch gesagt, daß wir die Menschen müssen fröhlich machen[86].» Ebenso ist die große Büßerin Margareta von
Cortona zu nennen, der François Mauriac als «die düstere Tochter des fröhlichen Franziskus» ein biographisches Denkmal von künstlerischem Wert errichtet hat[87]. Aber auch große Männer gehörten dem dritten Orden an, wie Dante
und Columbus, der Forscher Pasteur und der unvergeßliche Pfarrer von Ars.

Ob man nun vom ersten, zweiten oder dritten Orden spricht, jedesmal würde
der Christenheit etwas Wesentliches fehlen, verschwände einer von ihnen aus
ihrer Mitte. Fraglos sind die Söhne und Töchter der drei Orden von einer viel
echteren Liebe zum Poverello erfüllt als die unverbindlichen Bewunderer unter
den modernen Ästheten, denn erstere stellen ihre Zugehörigkeit zu Franziskus
beständig durch eine arme Lebensführung unter Beweis. Gleichwohl kann eine
ernsthafte Besinnung auf ihre Grundlage nicht die Gewichtsverlagerung übersehen, die sich im ersten Orden vollzogen hat. Die seelsorgerliche Predigttätigkeit, die zuerst nur ein Ausschnitt aus der evangelischen Nachfolge war, wurde
immer mehr zur Hauptsache und nimmt heute die Söhne des Franziskus fast
ganz in Anspruch. Dadurch ging eine gewisse Eigenart der Minderbrüder verloren, da andere Orden sich ähnliche Ziele gestellt haben. Die starke Einspan-
nung in volksmissionarische Aufgaben drängte jedoch die totale Evangeliumserneuerung in den Hintergrund, der Franziskus' primäres Streben gegolten

hatte. Die Blicke müssen immer wieder über alle geschichtlichen Entwicklungen hinweg auf den ursprünglichen Feuerstrom gerichtet werden; nur von ihm kann die Kraft zu einer religiösen Wiedergeburt ausgehen. Ein Rückgriff auf die Quelle vermöchte die christliche Revolution aufs neue ins Rollen zu bringen, welches die vornehmste Aufgabe von Franziskus' Söhnen ist. Denn nur sie allein hat die Fähigkeit, all die qualvollen Probleme zu meistern, an denen die Menschen der Gegenwart zu ersticken drohen. Nach wie vor ist eine der allerschwersten Angelegenheiten jener dringliche Problemkreis, den man mit dem völlig ungenügenden Wort «die soziale Frage» wiedergibt und welchen die Menschen bis dahin in keiner Weise zu lösen die Kraft besaßen. Sowohl der Kapitalismus wie der Kommunismus haben sie nur in schwere Wirren gestürzt, die zu immer neuen Kriegen führen, während Franziskus' radikale Vergegenwärtigung des Evangeliums, die sich wie in Assisis großer Zeit erdbebenartig auswirkt, alle Schwierigkeiten zu überwinden vermag.

Jede Besinnung auf das Franziskanertum führt mit innerer Notwendigkeit zu der Stiftergestalt zurück. Noch immer schreitet Franziskus unsichtbar neben den Christen einher und flüstert ihnen den Mut zur unbedingten Nachfolge zu, in der allein der Mensch in Christus verwandelt wird. Als jener Christ, den es stets darnach verlangte, noch einmal neu anzufangen, wagte es der Poverello, sich vorbehaltlos dem Evangelium in die Arme zu werfen. Um dieser Tat willen ist Franziskus noch heute eine Gestalt von unauslotbarer Tiefe, die man in ihrer Unfaßlichkeit sich nie restlos aneignen kann. Es ist nur eine Andeutung von dem Wunder, das sich der Arme von Assisi nennt, wenn Bernanos schrieb: «Franziskus hat die Bosheit nicht herausgefordert, er hat nicht versucht, ihr Trotz zu bieten, er hat sich in die Armut gestürzt, er ist tief in sie hineingetaucht wie in den Quell aller Begnadigung und aller Reinheit. Er hat nicht versucht, der Kirche ihre zu Unrecht erworbenen Güter zu entreißen, sondern hat sie vielmehr mit unsichtbaren Schätzen überhäuft, und unter der zarten Hand dieses Bettlers begann der Haufen von Gold und Lust zu erblühen wie eine Hecke im April[88].» Doch werden diese dichterischen Worte für den Leser erst wahr, wenn er sie mit dem brennenden Sehnsuchtsschrei liest, den schon Celano ausgestoßen hat: «daß wieder Tage kommen wie am Anfang»[89].

DOMINIKUS
UND DER PREDIGERORDEN

I

ER Mensch liebt das Interessante. Ein Ereignis muß ein mög-
lichst ungeduldiges Spannungselement in sich haben, damit
es die Aufmerksamkeit auf sich zieht. Je größer seine Sensation ist, um so mehr Leute laufen hinter ihm her. Was jedoch
von dem neurasthenischen Verlangen nach dem Interessanten zu halten ist, hat niemand besser ausgesprochen als Kierkegaard, der auf die Meinung, seine Ausführungen gegen das offizielle Christentum seien «äußerst interessant zu lesen», wenn man sich auch ihnen nicht an-
schließen könne, erwidert hat: «Ja, es gibt etwas, das noch trauriger ist, als was
die Menschen gerne für das Traurigste ansehen, das einem begegnen kann: vom
Verstande zu kommen; es gibt etwas noch Traurigeres! Es gibt einen sittlichen
Stumpfsinn, einen Schmutz der Charakterlosigkeit, der schrecklicher, vielleicht
auch unheilbarer ist als Zerrüttung des Verstandes. Daß aber ein Mensch nicht
mehr gehoben werden kann, daß sein eigenes Wissen ihn nicht mehr zu heben vermag: das ist vielleicht das Traurigste, was man einem Menschen nachsagen kann.
Dem Kinde gleich, das seinen Drachen steigen läßt, läßt er sein Wissen steigen;
es ist ihm interessant, ungeheuer interessant, ihm nachzusehen, mit den Augen
ihm zu folgen, allein – ihn erhebt es nicht; er bleibt im Schmutz, mehr und mehr
krankhaft nach dem Interessanten schmachtend[1].» In der Tat ist das Interessante der Feind des Geistigen. Interessant und bedeutsam decken sich nicht, immer dem Interessanten nachzujagen als auch sogar das Religiöse nur «furchtbar
interessant» zu finden, muß man bewußt bekämpfen. An Stelle des angeblich
interessanten Menschen trete, nach Angelus Silesius, der wesentliche Mensch.

Es kommt nie auf das Interessante an, das lehrt das Leben des Dominikus aus
Calarnega. Die Beschäftigung mit seiner Persönlichkeit bedeutet die Erlösung
von der Gier nach dem Interessanten, welchem Laster gar viele Menschen verfallen sind. Diesen Dienst leistet Dominikus dem nach der Mitte strebenden
Christen, indem er ihn frei macht von aller geistigen Wollust und ihm wieder
die Augen für das Wesentliche öffnet, das sich in einem stillen, um keine scharfen Kurven gehenden Leben viel klarer ausspricht als in einem nervenkitzeln-
den Abenteuer. Die scheinbare Unbewegtheit von Dominikus' Dasein hat nicht
das geringste mit Langweiligkeit zu tun; ein tieferes Eindringen in diesen wesentlichen Menschen fördert ein geistiges Gewicht zutage, das man um keinen
Preis der Welt mehr missen möchte.

Ausschlaggebend für Dominikus' religiöse Gewalt ist sein Jahrhundert und nicht seine spanische Herkunft. Noch immer machen sich viele Menschen ein falsches Bild vom Mittelalter. Entweder reden sie, wie das Zeitalter der Aufklärung, vom «dunklen Mittelalter» mit seinem Aberglauben oder sie brechen mit Novalis in die romantischen Worte aus: Es waren schöne, glänzende Zeiten, wo Europa ein christliches Land war ... Beide Vorstellungen entsprechen nicht dem wirklichen Mittelalter, das keine Einheit kannte und von sehr verschiedenen Tendenzen erfüllt war. Das Jahrhundert des Dominikus war ein bedrohtes Säkulum, das sich gegen zahlreiche Auflösungsbestrebungen zu wehren hatte. Mit einer seltenen Deutlichkeit zeigt es, wie das Starke oft gar nicht stark ist. An der Spitze der Kirche stand zu jener Zeit Innozenz III., einer der mächtigsten Päpste aller Jahrhunderte. Er hatte ein imposantes Herrscherbewußtsein und war gewillt, die Kirche stark zu machen. Sie wurde es auch, äußerlich gesehen, aber in Wirklichkeit befand sie sich in einem Zustand der Schwäche, was Innozenz selbst klar spürte. Der gewaltige Bau der Kirche wies allenthalben Risse auf, und unter der Oberfläche gärte es bedenklich. Die schleichende Krankheit ist an zwei Symptomen deutlich zu sehen, die miteinander in einem unverkennbaren Zusammenhang stehen.

Trotz der sichtlichen Machtstellung nagte im Gebälk der Kirche ein gefährlicher Holzwurm. An der fragwürdigen Situation waren nach Innozenz' Urteil vorwiegend die kirchlichen Vertreter selbst schuld. Der pflichtvergessene Klerus kam damals seiner Aufgabe nur höchst mangelhaft nach. Die Priester legten eine schändliche Unwissenheit an den Tag, die ihrem Ansehen schadete. Ohne Bildung, waren sie nicht fähig, dem Anliegen der Kirche Nachachtung zu verschaffen. Hand in Hand mit dieser Unkenntnis ging ein anmaßendes Auftreten, welches die Unfähigkeit verdecken sollte. Noch schlimmer als diese krasse Ungebildetheit war der unchristliche Lebenswandel, dem viele Kleriker frönten und der das Volk an den kirchlichen Lehren irremachte. Allezeit haben sich die Schafe zerstreut, wenn die Hirten nicht mehr ihres Amtes walteten. Die dadurch bedingte Verweltlichung der Kirche war die Hauptursache des reißenden Abfalles des Volkes, der namentlich in Südfrankreich aufschenerregendes Ausmaß annahm.

Dem Niedergang der Kirche gegenüber stand das stromartige Anschwellen des Ketzertums, das sich in offener Auflehnung gegen den Papst befand. Die Häretiker hatten sich aus dem kirchlichen Lebensverband gelöst und eine eigene Daseinsform gebildet, die ihrem religiösen Suchen mehr entsprach. Nicht nur ein kleines Grüpplein unbedeutender Leute, die es in ihrer Beschränktheit nicht besser verstanden, bekannten sich zum Katharertum, auch die Adelskreise in Südfrankreich waren ihm offen zugetan und förderten es nach Möglichkeit. Eine überaus breite Strömung huldigte den Ideen der Katharer; gab es doch Ortschaften, in denen bereits die Mehrzahl der Einwohner nicht mehr der Kirche anhing. Neben den Albigensern vermehrten sich die Waldenser stark, die sich mit ihrer Lehre nicht so weit von der Kirche entfernt hatten wie die gnostischen Katharer, aber doch auch in zunehmendem Gegensatz zu ihr stunden. Die Waldenser vertraten ein schlichtes Bibelchristentum, das mit seinem sittlichen Ernst in jenem klerikal verlotterten Zeitalter auf zahlreiche Menschen eine starke Anziehungskraft ausübte. Bei ihnen entsprach die Lebensweise ganz ihrer Lehre, ihre Wanderprediger führten wirklich ein apostolisches Leben. Es ist unrichtig, ihre religiöse Lebensweise zu verdächtigen. Die Ketzer meinten es ehrlich mit ihren Bestrebungen, und ihr Eifer hob sich vorteilhaft ab von dem unchristlichen Wandel vieler im Wohlleben versunkener Priester. Die siegreiche Ausbreitung des Ketzertums stand mit dem Verfall der Kirche in einer ursächlichen Verbindung, der kraftvolle Vorstoß der Häretiker resultierte folgerichtig aus der kirchlichen Lethargie. Es ist notwendig, diese geschichtliche Situation sich zu vergegenwärtigen, will man Dominikus' Lebenswerk in seiner Bedeutung erfassen.

Die Eigenart des Dominikus tritt zunächst aus einer unscheinbaren Begebenheit hervor, die sich jedoch für ihn zu einer großen Sache auswuchs. Es war im Jahre 1206, als er eine kleine Reisegesellschaft von Spanien nach Rom begleitete. Sie bestand aus Bischof Diego, welcher auf sein Bistum in Kastilien zu verzichten beabsichtigte, um als Missionar unter den Kumanen zu wirken und zu diesem Zweck der Einwilligung des Papstes bedurfte. Daraus geht hervor, daß Diego ein überaus religiöser Mensch war. Zwar haben sich von ihm nicht viele Nachrichten erhalten, aber die wenigen Überlieferungen enthüllen einen ungewöhnlichen Menschen. Bischof Diego wurde von seinem, ihm an religiöser Kraft ebenbürtigen Subprior Dominikus begleitet. Auch von Dominikus weiß man aus seiner spanischen Zeit recht wenig zuverlässige Begebenheiten. Eines aber ist sicher, mit seinem Beruf hat er es sehr ernst genommen. Während seiner Ausbildungszeit brachte er die Nächte aus lauter Eifer für das Studium beinahe schlaflos zu. Aus seiner Studentenzeit wird ferner berichtet, wie er während einer Hungersnot die ihm liebgewordenen Bücher, in die er schon eine große Anzahl Bemerkungen eingetragen hatte, kurzerhand verkaufte und den Erlös den Armen gab, weil er nicht willens war, «dem toten Buchstaben zu dienen, indes lebende Menschen Hungers sterben»[2]. Eine solche Tat in jungen Jahren zu begehen, war nur ein Mensch fähig, in welchem ein echt religiöses Feuer brannte. Es war in Dominikus unverkennbar vorhanden, wie aus seinen späteren Handlungen immer wieder hervorging. Seine ausgeprägte Religiosität veranlaßte ihn, nach Beendigung seiner Studien als Kanonikus dem Stift zu Osma beizutreten, wodurch er mit Bischof Diego in nähere Lebensgemeinschaft kam und mit ihm zusammen nun auch nach der ewigen Stadt wanderte. Der spanische König Alfons VIII. hatte die kleine Reisegesellschaft gebeten, einen

Umweg zu machen, um in Frankreich seine mit dem dortigen Kronprinzen verheiratete Tochter zu besuchen. Die beiden Männer kamen dem Auftrag ihres Fürsten bereitwillig nach, und dieser scheinbar zufällige Abstecher ließ ihre Reise zu einem Ereignis von unerwarteter Auswirkung werden.

Anläßlich ihres Aufenthaltes in Südfrankreich machten sie eine überraschende Beobachtung, auf die sie in keiner Weise vorbereitet waren. In ihrer spanischen Heimat herrschte eine geschlossene kirchliche Front. Sie war zusammengeschweißt durch die schweren Abwehrkämpfe gegen den Islam, die jahrhundertelang der spanischen Geschichte das Gepräge gaben. Diego und Dominikus kamen aus einem Land, in welchem infolge der sarazenischen Bedrohung das Christentum allezeit aufs neue erkämpft werden mußte und zu keiner Stunde eine bloße Selbstverständlichkeit war. Diese Notwendigkeit gab der spanischen Christlichkeit jene lebendige Note, die sie bis tief in die Neuzeit beibehielt. In Südfrankreich dagegen trat den beiden Reisenden eine völlig umgekehrte Situation entgegen. Eine bleierne Gleichgültigkeit bewirkte ein darniederliegendes kirchliches Leben, das nahe daran war, den letzten Atemzug zu tun. Die religiöse Verwahrlosung in diesem Nachbarland, die mit der christlich kämpferischen Einstellung ihres Heimatlandes im schärfsten Kontrast stand, mußte Diego und Dominikus aufs schmerzlichste berühren. Beide Feststellungen, sowohl die von der Schwäche der Kirche als die von der Ausbreitung des Ketzertums, lastete den zwei Reisegefährten schwer auf der Seele. Sie konnten sie nicht als bloße Reisebeobachtungen notieren, die ungeheuer interessant waren. Eine dermaßen unverbindliche Betrachtungsweise kam für sie als verantwortungsbewußte Christen gar nicht in Frage. Diego und Dominikus fühlten sich durch das Erlebnis aufs stärkste getroffen. Was ihnen widerfahren war, bedeutete nichts geringeres als die Wahrnehmung der kirchlichen Not ihrer Zeit. Sie sahen die wirkliche Situation des Jahrhunderts, über die sich der klerikale Mensch sonst so gerne hinwegtäuscht oder in nutzlosen Klagetönen über den Abfall ergeht. Immer kommt es auf dieses reale Sehen an, das sich nichts vormachen läßt und das nie scharfblickend genug sein kann. Hat man nur diese Pflicht von Dominikus gelernt, so verdankt man ihm schon viel. Die beiden Spanier bemerkten die Beschwerden ihrer Zeitgenossenschaft mit dem Blick jenes Mannes, der da gesagt hat: mich jammert des Volkes, denn es ist wie eine Herde, die keinen Hirten hat. Es gehört zum Bedeutsamsten, ob ein Christ von der namenlosen Not seiner Zeit in seiner tiefsten Tiefe ergriffen wird oder ob er mit trügerischen Scheingründen über sie hinweggleitet. Und nicht weniger wichtig ist es, daß er ihre wahren Ursachen richtig erfaßt. Unstreitig war es der entscheidende Augenblick im Leben des Dominikus, als ihm der religiöse Notzustand seines Jahrhunderts mit aller Wucht zum Bewußtsein kam, ihn wie eine Vision durchzuckte und sich zum großen Problem seines Daseins gestaltete. Gleich einer drückend schweren Last lag diese Erkenntnis auf ihm, die er zeitlebens nicht mehr los wurde. Entsprechend seinem zurückhaltenden Gemütsleben ist Dominikus über die Schau der Seelennot seines Jahrhunderts nicht in ein Wehklagen ausgebrochen. Vom Entsetzen innerlich geschüttelt, nahm er in echt christlicher Weise die religiöse Not auf sein priesterliches Herz, um mit ihr, als einer inneren Qual, ohne viele Worte zu machen, bis zur Erschöpfung zu ringen. Aus diesem Reiseerlebnis im fremden Ketzerland ist Dominikus einzig zu verstehen. Es bildet den Ausgangspunkt seines Denkens, aus dem alles hervorging. Nachdem die beiden Reisenden sich ihres fürstlichen Auftrages entledigt, und Bischof Diego die erbetene Einwilligung des Papstes nicht erhalten hatte, kehrten sie nach Südfrankreich zurück, wo ihrer eine unvorhergesehene Aufgabe harrte, die ihrem Leben eine völlige Wendung gab. Sie waren inzwischen zur Überzeugung gelangt, daß sie in dieser Gegend und nicht bei den fernen Heiden eine Sendung zu erfüllen hatten. Die innere Front der Christenheit wurde ihnen wichtig, der auch tatsächlich stets gegenüber der äußern der Vorrang gebührt. Ob diese Einsicht zuerst Diego oder Dominikus zuteil wurde, kann nicht gesagt werden.

Dominikus begnügte sich nicht nur, die Not seiner Zeit zu sehen. Mit der bloßen Konstatierung des Schadens ist nicht viel geholfen. Sie bleibt noch im Vorfeld stecken. Gewiß muß zuerst die richtige Diagnose gestellt werden, aber als lebendige Christen fühlten sich die beiden Reisenden vor allem dazu gedrängt, die dringend notwendige Therapie einzuleiten. Diego und Dominikus erkannten die unabweisbare Pflicht, der religiösen Not entgegenzutreten und Abhilfe zu schaffen. Großartig an der ganzen Sache war Dominikus' Verhalten gegenüber dieser aufwühlenden Situation. Von der beliebten Parole «die Leute müssen wieder mehr in die Kirche gehen» vernimmt man bei ihm nichts. Offenbar hat er die Nutzlosigkeit der Losung «zurück zu den alten Zuständen» alsogleich eingesehen. Gehen doch die Leute von selbst wieder in die Kirche, wenn sie in ihr einer lebendigen Christlichkeit und nicht bloß erstarrten Institutionen begegnen. Dominikus war ein mutiger Mensch, der auch in seinem Denken vor kühnen Wegen nicht zurückschreckte. Ihm war es ganz klar geworden, daß gegenüber dieser bedenklichen religiösen Not nicht mehr die traditionellen Mittel angewendet werden konnten. Nie wird eine Zerfallsituation mit den Methoden, die vor dem Eintritt des Niederganges in Gebrauch waren, gerettet. Sie haben sich als unwirksam erwiesen, denn es ist zwecklos, ein neues Kleid mit einem alten Lappen zu flicken. Anstatt die Kräfte mit solch vergeblichen Bemühungen zu verzetteln, gilt es nach ihm einen absolut neuen Weg, der Aussicht auf eine Erreichung des Zieles hat, zu beschreiten. Der Kanonikus von Osma goß keinen neuen Wein in alte Schläuche, ihm blieb es vorbehalten, eine neue Antwort auf die alte Frage zu geben. Diese seinem innersten Bestreben entsprechende Thematik wiegt alles Interessante bei weitem auf. Dominikus' Vorgehen war für seine Zeit hoch modern, es hätte gar nicht kühner sein können und hat damals sicher ängstliche Gemüter nicht wenig erschreckt. Man kann das Fortschrittliche bei Dominikus nicht genug unterstreichen, weil nur dann diese sonst wie in einem Halbdunkel stehende Gestalt plastischere Formen annimmt und man plötzlich sein Vorgehen als Wegweisung für die eigene Problemstellung empfindet.

Dominikus wurde bereits in der ersten Nacht, die er auf südfranzösischem Boden zubrachte, unversehens bei einem Ketzer einquartiert. Wie von selbst geriet er mit dem Manne in ein Gespräch, das die ganze Nacht hindurch dauerte, und als der Morgen heraufdämmerte, war dieser für die Kirche zurückgewonnen. Diese Erfahrung betrachtete Dominikus als einen vom Himmel gegebenen Fingerzeig. Sie wies ihm den Weg, wie man den Häretikern zu begegnen hatte. Reden muß man mit ihnen, und zwar in unvoreingenommener, schlichter Weise als Mensch zu Mensch, ohne Verabscheuung und ohne Herablassung. Das religiöse Gespräch, das sich als eine unumgängliche Notwendigkeit herausstellte, drängte sich Dominikus auf. Diskussionen mit Häretikern waren an sich kein Novum in der Kirchengeschichte. In den ersten Jahrhunderten der christlichen Zeitrechnung hatten die Christen mit ihren Gegnern diskutiert. Bereits Paulus tat es nach der Apostelgeschichte mit den Juden in erregender Leidenschaft, die Apologeten hatten davon in schriftstellerischer Form Gebrauch gemacht, und noch Augustin kam mit den Donatisten im gleichen Lokal zusammen, um über die Streitpunkte mit ihnen zu reden. Dann aber geriet das christliche Gespräch in Vergessenheit, es verschwand aus der Geschichte und an seine Stelle trat die Unterdrückungsmethode. Man denke nur an das Vorgehen Kaiser Karls des Großen gegen die heidnischen Sachsen. Viele Jahrhunderte später kam Dominikus als erster auf das Religionsgespräch zurück und nahm es wieder auf im Bewußtsein der Überlegenheit seiner Sache. Es war ein bedeutungsvoller Augenblick in der Kirchengeschichte, der festgehalten zu werden verdient: endlich, endlich redeten Christen und Andersdenkende wieder miteinander, und man versuchte, seine religiösen Ansichten zu begründen und vermied es, sie den Gegnern einfach mit Gewalt aufzuzwingen. Die beiden Spanier waren von der Richtigkeit ihrer Auffassung durchdrungen, gleichwohl verdammten sie nicht kurzerhand die Ketzer, sondern suchten sie durch Argumente zu überzeugen. Sie gaben sich ehrlich Mühe, auf sie einzugehen und ihre Gedanken zu widerlegen. Frei von Verachtung oder gar Haß gegen die Häretiker waren sie bestrebt, die Albigenser und Waldenser durch eingehende Darlegungen zu gewinnen. Diese rühmenswerten Diskussionen mit den Ketzern zu Beginn des Hochmittelalters stellen dem Spanier das schönste Zeugnis religiöser Humanität aus. Sie allein genügten, von diesem Manne ehrfürchtig zu denken. Seine Gesprächsmethode war eine eindeutige Absage an die gewalttätige Losung «nötiget sie hereinzukommen», mit der in der alten Kirchengeschichte die evangeliumsgemäße Haltung auf so verhängnisvolle Weise verschwand. Allerdings war diese neue Methode des Dominikus durch die konkrete Situation bedingt. In Südfrankreich, wo sich Katholiken und Häretiker als ungefähr gleich starke Parteien gegenüberstanden, mußte dieser Weg beschritten werden. Doch schreckte Dominikus in seiner Kühnheit oft auch nicht davor zurück, der Ernennung eines Ketzers als Schiedsrichter zuzustimmen, der über den Sieg der beiden Diskussionsparteien zu entscheiden hatte. Auf diese Methode hat sich Dominikus nicht nur im Ketzerland notgedrungen eingelassen, weil ihm nichts anderes übrig blieb. Er tat es aus der souveränen Gewißheit der Siegeskraft seines Glaubens. Es liegt eine ungewöhnliche Atmosphäre über diesen, von den beiden Spaniern wieder eingeführten Diskussionen, die eine unverkennbare Christlichkeit und nicht nur eine edle Menschlichkeit ausstrahlen. Der Wert dieser Gespräche bleibt bestehen, auch wenn sie nicht immer zum gewünschten Ziel führten. Wie es zu geschehen pflegt, schrieben sich oft beide Teile den Sieg zu, während die Auseinandersetzung in Wirklichkeit unentschieden verlief, was aber der Diskussionsmethode keinen entscheidenden Abbruch tut. Sie hat gewiß ihre Unvollkommenheiten wie alles Menschliche. Wie die Demokratie trotz der ihr anhaftenden Mängel bis heute immer noch die relativ anständigste Staatseinrichtung ist, die menschlicher Geist geschaffen hat, so ist auch bei aller Unzulänglichkeit das ehrliche Gespräch zwischen den Konfessionen immer noch der Weg, der hierin am ehesten dem Evangelium entspricht. Solange Christen auf dieser Erde leben, werden sie nie auf den Gesprächsweg verzichten dürfen. Er allein ruht auf gegenseitiger Achtung, welche die Voraussetzung menschlicher Begegnung ist und alle unchristlichen Gewaltanwendungen prinzipiell ausschließt.

Obgleich Dominikus nicht allezeit den Sieg davontrug, waren diese Gespräche für ihn immer von großem Gewinn. Er erhielt dadurch einen Einblick in das Denken und Leben der Ketzer, wie ihn kein kirchlicher Vertreter seiner Zeit nur von entfernt besaß. Gewöhnlich machen sich die Menschen von ihren Gegnern ein ganz falsches Bild. Sie sehen in ihnen nur zu oft ruchlose Gesellen, denen sie das Schlimmste zutrauen. Auf diese Weise konstruieren sie sich einen Popanz, der wohl in ihren Köpfen, aber nicht in der Wirklichkeit existiert. Der Mensch kommt zu dieser unmöglichen Vorstellung durch unrichtige Kenntnis seines Gegners, und zu oft gibt er sich auch gar keine ernsthafte Mühe, den Andersdenkenden zu verstehen. Dieses unstatthafte Verhalten gilt für hüben und drüben, für damals und heute. Dominikus hat mit ihm entschlossen gebrochen, womit er sich keineswegs dem Ketzertum näherte. Über die Unrichtigkeit der Häresie gab es für ihn keinen Zweifel. Als Spanier, der in seinem Glauben fest gegründet war, kam ein Schwanken in religiöser Beziehung gar nicht in Frage. Der Subprior erwog gewiß nie einen Übertritt zu den Ketzern. Solche Überlegungen lagen ihm ganz fern. Er mußte aber innerlich den Waldensern gegenüber zugeben – anders war es bei den Albigensern – daß sie vieles in vorbildlicher Weise anpackten. Sie waren nicht jene verdammungswürdigen Menschen, als die sie verschrien wurden. Wandten sie sich doch vorwiegend gegen die reichen Priester, die kein apostolisches Leben führten. Hatte nicht schon Gregor VII. in seinem Kampf gegen die Simonie diesen fetten Pfründenjägern das Priestertum abgesprochen? Bei näherem Kennenlernen enthüllten sich die Waldenser als Christen, die mit dem Evangelium Ernst machen wollten, die ursprünglich auch nicht häretisch waren und nur durch ein ungeschicktes Verbot in den Gegensatz zur Kirche hineingedrängt worden waren. Sie brachten jedoch große Opfer für ihr Christentumsverständnis. Petrus Waldes war ein edler Mensch, der sein ganzes Vermögen den Armen geschenkt hatte. Unmöglich konnte da alles in Bausch und Bogen als falsch verworfen werden. Offenkundig machte ihr Vorgehen auf Dominikus Eindruck, und er hat sich nicht gescheut, ihre guten Seiten zu übernehmen. «Dominikus steht in seiner ganzen Reform auf den Schultern des Petrus Waldes. Sein Ordensplan weist überall die Linien auf, die Waldes vorgezeichnet hatte ... Es muß immer wieder betont werden, die Reformbewegung des heiligen Dominikus ist aus dem Waldensertum hervorgegangen. Mit den Reformen von Cluny oder Citeaux ist sie nicht in Parallele zu stellen» schrieb Scheeben, nach dessen Auffassung sich «vom Verkehr mit den Waldensern in Dominikus die feste Überzeugung gebildet hatte, daß ihre Bewegung niemals mit Gewalt ausgerottet werden könne. Ihre Lehre enthielt zuviel wahres Christentum, als daß sie restlos hätte verschwinden können. Für Dominikus stand es fest, daß das Waldensertum nur zu überwinden sei, wenn man seine berechtigten Forderungen von allem häretischen Beiwerk befreit, innerhalb der katholischen Kirche anerkannte und durchführte[3].» Diese Feststellung des verdienstvollen Biographen hat zum erstenmal den historischen Tatbestand richtig erfaßt und die Situation ins wahre Licht gerückt. Scheinbar beeinträchtigt sie die Originalität des Dominikus, dessen Werk dadurch zu einer bloßen Nachahmung des Waldensertums auf kirchlichem Boden gestempelt wird. Unfreiwillig ist sie ein neuer Beweis, wie das Ketzertum gar oft das schöpferische Element im kirchengeschichtlichen Prozeß ist, welches die neuen Ideen entwickelt, die dann später in gereinigter Form von der Kirche übernommen werden. Diese Wahrnehmung ist auch anderswo in der christlichen Geistesgeschichte zu machen. Allein, Dominikus wird durch diesen Nachweis nicht herabgewürdigt. Was er an gedanklicher Ursprünglichkeit einbüßt, gewinnt er dafür an religiöser Vorbildlichkeit. Dieser demütige Mensch dünkte sich nicht zu vornehm, von seinen Gegnern zu lernen. Zu dieser aufgeschlosse-

nen Haltung sind auf religiösem Gebiet leider nicht viele Menschen fähig, da
sture Ablehnung hoffnungslos blind macht und sie hiefür nicht die nötige Unvoreingenommenheit aufbringen, zu der es auch einer ausübenden Demut bedarf. Es ehrt Dominikus, daß er nicht einfach in rasender Schmähsucht über die
Waldenser herfiel, ohne sie in ihrem Anliegen auch nur begriffen zu haben. Er
hörte ihre Einwände gegen die satte Geistlichkeit ruhig mit an und überlegte
sich, was an ihnen berechtigt sei und welche Folgerungen daraus zu ziehen waren. Ohne diese fruchtbare Fragestellung wäre Dominikus nie zu seinem Werk
gekommen. Seine Größe besteht in der Bereitschaft, das ketzerische Ideengut
nicht einfach als hellen Wahnsinn mit Entrüstung zu verwerfen, sondern es mit
ruhiger Sachlichkeit zu untersuchen und das Gute daraus für die Kirche zu ver-
wenden. Damit wies er für alle Zeiten den einzig richtigen Weg zur Überwindung einer gegnerischen Lehre. Blindwütige Ablehnung führt nur zur eigenen
und fremden Verhärtung. Überlegener ist es, ihre Ausführungen möglichst unvoreingenommen zu prüfen, das Gute sich anzueignen und die verschlackten
Elemente zu reinigen. Diese Einstellung bildet eine Voraussetzung zur neuen
Antwort auf alte Fragen. Einzig bei Aufnahme ihres berechtigten Wahrheits-
gehaltes gelingt eine geistige Überwindung. Bewundernswert bleibt es, wie
Dominikus diesen richtigen Weg beschritten, und bedauerlich, wie wenig Nachfolger diese genuin dominikanische Methode in die Geschichte gefunden hat.

Eine für Dominikus charakteristische Anekdote erzählt von seiner neuen Art,
den Ketzern zu begegnen. Als ein südfranzösischer Bischof mit großem Pomp
die beiden Spanier zu einer Diskussion mit den Häretikern begleiten wollte,
sagte Dominikus zu ihm: «Nein, nicht so darf man gegen solche Leute ausziehen, hochwürdigster Herr; Ketzer muß man vielmehr durch das Beispiel der
Demut und anderer Tugenden überzeugen als durch äußeres Gepränge und
Wortgefechte. Wir wollen uns also mit frommen Gebeten wappnen, und indem
wir die Merkmale wahrer Demut aufweisen, barfuß gegen den Goliath ange-
hen[4].» So geringfügig diese Begebenheit zu sein scheint, sie enthüllt doch eine
unverlierbare Denkwürdigkeit. Man sieht förmlich das verdutzte Gesicht des
zurechtgewiesenen, hoffärtigen Bischofs und den schlichten Dominikus daneben, dem dieser zur Schau getragene Prunk das unpassendste von der Welt erschien. Die bei dieser Gelegenheit geäußerten Worte verdienten aufs stärkste unterstrichen zu werden. Nicht allzuoft vernimmt man eine solch kostbare Weisheit. Eine schlichte Äußerung nur, und doch schließt sie eine gewaltige Wahrheit in sich! Dominikus wußte über das allezeit wache Mißtrauen der Menschen
gegen die im Reichtum bequem gewordenen Priester Bescheid; die Art und
Weise, wie er den Ketzern begegnete, bedeutete für ihn eine Gewissensfrage.
Es ist nicht ratsam, sich ihnen ohne tiefere Überlegung zu nähern, und nicht
jeder Kleriker ist dazu befähigt. Weder mit Taktlosigkeit noch gar mit schlecht

verhüllter Gehässigkeit darf man sich mit ihnen messen. Es ist keine Leichtigkeit, geschweige denn eine Selbstverständlichkeit, den Abgefallenen mit echt christlicher Liebe gegenüberzutreten. Dominikus hatte begriffen, daß auch die besten Argumente nichts verfangen, wenn ein pompöses Auftreten ihnen Abbruch tut. Die Worte bedürfen allerwenigstens einer Unterstreichung durch das Beispiel. Und zwar, in dem Lande, wo sich die Menschen wegen der prunkvollen Lebensführung der Kleriker von der Kirche abgewendet haben, eines Beispieles der Demut und der Entsagung. Man mochte gegen die Waldenser einwenden was man wollte, sie lebten entsprechend ihrer Botschaft. Sie verkörperten ihre Verkündigung in leibhaftiger Weise. Die Übereinstimmung von Leben und Werk übte von jeher auf das Volk eine unwiderstehliche Anziehungskraft aus. Bei vielen Vertretern der Kirche dagegen sah man zu jener Zeit nur wenig von der christlichen Verwirklichung. Dies war der Grund, warum sie gegen die Katharer und Waldenser nicht aufzukommen vermochten. Die Diskrepanz zwischen der Lehre Christi und ihrer Lebensweise mußte auch dem einfach denkenden Menschen alsogleich zum Bewußtsein kommen. Hierin war unumgänglich ein Wandel herbeizuführen. Dominikus hat dies als erster erkannt und zugleich vollzogen. Die Männer der Kirche haben sich nach seiner Einsicht eines schlichten und vorbildlichen Wandels zu befleißigen. Sobald sie das tun, werden sie vom Volk wieder geachtet sein und der Abfall von der Kirche hört auf. Dominikus' Erkenntnis, «daß Beispiel muß die Argumentation unterstützen» ist von grundlegender Bedeutung. Seine Parole, «nicht in diesem Aufzug dürfen wir uns ihnen zeigen» trifft ins Schwarze. Auf das Beispiel, auf das schlichte, wortlose Beispiel kommt es an, was der christliche Mensch nur allzu leicht vergißt. Dem prosaischen Beispiel haftet zwar gar nichts «Interessantes» an, aber dafür wohnt ihm letztlich eine ganz unwiderlegbare Kraft inne. Gegenüber einer wirklichen Demut prallen alle Einwände ab.

Die neue Begegnung des Dominikus mit dem Ketzertum hätte bestimmt ein neues Kapitel in der Kirchengeschichte eröffnet, wäre sie zu Ende geführt worden. Bedauerlicherweise kam sie nicht über die ersten Anfänge hinaus. Kaum begonnen, mußte sie schon wieder eingestellt werden. In der hoffnungsvollen Arbeit des Dominikus trat ein fataler Rückschlag ein.

Bischof Diego starb nach kurzer Krankheit. Dieser nicht alltägliche Christ trug sicher zur Ausbildung der neuen Methode Beträchtliches bei, obschon es nicht auszumachen ist, was von ihm und was von Dominikus stammt. Sein Beitrag kann nicht klein gewesen sein, da er der Vorgesetzte von Dominikus war. Nach seinem Hinschied blieb Dominikus allein zurück, was die Fortführung des Werkes sehr erschwerte. Als Bischof konnte Diego gegenüber dem südfranzösischen Klerus ganz anders auftreten, als der bloße Subprior Dominikus.

Noch viel schlimmer wirkte es sich aus, daß zu gleicher Zeit der schauerliche

Albigenserkrieg ausbrach, welcher der Wirksamkeit des Dominikus vollends ein Ende setzte. Dieser Krieg wurde mit einer Grausamkeit ohnegleichen geführt und schlug mit seinen Zerstörungen dem Land entsetzliche Wunden, von denen sich Südfrankreich jahrelang nicht erholte. Beim Albigenserkrieg vermischten sich religiöse und weltliche Interessen in unsauberer Weise, und bald artete er in einen regelrechten Eroberungskrieg aus, bei dem rein politische Motive den Ausschlag gaben. Den kaum begonnenen, verheißungsvollen Religionsgesprächen zwischen Kirche und Ketzertum war damit ein Ende gesetzt. In dem klirrenden Waffenlärm hatten sie keinen Platz mehr, die Kriegsfurie erstickte wieder einmal jede menschliche Fühlungnahme. Mitten in diesem bestialischen Morden steigt die Frage auf: Wo ist Dominikus? Darauf kann nur die merkwürdige Antwort gegeben werden: Er ist wie von der Erdoberfläche verschwunden! Während des ganzen Albigenserkrieges nimmt man von Dominikus nicht das geringste wahr. «Sein Name kommt in den urkundlichen Mitteilungen über jenen Krieg nicht vor. Er ist bei den Konzilien, Besprechungen, Aussöhnungen, Belagerungen, Siegfesten nirgends gegenwärtig, es wird seiner in keinem Briefe von Rom oder nach Rom gedacht [5].» Liegt der Grund für diese Nichterwähnung darin, daß Dominikus als Subprior eine zu geringfügige Stellung einnahm? Oder beruht das Fehlen seines Namens auf einer zufälligen Vergeßlichkeit? Keine der beiden Vermutungen treffen zu. Dominikus hat sich beim Ausbruch des blutigen Schauspiels bewußt zurückgezogen, da er mit ihm als Kleriker nichts zu tun haben wollte. Er gehörte nicht zu den Waffen segnenden Priestern, die stets ein Hohn auf das Evangelium sind. Der Kanonikus von Osma hat verstanden, daß der echte Christ nicht mit dem Krieg zusammenarbeiten darf. Sein Werk stand im strikten Gegensatz zu dem menschenzerfleischenden Geschehen, an dem er keinen Anteil nahm. Nie setzte Dominikus der Häresie andere Waffen entgegen als Diskussion und Belehrung, Gebet und Geduld. Mit seinem bewußten Fernbleiben von allen Kriegshandlungen hat Dominikus die echt christliche Haltung eingenommen. Sie verdient eine starke Hervorhebung, weil er damit den Weg eingeschlagen hat, den der Christ zu allen Zeiten in der ehrlosen Menschenschlächterei zu gehen hat. Katholische Historiker haben Dominikus' absichtliche Distanzierung vom Albigenserkrieg sogar «als stummen Protest gegen die Politik der Kurie aufgefaßt», mit deren «übermäßigen Verquickung weltlicher und geistlicher Interessen» er sich nicht befreunden konnte [6].

In der Stunde des Bösen zog sich Dominikus nach Prouille zurück. Seine Arbeit war stillgelegt und er gleichsam aufs Trockene gesetzt. Dominikus litt sicherlich schwer unter diesem Geschehen. Seine «Arbeitslosigkeit» war ihm jedoch von der Vorsehung zugewiesen und nicht nur durch unglückliche Umstände bedingt. Die Zeit ausnützend, gründete er, während das Land von

Kriegswirren zerstampft wurde, in aller Stille in Prouille ein Frauenkloster, das ihm sehr am Herzen lag. Dominikus erkannte die Bedeutung eines vorbildlichen Nonnenlebens für die Erneuerung einer religiös verwahrlosten Christenheit und opferte ihr nicht wenig Zeit. Noch wichtiger als die Sammlung des weiblichen Elementes zu einer monastischen Gemeinschaft war die Zeit des Nachdenkens, die ihm der Aufenthalt im Frauenkloster vermittelte. Seit Dominikus südfranzösischen Boden betreten hatte, waren dermaßen mannigfache Erlebnisse auf ihn eingestürmt, daß sie unbedingt eine innere Verarbeitung erheischten. Prouille schenkte ihm jene Stille, deren es zur Entstehung alles Großen unumgänglich bedarf. In dem neugegründeten Frauenkloster hat er in jenen Jahren der Wirrnisse unablässig über die christliche Situation nachgedacht. Die von außen ihm aufgedrängte Muße in Prouille hat sich im Leben des Dominikus segensreich ausgewirkt; ohne diese Zeit der innern Verarbeitung wäre es nie zu jenem großen Werk gekommen, das sich mit seinem Namen verbindet.

Dieses eifrige Nachdenken führte zur Geburt der Idee des Predigerordens. Wie im einzelnen dieser Plan zustandekam, kann nicht gesagt werden, denn die Nachwelt besitzt kein Dokument, woraus die Überlegungen Dominikus' zu ersehen wären. Der ganze Vorgang spielt sich in einer beinahe lautlosen Stille ab, wie es für den schweigsamen Dominikus charakteristisch ist. Man ahnt nur das Unermeßliche, das in dieser Stunde das Licht der Welt erblickte. Ein nicht alltägliches Gebilde ist in diesem unbeachteten Augenblick ins Dasein getreten. Entsprechend seinem sachlichen Naturell ist es dabei nicht romantisch zugegangen. Dominikus sah sich einer religiösen Not der Christenheit gegenüber, die sich ihm wie ein Albdruck auf sein Gemüt gelegt hatte. In der Stille zu Prouille fand sein Nachdenken endlich die neue Antwort auf die alte Frage: Soll ich meines Bruders Hüter sein? Jetzt erschloß sich seinem Geist die Schau, daß nur ein ganz neuer Orden fähig sei, dem Notzustand der Christenheit auch wirksam zu begegnen. Es mußte eine absolute Neuschöpfung sein, die zur Erreichung ihres Zieles auch völlig neue Mittel einsetzte. Wagemutig war die Entschlossenheit des Dominikus, einen bis dahin gänzlich unbekannten Weg zur Überwindung der religiösen Notlage der Christenheit zu beschreiten. Da von den pflichtvergessenen Priestern das Verderben ausgegangen war, sollte auch bei den Klerikern die Genesung einsetzen. Dominikus wollte einen Priesterorden schaffen, und schon allein durch diesen Plan unterscheidet sich sein Unternehmen von allen früheren Gründungen. Die bisherigen Mönchsbewegungen waren ursprünglich alles Laienunternehmungen, die erst im Laufe der Zeit jeweilen klerikalisiert wurden, wodurch ihre ursprüngliche Bestimmung eine nicht unwesentliche Verschiebung erfuhr. Dominikus dagegen schuf bewußt den ersten Priesterorden, der in die Geschichte des Mönchtums einen neuen Akzent hineinbrachte. Zur Ausführung seines Planes bedurfte er der Priester;

mit Laien war ihm nicht gedient. Seine Ordensmitglieder sollten auch nicht in Weltabgeschiedenheit, wie die bisherigen Mönche, hinter Klostermauern ein kontemplatives Leben führen. Der Gründer des Predigerordens hat mit den hergekommenen Formen des Mönchtums nicht weniger radikal gebrochen als Franziskus; nicht einmal den Ausdruck «Kloster» gebrauchte er. Eine andere, neue Aufgabe, die er sich gestellt hatte, nötigte ihn zu diesem Bruch. Das treibende Motiv seines Ordens lag ausschließlich in der Zurückgewinnung abgefallener Seelen für die Kirche. Nichts anderes erfüllte ihn als Seelen zu retten, wobei dieses Wort bei ihm frei von jeglichem Beigeschmack war, den es später oft bekommen hat. Da er bei seinem großen Seelenwerben nicht den Fehler der Waldenser wiederholen wollte, mußte er einen ausgesprochenen Klerikerorden ins Leben rufen. Diese Ausschließlichkeit war durch seine Zweckbestimmung gefordert und ist nicht aus Dominikus' ursprünglicher Zugehörigkeit zu den regulierten Kanonikern zu erklären.

Die Grundidee des neuen Ordens war die Predigt, um derentwillen die Gemeinschaft den Namen erhielt. Der Spanier von Osma hat die Predigt wieder als das durchdringende Schwert des Geistes erkannt. Er selbst schwang es tüchtig und war überzeugt, seinen Brüdern keine dringendere Aufgabe auf die Seele zu binden, als zu ihnen zu sagen: Prediget, prediget was ihr könnt. Nach seiner Ansicht war das Volk von der Kirche wegen Vernachlässigung der religiösen Betreuung zur Häresie abgefallen. Es kannte die kirchlichen Lehren nicht richtig, und der Klerus mit seiner mangelhaften Bildung war auch nicht fähig, ihm dieselben zu vermitteln. In diese Lücke wollte Dominikus springen. Die Predigt sollte der eigentliche Beruf seiner Ordensmitglieder sein. Mit dieser Idee hat Dominikus nicht nur wiederum eine für seine Zeit ganz neue Aufgabe in Angriff genommen, sondern kehrte damit auch zurück zur ältesten Zeit des Christentums. Die Predigt, als eine urchristliche Funktion, die sowohl Jesus als seine Apostel ausgeübt haben, verschwand in der Christenheit nie ganz, trat aber im Mittelalter stark in den Hintergrund, was sich nachteilig auswirkte. Das 13. Jahrhundert sah die Predigt in den Händen der Bischöfe, die ihr jedoch nicht gewachsen waren. Gelegentlich verkündeten auch einzelne Wanderprediger das Wort, die Mönche aber predigten nicht. Bei Dominikus dagegen flammt die Predigt wieder mächtig auf und das Wort entzündete mit urtümlicher Gewalt. «Das Wort ist der Weg», diese schöne Formulierung Ferdinand Ebners gibt die Aufgabe des Predigerordens wieder. Man kann nicht größer von der hehren Aufgabe der Predigt denken, als es Dominikus tat. Sie war für ihn ein Zeugnis des Geistes. Bereits der Predigerorden und nicht erst die Reformation hat somit den ungeheuren religiösen Wert der Predigt zurückerobert. Seine Brüder sollten Prediger sein, die unablässig der hinreißenden Verkündigung des göttlichen Wortes ihre ganze Kraft widmeten. Der Predigt schrieb Dominikus eine heilende Wirkung zu, zumal die Welt damals, im Gegensatz zu heute, noch keine Inflation des Wortes erlebt hatte. Von ihr ging noch eine erweckende Kraft aus, die sie heute nur noch in ganz seltenen Ausnahmefällen besitzt. Die primäre Aufgabe der Predigt war für Dominikus die positive Darstellung der christlichen Wahrheit und nicht Widerlegung der Häresie. Die dominikanischen Prediger legten vorwiegend die Heilige Schrift in thematischer Art aus, die Form der Homilie bewußt vermeidend, die sich zu langweilig anhört. Sie predigten überall, auf Friedhöfen, Straßen und freiem Felde und hegten in der ersten Zeit kein Bedürfnis, zu den Kanzeln der Pfarrkirchen zugelassen zu werden. Das eine blieb das alles beherrschende Ziel: Mit beredter Predigt Seelen zu gewinnen.

Um der Zweckbestimmung der seelenrettenden Predigt nachkommen zu können, brauchte Dominikus gebildete Menschen und erklärte deshalb das Studium zur Pflicht, womit er seine Bruderschaft deutlich von den Waldensern unterschied, welche den gelehrten Hilfsmitteln keine Bedeutung zuerkannten und denen deswegen oft auch der große Atem fehlte. Der Predigerorden ist doch nicht nur eine kirchliche Kopie der Ketzerbewegung. Er hat von ihr lediglich Anregungen entnommen, sie aber zu einer neuen Schöpfung von selbständigem Eigenwuchs umgearbeitet. Dominikus sah im Studium die unumgängliche Vorbedingung zum Predigerberuf und keine weltliche, ins Abwegige führende Tätigkeit. Das geistige Leben ist nun einmal an ein gewisses Studium gebunden; es ist von dieser Voraussetzung wesentlich abhängig. Nach Dominikus soll kein Mitglied die Predigtaufgabe ausführen, das nicht vorher gründlich studiert hat und über die notwendigen homiletischen Kenntnisse verfügt. Um den Brüdern Zeit für die Studien zu verschaffen, befreite er sie von der Handarbeit, die er ausschließlich den Laienbrüdern zuwies. Dominikus legte ein für die damalige Zeit ganz ungewöhnliches Gewicht auf die Notwendigkeit der gründlich betriebenen Studien. Er führte als erster Ordensstifter sie zur hauptsächlichsten Tagesbeschäftigung seiner Mitglieder ein und maß den Studien eine dem Gebet gleichgestellte Bedeutung zu, was nicht nur eine unerhörte Neuerung, sondern auch ein gewaltiger Schritt über die alten Orden hinaus war. Freilich sollten die Studien immer dem Predigerberuf unterstellt bleiben und nicht profane Gebiete umfassen. Eine Wissenschaft um der Wissenschaft willen kannte Dominikus nicht, ihm waren nicht die Gelehrten wichtig, er suchte wissensbegierige, überzeugte Verkündiger. «Die Wissenschaft im Predigerorden war also keineswegs Selbstzweck. Sie war vielmehr wesentlich hingeordnet auf die allgemeine Seelsorge und Predigt, sie war Mittel zum Zweck. Der Orden des heiligen Dominikus ist ein Orden der Prediger, nicht ein Orden der Professoren[7].» In seiner positiven Einstellung zu den Studien liegt einer der tiefsten Unterschiede zu dem gleichzeitig entstehenden genuinen Franziskanerorden. Dominikus hatte

ein bejahendes Verhältnis zur Kultur, nach seiner Auffassung ist das Christentum nicht von ihr abzulösen. Er war von der Notwendigkeit einer religiösen
Kultur überzeugt, die für ihn eine Grundlage des kirchlichen Lebens bildete.

Die auf gründlichem Wissen aufgebaute Verkündigung genügte nicht zur Erreichung des Predigtzieles. Dominikus verlangte von seinen Brüdern den dazu-
gehörigen, würdigen Lebenswandel. Die Erfahrung hatte ihn gelehrt, daß die
Ketzer dem Klerus, der sich ausgiebig von seinen reichen Pfründen mästete, vor
allem seine üppige Lebensweise vorwarfen. Er erkannte durchaus die Berechtigung dieser Einwände und machte dem Orden die Armut zur Pflicht. Ohne feste
Einnahmequellen, sollten die Patres, um doch leben zu können, ihre Nahrung
sich erbetteln. Dominikus bestimmte den Predigerorden zum Bettelorden. Das
Motiv der Armut lag bei Dominikus nicht in einem mystischen Erlebnis wie
bei Franziskus. Aus einer sachlichen Überlegung kam Dominikus dazu und
nahm damit den häretischen Gegnern den Wind aus den Segeln. Auch die Armut war so wenig wie das Studium Selbstzweck, sondern stand «im Dienste
der Predigt, und zwar als ein Mittel, um sich freier derselben hingeben zu können, ohne durch irdische Sorgen gehindert zu sein»[8]. Die Armutsverpflichtung
diente als Beispiel für das Volk und nicht als Selbstheiligung der Brüder. Sie
hatte das gesprochene Wort zu unterstreichen und jeglichen Anstoß aus dem
Weg zu räumen, den die Zuhörer so leicht an der Person des Verkündigers nehmen. Darum auch die Bestimmung der alten Regel, nicht innerhalb der Predigt
zu betteln. Wenn die Armut bei Dominikus auch an zweiter Stelle steht, war
nichtsdestoweniger die Bedeutung, welche er diesem Gedanken zuschrieb, für
jene Zeit neu. Wohl ging eine große Welle der Armutsbegeisterung durch die
Christenheit, aber die Priester waren kaum daran beteiligt. Ein Kleriker ohne
feste Pfründe und gar ein Kloster ohne Gemeinbesitz erschien der damaligen
Zeit als eine unmögliche Vorstellung. Den Lebensunterhalt sich zu erbetteln,
galt mit dem priesterlichen Ansehen für unvereinbar. Nicht einmal die Mönche
der alten Orden erniedrigten sich so tief. Auch in dieser Einstellung zeigt sich
wiederum der neuartige Weg des Dominikus. Die Armut war für ihn nicht bloße
Attrappe, er achtete streng auf die Einhaltung dieser Richtlinien. Die Apostel
waren als Verkündiger des Evangeliums arm, also sollten es seine Brüder auch
sein. Ihm schwebte eine Verwirklichung des Evangeliums vor Augen und nicht
nur eine interessante Theorie. Dominikus wollte eine arme Kirche. Er ging hierin weit über das übliche Maß hinaus. Im späteren Kanonisationsprozeß sagte
ein Zeuge aus: «Diese Schlichtheit verlangte er auch in Baulichkeiten und Kirchen, in den Gegenständen des Gottesdienstes und im kirchlichen Schmuck.
Während seines ganzen Lebens wirkte er dahin, daß die Brüder in ihren Kirchen
weder Purpur noch Seide an ihrer Kleidung hatten. Ein gleiches wünschte er
auch für die Altardecke und verbot silberne und goldene Gefäße; nur bei den

Kelchen machte er eine Ausnahme[9].» Keinem seiner Brüder erlaubte er, Geld auf Reisen mitzunehmen; von den Almosen sollten sie leben. Als einst ein reicher Bürger dem Orden eine Besitzung schenkte und diese Abtretung in einer Urkunde bestätigte, zerriß Dominikus dieses Schriftstück und lehnte die Schenkung kurzerhand ab.

Predigt, Studium und Armut sind die Grundsäulen von Dominikus' Orden. Der heutige Mensch macht sich keine Vorstellung, wie umstürzend diese Ordenseinrichtung für das 13. Jahrhundert sich ausnahm. Die radikale Neuheit bedeutete eine wahre Revolution in der Geschichte des Mönchtums. Das Ungewöhnliche von Dominikus' kühnem Plan ist aus der Reaktion Innozenz III. zu ermessen. Er war bestimmt ein weitsichtiger Papst, dem jegliches kleinliche Denken fern lag. Als ihm aber Dominikus diesen Ordensplan vorlegte, weigerte er sich, ihn in dieser Form zu bestätigen. Offenbar ging er ihm mit seinen neuartigen Bestrebungen viel zuweit, und er konnte sich nicht in diese scharfe Abkehr vom alten Ordensleben finden. Innozenz' III. Zurückweisung des Ordensplanes beleuchtet vortrefflich die Kühnheit von Dominikus' neuen Wegen.

Dominikus empfand die päpstliche Ablehnung als ein niederschmetterndes Erlebnis. Sie stellte sein ganzes Werk in Frage. Es war das Werk eines Heiligen, der zäh an ihm festhielt und nie, wie Petrus Waldes, in Versuchung kam, in einen Gegensatz zur Kirche auszumünden. Seelenrettung und Kirche gehörten nach seiner Überzeugung aufs engste zusammen. Zweifellos bangte er um sein Werk, das am päpstlichen Widerstand beinahe scheiterte. Mit Hartnäckigkeit verfolgte Dominikus sein Ziel weiter. Innozenz hatte ihn auch nicht ohne jede Aufmunterung entlassen, denn er wünschte von ihm eine gewisse Umformung des Planes. Um der päpstlichen Forderung zu entsprechen, gab er seinem Werk eine bereits vorhandene Mönchsregel. Aller Wahrscheinlichkeit nach wird er vor seiner Romreise dem Orden eine Satzung gegeben haben, da sie jedoch nicht überliefert ist, kann man sich von ihr kein Bild machen. Jetzt wählte Dominikus die Augustinerregel, die ihm als Kanonikus von Osma vertraut war. Er übernahm sie unverändert, ergänzte sie aber durch die sogenannten Konstitutionen. Schwierigkeit bereitete ihm vor allem das in der Augustinerregel vorgeschriebene Chorgebet. Selbstverständlich hatte Dominikus persönlich nichts gegen das Chorgebet an sich einzuwenden, aber für ihn und seine Brüder war es nicht sehr dienlich. Er befürchtete dadurch eine gewisse Behinderung und fügte darum bereits in die erste Regel die Bestimmung ein, daß die Oberen aus Gründen der Predigt und des Studiums vom Chorgebet dispensieren sollen, was eine erstaunliche Neuerung für das 13. Jahrhundert war. Der Orden umfaßte Kleriker und Laienbrüder. Doch trennten sie sich nicht in dem Maße der alten Orden. Sowohl im Gottesdienst als bei Tische waren sie vereinigt. Dominikus beabsichtigte in seiner Großzügigkeit sogar, die ganze Verwaltung des Ordens kurzerhand den Laienbrüdern zu übertragen, damit die Prediger sich nicht mit wirtschaftlichen Dingen abgeben müßten und ganz dem Geistigen leben könnten. Dieses Vorhaben scheiterte am Widerstand der Kleriker, die dadurch unter Vormundschaft der Laienbrüder zu kommen fürchteten. Im Speisesaal sind die Laienbrüder zuerst zu bedienen, und der Vorsteher des Klosters bekommt sein Essen zuletzt. Die Leitung eines Predigerklosters übertrug Dominikus einem Prior, dem ein Konventkonzil zur Seite stand. Der Eintretende hat ein Noviziat durchzumachen. Mit diesen Anordnungen wurde der Predigerorden zu einem Bindeglied zwischen alter und neuer Zeit. Keineswegs leitete Dominikus damit eine Verbürgerlichung der kämpfenden Mendikanten ein, die im ersten Jahrhundert ihres Bestehens ein Gärungsstoff für die mittelalterliche Christenheit waren. Immerhin erlangte nun der Orden die päpstliche Genehmigung durch Honorius III.

Dominikus betrachtete die Bestätigung von Rom nur als einen Anfang; unermüdlich arbeitete er an der Vergrößerung seines Werkes. Er gewährte sich keinen Aufschub, und nie war er mit dem Erreichten selbstgenügsam zufrieden. Sein schaffensfreudiger Geist sah auch die religiöse Not in andern Ländern, der er ebenfalls zu steuern begehrte. Allerdings setzten sich der Ausbreitung seines Werkes in andern Gegenden sowohl Erzbischöfe als Grafen entgegen. Nichts vermochte jedoch seine Überzeugung zu hemmen; auch auf die Einwände einiger Kleriker gab er ihnen die kategorische Antwort: «Widersprecht nicht; ich weiß wohl, was ich tue[10].» Dieses Wort verrät eine deutliche innere Erregung. Bis der schweigsame Dominikus dermaßen aufbrausend redet, braucht es die Berührung an seinem lebenswichtigen Nerv. Hatte er bereits den Widerstand des dumpfen Weltklerus zu brechen, was ihm nur mit Hilfe päpstlicher Erlasse gelang, so konnte er schon gar keine Bremsklötze innerhalb des Ordens brauchen. Die jede Widerrede abschneidende Äußerung zeigt, wie es im Denken dieses Mannes arbeitete. Statt langatmiger, pathetischer Erklärungen findet man bei Dominikus nur kurze, bestimmte Willenskundgebungen, die das Wesen dieses Vaters der Prediger erhellen. Dominikus verfolgte unbeirrbar seine Pläne, er sammelte unablässig Schüler, namentlich in den Städten der Universitäten, und keine Widerwärtigkeit vermochte seinem Eifer Einhalt zu gebieten. Der Rest seines Lebens galt ausschließlich der Sicherung seines Werkes. Es waren ihm allerdings hiefür nicht mehr viele Jahre vergönnt. Zwar stand er erst im fünfundvierzigsten Lebensjahr, als er den Predigerorden gründete. Trotzdem konnte er nur noch sechs Jahre von Ort zu Ort wandern und überall zum Rechten schauen. In der letzten Zeit hielt er sich hauptsächlich in Bologna auf, in welcher Stadt ihn eine Krankheit befiel, von der er nicht mehr genas.

Während seines Krankheitslagers trat das sonst eher verhüllte menschliche Bild des Dominikus mit ergreifender Schönheit hervor. Nach einem Augenzeugen «ertrug er die Qualen seiner Krankheit mit solcher Geduld, daß nie eine Klage oder ein Seufzer aus seinem Munde kam; ja, er schien sogar heiter und selbst fröhlich»[11]. Mit seinem gefaßten Verhalten übte der schwer leidende Mann auf seine Umgebung eine direkt aufrichtende Wirkung aus. Ohne sich im geringsten niederdrücken zu lassen, sagte er von seiner Krankheit nur, «sie soll mir zur Buße dienen» – eine Auffassung, die turmhoch über dem modernen Gesundheitsfimmel steht[12]. Als seine Kräfte immer mehr sich aufzulösen begannen, versammelte er seine Brüder um sich und richtete einige Abschiedsworte an sie, die trotz ihrer Kürze ein heiliges Vermächtnis sind: «Dies ist, meine Brüder, die Hinterlassenschaft, die ich euch als meine Erben vermache: Besitzet die Liebe! Bewahret die Vernunft! Verharrt in der freiwilligen Armut!»[13] Mit letzter Stimme verbot er ihnen noch einmal die Annahme jeglichen Vermögens, was dem Orden zum Verderben gereiche, damit seine Armutsliebe bis zum Tode bezeugend. Hierauf legte er den an seiner Lagerstätte stehenden Brüdern das Geständnis ab: «Die Barmherzigkeit hat mich bis zu dieser Stunde in flekkenloser Reinheit bewahrt. Ich bekenne aber, daß ich mich nicht von der Schwäche habe freimachen können, mich lieber mit jungen Frauen als mit alten Weibern zu unterhalten[14].» Einige Stunden nach dieser Äußerung sind Dominikus Bedenken gekommen wegen der Worte über die fleckenlose Reinheit, er meinte, sie könnten als Selbstruhm aufgefaßt werden, und er hätte sie besser nicht ausgesprochen. Die Kommission der Heiligsprechung dagegen strich jene Aussage, daß er lieber mit jungen Frauen als mit alten Weibern gesprochen habe, weil sie fürchtete, sie sei seinem Ansehen abträglich. In Wirklichkeit läßt diese Selbstanklage die unverdorbene Menschlichkeit dieses Mannes in direkt rührender Weise in Erscheinung treten. Nur ein zartes Gewissen konnte sich einer solchen Kleinigkeit bezichtigen, die zugleich prachtvoll dartut, wie Dominikus in aller Heiligkeit seine Natürlichkeit behalten hat. Nachdem er die letzte Ölung empfangen hatte, befahl er den Brüdern, sich für die Sterbegebete vorzubereiten, und er tröstete sie noch über seinen Hinschied mit den Worten: «Nach meinem Tode werde ich euch mehr nützen können als während meines Lebens[15].» In dieser Glaubensäußerung öffnet sich ein ganz anderer metaphysischer Ausblick als in der skeptischen Annahme, mit dem Tode versinke der Mensch ins Nichts. Die beiden Anschauungen müssen nur nebeneinandergehalten werden, um den prinzipiellen Wertunterschied deutlich zu machen: Freudige Hoffnung steht trostloser Verzweiflung gegenüber. Es gibt keine stärkere Todesüberwindung, als sie Dominikus in seiner Zuversicht aussprach, noch aus der jenseitigen Welt werde er seinem Orden beistehen. Darauf sagte der Gründer des Predigerordens zu den Umstehenden «beginnet», und unter ihren Sterbegebeten ist Dominikus am 6. August 1221 in die Ewigkeit eingegangen.

Ein Bild von Dominikus' Persönlichkeit zu zeichnen, das ihm auch wirklich

gerecht wird, ist wegen seiner Verhaltenheit nicht leicht. Er war nicht ein
Mensch, der es liebte, seine glänzenden Eigenschaften hervorzukehren. Bescheiden wich er immer in den Schatten zurück. Auch überliefern die geschichtlichen Quellen wenige authentische Worte, die zur Verlebendigung seiner Gestalt verwendet werden könnten [16]. Dominikus ist kaum plastisch darzustellen,
weswegen fast alle Lebensbeschreibungen über ihn leise enttäuschen. «Niemand hat uns den geistlichen Kampf des heiligen Dominikus geschildert. Niemand hat uns erzählt, wie Dominikus geworden und allmählich in die Übernatur hineingewachsen ist», klagt sein bester Biograph [17]. Auch der Dichter
Georg Bernanos hat diese Schwierigkeit in seiner kunstvollen Studie über Dominikus zu spüren bekommen. Das Hemmnis wird noch erhöht durch jene Legende, nach welcher Dominikus mit Franziskus zusammentraf und sich die beiden Ordensstifter umarmten. Diese, auch von der Malerei dargestellte Begebenheit ruft nach einem Vergleich von Dominikus mit Franziskus, der aber für den
Gründer des Predigerordens sich gerne nachteilig auswirkt. Die Farbigkeit des
franziskanischen Legendenkranzes fehlt bei dem gebändigten Dominikus, von
dem es nur wenige Anekdoten gibt, die ein vergebendes Lächeln ausstrahlen.
Bei der Gegenüberstellung der beiden Männer kann deswegen Dominikus nicht
in gebührender Weise zur Geltung kommen. Einzig die blühende Entwicklung
des Predigerordens bringt das notwendige Gleichgewicht in das Verhältnis.
Die Konfrontation von Dominikus und Franziskus trägt auch zum tiefern Verständnis wenig bei, denn die beiden Ordensstifter waren in ihrer Wesensart
sehr verschieden. Über die Andersartigkeit der beiden Orden war man sich
ohnehin bald nicht mehr recht klar, was sich für deren Erfassung nachteilig auswirkte. Diese Verkennung steuerte viel zu dem Rivalitätsverhältnis unange-
nehmster Art bei, in das die beiden Orden gerieten. Es ist mehr als eine unstatthafte Schönfärberei, wenn vom Predigerorden und den Minoriten behauptet
wird, «niemals wurde der reine Kristall ihrer sechshundertjährigen Freundschaft durch einen Hauch der Eifersucht getrübt» [18]. Die Geschichte zeigt leider
allzu deutlich den gegenteiligen Sachverhalt. Die unselige Eifersüchtelei war
gewiß nicht nach dem Sinn des Dominikus und Franziskus, was ihre größten
Söhne stets bezeugt haben.

Durch alle Kargheit der Überlieferung hindurch dringt gleichwohl die mächtige Persönlichkeit des Dominikus; ähnlich wie sein inneres Licht zeitlebens
seine Haut mit einem eigentümlichen Schimmer umleuchtete. Der Gründer des
Predigerordens war eine zielsichere Natur und ein Mensch mit scharfem Blick,
der stets das eine erkannte, was not tat. Das Unfaßliche an ihm ist gerade das
Wesentliche. Als schweigender Mensch, der nie völlig aus dem Halbdunkel heraustritt, verbleibt er im Geheimnisvollen. Das ist das Rätselvolle an ihm, das
ihn zugleich auch anziehend macht. Dabei war er in seinem sachlichen Streben

von durchsichtiger Klarheit, nicht die geringste Nebelbildung duldete er. In Beziehung auf das Werk ist alles prägnant formuliert, während das Persönliche nur andeutende Skizze bleibt. Dominikus' Individualität war ausschließlich im Religiösen verwurzelt, die Glut spanischer Christlichkeit lebte in ihm. Seine Begleiter betonen immer wieder, «müßige Gespräche führte er nicht, stets sprach er mit Gott oder von Gott»[19]. Er war ein ganz auf das Wesentliche gerichteter Mensch, an den alles bloß Unterhaltende gar nicht herankam. Von wertlosen Neigungen hielt er sich prinzipiell fern, und stets lebte er ein streng asketisches Leben. Er trug eine Eisenkette um die Hüfte und gab sich einem intensiven Gebetsleben hin. Ganze Nächte konnte er mit erhobenen Händen betend auf den Fußspitzen stehen. In seiner Bedürfnislosigkeit besaß er nicht einmal eine eigene Zelle. Dabei «erteilte er den Brüdern leicht Dispens, sich selbst niemals»[20]. Die schönste Wesenseigentümlichkeit Dominikus' ist seine ausgeprägte Menschenliebe, die alles «Interessante» weit aufwiegt und die auf die religiöse Not seiner Zeit die Antwort des Herzens fand. Schon als Student bewies er seine Nächstenliebe, als er seine Bücher verkaufte, um den Hungernden zu helfen. Nach eigenem Geständnis hat er in dem «Buch der Liebe mehr als in irgendeinem andern studiert», weil es über alles Aufschluß gebe, eine in die Mitte des christlichen Lebens vorstoßende Aussage[21]. Dominikus aber redet nie in süßen Worten davon. Es war eine herbe, beinahe verhaltene Liebe, eine Liebe, die kraftvoll, grenzenlos und unsentimental sich «nicht auf die Gläubigen beschränkte, sondern sich ausdehnte auf die Ungläubigen, die Heiden, ja auch auf die Verdammten der Hölle»[22]. Von dieser, alle Menschen umfassenden Liebe gab Dominikus mehrfache Proben. Die Liebe bildet die Substanz seiner Persönlichkeit. Mit ihr ist aufs unwidersprechlichste bewiesen, wie Dominikus alles andere als ein Intellektueller war. «Mit den Sünden der Menschen hatte der heilige Vater ein gar wunderbares Mitleid. Wenn er einem Dorfe oder einer Stadt nahekam, die er schon von ferne sehen konnte, dachte er an das Elend der Menschen und an die Sünden, die darin geschehen, und dann zerfloß er ganz in Tränen[23].» Aus dieser mitfühlenden Menschenliebe ging sein glühender Seeleneifer, die treibende Kraft zur Gründung seines Werkes, hervor. Liebe ist die primäre dominikanische Haltung. Diese verzehrende Seelenliebe befreite Dominikus von jedem Geltungsdrang. Mehrmals wurde er zum Bischof gewählt, aber er lehnte stets die Wahl aufs bestimmteste ab. Dieser Mann kannte keine wichtigtuerische Eitelkeit, die bei so vielen Menschen immer wieder durchbricht. Nicht der leiseste Zug, sich selber in den Vordergrund zu rücken, ist bei ihm wahrzunehmen. Für ihn gab es nur das Werk, das ihn erfüllte. Die Sache, die Sache war ihm alles. Der Orden war Mittelpunkt. Jeder Gedanke diente ihm und nicht umgekehrt. Dabei identifizierte Dominikus den Predigerorden nie mit sich selber. Wohl war er der Stifter und opferte sich für ihn auf, aber er hielt den Orden höher als seine Person. Absichtlich verschwindet seine Gestalt hinter seinem Werk, ähnlich wie bei Shakespeare. Seine Persönlichkeit hat für Dominikus keine allzugroße Eigenbedeutung, er verlieh seinem individuellen Lebenslauf keine Wichtigkeit und trug auch nichts zu dessen Erhellung bei. Immer ist es nur das Werk und nochmals das Werk, für das sich Dominikus einsetzte. Dominikus verkörperte diese hingebungsvolle Sachlichkeit auf eine kaum mehr zu überbietende Weise. Der Stifter des Predigerordens ist der sachliche Mensch schlechthin, und mit dieser Wesenseigentümlichkeit verschaffte er seinem Werk Dauer.

II

Von Dominikus wird zu seinen Lebzeiten kaum ein Wunder berichtet. Sie traten bei seiner sachlichen Einstellung völlig hinter seinem Werk zurück, welches das Wunder seines Daseins ist. Auf mirakulöse Taten haben weder Dominikus noch seine Schüler großen Wert gelegt. Sein Begräbnis fand in aller Stille statt. Die Brüder erklärten seinen Hinschied nicht als unersetzliche Lücke. Dominikus' Grab fand nur eine geringe Beachtung, es war nach Jordans Rundschreiben dem Wind und Wetter preisgegeben. Eine dicke Steinplatte ohne jegliche Inschrift verschloß die Gruft, und nichts wies darauf hin, daß an dieser Stätte der Schöpfer des Predigerordens begraben sei. Diese Nichtbeachtung dünkte schließlich einige Brüder doch nicht recht, und nach zwölf Jahren beschlossen sie, dem Gründer eine würdigere Grabstätte zu bereiten. Man schritt zur Wiederausgrabung des Leichnams, ein Vorgang, dem man nicht ohne Bedenken entgegenschaute. Als man die Grabplatte weggetragen hatte, entströmte dem Sarg zur unfaßlichen Überraschung der Anwesenden ein überaus angenehmer Duft! Er war von einer berückenden Lieblichkeit, wie er «niemals, weder in einer Apotheke, noch von einem Blumenfelde, noch sonst irgendwo, in einem so starken Maße wahrgenommen wurde» [24]. Sprachlos standen die priesterlichen und weltlichen Teilnehmer da, die einander betroffen und beglückt zugleich ansahen und im ersten Moment nicht wußten, was sie denken und sagen sollten. Keiner von ihnen war auf den herrlichen Duft vorbereitet, aber an der Tatsächlichkeit des Geschehens ist nicht zu zweifeln. Im Kanonisationsprozeß haben die noch lebenden Brüder unter Eid bezeugt, daß sie diesen wundersamen Wohlgeruch selbst wahrgenommen haben, und aus ihren Aussagen geht eindeutig hervor, wie sich das überraschende Ereignis ihrem Gedächtnis unauslöschlich eingeprägt hat.

Die Zeitgenossen betrachteten den aus dem Grab aufsteigenden süßen Duft als ein Wunder, das ihnen als Beweis für die Heiligkeit des Dominikus diente. Diese Auffassung war ihr gutes Recht, denn nicht alle Tage sahen sie große Dinge dieser Art. Das Grabwunder aber ist zugleich auch ein Symbol, das nach einer

Deutung verlangt. Dieser köstliche, nach allen Seiten verströmende Duft versinnbildlicht die Funktion des Predigerordens. Von ihm ging ein gar lieblicher Wohlgeruch aus, der zuletzt in der ganzen Christenheit wahrgenommen wurde. Gott selbst bekannte sich zu diesem Werk, dessen ganze Geschichte von diesem angenehmen Duft umwoben war[25].

Um seiner Studien willen nahm der Predigerorden schon früh mit den damals aufkeimenden Universitäten den Kontakt auf, und nach anfänglichem Widerstand eroberte er schließlich doch zahlreiche Hochschulen und besetzte mit seinen Mitgliedern gewichtige Lehrstühle. Die Verdienste der Söhne Dominikus' um das mittelalterliche Universitätsleben sind nicht zu übersehen. Sie waren an der Ausgestaltung der Scholastik maßgebend beteiligt. Die Vorstellung von der Scholastik als einer verknöcherten Erscheinung, die sich mit törichten Spitzfindigkeiten abgab, lagerte lange über der Neuzeit, bis sie sich endlich von diesem Vorurteil befreite. Nur Unkenntnis, die nie eine der gewaltigen «Summen» in die Hände genommen hat, redete in der Weise. Die Scholastik betrachtete das Denken auch als einen Gottesdienst und ging von dem Zutrauen zu der gläubigen Vernunft aus. Mit dem beginnenden Hochmittelalter regte sich das Verlangen des Menschen nach dem Beweis der Wahrheit, welchem Wunsche nicht einfach die Türe gewiesen werden konnte. Die Dominikaner kamen diesem Ansinnen entgegen, kannten sie doch eine vom Logos erleuchtete Vernunft. Die Ehrfurcht vor dem Verstande ist in einem Mönchsbuch ebenfalls zu betonen, in dem so viel vom Irrationalen die Rede ist. Die Söhne Dominikus' legten Wert darauf, Glauben und Wissen nicht auseinanderzureißen, vielmehr wollten sie die beiden Funktionen miteinander in Verbindung bringen. Sie bemühten sich, all die mannigfachen Erscheinungen des Lebens denkend in ein einheitliches Glaubenssystem zusammenzufassen. Diesem imposanten Versuch kann die Bewunderung nicht versagt werden, obschon er seinem Wesen nach nie ganz gelingen kann. Natürlich brachte der Zutritt zu den Universitäten für den Orden auch schwere Gefahren mit sich. Bei vielen Dominikanern nahmen Wissensdünkel, Ehrgeiz und Titelsucht überhand, was nicht in der Linie des Dominikus lag. Dieser Schaden ist nicht zu bestreiten. Die schwerwiegendere Frage geht jedoch dahin, ob durch die intensive Teilnahme an der Wissenschaft nicht eine Verlagerung innerhalb des Ordens stattgefunden habe? Wurde doch dadurch die Hauptaufgabe des Ordens immer mehr in der Pflege der Theologie gesehen, während sie für Dominikus in der Ausübung der Predigttätigkeit bestand. Diese offensichtliche, leichte Gewichtsverschiebung darf nicht als Abfall vom ursprünglichen Ideal bewertet werden. Die naheliegende Frontveränderung war durch die geschichtliche Situation bedingt; wie sie der Predigerorden meisterte, war nicht gegen den Willen des Dominikus, der noch auf seinem Sterbelager zu seinen Brüdern gesagt hatte: Bewahret die Vernunft. Der Einbruch einer nicht christlich orientierten Geistigkeit, wie er in der zweiten Hälfte des 13. Jahrhunderts erfolgte, war für das Abendland eine nicht minder starke Bedrohung als das gnostische Katharertum. Wiederum brach die geistige Not in akuter Weise auf, der zu begegnen doch die erste Pflicht der Söhne des Dominikus war. In ihrer Scholastik vollbrachten sie in schwerem geistigem Ringen die Überwindung Averroes, der mit seiner Skepsis das christliche Geistesleben vergiftete. Allein schon diese Tat trägt ihnen den Dank aller jener ein, welche den Skeptizismus als den Wegbereiter des Nihilismus betrachten. Die Scholastiker haben damals an der vordersten Front gekämpft, und ihr leidenschaftliches Eintreten auf die wissenschaftliche Fragestellung geschah aus dem urdominikanischen Motiv: Rettung der Seelen.

Eingeleitet hat diese Wendung Albert der Große, einer der imposantesten deutschen Gelehrten jenes Zeitalters. Er gilt als der maßgebendste Naturforscher des Mittelalters und «er fühlte die Welt groß, weil er selbst groß war». In der Geschichte des Ordens wird er von seinem Schüler Thomas von Aquino überragt. Allem Widerstand seiner adeligen Familie zum Trotz, trat der Aquinate den Mendikanten bei, die zu jener Zeit noch immer als eine anrüchige Gesellschaft verlacht wurden. Thomas kümmerte sich nicht um das Standesvorurteil seiner Angehörigen, er wollte das Ordenskleid des Dominikus tragen und blieb stets der Meinung zugetan, daß auch das Ordensleben viel mehr auf den Geboten der Liebe als auf den Räten aufgebaut werden müsse. Bei seinem Ordenseintritt ahnte niemand die Größe seines Geistes, seine Mitbrüder nannten ihn den «stummen Ochsen» und seine Schweigsamkeit erweckte eher den Eindruck von Einfältigkeit. Sein Lehrer Albertus Magnus erkannte jedoch die unter der Oberfläche verborgene Tiefe des jungen Mannes und weissagte von ihm: «Wir nennen den Bruder Thomas einen stummen Ochsen, aber das Brüllen seiner Gelehrsamkeit wird einstens durch die ganze Welt erschallen!» Die Prophezeiung ging im wahrsten Sinn des Wortes in Erfüllung, die in diesem Zusammenhang nicht einmal notdürftig angedeutet werden kann. Thomas von Aquino hat die «Taufe» des Aristoteles vollzogen, was nur ein tapferer Mensch zu tun vermochte, weil der heidnische Denker damals für die kirchlichen Kreise noch suspekt war. Von der «Gotik der Rationalität» bei Thomas wurde schon gesprochen, der die innere Freiheit besaß, alles zu wägen und zu prüfen, ehe er es annahm oder verwarf. Dieser betende Denker schrieb die «Summen», die vor allem durch ihre einzigartige Kraft der Harmonisierung bedeutsam sind, mit der sie auch die widerstrebendsten Teile zu einem Ganzen zusammenfassen. Sein Ausgleichsbedürfnis leuchtet aus seinem überaus wohltuenden Ausspruch hervor: «Die Gnade zerstört nicht die Natur, sie vollendet sie vielmehr.» Thomas erstrebte eine Überbrückung des Gegensatzes zwischen Glauben und Wissen, und er stellte der menschlichen Vernunft die hohe Aufgabe, die Waffen zur Bekämpfung der Irrlehre zu liefern. Mit dieser Bemühung verbleibt Thomas ganz in der Linie des Dominikus, welche Verbindung deutlich wahrzunehmen ist. Allerdings ging er einen Schritt weiter und begründete zugleich noch eine christliche Philosophie. Keine Möglichkeit und kein Bedenken ließ er in dieser Arbeit außer acht, alles bezog er ein und rundete es zuletzt zu einem großartigen Bogen. Die geistige Kraft dieser enormen Stoffbewältigung und ihr Ausbau zu einer einheitlichen Weltanschauung grenzt ans Wunderbare und wurde kaum je wieder erreicht. Bei diesem Unternehmen verfiel Thomas keineswegs einer Vergötzung des Intellekts, zumal Philosophiefreundlichkeit und Philosophiefeindlichkeit sich bei ihm die Waage halten. Er betrachtete sein Werk nie als Offenbarung, da er in ihm lediglich einen Versuch sah, die Probleme des Christentums auf denkerischem Weg zu beschreiten. Nie gereichte ihm seine überragende Denkleistung zum Verhängnis, in aller erfolgreichen Lehrtätigkeit blieb er stets von einer demütigen Frömmigkeit erfüllt: «Durch die Gnade Gottes hat mir mein Wissen, mein Lehrstuhl, eine öffentliche Disputation niemals eine Regung des Stolzes verursacht», durfte er von sich sagen[26]. Diesem Riesengeist kam zuletzt die Unzulänglichkeit seines Unternehmens deutlich zum Bewußtsein, was der ergreifendste Vorgang seines Lebens ist. Als er einst aus der Messe in seine Zelle zurückkehrte, war er seltsam verändert, legte den Gänsekiel beiseite und antwortete auf die eindringliche Befragung seines Freundes nur: «Alles, was ich geschrieben habe, erscheint mir wie Spreu, verglichen mit dem, was ich geschaut habe und was mir offenbart worden ist[27].» Erschütternder urteilte wohl kaum je ein großer Denker am Ende seines Lebens über sein eigenes Werk. Wie Spreu kamen ihm seine mächtigen Ausführungen gegenüber der lichtvollen Gottesschau vor, die ihn in der Kirche überflutet hatte. Der schreibgewaltige Thomas trat hierauf in das Schweigen ein, und man hat den scharfsinnigen Dominikaner nicht begriffen, achtet man nicht auf dieses Verstummen. Dieser Abschluß von Thomas' Denkarbeit zeigt besser als viele Worte, daß der Fürst der Scholastiker kein Gefangener seines Systems war und enthüllt überwältigend seine echte Christlichkeit. Im übrigen war der Aquinate nicht von Anfang an der unbestrittene Höhepunkt der Scholastik. Seine Vorliebe für Aristoteles erregte zuerst bei den traditionalistisch eingestellten Menschen offenkundiges Ärgernis, einige Sätze von ihm hat der Bischof von Paris verurteilt. Doch setzte sich sein beinahe übermächtiges Werk durch, und bald duldete der Orden jegliches ungünstige Urteil über ihn nicht mehr. Schon zu Beginn des 14.Jahrhunderts erklärte man die Lehre Thomas' zur festen Richtschnur für das Studium, und später mußten alle das Predigtamt ausübenden Mitglieder des Ordens den Eid ablegen: «Ich schwöre, gelobe und verpflichte mich, daß ich nicht von der sichern Lehre des heiligen Thomas abweichen werde.» Der Dominikanerorden hat sich mit Thomas von Aquino identifiziert, er tritt als gleichwertige Autorität neben Dominikus. Als Doktor angelicus ist er für den Predigerorden *der* Kirchenlehrer geworden, ein Urteil, dem sich auch Pius XI. in seiner Thomas-Enzyklika anschloß. Die Freude des Ordens über den großen Sohn ist begreiflich, trotzdem bleibt der Eid, den seine Mitglieder auf Thomas' Lehre ablegen müssen, der Diskussion unterstellt. Ob er ihn selbst gebilligt hätte, er, der seine Schriften zuletzt als Spreu bezeichnet hatte? Nach seinem demütigen Selbstverständnis waren sie für ihn nicht sakrosankt, welche Auffassung sich auch unlebendig auswirkt. Mit der Kanonisierung seiner Lehre ist irgendwie ein Schlußstrich gezogen, der doch nie gezogen werden darf. Die Tür muß stets offen bleiben, indem der Christ allezeit auf ein noch tieferes Eindringen hofft. Auch ist es fraglich, ob mit Thomas' christlicher Philosophie die neueren, spezifisch modernen Probleme bewältigt werden können, die in ihr noch gar nicht vorgesehen sind. Jedenfalls nur dann, wenn man sich nicht begnügt, bloß zu wiederholen, «was Thomas gedacht hat, statt weiterzudenken, wie Thomas weitergedacht hat»[28].

Den berückendsten Duft, über dessen Süßigkeit und Kraft auszusagen die menschliche Sprache nicht ausreicht, strömte der Predigerorden durch seine Mystik aus. An dieser Stelle erlangt das Symbol von Dominikus' Graböffnung die dichteste Realität und muß auch noch den letzten Zweifler jenes Wunders überzeugen. Man hat sich angewöhnt, von der deutschen Mystik zu reden. Aber dieser aus der Hegelschule stammende Begriff ist nicht glücklich gewählt, er erweckt nationale Vorstellungen von einer Sache, die übernational ist. Angemessener ist es, von dominikanischer Mystik zu sprechen, da diese zum größten Teil in den Klöstern dieses Ordens geboren wurde. Urdominikanisch in ihren Anfängen gibt sie die von der göttlichen Freude durchstrahlte Antwort auf die religiöse Not des ausgehenden Mittelalters. Siegreich überwand sie auch die erwachende spätmittelalterliche Skepsis. Wer sich «der deutschen Mystik im Predigerorden» zuwendet, wie Greith es in seinem gleichnamigen Buch getan hat, beschwört eine der gottinnigsten Welten herauf. Der Weg ins eigene Innere ward durch sie in verwirrter Zeit den Menschen wieder aufgetan. All diese Mystiker waren gotthungernde Menschen, die sich verzehrten im Verlangen, vom Allmächtigen umfangen zu werden. Sie kannten nur ein Ziel, Gott nahe und stets näher zu sein, und immer noch fühlten sie sich nicht nahe genug. Nicht nur als brennende Sehnsucht lebte das Göttliche in ihnen, wie einst der Engel Gabriel die Jungfrau auch wirklich besuchte, so wohnte es in ihren Seelen. Es war überquellende Gegenwart geworden, ähnlich wie in den Tagen des Urchristentums, da der Ruf ertönte: Komm und sieh! Eine Zartheit und Innigkeit des Ewigen kannten diese Mönche, von der noch heute eine beglückend warme Strahlung ausgeht auf alle jene gottesdurstigen Seelen, die den ewig reichen Gott nicht nur in klappernden Begriffen einer theologischen Schulsprache erleben möchten. Hier, in der Mystik offenbart sich wie nirgendswo das innerste Geheimnis des Mönchtums, aus dem allein es immer wieder die Kraft seiner Existenz schöpft. Sie bildet den geheimen Feuerherd, um den gottestrunkene Christen von jeher gekreist sind. Es gibt wenige Vorgänge, welche die Anwesenheit Gottes im Menschen realer zum Ausdruck bringen als die dominikanische Mystik, die einen himmlischen Wohlgeruch um sich verbreitet. Sie straft «das hoffärtige, alberne Affengeschrei gegen die Mystik» Lügen, wie der geniale Philosoph Franz von Baader sich einmal kräftig, aber nicht unrichtig auszudrücken beliebte. Schon allein um dieser gottesgesättigten Mystik willen, wird man stets den Predigerorden segnen, der gar kostbare Früchte hervorbrachte.

Den Kulminationspunkt der dominikanischen Mystik bildet Meister Eckhart, der neben Dominikus und Thomas von Aquino die dritte, große Gestalt des Ordens ist. Man müßte Engelszungen haben, um von Meister Eckhart gebührend zu reden, als dem «Manne, dem Gott nie etwas verbarg». Eckhart war ein mutiger Mensch, der nicht davor zurückschreckte, auch das Letzte auszusprechen und nie bereit war, nur ein Tröpfelchen Wasser in seinen geistlichen Freudenwein zu schütten, den er, gleich einem neuen Johannes auf seiner mystischen Hochzeit zu Kana, zu trinken bekam. In ihm lebte eine echt dominikanische Predigtfreudigkeit, die es als ein seltenes Vorrecht empfand, vor innerlich gesammelten Menschen von den höchsten Fragen des Lebens zu sprechen. Er pries einmal nach einer Predigt diejenigen Zuhörer, die seine Ausführungen begriffen hatten und fügte hinzu, «wäre hier niemand gewesen, ich hätte sie diesem Opferstock predigen müssen»[29]. Dieses innere Müssen ist überzeugend, denn es dokumentiert den nicht zu unterdrückenden Predigtdrang, dieses freudige Mitteilen, das ganz dem Geiste des Dominikus verhaftet war. Meister Eckhart gehört zu den größten Predigern aller Zeiten, der seine aus der Ewigkeit stammende Botschaft nicht auf einen kleinen Kreis von Auserwählten einschränkte, bei denen er Verstehen voraussetzte. Seine Furchtlosigkeit, auch den einfachen Menschen die höchsten Wahrheiten in deutscher Sprache zu unterbreiten, beweist seine Gottessendung.

Die Mystik des Kölner Lebemeisters kommt im Gewand der religiösen Spekulation daher. Als religionsphilosophischer Geist hatte Eckhart sicher an der scholastischen Bemühung innern Anteil und war hierin bei aller Überlieferungstreue mit seiner aufstrebenden Kraft von revolutionärer Kühnheit. Für ihn war es eine ausgemachte Sache, daß «wer Gott schauen will, der muß hohen Begehrens sein!»[30] Das Ungestüme und oft sogar Verwegene seiner Frömmigkeit kann nicht in ein enges Schema gepreßt werden. Allzu ungewöhnlich war seine Sprache: «Trutz Gott selber! Trutz den Engeln! Trutz allen Kreaturen! Sie können die Seele nicht mehr trennen von dem Urbild, darin sie eins mit Gott ist[31].» In seiner schwindelerregenden Paradoxielust schäumte Meister Eckhart über und verstieg sich oft in nicht aufrechtzuhaltende Behauptungen, so zum Beispiel, wenn er von dem «Bürglein in der Seele» sagt, daß niemand in dasselbe hineinlugen kann, «nicht einmal Gott selber»[32]. Was Wunder, daß darüber «manche Pfaffen ins Hinken gerieten», wie er sich ausdrückt, und dies beim besten Willen nicht mehr verstehen konnten.

Obschon nicht frei von Übertreibungen, war Meister Eckhart doch ein ausschließlich auf Gott bezogener Mensch, der unbedingt zu den glühenden Gestalten des christlichen Raumes gehört. Sein innerstes Anliegen ist ein religiöses, wie es nicht ausschließlicher sein kann. Alles, was Eckhart über die Erkenntnis der Kreaturen, wie sie in sich selber sind und wie sie sich in Gott verhalten, was er über Abgeschiedenheit und die Gottesgeburt in der Seele so überaus gottinnig sagt, erstrebt doch nichts anderes, als dem Menschen seine verlorengegangene Heimat in Gott zurückzugeben, da es nun einmal das Größte ist, Gott zu empfangen. Dieser unsagbar «Gott-Vertörte» war dermaßen von dem Willen erfüllt, bei Gott und in Gott zu sein, daß er nicht scheel angesehen werden darf, wenn er sich auch gelegentlich im Ausdruck vergriff. Was Eckhart sogar über den «lachenden Gott» zu sagen wußte, verrät eine innere Fröhlichkeit, der man in der Christenheit nur ganz ausnahmsweise begegnet, obschon sie das Wesen des Evangeliums ausmacht: «Die Seele vermag die göttlichen Personen zu gebären, wenn Gott in sie hineinlacht und sie wiederum in ihn lacht! Um im Gleichnis zu reden: Wenn der Vater hineinlacht in den Sohn und der Sohn wieder in den Vater und das Lachen Lust gebiert und die Lust Freude gebiert und die Freude Minne gebiert und die Minne Person gebiert und die Person den heiligen Geist gebiert – so gebiert der Sohn zusammen mit dem Vater[33].» Von diesem Wieder-heimisch-Werden bei Gott stammeln all seine glühenden Predigten: «Der Mensch soll sich in keiner Weise jemals für Gott fernehalten, weder um eines Mangels oder einer Schwäche noch um irgendeines Anlasses willen ... Es ist ein großer Übelstand, daß der Mensch sich Gott in die Ferne rückt. Der Mensch gehe in der Ferne oder in der Nähe, Gott geht nimmer fern, er bleibt immer in der Nähe, und kann er nicht inne bleiben, so kommt er doch nicht weiter denn vor die Türe[34].»

Eckhart ist mit seinem gottklimmenden Geist in Regionen vorgedrungen, die als Gipfel abendländischer Christlichkeit anzusprechen sind. Diese Höhenlage brachte es mit sich, daß aus seinem Gottesgesang gelegentlich häretische Töne herausgehört wurden, die nur neuplatonische Formulierungen waren. Als er zudem manchmal hart an des Dogmas Grenzen stieß, wurde Eckhart des Pantheismus verdächtigt, was ihn in trübe Verleumdungen verwickelte. Zunächst stand der Predigerorden in allen Anfeindungen treu zu seinem hochangesehenen Lesemeister. Trotzdem gelang es gehässiger Eifersucht, Eckhart anzuschwärzen und seinen Lebensabend in schwere Düsternis einzuhüllen. Nach des Meisters Tod fielen eine Anzahl Sätze der päpstlichen Verurteilung anheim, ein tragischer Vorgang, den man nur aufs höchste bedauern kann. Nachdem er nun mit dem Stigma des Verurteilten behaftet war, konnte der Orden nicht mehr öffentlich für ihn eintreten und des Meisters geistige Wirksamkeit war, zum schweren Nachteil für den christlichen Kulturkreis, auf unterirdische Kanäle angewiesen.

Dieses unerklärliche Verhängnis machte das Unglück noch nicht voll. Als es im 19. Jahrhundert zur Wiederentdeckung der dominikanischen Mystik kam, erschien aufs neue ein betrüblicher Unstern über Meister Eckhart[35]. Die ersten Forscher interpretierten aus Unkenntnis der mittelalterlichen Geisteswelt den Meister im pantheistischen Sinn, was Heinrich Denifle veranlaßte, ins andere Extrem zu fallen und geringschätzend Eckhart als einen unbegabten, unklaren Denker mit einem mittelmäßigen Gedankensystem hinzustellen. Dies ist wohl der unverständlichste Schimpf, den ein Dominikaner seinem überragenden Ordensbruder antun konnte. Die Eckhartforschung ist lange Zeit ein niederdrückendes Beispiel dafür, wie eine religiöse Gestalt eine Verdunkelung erfährt, wenn sie dem konfessionalistischen Hader ausgeliefert wird. Erst mit der Abkehr von diesen unfruchtbaren Streitigkeiten enthüllte sich in den letzten Jahrzehnten Eckhart als der wahre «Zentralgeist der Mystik des Mittelalters», der mit seiner Seelentiefe das meiste überhöhte, was die Christenheit bis dahin bewegt hatte. Wenn es endlich zur wahren Wiederkehr Meister Eckharts kommt, in dem so viel wirkliche Hilfe für die religiöse Krisis der Gegenwart enthalten ist, dann darf man freilich nicht vergessen, daß diese von der Gottessonne bestrahlte Mystik von einem Manne verkündet wurde, der das dominikanische Mönchshabit trug.

Auf Eckharts Schultern steht Johannes Tauler, eine der schönsten Zierden des Predigerordens. Trotz seiner in sich gekehrten Veranlagung besaß auch er das echt dominikanische Predigttalent. Von seiner mystischen Verkündigung ging eine solche Erschütterung aus, daß nach seinem Kanzelvortrag oft viele Personen wie tot dalagen[36]. Er konnte mit einem Feuer reden, das Christine Ebner zu der Äußerung veranlaßte: «Tauler sei Gott der liebste Mensch, den er auf Erden hätte. Mit dem Feuer seiner Zunge hätte er das Erdreich in Brand gesetzt.» In Tauler wendet sich die dominikanische Mystik gegen die gedankenlose Zeremonienausübung. Er achtete sie nicht gering, aber er will sie mit seelischer Anteilnahme erfüllen: «Wir müssen so viele Regeln halten: wir müssen zu Chore gehen und singen und lesen, es sei uns lieb oder leid – laßt es uns lieber festlich tun als dürre und mit Beschwerde, damit wir die ewige Festzeit nicht verlieren noch vermissen[37].» Diese beschwingte Einstellung verleiht seinen Worten jenen Glanz, der göttlicher Herkunft ist. Von der äußern Armut gilt es, nach Tauler, zur innern Armut vorzudringen, ihm kam es immer nur darauf an, daß der Christ die Dinge läßt und überschreitet, damit er wieder in den Ursprung zurückkehre: «Lieb Kind, entsinke, entsinke in den Grund, in dein Nichts, und laß den Turm mit allen Stockwerken auf dich fallen! Laß alle Teufel, die in der Hölle sind, über dich kommen! Himmel und Erde mit allen Kreaturen, es wird dir alles wunderbar dienen! Sinke du nur: so wird dir alles Allerbeste zuteil[38].» Durch dieses Entsinken nimmt der Mensch das kraftvolle Leuchten Gottes in allem Leben wahr, was der Straßburger Prediger als das Höchste empfand. Eine Stunde in Gottes stiller Verborgenheit zuzubringen, war für Tauler tausendmal nützlicher als viele Jahre nach den eigenen Satzungen zu leben. Um den Frieden in allem Unfrieden zu erreichen, muß freilich der Christ vorher den geistlichen Tod erleiden: «Ach, Kinder, ehe dies in dieser Weise geschieht, muß die Natur manchen Tod sterben, hierzu gehört mancher wilde, wüste, unbekannte Weg, wo Gott den Menschen leitet und zieht und ihn sterben lehrt. Oh, welch ein edles, fruchtbares und wunderbar wonniges Leben wird im Sterben geboren!»[39] In Taulers Predigten finden sich eine Fülle von tiefsten Erkenntnissen, man könnte eine Stelle nach der andern anführen und käme doch an kein Ende[40]. Alles dreht sich bei ihm um das Leben der Seele in Gott, von dem er mit einer Mächtigkeit redet, daß man ein Stein sein müßte, um davon unbewegt zu bleiben. Es ist unmöglich, mit wenigen Worten eine Vorstellung von Taulers geistigem Reichtum zu geben, der «selbst im Himmel Gottes war», der so stark aus sich ausgegangen und in Gott eingegangen war, daß seine Seele ganz gottfarben wurde. Wer nur ein wenig sich in diese dominikanische Mystik eingelesen hat, begreift ohne weiteres, wie der von kindlicher Lauterkeit erfüllte Matthias Claudius jedesmal «sein Käpplein lüpfte, wenn er Tauler las».

Zu dem großen Dreigestirn der dominikanischen Mystik gehört noch Heinrich Seuse, ebenfalls ein Schüler Eckharts, der dem Meister auch die Treue hielt, als es nach dessen Tod nicht ratsam war, von ihm zu reden. Seuse wird gerne zu süßlich gesehen, was eine Fehldeutung zur Folge hat. In Wirklichkeit war der Mystiker aus der Bodenseegegend der geborene Gottsucher, dessen Ewigkeitshunger ihn bekennen ließ «Minniglicher, zarter Herr, mein Gemüt hat von meinen Kindertagen an Eines gesucht mit eilendem Durst, Herr, und was das sei, das hab' ich noch nicht vollkommen begriffen. Herr, ich hab' dem manches Jahr heiß nachgejagt, und noch nie konnte es mir recht zuteil werden, denn ich weiß nicht recht, was es ist, und es ist doch etwas, das mein Herz und meine Seele zu sich zieht und ohne das ich nimmer in rechte Ruhe versetzt werden kann. Herr, ich wollte es in den ersten Tagen meiner Kindheit in deinen Kreaturen suchen – wie ich es vor mir tun sah – und je mehr ich suchte, desto weniger fand ich es, und je länger ich ging, desto mehr entfernte ich mich davon. Denn bei einem jeglichen einströmenden Bilde hatte ich, bevor ich es ganz ver-

suchte oder mich mit Ruhe dem hingab eine Eingebung derart: Das ist nicht
das, was du suchst. Und dieses Davontreiben ist mir je und je allen Dingen vorher zuteil gewesen. Herr, nun wütet mein Herz darnach, denn es hätte es gerne,
und es hat wohl öfter als einmal empfunden, was es nicht ist, Herr, aber was es
ist, darüber ist es noch ohne Weisung. O weh, geliebter Herr vom Himmelreich,
was ist es, oder wie ist es beschaffen, das so recht verborgen in mir spricht?»[41]
Um es zu finden, trat Seuse in jungen Jahren in den Predigerorden ein, wo ihm
dann endlich ein glorreiches Finden beschieden war: «Ein gelassener Mensch
muß entbildet werden von der Kreatur, gebildet werden mit Christus, und
überbildet in der Gottheit[42].» Wenn an seine harte Askese gedacht wird, mit
der er seinen zarten Körper niederrang, so wurde Seuse tatsächlich aller Kreatur
entbildet, welches die erste Stufe des anfangenden Menschen ist. Diese Entwöh-
nung strebte er leidenschaftlich an, damit er mit Christus gebildet werde, wie
es sich für den zunehmenden Menschen schickt. Man wird jedoch nicht mit
Christus gebildet, wenn man nicht bereit ist, mit ihm auch zu leiden, weswegen
Seuse dem Leiden eine unumgängliche Funktion im Christenleben zuschrieb:
«Empfange Leiden williglich, trage Leiden geduldiglich, lerne leiden christför-
miglich[43].» Der Konstanzer empfand das Theodizeeproblem mit einer fast über-
scharfen Sensibilität und wurde dadurch zu einer Leidensfrömmigkeit geführt,
die dem Menschen zu einem viel tieferen Verständnis des eigenen Lebens ver-
hilft[44]. Das letzte Ziel des vollkommenen Menschen ist überbildet zu werden in
der Gottheit, ein Erlebnis, das der Ekstase gleichkommt, in der Seuse unaussprechliche Dinge hörte: «Es war formlos und artlos und hatte doch alle Formen und Arten freudenreicher Lust in sich» und nach welchem Entrückungs-
erlebnis er sich «ganz und gar wie ein Mensch vorkam, der von einer andern
Welt gekommen ist[45].» Von dort empfing er jene erhellenden Einsichten, die er
in dem kostbaren «Büchlein der Ewigen Weisheit» niederlegte, das auch als
Beitrag zur Sophia-Spekulation gewertet werden darf.

In diesem dreifachen Ziel bestand Seuses Mystik, die er wie sein Ordensbruder Tauler mit dem Wort Gelassenheit zu umschreiben liebte. Seuse wurde
nicht müde, von gelassenen Menschen zu reden und entfaltete dafür eine lyri-
sche Prosa, die man nie mehr vergißt: «Die hohe Schule und ihre Kunst, die
man hier liest, das ist nichts anderes als eine gänzliche, vollkommene Gelassenheit seiner selbst, als daß ein Mensch in solcher Entwordenheit steht, wie Gott
sich ihm auch erzeigt in sich selbst oder in seinen Kreaturen, in Freud oder Leid,
daß er sich dessen befleißige, allezeit den eigenen Willen aufzugeben und allein
Gottes Lob und Ehre anzusehen, so wie sich der liebe Christus gegen seinen
himmlischen Vater bewies[46].» Seuses leuchtende Mystik hat ihre Kraft in der
Seelsorge bewährt, die mit zu Dominikus' Zielsetzung gehörte. Dieser künstlerisch veranlagte Dominikaner war ein begnadeter Seelsorger, welcher die bei

ihm Hilfe suchenden Menschen nicht mit billigen Sprüchen abspeiste, denen er vielmehr in mütterlicher Weise geistlichen Beistand zu leisten fähig war. Was es heißt, einen Menschen in seiner Seelennot zu trösten, das haben wenige Geistliche so gut verstanden wie der gemütsinnige Seuse, der die Gabe besaß, sich in den andern Menschen hineinzuversetzen. Nicht umsonst befliß er sich allezeit dieser vierfachen Haltung, wenn man ihn zur Pforte rief, «zum ersten, einen jeglichen Menschen gütig zu empfangen, zum andern bald abzufertigen, zum dritten, tröstlich zu entlassen, zum vierten, unbeschwert wieder hineinzugehen»[47]. Ein bescheidenes Sätzlein, und doch ist in ihm all das enthalten, auf das ein Christ zu achten hat. Verständlicherweise hat der Predigerorden gar bald Seuse als Seligen verehrt, denn dieser Mensch brachte jenes «süße Saitenspiel» zum Erklingen, «wohlgestimmt auf seines Herzens Melodie, und spielte so dem geliebten, zarten Gott ein neues, hochgemutes Lob von Ewigkeit zu Ewigkeit»[48].

Wie sehr die Mystik den Orden durchdrang und keineswegs nur eine persönliche Liebhaberei weniger Brüder war, ist aus dem weiblichen Zweig zu ersehen, der sich den Dominikanern angliederte. Er gehört legitimerweise zu ihnen, da Dominikus im Frauenkloster Prouille während des Albigenserkrieges den Plan zum Predigerorden ausgearbeitet hatte. Es war natürlich, daß die Brüder die seelsorgerliche Betreuung der Dominikanerinnenklöster übernahmen. Für die Dominikanerinnen verbot sich das Predigen von selbst, und deswegen wurde in ihren Klöstern das mystische Leben um so stärker gepflegt. Die Schwestern im Tößtal sind hiefür ein anschauliches Beispiel, deren Chronik Schwester Elsbeth Stagel geschrieben hat. Sie war mit Seuse in echt religiöser Freundschaft verbunden. In der Tößtaler Chronik findet sich eine anmutige Schilderung jener klösterlichen Kultur. Fern von allem Getöse der Welt wurde in diesen umfriedeten Frauenklöstern eine hingebungsvolle Mystik gepflegt, die sich fast scheute, über das göttliche Erleben zu sprechen und dabei manchmal nonnenhaftes Empfinden beinahe überschritt, wenn eine Schwester von Gott die Antwort bekam: «Man findet mich an jeder Stätte und in allen Dingen[49].» Einem ungewöhnlich aufsteigenden Beten begegnet man bei den Mystikerinnen, gerade weil sie sich oft unter alle Kreatur beugten[50]. Wirkliche religiöse Kräfte lebten in diesen beinahe unbekannten Nonnen. Hieronymus Wilms hat in seiner «Geschichte der deutschen Dominikanerinnen» von der klösterlichen Welt das Protokoll aufgenommen, das den Leser über die christliche Innenkultur dieser innerlich gesammelten Frauenseelen nicht aus dem Staunen kommen läßt. Wie geblendet bleibt man vor ihrer Durchleuchtetheit stehen und kann es nicht fassen, daß dieser blühende Gottesgarten für immer versunken sein soll.

Wohl die größte dominikanische Frauengestalt war Katharina von Siena. Es zeugt für die Kraft des Ordens, daß nach mehr als hundert Jahren seines Bestehens noch eine derart ungewöhnliche Natur in seinen Reihen Platz hatte, die eine solche Liebe zu den Predigermönchen hegte, «daß sie die Erde küßte, wo sie vorübergingen»[51]. Die längere Zeit in der Verborgenheit lebende Katharina gehört zu den unerklärlichen Ekstatikerinnen. Sie hat unsichtbarerweise die Wundmale Christi empfangen und eine grenzenlose Liebe entwickelt, vor der man ganz benommen steht. «Ohne Liebe kann die Seele nicht bestehen», schreibt sie in ihren noch heute lesenswerten Briefen[52], weil der Mensch aus Liebe und zur Liebe geschaffen ist. Die sienesische Mystikerin erlebte Christus als Feuer und wollte in ihrem Unmittelbarkeitsverlangen nicht, daß zwischen ihm und ihrer Seele jemand stehe. Trunken vom Verlangen nach dem typisch dominikanischen Eifer für Seelenrettung, tröstete sie die geängstigten Menschen: «Ihre Sündenschuld habe ich auf mich genommen, um sie im Feuer der Liebe zu verbrennen[53].» Gleichzeitig übte die körperlich zarte Jungfrau eine scharfe Kritik an den kirchlichen Zuständen, unverschleiert deckte sie die schmarotzenden Eigenschaften der Prälaten auf und griff mit ihrem Apostolat mächtig in die Kirchenpolitik ein. Es war immer die Politik Christi und nie eine diplomatische Schlaumeierei, die sie mit innerem Drängen erfüllte. Sie ruhte nicht, bis der Papst sich zur Rückkehr von Avignon nach Rom entschloß. Wie ein Cherub mutet Katharina an, deren wahres Bild Michelangelo in einer seiner überlebensgroßen Sibyllen an die Decke der sixtinischen Kapelle gemalt hat. Zu dieser hinreißenden Frauenseele sprach einst Gott: «Der Orden meines Sohnes Dominikus ist ein köstlicher Garten, unermeßlich Frohsinn gewährend und voll Duft», Worte, die das tiefste Wesen des Predigerordens wiedergeben.

Den malerischen Niederschlag fand die dominikanische Mystik in der Kunst des Fra Angelico. Von ihm wird erzählt, daß er das Bild Christi niemals anders als kniend gemalt habe und seine Arbeit mit strömenden Tränen begleitete. Im Kloster San Marco zu Florenz malte Fra Angelico jene reinen Engelsgestalten an die Zellenwände, die wie ein Gebet anmuten. Ihre äußere Schönheit war für ihn ein Ausdruck ihrer Seelengröße. Fra Angelicos Menschen scheinen die Erdenschwere nicht zu kennen, in ihrem Lichthauch zeigen sie sich als bereits erlöste Geschöpfe. «Er hatte in seltenem Maße die Kraft, das Irdische zu überwinden, und deshalb gelang es ihm, die Dinge mit solcher Reinheit zu schauen, wie es nur Kinder können – und solche, die so reinen Herzens sind, daß sie Gott schauen werden[54].» Von der Hand dieses Dominikanermönches stammt die im Kreuzgang zu San Marco sich befindende Darstellung «Petrus der Märtyrer», das Fresko eines Mönches, der mahnend den Finger auf den Mund legt und damit in unmittelbarer Anschauung vom Geheimnis des Mönches verhalten Zeugnis gibt. In dieser Gestalt spürt man die Kontemplation der Zelle, die Gebärde deutet auf das Unsagbare hin, das in dem Menschen lebt, der sich ganz dem Göttlichen zugewandt hat. Wer Fra Angelicos Bild anschaut und immer wieder anschaut, dem mag eine kleine Ahnung von der Seele des ewigen Mönchtums aufgehen, und vielleicht erwacht in ihm selbst eine Liebe zum Schweigen, welche die Vorbedingung allen mystischen Lebens ist.

Der wundersame Duft, der vom Predigerorden ausging, hat sich freilich zuweilen in einen üblen Leichengeruch verwandelt, mit Paulus zu reden, der «gute Geruch Christi» wurde zu einem «Geruch des Todes zum Tode» (2. Kor. 2, 15, 16). Man stürzt aus dem Lichtreich der Mystik, das strahlender als der hellste Frühlingstag ist, in die dunkelste Nacht hinab und doch verlangt die Wahrhaftigkeit, von der Inquisition zu reden, die mit dem Orden des Dominikus in einem engen Zusammenhang stand. Es bedarf mehr als einer Umstellung, um in dieser Düsternis sich auch nur notdürftig zurechtzufinden. Die Sprache nimmt von selbst einen gedämpften Ton an, und über das Antlitz legt sich der schmerzlichste Ausdruck. Und doch gehört die Beihilfe, welche der Orden dem blutigen Werk der Inquisition geleistet hat, zur dominikanischen Wirklichkeit, und es bewahrheitet sich abermals, daß es kein menschliches Gebilde ohne tiefe Schatten gibt. Der Christ weigert sich freilich beinahe zu glauben, daß der Orden eine solche Phase der Verfinsterung durchgemacht hat, trotzdem reden die Tatsachen eine nicht zu leugnende Sprache. Eine metaphysische Traurigkeit droht den Menschen zuzudecken, weckt die schwersten Zweifel gegen das Christentum in ihm, und er bedarf aller Glaubenskraft, um sich dagegen zu wehren. Wehe dem Christen, der aus Schönfärberei das Verbrechen der Inquisition entschuldigen will, anstatt durch ein ehrliches Schuldbekenntnis Gott zu versöhnen. Das Blut der Inquisition schreit wie das Blut Abels zum Himmel, und ihr Frevel verlangt weit eher nach Sühne als nach abschwächender Verharmlosung. Hat doch das grausame Glaubensgericht oft nicht einmal vor Heiligen haltgemacht und eine engelhafte Gestalt wie die Jungfrau von Orléans dem Scheiterhaufen überantwortet. Eine dem christlichen Gewissen verpflichtete Geschichtsschreibung hat auch die Verquickung von Predigerorden und Inquisition zu erklären, niemals aber die unselige Verbindung zu rechtfertigen, an der so viel furchtbare Schuld klebt.

Die Behauptung, die Dominikus als ersten Inquisitor bezeichnet, «läßt sich historisch nicht halten und ist auf das Bestreben zurückzuführen, eines der wichtigsten Ämter des Ordens in späterer Zeit auf den Gründer des Ordens selbst zu gründen»[55]. Der Sache nach steht die Inquisition im tiefsten Widerspruch zu dem Werk des Dominikus, dem die Einsicht zugrunde lag: Nicht also dürfen wir den Häretikern begegnen. Die geringste Beihilfe am entsetzlichen Handwerk der Inquisition verstößt gegen das Vermächtnis des sterbenden Dominikus: «Besitzet die Liebe.» Es gibt keinen schärfern Gegensatz als diese dominikanische Haltung und die Handhabung der inquisitorischen Folterwerkzeuge. Als demütiger Prediger und nicht mit der Waffe in der Hand wollte Dominikus die Abgefallenen zurückgewinnen, gerade mit dieser echt christlichen Absicht eine neue Bestrebung im Mittelalter anbahnend. Der inquisitorische Weg ist der schwerste Verrat an Dominikus, dem es doch darauf ankam, die Gegner durch eingehende Argumente zu überzeugen, während die Gewaltanwendung in Glaubenssachen ein mohammedanisches Prinzip ist, dessen Prophet sich rühmte, vom Herrn die Sendung des Schwertes bekommen zu haben. Die Verkoppelung von Predigerorden und Inquisition war erst möglich, als man sich über das ursprüngliche Ziel des Dominikus bereits nicht mehr recht im klaren war und die irrige Meinung entstand, dem Stifter sei es um «die Ausrottung der Häresie» zu tun gewesen, wie der brutale Ausdruck lautet. Diese negative Zielsetzung entspricht jedoch nicht der ursprünglichen Absicht des Gründers, der auf die Verkündigung der Wahrheit das Hauptgewicht legte. Dominikus wollte Seelen gewinnen und nicht Menschen vernichten, er begehrte wie Hesekiel nicht den Tod des Gottlosen, sondern daß er sich bekehre und lebe.

Die Verbindung von Inquisition und Predigerorden ging von der Kurie aus. Als die Bischöfe in der Bekämpfung der Ketzerei zu lässig waren, sah sich das Papsttum zu schärferen Maßnahmen genötigt und übernahm die zuerst vom Staat gehandhabte Inquisition für seine Zwecke. Sie muß, so sonderbar es klingt, zunächst als «Fortschritt» gegenüber den Gottesgerichten gewertet werden, weil sie auf ein Geständnis hin arbeitete, was die bisherige Praxis nicht getan hatte, obschon die Kirche zuerst gegen die Anwendung der Folter war. Das neue Bestreben, den Ketzer zu überführen, machte die Anwesenheit von Theologen beim Inquisitionsprozeß notwendig, und da kamen zu jener Zeit nur Dominikaner in Frage, die in der Theologie ausgiebig bewandert waren. Über ein Jahrzehnt nach Dominikus' Tod «erklärte Gregor IX. aus kirchenpolitischen Gründen, die Brüder seien zur Bekämpfung der Häresie bestellt»[56], und beauftragte sie mit der Ausübung der Inquisition. Den Predigerorden als Ketzerhammer aufzufassen geht somit auf Briefe der Kurie und in keiner Weise auf den Stifter des Ordens zurück. Nur eines einzigen Momentes der Unwachsamkeit von seiten des Ordens bedurfte es, und bereits war das Unglück geschehen, indem sich der Predigerorden für eine Aufgabe mißbrauchen ließ, die auf seine ursprüngliche Zweckbestimmung wie eine Faust auf das Auge paßte. Der Predigerorden war der Kurie für die Aufhebung des Widerstandes, der ihm von seiten des Weltklerus geleistet wurde, zu Dank verpflichtet und glaubte deshalb, den schrecklichen Auftrag nicht zurückweisen zu dürfen. Im Templerprozeß allerdings, wo das Unrecht offen dalag, weigerte sich der Predigerorden, die Inquisition zu übernehmen. Diese Willfährigkeit wuchs sich für den Dominikanerorden zum eigenen Schaden aus, wie denn die gegen die Ketzer erlassenen Strafgesetze stets verderblich auf die Kirchenchristen zurückwirkten. Als päpstliche Beamte waren die Inquisitoren der Oberhoheit des Ordens entzogen und brachten ihn mit ihrer unmenschlichen Tätigkeit bei der Bevölkerung zugleich in Verruf. Durch nichts wurde das weiße Kleid der Brüder stärker befleckt als durch die schmachvollen Handlangerdienste, die der Orden der Inquisition geleistet hat.

Der Geist der Inquisition ist scheußlich. Er ist in der Menschheit nicht auszurotten, wie seine Wiederkehr im heutigen Strafverfahren der totalitären Staaten beweist. In ihm dokumentiert sich der Einbruch des Satanischen, einer Macht, die den Menschen mit furchtbarer Angst peinigt und ihn zuletzt am Sinn des Lebens verzweifeln läßt. Mit Recht nennt der russische Christ Wladimir Solojew die Inquisition «den höllischen Verrat am Geiste Christi». Das Prinzip der Scheiterhaufen ist mit dem Evangelium schlechterdings unvereinbar, und es lassen sich nicht verschiedenere Welten denken als Inquisition und Mystik, mit denen beiden der Predigerorden verbunden war. Doch geschähe Unrecht, wollte man den ganzen Orden kurzerhand mit der Inquisition identifizieren. Es gab zu allen Zeiten Dominikaner, die damit nichts zu tun hatten und dem ursprünglichen Stifterziel des Predigens treu blieben. Zur Zeit der Eroberung Amerikas durch die Spanier waren es Angehörige des Predigerordens, die zuerst gegen die Schändlichkeit des blutigen Vorgehens protestierten und es als eine Verhöhnung des Christentums empfanden. Der edle Menschenfreund Las Casa, der sich für die vergewaltigten Indianer wehrte, gehörte dem Dominikanerorden an. Auch hierin wirkt sich jede Verallgemeinerung als falsch aus. Die heutigen Dominikaner sind sich über die entsetzliche Verirrung der Inquisition völlig im klaren, und sie noch in eine Verbindung damit zu bringen, ist eine Beleidigung.

Als Schatten in der Ordensgeschichte gilt auch die Tragödie, die sich mit dem Namen Savonarola verbindet. Sie ist freilich nur im Hinblick darauf richtig zu verstehen, daß sich der Orden bei ihrer Austragung auf der absteigenden Entwicklungslinie befand. Schon längst hatte eine Lockerung der Ordensdisziplin stattgefunden, die vorübergehend auch zu einer Spaltung von Observanten und Konventualen führte. «Ein Hauptübel, woraus der Orden bereits seit dem großen Schisma litt, war die sogenannte vita privata, wohl meist noch ein Zusammenleben unter einem Dach, aber auf eigene Rechnung und nach eigenem Behagen, indem vielfach die Nutznießung des väterlichen Erbteils auf Lebenszeit zugestanden wurde [57].» Als einst die Dominikaner am Grabe ihres Stifters den Vers sangen: «Erfülle, Vater, was du verheißen», antwortete nach einer Legende eine Stimme vom Himmel: «Weder bin ich euer Vater noch seid ihr meine Söhne.» Trotz dieses Niederganges – der durch die Entvölkerung der Dominikanerklöster infolge der Pest im 14. Jahrhundert noch verstärkt wurde – gab es in seinen Reihen immer wieder Menschen, in denen der ursprüngliche Geist aufloderte. Zu ihnen ist Savonarola zu zählen, der vom echt dominikanischen Predigergeist ergriffen war. Wer eine Vorstellung von der geistesmächtigen Predigtgewalt eines Dominikaners erhalten will, der lese Savonarolas Predigten, er lese sie laut, um sie in ihrer ganzen Kraft und Überzeugung zu erfahren. Savonarola nahm die andere Seite der Renaissance wahr, die der kunstliebende Mensch der Gegenwart nur zu bereitwillig übersieht und erkannte den ungeheuren Substanzverlust an Christlichkeit, mit welchem das Wiedererwachen der Antike erkauft werden mußte. Sie hatte eine bedrohliche Überfremdung des christlichen Abendlandes mit dem alten Heidentum zur Folge, die sich überaus nachteilig auswirkte. Wie Dominikus, sah Savonarola die Verderbnisse seiner Zeit und warf sich ihnen als einzelner mit einer glühenden Beredsamkeit entgegen. Es bleibt anerkennenswert, daß dominikanische Geistigkeit als erste Macht und auf einsamer Flur den Kampf gegen die Entledigung des Christentums aufnahm, der im ausgehenden 15. Jahrhundert im vollen Gang war. Freilich unterschied sich Savonarola vom Stifter des Ordens durch seine leidenschaftliche Polemik gegen die verderbte Geistlichkeit, deren Versagen Dominikus auf anderem Weg korrigieren wollte. Savonarola war ein lauterer Geist, mit lebhaftem mystischem Empfinden, aber auch erfüllt von einem wahren Entsetzen über die damalige Gottlosigkeit. Inmitten der heidnischen Renaissance trat er mit aller Kraft für eine christliche Daseinserneuerung ein. Von seiner Gerichtsandrohung ging eine sichtliche Erschütterung auf die Einwohner von Florenz aus, die zur Errichtung einer christlichen Demokratie führte. Allerdings erwuchsen ihm aus seiner öffentlichen Wirksamkeit auch viele politische Gegner, die seine Beseitigung erstrebten. Sie verbanden sich mit dem Papste, um den unbequemen Mönch unschädlich zu machen. Für Savonarolas Untergang ist nicht die Kirche verantwortlich, die Schuld fällt eindeutig seinen politischen Feinden zur Last. Betrüblich dagegen bleibt, wie der Orden den von seinen weltlichen Gegnern gefangengenommenen Savonarola schmählich im Stich ließ. Die Mönche von San Marco «faßten den unglaublich klingenden Beschluß, daß Savonarola und seine beiden Leidensgenossen weder lebend noch tot, weder offen noch insgeheim im Kloster mehr Aufnahme finden dürften – ein Beschluß, dessen sie sich später doch selbst schämten und daher in der Chronik keine Erwähnung taten»[58]. Das Verhalten des Ordens erklärt sich aus dem Gegensatz der beiden Strömungen, die damals innerhalb des Predigerordens sich bekämpften. Savonarola als Mann der Reformbestrebung, die wieder auf alles persönliche und gemeinsame Eigentum verzichtete, war der gemäßigteren Richtung ein Dorn im Auge. Aus diesem Grunde befahl der damalige Ordensgeneral Joachim Turriani unmittelbar vor der Vollstreckung des Todesurteils am 23. Mai 1498, dem von der Folter zerbrochenen Savonarola das Ordenskleid mit Schimpf vom Leibe zu reißen, welchen Befehl der Prior willfährig ausführte. «O heiliges

Gewand!» rief Savonarola, als er sein Habit das letzte Mal in den Händen hielt, schmerzerfüllt aus, «wie sehr habe ich dich ersehnt! Von Gottes Gnade bist du mir gewährt worden, und unversehrt habe ich dich bisher bewahrt, und auch jetzt ließe ich dich nicht, aber du wirst mir entrissen[59].» Man muß den Blick wegwenden von dieser atembeklemmenden Szene, in der ein großer Sohn des Dominikanerordens von seinen eigenen Brüdern dermaßen schändlich behandelt wurde.

Angesichts dieser Leidensstunde wagt man kaum noch ein Wort über Savonarola zu äußern, und doch ist man zu einem abschließenden Urteil genötigt. Der von einer glühenden Christlichkeit erfüllte Prior von San Marco ist nicht unkritisch zu vergötzen. Es sind bei ihm Grenzen festzustellen, die nicht vorschnell übergangen werden dürfen. Savonarola kannte in seiner Botschaft die religiöse Freude nicht. Nur eine erschreckende Gerichtsheimsuchung bricht aus seinen donnernden Bußpredigten hervor. Sein Schrei zu Gott: «Gieße aus Deinen Zorn über die Völker» darf doch wohl ein Christ nicht tun, wenn er sich nicht dem Vorwurf Jesu aussetzen will: Wisset ihr nicht, wessen Geistes Kinder ihr seid?[60] Der Christ hat allezeit darum zu flehen, daß Gott seine milde Hand noch einmal über alle Völker auftue. Dies sind offenkundige Schranken bei Savonarola. Restlos anerkennungswürdig ist dagegen das prophetische Element. In Savonarola lebte der Geist der Prophetie, der zur Erweckung des christlichen Gewissens führte, das sich durch keine prunkvolle Fassade täuschen ließ. Auf das christliche Gewissen kann die Christenheit nicht verzichten, will sie sich selbst nicht aufgeben. Es hat in jeder Generation eine bedeutsame Funktion auszuüben. Ihm blieb der Dominikanermönch von Florenz in allen Situationen treu, und er bezahlte seine Botschaft mit seinem eigenen Blut. Der Märtyrer von San Marco gehört nicht zu den Ketzern, denn alles Häretische lag ihm fern; sonst wären nicht Heilige wie Philipp Neri und Katharina von Ricci für seine Schriften so leidenschaftlich eingetreten. Er war nur ungehorsam gegen den Papst, dieser Ungehorsam aber richtete sich gegen einen Alexander VI.! Savonarola war kein Rebell gegen den apostolischen Stuhl, in ihm loderte der schwere Gewissenskonflikt zwischen dem Gehorsam gegenüber Gott und der Unterwerfung gegenüber den Anweisungen eines pflichtvergessenen Papstes. Zu allen Zeiten fand er bei vielen seiner Ordensbrüder große Verehrung. Die endgültige Rehabilitierung Savonarolas ist eine für den Orden noch zu lösende Aufgabe, allein schon deshalb, um zu beweisen, daß man auch in der Kirche mit den Obern eine offene christliche Sprache reden darf, die heute vielfach fehlt.

Savonarolas Auftreten ist eine christliche Tragödie, für den Orden aber bedeutet sie keine neue Epoche. Der Predigerorden begriff ihn nicht als Geschenk, und deswegen erfüllte sich die Weissagung des prophetischen Mönches von der Züchtigung der Kirche nur zu bald, welche auch die Dominikaner bitter zu spüren bekamen. Beim Ansturm der Reformation verlor der Orden über die Hälfte seiner Klöster in Deutschland – was wie ein Gericht für sein Verhalten in der Savonarola-Frage anmutet. Nachteilig wirkte sich für ihn auch das Auftreten der Jésuiten aus, die einen wesentlichen Teil seiner Aufgabe übernahmen. Noch schlimmer erging es dem Orden im Zeitalter der Aufklärung und in der Französischen Revolution; er wurde in den meisten Ländern beinahe aufgerieben.

Erst in der Mitte des 19. Jahrhunderts unternahm Lacordaire in Frankreich den Versuch einer Aktivierung des Ordens. Dem berühmten Kanzelredner gelang zwar eine Belebung, er vermochte aber mit seinen Reformplänen nicht völlig durchzudringen. Die große Erneuerung würde der Predigerorden erst erleben, wenn er auf die religiösen und sozialen Nöte der heutigen Zeit mit jener Unvoreingenommenheit einginge, mit der Dominikus einst die darniederliegende Situation seines Jahrhunderts durch eine neue Antwort gemeistert hat. Dann würde der Predigerorden eine neue Stunde erleben und fände die alte Weissagung der erleuchteten Mechthild von Magdeburg über die Dominikaner ihre Erfüllung, bei deren Anhörung es einem ganz feierlich zu Mute wird: «Wenn das hergebrachte Kleid alt wird, dann deckt es überall nicht mehr und wärmt auch nicht mehr: darum ist not, daß ich mit neuem Mantel decke und schirme meine Braut, die Kirche, und das sind die Prediger der letzten Zeit, durch die ich sie ankleide und schirme wider die Fallstricke und die Bosheit des Antichrist[61].»

TERESA UND DER KARMEL

N der Morgenfrühe des 2. November 1535 durcheilte eine huschende Gestalt die engen Gassen von Avila. Das zwanzigjährige Mädchen lief so rasch es nur konnte, weil es ohne Einwilligung des Vaters das elterliche Haus verlassen hatte, was gegen die spanische Sitte verstieß. Am ganzen Leibe zitternd vor Erregung stand Teresa vor der Pforte des Klosters zur «Menschwerdung», und ihr Herz pochte zum Zerspringen, der Atem stockte, als sie den Glockenstrang zog, um Einlaß zu begehren. Die damalige seelische Verfassung schilderte sie selbst mit den Worten: «Der Augenblick, in welchem ich das väterliche Haus verließ, schwebte noch meinem Gedächtnis vor. Es war mir damals nach meinem ganzen Dafürhalten und in Wahrheit so zumute, daß ich glaube, der Tod könnte nicht furchtbarer für mich sein; denn es kam mir vor, als würden mir alle Gebeine aus den Gelenken gerissen!»[1] Offenbar ahnte Teresa etwas von dem, was mit diesem Schritt auf dem Spiele stand, denn sie mußte sich selbst unglaublich Gewalt antun, um die klösterliche Schwelle zu überschreiten. Nach ihrer Meinung kann es nur Gott gewesen sein, der ihr den Mut dazu einflößte und ohne dessen Hilfe sie die verwegene Flucht nie ausgeführt hätte. Der Moment, da sich die Pforten des Klosters für immer hinter einem Menschen schließen, kommt dem mystischen Tod gleich; nur dieser Gesichtspunkt wird seiner Einmaligkeit gerecht.

Teresas Flucht aus dem Vaterhaus ins Kloster war ein bedeutsamer Schritt, aber er war nicht *der* Schritt ihres Lebens. Ungeachtet der furchtbaren Aufregung, in der sich Teresa in dieser Morgenstunde befand, täuschte sie sich in der Annahme, damit den Rubikon ihres Daseins überschritten zu haben. Denn im Kloster zur «Menschwerdung» stand nicht jene Jakobsleiter, deren Spitze bis zum Himmel reichte und auf der die Engel auf- und niederstiegen. In dem erst vor wenigen Jahren gegründeten Monasterium wurde weder eine beachtenswerte Tradition gepflegt, noch war es von einem starken religiösen Impuls getragen. Das Menschwerdungskloster glich mit seiner einladenden Häuslichkeit eher einem Pensionat für wohlhabende Töchter, als daß in ihm der große Atem einer monastischen Lebensführung wehte. Die Nonnen schmückten sich mit Halsketten, Armgeschmeide und Fingerringen; sie veranstalteten in ihren Privatgemächern artige Gesellschaften, in denen sie kleine Süßigkeiten herumreichten. Keineswegs war es ein schlechtes Kloster, das geschlossen zu werden verdiente. Die Nonnen unterhielten in den Laubgängen ihres ansehnlichen Gartens weder unerlaubte Männerfreundschaften noch feierten sie in ihren behaglich eingerichteten Räumen heimliche Orgien, welche die Sonne zu scheuen brauchten. Was war es denn für ein Kloster, wenn es weder ein gutes noch ein schlechtes war? Nun, es glitt unmerklich in den Schlamm der Mittelmäßigkeit hinein, wählte den weltlichen Alltag zur Norm, anstatt ihn als eine Aufgabe der immer neuen Überwindung des bleiernen Einerleis zu verstehen. Der Geist der Gewöhnlichkeit herrschte im Kloster zur «Menschwerdung», er schlich sich den Gängen entlang, verbarg sich in den Zellen der Nonnen und hüllte sich zuletzt sogar in ihre Kleider ein. Wo man auch hinhorchte, waren seine nachlässigschlürfenden Schritte zu vernehmen, und seine Pomadigkeit erfüllte zuletzt wie ein billiges Parfüm alle Räume der Klosterfamilie. Es gab schließlich nichts mehr, das sich seiner verderblichen Macht entziehen konnte, überall triumphierte sein feistes Grinsen.

In allen Ländern trifft man solche Kloster, in denen nichts Schlechtes, aber auch nichts Hervorragendes geschieht. In der Einstellung, die Großes nicht groß betreibt, liegt jedoch ein schleichendes Übel verborgen, das um so tödlicher wirkt, je später es erkannt wird. Wirklich, auch die vielgelobte Gemütlichkeit schließt eine Gefahr in sich. Sie ist in aller Unschuld ein Feind des religiösen Lebens, ein Hindernis für den in sie verstrickten Menschen, zum Göttlichen aufzusteigen. Die Gesinnung der bloß unterhaltsamen Behäbigkeit kann schlimmer sein als eine offenkundige Tat der Sünde. Ein unbestreitbares Vergehen ruft in dem Bewußtsein einer Nonne doch eine Reue hervor, die zur Buße führt. Dazu aber sahen die Damen des Klosters zur «Menschwerdung» in ihrer ganz der Durchschnittsleistung verpflichteten Lebensführung keine Veranlassung. Sie lebten «schlecht und recht» wie die vielen übrigen Einwohner von Avila. Deswegen trat auch nie eine Wende zum Bessern ein, alles blieb bei den üblichen Gebräuchen, die ohne innere Schwingung ausgeführt, eine einschläfernde Wirkung haben und am Ende eine Erkrankung der monastischen Lebensweise verursachen. Wiederum zeigte sich, wie das Gute der Feind des Bessern ist. «Der Zustand einer mittelmäßigen Klosterfrau ist beklagenswerter als der eines Räubers. Der Räuber kann sich bekehren, und das wird für ihn wie Wiedergeburt sein. Die mittelmäßige Klosterfrau kann nicht wiedergeboren werden. Sie ist geboren, hat ihre Geburt verfehlt, und geschieht kein Wunder, bleibt sie für immer eine Mißgeburt» läßt Bernanos in seinen «Dialogues des Carmélites» eine Priorin sagen². Der Geist der Gewöhnlichkeit, der ohne seelische Festlichkeit die ausgetretenen Wege einhertrottet, ist eines der schwersten Hemmnisse zum Göttlichen. «Die Gewohnheit unserer Natur ist etwas Entsetzliches», stöhnte Teresa, eine Tatsache, die sie mit gepreßtem Seufzer zur Sprache brachte, wohl wissend, daß die Gewohnheit auf eine lautlose Art alles religiöse Leben entnervt und es einem hohlen Larvendasein ausliefert[3]. Die gedankenlosen Gewohnheiten sind nicht mehr von der Wahrheit getragen, sondern verebben unfehlbar in einer verstaubten Gewöhnlichkeit, die wie ein graues Spinngewebe schließlich die ganze Seele überziehen und jeden Aufstieg in die oberen Regionen verunmöglichen. Diese niederziehende Gewohnheitseinstellung ist um so bestürzender, als sie selten in ihrer verheerenden Wirkung durchschaut wird. Der Geist der Gewöhnlichkeit ist nur ein anderer Ausdruck für das Laue, das nach dem erschreckenden Wort der Offenbarung Johannes aus dem Mund des Herrn ausgespien wird.

Das von Gemütlichkeit und Schwatzhaftigkeit erfüllte Kloster zur «Menschwerdung» bildete folgerichtig zunächst auch Teresa nur zu einer durchschnittlichen Nonne aus. Wie hätte es auch anders sein können? Gewöhnliches gebiert notwendig wiederum Gewöhnliches. Teresa tat, was die andern Klosterfrauen auch taten, was sie täglich vor Augen sah und was der jungen Novizin als klösterliches Dasein vorgelebt wurde. Die Nonnen beteten in diesem Kloster bloß die gerade vorgeschriebene Anzahl Gebete, sie hielten sich viel lieber im Sprechzimmer auf und pflegten eine stundenlange Unterhaltung mit ihren Basen und Vettern aus der Stadt, welche sie mit jenen belanglosen «Neuigkeiten für fade Menschen», wie sich Teresa ausdrückte, versorgten, die in ihr eintönig aufgefaßtes Dasein die nötige Abwechslung brachten. Teresa beteiligte sich entsprechen ihrem lebhaften Temperament eifrig an diesem gesellschaftlichen Verkehr und ging oft gleich den übrigen, durch keine Klausur eingeengten Nonnen auch tagelang zu ihren Verwandten auf Besuch, was das Kloster nur als eine wirtschaftliche Erleichterung betrachtete. Den Gegensatz dieses leichtfüßigen Nonnendaseins zu einem echten Klosterleben empfand niemand, zumal die Insassen kaum noch etwas von einer festen Regel wußten. Teresas Atemlosigkeit beim Überschreiten der Klosterschwelle mutet angesichts dieses wirklich nicht strengen Lebens wie eine Backfischaufregung an. Beteiligte sie sich doch an all diesen erlaubten Freiheiten wie die andern, nur mit dem kleinen Unterschied, daß ihr bisweilen Bedenken über dieses allzu unklösterliche Gebaren aufstiegen. Teresa hatte bereits in ihrer Jugend religiöse Erlebnisse gehabt, die sie auf einen höhern Weg wiesen. Dadurch beunruhigt, faßte sie auch von Zeit zu Zeit den Vorsatz, sich eines nonnenhafteren Lebens zu bemühen. Aber all ihre Anläufe verkümmerten stets, ehe sie sich entfalten konnten. Sie vermochte gegen das mit dem Geist der Gewöhnlichkeit durchtränkte Kloster nicht aufzukommen, er war viel mächtiger als ihre zarten Gewissensregungen, die der gesellschaftsmäßige Klosterbetrieb einfach zuschüttete. Religiöse Übungen wie das innere Gebet unterließ Teresa in dieser so anders gearteten Umgebung oft lange Zeit, bis sie plötzlich wieder einen neuen Stoß in sich fühlte. Aus diesem Grunde waren Teresas erste Klosterjahre ein mühsamer, alles andere als erfreulicher Anfang. Wie es bei dieser, vom innern Widerspruch durchzogenen Daseinsform naheliegend war, entwickelte sich Teresa zu einem verquälten Menschen. Die Untreue gegen die monastische Lebensordnung, auf die das Kloster zur «Menschwerdung» gegründet war, rächte sich auf diese Weise an ihrer besten Bewohnerin. Es wirkte sich wieder einmal das alte seelische Gesetz aus: Religiöse Nachlässigkeit verursacht mit Notwendigkeit ein zerrissenes Innenleben! Niemand hat diese bittere Wahrheit stärker am eigenen Leibe erfahren, als die zwischen Himmel und Erde unschlüssig hin und her schwankende Teresa. Sie selbst gesteht mit ihrer mutigen Ehrlichkeit, daß sie in jenen Jahren deswegen ein höchst unglückliches Leben gelebt habe. Als ein aus der Welt ins Kloster geflohenes Mädchen, hörte sie deutlich den Ruf Gottes in ihrer Seele, und anderseits hing sie mit allen Fasern ihres entzückenden Wesens an den sie so interessierenden Dingen dieser Welt. Die zwei feindlichen Gegensätze, das geistliche Leben und den vergnügten Zeitvertreib wollte sie mit aller Gewalt in Einklang bringen. Volle zwanzig Jahre ihres Klosterlebens war Teresa von diesem Geist der Gewöhnlichkeit umgarnt, aus dem sie sich nicht befreien konnte, weil sie «es mit Gott und der Welt zugleich hielt». Immer wieder bemühte sie sich, das zustande zu bringen, was nach Jesu Wort niemand kann: zweien Herren zugleich dienen. Sie litt an der Unfähigkeit, sich restlos zu entscheiden. Mochte im Urteil der Damen von Avila, Teresa mit ihrem sprudelnden Erzählertalent und ihrem frohen Lachen eine charmante Nonne sein, diese ungehörige Bezeichnung verdeckt nur den wahren Zustand ihrer gepeinigten, in einer innern Unordnung lebenden Seele. Spaniens größte Frau war in der ersten Hälfte ihres Klosteraufenthaltes gerade das Gegenteil einer in sich geschlossenen Persönlichkeit. In ihrem seelischen Kern gespalten, konnten sich keine ihrer innern Bewegungen durchsetzen, sie lösten einander nur in rascher Folge ab und verschäumten alle ergebnislos. Diese denkbar unerquickliche Seelenverfassung schickte sich ganz besonders nicht für eine Klosterfrau, die doch die große Wahl ihres Lebens getroffen hatte. Das unbefriedigende Schaukelspiel zwischen erneutem Vorsatz zur ernsthaften Änderung und schwächlichem Nachgeben an die neugierige Zerstreuungssucht, ist keine nachträgliche Deutung dieses erschütternden Nonnenlebens. Teresa selbst hat die religiöse Ambivalenz, in welche sie innere Disziplinlosigkeit hineinmanövrierte, in ihrer Autobiographie mit einer Schonungslosigkeit sondergleichen ausgeführt. Einzig ein im Gebetszustand geschriebenes Werk kann mit dieser unerbittlichen Aufrichtigkeit über das sorgfältig beobachtete Seelenleben dermaßen erhellende Auskunft geben. Ist doch Teresa in der Erinnerung an die seelische Zerrissenheit in die schmerzerfüllte Anklage ausgebrochen, daß es ein schreckliches Übel sei, wenn in einem Kloster zugleich die zwei entgegengesetztesten Wege miteinander beschritten würden. Wie wahr, wie unheimlich wahr ist diese Erkenntnis von den zwei unvereinbaren Pfaden, die auch Teresa so lange gleichzeitig beschritt, bis sie damit ihr inneres Leben in der trivialsten Gewöhnlichkeit beinahe ruinierte. Diese Tragödie mußte mit dieser grausamen Ausführlichkeit als Warnungstafel geschildert werden, dieweil sich dieses Geschehen in anderer Form stets aufs neue ereignet. Allezeit wiederholt sich das bejammernswerte Drama, daß viele Menschen in religiöser Beziehung nicht halten, was sie zu werden versprachen ...

Die erste Phase der spanischen Nonne erinnert an das Urteil Sanverts, nach welchem Teresa «die Gesetze der Schwerkraft der Seelen gefunden hat, wie ihr Zeitgenosse Kepler jene der Körper entdeckte»[4]. Das Urteil will ein Lob Teresas sein. Die Nonne von Avila als einen Kepler auf seelischem Gebiet zu verstehen ist keine so üble Ehrung für sie. Die Äußerung gibt die betrübliche Lebenserfahrung der ersten Hälfte ihres Klosteraufenthaltes mit prägnanter Eindrücklichkeit wieder. Man kann von Teresa tatsächlich lernen, was es für eine Bewandtnis hat mit der Schwerkraft im seelischen Bereich, längst bevor Simone Weil über dieses Problem reflektierte. Gleichwohl ist diese Formulierung unbefriedigend. In Tat und Wahrheit wuchs sich Teresa eher zum Gegenspieler Keplers aus. Sie wußte nicht nur um die beinahe unwiderstehliche Anziehungskraft der Erde auf die Seele, sondern sie erfuhr schließlich auch die Überwindung dieser niederdrückenden Wahrheit. Nicht würdelos dem Erdboden entlang zu kriechen ist die Bestimmung des Menschen. Teresas Schriften verkünden die Durchbrechung der Schwerkraft, indem sie die befreiende Botschaft vom Aufstieg der Seele ausführt. Als religiöse Persönlichkeit hat sie diese unendlich wichtigere Wahrheit deutlich dahin formuliert, daß diese beglückende Möglichkeit nur mit Hilfe der Gnade und nie aus eigener Kraft geschehen kann.

Die Durchbrechung der Schwerkraft ereignete sich allerdings erst in Teresas zweiter Klosterphase, in der sie der Pfeil des Engels traf. Teresa ist der von den Engelsmächten durchbohrte Mensch. Zu diesem unfaßlichen Ereignis kam es ohne ihr Zutun. Erstaunlich bleibt, daß eine Nonne, die sich beinahe allzu lange mit der Zwiespältigkeit abgefunden hatte und der sich der Zugang zu der Welt des Unbedingten zu verschließen drohte, vom Speerwurf der Engel heimgesucht wurde. In diesem Moment, da Teresa ob dem Geist der Gewöhnlichkeit den Weg zum Endgültigen fast ganz aus den Augen verlor, kam ihr Gott zu Hilfe, der allein noch ihre aussichtslose Lage zu ändern vermochte. Teresa erlebte den Einbruch der göttlichen Macht plötzlich in ihrem Privatoratorium, wo, bei der Betrachtung des Bildes «Christus an der Säule», sie der Herr mit einem unwiedergebbaren Blick anschaute, vor dessen durchdringender Kraft ihr nach allen Seiten zerflatterndes Wesen ein für allemal zusammenbrach. Dieses blitzende Christuserlebnis und nicht die aufgeregte Flucht ins Kloster ist die große, die ganze Szenerie grundsätzlich verändernde Stunde im Leben Teresas. Das unentschiedene Schwanken ihrer Seele hatte ein definitives Ende gefunden, Gott riß sie förmlich in die obere Welt hinauf. Mit einer elementaren Bewegung wurde sie dem Ewigen geradezu entgegengerückt. Die Wucht des Stoßes hätte nicht stärker sein können; mit einem Schlag zertrümmerte er alle Widerstände. Was Teresa in jahrelanger Anstrengung nicht gelang, hatte Gott nun in einem Augenblick vollendet. Der herabziehende Geist der Gewöhnlichkeit war ausgelöscht. Fortan gehörte Teresa nicht mehr zu den vielen Berufenen, sondern zu den Wenigen, die auserwählt sind. Christus war mit einer Intensität in ihr Leben eingetreten, die alle Vorstellungen übertrifft. Er nahm für sie einen Wirklichkeitsgrad an, der den geringsten Zweifel an seiner Realpräsenz ausschloß. Obschon der Karmel ein mariologischer Orden war, von nun an stand Christus im Mittelpunkt von Teresas Leben. Die Christuswirklichkeit machte aus ihr einen neuen Menschen.

Eine visionäre Begnadigung von seltener Mächtigkeit, die sie selbst erschreckte, kam über Teresa. Bei aller enthusiastischen Veranlagung war sie zugleich eine merkwürdig kritische Natur, die sich unablässig selbst prüfte. Teresa hatte eine Angst, durch die böse Macht getäuscht zu werden, was im Spanien des 16. Jahrhunderts keine Seltenheit war, wo so viele Pseudoerleuchtete herumliefen. Sie besprach sich darüber nicht nur mit mehreren Beichtvätern, sondern beobachtete sich selbst mit einer an Nietzsche gemahnenden Unerbittlichkeit. Diese scharfsichtigen Selbstbeobachtungen haben in neuerer Zeit zu dem Mißverständnis geführt, als verfolgte Teresa mit einem wissenschaftlichen Interesse ihre Entrückungen. Man schämte sich nicht, sie sogar als eine «ideale Versuchsperson für ein modernes psychologisches Institut» zu bezeichnen [5]. Über diese geschmacklose Zumutung wäre Teresa freilich nur in ein noch helleres Lachen ausgebrochen als über die Lästerungen der bösen Geister, die sie einst in einer ländlichen Herberge zuerst betrübten. Mit Psychologie haben Teresas Ekstasen nichts zu tun; dieses Interesse reicht nicht an sie heran. Es geht im Leben Teresas um Engelgespräche. Sie war den himmlischen Mächten zugewandt, welche ihre Seele dem Göttlichen zuführten. Alles andere kam gegen diese Jenseitsgerichtetheit gar nicht auf. Die Gottverbundenheit bildet das Thema von Teresas Leben. Der Pfeil, mit dem der Engel ihr von Wonnepein aufschreiendes Herz durchbohrte, ist lediglich der Höhepunkt dieser metaphysischen Erfahrung, der man sich nur mit überpsychologischen Überlegungen nähern kann.

Unter welchen Gesichtspunkt diese sich überstürzenden Ekstasen zu stellen sind, hat Teresa selbst an mehr als einer Stelle angedeutet. Bei ihrer Auslegung des Hohenliedes Salomos schrieb sie ein Wort nieder, das in diesem Zusammenhang wert ist, angeführt zu werden: «Wie dies zu verstehen sei, weiß ich nicht, und gerade dieses Nichtverstehen macht mir große Freude; denn wahrhaftig, meine Töchter, die Seele soll nicht so sehr das ins Auge fassen, und nicht so sehr das soll ihre Aufmerksamkeit fesseln und ihr Ehrfurcht gegen Gott einflößen, was ihr blöder Verstand hienieden fassen kann, sondern vielmehr das, was sie in keiner Weise zu begreifen vermag[6].» In diesem Ratschlag enthüllt sich bereits die ganze, spätere Teresa, die durch ihre Visionen aus ihrer Gewöhnlichkeit zu einer der ungewöhnlichsten Frauen wurde. Während die meisten Menschen sich am liebsten im Bereich des Selbstverständlichen aufhalten, das ihrer Hausbackenheit weiter keine Mühe bereitet, ist die geistige Aufmerksamkeit Teresas auf jene Vorgänge gerichtet, die der kurzsichtigen Vernunft nicht zugänglich sind. In diesem seltenen Verhalten zeigt sich ihr außerordentlicher Charakter, der über alle Plattheiten des Lebens hinweg ins Übernatürliche aufgestiegen war. Nichts empfindet der Mensch als einen anstößigeren Vorschlag, als sich dort anzusiedeln, wo sich nach menschlichem Begreifen alles äußerst mühevoll gestaltet, und zugleich wird er durch nichts näher an die Wahrheit des Evangeliums herangeführt als mit dieser irrationalen Aufforderung. Für das Unbegreifliche und das Übervernünftige gilt es Verständnis aufzubringen, da mit ihm das Göttliche anhebt. Die Nonne von Avila hat sich vor dem Unfaßlichen gebeugt und kam dadurch zu jener lebendigen Haltung, die sich über alle Erscheinungen des Daseins immer wieder verwunderte und sie dermaßen neu in sich aufnahm, als begegneten sie ihr zum ersten Male. In dieser, die Dinge mit weit geöffneten Kinderaugen anschauenden Haltung liegt eines der wunderbarsten Gottesgeschenke, das Teresa empfangen hatte. Allezeit spürte diese Tochter des Karmel die unauslotbaren Geheimnisse, die den Menschen von allen Seiten umgeben und geriet dadurch in jenes taufrische, teresianische Erstaunen, das den unnachahmlichen Zauber ihrer Schriften ausmacht. «Übrigens glaube ich, daß in jedem auch noch so kleinen Dinge, welches Gott schuf, und sei es auch nur eine Ameise, mehr verborgen liegt, als man davon versteht»[7], schrieb sie in der «Seelenburg». Ob erschütterndes Christusbild oder kleine Ameise auf dem Boden, durch beide nicht miteinander zu vergleichenden Phänomene nahm Teresa eine unbegreifliche Gotteswirklichkeit wahr, die den menschlichen Verstand weit übersteigt und die zugleich die einzige Grundlage allen Klosterlebens ist.

Aus dieser visionären Begnadigung wurde die teresianische Mystik geboren, die, nach ihrem eigenen Ausspruch, ohne persönliche Erfahrungen in solchen Gnaden nur mit äußerster Schwierigkeit überhaupt zu begreifen ist. Da jedoch Teresa Bescheid wußte um den Unterschied zwischen dem bloßen Reden über die Mystik und dem realen Erleben der übersinnlichen Gottverbundenheit, war sie befähigt, die beste Anleitung zu dem unaussprechlichen Innewerden Gottes zu geben. Aus jeder Zeile ist zu spüren, wie der Aufstieg der Seele bis ins Letzte hinein erlebt ist, und zwar nicht einmal, sondern immer wieder. Nie hat Teresa eine Vision begehrt oder gar selbst hervorgerufen. Sie kamen über sie mit solch übermächtiger Gewalt, daß sie sich ihrer nicht erwehren konnte, auch wenn sie sich sogar am Gitter festhielt, der göttliche Raptus ergriff sie gleichwohl und trug sie nach oben. «Wie lange dauert die Unio, die Vereinigung mit Gott, für die der Mystiker lebt?» fragte Reinhold Schneider in seinen lichtvollen Ausführungen über Teresa und antwortete darauf: «Minuten, in deren Feuer die ganze Last toter vorbereitender Jahre zerschmelzt[8].» Die Äußerung deutet an, wie von diesem göttlichen Erleben nicht gesprochen werden kann, ohne sich selbst aufzulösen. Dank ihrer innern Erleuchtung hat Teresa die mittelalterliche Frauenmystik einer Hildegard von Bingen, einer Mechthild von Magdeburg und einer Gertrud der Großen dem abschließenden Höhepunkt entgegengeführt, über den hinaus bis dahin niemand gekommen ist. Ihre Seele ist in unerreichbare Regionen aufgestiegen, sie hat schwindelerregende Berge erklommen und unbeschreibliche Seligkeiten verkostet, die ihr jede Besinnung raubten. Nannte sie doch selbst den «Flug des Geistes» den «kleinen Tod», der aber nichts anderes als das Erlebnis der göttlichen Anwesenheit war. Die oft mit ungläubigem Kopfschütteln aufgenommenen Levitationen Teresas, in welchen sich der ganze Körper gegen ihren Willen vom Erdboden erhob und frei zu schweben begann, waren gewiß ein Wunder, aber vor allem auch ein nicht mißzudeutendes Zeichen dafür, wie ihre Lebenskurve sich sichtbar von der Erde weg zum Himmel hin bewegte. Diese Entrücktheit bildet den Inhalt ihrer cherubinischen Mystik, die ausschließlich Gott zugewandt ist. Sie gestattete sich keine unerlaubten Vertraulichkeiten, was schon aus der Anrede, «Seine Majestät» zu ersehen ist, mit der Teresa Gott anzusprechen pflegte. Die cherubinische Mystik ist eine Anbetung gleich derjenigen Engelgestalten, die nach Jesajas Tempelvision ihr «heilig, heilig, heilig ist der Herr der Heerscharen» Gott zuriefen. Teresa ist dem einzigartigen Befehl Gottes, fortan mit Engeln und nicht mit Menschen zu reden, nachgekommen und hat darüber selbst eine engelhafte Natur empfangen. Ihr großes Gespräch mit Gott verdient den außerordentlichen Namen, cherubinische Mystik, weil es eine Analogie zu jenen Engelmächten ist, die beständig Gottes Thron umstehen. Die durch das Gebet der Vereinigung erreichte, geistliche Vermählung bewegt sich in der höchsten Sphäre. Dem Menschen geht bei der Lektüre der teresianischen Mystik beinahe der Atem aus, und er kann von diesem Geistesflug einer Seele nur noch überwältigt vom unaussprechlichen Wunder stammeln, das alles Verstehen übersteigt.

Überraschenderweise zog diese cherubinische Mystik gar keine Geringschätzung des diesseitigen Lebens nach sich. In allen Entrückungen behielt Teresa ihre klare Nüchternheit, die keinen Moment in eine schwärmerische Phantastik abglitt. Teresa betonte immer wieder die Gleichförmigkeit mit dem göttlichen Willen und nicht ekstatische Erlebnisse als ihr entscheidendes Anliegen. «Der

höchste Grad der Vollkommenheit besteht offenbar nicht in innerlichen Tröstungen und erhabenen Verzückungen, auch nicht in Visionen und im Geiste
der Weissagung, sondern nur in einer solchen Gleichförmigkeit unseres Willens mit dem göttlichen Willen, daß wir alles, was wir als seinen Willen erkennen, mit unserm ganzen Willen umfassen, und daß wir das Bittere und Schmerzliche, wenn wir erkennen, daß Seine Majestät es will, ebenso freudig hinnehmen wie das Angenehme[9].» Aus der cherubinischen Mystik wurde bei Teresa
ein ganz neuer Ernst geboren, der sich in einer entsprechenden Lebensführung
bewährte. Ihre rein dem Jenseits zugewandte Haltung führte sie zu einer wesentlich größeren Verpflichtung gegenüber dem Diesseits. Seit Teresa mit Visionen überschüttet wurde, stand sie auf einem unversöhnlichen Kriegsfuß mit
der Gewöhnlichkeit, in der sie so lange versunken gewesen war. Wenn es noch
eines Beweises bedürfte, daß mystische Gottverbundenheit nie ein bloß wollüstiges, egoistisches Genießen ist, wie Draußenstehende es schon taxierten,
Teresa hat ihn auf unwiderlegbare Weise geliefert. Sie schwelgte nicht in wonnigen Verzückungszuständen, die gleich Wellen über sie hinfluteten. Der Pfeil
des Engels enthob sie nicht der harten Realitäten des Lebens. Nie ist das geheimnisvolle Leben mit Gott ein bloßes Empfinden von süßen Gefühlen, da der
Allmächtige allezeit etwas von der Seele will, mit der er in Kontakt tritt. Teresas mystisches Hauptwerk, «die Seelenburg», klingt denn auch folgerichtig in
dem Fanfarenstoß aus: «Dahin, meine Töchter, zieht das innere Gebet, und dazu dient auch die geistige Vermählung, Taten hervorzurufen, immer nur Taten[1c].» Der aktive Ton aus diesem anfeuernden Satz ist deutlich. Ein förmlicher
Schrei nach Taten entringt sich dem Munde dieser cherubinischen Mystikerin;
ein Sehen, das mit ihrem jenseitigen Blick aufs innigste zusammenhing.

Teresas Losung «Taten, nicht Worte» verbietet, die Nonne von Avila für
den Quietismus zu beanspruchen. Gewisse Aussagen über das Gebet der Ruhe
könnten zu der Annahme verführen, in Teresa die Ahnfrau der verkannten,
quietistischen Mystik zu sehen. Trotz gelegentlicher Anbahnungen ist die
Schlußfolgerung irrig. Vielmehr sprach die tatendurstige Teresa mit aller Deutlichkeit aus, daß die mystische Begnadigung den Menschen in verpflichtenden
Dienst nimmt. Nach ihr müssen die tätige Marta und die beschauliche Maria
zusammenbleiben, wenn der Herr richtig beherbergt werden soll. Das Lechzen
nach Taten gibt der zweiten Hälfte von Teresas Klosterleben das außerordentliche Gepräge. Bei ihr sind Mystik und Tat aufs engste verschwistert. Für Teresa gab es keine Mystik, die nicht zur Tat führt, weil sich nur darin ihre Echtheit bewährt und keine Tat, die nicht aus mystischem Urgrund erblühte, da sie
sonst in eine besinnungslose Geschäftigkeit ausartet, die immer den Tod alles
christlichen Lebens herbeiführt. Mystik und Tat stehen bei Teresa in einer innern Wechselbeziehung; es ist überaus eindrucksvoll zu sehen, wie organisch

in diesem Nonnenleben eine geradezu unwiderstehliche Handlungskraft aus seiner cherubinischen Anbetung hervorging, gleich einer Frucht aus der Wurzel. In der gegenseitigen Verbundenheit dieser beiden Funktionen besteht der unvergleichliche Rhythmus, das Geheimnis von Teresas Leben und Persönlichkeit. Aus dieser eigentümlichen Verkoppelung floß die spannungserweckende Ankündigung, die Teresa in einer Vision zu hören bekam: «Harre noch ein wenig, meine Tochter, so wirst du große Dinge sehen[11].» Es gibt kein besseres Motto für die dritte Phase von Teresas Leben, die freilich mit der zweiten sich beständig überschneidet, als diese grandiose Verheißung. Sie war keine prahlerische Behauptung – Teresa hatte gegen alle Großsprecherei eine instinktive Abneigung – sondern die lautere Wahrheit.

Die großen Dinge, die sie bald in ihrem weitern Leben zu sehen bekam, bestanden zunächst in einer direkt von Gott empfangenen Inspiration, einen Karmel nach der alten Observanz zu gründen. Bei diesem Vorhaben wurde sie durch ein an sich geringfügiges Ereignis bestärkt. Während eines abendlichen Zellengesprächs erzählte Teresa einigen Schwestern von dem strengen Leben der ersten Einsiedler auf dem Berge Karmel, als ihre Nichte Maria de Ocampo sie mitten im Satz unterbrach: «Nun denn, so gehen wir alle, wie wir versammelt sind, anderswo hin. Suchen wir einen Ort, wo wir eine andere, zurückgezogene Lebensweise nach Art der Einsiedler führen können. Fühlt ihr in euch den Mut, zu leben wie die unbeschuhten Franziskanerinnen, so ist die Möglichkeit gegeben, ein Kloster zu gründen[12].» Der unmittelbare Ausruf eines jungen Menschen, der sich an der glühenden Erzählung Teresas begeisterte, faßte Teresa als eine ihr vom Himmel eingegebene Direktive auf, die sie fortan keine Stunde mehr vergaß. Seit diesem beinahe zufälligen Zellengespräch verfolgte Teresa mit noch größerer Intensität den Gedanken einer neuen Klostergründung, die sich zur ursprünglichen Regel des Karmels bekannte. Dank ihren Verbindungen gelang es ihr auch – wie sie in ihrem «Buch der Klostergründungen» ausführlich erzählt – ein kleines Haus zu erwerben. Zwar stellten sich der praktischen Ausführung des kühnen Planes ungeahnte Schwierigkeiten entgegen, vor denen ein weniger mutiger Mensch als Teresa sicher zurückgewichen wäre. In einer Vision gebot ihr Gott, die Angelegenheit mit allen Kräften zu betreiben, und dieser himmlische Befehl wog für Teresa viel schwerer als die von ihrer Nichte zur Verfügung gestellten tausend Dukaten.

Sechs Monate nach diesem Zellengespräch erhielt Teresa in Toledo, wo wenige Jahre später El Greco die cherubinische Mystik mit seinen schimmernden Farben auf die Leinwand malte, den Besuch der ehrwürdigen Maria von Jesus, die sich ebenfalls mit dem Gedanken der Gründung eines neuen Klosters trug. Maria von Jesus war keine überragende Persönlichkeit; ihr Analphabetentum setzte ihrer Tätigkeit zum voraus gewisse Grenzen. Den bildungsmäßigen

Nachteil machte sie durch einen unersättlichen Bußeifer wett, dessen Strenge
zu folgen nur wenigen Menschen gelang. Maria von Jesus erzählte im Laufe des
Gespräches, daß der Karmel früher eine viel strengere, mehr auf das beschauliche Leben dringende Regel beobachtet habe als in der Gegenwart. Da damals
die Nonnen über die Geschichte ihres Ordens keinen Unterricht empfingen,
bedeutete die Mitteilung für Teresa eine große Überraschung, von der sie sich
kaum erholen konnte. Nichts hätte Teresa stärker beeindrucken können als
diese Worte der Besucherin. Die Nachricht wirkte auf sie wie eine Offenbarung.
Kaum hatte sich die Visionärin von ihrer Bestürzung wieder zurechtgefunden,
als es sie wie eine Klarheit von oben umleuchtete: Der Karmel fault, er ist in die
alles nivellierende Gewöhnlichkeit abgeglitten, weil in ihm nicht mehr die alte
Regel beobachtet wird! Mit ihrem durch die Entrückungen geschärften Blick
erfaßte sie auf der Stelle die Ursache aller Verwirrung. Der aufschlußreiche Besuch der Maria von Jesus war noch nicht zu Ende, als für Teresa alles, aber auch
restlos alles klar vor Augen stand. Ihr neues Kloster mußte ohne feste Einkünfte
sein, der in seinem Kern erkrankte Karmel bedurfte einer grundsätzlichen Erneuerung, die das Übel an der Wurzel packte. In einem ihrer Briefe formuliert
Teresa diese Erkenntnis dahin: «Es gibt für die Nonnenklöster kein Heil, wenn
die Obern nicht für Wahrung der Klausur im Innern sorgen[13].»

Mit klugem Eifer verfolgte sie ihr Vorhaben, das sie Tag und Nacht beschäftigte. Sie legte die Sache Pater Alvarenz vor, der aber allerlei Bedenken vor-
schützte. Die Gründung eines Klosters ohne Einkünfte, dessen Insassen darauf
angewiesen waren, von den Almosen zu leben, leuchtete ihm nicht ein. Nur zu
leicht setzte dieser Plan die Nonnen dem Hungertod aus, die nach der neuen
Klausurbestimmung nicht von Tür zu Tür betteln durften. Teresa hielt sich
jedoch nicht länger bei den Einwänden ihres Beichtvaters auf, die ihr allzusehr
aus dem Bereich der bloß menschlichen Erwägungen stammten. Die zielbewußte
Nonne stellte kurzerhand den zaudernden Mann auf die Seite und wandte
sich mit ihrem Plan an Pater Ludwig Bertrand, der für ihr Anliegen mehr Verständnis aufbringend, sie in einem Brief tröstete: «Nun sage ich Ihnen im Namen desselben Herrn, Sie möchten zu einem so großen Unternehmen Mut fassen; denn er wird Ihnen helfen und beistehen. Zugleich versichere ich Sie in seinem Namen, daß, ehe fünfzig Jahre vergehen, Ihr Orden als einer der ausge-
zeichnetsten in der Kirche Gottes dastehen wird[14].» Nach dieser Aufmunterung
gab es für Teresa kein Zögern mehr, sie setzte ihr Klosterprojekt mit einer erstaunlichen Energie in die Tat um. Trotz der vorsichtigen Heimlichkeit, mit
der sie ans Werk ging, wurden ihre Absichten doch vorzeitig bekannt. Aus diesem ungeschickten Zwischenfall erwuchsen ihr innerhalb des alten Klosters
zahlreiche Widerwärtigkeiten. Die Nonnen schalten sie der schmählichen Untreue gegen das Kloster und behaupteten, durch ihre Machenschaften beleidige

sie die bisherige klösterliche Lebensführung als eine vor Gott ungenügende Daseinsform. Um die Stimme ihres eigenen Gewissens zu beschwichtigen, warfen die Schwestern ungehalten Teresa Neuerungssucht und Geltungsdrang vor. Alle erdenklichen Beschuldigungen häuften sie auf Teresa, die inskünftig keinen schönen Tag mehr in ihrem Kloster hatte. Sie aber erduldete schweigend alle Beschimpfungen, ohne ihren Plan aufzugeben. Man baute das erworbene Haus nur notdürftig um, da die zur Verfügung stehende Summe viel zu klein war. Der unverputzte Zustand des Klosters entsprach keineswegs dem ausgeprägten Schönheitssinn Teresas, doch übte er keine dämpfende Wirkung auf ihren Eifer aus.

Endlich kam der Tag des Einzuges in das neue Josefskloster. Auf dem Wege vom alten zum neuen Kloster vollzog Teresa eine kleine Handlung, die damals kaum eine Beachtung fand, und die gleichwohl die Frage aufwirft, ob das Ausziehen von Schuhen mit weltgeschichtlichen Folgen verbunden sei. Törichte Probleme, ist man geneigt zu antworten und doch kommt dem Moment, da Teresa unterwegs in einer Kirche sich ihrer Schuhe entledigte und die Alpargates anzog – wie man die aus Hanf und Schnüren verfertigten Sandalen für arme Leute in Spanien nennt – um fortan als unbeschuhte Karmeliterin zu leben, eine weitreichende Funktion zu. Der Wechsel der Fußbekleidung scheint eine unbedeutende Kleinigkeit zu sein, von der sich kein Aufsehen zu machen lohnt. Jene heftige Bewegung aber, mit der Teresa ihre Schuhe in eine Ecke warf und die dürftigen Alpargates sich umband, war eine Szene von seltsamem, religiösem Gewicht. In solch unbeachteten, kleinen Ereignissen vollziehen sich die innern Entscheidungen der Geschichte. Das Anziehen der ärmlichen Sandalen ist das Symbol der Erneuerung des Ordens, der wieder nach den ursprünglichen Satzungen lebte, die noch heute überaus lesenswert sind[15]. Dieser Augenblick stellt die Geburt der Klosterreformation dar, die aus der cherubinischen Mystik in organischer Folgerichtigkeit hervorging und die beide zusammen die Mitte von Teresas Leben bilden. Die unablässig zu Taten aufrufende Nonne von Avila wurde damit zur großen Reformatorin des Karmel, würdig den übrigen Ordensstiftern der Christenheit.

Freilich, wer sich der visionären Ankündigung, «du wirst große Dingen sehen» erinnert, erfährt zunächst eine Enttäuschung. Unwillkürlich ruft man aus: Ist das alles? Das neue Josefskloster war doch wahrhaftig kein imposantes Werk. Nur wenige Novizinnen hatten ein notdürftiges Dach über dem Kopf. Der geringfügige Beginn unterstreicht sich von selbst, dessen Armseligkeit man sich nicht klein genug vorstellen kann. Ganz bestimmt dachte niemand daran, daß dieser kleinen Klostergemeinschaft von nicht einmal einem halben Dutzend Nonnen eine Bedeutung zur inneren Erneuerung der Christenheit zukomme. Über dieser unscheinbaren Außenseite ist jedoch der ins Gewicht fallende innere

Vorgang nicht zu verkennen: ein neuer Anfang war gemacht! Mit Teresas Einzug ins Josefkloster war die Wiedergeburt des Karmel eingeleitet. Gott konnte,
wie sich Teresa in allem Ernst humorvoll ausdrückte, aufs neue seine «Wunder-
werke an diesen schwachen Nönnchen erglänzen» lassen [16]. Das Entscheidende
war geschehen, es gab wieder einen ernsthaften Karmel, dessen Insassen ohne
feste Einkünfte allein aus dem Glauben an die Barmherzigkeit Gottes lebten.
Nur der Verkauf von Handarbeiten, deren Preis aber der Käufer bestimmen
durfte, trug zum Unterhalt der Nonnen bei. Das braune Kleid verfertigten sie
wieder aus grobem Tuch, und als Lagerstätte holten sie den alten Strohsack hervor. Weder allzu gemütliche Zellenbesuche noch vertrauliche Freundschaften
zwischen den Schwestern duldeten sie. Ein Christentum ohne Kompromiß
zeugte wieder vom Geist der ersten Karmeleinsiedler, die im göttlichen Wahnsinn dem Himmel entgegenfieberten.

Um ihrer drängenden Sendung willen gab sich Teresa nicht mit der Errichtung eines Klosters zufrieden. Kaum war eine Gebäulichkeit fertig erstellt,
schritt sie nach kurzer Zeit zur Errichtung eines zweiten Hauses. Ein Kloster
nach dem andern entstand, und es ist keine Übertreibung, von einer wahren
Epoche der Klosterstiftungen zu reden. Unaufhörlich klangen ihr die in einer
Vision vernommenen Worte in den Ohren: «Es sei jetzt keine Zeit zu ruhen,
sondern ich sollte mich beeilen, diese Klöster zu gründen; denn in den Seelen
dieser Klöster finde er seine Ruhe [17].» Diese göttliche Aufforderung veranlaßte
Teresa, mit einem beinahe modern anmutenden Tempo von Ort zu Ort zu eilen,
überall neue Klöster ins Leben rufend. In ihrem Gejagtwerden erinnert Teresa
fast an die Aktivität des Apostels Paulus, der sich ebenfalls in seiner Wirksamkeit keine Pause gönnte. Wenn Teresa auch nur kleine Klöster einrichtete – sie
wollte bloß dreizehn Insassen in einem Monasterium haben – gleichwohl koste-
ten diese Neugründungen unsägliche Mühe. Eine Unmenge von Anordnungen
erforderten allein schon die unerläßlichsten Vorbedingungen. Auch eine Teresa
konnte die Dinge nicht einfach herzaubern, sondern jeder Brief mußte eigenhändig geschrieben und jedes Gespräch vorher verabredet werden. Die Klosterstifterin sah sich zu diesem Zweck genötigt, lange Reisen zu unternehmen, gegen die sie von jeher eine starke Abneigung hegte. Bei den damalig schlechten
Straßenverhältnissen bedeutete es keine Annehmlichkeit, durch die oft öden
Gegenden tagelang in einem ungefederten Planwagen zu fahren, in welchem sie
nur die knarrenden Geräusche der Räder hörte. Infolge der starken Klimaunter-
schiede in Spanien litt Teresa je nach der Jahreszeit unter sengender Hitze oder
schneidender Kälte, verlor oft mit ihren Begleiterinnen den Weg, und es geschah
gar einmal, daß sie nur ein wahres Wunder vor einem tödlichen Unfall rettete.
Doch all diese tausend Widerwärtigkeiten, die mit unbequemen Reisen notwendig verbunden sind, dämpften ihren brennenden Eifer nicht im geringsten.

Teresa hielt sich einfach an das Wort des Herrn: «Achte diese Kälte nicht, denn ich bin die Wärme[18].» Während den zahlreichen Fahrten durch das unwirtliche Spanien beobachtete Teresa getreulich alle klösterlichen Gepflogenheiten. Sie benutzte stets einen verhängten Reisewagen, der keine Aussicht auf die eigenartige spanische Landschaft gestattete und erreichte damit, daß die Klausur wie zu Hause innegehalten wurde. In den Herbergen mietete sie jeweilen für sich und ihre Schwestern ein Zimmer, wobei eine Nonne die notwendigen Mahlzeiten an der Türe in Empfang nahm. Zu diesen Mühseligkeiten hinzu sperrten sich die Stadtverwaltungen gegen die Neugründungen von Klöstern ohne Einkünfte, denn sie befürchteten eine neue Belastung der öffentlichen Wohltätigkeit. Ihre Bedenken galt es zu überwinden, ehe sie mit dem geplanten Werk jeweilen nur beginnen konnte. Teresa, die zudem ein kränklicher Mensch war, zerbrach mit einer unglaublichen Zähigkeit Widerstände über Widerstände. Das einzige Gemälde von Teresa aus ihrer Zeit zeigt zwar eine robuste Frau. Der falsche Eindruck geht auf Kosten der schlechten Kunst des Malers. In Wirklichkeit war Teresa ein beständig leidender Mensch, der mit Lähmungserscheinungen, Rheumatismen und beinahe täglichem Erbrechen zu kämpfen hatte. Diese körperlichen Hemmnisse ließen Teresa gleichwohl nicht eines jener vielen Wesen werden, die nichts anderes zu tun wissen, als beständig ihre tausend Ach und Weh zu pflegen. Diese gestraffte Frau, die keine schwächliche Nachgiebigkeit gegen sich selbst kannte, setzt sich mit einer direkt verwegenen Unbekümmertheit über ihre Fieberzustände hinweg, als habe dies alles nichts zu bedeuten. Keines ihrer Gebresten hielt sie in ihrem Vorhaben nur im geringsten auf. Statt sich selbst zu bemitleiden, wirbelte sie wie ein göttlicher Sturmwind davon und führte ihre Aufgabe aus.

Die gleiche Unermüdlichkeit legte Teresa bei der innern Einrichtung der Klöster an den Tag. Sie ergänzte ihre visionäre Begnadigung durch einen ebenso ungewöhnlichen Wirklichkeitssinn. In dieser seltenen Doppelbegabung erinnert sie an Pachomius, den Erbauer des Urklosters. Der sie in die obern Regionen hinauftragende Geistesflug entfremdete sie den irdischen Gegebenheiten nicht. Sie behielt ihr prachtvolles, allem menschlichen Dasein geöffnetes Lebensverständnis unvermindert bei, mit dem sie sich immer tiefer der Wirklichkeit bemächtigte. Der Waschzuber war ihr nicht weniger vertraut als der Kochherd. Die subtile Mystikerin betätigte sich als vortreffliche Köchin; die Schwestern freuten sich jedesmal, wenn Teresa an die Reihe kam, den Kochlöffel in die Hand zu nehmen. Nicht der leiseste blaustrumpfmäßige Zug haftete dieser Frau an, die sich aber auch nie in den kleinlichen Haushaltungsgeschäften verlor, als wäre das Strümpfestopfen der Sinn des Lebens.

Bei allen Klostergründungen behielt Teresa immer die Seelenführung der Nonnen im Auge, diesem obersten Prinzip unterordnete sie die übrigen Verfü-

gungen. Jede bloß quantitative Vergrößerung schaltete sie bewußt aus, da sich
eine solche gewöhnlich nur nachteilig auswirkt. Klöster dienen nach Teresa
dem Heil der Seelen und sonst nichts anderem. Die Priorin soll nicht glauben,
sie durchschaue eine Seele alsogleich, sondern überlasse deren Geheimnis demütig Gott, der sie allein erkennt. Nach der Einsicht dieser, alle Tiefenpsychologie in den Schatten stellenden Seelenkennerin ist die Erfassung einer Seele
äußerst schwierig, zumal es in deren Innern genau wie in der äußern Welt verschiedene Witterungen gibt. «Die Klugheit ist von großer Bedeutung in der
Seelenleitung, und in diesen Klöstern, ich darf wohl sagen mehr als in andern,
sehr notwendig, weil man mit den Untergebenen, sowohl was das Innere, als
auch was das Äußere betrifft, mit großer Behutsamkeit zu Werk gehen muß[19].»
Um dieser schweren Aufgabe besser nachzukommen, schrieb Teresa für die
Nonnen «Geistliche Ermahnungen» nieder, in die sie ihre ganze, von innern
Erleuchtungen erhellte Lebenserfahrung hineinarbeitete. Teresa legte ihren
Mitschwestern nahe, alle Sonderbarkeiten zu meiden und von keiner Sache mit
Übertreibung zu reden. «Verrichte alles so, als sähest du die göttliche Majestät
wahrhaft vor dir gegenwärtig; auf diese Weise gewinnt eine Seele viel[20]», lautet
einer ihrer kurzen Denksprüche.

Ihr charismatischer Realismus erfährt in ihrer Abhandlung über «Art und
Weise, die Nonnenklöster zu visitieren» eine prachtvolle Ausführung. Scharf
betont Teresa darin die Notwendigkeit einer tadellosen Ordnung und rechten
Leitung für jedes Kloster. Eine Oberin kann sehr heilig sein und trotzdem nicht
fähig zur Klosterleitung. In einem solchen Falle sind mitleidsvolle Gefühle nicht
am Platze; sie muß ihres Amtes enthoben werden, denn falsche Rücksichten
hierin rächen sich für die ganze Klostergemeinschaft. Der Visitator besichtige
nach Teresas Anweisung das ganze Kloster genau und verlasse sich nicht zum
voraus «auf die Heiligkeit der Nonnen»[21]. Er halte überall persönliche Nach-
schau, was seine Pflicht ist und nicht Mißtrauen bedeutet. Die Beichtstühle
untersuche er nicht weniger als die vorschriftsgemäße Anbringung der Gitter
in den Sprechzimmern. Nichts, aber auch gar nichts entging dem teresianischen
Wirklichkeitsblick, der bis ins Kleinste hineinschaute. «Der Visitator nehme
mit großer Sorgfalt und Aufmerksamkeit von den Rechnungsbüchern Einsicht
und durchgehe sie nicht bloß oberflächlich[22].» Einnahmen und Ausgaben haben
sich auch in einem Kloster miteinander in Übereinstimmung zu befinden. Kein
Ding erscheine dem Visitator zu geringfügig, denn aus der Vernachlässigung
des «Zeitlichen pflegen große Nachteile für das Geistliche zu entstehen»[23],
schrieb die gleiche Teresa, die in ihren Gebeten nie um zeitliche Güter bat und
immer das Vollkommene zu tun gelobt hatte. Auch diese bedeutsamen Anordnungen bergen eine seelische Hilfeleistung und nicht nur die tiefsinnigen Ausführungen über das innere Gebet. Mit der Warnung vor der Geringschätzung

der Sauberkeit in irdischen Dingen hat Teresa eine Klippe zur Sprache gebracht,
an der schon viele geistige Menschen kläglich scheiterten. Es rächt sich bitter
im religiösen Leben, wenn seine reale Unterlage verachtet wird. In ihrer unbe-
stechlichen Art fährt Teresa weiter: «Dies, daß man geringe Dinge nicht achtete, war die Ursache, warum manche Klöster und sogar ganze Orden in Verfall
geraten sind; denn von kleinen Dingen kommt man zu sehr großen[24].» Alle
diese nur scheinbar organisatorischen, in Wirklichkeit geistlichen Anordnungen gab dieselbe Teresa, die oft so stürmische Levitationen erlebte, daß ihr ganzer Körper entgegen ihrem Willen «frei über der Erde schwebte». Die Spannweite der Seele umfing bei dieser spanischen Nonne die entgegengesetzten Pole
gleichzeitig, sie ist von einer Größe, die ans Unbegreifliche grenzt.

Trotz der beispielhaften Tatkraft, mit der Teresa die Ordenserneuerung allseitig in Angriff nahm, hatte sie auch gegen schwere Widerstände anzukämpfen.
Die Gegnerschaft kam aus dem Innern des Ordens und nicht von der Welt. Die
Beschuhten wehrten sich gegen Teresas Bemühungen und legten ihrer Ordenserneuerung alle erdenklichen Hemmnisse in den Weg. Aller Wahrscheinlichkeit nach ist es viel leichter, einen neuen Orden zu gründen, als einen dem Geist
der Gewöhnlichkeit verfallenen zu reformieren. Diesem Versuch setzt sich das
ganze Trägheitsprinzip der Menschen entgegen, das sich nicht von seinen bisherigen Lebensgebräuchen zu lösen bereit ist, und sie als ein unantastbares Gewohnheitsrecht betrachtet. Die Nonnen wollten nach den ihnen liebgewordenen Ungebundenheiten leben und lehnten mit Leidenschaft die ursprünglichen
Satzungen ab, auf die sie bei ihrem Eintritt gar nicht verpflichtet worden waren. Infolgedessen bekam Teresa die Feindschaft in der schwersten Weise zu
spüren. Die Schwestern der beschuhten Karmelklöster schalten sie eine Närrin,
die Unmögliches erstrebe. Sogar der Nuntius bezeichnete sie als «ein unruhiges,
umherschweifendes Weib, welches unter dem Vorwande gottseliger Unternehmungen an Albernheiten ihr Gefallen finde»[25]. Landstreicherin, widerspensti-
ges Weib voller Ehrgeiz, Verächterin der Lehre des Paulus, der den Frauen das
Lehren untersage, so und ähnlich lauteten die «lieblichen» Namen, die Teresa
zu hören bekam. Beleidigende Schimpfworte waren noch zu wenig, in der Hitze
des Gefechtes schreckte man nicht einmal vor Gewalttätigkeiten zurück. Der
dunkle Schatten unchristlicher Gehässigkeit von seiten ergrimmter Gegner
fällt auch in das Leben dieser Frau. Die teresianische Wirklichkeit weiß von heftigen Auseinandersetzungen zwischen beschuhten und unbeschuhten Karme-
litern zu erzählen, die den Orden bis in die Grundfeste erschütterten. Ein wahrer Krieg wütete zwischen beiden Richtungen, wobei die Zugehörigkeit zum
gleichen Orden in völlige Vergessenheit geriet und das Gebot der Liebe eine
erschreckende Schändung erfuhr. Die alte Richtung bediente sich dabei ver-
werflicher Machenschaften, deren sie sich später selbst schämte. Der Führer der

Reform wanderte widerrechtlich in den Kerker, und die sich für die Erneuerung aussprechenden Nonnen verfielen der Exkommunikation[26]. Auch Teresa verbannte man vorübergehend in ein Kloster, das sie nicht mehr verlassen durfte. Mehrfach bekam sie die ganze Härte unchristlicher Verfolgungssucht zu spüren. Allem Ungemach zum Trotz erklärte jedoch die tapfere Klostergründerin nur: «Bei dieser Gelegenheit belehrte mich der Herr auch, welch ein großes Gut es sei, um seinetwillen Leiden und Verfolgungen zu ertragen[27].»

Verhielten sich die Unbeschuhten in christlicher Beziehung besser? Diese heikle Frage zu umgehen bedeutete Mangel an Wahrheitswillen. Zunächst waren die Reformanhänger sicher von stärkeren religiösen Kräften getragen als ihre Gegner. Sie bemühten sich, ihren Widersachern mit einer christlichen Gesinnung entgegenzutreten. Auch die Unbeschuhten setzten sich nicht nur aus lauter Heiligen zusammen, die gegen die vom Bösen besessenen Menschen kämpften. Diese allzu ideale Behauptung gliche einer Zurechtrückung der realen Vorgänge. Wie es eine Reform immer mit sich bringt, entfaltet sich dabei viel Eifer, der weit entfernt davon ist, als reine Flamme zum Himmel zu lodern. Tiefe Gegensätze trennten Nikolaus Doria und Hieronymus Gratian, die mit der Ausstoßung des verdienten Mitarbeiters Teresas endigten. Auch Johannes vom Kreuz enthoben die eigenen Reformfreunde seiner Ämter und warfen ihn, wie er sich selbst ausdrückte, gleich einem alten Küchenlappen in die Ecke. Widerlicher Staub hüllte auch diese klösterliche Reform ein, der noch heute die betrachtenden Augen schmerzt. Trotzdem gehört er nun einmal zur karmelitischen Wirklichkeit, deren realistische Erwähnung Teresa nicht den geringsten Abbruch tut, die sich von diesen in Leidenschaften gehüllten Ereignissen leuchtend abhebt, wie eine einzige Szene wundervoll beweist.

Ein die Reform bejahender Visitator versetzte Teresa über den Kopf der Nonnen hinweg als Priorin zurück in ihr altes Kloster zur «Menschwerdung». Als im Kapitelsaal die Wahlurkunde verlesen wurde, brach ein wahrer Aufruhr unter den Nonnen los. In ihrem spanischen Temperament vergaßen die Klosterfrauen den Respekt, den sie dem geheiligten Raum schuldeten und, entrüstet über die Beschneidung ihres Wahlrechtes, erhoben sie sich von ihren Sitzen und gaben lärmend und gestikulierend ihrer Ablehnung Ausdruck. Die Situation nahm unerbauliche Ausmaße an, eine wahre Radauszene brach los, in der sogar des Provinzials Worte von schrillen Stimmen übertönt wurden. Wie eine Herde aufgescheuchter Schafe schossen die empörten Schwestern durcheinander und verursachten ein solches Gedränge, daß zuletzt mehrere Nonnen in Ohnmacht fielen. In dem würdelosen Auftritt der hundertfünfzig Nonnen zeterte nur ein Mensch nicht – und dies war Teresa! Weder verteidigte sie sich in dem lauten Getümmel noch spielte sie die beleidigte Vorgesetzte. Bei der ersten Gelegenheit entfloh sie der allgemeinen Unordnung und rettete sich in die Kapelle, warf sich auf den Stufen des Altars nieder und betete zu Gott: «Herr, ich beschwöre dich, gib diesem Hause den Frieden. Sende ihm eine andere Vorgesetzte, welche ihnen weniger lästig scheint oder aber beuge ihren Willen zum Gehorsam[28].» Nach dem Willen des Visitators mußte Teresa ihr Priorinamt antreten, es gab für sie keinen Dispens. Die Art, mit der sie das ihr aufgenötigte Amt ausübte, enthüllt wiederum die ganze Größe dieser einzigartigen Frau. Nicht im geringsten ließ sie auch nur eine ihrer Schwestern das unwürdige Verhalten fühlen oder gar die gegen sie gerichtete Ablehnung entgelten. Statt ihre strengen Reformen einzuführen, wie die lauen Klosterfrauen in ihrem Geist der Gewöhnlichkeit fürchteten, versuchte Teresa zunächst, die Verhältnisse genau kennenzulernen, den Nonnen das Klosterleben an sich schätzenswert zu machen und die Ruhe wiederherzustellen. Anläßlich der zweiten Kapitelversammlung führte sie eine Gebärde aus, die alle ihre Gegnerinnen zum verstummen brachte. Sie stellte auf den erhöhten Sitz der Priorin eine Mariastatue, legte in deren Hände die Schlüssel des Klosters und nahm selbst bescheiden daneben Platz. Ohne auf den früheren Aufruhr mit einem Wort anzuspielen, eröffnete sie die Versammlung mit den Worten: «Meine Frauen, meine Mütter, meine Schwestern! Unser Herr hat mich kraft des Gehorsams in dieses Kloster gesendet, um das Amt zu übernehmen, das ich so wenig gesucht, wie ich es verdient habe. Die Wahl meiner Person zu diesem Amt hat mich mit großer Betrübnis erfüllt, einerseits, weil man mich mit einer Aufgabe betraut hat, der ich nicht gewachsen bin, und anderseits, weil man Ihnen die Ihnen zustehende freie Wahl entzogen und Ihnen eine Priorin gegen Ihren Willen und Geschmack gegeben hat, eine Priorin, die schon viel tun würde, wenn sie es dahin brächte, auch nur von der jüngsten Schwester, die hier ist, das viele Gute zu erlernen, das ihr eigen ist. Ich komme einzig zu dem Zwecke, Ihnen zu dienen und Liebes zu erweisen, soviel ich nur kann; dazu wird mir, wie ich hoffe, der Herr getreulich helfen; im übrigen kann mich eine jede aus Ihnen belehren und verbessern. Darum wollen Sie, meine Frauen, mir nur andeuten, worin ich einer jeden dienen kann, und ich werde es sehr gerne tun, wenn ich auch mein Blut und Leben dafür geben müßte. Ich bin eine Tochter dieses Klosters, eine Schwester von Ihnen allen. Ich kenne den Charakter und die Bedürfnisse aller oder doch wenigstens der meisten von Ihnen. Es ist also kein Grund vorhanden, warum Sie sich gegen eine Person, die Ihnen so ganz zugehört, fremd stellen sollten. Fürchten Sie meine Leitung nicht; denn habe ich auch bisher unter unbeschuhten Nonnen gelebt und sie geleitet, so weiß ich doch, Gott sei es gedankt, sehr gut, wie jene zu leiten sind, die nicht zu diesen zählen. Mein Verlangen zielt dahin, daß wir alle dem Herrn in milder Weise dienen und das Wenige, das unsere Regeln und Satzungen vorschreiben, aus Liebe zu eben diesem Herrn, dem wir so vieles schulden, tun mögen. Ich kenne unsere Schwäche, ach, sie ist groß. Wenn wir aber auch nicht in Werken so weit gelangen, so möge es wenigstens den Begierden nach geschehen; denn der Herr ist gütig und wird geben, daß unsere Werke allmählich übereinstimmen mit unserer Absicht und unserem Verlangen[29].» Unstreitig eine in jeder Beziehung bewunderungswürdige Rede, die das rechte Wort zur rechten Stunde aussprach. Kein Satz zu viel und keiner zu wenig. Diese Ansprache verdient, neben die übernatürliche Begebenheit gestellt zu werden, da der Engel das Herz der Teresa mit dem Pfeil durchbohrte. In einer äußerst schwierigen Situation legte Teresa eine Erhabenheit an den Tag, auf die das Prädikat vollkommen anzuwenden ist. Eine größere Überlegenheit kann ein Mensch gar nicht beweisen. Die Klostergründerin steht völlig über der Lage und ist ihr restlos gewachsen. Obschon Teresa die gleiche Kleidung trägt wie die übrigen Schwestern, so erkennt man sie allein durch ihre Gebärde unter Hunderten heraus. Was an ihren Worten am stärksten auffällt, ist die völlige Beherrschung dieser Kapitelversammlung. In keiner Weise wurde sie von den turbulenten Verhältnissen herumgewirbelt, sondern meisterte mit einer wahrhaft königlichen Souveränität die chaotischen Zustände. Wo auch immer Teresa auftritt, stets ist sie die Nonne, welche, kraft ihrer mystischen Verbundenheit mit Gott, allezeit über die Widerstände triumphiert.

Die Zeitgenossen schwankten bis zuletzt in der Beurteilung Teresas unentschieden zwischen grenzenloser Bewunderung und vehementer Abweisung. Noch drei Wochen vor ihrem Ableben wurde sie von einer Priorin aus dem Konvent gewiesen, die von der vielschichtigen Natur der Klosterstifterin auch nicht ein Jota verstand. Zu gleicher Zeit benahm sich eine andere Oberin gegen Teresa derart «unfreundlich, daß sie nur eine Nacht im Kloster blieb und sich am andern Morgen, ohne einen Bissen gegessen zu haben, entkräftet durch Krankheit, Müdigkeit und Hunger wieder auf den Weg machte. An diesem Tag war sie in einem bei Pennaranda gelegenen Dorfe, weil sie hier nichts zu essen bekommen konnte, nahe daran zu sterben[30].» Dermaßen rauh sah die teresianische Wirklichkeit zu ihren Lebzeiten aus, betrachtet man sie nicht nach vierhundert Jahren im Lichte der nun zur Ehre einer Kirchenlehrerin erhobenen Heiligen. Wenige Tage nach diesem Erlebnis kam die siebenundsechzigjährige Frau halbtot in das Kloster zu Albo, wo sie sich alsogleich zu Bett legte, um nicht mehr aufzustehen. Teresa wußte, was ihrer wartete und machte sich über den unmittelbar bevorstehenden Tod keine Illusion. Sie sehnte ihn herbei, weil er ihr die endgültige Vereinigung mit dem Herrn brachte. Zu gerne wäre sie in dem von ihr zuerst errichteten Josefskloster in Avila bestattet worden, doch hielt sie es für unbescheiden, einen solchen Wunsch zu äußern und gab auf die Frage nach ihrem Begräbnisort nur die Antwort: «Darf ich denn etwas Eigenes haben? Wird man mir wohl ein bißchen Erde dahier versagen?»[31] Die sterbende Teresa bietet einen der ergreifendsten Anblicke dar, der nochmals das Ausmaß

ihrer großen Seele zum Leuchten bringt. Angesichts der Gründung von acht-
zehn Klöstern hatte sie wahrhaftig «große Dinge gesehen», die ihre menschliche Leistung ins Einmalige rückt. Gleichwohl erfüllte die auf ihrem Krank-
heitslager hingestreckte Teresa keine stolze Genugtuung. Weit eher quälte sie
das Gefühl der Unwürdigkeit, und mit zerknirschter Stimme bekannte sie zu
den umstehenden Nonnen: «Meine Töchter und Frauen! Verzeiht mir das
böse Beispiel, das ich euch gegeben habe, und ahmt nichts davon nach; denn
ich war die größte Sünderin von der Welt und habe meine Regel und Satzungen
am wenigsten gehalten. Um der Liebe Gottes willen bitte ich euch, meine Töchter, haltet eure Regel und Satzungen mit großer Vollkommenheit, und seid
gehorsam euren Obern[32].» Es ist erschütternd, wie die tatkräftige Ordensreformatorin zuletzt das niederdrückende Bewußtsein peinigte, hinter ihrem Auftrag zurückgeblieben zu sein. Dieses Bekenntnis war nicht vorgegebene Demut, es entsprach der Wirklichkeit! Teresa war ein viel zu genial veranlagter
Mensch, um als Vorbild für die Klosterfrauen gelten zu können. Sie lehrte eine
schweigende Weltabgeschiedenheit und redete doch unaufhörlich auf die Menschen ein. Welch bezauberndes Verhältnis hatte sie zu den Kindern, wie liebte
sie kunstgewerbliche Gegenstände, wie viele Menschenbeziehungen pflegte
diese Asketin! Um die Inkonsequenz ihres überquellenden Naturells wußte niemand besser Bescheid als Teresa selbst. Ihre letzten Worte sind ein Ausdruck
der teresianischen Ehrlichkeit und jenes innern Lebensgefühles, das sich bei den
wirklich von Gott berührten Menschen angesichts des Todes unweigerlich ein-
stellt. Am 4. Oktober 1582 geriet Teresa in Ekstase, ihr Antlitz entflammte wie
die versinkende Sonne und inmitten einer Entrückung schied sie aus dem Leben – das einzig entsprechende Ende dieser unfaßlichen Frau.

Eine Würdigung hat Teresa wahrhaftig nicht nötig. Wohl aber ist es angebracht, eingehend zu fragen: Was bedeutet Teresa? Worin besteht ihre Funktion an sich und was hat sie unserer heutigen Zeit zu sagen? Und zwar darf diese
Frage nicht im glorifizierenden Ton aufgeworfen werden, weil dadurch gerne
ein unwahres Bild entsteht, das schon im Ansatz verfehlt ist. Es ist vielmehr –
wie es Ortega y Gasset im Hinblick auf Goethe getan hat – nach der Bedeutung
Teresas für Ertrinkende zu fragen, als was sich der Mensch in der heutigen
Weltlage doch empfindet. Wozu reicht Teresa uns gleichsam noch jetzt die
Hand, um uns aus den alles verschlingenden Fluten zu retten? Dies ist eine
fruchtbarere Frage als die ständige Betonung des spanischen Charakters dieser
Heiligen. Gewiß war sie eine Kastilianerin, aber sie befreite sich doch früh von
der stolzen Überheblichkeit ihrer Nation, die meint, die Spanier seien die Stellvertreter Gottes auf Erden und der vollstreckende Arm seiner Gerechtigkeit,
wie Cervantes einmal sagte.

Zu ihren Lebzeiten erteilte man Teresa einen dreifachen Lobspruch, daß sie schön, klug und heilig sei. Von diesem Kompliment gesteht sie selbst, habe sie früher geglaubt, daß die zwei ersten Eigenschaften zutreffen, was jedoch eine große Eitelkeit von ihr gewesen sei. Dagegen heilig zu sein, der darin liegenden Täuschung sei sie nie zum Opfer gefallen [33]. Es ist echt teresianische Geistigkeit, die sich mit dieser Selbstverständlichkeit auch über die eigene Wesensbeschaffenheit aussprechen konnte, ohne sich einer unangenehmen Ichbezogenheit schuldig zu machen. Trotz ihrer abwehrenden Gebärde ist die Äußerung keine bloße Schmeichelei, die gar nicht an Teresa herankam.

Teresa war in ihrer Jugend unstreitig schön. Das schwarzgelockte Mädchen mit den blitzenden Augen erregte als eine spanische Schönheit viel Bewunderung. Sie besaß hübsche Hände, und als ihr einst ein Herr beim Anblick ihrer zierlichen Füße eine Artigkeit sagte, antwortete Teresa ohne in Verlegenheit zu geraten: «Schauen Sie gut hin, Caballero, denn Sie werden sie jetzt das letzte Mal zu sehen bekommen [34].» Umsonst hatte Teresa nicht die Eigenschaft, jedermann zu gefallen. Teresa war durch ihr Äußeres eine für sich einnehmende Frau, die über viel weiblichen Charme verfügte. Als sie in späteren Jahren beleibter wurde und die Unterlippe etwas allzusehr herabhing, verstand sie es, die einstige körperliche Anmut in eine innere Schönheit zu verwandeln, die noch berückender war. Durch ihre Pflege des geistlichen Lebens strahlte Teresa die schöne Seele aus, das Wort ganz unsentimental genommen. Sie verschenkte einen seelischen Reichtum, sie verkörperte das innere Reich, kurz, sie war die schöne Seele auf eine hinreißende und endgültige Art, die unserer Zeit gänzlich abhandengekommen ist. Bei Teresa lernt der heutige Mensch wieder Schönheit als einen Widerschein Gottes aufzufassen, und diese Möglichkeit bildet eine der Ursachen warum man von Teresa nie loskommt und sie den Leser ihrer Schriften immer aufs neue gefangennimmt. Sie erschließt dem Menschen die metaphysische Schönheit, und um dieser kostbaren Gabe willen gestattete bereits der Erzbischof von Sevilla nicht, daß Teresa vor ihm niederkniete, vielmehr beugte er vor ihr seine Knie!

Von ihrer Klugheit hat Teresa in ihrem Dasein mannigfache Proben abgelegt, und sie schätzte auch offenkundig diese Eigenschaft überaus. Als einst eine Mutter die große Andacht ihrer ins Kloster eintretenden Tochter hervorhob, fragte Teresa alsogleich: «Hat sie aber auch Verstand?» und fügte dann die köstliche Bemerkung hinzu, die nur eine Nonne von ihrem Rang machen konnte: «Wir können die Menschen hierin in der Frömmigkeit unterweisen, doch kennen wir kein Mittel, ihnen Verstand zu verleihen [35].» Wie dumm wirkt angesichts der hellen Vernunft dieser Nonne das verbreitete Männervorurteil von dem «intellektuellen Schwachsinn des Weibes». Teresa steckt mit ihrer Klugheit ein Dutzend auf ihre Denkkraft eingebildete Männer glatt in die Tasche, wie der gelehrte Pater de Castro bezeugte: «Ich will lieber mit allen Theo-

logen disputieren als mit Mutter Teresa[36].» Sie besaß nicht jene intellektua-
listische Gescheitheit, die eine ertötende Kälte um sich verbreitet. Es war eine
warmblütige beschwingende Klugheit. Die ewige Weisheit sprach aus Teresa,
ihre Werke bergen eine Geistesfülle, die heute noch nicht von entfernt ausge-
schöpft ist. Obgleich sie dieses Schrifttum in einer Zelle ohne Tisch und Stuhl
niederschrieb und Teresa sich im Kopf oft zu schwach fühlte, um das Geschriebene nur noch einmal durchzulesen, ist die Bildkraft ihrer Sprache von dichte-
rischem Klang. Nach der englischen Schriftstellerin Sackville-West besitzen
«die Seelenburg» und der «Weg der Vollkommenheit» «neben ihrer sonstigen
Qualität der Tiefe, Aufgeklärtheit und menschlicher wie geistiger Klugheit eine
Art von schimmernder, von Wasser und Licht erzeugten Schönheit. Sie sind
perlmuttergleich wie Austernschalen und von jener prismatischen Transpa-
renz, die einzig von der leuchtenden Gewißheit im tiefsten Grunde ihrer Seele
herrühren kann[37].» Etwas geradezu Strömendes geht von ihren Büchern aus,
ihre Worte rauschen wie göttliche Fluten dahin und reißen den Leser einfach
mit. Solche Werke kann nur ein selten kluger Mensch schreiben, der auch um
die Überklugheit weiß, die sich dem menschlichen Verstehen entzieht. Die Bücher dieser im Gebetszustand schreibenden Frau sind inspiriert, pflegte sie
doch nach eigenem Geständnis nicht zu wissen, «was sie sagte, denn ich bringe
dies zu Papier, als ob die Worte nicht von mir stammten».

Die Heiligkeit lag nicht in Teresas Wiege, sie ist aus dem Sumpf der Gewöhnlichkeit in einem mühsamen Prozeß zu ihr aufgestiegen, obschon sie in ihrer
schalkhaften Art behauptete, es höchstens halb zu sein, «ohne Füße und ohne
Kopf». Ihre Ablehnung dieser Bezeichnung ist kein Argument dagegen, weil keine
Heilige sich selbst für heilig betrachtete, sonst wäre sie es gerade nicht mehr.
Auf alle Fälle war Teresa frei von jeder augenaufschlagenden Heiligkeitspose,
war sie doch aufs ehrlichste erfreut, als ihr einmal jemand sagte: «Vielleicht
seid Ihr eine Heilige, aber mir erscheint Ihr nicht so!» Die teresianische Heiligkeit besitzt ihre spezifische Eigenart, für die es nicht viele Vergleichsmöglichkeiten gibt. Wunderbarerweise übte sie nicht die geringste dämpfende Wirkung auf ihre heitere Fraulichkeit aus. Teresa vermochte zu lachen, und mit
ihrem ansteckenden Humor meisterte sie mehr als eine schwierige Situation
ihres Lebens. Wie sie sich selbst in der Freude erhielt, so war es ihr stets ange-
nehm, «wenn die Schwestern in ihren Klöstern sich mäßig erheitern»[38]. Teresas Heiligkeit führte zu keiner Aushöhlung ihrer natürlichen Qualitäten, diese
Nonne war in gleichem Maße heilig wie menschlich. Es ist ihrer geheiligten
Natürlichkeit zu verdanken, daß man sie bis heute nicht in ein langweiliges
Gipsfigurenmodell hineinzwängen konnte. Nicht die leiseste Griesgrämlichkeit
haftet ihr an, und sie schärfte ihren Mitschwestern die Meinung ein, daß Gott
mehr auf die Glut ihrer heiligen Liebe als auf Bußübungen achte. Eine solche,

gelegentlich sogar zum Tamburin tanzende und allen Dingen gegenüber aufgeschlossene Persönlichkeit führte die Reform des Karmeliterordens durch, die wieder nach strengen Satzungen zu leben gebot. Diese Tat ist zu paradox und läßt sich rational auch nicht erklären. Sie hängt mit Teresas überdimensionierter Natur zusammen, deren beherzte Seele unaufhörlich kühne Dinge erstrebte und allezeit großzügige Entschlüsse faßte. Alles Kleinliche und Banausische wagte sich gar nicht an diese von einer «heiligen Vermessenheit»[39] erfüllte Nonne heran, die so innig das Psalmenwort liebte: «Du hast mein Herz erweitert[40].» Ihre Handlungen gingen stets weit über das spießige «es schickt sich nicht» hinaus. Des Rätsels Lösung hängt mit der «glorreichen Verrücktheit» zusammen, von der diese «lichttrunkene Seele»[41] ergriffen war: «Ich bitte Euer Gnaden, lassen Sie uns doch alle Toren werden aus Liebe zu dem, der unseretwegen sich so nennen ließ[42].» Diese asketisch geschulte Nonne war von der heiligen Narrheit Christi erfüllt, die im Dienst «Seiner Majestät kein Maß» kannte[43]. Teresas brennende Liebe zu Gott flutete über alles hinweg, und allein aus ihr ist die Erneuerung des Karmeliterordens hervorgegangen, bei der diese Frau nur das von Gott ausersehene Werkzeug war, das seinen Willen vollstrecken mußte.

Der dreifache Lobspruch von Teresas Schönheit, Klugheit und Heiligkeit hat bereits Luis de León – Spaniens größter Lyriker – bei der ersten spanischen Ausgabe ihrer Schriften in die Anerkennung zusammengefaßt: «Ein Wunder ist es nämlich, daß eine Frauensperson, und zwar ganz allein, einen Orden beiderlei Geschlechts zu seiner ursprünglichen Strenge zurückgeführt hat[44].» Dieses tatsächlich wundersame Phänomen ist um so erstaunlicher, als die Frau damals eine viel geringere Bewegungsfreiheit besaß als heutzutage. Sie war auf das in Spanien nach außen abgeschlossene Haus mit seinem grünbepflanzten Innenhof beschränkt. In religiöser Hinsicht stand ihrer Wirksamkeit das Bibelwort vom Weibe entgegen, das in der Kirche zu schweigen habe. Alle diese Fesseln bekam Teresa auch reichlich zu fühlen, kümmerte sich jedoch nicht um sie. Oft wird über Teresa das Urteil ihres Zeitgenossen Hernández angeführt: «Man hat mir erzählt, es sei eine Frau, aber dem ist nicht so, es ist ein Mann, und zwar einer der männlichsten, die ich je gekannt habe[45].» Nein, nein, Teresa war weder ein Mann noch ein Mannweib, sondern eine durch und durch frauliche Seele, die ihr großes Werk gerade als echte Nonne vollendete.

In der Gegenwart ist es zwar vielfach Mode geworden, über die Klosterfrau geringschätzend zu reden. Man erlaubt sich allerlei schlechte Witze und kritisiert deren Tracht als unpassend in unserer Zeit. Selbstverständlich gibt es auch unter den Nonnen beschränkte und verbitterte Geschöpfe, die von komischer Engstirnigkeit sind und ihr unbefriedigtes Gemütsleben in giftigen Äußerungen gegen Andersdenkende abreagieren. Wer wäre nicht schon einer Klo-

sterfrau begegnet, die gegenüber dem hohen Anspruch, der einer Nonne gebührt, versagte und die demzufolge dem Kloster zur Unehre gereicht. Ich weiß,
ich weiß und könnte davon auch ein Wörtchen sagen.

Es wäre Mangel an innerer Vornehmheit, um einiger ungenügender Nonnen
willen den Stand als solchen herabzusetzen. Mit einer Anzahl untauglicher Geschöpfe ist nie und nimmer eine Sache an sich erledigt. Aus diesem Mönchsbuch schaute schon einige Male das stille und verborgene Antlitz der Nonne
heraus. Von Pachomius' Schwester bis zu den großen Dominikanerinnen war
ihr leises Lächeln zu verfolgen. Raumgründe verhinderten, ihren Geistesadel
mit jener Andacht nachzuzeichnen, die sie unbedingt verdiente. Eine Darstellung des Mönchtums litte jedoch an einer empfindlichen Lücke, wenn nicht
wenigstens in einem Kapitel die Nonne in den Brennpunkt gerückt würde, die
für die Verwirklichung des monastischen Lebens das Höchste leistete, was frau-
licher Hingabefähigkeit beschieden ist.

Es ist etwas Großes um eine echte Nonne. Und zwar nicht nur um die im
Spital für Gotteslohn ihre kranken Mitmenschen pflegende Klosterfrau, was
allgemein zugebilligt wird und auch ernsthaft nicht anzufechten ist. Vielleicht
noch gewaltiger aber ist jene Frau mit dem Schleier, die in einem geschlossenen
Kloster ihr Leben zubringt. Sie verdient den gleichen Respekt, wie die Vesta-
linnen im alten Rom. Die Nonne ist eine ehrwürdige Erscheinung, die auf die
Liebe zum Manne verzichtet hat, um ihre ganze Herzkraft Christus zu schen-
ken. Als Braut Christi trägt sie den Schleier ihr ganzes Leben lang und nicht
nur wie das weltliche Mädchen an seinem Hochzeitstag. In ihrem Opferwillen
ist sie zur zeitlosen Frau geworden, auf die vor allem die Bezeichnung «die
ewige Frau» angewandt werden darf. Niemand verkörpert diese Wahrheit
leuchtender als Teresa von Avila. Obschon sie gemäß ihrer eigenen Aussage in
jungen Jahren eine tiefe Feindschaft gegen das bloße Dasein einer Klosterfrau
hegte, hat sie schließlich die Nonnenexistenz für alle Zeiten geadelt und ihr
Ehrfurcht verschafft. Kraft ihrer geistigen Mutterschaft setzte sie ein Werk in
die Welt, vor dem jede kleinliche Nörgelei verstummen muß. Teresa verstund
es mit einer seltenen Konzentration, ihre seelische Kraft zu stauen, um sie nachher ganz nach oben entfalten zu lassen. Wenngleich sie mit dem Teufel nicht
weniger handgreiflich rang als einst Antonius von Ägypten, zog es sie mit aller
Macht hinauf, und dies mit einer Ausschließlichkeit, die alle Zwischeninstan-
zen vermied. Sie stürzte dem Ewigen entgegen. Ihre Visionen und Ekstasen
sind vor allem ein Symbol für diese cherubinische Tendenz. Teresa ist eine eminent starke, ewigkeitsbezogene Frau. Dies verleiht ihr den königlichen Namen: die seraphische Nonne. Sie war es im absoluten Sinn und in einem Maße,
wie man es nicht glühender und strahlender sein kann. Wie ein Mensch gewor-
dener Seraph steht sie da und schließt ihr tiefstes Geheimnis auf, von dem man

nur mit Freude und Zittern reden kann. Merkwürdig, wir lesen Dostojewskij und Kafka, Pascal und Kierkegaard und tun gut daran. Aber warum vertiefen wir uns nicht in die Schriften Teresas? Eine ernsthafte, christliche Orientierung ist ohne sie kaum möglich. Diese spanische Nonne vertritt glücklicherweise kein mystisches System, aber sie birgt seelische Welten in sich, die noch immer unentdeckt sind. «Fürwahr, ich sehe in uns selbst Geheimnisse verborgen, die mich oft in Erstaunen versetzten; und wie viele wird es noch geben, die ich nicht weiß!»[46] Bei allem Interesse für die Innerlichkeit fiel Teresa nie in das Loch des bloßen Subjektivismus hinab, weil sie stets der Worte sich erinnerte: «Suche dich in mir[47].» Unablässig kreist sie um die Seele des Menschen und die geheimnisvolle Art, wie Gott in ihr wirkt. Die Seele, das Wunder der Seele überwältigte Teresa; was es mit der von Gott dem Menschen eingehauchten Seele für eine unbegreifliche Bewandtnis hat, die nur in ihrer Gottzugehörigkeit verständlich wird, hat diese seraphische Nonne wie wenige Menschen eindringlich erläutert. «O Jesus, was ist es Großes um eine Seele, die eine andere versteht», rief sie aus[48]. Teresa besaß dieses seltene Seelenverständnis, in ihren Schriften wird der Leser förmlich von der Wirklichkeit der Seele überrannt. Nie wird man der Unsterblichkeit der Seele gewisser, die ganz unmöglich wegen ihrer göttlichen Herkunft wie ein Hauch vergehen kann, als wenn man sich mit Teresas Ausführungen beschäftigt, und braucht nicht diese Überzeugung der heutige Mensch vor allem wieder?

Die letzte Bedeutung Teresas für den sich an einen Strohhalm klammernden Menschen der Gegenwart liegt in ihrer Auseinandersetzung mit dem Zeitgeschehen. Die seraphische Nonne empfing durch ihr visionäres Erleben einen völlig neuen Blick für das Ungeheure ihrer Zeit. Mit einem Schrecken sondergleichen nahm sie die Dämonie ihres sturmgepeitschten Jahrhunderts wahr, in welchem alle Dinge ins Nichts stürzten. Ihre Augen sahen die grenzenlose Not der Christenheit, die sich selbst an den Rand des Abgrundes brachte. Der blutrote Himmel des 16. Jahrhunderts, der auf den Untergang einer alten Welt hindeutete, hat mit unserer Gegenwart eine große Ähnlichkeit. Während wir oft in der vordergründigen Betrachtung hängenbleiben, blickte Teresa in die tiefen Hintergründe. Zu Tode erschrocken durchzuckte es sie, wie ein rasender Brand die Kirche zu verzehren versuchte, das Wüten der Häresie empfand sie als eine Schändung des Sakramentes. Jesus wird aufs neue gekreuzigt, schrie sie entsetzt auf. Teresa erlebte in dramatischer Weise die unheimliche Bedrohung ihrer Epoche, woraus das Bewegte in all ihren Worten stammt: «O Christen, es ist Zeit, daß ihr euren König verteidigt und in einer so großen Verlassenheit euch um ihn schart! Denn klein ist die Zahl der Getreuen, die ihn noch umgibt, groß dagegen die Schar derjenigen, die dem Luzifer folgen. Das Schlimmste aber ist, daß diese äußerlich als Freunde des Herrn sich ausgeben, insgeheim aber ihn verraten, so daß er fast niemand mehr findet, auf den er sich verlassen kann[49].» Obschon Teresa als Klosterfrau zu abseits lebte, um über alle damaligen Strömungen einen richtigen Überblick zu haben, fühlte sie mit dem Instinkt der gotterfüllten Nonne, was der Christenheit ihres Jahrhunderts fehlte: das eigene Erleben des Göttlichen. Diese Frau spürte den entscheidenden Mangel viel klarer als die meisten Männer, die mitten im Gewühl der Geschehnisse nur mit unfruchtbarer Gelehrsamkeit von der Notwendigkeit einer Reformation der Kirche an Haupt und Gliedern zu reden wußten. Mit ihrer visionären Treffsicherheit erfaßte Teresa das eine, was ihrem Jahrhundert nottat: Nur ein neues Zurückgehen auf den Ursprung kann die drohende Vernichtung aufhalten. Ihr großes Werk wird erst dann in der richtigen Perspektive gesehen, wenn es ganz in die geistige Not einer Zeit hineingestellt wird, der es zu begegnen sucht.

Teresa begnügte sich nicht nur, die Krankheitsdiagnose ihres Jahrhunderts zu stellen, sie glaubte auch das Mittel gefunden zu haben, um dem Zerfall der Christenheit durch ihre neuen Gottesburgen wirksam zu steuern. Das innerste Motiv bei dieser Schöpfung kleidete sie in die Frage, die sie wie ein Senkblei in die Seele des Lesers ihrer Schriften wirft: «Was würde sonst aus der Welt werden, wenn Gott ihrer um der Ordensleute willen nicht schonte?»[50] Wer diese bange Frage sich nicht aneignen kann, wir dem Karmel nie nahekommen. Gott erbarmt sich der Christenheit um der sühnenden Nonnen und Mönche willen, die sich von der Welt getrennt haben, um im Gebet desto mehr für sie einzustehen. Diese Überzeugung veranlaßte Teresa, die Ordensleute zu neuer Sühneleistung anzuspornen. Wie eine christliche Debora ruft sie die in Gleichgültigkeit versunkene Christenheit zu neuen Kämpfen auf:

> Ihr Streiter alle aus unserem Heer,
> versammelt um unsere Fahne,
> nun schlafet nicht mehr, nun schlafet nicht mehr,
> es ist ja kein Friede auf Erden![51]

Teresas Seele blutete vor Schmerzen über das Verderben, und mit ihren Klostergründungen erstrebte sie uneinnehmbare, allen Auflösungstendenzen trotzende Gottesburgen zu schaffen. Klösterliche Festungen zu errichten, entsprach ihrer apokalyptischen Sicht der Zeitsituation. Die Bestimmung der karmelitischen Ordensburgen als Horten christlicher Mystik faßte die ekstatische Nonne selbst in die beschwörenden Worte zusammen: «Aber das Übel soll nicht weitergreifen, und ich möchte nicht täglich mehr Seelen zugrunde gehen sehen. O meine Schwestern in Christo, helft mir doch vom Herrn diese Gnade erflehen; denn dazu hat er euch an diesem Ort vereinigt, dies ist euer Beruf, das soll euer Geschäft und euer Verlangen sein, dafür sollen eure Tränen fließen, dahin eure

Gebete ziehen ... Die Welt steht in Flammen; man will Christus sozusagen aufs
neue verurteilen, da man tausend falsche Zeugnisse wider ihn erhebt; man will
seine Kirche vernichten: und wir sollten die Zeit mit Bitten um Dinge verbringen, wodurch wir vielleicht, wenn Gott sie gewährte, Ursache wären, daß eine
Seele weniger in den Himmel käme? Nein, meine Schwestern, jetzt ist keine
Zeit, mit Gott über geringfügige Dinge zu verhandeln[52].» Bei ihren neuen Klo-
sterburgen wollte Teresa nichts von stolzen und prächtigen Gebäulichkeiten
wissen, die in den kommenden Stürmen doch nur unter großem Getöse zusammenstürzen würden. Sie errichtete bewußt arme und wehrlose Klösterchen, die
nichts mit den entstehenden prunkvollen Barockfassaden zu tun hatten. Ebensowenig erwartete sie, wie einst das Mittelalter, vom «weltlichen Arm Hilfe»[53],
wodurch sie noch einmal die evangeliumsgemäße Einstellung ihres Werkes bezeugte. Damit war jede Anlehnung an Gewaltmaßnahmen zum voraus ausgeschlossen, was dem Christentum so oft zum Verhängnis gereichte. Teresa vertraute auf die Wehrlosigkeit ihrer reinen Gebetshaltung, und darin brach sich
eine viel christlichere Christlichkeit Bahn, als man ihr gewöhnlich begegnet. In
ihrer Auffassung von der religiösen Macht in der Ohnmacht liegt ihre abschließende Bedeutung, mit der die seraphische Nonne auch den ertrinkenden Menschen der Gegenwart auf den einzigen Rettungsanker hinwies.

II

Aus der reichhaltigen Geschichte des Karmels können in diesem Zusammenhang
nur einige notdürftige Fragmente erwähnt werden. In aller Kürze vermitteln
aber auch sie einen Blick in eine ebenso grandiose wie tief christliche Welt, zu
der es nicht viele Vergleichsmöglichkeiten gibt.

Der Orden führt seinen Ursprung auf den Propheten Elias zurück. Über diesen Anspruch hat man sich als einer geschichtlichen Unmöglichkeit viel aufgehalten. Er besteht aber durchaus zu Recht, nur muß er symbolisch und nicht
historisch verstanden werden. Aus der Berufung auf Elias ist sogleich zu ersehen, wessen Geistes Kind dieser Orden ist. Das Wort aus der Eliaserzählung,
«voll Eifer brenne ich für den Herrn der Heerscharen» bildet den Wahlspruch
des Karmels. In seinen Klöstern lebt tatsächlich die gleiche Glut wie in den sich
von der Gottesleidenschaft verzehrenden Propheten. Die Karmeliter gehören
zu jenen Menschen, über welche der die Gotteswirklichkeit zuletzt im Flüstern
eines leisen Wehens erfahrende Elias seinen Mantel geworfen hat, damit sie Erben seines Geistes seien.

Nach den ältesten, geschichtlich nachweisbaren Spuren hat Berthold von Kalabrien 1155 das erste Karmelkloster in Palästina gegründet. Von diesem Vorgang kann man sich ebensowenig ein anschauliches Bild machen wie von sei-

nem Nachfolger Brocardus, der sich vom Patriarchen Albert von Jerusalem eine
Regel erbat, die vom Papst Honorius III. im Jahre 1226 bestätigt wurde. Das
Wichtige an dieser Entstehung sind nicht diese Namen, die kein plastisches
Antlitz für uns besitzen. Entscheidend ins Gewicht fällt die orientalische Herkunft des Karmels. Östliches Christentum hat seine Anfänge geprägt! Auf diesen
nicht europäischen Ursprung ist die Aufmerksamkeit zu richten, er allein macht
viele Wesenseigentümlichkeiten des Karmels verständlich. Dieses von morgenländischer Geistigkeit geformte Mönchtum erlebte jedoch viel später im äußersten Westen des Abendlandes eine unerwartete Auferstehung.

Der Karmel blühte noch kein Jahrhundert in Palästina, als seine Klöster der
Erstürmung durch die Sarazenen zum Opfer fielen. Nur wenige Mönche ent-
gingen dem blutigen Gemetzel und kamen als Flüchtlinge ins Abendland. Die
scheel angesehenen Emigranten hatten zunächst etliche Mühe, in Europa eine
klösterliche Unterkunft zu finden. Die Übersiedlung bewirkte eine gewisse Veränderung des Ordens, die namentlich durch Simon Stock bewältigt wurde.
Dieser, in England in einem hohlen Baumstamm als Einsiedler lebende Mann
war eine kontemplative Natur mit stark visionärer Veranlagung. Ihm gelang
es, vom Papst die Gutheißung der abgeänderten, den abendländischen Verhältnissen angepaßten Satzungen zu bekommen. Von nun an waren die Karmeliter
ein Bettelorden, der an der Seite des Weltklerus Seelsorge ausübte. In seiner
Person hatte der schließlich zum Ordensgeneral aufsteigende Simon Stock jedoch starke innere Gegengewichte, die ihn die ursprüngliche Bestimmung des
Ordens nie ganz aus den Augen verlieren ließen. Maria verlieh in einer Vision
Simon Stock das Skapulier, welches Schulterkleid von jedem Ordensmitglied
bis zum heutigen Tag getragen wird und wodurch der Karmel den mariologi-
schen Charakter erhielt.

Durch die Arbeit auf den Universitäten verlor der Orden immer mehr seine
ursprünglich eremitische, vorwiegend dem Gebet lebende Haltung. Unmerklich geriet er in eine Periode des Verfalles. Die Erschlaffung erlangte schließlich
eine legitime Berechtigung, indem «im Jahre 1431 auf Bitten eines Ordenskapi-
tels die für die Mehrzahl der Mitglieder zu streng gewordene Regel vom Papst
Eugen IV. gemildert wurde. Diese Maßnahme betraf vornehmlich die Einsamkeit, das Fasten und die Abstinenz», die alle eine bedeutende Abschwächung
erfuhren[54]. Zwei Jahrzehnte nach diesem verhängnisvollen Beschluß kam es
zur ersten Gründung eines Karmeliterinnenklosters, ein Ereignis, das dem Orden kein neues Leben einzuhauchen vermochte, da es bereits aus dem Geist der
gemilderten Regel hervorgegangen war.

Teresia von Avila riß den Karmel aus dem Zustand der Lethargie heraus und
eröffnete eine neue Epoche. Deswegen kommt der Reformatorin des Ordens die
grundlegende Bedeutung zu und nicht dem Gründer, der zudem allzusehr vom

Geschichtsnebel eingehüllt ist. Teresa gab dem Orden das neue Gepräge, das zugleich das uralte war und bestimmte seine weitere Entwicklung.

Um die Erneuerung des Karmels erwarb sich auch Johannes vom Kreuz große Verdienste. Die Reform der Teresia hätte wahrscheinlich nicht jene weitreichenden Folgen nach sich gezogen, wäre sie auf den weiblichen Zweig des Ordens beschränkt geblieben. Unbedingt mußten die Männerklöster in die innere Wiedergeburt einbezogen werden, eine Arbeit, die auf Veranlassung Teresas der junge Johannes vom Kreuz ausführte, der in der Geschichte des Karmels einen überragenden Platz einnimmt. Wenn auch die Freundschaft zwischen Teresa und Johannes vom Kreuz nur auf Gittergespräche gegründet war, bilden sie doch miteinander ein geistiges Paar, nicht anders als Franziskus und Clara. Ihrer natürlichen Beschaffenheit nach waren die beiden Menschen die Verschiedenheit selbst; in ihrem klösterlichen Streben dagegen einig bis in die Fingerspitzen. Auch in der Sachlichkeit ihrer Beziehung bestand zwischen ihnen eine völlige Gleichgerichtetheit. Es war von beiden Seiten kein persönliches Getue – nur in seltenen Fällen weist Johannes vom Kreuz auf die «wunderbaren Schriften unserer seligen Mutter Teresas» hin [55] – und doch erfuhren sie in der mystischen Lohe, die dem Himmel entgegenbrannte, eine starke gegenseitige Verbundenheit. Das Symbol für die Zusammengehörigkeit von Teresa und Johannes vom Kreuz war ihre gleichzeitige Entrückung am Gitter des Sprechzimmers, die eine zufällig daherkommende Nonne mit Schrecken beobachtete. Ihre Seelen grüßten sich nicht nur in der mystischen Verzückung, sie waren auch in der gemeinsamen Arbeit der Klosterreform miteinander geeint. Teresa gelang es, für ihre Reformbestrebungen den jungen Mann zu gewinnen, der aber nicht in ein sklavisches Jüngerverhältnis geriet, sondern als völlig ebenbürtige Gestalt neben Teresa steht.

Johannes vom Kreuz ist eine mystische Persönlichkeit, von der ganz unmöglich in wenigen Sätzen eine adäquate Vorstellung gegeben werden kann. Nur als minimalster Hinweis sind die nachfolgenden Zeilen aufzufassen, die nicht an die unterste Stufe von dessen gewaltiger Geisteswelt heranreichen. Unter der braunen Kutte dieses Mönches verbarg sich ein Dichter, dessen glutvolle Verse zu den höchsten Blüten religiöser Poesie zählen. Die zauberhaften Gedichte sprechen sein wesentlichstes Anliegen aus, in ihnen ist seine Seele enthalten. Vor allem ist es der schweigende Mensch, der die innere Gewalt seiner mystischen Gesänge erlebt: «Das Wichtigste, was wir zu tun haben, ist Schweigen vor diesem großen Gott, und zwar Schweigen mit unsern Begehrungen und mit der Zunge. Er hört nur eine Sprache, die Sprache der schweigenden Liebe [56].» Nach Johannes vom Kreuz ist es unmöglich, innere Fortschritte zu machen, ohne sich in Stillschweigen zu hüllen, das er als prinzipielle Haltung und nicht als vereinzelten Tugendakt erachtete. Der große Sohn des Karmels stellte den

Grundsatz auf: «Um zu Gott zu gelangen und sich mit ihm zu vereinigen, muß die Seele mehr in einem Nichtverstehen als im Verstehenwollen sowie in einem vollständigen Vergessen aller Geschöpfe ihre Wege gehen[57].» Diese Worte weisen auf den asketischen Weg hin, obgleich sie keine Lebensverneinung aussprechen. Mit den Augen des Dichters sah Johannes vom Kreuz die Welt «von einem übernatürlichen Glanz überstrahlt, seitdem das fleischgewordene Wort sie angeblickt habe. In den Wäldern und in den Hainen kann man noch die Spur der Schritte Gottes nachfühlen, der eilend durch sie hindurchging – höret: der sie mühelos und in Freude geschaffen hat und tausend Reize ausbreitete. Die Welt singt Gottes Lob in einem großen Konzert[58].» Trotzdem blieb dieser Mensch nicht «am Tische der Geschöpfe» sitzen. Seine Seele begehrte, sich mit dem Unvergänglichen zu vereinigen, weswegen er den mühsamen «Aufstieg zum Berge Karmel» unternahm. Es bereitet ein inneres Schaudern, ihn auf diesem steilen Weg zu verfolgen, der eine völlige Umkehrung des menschlichen Denkens und Fühlens in sich schließt. Johannes vom Kreuz verstand den Glauben als eine dunkle Nacht, in die er einging und die ihn zu der unerhörten Parole führte: «Trage Sorge dafür, daß deine Neigung stets gerichtet sei: Nicht auf das Leichtere, sondern auf das Schwierigere, nicht auf das Angenehme, sondern auf das Unangenehme, nicht auf das, was dir mehr Freude, sondern auf das, was dir Unfreude bringt[59].» Von dieser gewiß nicht aus ungebändigter Paradoxielust entstandenen Losung muß man stillestehen und länger über sie nachdenken. Sie schlägt zunächst allen Gepflogenheiten des natürlichen Menschen ins Gesicht, führt aber zuletzt den Christen in eine ungeahnte Tiefe und bringt eines der entscheidendsten Geheimnisse des Karmels zutage, das unablösbar zu jener ärgerniserregenden «Kreuzeswissenschaft»[60] gehört, um die dieser Spanier unablässig gekreist ist.

Seine künstlerische Veranlagung und seine mystische Versunkenheit hinderte Johannes vom Kreuz nicht, sich allenthalben für die Reform des Karmels einzusetzen. Er erduldete für seine mönchischen Bestrebungen in Toledo schwere Kerkernot, die ihn nicht zu beugen vermochte. In Durvelo gründete er unter den denkbar primitivsten Umständen ein Kloster nach den Grundsätzen der Unbeschuhten. Über dieses armselige Kloster sagte Teresa anläßlich eines ihrer Besuche: «Beim Eintritt in die Kapelle mußte ich staunen über den Geist, den der Herr dort wehen ließ. Allein nicht bloß ich hatte dieses Gefühl, auch zwei Kaufleute, die meine Freunde waren und mich begleitet hatten, konnten nichts als weinen. Es waren dort so viele Kreuze und Totenköpfe. Nie habe ich ein kleines Kreuz aus Holz vergessen, das über dem Weihwasserkesselchen hing und an welches ein Christusbild von Papier geklebt war. Dieses stimmte mich mehr zur Andacht als selbst das schönste Kunstwerk[61].» Es ist naheliegend, über diese Bemerkung hinwegzulesen, und doch ist dieses papierene, auf ein

Holzkreuz gepappte Christusbildchen in seinem unästhetischen Anblick ein wahres Sinnbild für den erneuerten Karmel. An Stelle der in den früheren Klöstern angehäuften Kunstschätze schlug aus seiner empörend dürftigen Einrichtung wieder die Flamme einer verzehrenden Gottesliebe empor, die gleichsam alle Güter dieser Erde verbrannte und zugleich ersetzte. Der alte Wüstengeist, den Johannes vom Kreuz aufs neue heraufbeschwörte, führte den männlichen Karmel zu einer religiösen Wiedergeburt; aus seinem herrlichen Schrifttum weht dem Leser heute wie damals in gleicher Frische eine zeitlose Mystik entgegen.

Der unbeschuhte Karmel entstand in Spanien und trägt auch deutlich die Merkmale dieses eigenartigen, durch eine maurische Phase hindurchgegangenen Landes an sich. Doch blieb er nicht im Nationalen stecken. Eine über die Pyrenäen weit hinausgehende Verbreitung bewahrte ihn von diesem Schicksal. Keine rationalen Überlegungen führten zu diesem Schritt in außerspanisches Gebiet. Im Karmel pflegen die Dinge sich auf anderem Wege zu vollziehen: Eine Ausbreitung durch Visionen fand statt! Der wenig bekannten und doch überaus edlen Barbe Acarie erschien Teresa und befahl ihr, den reformierten Karmel nach Frankreich zu holen. Barbe Acarie war über diesen Auftrag begreiflicherweise sehr erschrocken, doch gelang es ihr dank ihrer Verbindungen, eine Gesandtschaft unter der Führung Kardinals Bérulle nach Spanien abzuordnen. Nach langen Bemühungen kehrte die seltsame Karawane mit sechs spanischen Ordensschwestern nach Frankreich zurück. An ihrer Spitze befand sich die ehrwürdige Anna von Jesus, die sowohl noch mit Teresa von Avila als mit Johannes vom Kreuz in persönlichem Kontakt gestanden hatte. Mit dem ursprünglichen Geist des reformierten Karmels aufs innigste vertraut, erwies sie sich als die berufene Persönlichkeit zum Werke der Verpflanzung. Unter ihrer Leitung kam es 1604 zur Gründung des ersten unbeschuhten Karmels in Paris, dem bald weitere in Frankreich und Flandern folgten. Anna von Jesus hatte nicht die geniale Heiligkeit der Teresa. Unter ihrer feierlichen Strenge seufzten zuerst die französischen Nonnen. Auch Barbe Acarie trat nach dem Tode ihres Gatten in den Orden ein, doch gesellte sich die Urheberin des Ausbreitungsplanes nicht zu den das Gotteslob singenden Chorschwestern. Ihr genügte es, als gewöhnliche Laienschwester die niedrigsten Arbeiten zu verrichten, damit ein Beispiel echter karmelitischer Demut gebend. Die Geistigkeit dieser religiösen Frau ist aus ihren Worten herauszuspüren: «Ich wage nicht zu sagen, daß ich aus reiner Gottesliebe in das Kloster komme. Ach, wissen wir, was die reine Liebe ist und welches Maß sie hat? Unsere Natur ist durchtränkt von verborgenen Absichten, und oft glauben wir, daß Gott unser Wollen bewegt – doch ist es die menschliche Natur, welche uns antreibt. Weiß ich denn, ob ich je eine einzige Handlung aus reiner Liebe vollzogen habe?»[62] An sich war die Übersiedlung des Karmels von Spanien nach Frankreich ein gewagtes Unternehmen, weil sich zunächst nur der weibliche Zweig ausbreitete, der sich damit einer nichtkarmelitischen Seelsorge auslieferte. Die junge Gründung wurde zunächst in seelsorgerlicher Beziehung vom Kardinal Bérulle betraut, einem Mann von mystischer Gebetsfrömmigkeit, der keine fremden, religiösen Gedanken in sie hineintrug. Der französische Karmel bestand das Experiment glänzend und übte auf das von unseligen Religionskriegen verwundete Land einen religiös vertiefenden Einfluß aus. Eine ganze Reihe von außerordentlichen Gestalten sind aus ihm hervorgegangen, die mit ihrer Liebesflamme die Linie des spanischen Karmels in würdiger Weise fortsetzten.

Dem französischen Karmel gehörte Bruder Lorenz an, der durch den Anblick eines blätterlosen Baumes zur Winterszeit dermaßen erschüttert wurde, daß er als Laienbruder ins Kloster eintrat. Der derbe Mann war ein einliniger Mensch, von dem sich nur einige Gesprächsaufzeichnungen und Briefe erhalten haben, welche man nach seinem Tode unter dem Titel «Die Übung der Gegenwart Gottes» veröffentlichte. Ein anspruchsloses Büchlein, dessen geringer Umfang aber durch seine innere Kostbarkeit bei weitem aufgewogen wird. In ihm findet sich ein beglückendes Geheimnis, das man oft in theologischen Bibliotheken umsonst sucht. Es war ein unscheinbarer, wenig beachteter Moment, wenn Bruder Lorenz seinen Mund auftat und einige schlichte Worte sprach. Und doch, welch schwerwiegenden Klang haben beim genauen Hinhören diese einfachen Äußerungen, deren Tiefe sich nur dem sie ausübenden Menschen offenbaren. Der demütige Laienbruder faßte das Gebet als ein Bewußtsein der beständigen Gegenwart Gottes auf. Dieses Gefühl verließ ihn keine Minute mehr, ob er nun in der Küche einen Eierkuchen buk oder vor dem Allerheiligsten im Gebet kniete. Um mit Gott zu sein ist es nicht nötig, sich fortwährend in der Kirche aufzuhalten, auch des Menschen Herz kann ihm Kapelle sein. «Ich habe alle Arten von Andacht und Gebeten, die nicht vorgeschrieben sind, aufgegeben. Und ich mache mir dies zu meinem Geschäft, immerdar in seiner heiligen Gegenwart zu verharren[63].» Außer der Reinheit seiner Lebensführung kam es ihm nur auf dieses stille, verschwiegene Flüstern von Worten der Liebe zum Allmächtigen an. Bezeichnenderweise fehlen Visionen und Ekstasen bei diesem Manne vollständig. Dessenungeachtet brachte der simple Laienbruder die karmelitische Mystik auf eine ebenso schlichte als ewig gültige Formel. Sein Verzicht auf allen intellektuellen Aufputz entspricht ganz dem Orden und erinnert an die Einfachheit des Evangeliums. Von seinem Büchlein geht eine ungemein tröstliche Wirkung aus, weil sein Verfasser durch den immerwährenden Umgang mit Gott bereits in diesem Leben den heiteren Frieden des Paradieses wieder gefunden hat. Dem religiös fragenden Menschen wußte Bruder Lorenz keinen besseren Rat zu geben, als: «Wir müssen uns zur Zeit befleißen, alle unsere

Geschäfte ohne Unterschied in kleine Unterredungen mit Gott zu verwandeln; doch ohne Künstelei; in Einfalt des Herzens[64].» Innere Geistesverwandtschaft ließ Gerhart Tersteegen diesen ganz in Gott versunkenen Menschen in den «auserlesenen Lebensbeschreibungen heiliger Seelen» ein bleibendes Denkmal setzen, das auf das eine Ziel ausgerichtet ist: «Wäre ich ein Prediger, so würde ich über nichts anderes als über die Erfahrung der Gegenwart Gottes predigen[65].» Bruder Lorenz war ein Zeitgenosse Descartes, der mit seiner, den Zweifel zum Ausgangspunkt machenden Philosophie viel zur Entwurzelung des Menschen beitrug, während der zurückgezogene Laienbruder mit seiner Gebetsauffassung als göttlicher Anwesenheit, dem Christen den stärksten Halt im Leben vermittelte. Das 17. Jahrhundert hat sein Ohr dem berühmten Philosophen geliehen, wann wird die Christenheit auf die Stimme Bruder Lorenzens hören?

Die Frauen nehmen einen bedeutsamen Platz im Karmel ein, sie überstrahlen in der neuen Epoche der Ordensgeschichte die männlichen Vertreter. Diese Wahrnehmung verführe nicht zu der irrigen Annahme, als handle es sich beim Karmel um eine vorwiegend weibliche Angelegenheit. Die Karmeliterinnen haben aus dem einfachen Grund herrlichere Blüten hervorgebracht als die mönchischen Klöster, weil sie den Vorschriften der beiden Ordenseltern treuer geblieben sind. Der männliche Zweig entfremdete sich dem eremitischen Dasein durch die Verpflichtung zur kirchlichen Seelsorgetätigkeit. Wie überall wirkte sich die überlastete Seelsorge als eine dem Ordensgeist feindliche Arbeit aus. Wo sich der Orden wieder auf seine ursprüngliche Bestimmung besann – wie in Frankreich –, machte sich alsogleich ein neuer starker Zug zum Karmel bemerkbar. Um seiner Kontemplation willen steht heute der Karmel erneut im Mittelpunkt des Ordensinteresses. Tatsächlich ist es in religiöser Beziehung überaus wertvoll, sich mit den hinter langen schwarzen Schleiern versteckten Schwestern zu beschäftigen.

Eine ungewöhnliche Mystikerin des Karmels war die der Spätrenaissance angehörende Maria Magdalena von Pazzi. In jungen Jahren trat sie dem italienischen Karmel bei und wurde außerordentlicher Visionen gewürdigt. Vierzig Tage nacheinander geriet sie jeden Morgen in Verzückung, sprach im ekstatischen Zustand mit Gott, und ihre Worte zeichneten ihre Mitschwestern ohne ihr Wissen auf. Stundenlang dauerten ihre Ekstasen, während denen sie nichts fühlte, ein ganz verändertes Aussehen bekam und ihr Gewicht dermaßen zunahm, daß man sie nicht vom Platze tragen konnte. Diese Entrückungen schließen auf eine seltene Begnadigung, und doch bilden sie nicht die Hauptsache im Leben der Maria Magdalena von Pazzi. Das Wesentliche an dieser florentinischen Nonne ist ihre flammende Hingabe an die göttliche Liebe. Die brennende Glut ihres Herzens veranlaßte sie jeweilen, «mit einer mehr engelhaften als menschlichen Schnelligkeit durch das Kloster zu laufen und zu rufen: O Liebe,

Liebe, Liebe! O mein Gott, ich kann nicht müde werden, dich die Liebe, die Freude meines Herzens, die Hoffnung und den Trost meiner Seele zu nennen! Dann sagte sie zu den Nonnen, welche ihr folgten: Wisset ihr nicht, meine lieben Schwestern, daß Jesus nichts anderes ist als Liebe, ja er ist töricht vor Liebe; dann richtete sie ihr Auge auf das Kreuz, welches sie trug und sagte: Ja, o Jesus, ich sage, daß du töricht bist vor Liebe und werde es immer sagen, und so fuhr sie fort, dergleichen zu reden, wie es ihr die Liebe eingab[66].» Keineswegs lassen diese enthusiastischen Äußerungen über die christliche Torheit, in der sie Jesus als Pein und Kühlung, als Mühe und Rast erlebte, auf ein exaltiertes Wesen schließen. Es war der Ausdruck eines Liebesbrandes, der sich bis in ihr körperliches Befinden hinein erstreckte, aber nie an einer vorbildlichen Befolgung der klösterlichen Pflichten hinderte. Inmitten ihres lodernden Feuers sagte sie wiederum ganz schlicht: «Eine einzige innerliche Handlung ist mehr wert, als Tausende von bloß äußerlichen Werken[67].» Maria Magdalena von Pazzi gelangte zu einer tiefen Innerlichkeit, für die es ganz gleich war, «ob man mir befiehlt, gehen Sie aufs Chor, um zu beten, oder gehen Sie diese oder jene zerstreuende Arbeit zu verrichten; ich muß ihnen vielmehr in Wahrheit gestehen, daß ich Gott eher bei jenen äußerlichen Handlungen als im eigentlichen Gebete finde[68].» Die Heiligkeit Maria Magdalena von Pazzis dokumentiert sich zuletzt in ihrem Leichnam, der bis heute nicht verweste.

Die Martyriumssehnsucht, die im Karmel lebte, ist keine romantische Schwärmerei, die nicht zu der Nüchternheit des Ordens paßt. Es ist eine auf die Tat gerichtete und sich nicht bloß in Worten erschöpfende Gesinnung, wie das berühmte Beispiel der sechzehn Schwestern von Compiègne beweist. Diese Karmeliterinnen setzten, trotz des in der Schreckenszeit der Französischen Revolution ausgegebenen Befehles, alle religiösen Übungen einzustellen, außerhalb des aufgehobenen Klosters ihr Nonnenleben in der Welt fort. Keine Drohung schreckte sie zurück, da nach ihrer Überzeugung das Weiterbestehen des Karmels nur durch eine auch vor dem Letzten nicht zurückschreckende Opferbereitschaft gerechtfertigt sei. Alle Schwestern wurden verhaftet und ins Gefängnis geworfen, wo sie freudigen Angesichts ihr Todesurteil entgegennahmen. Mit gefesselten Händen standen die zarten Frauen aufrecht auf dem Leiterwagen, der sie durch die Straßen von Paris zur Hinrichtung führte, und ihre laut gesprochenen Gebete machten zu jener Zeit auf die gaffende Volksmenge einen ungewohnten Eindruck. Singend bestiegen die Nonnen das Blutgerüst, legten ihre Häupter selbst unter das Fallbeil und starben für den Karmel, ohne einen Schrei von sich zu geben. Es müssen in einem Orden starke religiöse Kräfte vorhanden sein, wenn er seinen Gliedern eine dermaßen gefaßte Haltung zu geben imstande ist. Die sechzehn Märtyrerinnen von Compiègne, deren Leiber man nach der Hinrichtung in eine Kalkgrube warf, haben mit ihrem heldenhaften

Sterben die Weiterexistenz des Karmels in Frankreich gesichert. Den christlichen Heroismus dieser Nonnen hat Gertrud von Le Fort in der Novelle «Die Letzte am Schafott», und Georg Bernanos in dem Schauspiel «Die begnadete Angst» künstlerisch gestaltet; beide Dichtungen vermitteln dem heutigen Menschen eine eindrückliche Vorstellung von der spezifisch karmelitischen Geistigkeit.

Die religiöse Glut des Karmels reicht bis in die allerletzte Neuzeit hinein, in der er einige weit über den Durchschnitt stehende Nonnengestalten hervorbrachte, von denen Thérèse vom Kinde Jesu am bekanntesten ist. Zuerst verniedlichte man Thérèse vom Kinde Jesu auf Grund ihrer «Geschichte einer Seele» in unstatthafter Weise bis zur unerträglichen Süßlichkeit, und heute ist sie in Gefahr, in ebenso unangebrachter Art bis zur Unkenntlichkeit vertheologisiert zu werden. Beide Deutungen verfehlen die kindlich reine Lebensbewältigung dieser nachahmbaren Heiligen, die den «kleinen Weg» lehrte: Nicht das Außergewöhnliche, sondern das Gewöhnliche außergewöhnlich gut zu vollbringen! Diese karmelitische Nonne gestand offen, nicht die Kraft zu besitzen, «das ewige Leben des Himmels selbst zu verdienen»[69], sondern «mit leeren Händen vor Gott zu stehen»[70], womit sie das tiefste Geheimnis des Christentums – alles ist Gnade -- enthüllte. Ganz der Welt des Unaussprechlichen gehört ihr furchtbarer, vorbildlich' ausgehaltener Todeskampf an, welcher den Höhepunkt dieser Frühvollendeten bildet und aus dem sie mit dem Versprechen von hinnen schied: «Ich will meinen Himmel damit zubringen, Gutes auf Erden zu tun!»[71]

Über dem Ruhm der Thérèse von Lisieux sind die andern großen Frauenseelen nicht zu vergessen, die der Karmel um die Jahrhundertwende der Christenheit geschenkt hat. Zu ihnen gehört die außerordentliche Priorin Maria von Jesus, deren phrasenlose, von tiefer Religiosität erfüllte Chronik um so ergreifender zu lesen ist, als sie auf jeden Anspruch, etwas Besonderes zu sein, bewußt verzichtete. Ebenso sind, um nur noch zwei Namen beliebig herauszugreifen, Schwester Elisabeth von der Dreifaltigkeit und Schwester Maria Angelika von Jesus ungewöhnliche Zeugen karmelitischen Geistes, deren eindrucksvolle Biographien die Tore zu einer dem heutigen Menschen völlig fremden Welt erschließen. Man ist von der Widersprechung aller weltläufigen Werte dieser jungen Nonnen fasziniert, da sie in der Gegenwart kaum mehr möglich ist. Und doch wird diese karmelitische Haltung heute noch nicht nur gelehrt, sondern auch in wortloser Schlichtheit gelebt, und zwar jeden Tag. In all diesen und andern Nonnenleben haben sich äußerlich keine aufregenden Geschehnisse ereignet, in ihren Seelen aber lebt eine ausschließliche, alles durchdringende Gotteshingabe, die sich in einer allen Blicken der Welt entzogenen Verborgenheit abspielt.

III

In den Klöstern der Unbeschuhten wird eine eigentümliche Karmelsphäre gepflegt, die eine «hoheitsvolle und sanft überredende, oft fast zwingende, fast
verführerische Gebärde ins Unsichtbare, in das Geheimnis hinter dem Vorhang»
besitzt[72]. Von einer herben Strenge und einer seltsamen Anziehung zugleich,
lehnt sie auch in den Nonnenklöstern strikte jede weichliche Stimmung ab.
«Ich aber, meine Töchter, wünschte, daß ihr in keinem Stücke weibisch seid,
noch so euch zeigen möchtet, sondern in allem wie starke Männer. Tut ihr, was
an euch ist, dann wird euch der Herr so mannhaft machen, daß selbst Männer
darüber staunen werden[73].» Verzärtelung und Empfindsamkeit passen nicht zu
der Atmosphäre der Mystik, welche die harten Räume des Karmels erfüllt. «Du
bist ins Kloster getreten, um heilig zu werden; dulde darum nichts in deiner
Seele, was nicht zur Heiligkeit führt[74].» Dieses mystische Heiligkeitsstreben
läßt den Sohn und die Tochter des Karmels gegenüber allen andern Werten die
Worte des Hohenliedes wiederholen: «Ich weiß nichts mehr[75].»

Die Karmelsphäre ist schon in der Einrichtung der Zelle zu spüren. Ein kleiner Raum wird von einem Fenster ohne Vorhänge erhellt. Ein auf einem Brett
und zwei Holzböcken ruhender Strohsack dient als Lagerstätte, die mit wolle-
nen Bettüchern überzogen ist. Holzhocker, Wasserkrug, Arbeitskorb und ein
einfaches Gestell bilden das Inventar einer Karmelzelle. Noch bedeutsamer als
diese äußerst armselige Möblierung ist das nackte, an der kahlen Wand hän-
gende Kreuz, das zur Meditation aufruft. Keineswegs wird der Leib des Herrn
aus ästhetischen Gründen weggelassen, weil seine Gestaltung in künstlerischer
Hinsicht selten befriedigt. Noch viel weniger bedeutet das bloße Kreuz einen
Verzicht auf Christus, ein Ansinnen, das niemand dem Karmel zutrauen wird.
Das karmelitische Kreuz darf nicht in der Weise verstanden werden, als wäre
von der Erlösung nur der Galgen übriggeblieben. Solche Gedanken sind völlig
abwegig. Das nackte Kreuz hat im Karmel einen ganz andern Sinn. Es ist ein
überaus eindringlich redendes Symbol, das den Zellenbewohner auffordert, sich
selbst an das Marterholz zu heften! Eine erschreckende, direkt bestürzende Aufforderung. Und doch gibt sie die Tonlage des karmelitischen Lebensgefühles
wieder, die sich im Ausspruch einer Nonne bestätigt: «Mir scheint, mein Leib
ist am Kreuz aufgehängt[76].» Die Hochzeit Christi vollzieht sich in der Nacht
des Kreuzes, an diese Wahrheit mahnt das nackte Marterholz, in dessen Schatten der Karmel steht, und das jeden, der zu ihm aufblickt, daran erinnert, das an
«seinem Fleische zu erstatten, was an Trübsalen Christi noch fehlt»[77].

Das nackte Kreuz bedeutet einmal die Einsamkeit. «Allein mit dem Alleinigen», diese Worte geleiten die Novizin in ihre Zelle. Die karmelitische Einsamkeit umschließt ein Pensum, an dem die Klosterfrau ihr ganzes Leben zu lernen

hat. «Unsere Lebensweise soll nicht bloß die von Nonnen, sondern von Einsiedlerinnen sein, und darum müssen wir uns losreißen von allen Geschöpfen[78].» Die Satzungen enthalten strenge Bestimmungen über das einsame Leben mit Gott. Der Karmel ist eine Wüste, und wer in sie eintritt, vergräbt sich in Gott. Das Eingehen in die lebendige Stille ist ein schwerer Weg, kaum zu schildern die Einsamkeit, der eine Karmelitin sowohl im Leben als im Sterben ausgesetzt ist. Trotzdem die bittere Einsamkeit zu dem Kreuz gehört, darf sie wiederum nicht als bloße Schrecknis ausgemalt werden. Eine Tochter des Karmels ringt sich zu einer innern Beziehung der Herzenseinsamkeit hindurch, in der ihr Gott begegnet. Deswegen küßt sie den Boden ihres Zellenheiligtums in Ehrfurcht, sooft sie es betritt oder verläßt. Die Wüsteneinsamkeit wird zuletzt als ein Ruhen am göttlichen Herzen empfunden, wozu die größtmöglichste Abgeschlossenheit die unumgängliche Voraussetzung bildet.

Mit der Einsamkeit ist das Schweigen verbunden. Im Karmel wird geschwiegen und dem Reden wenig Zeit eingeräumt. Nur selten im Jahr erhalten die Schwestern die Erlaubnis, sich gegenseitig in ihren Zellen zu besuchen, wie einst die Einsiedler in der Wüste. Nach Johannes vom Kreuz «hat der ewige Vater ein Wort gesprochen, und dieses Wort war sein Sohn, und er spricht zu uns dasselbe in ewigem Schweigen. Und im Schweigen soll die Seele dieses Wort vernehmen[79].» Diese metaphysische Begründung des Schweigens hängt mit dem nackten Kreuz zusammen, das nun einmal kein Geplauder verträgt. Sein Ernst ist viel zu groß, als daß darüber viele Worte gemacht werden dürften. Im Verstummen wird es am meisten geehrt. Die Karmeliter unterscheiden ein inneres und ein äußeres Schweigen, das sich in mannigfacher Beziehung auswirkt: «Das strenge Schweigen der Regel, das Schweigen der Demut, das Schweigen der Liebe und das Schweigen im Gehorsam, das Schweigen im Gebet, so manchmal die Seele zuviel spricht, und das Schweigen der Vereinfachung, das darin besteht, daß man nicht mehr in sich selbst zurückfällt, daß man nur in der Gnade des Augenblicks lebt vor dem Blick Gottes, und zuletzt das Schweigen im Opfer, welches das Leiden jungfräulich erhöht für den Herrn[80].»

Zur Einsamkeit und zum Schweigen gesellt sich die Armut. Nicht die geringste Bequemlichkeit wird im Karmel geduldet. Die Klöster sollten ursprünglich keine festen Einkünfte haben und in ihrer Besitzlosigkeit der Armut von Bethlehem gleichen. Die Ordensreformatorin wollte zuerst auch von der Institution der Laienschwestern nichts wissen, und heute werden einem Kloster höchstens drei dienende Laienschwestern zugebilligt. Außer der Aussteuer, die eine Nonne mitbringt, lebt die klösterliche Familie vom Almosen, das sie nicht erbettelt, sondern auf das sie wartet, bis es ihr gebracht wird. Der Karmel will eine bewußte Schmucklosigkeit, alle Einrichtungen weisen größte Einfachheit und Bedürfnislosigkeit auf. Es wird mit hölzernen Löffeln aus irdenen Gefäßen und auf ungedeckten Tischen gegessen. Blumen sind nur dazu da, den Altar in der Kirche zu schmücken. Auf die Erneuerung des Karmels geht die Einsicht zurück: «O mein Gott, wie wenig hängt doch die Zufriedenheit der Seele von diesen Gebäuden und äußern Bequemlichkeiten ab! Um der Liebe Gottes willen bitte ich euch, meine Schwestern und Brüder, hütet euch immer vor großen und mit prunkendem Aufwand erbauten Häusern; haben wir immer unsere wahren Stifter, jene heiligen Väter vor Augen, von welchen wir abstammen, und seien wir überzeugt, daß sie auf jenem Wege der Armut und Demut zum Genusse Gottes gelangt sind! Ich habe in der Tat gefunden, daß da mehr Geist und auch mehr innerer Friede herrscht, wo die körperlichen Bequemlichkeiten fehlen als dort, wo man ein geräumiges und bequemes Haus besitzt[81].»

Wie in allen Orden wird auch im Karmel dem Gehorsam große Bedeutung zuerkannt, er bildet einen wesentlichen Bestandteil des karmelitischen Seins. «Die Priorin Anna von den Engeln sagte einmal zu einer neben ihr stehenden Nonne vor einer Wasserpfütze: ,Was würde geschehen, wenn ich sagte, Sie sollten sich hineinstürzen?‘ Sie hatte kaum ausgesprochen, als die Nonne schon im Wasser lag; sie bekam ein solches Aussehen, daß sie sich umkleiden mußte[82].» Dieses Vorkommnis wirkt wie eine Burleske, zeigt aber eindeutig, wie streng der Gehorsam im Karmel beobachtet wird. Die Karmelitin unterzieht sich ihm unter allen Umständen, sie lebt der Überzeugung, «der Gehorsam gibt Kräfte»[83], die die Menschen über sich selbst hinausheben.

Einsamkeit und Schweigen, Armut und Gehorsam sind konkrete Auswirkungen des nackten Kreuzes. Zusammengefaßt werden sie im Leiden, das der karmelitische Mensch bewußt auf sich nimmt. Aus dem Munde der Ordensstifterin stammt die beinahe nicht mehr menschlich klingende Bitte: «Herr, entweder sterben oder leiden! Um nichts anderes bitte ich dich für mich[84].» In dieser Äußerung flammt der ganze Heroismus des christlichen Geistes auf, der im Karmel unablässig geschürt wird. «Ich hoffe, zu leiden, nur deshalb gehe ich in den Karmel», hat eine Nonne gesagt[85]. Die Bewohner des karmelitischen Klosters stehen nicht nur voll Verwunderung vor dem unaussprechlichen Geheimnis Gottes, mit welchem Staunen beinahe jedes religiöse Erwachen beginnt. Sie sind noch einen wesentlichen Schritt weitergegangen. Erst die Verwundung – für die Teresas Herzensverwundung nur das unwidersprechliche Symbol ist – beweist, wie das Wort vom nackten Kreuz im Karmel keine bloße, fromme Phrase ist. Mit Teresa Margherita vom Herzen Jesu haben sie sich vorgenommen, «zu leiden und zu schweigen für Jesu»[86]. Immer ist es der Wille zur Passion, dem man im Karmel begegnet. Diese Leidenssehnsucht ist ein Ausdruck des Willens, sich selbst ans Kreuz zu heften. «Die zur Hostie gewordene Seele» leidet nach Marie de Jesus mit einer geradezu freudigen Bereitschaft: «Um stark zu sein im Leiden, muß man es zwischen Gott und sich geheimhalten. Jesu schwieg, das macht die Majestät seiner Schmerzen aus. Laßt uns starke Seelen sein, Karmeliterinnen, die schweigen und voll Freude unter das Kreuz stehen [87].» Die karmelitische Leidensfrömmigkeit will sich bewußt selbst opfern. Statt das Leben für sich zu behalten, verliert sie es und betet zu Gott: Hilf mir, mich gänzlich zu vergessen. Ihr Bestreben geht dahin, sich zu überwinden: «Ja, ich glaube, daß das Geheimnis des Glaubens und des Friedens darin besteht, sich zu vergessen, sich nicht mit sich zu befassen [88].» Die Bereitschaft, sein Leben Gott zum Opfer darzubringen, gehört zu den Grundgedanken des Karmels.

Das nackte Kreuz des Karmels birgt eine furchtbare Realität in sich, die keine Abschwächung verträgt. Karmel ist wirkliches Kreuzerlebnis und nicht bloß «Theologie des Kreuzes», die man der «Theologie der Gloria» gegenüberstellt. Es ist tägliches Nacherleben von Golgatha. Um sich dem karmelitischen Verständnis des nackten Kreuzes zu nähern, sei auf die Ausführung Johannes vom Kreuz hingewiesen, die wie ein Schlüssel das Geheimnis aufschließt: «Willst du dahin gelangen, alles zu kosten, suche in nichts Genuß. Willst du dahin gelangen, alles zu wissen, verlange nichts zu wissen. Willst du dahin gelangen, alles zu besitzen, verlange in nichts etwas zu besitzen. Willst du dahin gelangen, alles zu sein, verlange in nichts etwas zu sein [89].» Beinahe nicht auszuhalten ist das karmelitische «nada, nada, nada». Dieses Nichts ist von einer unvorstellbaren Abgründigkeit, die schlechterdings nicht in Worte zu fassen ist, und vor der man unwillkürlich zurückschaudert. Man müßte ein Tier sein, um nicht vor ihm zurückzubäumen. Aber in diesem erschreckenden «nichts zu genießen, nichts zu besitzen, nichts zu wissen, nichts zu sein», das der Karmel mit aller Schärfe ausspricht, darf nicht das Wort, «alles zu kosten, alles zu wissen, alles zu sein» überhört werden, zu dem es hinführen will. Es geht nicht um eine Negation, sondern um eine Position. Das Nein ist Durchgangsstufe zum höchsten Ja. Der Karmel hat eine überaus lichtvolle Kehrseite, welche des Rätsels Lösung enthält. Eine merkwürdigere Umkehrung ist kaum denkbar. Strahlen von diesem verborgenen Licht sind bereits bei der Schilderung der Karmelsphäre immer wieder verräterisch durchgebrochen, sonst würde nicht der Boden der Zelle geküßt und von der «Freude des Schmerzes» geredet. Wohl hängt das Kreuz nackt an der kahlen Zellenwand, aber seine furchtbare Realität bedeutet für den karmelitischen Menschen letztlich doch die Erlösung. Bereits Teresa hat die mit der Vernunft nicht erfassende Paradoxie ausgesprochen: «Daher besteht in ihr alle Glückseligkeit, die man im Leben nur erlangen kann; denn wenn man nichts mehr wünscht, besitzt man alles. Solche Seelen fürchten nichts und erlangen nichts; Leiden verwirren sie nicht, Freuden regen sie nicht auf; niemand kann ihnen den Frieden rauben, weil dieser von Gott allein abhängt, von dem nichts sie trennen kann [90].»

Die bis dahin nur in einzelnen Äußerungen angedeutete Erlösungsfreude bricht mit einer wahren Lichtfülle im Gebet durch, das im Karmel im Mittelpunkt steht. Der Karmel ist eine Stätte des Gebetes, und wer das Gebet für ein illusorisches Selbstgespräch des Menschen hält, für den sind die karmelitischen Klöster die unnützesten Gebilde der Welt. «Die Grundlage dieses Hauses ist das Gebetsleben», war die Meinung der Klosterstifterin, die das Erhellendste über das innere Gebet geschrieben hat, was man lesen kann[91]. Die Aufgabe des Karmels ist das Beten, und er betet stellvertretend für die andern. Das eigentliche Gebet der Söhne und Töchter des Karmels wird niemals unterbrochen, es ist das Gebet des innern Aufbruchs, das aus der Überzeugung hervorgeht: «Das Gebet der Todesangst hat die Welt gerettet. Unsere Gebete, selbst die aus großer Not heraus, lassen uns niemals ohne eine göttliche Kraft[92].» Das Gebet ist die Substanz des Karmels, es bildet die Berechtigung seiner Existenz. «Das innere Gebet ist das Wesentliche im Leben des Karmels[93].» Im Gebet – nicht in der Verzückung – wird die Vereinigung mit Gott erreicht. Bernanos hat auf seinem Sterbebett mit ergreifender Ehrlichkeit gestanden: «Ich verstehe nicht zu bitten», und dieses Unvermögen macht das Elend des modernen Menschen aus, der die einfache Wahrheit vergessen hat, daß das Gebet auch erlernt und geübt sein will. Diese Frauen mit dem Schleier dagegen können, was dem großen Dichter versagt blieb und erleben das Gebet als die immerwährende Gegenwart Gottes. Das Kommen Gottes zu den Menschen ist nicht an das Sakrament gebunden. Eine karmelitische Nonne schrieb: «Im Garten, im Kreuzgang, an allen Orten ist nur er; nur ein ganz dünner Schleier trennt uns von ihm, jeden Augenblick könnte er erscheinen[94].» In aller Einfalt, aber mit überwältigender Kraft hat die Gewißheit von der immerwährenden Anwesenheit Gottes Bruder Lorenz ausgesprochen: «Es ist eine große Täuschung zu glauben, daß die Zeiten des Gebetes sich von andern Zeiten unterscheiden müssen; wir sind ebenso streng verpflichtet, uns mit Gott durch Tätigkeit in der Zeit der Tätigkeit als durch Gebet in der Zeit des Gebetes zu einen[95].» Nicht minder eindrucksvoll schrieb Schwester Elisabeth von der Dreifaltigkeit: «Das Leben einer Karmelitin ist eine Kommunion mit Gott vom Morgen bis zum Abend und vom Abend bis zum Morgen. Wenn er nicht unsere Zellen und Klostergänge erfüllen würde, wie öde wäre es dann hier[96].» Das Bewußtsein von der Einwohnung Gottes in den Seelen der Menschen lebt in diesen vergitterten Klöstern, es schließt das Geheimnis des Karmels in sich. Eine solch unerwartete Seligkeit vermittelt das nackte Kreuz!

Aus dieser immerwährenden Gegenwart Gottes geht die alles erfüllende Liebe hervor. Was die brennende Liebe zu Gott ist, haben diese Menschen erfaßt. Nur glauben allein genügt nach ihnen nicht. Man muß auch lieben, vor allem lieben, das wird immer wieder betont:

> Kein Amt ist mir geblieben,
> ich kann nichts anderes üben als das Lieben[97]

sang der mystische Dichter, der einmal ausdrücklich sagte, «am Abend des Lebens werden wir nach der Liebe beurteilt werden». Wie glühend hat Thérèse vom Kinde Jesu in der Liebe ihre Berufung erlebt, wie kannte sie kein anderes Mittel, um zur Vollendung zu gelangen, als die Liebe, und wie begehrte sie von keiner andern Wissenschaft als derjenigen der Liebe zu wissen. Marie de Jésu hat es ganz klar ausgesprochen: «Die Liebe muß bei einer Karmelitin alles übrige ersetzen. Man ist Karmelitin, um den Herrn bis zur Torheit zu lieben und alles übrige zu verachten ... Wir wurden geschaffen, um mehr zu lieben als die andern[98].» Die Liebe lodert im Karmel als eine geeinte Kraft vor allem Gott entgegen. Sie bewährt sich in dem eindringlichen Sterben der Nonnen, die den Tod als die Begegnung mit Christus ersehnen. Die Gottesliebe strömt eine fast unbegreifliche Freude aus. Trotz dem strengen Sühnegeist schleicht keine Düsternis durch die Räume des Karmels. Er weiß um die Freude, die aus der göttlichen Liebe hervorgeht. Traurigkeit bedeutet nach ihm, noch in sich selbst eingeschlossen zu sein. Wer immer in Gott ist, der steht in der Freude: «Die geistliche Freude ist der Grundzug einer Seele, die sich Gott völlig hingeschenkt hat. Es ist der Glanz der Liebe, und ist die Blüte der Barmherzigkeit, es ist das Verzücktsein dessen, der liebt in dem, der geliebt wird ... Die Freude gibt der Seele etwas Leichtes und Beflügeltes. Sie hebt sie über die Erde hinaus, über Prüfungen und Leiden und läßt sie ganz in Gott schweben[99].

Die unauslöschbare Liebesfreude entzündet den Willen zum Apostolat, der in diesen abgeschlossenen Klöstern glüht. Seelen zu retten, war außer der Selbstheiligung der zweite Grund, der bei der Erneuerung des Karmels den Ausschlag gab. Tausend Leben war seine Reformatorin bereit zu geben, um nur eine Seele zu retten. Maria Magdalena von Pazzi hat der Karmelitin die Aufgabe gestellt: «Eine der Ursachen, weshalb dich Gott in den Ordensstand berufen hat ist die, daß du der heiligen Kirche bei der Bekehrung der Sünder helfen sollst. Denn es ist nicht genug, daß du selbst gut bist, sondern du sollst durch deine Bußwerke und Gebete auch den Zorn Gottes gegen die Sünder besänftigen[100].» Durch den Karmel hallt der Schrei: «O ewiger Vater, ich brauche Seelen um den Preis jedes Leidens; mein ganzes Leben sei Sühne; ich bin bereit, alles zu leiden, aber Gnade, Erbarmen für die Welt[101].» Diese streng abgeschlossen lebenden Nonnen haben ein seltsames Sendungsgefühl, welches bei einer Thérèse vom Kinde Jesu jene überwältigende Form annahm, daß es erst nach ihrem Tode beginne, was dann auch vollauf zutraf. Ungeachtet ihres klösterlichen Daseins nahmen die Karmeliterinnen regen Anteil am Geschehen in der Welt. «Die öffentlichen Ereignisse beschäftigten sie lebhaft im Hinblick auf Christus und sein Reich. Während der öffentlichen Wahlen verrichteten sie harte Bußübungen, besondere Gebete und Hilferufe stiegen zum Himmel empor», wird von einer Priorin berichtet[102].

Das Überraschende der karmelitischen Sendung besteht in der Art und Weise wie sie dem apostolischen Auftrag nachkommen. Der Karmel veranstaltet keine Volksmission. Allem menschlichen Aktivismus mißtraut er und beteiligt sich auch ausdrücklich nicht an der vom Papst proklamierten katholischen Aktion. Die Rettung der Christenheit geschieht nach ihnen durch das Gebet. Der Kampf wird in beinahe unsichtbarer Weise geführt, hinter geschlossenen Mauern, nur mit erhobenen Händen. Nach Hans Urs von Balthasars Interpretation erfüllt sich im Karmel die bedeutsame Wahrheit von der ausstrahlenden Kontemplation aufs neue, die schon an der Wiege des Mönchtums stand. Dadurch ist er «zum wirksamen Bollwerk gegen den modernen kirchlichen Aktivismus und gegen die Kurzsichtigkeit mancher Christen geworden, welche die reine Kontemplation als überholt betrachten und eine weltzugewandtere Geistigkeit fordern. Der Karmel unserer Zeit besitzt das Gegengift gegen die schwächlichen und angstvollen Anpassungsversuche: die Einsicht, daß die reine Kontemplation mit dem ganzen geistigen Tod, den sie fordert, die wirksamste Hilfe ist, die der Kirche in der Welt zuteil werden kann[103].» Das karmelitische Apostolat kann nur paradox formuliert werden: Durch Nichtwirken in der Welt zu wirken! Dieser seltsame Widerspruch ist die tiefste Weisheit der Mystik. Die Passivität des Karmels enthüllt sich letztlich als höchste Aktivität. Wie sehr seine unsichtbare Ausstrahlung tatsächlich gesegnet war, beweisen die vielen göttlichen Gnaden, mit denen er überschüttet wurde.

Diese durch das nackte Kreuz bedingte Karmelsphäre ist nicht jedermann begreiflich. Ihr Verständnis hängt weniger von der Vernunft als vom religiösen Sinn ab. Auch auf ihre Erhabenheit ist das Wort Jesu anzuwenden: «Wer es fassen kann, der fasse es.» Sie vollzieht sich auf jener Ebene, welche Teresa von Jesu im letzten Kapitel ihrer Lebensgeschichte in die königlichen Worte zusammenfaßte, die noch einmal ihres und des Karmels Geheimnis andeuten: «Wie von großer Höhe schaue ich auf die Welt hernieder, und wenig kümmert es mich, was die Leute von mir sagen oder wissen. Unser Herr hat mir jetzt das Leben in eine Art von Schlummer verwandelt, denn was immer ich erblicke, scheint mir fast, als wäre es im Traum geschaut; auch habe ich für Lust und Mühsal wenig Sinn[104].»

IGNATIUS
UND DIE GESELLSCHAFT JESU

I

 GNATIUS schrieb in seinen Lebenserinnerungen von seiner großen Liebe zum flimmernden Sternenhimmel. Stundenlang konnte er in tiefer Versunkenheit zu dem sternenübersäten Firmament emporschauen, ein Anblick, aus dem ihm sowohl innerer Trost als auch zugleich ein Eifer, Gott zu dienen, erwuchs[1]. Der ignatianische Aufblick zum unendlichen Sternenmeer ist ein eindrückliches Sinnbild für das Geheimnis dieser unauslotbaren Seele. Wer dem wirklichen Ignatius begegnen will, erhebe wie er die Augen lange Zeit zum nächtlichen Himmel, dann treffen sich die Blicke am höchsten Ziele, von dem aus der letzte große Ordensstifter begreifbar wird. Allein von diesem gemeinsamen Himmelspunkt aus kann es zu jenem metaphysischen Verstehen kommen, das alle Verschiedenheit der irdischen Meinungen überbrückt. Selbstverständlich gehört diese «Geschichtsmethode» in das Gebiet der «Unwissenschaftlichen Nachschrift», wie Kierkegaard dieses Vorgehen nannte. Trotz seiner Anstößigkeit ist es wahrscheinlich der einzige Weg, der ins Innere dieses unergründlichen Menschen führt. Diese Bemühung besitzt den einen, entscheidenden Vorzug, auf eine religiöse Fragestellung auch eine religiöse Antwort zu geben. Alle andern Versuche, sich Ignatius' zu bemächtigen, bleiben in den Außenbezirken hängen.

Ignatius' Leben weist einige Knotenpunkte auf, in denen sich jeweilen die innere Dramatik schürzt. Sein Dasein beginnt mit einer Vorgeschichte, die rasch zu den tieferen Erlebnissen überleitet. Er selbst hat in den «Lebenserinnerungen» – es ist anzunehmen, daß er immer noch am besten über sich selbst Bescheid wußte – das erste Vierteljahrhundert seines Lebens mit der kurzen Bemerkung abgetan, daß es «den Eitelkeiten der Welt» angehörte[2]. Die Nichtigkeiten bestanden nach der Aussage seines Sekretärs Polanco im Glücksspiel, in freizügiger Frauenliebe und leidigen Ehrenhändeln, wie sie sowohl Hofleben als Offiziersdienst mit sich brachten. Ignatius hielt mit Recht die unrühmliche Zeit seines Sündenlebens nicht einer breitspurigen Erzählung wert. Seine Ehrlichkeit gestattete ihm jedoch nicht, die verlorenen Jahre in Abrede zu stellen. Noch später sprach er in Azpeitia auf der Kanzel von seinen Apfeldiebstählen, die er als lausiger Junge beging; dieser Akt der Verdemütigung war ihm wichtiger als die Befürchtung, sein Ansehen als Ordensstifter könnte unter diesem Geständnis Schaden leiden.

Obschon Ignatius' Vorgeschichte recht unbedeutend war, empfing er doch inmitten ihres Schlammes den entscheidenden Stoß, der ihn aus seinem verspielten Dasein hinauswarf. Er traf ihn in seinem väterlichen Schloß zu Loyola, wo er mit einem zerschmetterten Bein lag. Die schwere Verwundung hatte er sich bei seiner tapfern Verteidigung von Pamplona zugezogen, als er die kleine Besatzung bis zum äußersten Widerstand anfeuerte. Aus Achtung vor seiner Tapferkeit trugen ihn die Sieger in einer Sänfte nach Loyola. Die Ärzte brachen sein Bein zum zweiten Male, um es besser einzurichten, und einige Zeit später stellte sich noch die Notwendigkeit heraus, ein hervorstehendes Knochenstück abzusägen. Bei dieser scheußlichen Prozedur bewies Ignatius ein Verhalten, das für seine Seelenstärke bezeichnend ist. Er duldete den nach den chirurgischen Behandlungsmethoden von damals barbarischen Eingriff, ohne einen einzigen Schmerzenslaut von sich zu geben. Mit zusammengepreßten Fäusten ließ er die unsinnige Qual über sich ergehen, damit eine ungeheure Selbstbeherrschung beweisend.

Schlimmer als die standhaft erlittenen Schmerzen war die grau in grau getauchte Langeweile, die Ignatius während seines Krankenlagers überfiel. Der leichtsinnige Weltmensch erlebte das ertötende Gefühl der nicht vorbeischleichenden Stunden bis zur Marterung – eine Seelenpein, die später der russische Dichter Gontscharow in seinen Erzählungen mit unheimlicher Gewalt schilderte. Um sich die im langsamsten Tempo dahinschleppende Zeit zu verkürzen, verlangte er nach den damals in Spanien beliebten Ritterromanen, deren Lektüre auch der jungen Teresa von Avila den Kopf verdreht hatte. Ignatius war der ritterlichen Tradition schwärmerisch zugetan, ohne in jener Stunde nur von entfernt zu ahnen, daß er dereinst in einen himmlischen Ritterdienst aufgenommen würde. Man konnte seinem Wunsch nicht entsprechen, denn im Schloß gab es nur zwei fromme Bücher, das «Leben Christi» von Ludolf von Sachsen und die «Goldene Legende» des Jakobus de Voragine. In seiner Flucht vor sich selbst und der grenzenlosen, unbewegten Langeweile, suchte er Zerstreuung um jeden Preis, jede Lektüre war ihm recht, schlug sie doch die Zeit tot, und so griff er auch nach diesen beiden Büchern.

Ignatius' weltliche Denkweise machte es ihm schwer, sich in der fremdartigen Welt der Heiligen zurechtzufinden. Er legte das Legendenbuch jeweilen bald wieder weg, um sich seinen süßen Träumereien hinzugeben. Erst als er in der Lektüre zu Franziskus und Dominikus kam, entzündete sich seine Phantasie am Stoff. Die kühnen Taten der Väter der Bettelorden verfehlten nicht ihren Eindruck auf das Gemüt des für Tapferkeit begeisterten Ignatius. Die an sich fragwürdige Parallele zwischen dem religiösen und dem kriegerischen Helden dämmerte ihm auf, und er begann die beiden Lebensarten miteinander zu vergleichen. Noch wirbelten die Gedanken auf seinem Krankenlager wirr durch-

einander, zumal das Heilige für ihn zu jener Zeit nur in ungewöhnlichen Bra-
vourstücklein bestand. Sein unbefriedigter Ehrgeiz brachte ihn auf den Gedanken: «Wie wäre es, wenn auch ich das ausführte, was der heilige Franziskus und
was der heilige Dominikus taten?»[3] Die Frage faszinierte ihn dermaßen, daß er
sie mit der allzu einfachen Schlußfolgerung beantwortete: «Der heilige Dominikus hat es getan, deshalb muß auch ich es tun; der heilige Franziskus tat es,
deshalb werde auch ich es tun!»[4] Aus dieser Überlegung floß keineswegs die
bedeutsame Problemstellung, die ihn auf den neuen Weg gebracht hat. Religiös
gesehen war es lediglich eine innere Prahlerei ohne tiefere Bedeutung. Ignatius'
Frage und Antwort verraten nicht die geringste Ahnung von der Gottgewirkt-
heit der nicht aus eigener Kraft vollbrachten Taten der beiden Bettelordens-
stifter. Eine in eitler Ruhmessucht befangene Phantasie nur kann meinen, das,
was ein Franziskus und Dominikus Unfaßliches getan haben, auch auszuführen
stehe in ihrem Belieben, wenn es den Menschen nur gelüste. Zu jenem Zeitpunkt schlummerte die religiöse Denkweise noch in Ignatius.

   Durch dieses selbstgefällige Gedankenspiel hindurch, das Ignatius auf dem
Schmerzenslager betrieb, kam es zu jenem ersten Anruf von oben. Der verwundete Ritter machte in seiner vergleichenden Phantasiebeschäftigung die seelische Erfahrung, daß ihn jeweilen die Sehnsüchte nach seiner Herzensdame
vorübergehend belebten, um ihn nachher in eine desto tiefere Niedergeschla-
genheit absacken zu lassen, während umgekehrt, bei den geistlichen Gedanken,
sich ein wohltuender Nachgeschmack einstellte. Diese genaue Beobachtung seines Innenlebens enthüllt eine stets gültige Wahrheit, die für Ignatius bahnbre-
chend war, weil er sie nicht bloß psychologisch ausbeutete. Eine solche Verschiebung lag nahe, aber der infolge seiner Krankheit nachdenklich gewordene
Ignatius entging diesem Mißgriff. Wie der spätmittelalterliche Mensch, dachte
auch Ignatius noch in metaphysischen Kategorien, und in den gegensätzlichen
Nachwirkungen seiner beiden Stimmungen erkannte er «den Unterschied zwischen den Geistern, die ihn bewegten, nämlich zwischen dem Geiste Satans und
dem Geiste Gottes[5].» Mit dieser Wahrnehmung rührt Ignatius zum erstenmal
an eine zum Aufhorchen zwingende Einsicht. Hier allein liegt der entscheidende Ansatz der religiösen Entwicklung dieses Menschen. Jetzt begann sich
sein Antlitz zum nächtlichen Himmel emporzuwenden, und auf seinen Gesichtszügen widerspiegelte sich ein Schimmer vom ewigen Sternenglanz. Die Erkenntnis von der Verschiedenheit der freude- und der tränenbringenden Geister gewann
bestimmende Macht über sein Leben und blieb nicht nur ein flüchtiger Einfall,
der ergebnislos durch sein Gehirn huschte. Ignatius empfand die seelische Beobachtung als einen innern Zug zum Guten oder zum Bösen und stieß dabei zu
der fundamentalen «Unterscheidung der Geister» vor, von der auch Paulus im
ersten Korintherbrief redet (12, 10). Noch hatte er keine Ahnung, daß er un-

mittelbar vor einem der wunderbarsten Charismen seines Lebens stand, einer kostbaren Gnadengabe, ohne die Ignatius niemals in der verwirrten und sich auflösenden Zeit seine Aufgabe zu erfüllen vermocht hätte. Damals sind ihm die ersten Anfangsgründe der hohen Kunst der Geisterunterscheidung aufgegangen. Er ist auf dieses Thema, als einem zentralen Herzensanliegen, immer wieder zurückzukommen. Durch diese charismatische Tätigkeit unterscheidet sich Ignatius aufs stärkste vom modernen Menschen, der sich nicht mehr auf die Prüfung der Geister versteht, ob sie, wie der Johannesbrief sagt, von Gott kommen oder nicht, und der darum auch instinktlos allen pseudoreligiösen und politischen Rattenfängern ins Garn geht, die ihn durch alle Gossen schleifen, bis er blutüberströmt auf der Strecke liegen bleibt. Auf dem Krankenlager zu Loyola dämmerte Ignatius diese überpsychologische Wahrnehmung auf, die seine religiöse Laufbahn eröffnete. Die Unterscheidung der Geister bewirkte den ersten Umschwung in seiner Seele; der mit einem verkürzten Fuß behaftete Ritter verließ zuletzt das väterliche Schloß mit dem freilich noch reichlich vagen Entschluß, fortan das Leben eines wandernden Büßers zu führen.

Nach seiner Genesung ritt Ignatius, ohne seinen Angehörigen nur ein Wörtchen zu sagen, mit einem Maultier davon und überließ, gleich dem Ritter von der traurigen Gestalt, bei Wegkreuzungen seinem Tier die Wahl der Richtung. Obwohl er von dem Verlangen erfüllt war, «aus Liebe zu Gott große Dinge zu tun»[6], wie es seinem noch nicht verrauchten Ritterehrgeiz entsprach, steckte seine Bekehrung noch in den allerersten Anfängen. Im Grunde seiner Seele war Ignatius immer noch der alte Adam und konnte auch nichts anderes sein, denn so leicht wird man nicht aus einem in schöne Frauen vergafften Jüngling zu einem Ritter Christi. Wie blind Ignatius' Seele trotz der keimenden Gabe der Geisterunterscheidung zu jenem Zeitpunkt noch war, bezeugte er in seiner Begegnung mit dem Mauren. Zufällig traf er auf der Straße mit einem Sarazenen zusammen, und die beiden Männer kamen auf ihrem Weg in ein Gespräch über Maria, wobei der Mohammedaner die immer bleibende Jungfräulichkeit der Mutter Jesu in Abrede stellte. Kaum hatte sich Ignatius von seinem Begleiter getrennt, geriet er in eine wahre Wut, und in seinem echt spanischen Temperament «stieg das lebhafte Verlangen auf, den Mauren aufzusuchen und ihm für seine Reden einige Dolchstöße zu versetzen»[7]. Nach Ignatius' eigener Aussage lagen zu jener Stunde Maria und Dolchstöße noch unmittelbar nebeneinander, fürwahr, ein Zeichen, wie gering noch die Erleuchtung seines Verstandes war. Erbittert wie er war, wollte er seine Tötungsabsicht ausführen, doch sein Maultier bewies, wie weiland der Esel Bileams, größere Einsicht und verhinderte ihn an der Durchführung seines Vorhabens. Der spanische Ehrbegriff, der glaubte, eine der Maria angetane Beleidigung mit dem Dolch rächen zu müssen, überwucherte noch vollständig in Ignatius das christliche Gebot der Feindesliebe.

Entschuldigend sei gesagt, daß diese Episode noch zur Vorgeschichte von Ignatius' religiösem Lebensweg gehört, der nun allerdings in schnellem Lauf seinem Höhepunkt entgegenstrebte.

Schließlich führte ihn sein Weg zu dem durch die Gralssage berühmt gewordenen Montserrat, dem Heiligtum der spanischen Christenheit. Er legte bei den Benediktinermönchen des Klosters eine Generalbeichte ab, verschenkte sein Maultier und entledigte sich seiner ritterlichen Kleidung. Sein Schwert hing er am Hauptaltar der Marienkirche auf und brachte die ganze Nacht im Gebet vor dem Gnadenbild der Madonna zu. Der adelige Ritter zog ein Kleid aus grobem Sackstoff an, nahm einen Stab zur Hand und hängte sich eine Kürbisflasche um. Keine äußerliche Marotte bewegte ihn zum Kleiderwechsel, es war eine symptomatische Handlung, denn auf dem Berge Montserrat vollzog sich der endgültige Bruch mit seinem weltlichen Leben. Mag der leicht hinkende Ignatius mit der an seiner Seite baumelnden Kürbisflasche ein wenig lächerlich ausgesehen haben, es kümmerte ihn wenig. Völlig abgekehrt von seinen ehrgeizigen Waffenhändeln tat er nie mehr einen Schritt zurück. Der Montserrat ist eine wichtige Station auf Ignatius' Lebensweg, dort begann er das neue Leben eines Büßers.

Der wilde Anfang seines maßlosen Büßertums brachte Ignatius in den Ruf eines Abenteurers. Meinetwegen. Es war aber das Abenteuer Gottes, auf das er sich eingelassen hatte, und das ist etwas grundsätzlich anderes. Diese Ahnung ist auch Miguel de Unamuno beim Schreiben seines Kommentars über Don Quichotte aufgedämmert, den er als einen Jünger Christi verstand und bei dem er immer wieder an den Vater der Gesellschaft Jesu erinnert sich fühlte, der nach ihm «die größten Anstrengungen machte, um als fahrender Ritter nach göttlicher Art zu leben»[8]. Mit der Verbindungslinie zwischen Don Quichotte und Ignatius hat der spanische Religionsphilosoph auf zarte Weise eine hintergründige Gemeinsamkeit angedeutet, die dem beinahe unfaßlichen Format des Basken viel näher kommt als die von den mitteleuropäischen Beurteilern angewandten Maßstäbe, die immer nur den hervorragenden Psychologen mit seiner erstaunlichen Selbstbeobachtungsgabe zu rühmen wissen. Spanisches Empfinden dagegen sieht ihn vom gleichen himmlischen Wahnsinn ergriffen wie den unsterblichen Liebhaber der Dulcinea del Toboso, und rückt ihn damit gleich zu Beginn aus aller bürgerlichen Lebensauffassung heraus. Nach seinem Aufbruch vom Montserrat gemahnt Ignatius tatsächlich mit seinem Suchen und Fragen an den reinen Toren; er ist in seiner ersten religiösen Phase ein Don Quichotte höherer Ordnung!

Nachdem Ignatius den Gedanken, als Einsiedler in die Kartause von Sevilla einzutreten, aufgegeben hatte, pilgerte er von Montserrat nach Manresa. In diesem kleinen Städtchen erlebte Ignatius seine entscheidende Seelenschlacht.

Das Große im Leben des Basken beginnt erst in Manresa. Alles Frühere hat höchstens vorbereitenden Wert. In Manresa erfolgte jener religiöse Durchbruch, der Ignatius zu Ignatius machte. Er selbst hat alle Fragen, die man an sein Leben stellte, stets mit dem Hinweis auf Manresa beantwortet. Dort stand die Wiege seines Werkes, zu der jedes tiefere Verständnis immer wieder zurückkehren muß. Manresa enthält den Schlüssel zu allem Folgenden. Daselbst geriet Ignatius in die Esse Gottes, darinnen ihn der Ewige unerbittlich zurechthämmerte. Die Unterscheidung der Geister, die ihm auf dem Krankenlager zu Loyola aufgegangen war, verwandelte sich aus einem theoretischen Problem in eine existentielle Sache. In unerhörter Wucht bekam er am eigenen Leibe zu spüren, wie der Geist Gottes und der Geist des Bösen miteinander auf dem Schlachtfeld seiner Seele rangen, so daß ihm darob beinahe Sehen und Hören verging.

Zunächst benützte Ignatius eine Höhle, in der er ein strenges Büßerleben führte. Zeitweise wohnte er im Spital, zuweilen im Dominikanerkloster, und wurde auch von frommen Damen als Gast in ihre Häuser aufgenommen. Ignatius enthielt sich des Fleisches und des Weines, geißelte sich dreimal des Tages, trug eine eiserne Kette auf dem Leib und schlief auf bloßer Erde. Die Haare kämmte er nicht mehr, die Nägel ließ er wachsen und wusch sich ebensowenig, wodurch er allmählich einen schauerlich verwahrlosten Eindruck erweckte. Von dem adeligen Ritter, der den Damen den Hof machte, blieb in seinem unbändigen Körperhaß nicht eine Spur übrig. Der sich kasteiende Asket hatte den einst feingekleideten Kavalier völlig verschlungen. Ignatius war es mit seinem Büßerleben bitter Ernst, und alles spielerische Liebäugeln, es einem Dominikus gleichzutun, war restlos von ihm abgefallen. Was er unternahm, führte er auch ganz durch; Halbheit ist kein ignatianischer Charakterzug.

In jener Höhle zu Manresa, in der Ignatius wie ein frühchristlicher Anachoret asketischen Übungen oblag, suchten ihn schwere Anfechtungen heim. Nur mit verhaltenem Atem wagt man in diesen furchterregenden Aufenthaltsraum einzutreten, in welchem Ignatius den Angriffen Satans ausgeliefert war. Und doch bedarf es, um ihm nahezukommen, der Wahrnehmung dieses bestürzenden Seelenkampfes um Sein oder Nichtsein. Der büßende Pilger erlebte in der Felsenhöhle eine wahre Hölle, wie man sie sich nicht schrecklicher vorstellen kann. Er bekam es auf eine ebenso reale als erschütternde Weise mit den überirdischen Mächten zu tun, sie stürmten auf ihn ein, tobten und schütteten ihren ganzen Ingrimm auf ihn aus. Gewissensängste marterten ihn und brachten ihn an den Rand der Verzweiflung. Ungestüme Versuchungen traten an ihn heran, die ihn gar einmal verlockten, sich selbst kopfüber aus der Zelle des Dominikanerklosters dem Tod in die Arme zu werfen. Der Siedepunkt der Teufelskämpfe liegt entschieden in dieser Selbstmordanfechtung, die seine ganze Existenz in Frage stellte. Die versucherische Stimme, seinem Leben ein Ende zu bereiten enthüllt die dunkeln Gewalten, mit denen er bis aufs Blut gerungen hat. Auch Ignatius ist durch die Todeszone hindurchgeschritten. Der nächtliche Sternenhimmel entschwand gänzlich seinen Blicken, und es schien, als hätte er das Letzte an Nöten auszustehen. Dann aber schwoll sein Herz wieder vor Hochmut, der nicht minder gefährlich war. Täglich brachte Ignatius sieben Stunden im Gebet auf den Knien zu, um seiner höllischen Anfechtungen Herr zu werden. Er besprach seine Not mit verschiedenen geistlichen Persönlichkeiten, die ihm jedoch nicht zu helfen vermochten, weil sie sich nie in solchen Tiefen mit dem Widersacher bewegten. Das Wort einer alten Frau erschreckte ihn noch vollends: «Oh, gefiele es doch meinem Herrn Jesus Christus, daß er Euch eines Tages erscheinen wollte[9].»

Zugleich überfiel Ignatius die Seelenkrankheit der Skrupulosität mit all ihren Ängsten und Qualen. Alle erdenklichen Phasen dieses Leidens waren ihm beschieden. Der sie bis zum bittern Ende durchfechtende Ignatius überwand sie zuletzt mit dem siegreichen Entschluß, einmal gebeichtete Sünden nicht immer wieder aufzuwärmen, Vergangenes auch wirklich als vergangen zu betrachten. Da Ignatius die Seelenmarter der Skrupel bis zur bedrohlichen Selbstzerstörung durchgelitten hatte, vermochte er auch später so lichtvolle Ratschläge über den Kampf mit dem Versucher zu erteilen: «Will uns der Feind stolz machen, müssen wir uns erniedrigen, indem wir uns unsere Sünden und Armseligkeiten vor Augen halten; will er uns aber kleinmütig und verzagt machen, so müssen wir uns im Gegenteil aufrichten, im starken Glauben und in der Hoffnung auf den Herrn[10].»

Eine erste Hilfe in diesem angefochtenen Dasein war Thomas a Kempis' Buch die «Nachfolge Christi». Kein anderes Werk half ihm in seiner geistigen Entwicklung so sehr wie diese unpathetischen Ausführungen des Niederländers. Wie eine Erleuchtung wirkte die «Nachfolge Christi» auf ihn, er behielt dieses schlichte Erbauungsbuch sein ganzes Leben lang in hohen Ehren, trug es beständig bei sich und las immer wieder darin. Dies ist nicht unbegreiflich, denn Thomas a Kempis' «Nachfolge Christi» hat eine gewisse Gemeinsamkeit mit dem täglichen Brot: es verleidet dem Menschen nie und nährt ihn mit einer religiösen Kraft. Die Liebe Ignatius' zu dem demütigen Buch spricht für ihn. Nur ein lauterer Christ kann sich von den Worten des Thomas a Kempis, die völlig frei sind von allem schillernden Geflunker, dermaßen angesprochen fühlen.

Die Lektüre von Thomas a Kempis' «Nachfolge Christi» verursachte in Ignatius eine tiefgreifende Veränderung. Er entnahm dem Buch die Einsicht, daß das Streben nach Heiligkeit in der innern Reinigung und nicht in der äußern Abtötung bestehe, wie er bis dahin gemeint hatte. Einer Offenbarung gleich überfiel ihn die Erkenntnis: Die Seele bedarf der Läuterung und nicht der Körper der Drangsalierung. Mit folgerichtiger Konsequenz sah Ignatius allmählich von seiner übermäßig geübten Strenge ab, schnitt sich sowohl Haare als Nägel, und bekam dadurch wieder ein ordentliches Aussehen. Er betrat jenen Weg, der zur Erneuerung seines Innenlebens führte und begehrte fortan nicht mehr, durch ein seltsames Äußeres aufzufallen, noch huldigte er einer zur Schau gestellten Religiosität, wie sie seinem Volk manchmal zu Unrecht vorgeworfen wird.

Diese Umstellung ist von prinzipieller Bedeutung. Man mißverstehe den Vorgang nicht. Ignatius blieb ein Freund der Askese, auf die kein Ordensmann verzichten kann. «Der abgetötete Mensch» war durchaus sein Ideal, weil nur eine sich beherrschende Persönlichkeit die Leidenschaften bezähmt. Ignatius überwand in jener Stunde nicht die wertvolle Askese, wohl aber den blindwütigen Asketismus, der gerne die Seele ausdörrt und die schöpferischen Impulse erstickt. Die übersteigerte Kasteiung unterdrückt bloß den äußern Hang zur Sündhaftigkeit, vermag aber das innere Begehren nicht auszulöschen. Der Verzicht auf die unnötige Selbstquälerei führte Ignatius nicht zurück zu dem gedankenlosen Leben des Alltagsmenschen. Von nun an verwechselte er nicht mehr Übernatur mit Unnatur und geläuterte mit erstorbener Liebe. Was er bis dahin im Äußern gesucht hatte, verlegte er nach innen, wie es die christlichen Mystiker aller Zeiten getan haben. Unstreitig erreichte er durch seine geistige Überwindung des bloß negativ eingestellten Asketismus eine wesentliche Vertiefung, die für alles Vollkommenheitsstreben beachtenswert bleibt. An Tiefe darf sie mit jener Erkenntnis in Parallele gesetzt werden, die Buddha zur Preisgabe seines Waldlebens bewegte. Mehr als allen nur zur Abmattung führenden asketischen Rigorismus wünschte Ignatius die Freude in Gott zu erhalten. Heftige Züchtigung des Leibes gereicht dem Menschen gerne zum Schaden, allzu leicht gebiert sie einen starren Sinn, den Ignatius nicht liebte. Wo immer ihm später in den eigenen Reihen dieser Hang zur übertriebenen Abtötung begegnete, ist er stets dagegen eingeschritten: «Was Fasten und Enthaltsamkeit betrifft, so halte ich dafür, daß es Gott mehr zur Ehre gereicht, die Verdauung und die Körperkräfte im allgemeinen zu erhalten und zu stärken, als sie zu schwächen ... Ziehen Sie wohl in Erwägung, daß Seele und Leib Ihnen von Gott, Ihrem Schöpfer und Erhalter gegeben wurden; daß Sie Rechenschaft über beide abzulegen haben und daß Sie um Seinetwillen Ihren Körper nicht schwächen dürfen, da sonst der Geist nicht die erforderliche Kraft zur Arbeit besitzt[11].»

In Manresa war es auch, da er die erste Himmelsfreude empfing, die sich als eine noch größere Hilfe als Thomas a Kempis' Buch erwies. Unaussprechliche Tröstungen überfluteten seine zu Tode verwundete Seele. Dem Geist Satans, der ihn bedrohte, trat der Geist Gottes erlösend entgegen und begnadigte ihn mit der ersten Vision. «Oft am hellen Tage bemerkte er neben sich in der Luft ein Etwas, das ihm großen Trost gewährte», schreibt Ignatius in seinen Lebenserinnerungen[12]. Leider besaß er nicht die Gabe, den Inhalt seiner Erleuchtungen anschaulich zu schildern. Er berichtet von der «heiligsten Dreifaltigkeit, die er in Gestalt dreier Orgeltasten schaute»[13] und ähnlichen Erscheinungen. Ignatius war Visionär, sein geistiges Auge sah meistens trinitarische Visionen, die nicht eingebildet waren. Die Visionen kamen über ihn, er konnte sich ihrer nicht erwehren, nicht anders als bei den großen Visionären der christlichen Geschichte. Auch später hatte Ignatius immer wieder visionäre Erleuchtungen. Er notierte sich in seinem «Geistlichen Tagebuch»: «Ich sah die göttliche Wesenheit in Kugelgestalt, und zwar in etwas größerer, als in der die Sonne erscheint[14].»

Für das religiöse Verständnis von Ignatius' Persönlichkeit sind diese Visionen geradezu unentbehrlich, weil sie auf die tiefern Hintergründe weisen, aus denen er lebte. In ihnen lediglich aus nervösen Gleichgewichtsstörungen hervorgegangene «sogenannte Photismen» zu sehen, «wie sie noch heute jeder normal, visuell veranlagte Mensch in Momenten starker Erregung haben kann», beweist ein metaphysisches Unvermögen, über das man nur erröten kann[15]. Diese beschämend platte Deutung verrät eine völlige Ahnungslosigkeit von mystischem Erleben. Wenn es sich bei Ignatius' Visionen nur um automatisch erzeugte Lichtempfindungen handelte, dann wird konsequenterweise auch Paulus' Erlebnis vor Damaskus in der Weise zu erklären sein. Mit diesem Positivismus bestreitet man bloß alle metaphysischen Einbrüche im Menschenleben, eine Verneinung, die mit Geschichtsforschung gar nichts zu tun hat, sondern Ausdruck moderner Ungläubigkeit ist.

Genau betrachtet sind die visionären Vorgänge von Manresa letztlich ein undurchdringliches Geheimnis, das es zu respektieren gilt. Wer mystisches Geschehen analytisch zergliedern will, gibt es unweigerlich der Zerstörung anheim. Visionen sind nicht nur als eine außerordentliche seelische Bewegtheit zu deuten, sondern als ein Teilhaben an der transzendenten Welt. Eindeutig bekunden diese Tröstungen, daß Ignatius wirklich ein von Gott berührter Mensch war. Wenn er auch nicht Gestalten sah, so sind diese Lichtvisionen deswegen nicht weniger christlich als ausgesprochene Christusvisionen. Ignatius hatte bestimmt eine reale Begegnung mit dem Ewigen. Gott legte seine Hand auf diesen ehrgeizigen Spanier. Aus der visionären Verbundenheit mit der überirdischen Welt hat er sein Werk geschaffen. Die Kraft, den mühsamen Weg zu gehen, der ihm in seinem Leben beschieden war, schöpfte er aus seinen Gesichten. Die Visionen waren ihm jene göttliche Sonne, die ihn oft förmlich in Lichtstrahlen einhüllte. Sie sind der Quellgrund seiner Einsichten.

Eng verbunden mit diesen Tröstungen war die Tränengabe. Visionen und Tränen flossen aus dem gleichen göttlichen Erleben. Immer wieder führt er in seinen tagebuchartigen Notizen aus: «Überströmen in Andacht mit Tränen

und infolgedessen Augenschmerzen [16].» Ignatius empfing in Manresa das Tränencharisma, aber auch noch später war das unter Tränen verrichtete Gebet
die Waffe, mit der er vor Gott kämpfte. Die bei vielen Heiligen vorkommende
Tränengabe hat nichts mit Traurigkeit zu tun, sie ist ein mystisches Problem,
das aller psychologischen Erklärung spottet. Ignatius' Tränen hängen vielmehr
mit der verborgenen, religiösen Freude zusammen, die fortan auch in seinem
Leben nicht fehlte. Viel zu wenig beachtet wird, wie er später zu Paris von einer
«solchen Fröhlichkeit erfüllt war, daß er über jene Felder hin laut zu jauchzen
anfing [17].» Zu diesem geistlichen Don Quichotte gehört die von Tränenströmen
begleitete Freude, die ihn aufrecht erhielt, mochte auch seine Lanze noch so oft
am dumpfen Widerstand der Welt zersplittern. Manchmal vernahm er in seinen
Verzückungen auch die innere Stimme. Alle diese Wesensmerkmale machen
Ignatius zu jenem immer noch zu wenig bekannten christlichen Mystiker, welche Erfassung seine Deutung als eines religiösen Ritters von der traurigen Gestalt wesentlich überhöht. Plötzlich versteht man die völlige Versunkenheit im
stundenlangen Anblick des nächtlichen Sternenhimmels. Auch der spätere Ignatius hat seine Wurzeln in diesem übernatürlichen Erleben während seines Aufenthaltes in Manresa. Werden seine höllischen Versuchungen, sein tränenreiches Gebetsleben und seine freudeblitzenden Visionen übersehen, dann bleibt
dieser Mensch eine nicht deutbare Hieroglyphe.

Noch während seines betenden Ringens in Manresa wurde Ignatius die große
Erleuchtung seines Lebens zuteil. Er hat ihre Außerordentlichkeit dermaßen
empfunden, daß sich ihm jede Einzelheit unvergeßlich einprägte. Als zweiundsechzigjähriger Mann wußte er noch genau um die Stunde des großen Ereignisses, da er sich auf dem Weg zur Kirche St. Paul am Wegrand niedersetzte und
dem dahinfließenden Fluß nachschaute. Dem Vorkommnis wohnt eine solche
Tragweite inne, daß es nur mit Ignatius' eigenen Worten adäquat wiedergegeben werden kann: «Die Augen seines Geistes begannen sich zu öffnen, nicht so
sehr in dem Sinne, daß er ein Gesicht geschaut hätte, sondern indem er viele
Fragen erfaßte und erkannte, sowohl solche, die das geistliche Leben, als auch
solche, die den Glauben und die Wissenschaft betrafen. Und dies war mit einer
so scharfen Erleuchtung verbunden, daß ihm alles neu schien [18].» Dieses unerwartete Erlebnis ist der Mittelpunkt von Ignatius' innerer Entwicklung. Mit
einem Schlag wird es im Leben dieses Menschen heller Tag. Alles ist auf diese
rational nicht zu erklärende Erleuchtung zurückzuführen. Dieser gnadenvolle
Lichtstrahl, der dort auf Ignatius fiel, ist mit den überschwenglichsten Worten
nicht zu umschreiben und bleibt geheimnisvoll. Ignatius selbst bewertete diesen Moment, da ihn die Klarheit von oben umstrahlte, aufs höchste. Er griff zu
den denkbar stärksten Ausdrücken, um diese Geisteserhellung zu schildern,
die aus ihm «einen andern Menschen» mit «einem andern Verstand» gemacht

hat. Alle Gnadenhilfe, die er während seines ganzen Lebens empfangen habe wiege nicht so viel wie diejenige, die ihm dies eine Mal geschenkt wurde. Zu Laynez sagte er später, er habe in dieser Stunde der Erleuchtung mehr gelernt, als was ihn hundert Doktoren der Welt hätten lehren können. Wahrhaftig, Ignatius ist nicht zu den Männern der offiziellen Gottesgelahrtheit zu zählen, wohl aber zu den großen Schauenden, die im Geiste die Geheimnisse des christlichen Glaubens erkennen. Nach Hugo Rahner war der «Grundgedanke dieser Vision der ‚synthetische' Blick für den Zusammenhang aller geoffenbarten Wahrheiten[19].» Die auf dem Krankenlager zu Loyola mehr geahnte als durchgeführte Unterscheidung der Geister hatte ihren krönenden Abschluß gefunden. «Alles schien ihm neu», dieses lapidare Ergebnis faßt die überwältigende «Existenzerhellung» zusammen, welche die gegenwärtige Philosophie erstrebt und nicht findet, die aber Ignatius voll überfließenden Dankes vor dem nächsten Kreuze am Wege niedersinken ließ. Freilich mußte die neue Einsicht noch in eine Form gefaßt werden, damit nicht alles im Unbestimmten wieder zerfließe. Bis Ignatius dieses Ziel erreichte, bedurfte es noch fast zehn Jahre innerer Verarbeitung.

Aus dieser entscheidenden Erleuchtung ging eine bleibende Frucht hervor. Die neuen Erkenntnisse nahmen eine solch bedrängende Gewalt an, daß Ignatius sie zu Papier bringen mußte. Er notierte seine Gedanken auf lose Blätter, die allmählich ein ganzes Heft füllten; es waren die ersten Aufzeichnungen zu den «Geistlichen Übungen». Man steht unmittelbar vor der Geburtsstunde dieses vielgenannten Büchleins, das für Ignatius' Wesen bestimmend wurde. Es erblickte in Manresa, als geistiges Kind aus jener Erleuchtung, das Licht der Welt. Natürlich entstanden damals nur die ersten Notizen, die endgültige Fassung erfolgte viel später. In seiner Konzeption aber ist es ein Produkt des dortigen Aufenthaltes, und deswegen prägt Manresa dem Dasein des Ignatius den entscheidenden Stempel auf. Daran ändert der Umstand nichts, daß Ignatius die Exerzitien «nicht alle auf einmal geschrieben hat, sondern immer nur einige Sachen, die er in seiner Seele beobachtete und für nützlich fand und von denen er glaubte, daß sie auch andern ein Nutzen seien»[20].

Die «Geistlichen Übungen» streifen oft nahe an eine Gefühlsreligiosität. Ignatius war nicht der geborene Schriftsteller; obschon manchmal im Ausdruck ungeschickt, ist er doch wiederum sehr präzis, so widerspruchsvoll dies klingt. Das Büchlein ist mit jenem «andern Verstand» geschrieben und besitzt eine seltene Klarheit des Aufbaus; es will kein seelisches Training auslösen. Diese Ansicht bleibt an der Oberfläche hängen, zumal auch Ignatius wußte, daß es religiöse Dinge gibt, die nicht zu trainieren sind. Wohl aber ist das Büchlein von einem stark persönlichen Verhältnis zu Christus erfüllt und eine eindrucksvolle Anleitung zur Durchbildung des eigenen Lebens. Meisterhaft lehrt Ignatius darin, sich selbst zu überwinden und «sein Leben zu ordnen», ein Ziel, das allen

Ordensstiftern von Benedikt bis zu Dominikus vor Augen schwebte. Die Gewissenserforschung zur Vorbereitung der Seele kommt dabei dem Christen als eine unumgängliche Notwendigkeit zum Bewußtsein. Nach Ignatius muß der Mensch sich selbst in die Hand bekommen, und dazu ist es nötig, sich der eigenen Phantasie zu bemächtigen, die den Willen bestimmt. In all diesen Ausführungen gibt sich der ehemalige Offizier als der geborene Seelenführer zu erkennen. Die «Geistlichen Übungen» enttäuschen jeden Menschen, der sie einfach lesen will. Sie sind nicht als Erbauungsbuch zu benützen, was bereits Peter Lippert betont hat[21]. Genau so, wie das Schwimmen nicht durch die Lektüre einer Schrift über Schwimmübungen, sondern nur im Wasser erlernbar ist, erschließen sich die «Exerzitien» nur demjenigen, der sich diesen dreißig Tage dauernden Übungen unterzieht.

Eine neue Art der Betrachtung vermitteln die «Geistlichen Übungen». Ihre Neuheit wurde oft in der Psychologisierung der Meditation gesehen, ein Mißverständnis, das zu den mannigfachen Anfeindungen geführt hat, welche die «Geistlichen Übungen» über sich ergehen lassen mußten. Nach der päpstlichen Bestätigung entdeckte der Erzbischof von Toledo noch über ein Dutzend anstößiger Stellen. Es mutet wie eine Ironie der Kirchengeschichte an, daß ausgerechnet ein Dominikanerprior in Manresa das Werklein von der Indizierung gerettet hat. Später brachte man es in Spanien wiederum mit den der Häresie verdächtigten «Erleuchteten» in Verbindung. Doch gelang es Ignatius, das Büchlein durch alle Fährnisse hindurchzuretten. Er selbst betrachtete die «Geistlichen Übungen» stets als ein göttliches Werk. Gott selbst habe sie ihm eingegeben, er sei nur sein Werkzeug gewesen; dieser Glaube erfüllte ihn bis ins Innerste. Diese Überzeugung erfuhr ihre Bestätigung, indem die «Geistlichen Übungen» nicht das Schicksal der ungezählten, literarischen Erzeugnisse erlitten, die jedes Jahr ebenso unbemerkt vergehen, wie sie entstanden sind. Es war ihnen Dauer verliehen, da sie bis zum heutigen Tag dem Zahn der Zeit zu trotzen vermochten. Ungeachtet aller Befehdung sind sie von einer echten religiösen Substanz erfüllt, die denn auch im nachtridentinischen Katholizismus eine unermeßliche Wirkung ausgeübt hat.

Als Ignatius nach einem Jahre Manresa mit den «Geistlichen Übungen» in der Tasche verließ, war gewiß die große Entscheidung in seinem Leben gefallen. Wenn schon ihm in diesem Städtchen eine Klärung seiner Lebenswirrnisse geschenkt wurde, wie er sie nicht erwartet hatte, erwies sich auch seine Lösung nur als Vorstufe zu neuen Fragen. Ignatius fühlte sich erst am Anfang und nicht am Ende seines Weges, ein Bewußtsein, das ihn vor einer Erstarrung seiner lebendig gewordenen Religiosität bewahrte. Zwar war sich Ignatius klar, wie er in den «Geistlichen Übungen» schrieb, daß «der Mensch geschaffen ist, um Gott, unseren Herrn, zu loben, ihm Ehrfurcht zu erweisen und ihm zu dienen und so sein Seelenheil zu wirken. Die übrigen Dinge auf Erden aber sind des Menschen wegen erschaffen, und damit sie ihm bei der Verfolgung des Zieles, für das er geschaffen ist, behilflich seien[22].» Diese oberste Bestimmung stand für Ignatius fest, trotzdem übersah er im einzelnen seinen einzuschlagenden Lebensweg nicht. Er befand sich in der denkwürdigen Situation des Paulus nach Damaskus: «Herr, was willst du, daß ich tun soll?» Er hatte wohl Gewißheit über den allgemeinen Willen Gottes, nicht aber über jenen, der ihm sagte, was Gott speziell mit ihm vorhatte. Schon in Manresa hatte er eingesehen, daß der göttliche Wille nicht ohne weiteres dem Menschen gegeben ist. Es gilt ihn zu suchen und zu finden, wie er auch in den «Geistlichen Übungen» ausführte, eine Anleitung, die den Wert des Büchleins ausmacht. Den Willen Gottes zu erkennen war das zentrale Problem seines Lebens. Die nächsten Jahre von Ignatius' Dasein stehen vollständig im Schatten dieser Fragestellung. Immer geht es bei ihm darum, den Willen Gottes zu erforschen. Um dieses Ziel und um nichts anderes kreist er unablässig wie um einen Feuerherd. Dadurch kam auch das hinreißende Gefälle in seine Lebensführung. Ohne Beachtung dieser Anstrengung bleibt Ignatius' weiteres Leben ein unverständliches Rätsel. Vor allem ist die Aufmerksamkeit darauf zu richten, wie Ignatius nie aus Eigenwilligkeit heraus handeln möchte, also nie das tun will, was ihm gerade jetzt behagt; er bemüht sich beständig, in Erfahrung zu bringen, was Gott in dieser Situation von ihm will. Nicht nur in jener Phase, auch später war dies sein brennendes Anliegen. Ignatius wußte, daß diese Erkundung des göttlichen Willens nicht leicht ist, aber er gab hierin nicht nach. Durch sein ganzes Leben zieht sich dieses oft qualvolle Streben nach der immer erneuten Befragung des göttlichen Willens. Sein beständiges Beten um Offenbarung des Gotteswillens ist überaus ergreifend zu verfolgen, und man wird förmlich in dieses Suchen mit hineinverschlungen. Ein erregenderes Ringen läßt sich nicht denken. In einem ruhelosen Fragen nach dem Willen Gottes ist dieser Mensch zu belauschen, will man sein Herz erkennen. Hierin liegt das innerste Mysterium des geheimnisvollen Basken.

Sein Gebetsleben, den göttlichen Willen in jeder Situation des Lebens zu erfahren, ist eine grandiose Mystik des Weges. Es gibt keinen bessern Begriff dafür, wenn auch diese Bezeichnung ungebräuchlich ist. Aber sie ist nicht als bloß begriffliche Sache zu verstehen, was auf eine klapperdürre Schulweisheit hinauslaufen würde und nicht zu dem Manne paßte, der in Manresa die große Erleuchtung empfangen hatte. Die Mystik des Weges ist keine intellektuelle Angelegenheit. Sie ist weit mehr intensives religiöses Leben und greift nach dem Höchsten aller christlichen Gottesbeziehung. Es gibt nichts Lebendigeres und Zentraleres als die Mystik des Weges. Sie führt den Menschen zur Mitte allen Gotteslebens hin. Um der religiösen Leidenschaftlichkeit willen, mit der Igna-

tius diese Aufgabe erfaßte, gehört er zu den Großen der christlichen Geistesgeschichte. Dem Urteil ist zuzustimmen: «Der ungeheure Ernst und die Wucht
seiner Persönlichkeit lassen bei Ignatius oft übersehen, wie nahe er dem
Franz von Assisi steht [23].» Mit seiner Mystik des Weges hat Ignatius eines
seiner letzten Worte ausgesprochen, und verbunden mit der Unterscheidung
der Geister bildet es das nie veraltete Pensum, das jeder Christ auf dieser Welt
zu lernen hat, der sich aus innerster Überzeugung zu der Religion bekennt, die
nach der «Apostelgeschichte» zuerst von den Menschen «der Weg» genannt
wurde.

Zunächst glaubte Ignatius den Willen Gottes zu erfüllen, wenn er sein Gelöbnis
einlöse und sich auf die Pilgerfahrt nach Jerusalem begebe. Es ist ein bemühen-
der Anblick, wie der infolge seines verkürzten Beines leicht hinkende Ignatius
den weiten Weg ins heilige Land unter die Füße nahm. Und doch muß man ihm
auch kurz auf diesem Pfad nachblicken, denn sein dabei an den Tag gelegtes
Verhalten ist überaus aufschlußreich. Diese Pilgerreise kann zunächst einmal
als äußere Sichtbarmachung seiner inneren Einstellung angesprochen werden.
Ignatius' Selbstverständnis bezeichnete sich als Pilger schlechthin, unter welchem Namen er sich auch in seinen «Lebenserinnerungen» stets einführt. Schon
damals, als er am Straßenrand die große Erleuchtung empfing, verstand er das
Leben des Christen als eine Pilgrimschaft, und damit lebte er wiederum einen
der wichtigsten christlichen Gedanken. Bettelnd schlug sich der Adelsabkömm-
ling bis nach Venedig durch, nicht ohne unterwegs beständig von Visionen
heimgesucht zu werden, «als sehe er Christus immer über sich mitgehen» [24]. In
überglücklicher Stimmung kam er schließlich nach Jerusalem, betrachtete mit
glühender Andacht die Stätten, wo das Überirdische irdische Gestalt angenommen hatte. Voll Inbrunst sah sich Ignatius die eingedrückten Fußstapfen auf
dem Felsen im Ölgarten an. Mehr als einmal begehrte er sie zu betrachten, und
er konnte sich an diesem Anblick nicht satt sehen. Über diese, auch nicht vom
leisesten Zweifel angehauchte Naivität darf man nicht vielsagend lächeln. Sie
verrät eine wundervoll kindliche Seele, die so selten in Ignatius erkannt wird
und die doch ganz unbestreitbar in diesem spanischen Christen mit einem
scharfsinnigen Geist zusammenwohnte. Diese seltene Doppelbegabung macht
den Reiz seiner gewinnenden Persönlichkeit aus. Ignatius war eine kindlich
reine Gestalt, was er in seiner Frömmigkeit öfters dokumentierte, eine Eigentümlichkeit, die dazu beiträgt, daß er doch nicht so schwer zu verstehen ist,
wie es auf den ersten Anschein aussieht. Kinder begreift man unmittelbar. Wenn
auch Ignatius' heißer Wunsch, in Jerusalem unter den Ungläubigen zu wirken,
vom Guardian des Franziskanerklosters wegen der gespannten Verhältnisse in
Palästina abgelehnt wurde, so war die Pilgerfahrt für ihn doch nicht ergebnislos. Damals sah er die Lage im Osten mit eigenen Augen, und er wurde sich über

die Unfähigkeit der alten Orden, dem Unglauben wirksam zu begegnen, klar. Sein Lieblingsgedanke, unter den Mohammedanern in Palästina zu arbeiten, verfolgte ihn noch viele Jahre, sogar sein Flottenplan für das Mittelmeer ist damit in Beziehung zu bringen.

Zurückgekehrt nach Spanien, stand Ignatius erneut vor dem Zentralproblem, was nun der Wille Gottes sei. Noch immer war er sich über seinen Weg nicht klar. Sein Bestreben, in kleinen Zusammenkünften die Menschen zum religiösen Erleben zu führen, stieß bei den geistlichen Behörden auf Widerstand. Ignatius erkannte schließlich die unumgängliche Notwendigkeit, das Studium nachzuholen. Der Entschluß wurde dem bereits dreiunddreißigjährigen Mann nicht leicht, erwies sich aber zur Ausübung seiner dunkel geahnten Sendung als unvermeidbar. Bedeutete es doch für ihn, sich nochmals in Barcelona auf die Schulbank zu setzen und mit den Knaben das Latein zu erlernen. Unvorausgesehene Schwierigkeiten meldeten sich, die er selbst erzählt hat: «Doch gab es dabei für ihn ein großes Hindernis, und das war der Umstand, daß ihm immer gleich beim Auswendiglernen, das ja bei den Anfangsgründen der Grammatik notwendig ist, neue Erkenntnisse über geistliche Dinge kamen und auch neue geistliche Freuden, und zwar derart, daß er nichts mehr im Gedächtnis aufnehmen konnte und auch außerstande war, solche Gedanken abzuweisen, wie heftig er auch dagegen ankämpfte[25].» Das religiöse Erleben störte ihn beständig beim Erlernen des trockenen Stoffes, für den er irgendwie bereits zu alt war. Ein weniger starker Willensmensch wäre an dieser fortwährenden Durchkreuzung wahrscheinlich gescheitert. Ignatius führte jedoch mit der ihm eigenen Willenskraft seinen Entschluß durch, und keine Mühsal konnte ihn entmutigen.

Die neben den Studien getätigte religiöse Beeinflussung seiner Mitmenschen brachte ihn in den Verdacht der Ketzerei. Die Inquisition interessierte sich für den ungewöhnlichen Mann, und mehrfach bekam es Ignatius mit dem gefürchteten Glaubensgericht zu tun. Einmal schmachtete er eineinhalb Monate lang gefesselt im dunklen Gefängnis der Inquisition. Die Szene «Ignatius im Kerker» ruft ein peinliches Gefühl hervor. Es reizt selbstverständlich niemanden zu größerer Andacht, den späteren Heiligen im strengen Verhör der Inquisition zu sehen. Gleichwohl enthüllt das Ereignis die ignatianische Wirklichkeit, wie sie zu seinen Lebzeiten bestand. Der Anblick von Ignatius' Schmach weist zugleich auf die Neuheit seines Weges. Was er unternahm bewegte sich nicht im Rahmen des bisher Gewohnten und erweckte deswegen Argwohn über Argwohn. Die Inquisitoren streckten aus keinem andern Grunde ihre furchterregenden Greifzangen nach ihm aus. Ignatius benahm sich auch in dieser äußerst gefährlichen Lage mit einem überlegenen Mut und tapferem Vertrauen, wie sie nur dem von Gott gehaltenen Menschen zur Verfügung stehen. Er verharrte wie ein zweiter Paulus zu Philippi in seinen Fesseln, auch dann, als er leicht aus der

Gefangenschaft hätte fliehen können, und sagte mit nicht mehr zu überbietender Glaubenskühnheit zu dem Kardinal von Burgos: «In ganz Salamanca gibt es nicht so viele Fußschellen, daß ich nicht aus Liebe zu Gott noch nach mehr verlange!» Es gelang ihm, die Unbegründetheit des Ketzerverdachtes nachzuweisen, und er erlangte wieder die Freiheit. Das bitterböse Erlebnis hatte bei ihm eine heilsame Nachwirkung, zeitlebens behielt er eine tiefsitzende Abneigung, um nicht zu sagen Haß, gegen die Inquisition: Nie durfte später ein Jesuit Mitglied eines Inquisitionsgerichtes sein. Seine Anhänger haben sich allezeit von dieser Institution ferngehalten und führten schließlich sogar einen hartnäkkigen Kampf gegen die spanische Inquisition – ein sehr beachtenswerter Zug bei der Beurteilung der Gesellschaft Jesu!

Die unerfreuliche Erfahrung mit der Inquisition veranlaßte Ignatius, sein Heimatland zu verlassen und sich nach Paris zu begeben, um dort seine theologischen Studien zu absolvieren. Fast sieben Jahre hielt er sich, den religiösen Weg weiter verfolgend, in der Seinestadt auf. In ihr fand er auch seine ersten Gefährten, Fabre und Xavier, die ihm zeitlebens treu zur Seite standen. Ignatius versammelte sich 1534 mit seinen Freunden auf dem Montmartre in der unterirdischen Kapelle, wo die kleine Schar – die wie eine religiöse Jugendbewegung des 16. Jahrhunderts anmutet – nach der Messe das Gelübde ablegte: «Ich werde nach Abschluß meiner Studien an einem noch zu bestimmenden Tag auf all mein Hab und Gut mit Ausnahme eines Zehrgeldes zugunsten der Armen verzichten und danach nach Rom gehen, um von dem Papste die Erlaubnis zur Wallfahrt nach Jerusalem zu erbitten. In Jerusalem werde ich mich niederlassen, um Gott zu dienen, sowohl um meiner selbst als um meiner Mitmenschen willen, mögen sie nun Gläubige oder Ungläubige sein. Ist es mir jedoch nicht möglich, binnen Jahresfrist nach Jerusalem zu gelangen, oder in Jerusalem zu bleiben, so werde ich mich dem Papste zur Verfügung stellen und alles tun, was er mich heißt, wohin er mich auch senden mag[26].»

Mehr als die geheimnisvolle Atmosphäre der unter der Erdoberfläche sich befindenden Kapelle, verdient das merkwürdige Doppelgelübde inhaltlich betrachtet zu werden. Aus ihm ist immer noch Ignatius' Ringen um den Willen Gottes zu ersehen. Zwar nahmen seine Pläne deutlichere Umrisse an, aber die letzte Klarheit ist noch nicht erreicht. Wahrscheinlich stellt das Gelübde einen Kompromiß zwischen den Beteiligten dar. Ignatius scheint noch an der Palästinamission festzuhalten, während die andern Teilnehmer bereits eine Wirksamkeit in Europa ins Auge fassen. Die Verschiedenheit der Meinungen hat im Montmartregelübde ihren Niederschlag gefunden, was ein Beweis ist, wie demokratisch es ursprünglich im ignatianischen Kreis zuging. Hätte die an die Spitze gestellte Absicht Ignatius' erfüllt werden können, so gäbe es vermutlich keinen Jesuitenorden, sondern lediglich eine Missionsgesellschaft im heiligen

Land. Was bei Nichtausführung des Vorhabens geschehen sollte, wurde ausdrücklich dem Papst anheim gestellt. Nach zwei Jahren trafen sich die Männer in Venedig, aber die politischen Wirren zwischen der Lagunenstadt und der Türkei verunmöglichten es ihnen, nach Jerusalem zu fahren. Ignatius schrieb: «Ich gedenke, hier ein Jahr zu bleiben; was unser Herr darnach mit uns vorhat, weiß ich nicht», ein unwidersprechliches Zeugnis für sein stetiges, inneres Suchen [27].

Nachdem die Gefährten in einer gemeinsamen Besprechung in Vicenza sich auf einen Plan geeinigt hatten, zogen sie in getrennten Gruppen zur Erfüllung ihres Gelübdes nach Rom. Bis zu diesem Zeitpunkt vermochte Ignatius den göttlichen Willen nicht klar zu erkennen, und sein Lebensweg glich, trotz seiner Visionen, einem langsamen Sich-vorwärts-Tasten im Dunkeln. Auf diesem Weg zur Ewigen Stadt wurde Ignatius endlich die ersehnte Klarheit über den Willen Gottes geschenkt. Er bemerkt selbst in seinen «Lebenserinnerungen», wie er auf dieser Reise «ganz besonders viel von Gott heimgesucht» wurde [28]. Wenige Meilen von Rom entfernt hatte er in dem Kirchlein La Storta nochmals eine Vision, «er fühlte in seiner Seele eine solche Umwandlung und sah so klar, daß Gott der Vater ihn Christus, seinem Sohn, zugesellte» [29]. Das ist der neue Ton, der den Durchbruch der dunkel geahnten Ordensidee ankündigt. Seine bewegte Seele kam sich wie verwandelt vor, weil die unablässige Bemühung, den göttlichen Willen zu erkunden, Erhörung gefunden hatte. Endlich, endlich, sah Ignatius seine Sendung klar vor Augen. Mit dieser Ausführung stimmt der Bericht von Laynez überein, wodurch Ignatius damals eine große Andacht zum Namen Jesu gefaßt habe, «und wollte, daß die Genossenschaft Gesellschaft Jesu genannt werde» [30]. In den Worten Ignatius' und Laynez' tritt der Gedanke einer Gründung der Compañia de Jesús erstmals sichtbar zutage, die aus einer Vision hervorgegangen ist. Jenes Ringen, das zu Manresa begonnen hatte, war zu seinem Ende gekommen. Die Mystik des Weges hatte ihn zum Ziele geführt. Ignatius walzte seine Erleuchtung absichtlich nicht breit aus, erfaßte aber die Tragweite des Erlebnisses bis in die letzte Faser seines Wesens: Sie war die göttliche Bestätigung seiner tiefsten Sehnsucht! Der große Traum seines Lebens war im Begriffe, Wirklichkeit zu werden. Durch Ignatius' diskrete Andeutungen hindurch spürt man die erfüllte Zeit. In der Kapelle La Storta wurde die Seele der zweiten Reformation geboren. Ein einmaliges Ereignis, das in seiner Stille kaum bemerkt, doch der Augenblick der Erwählung war. Die Vision schloß die Zusicherung ein, daß Gott ihnen «in Rom gnädig sein werde», was Ignatius überaus tröstete. Der Verfasser der «Geistlichen Übungen» empfand Tröstungen stets als eine Bestätigung des Willen Gottes.

Als Ignatius mit seinen Begleitern Mitte November 1537 in Rom einzog, predigten sie zunächst auf den Straßen, wobei er mehr auf die Glut des Geistes als

auf gefeilte Reden Gewicht legte. Das ungewöhnliche Auftreten brachte die
kleine Schar auch hier wiederum in den Verdacht der Häresie, doch endigte die
von Ignatius selbst gewünschte Untersuchung mit einer glänzenden Freispre-
chung. Schließlich gelang es Ignatius, eine Audienz beim Papste zu erlangen.
Fast eine Stunde sprach er allein mit Paul III. und setzte voll apostolischer Beredsamkeit dem Vikarius Christi ausführlich seine Absichten auseinander. Die
zeugenlose Unterredung entschied über die Zukunft von Ignatius' Werk. Der
kluge Paul III. konnte sich der innern Kraft dieses glühenden Spaniers nicht entziehen und erklärte sich für Ignatius' Sache gewonnen. Natürlich gab es noch
zahlreiche Widerstände zu überwinden, aber der Vatikan förderte fortan seine
Arbeit, und Ignatius setzte seinen Plan der Compañia de Jesús in die Wirklichkeit
um. Was er nach jahrelangem Ringen ganz unzweideutig als den Auftrag Gottes empfand, war die Bildung eines «Fähnlein Jesu», worunter er eine beweg-
liche, stets und überall einsatzbereite Truppe verstand. Am 27. September 1540
bestätigte der Papst in einer Bulle die neue Gesellschaft, allerdings mit der
Klausel, daß sie nie mehr als sechzig Mitglieder umfassen dürfe. Aus dieser Einschränkung geht hervor, wie man sich damals in Rom keinen übertriebenen
Vorstellungen von der Bedeutung des ignatianischen Werkes hingab. Niemand
sah in ihm die eigentliche Kampftruppe, die dereinst die Hauptlast der zweiten
Reformation tragen sollte.

Die wenigen Mitglieder der Gesellschaft schritten vorerst zur Wahl eines
Oberen, die erwartungsgemäß auf Ignatius fiel, der sie jedoch in bestimmter
Weise ablehnte. Auch hierin trieb Ignatius nicht bloß ein demütiges Spiel, er
getraute sich in gesundheitlicher Beziehung die für dieses Amt notwendige
Kraft nicht zu. Seine Gefährten bestanden aber auf ihrer Wahl, und als die Angelegenheit dem franziskanischen Beichtvater des Ignatius unterbreitet wurde,
erklärte derselbe kurzerhand, er habe den Posten zu übernehmen. Bis zu diesem
Zeitpunkt stand Ignatius zu seinen Genossen im Verhältnis des primus inter
pares. Erst nach seiner Wahl zum General der Gesellschaft Jesu nahm die Beziehung autoritativen Charakter an. Die demokratische Gleichstellung macht
einer absolutistischen Vormachtstellung Platz. An der Demütigkeit Ignatius' änderte die Rangerhöhung allerdings nicht das geringste. Er begann sein Generals-
amt damit, daß er einige Tage in der Küche die niedrigsten Dienste verrichtete!

Ignatius verwendete die restlichen sechzehn Jahre seines Lebens für die Leitung der neuen Gesellschaft, die eine Riesenarbeit von ihm erforderte. Mußten
doch zuerst die Grundlagen der Compañia de Jesús gelegt werden, die eingehende Beratungen erheischten. Alles befand sich noch im Zustand des Werdens
und bedurfte der gründlichen Überlegungen. Ignatius arbeitete mit einer verzehrenden Hingabe an den Satzungen der Gesellschaft. Er entwickelte in dieser
Gründertätigkeit nicht nur eine überraschende Organisationsfähigkeit, sondern

bewies dabei auch einen Blick für das Wesentliche, wie ihn nur ein Mensch besitzt, der bei jeder Entscheidung immer wieder den Willen Gottes erfrug. Er interessierte sich für alle Vorgänge innerhalb des Ordens, nicht die kleinste Sache war ihm zu geringfügig. Als sich einst jemand verwunderte, warum er sich auch um die unbedeutendsten Nebensachen kümmere, gab er scherzhaft zur Antwort: «Ich möchte, wenn es möglich wäre, sogar wissen, von wieviel Flöhen meine Brüder nachts belästigt werden[31].» Welche Unsumme von Arbeit er geleistet hat beweisen allein die zwölf Bände, die seine Korrespondenz enthalten. Sie stellen seiner Führungsgabe ein überwältigendes Zeugnis aus. Dabei erheischte sein Vorgehen auf dem nicht leichten Boden von Rom viel Umsicht; Ignatius hatte die Gabe der diplomatischen Überlegung in außerordentlichem Maße. Er besaß eine äußerst geschickte Verhandlungsfähigkeit, die ihn zum Ziel führte, ohne dem Partner das Gefühl zu geben, den Kürzeren gezogen zu haben. Sein prachtvoller Grundsatz, «lassen Sie keinen traurig von sich fort»[32], zeigt, wie es um das Herz dieses Mannes bestellt war. Inmitten aller Ordensgeschäfte verlor er sich nie in einer bloßen Verwaltungstätigkeit. Die großen Entscheidungen, die er jeweilen zu fällen hatte, trug er in tagelangem Gebet Gott vor, um sich dabei jeglichen Eigenwillens zu entäußern und nur dem Willen Gottes entsprechend zu handeln. Bis zum letzten Tag seines Lebens harrte er auf seinem Posten aus, ohne je seine Arbeit zu unterbrechen.

Ignatius' unermüdliche Tätigkeit als General der Gesellschaft Jesu reiht ihn zu den seltenen «Menschenfischern» der Christenheit. Dieses aus den Evangelien stammende Wort gibt den innern Sinn seiner Arbeit am zutreffendsten wieder. Wie die von Jesu in die Nachfolge gerufenen Jünger war Ignatius nur darauf bedacht, Seelen zu retten. Er selbst ging durch schwere Kämpfe hindurch und war in einzigartiger Weise qualifiziert für diese Arbeit am Menschen. Er entwickelte in seiner Menschenbehandlung eine Kunst, über die man nur staunen kann. Nie schlug er die Leute in- und außerhalb des Ordens über den gleichen Leisten, er nahm auf die Eigentümlichkeit jeder Individualität Rücksicht. Bei ausgesprochener Höflichkeit war Ignatius im Verkehr mit den Menschen sehr bestimmt und räumte dem Gesprächspartner gleichwohl eine Entscheidungsfreiheit ein. Ignatius besaß eine hervorragende Begabung zur geschickten Verhandlungsweise, gerade weil er unendlich mehr war, als ein bloßer Diplomat. Der zum Menschenfischer gewordene Ignatius schärfte seinen Anhängern den Grundsatz ein: «Ebenso darf Sie der Eifer gegen die Neuerung nicht hindern, dem Andersgläubigen persönlich in Liebe zu begegnen[33].» Immer war er darauf bedacht, die Äußerungen der Mitmenschen in wohlwollendem Sinn zu deuten, er sträubte sich, ihnen eine schlechte Auffassung zu unterschieben. Wie wenige Christen handeln nach diesem Prinzip, das doch einzig dem Gebot der Nächstenliebe entspricht. Ignatius stellte die Maxime auf: «Fixiere nie die Fehler der Nächsten. Sei stets bereit, sie zu entschuldigen. Und umgekehrt: sei immer behend, dich allein anzuklagen[34].» Diese keineswegs gering zu achtenden Anweisungen sind eminent christlich. Dazu kam das unwiedergebbare Fluidum von Ignatius' Persönlichkeit. Die profunde Geistesgewalt seiner Erscheinung war bereits deutlich in Paris zu spüren, wo er als Student in den Verdacht unlauterer Umtriebe kam und deswegen selbst beim Rektor vorstellig wurde. Es war keine leichte Unterredung, aber das erregte Gespräch endigte damit, daß der gegen ihn eingenommene Rektor der Universität sich vor Ignatius auf die Knie warf und ihn um Verzeihung bat! Eine sicher nicht alltägliche Szene, die sich kaum auf einer andern Hochschule je ereignet hat. Die verschiedenartigsten Menschen wurden von seiner überaus starken, christlichen Ausstrahlung mitgerissen. Er war auch bereit, für seine Söhne das Unwahrscheinlichste zu tun. Nach Ribadeneira «gab es nie eine Mutter, die besorgter war um ihre Kinder als unser seliger Vater um seine Söhne, zumal um die Kranken und Schwächlichen»[35]. Als einst ein Mitglied der Gesellschaft Jesu von einer Depression gequält wurde, sann Ignatius einen Augenblick darüber nach, wie er ihr beikommen könnte, sprang dann mit einem Satz in die Mitte des Zimmers und führte einen baskischen Nationaltanz aus. Man stelle sich die Begebenheit konkret vor: Der Ordensstifter mit seinem verkrüppelten Bein tanzend vor den Augen eines Paters! Machte er sich mit diesem Anblick nicht lächerlich? Gewiß nicht, in dieser Tat dokumentiert sich eine Genialität des Herzens, wie sie nur ein gottbegnadeter Menschenfischer zu besitzen vermag. Sie riß denn auch den zuschauenden Pater auf der Stelle aus seiner niedergedrückten Seelenstimmung heraus. Ignatius' Handlungen wuchsen aus der wundervollen Gabe, «allen alles zu werden». Kaum ein anderer Christ hat dieses großartige Pauluswort mit einer solch durchschlagenden Kraft wahr gemacht wie der Gründer der Gesellschaft Jesu. Sein Leben als General wirkt wie eine einzige Illustration zu diesem Wort des Apostels, dessen Erfüllung zur echten Nächstenliebe gehört.

Das Gegenteil von Ignatius' bezwingender Bemühung, «allen alles zu werden» wäre Raffinement und Taktik. Mit kühler Berechnung hat seine Einstellung nichts zu tun, auch seine Menschenbehandlung ist schlechthin nicht zu erlernen. Der Stifter der Compañia de Jesús besaß das Charisma des Menschenfischers. Ihm war hierin Vollmacht gegeben, wie seine «Geistlichen Übungen» beweisen. Zahlreiche Menschen legten hiefür Zeugnis ab. Deswegen brachte man auch Ignatius wiederum eine solch rührende Liebe entgegen. Eine charismatische Persönlichkeit nur übt diese unwiderstehliche Anziehung auf seine Umgebung aus; ihm waren denn auch Männer wie Philipp Neri und Michelangelo zugetan. Gonzalez sagte einmal: «Vater Ignatius zu sehen und zu hören kommt dem Lesen eines Kapitels aus der Nachfolge Christi gleich[36].» In der

Weise haben ihn seine Söhne empfunden, die bereit waren, für ihn durchs Feuer zu gehen. Mit welcher Liebe hing ihm der außerordentliche Franz Xaver an, der beim bloßen Anblick eines Briefes von Ignatius in Tränen ausbrach! Der tiefste Sinn und das letzte Motiv seiner seelenhelfenden Tätigkeit war eine Mystik des Dienstes. Ignatius hat in Manresa mit einem leidenschaftlichen Ringen um eine Mystik des Weges begonnen und in Rom mit einer verzehrenden Mystik des Dienstes geendet. Beiden Einstellungen lag bestimmt ein mystisches Verlangen zugrunde, sie hängen miteinander aufs engste zusammen, indem sie zu den tiefsten Anliegen des Ignatius gehören. Ihm war es um den Dienst in der Welt zu tun, dazu bedurfte er der Helfer, die mit den Dingen dieser Welt vertraut, ihnen doch nicht verfallen waren. Die Mystik des Dienstes ist Gehorsam gegenüber dem Höchsten, eine ewige Verpflichtung, die Ignatius in ein neuzeitliches Gewand kleidete. Dieser Aspekt weist auf den innersten Kern von Ignatius als Menschenfischer hin. Er erfüllte die neutestamentliche Parole «dienet einander» in vorbildlicher Weise.

Über Ignatius' Ende liegt mehr eine heilige Traurigkeit ausgebreitet als eine Vernachlässigung der gebotenen Sterbensvorbereitung zugunsten eines ruhelosen Aktivismus. Er fühlte, wie seine Krankheit der baldigen Auflösung entgegenführte und bat seinen Privatsekretär, zum Papst zu gehen und dessen Segen für ihn zu erflehen. Allein, Polonco erwiderte auf diese Aufforderung, daß heute unbedingt die überseeische Post abgefertigt werden müsse, damit sie noch rechtzeitig das Schiff erreiche. Ignatius sagte in seinem äußerst geschwächten Zustand nur noch: «Es wäre mir lieber, wenn Sie heute und nicht erst morgen meine Bitte erfüllten, aber tun Sie, wie es Ihnen gut scheint; ich gebe mich ganz in Ihre Hände – o Gott –.» Dies waren seine letzten Worte; noch in der gleichen Nacht ging Ignatius in die Ewigkeit ein. Ohne Sterbenssakramente, ohne versammelte Patres an seinem Bett und ohne Abschiedsworte an seinen Orden schied er aus dem Leben. Ganz allein focht er den Sterbenskampf durch, die gewünschte Tröstung blieb ihm versagt. Kein Blick zum nächtlichen Sternenhimmel war dem Stifter noch vergönnt. Nur Dunkelheit hüllte ihn ein. Es war der Tod der Verlassenheit, der Ignatius beschieden war. Die Bitternis dieses beistandslosen Sterbens in dem armselig möblierten Zimmer hat er wohl drückend empfunden. In der Vorenthaltung alles menschlichen Trostes besteht eine Ähnlichkeit mit Christi einsamem Todeskampf am Kreuz.

Als Ignatius seine Augen für immer geschlossen hatte, nahm man von ihm eine Totenmaske ab. Wenn der feine Schnitt seines Gesichtes schon nicht zu Lebzeiten von einem Künstler gemalt werden durfte, wollte man wenigstens die Züge des Toten festhalten. Eine Totenmaske ist von majestätischer Erhabenheit, in ihr wird das ewige Antlitz des Menschen sichtbar. Es ist denn auch die Zeitlosigkeit des Ignatius, nach der wir heute fragen. Wir möchten den Stif-

ter des letzten Ordens sub specie aeternitatis sehen, losgelöst von dem bedeu-
tungslosen Geplänkel einer kirchenpolitischen Auseinandersetzung. Diese Ewigkeitsbedeutung allein beschäftigt uns innerlich in der Gegenwart. Sie ist mit
jedem Jahrhundert seit seinem Hinschied deutlicher zum Vorschein gekommen
und hat jetzt eine Leuchtkraft erhalten, vor der man sich nur verneigen kann.

Wer sich bemüht, Ignatius' überzeitliches Wesen zu erfassen, dem kommt es
schmerzlich zum Bewußtsein, daß die Neuzeit keine farbigen Legenden mehr
kennt, welche die Seele eines Menschen in endgültiger Prägung umreißen. Die
aufklärerische Verständnislosigkeit für symbolisches Denken hat sie als angebliche «Lügenden» zerstört und dafür die Gerüchte eingetauscht! «Böse Ge-
schwätze aber verderben gute Sitten» und «giftige Fliegen schädigen köstliche
Salben» (1.Kor. 15, 30 u. Pred. Sal. 10, 1). Niemand hat diese Wahrheit mehr erfahren als Ignatius. Er mußte eine Flut von schlimmsten Verkennungen über
sich ergehen lassen; verdächtigt und beargwöhnt zu werden gehörte gerade zu
seinem Schicksal. Als schlauer Kerl wurde er bezeichnet, der den Drill in die
religiöse Erziehung eingeführt habe, um den jungen Menschen in den Griff zu
bekommen. Einen geborenen Intriganten nannte man ihn, der seine Gesellschaft
wie ein Diktator regiert habe. Ignatius wurde als ein besessener Fanatiker aufgefaßt, dessen Werk eine neue Verfinsterung Europas bewirkt habe. Zu einem
Popanz des Ungeheuerlichen gestaltete man den Basken aus, dessen Unge-
reimtheiten einer dem andern ungeprüft abschrieb, so daß immer wieder das
gleiche Bild erstand und höchstens ein Außenseiter wie Ernst Merz wagte,
in diese Mauer der dogmatischen Undogmatik eine Bresche zu schlagen[37]. Sogar innerhalb des Katholizismus blieb Ignatius lange Zeit eine umstrittene
Gestalt, und erst recht verharrten die Protestanten in einer heftigen Ablehnung
ihm gegenüber.

Es ist klar, daß man sich mit solch bösartigen Vorurteilen nur den Zugang zu
Ignatius hoffnungslos verbaut. Mit diesen ebenso irrigen wie plumpen Auffas-
sungen kommt niemand auch nur an den Stifter der Gesellschaft Jesu heran.
Alle diese gegen Ignatius eingenommenen Menschen reden von ihm wie der
Blinde von der Farbe. Weit eher wäre Ignatius, die populäre Meinung von der
Gesellschaft Jesu vorausgesetzt, der geborene Antijesuit zu nennen, welches
Paradoxon seiner wirklichen Seelenverfassung viel näher kommt als haltlose
Gerüchte über ihn, die sich angesichts der geschichtlichen Quellen wie Nebel
vor der Sonne verflüchtigen. Diese vorgefaßten Ansichten gehen am Entscheidenden seines Wesens ahnungslos vorbei, sie erheben sich an keiner Stelle über
die Froschperspektive der niedrigsten Kontroverstheologie und schauen nie zu
dem nächtlichen Sternenhimmel empor, um den gemeinsamen Blickpunkt zu
finden, Ignatius' Briefe, Tagebücher und Lebenserinnerungen ergeben ein völlig anderes Bild, das es nicht nötig hat, gegen Anwürfe verteidigt zu werden.

Die weitverbreitete Verkennung des Basken kann sowenig aufrechterhalten werden wie beispielsweise die Verabscheuung Karl Marx' nach der Lektüre von dessen Frühschriften. Die geistesgeschichtliche Situation hat im letzten halben Jahrhundert eine grundsätzliche Änderung erfahren. Auch Denifles und Grisars gehässige Darstellungen Luthers als eines schlechten, psychopathischen Menschen, in dem nichts Göttliches lebte, sind heutzutage auf katholischer Seite in ihrer unhaltbaren Wahrheitsverzerrung erkannt und durch die viel gerechteren Beurteilungen eines Josef Lortz und Johannes Hessen ersetzt worden, welche die religiöse Kraft des Wittenberger Reformators nicht mehr in Abrede stellen. Eine ähnliche Korrektur ist auf protestantischer Seite gegenüber Ignatius zu vollziehen, die längst fällig ist. Bereits haben sie Gothein und Böhmer durch eine saubere Quellenbenützung begonnen. Leider sind sie in der Anerkennung von Ignatius' psychologischen Fähigkeiten steckengeblieben, weshalb ihre Arbeiten nicht zu befriedigen vermögen. Ein weiterer Schritt ist noch nötig, um die christliche Tiefe des Ordensstifters zu entfalten, weil sie den Kern seiner Persönlichkeit ausmacht. Die religiöse Erfassung überwindet jene unfruchtbare, kulturkämpferisch eingestellte Literatur, die auf der Behauptung basiert, Ignatius habe seine Gesellschaft Jesu zur Bekämpfung des Protestantismus gegründet, eine falsche These, die Bernhard Duhr in seinem Buch «Hundert Jesuitenfabeln» mit Leichtigkeit widerlegen konnte. Es geht gewiß weder um einen getarnten Philo-Jesuitismus, noch um einen Krypto-Katholizismus. Unsinn, Unsinn, kann man auf diesen törichten Argwohn nur antworten, über dessen Flachheit sich gar nicht zu reden lohnt. Wohl aber steht zunächst die einfache historische Gerechtigkeit auf dem Spiel, gegen die sich vor allem eine religiöse Geschichtsschreibung schon gar nicht versündigen darf. Seit dem Ausbruch des ersten Weltkrieges sehen wir die metaphysischen Probleme in einer neuen Sicht, wir versuchen die konfessionalistischen Scheuklappen abzulegen und die großen Wahrheiten des Christentums wieder in ihrer ganzen Tiefe wahrzunehmen, ganz gleichgültig, ob sie katholische oder protestantische Menschen verkörpern. Von wem eine Erkenntnis ausgesprochen wird ist eine sekundäre Frage, wenn sie nur zur Mitte des Lebens hinführt. Zur gegenwärtigen Stunde ist einzig noch diese streng sachliche Einstellung gerechtfertigt, die sich möglichst aller Vorurteile entledigt und vor allem nach der religiösen Substanz einer Gestalt frägt, weil nur sie wieder an die ewigen Realitäten heranführt, aus denen man allein leben kann. Ignatius stand dermaßen tief in der göttlichen Wirklichkeit, daß es sich die Hälfte der abendländischen Christenheit nicht leisten darf, ein absichtlich entstelltes Bild von ihm festzuhalten. Seine religiöse Sendung gestattet nicht, ihn lediglich unter polemischem Gesichtswinkel zu verunglimpfen. Die Zeitlosigkeit Ignatius' hat der gesamten Christenheit ein Wort zu sagen.

Eine Vorfrage grundsätzlicher Art erhebt sich: Kann ein baskischer Mensch, der vor vierhundert Jahren dem spanischen Lebensraum angehörte, von dessen geistigen Unterlagen man gewöhnlich recht wenig weiß, einem mitteleuropäischen Christen des 20. Jahrhunderts ohne weiteres verständlich sein? Hat er die Möglichkeit, ihn überhaupt zu begreifen, oder steht er nicht einem ähnlichen Rätsel gegenüber wie bei einem russischen Phänomen? Der Baske – auf seinen Unterschied zum Spanier kann hier nicht eingegangen werden – ist anders als die andern Menschen; die gegenwärtige Generation spürt dies ein wenig bei der Malerei eines Picasso. Das Verständnis für das, was man das ausgesprochen spanische Erlebnis nennen könnte, ist nicht leicht, erfordert es doch, das Absolute auch mit einer absoluten Leidenschaft zu ergreifen und sich nicht mit einer relativistischen Betrachtung zu begnügen. Zudem besitzt der baskische Mensch gewisse Wesenseigentümlichkeiten, die dem modernen Mitteleuropäer so wenig eingehen wie dem spanischen Empfinden die Denkweise Luthers. Dieses Ur-Baskische, das dem heroischen Christentum Ignatius' den eigentümlichen Charakter aufdrückt und das aus einem ungebrochenen, intakten Katholizismus hervorging, darf in seinem missionarischen Sendungsbewußtsein nicht abgeschwächt werden, damit es dem heutigen Menschen verständlich wird. Ignatius ist nicht aus seiner andersartigen Herbheit herauszunehmen, und noch weniger erlaubt ist es, so lange an ihm herumzumodellieren, bis er ohne jede Schwierigkeit aufgenommen werden kann. Diese Polierung läuft auf eine Verfälschung seiner Persönlichkeit hinaus. In seiner spanischen Fremdheit besteht auch eine gewisse Größe und Schönheit, und vor allem gibt die iberische Andersartigkeit nicht das geringste Recht, die Christlichkeit Ignatius' zu verdächtigen, nur weil sie anders ist als die zentraleuropäische, die übrigens damals an einem schwer erkrankten Katholizismus litt.

Es wäre auch unrichtig, Ignatius' spanische Wesensart zu übertreiben. Der allzu starken Betonung von Ignatius' nationaler Herkunft steht die Tatsache entgegen, daß ihm «Spanien nicht einmal seine theologische Ausbildung gegeben hat. Mit all seiner Ausdauer hatte Ignatius diesem Land einen großen Heiligen und einen großen Orden aufzudrängen gesucht: es hatte beides nicht gewollt[38].» Das Wort vom Propheten, der in seinem Vaterland nichts gilt, bewahrheitete sich auch bei Ignatius. Er verließ Spanien und hat sein Werk anderswo ausgeführt. Gewiß war der Verfasser der «Geistlichen Übungen» baskischen Geblütes, aber das Unternehmen seines Lebens geht weit über Spaniens Grenzen hinaus. Die nationalen Kategorien reichen in keiner Weise zur Erfassung dieses Mannes aus. Unzulässig wäre es, deswegen zu sagen, man könne ihn als Nichtspanier überhaupt nicht verstehen. Die ignatianische Seele erschöpft sich nicht in der völkischen Zugehörigkeit, die er bewußt zurückdrängte. Person und Werk sind beinahe ausschließlich aus religiösen Voraus-

setzungen zu erklären, die einem mitteleuropäischen Verständnis zugänglich
sind. Alle andern Deutungen dagegen verfehlen zuletzt das Ziel. Der Gründer
der Gesellschaft Jesu zeigt wohl, wie sich das Evangelium in einer baskischen
Seele widerspiegelt, aber das Schwergewicht liegt bei ihm unvergleichlich stärker auf dem Christentum als auf seiner nationalen Herkunft.

Der baskische Christ Ignatius ist eine vom Geheimnis umwitterte Gestalt.
Seine Rätselhaftigkeit wird noch durch die Kompliziertheit seiner seelischen
Veranlagung erhöht. Die verschiedensten Schichten sind in ihm enthalten, der
seiner geistigen Struktur nach noch stark im Mittelalter verwurzelt war und
doch überaus kühn in die Neuzeit hineinblickte. Ignatius liebte den Garten, und
die Blumen hatten es ihm dermaßen angetan, daß er sich nicht entschließen
konnte, sie zu pflücken. Diese Zartheit der Empfindung war mit einer beispiel-
losen Beherrschung seiner Person verbunden, die sich nie gehen ließ. Einmal
sagte er, daß, wenn ihn der härteste Schlag seines Lebens treffen und die Gesellschaft Jesu aufgehoben würde, es für ihn einer viertelstündigen Sammlung
im Gebet bedürfte, um sich in den Willen Gottes zu ergeben! Es ist schwer, den
Verfasser der «Geistlichen Übungen» auf einen Nenner zu bringen. Ignatius'
geistige Schächte reichen in eine Tiefe, die der bloß historischen Bemühung unzugänglich sind und höchstens von einer religiösen Anteilnahme aus ein wenig
geahnt werden können. Immer wieder eröffnet sich bei ihm ein neuer Ausblick,
auf den man nicht gefaßt war. Der Gründer der Gesellschaft Jesu war eine der
ungewöhnlichsten Naturen des christlichen Kulturkreises. Als rassenstolzer
Spanier äußerte er Worte, die kaum ein anderer Christ gesagt hätte: «Ich würde
es als eine besondere Gnade ansehen, jüdischer Abkunft zu sein, um so dem
Heiland auch in dieser Hinsicht ähnlicher und gleichsam stammesverwandt zu
sein[39].» Ignatius stellt den Menschen immer wieder vor unerwartete Situationen. Um ihn nicht ungerecht zu beurteilen, hat man sich zu erinnern, wie Bernanos in seinem «Brasilianischen Tagebuch» gesteht, daß er nach der letzten
Zeile seines Romans «Der Abtrünnige» immer noch nicht wußte, «ob der Abbé
Cénabre in der Tat ein betrügender Heuchler war oder nicht»[40]. Dieses Geständnis gibt zu denken und mahnt zur Vorsicht in der Beurteilung. Wenn ein
Dichter von der geistigen Wachsamkeit eines Bernanos seiner von ihm selbst
geschaffenen Gestalt nicht einmal bis auf den Seelengrund zu schauen imstande
ist, wie viel weniger ist dann ein gewöhnlicher Mensch fähig, über eine solch
hintergründige Persönlichkeit wie Ignatius zu urteilen. Nur nicht sich selbst-
gefällig einbilden, man habe Ignatius bereits in seinem Wesen erfaßt, wenn man
höchstens ein Zipfelchen seiner innern Persönlichkeit gesichtet hat, und bloß
nicht meinen, man sei befugt, alsogleich ein Urteil über ihn abzugeben, wenn
man lediglich einige Worte von ihm aufgeschnappt hat. Offenbar bedarf es hierzu noch wesentlich anderer Voraussetzungen; unsere Zeit ist kaum reif, ein ab-

schließendes Wort über Ignatius zu sagen. Auch von einem Tiefenpsychologen läßt sich ein Mensch wie Ignatius sicherlich sein letztes Geheimnis nicht entreißen. Die Psychologie ist nun einmal, nach einem Wort Novalis', nur die Larve im Heiligtum. Die Frage nach dem Überzeitlichen nähert sich am meisten Ignatius. Diese Problemstellung erblickt am ehesten sein ewiges Antlitz. «Nur in der Glut» ist Ignatius zu verstehen, einzig «von dem aus, was nicht er selbst ist, von Gott aus[41].»

Der Anerkennung der Zeitlosigkeit Ignatius' stellt sich ein letztes Bedenken entgegen, dem Leopold Ziegler in seinem Kommentarwerk zum Herrengebet Ausdruck gegeben hat: «Auch dem an sich edlen Metall eines Ignatius von Loyola fehlen die Einschüsse und Zusätze niederer Grundstoffe nicht, die aus typhonischer Schlacke stammen[42].» Man hat allen Grund, die Äußerung Zieglers zu bedenken, und nur ein übereifriger Jesuit könnte sich an seiner Feststellung stoßen, während Ignatius selbst ihr gewiß zugestimmt hätte. Sagte er doch nach dem Abschluß seiner «Lebenserinnerungen» zu Gonzalez, daß er «den Herrn, seit er begonnen ihm zu dienen, zwar viel beleidigt, aber nie in eine Todsünde eingewilligt habe»[43], was eine andere Formulierung des gleichen Tatbestandes ist, den der deutsche Religionsphilosoph im Auge hatte. Die Aussage vom «edlen Metall», das sich mit «Zusätzen niederer Grundstoffe» vermischte, rührt an ein beachtliches Problem. Es schließt die Frage in sich, ob der seltsam großartige Ignatius nicht Lehren hinterlassen habe, die ungut wirkten? Sind gewisse Ansichten von ihm nicht mit Zweideutigkeit behaftet? «Bei jedem Verkehr, bei dem wir jemand für die Sache Gottes gewinnen wollen, sollten wir es ähnlich machen wie der Teufel, wenn er einen guten Menschen in die Netze des Verderbens ziehen will – nur mit dem Unterschied, daß *wir* auf das Gute ausgehen ... In diesem Sinn gilt also auch für uns (die wir die Geschäfte Gottes betreiben wollen), jener Wahlspruch: Durch die fremde Türe ein und durch die eigene heraus[44].» Wenn dieses Problem sich auch nicht der ignatianischen Kernfrage nähert, so kommt ihm doch ein Gewicht zu. Es ist nur durch den Hinweis zu beantworten, wie in Ignatius' Tätigkeit als Menschenfischer – im Unterschied zu den ersten Mönchsvätern – das Schwergewicht sich notwendigerweise vom Göttlichen auf das Menschliche verschob. Bei einem Heiligen wie Ignatius hatte dies nichts zu bedeuten. Lebte er doch in der Gegenwart Gottes, als der von ihm berührte Mensch. Deswegen beruhen die Einwände gegen seine Grundsätze zu einem großen Teil auf Mißverständnissen. Werden jedoch seine Lehren von Menschen getätigt, welche die Basis der Heiligkeit verlassen haben und sich eigenmächtig als irdische Täter aufführen, ohne beständig von Gott gehalten zu werden, dann ist die Situation wesentlich anders. Die ignatianische Zielsetzung von einem nicht heiligmäßigen Menschen ausgeübt, zieht bedenkenerregende Folgen nach sich. Bei all jenen Jesuiten, deren religiöses Fundament nicht mehr ganz in Ordnung war, wirkte sich die Verlagerung des Schwergewichtes vom Göttlichen auf das Menschliche verhängnisvoll aus. Diese Darlegung vermag vielleicht das Rätsel von der doppelseitigen Wirkung des «Fähnlein Jesu» in der Christenheit zu lösen, sie sieht den Nachteil der «typhonischen Schlacke» erst bei den späteren Nachfolgern und nicht bei Ignatius selbst.

Ignatius' zeitlose Funktion hat Rubens in jenem eigenartigen Bild gemalt, das den Stifter der Compañia de Jesús darstellt, wie er vom Altar aus einen Besessenen heilt. Anstatt alsogleich von einem «abgeschmackten Wundergehäuse» zu reden, in das der Gründer von seinen Söhnen hineingesteckt worden sei, tut man gut, sich etwas länger in dieses Gemälde zu vertiefen. Künstler haben nun einmal die Begnadigung, eine Persönlichkeit instinktiv viel tiefer zu erfassen als der Gelehrte es vermag. Auch stand der geniale Rubens mit seiner lebendigen Barockmalerei dem Lebensgefühl der zweiten Reformation nahe. Kraft seines künstlerischen Ingeniums hat er die wahre Sendung Ignatius' mit einer realistisch-dramatischen Malerei großartig zum Ausdruck gebracht. Die dargestellte Dämonenaustreibung ist symbolträchtig für die Tätigkeit des Verfassers der «Geistlichen Übungen». Wie einst Dominikus, hat Ignatius mit unbestechlichem Blick die schwere Krankheit seiner Zeit gesehen, welche dem Christentum in völliger Gleichgültigkeit gegenüberstand und es durch eine neuheidnische Geistigkeit überfluten ließ. Mit seiner geschärften Unterscheidung der Geister nahm er den Einbruch des Satanischen wahr, stellte sich ihm entschlossen entgegen und versuchte, die vom unheilvollen Zeitgeist besessenen Menschen zu heilen. Ignatius ist tatsächlich, wie ihn Rubens gesehen hat, einer der großen Exorzisten der Christenheit! Als das überbordende Freiheitsverlangen der Renaissance zu einer Auflösung der christlichen Lebenshaltung überhaupt führte, hat Ignatius in einer neuen Bindung die Rettung des Abendlandes gesehen. Den zersetzenden Bestrebungen konnte nur durch eine neue Form Einhalt geboten werden. Ignatius gehört zu den Gestaltern der Christenheit und nicht zu den sie unterminierenden Revolutionären. Er eroberte mit seinem «Fähnlein Christi» die nach allen Seiten entfliehenden Formkräfte zurück und vollbrachte dieses bedeutende Werk durch einige wenige Gedanken, die er mit eiserner Energie bis zum Ende durchführte.

Die Kraft, welche ihn zu dieser großen Leistung befähigte, floß ihm letztlich aus der Mystik zu, die Ignatius' Geheimnis ist. Der Stifter der Gesellschaft Jesu ist mit Teresa von Jesu und Johannes vom Kreuz zusammen zu den klassischen Vertretern der spanischen Mystik zu zählen. Es gibt eine ausgesprochen ignatianische Mystik, in der das Geschöpf zu seinem Schöpfer ohne Mittler spricht. Nachgewiesenermaßen steht Ignatius mit der deutschen Mystik in Verbindung, die er durch die Lektüre von Ludolf von Sachsen, Thomas a Kempis' und Johannes Tauler kennenlernte[45]. Er entnahm ihnen wichtige Anregungen, ohne zu ihrem sklavischen Nachahmer zu werden. Ignatius war der dem Ewigen ausgelieferte Mensch, der in Gott aufgegangen ist, «als wäre er eine Schneeflocke». Sehr eindrucksvoll offenbart sich seine Mystik in den Briefen: «Sie sollen sich darin üben, Gottes Gegenwart in allen Dingen zu suchen, zum Beispiel im Verkehr, im Gehen, Sehen, Schmecken, Hören, Denken, überhaupt in allem, was Sie tun: ist ja doch Gottes Majestät in allen Dingen, durch seine Gegenwart, dem Willen und dem Wesen nach[46].» In dieser Aufforderung ist Ignatius' letztes Wort enthalten, um dessetwillen man ihm nicht dankbar genug sein kann. Damit die Glut der ignatianischen Mystik in ihrer ganzen Eindrücklichkeit vor dem Leser erstehe, erfordert die Wiederholung die Formulierung im spanischen Wortlaut: Hallar Dios en todas las cosas! Man kann dem Menschen kein gewaltigeres und seligeres Ziel stellen, als Gott in allen Dingen zu finden, was nur ein anderer Ausdruck für das «immerwährende Gebet» ist. In ihm liegt Ignatius', der zur Andacht kam, wo und wie er wollte, ureigenstes, persönliches Leben. Immer sprach Gott «zu seiner Seele ohne jedes Wortgeräusch»[47]. Nach Nadals Beobachtung «hatte er das Privileg, daß er in allen Dingen, Handlungen und Reden Gottes Gegenwart und den Geschmack geistlicher Dinge fühlte und betrachtete, so daß er auch im aktiven Leben kontemplativ war. Diese Gnade und dieses Licht seiner Seele verriet sich im Leuchten seines Angesichtes und in der weihevollen Art und Sicherheit seines Handelns – zu unserer aller Verwunderung und großem Seelentroste, indem wir gleichsam einen Widerschein davon in uns fühlten[48].» In gleicher Weise wie Nadal hat auch Polanco als Privatsekretär Ignatius gedeutet, der stets «mehr dafür geneigt ist, daß man in allen Dingen Gott zu finden trachte, als daß man viel zusammenhängende Zeit auf das Gebet verwende»[49]. Der Interpretation der ersten Generation schließen sich die Deutungen der heutigen Jesuiten an. Przywara sieht in dieser Mystik des Gottfindens in allen Dingen «den Wesenssinn von Ignatius' Frömmigkeit»[50], und Hugo Rahner bezeichnet dieses Gottfinden in den Verrichtungen des Alltags «als die Höhe Ignatianischer Religiosität und Heiligkeit»[51]. Sie bildet tatsächlich die tragende Grundlage des reifen Ignatius, dessen Frömmigkeit deswegen eine überaus tröstliche Kraft besitzt und eine bleibende Freude vermittelt. Über die Jahrhunderte hinweg reicht sie Meister Eckhart die Hand, mit dem sie aufs engste verwandt ist. Unmöglich ist es, den einen zu bejahen und den andern zu verneinen. Sie gehören in diesem mystischen Bestreben unmittelbar zusammen. Beide Männer waren bereit, ihre Visionen zurückzustellen – «es ist ein großer geistlicher Gewinn, Gott um Gottes willen zu verlassen» – um das Werk des Alltags als die Mystik des Dienstes zu vollbringen. Wie dem Kölner Lesemeister, ist auch dem Verfasser der «Geistlichen Übungen» zuletzt «alles zum Gebet» geworden. Mit Pantheismus hat dies selbstverständlich nichts zu tun, wohl aber ist damit eine Heiligung des Lebens erreicht, die ein wesentliches Anliegen des Christentums in sich aufgenommen hat. Wer will angesichts dieser Mystik des Gottfindens in allen Dingen den auserwählten Ignatius noch beschuldigen? Paulus gibt die Antwort: «Gott ist hie, der da gerecht macht» (Röm. 8,33). Mit tausend Freuden wirft man alles hin für diese eine gnadenhafte Schau, durch alle Beschäftigungen Gott entgegenzustürzen. Doch täusche man sich nicht! Das ignatianische Gottfinden in allen Dingen ist keine leichte Selbstverständlichkeit. Man lernt es nicht an einem Tag. Es ist das Ende und nicht der Anfang der Mystik des Weges. Viel Übung, geistige Zucht und innere Sammlung bedarf es dazu, um dabei wirklich Gott zu finden und nicht durch die Dinge einfach zerstreut zu werden. Sie ist ein reines Geschenk des Himmels, mit dem nur der Mensch begnadet wird, der wie Ignatius «aus sich selbst ausgegangen ist, um ganz in den Herrn einzugehen»[52]. Schwerlich kann der Christ in diesem Leben höher hinaufsteigen, diese Anleitung vollendet Ignatius' Zeitlosigkeit!

Wie ist dies alles ins eigene Leben aufzunehmen? Man möchte Ignatius unter das Wort stellen: «Ein Beispiel habe ich euch gegeben ...» Es kommt ihm paradigmatischer Wert zu. Man muß tun, wie er getan hat. Seine Mystik des Weges und des Dienstes wird von der des Gottfindens in allen Dingen zusammengefaßt, die sich nur fruchtbar auswirkt, wenn sie als ein Anstoß verstanden wird, mit einer neuen Formgebung unsere Zeit zu retten, so wie einst Ignatius sein Jahrhundert umdrehte.

II

Eine kurze Wesensbestimmung der Gesellschaft Jesu hat von der Äußerung Franz Overbecks auszugehen, nach der er «vom Jesuitenorden anders nicht zu reden wüßte, denn mit der Empfindung der Verehrung, die ein so sublimes Denkmal der Kirchengeschichte des in der Kirche sich auslebenden Christentums verdient und stets verdienen wird»[53]. Overbeck gehörte nicht zu den Dutzend-Gelehrten, deren Existenz die Frage wachruft: Wozu lebt solch ein Mensch? Der treueste Freund Nietzsches war der geistig unabhängigste Kirchenhistoriker des Protestantismus im 19. Jahrhundert, der das Tiefste über die christliche Urliteratur in formaler Beziehung aussagte und mit einer prophetischen Treffsicherheit das Ende der modernen Theologie vorausverkündete. Overbecks mit Nachdruck vertretene Ansicht, der Jesuitenorden verdiene vor jedem menschlichen Tribunal noch etwas anderes als nackte Entrüstung, rückt das Thema zum voraus auf eine andere Ebene. Sie ist gleich weit entfernt von Novalis' schwärmerischer Verherrlichung der Gesellschaft Jesu als dem «Muster aller Gemeinschaften» wie auch von der eine Gänsehaut erregenden Jesuitenangst und leugnet zugleich nicht den Unterschied zwischen Ignatius und seinen späteren Söhnen. Wenn die Haltung des Respektes von Overbeck, der als ein Pascalverehrer mit aller grobschlächtigen Auffassung der Gesellschaft Jesu radikal Schluß gemacht hat, noch durch die religiöse Blickrichtung ergänzt wird, nähert man sich jenem Standort, von dem aus über den Jesuitenorden mit einer christlichen Anständigkeit gesprochen werden kann, die das kurzschlüssige Freund-Feind-Schema überwindet.

Die Gesellschaft Jesu leitet die Gegenreformation ein, die man jedoch besser die zweite Reformation nennt und die noch einmal die ganze Himmelssehnsucht der anderthalb Jahrtausend dauernden Christenheit zusammenfaßte und zugleich doch eine neue Perspektive eröffnete. Die zweite Reformation war nicht nur eine reaktive Bewegung, die durch ein Ressentiment gegen die erste Reformation bestimmt war. Diese unzulängliche Erfassung wird ihren religiösen Kräften nicht gerecht. In ihr glühte eine eigenständige, verzehrende Religiosität, sie war paradoxerweise eine geradezu stürmische Bewegung zur tiefsten Gottesruhe. Die Gesellschaft Jesu ist nur ein Teil von jener neuaufbrechenden Christlichkeit, welche der Kirche in einer äußerst bedrohten Stunde zu Hilfe kam. Bei aller Zeitbedingtheit ihrer Entstehung stieß die Schöpfung des Ignatius doch durch das Vergängliche zum Ewigen vor, ihr irdisches Werden tauchte ins göttliche Sein ein.

Das Leben der Gesellschaft Jesu wird durch die Constitutiones bestimmt. Ein Werk Ignatius', sind sie an Wichtigkeit für den Jesuitenorden füglich neben die «Geistlichen Übungen» zu stellen. Für die Kenntnis des Ordens sind die Satzungen ausschlaggebend. Ungewöhnlich ist bereits ihre Entstehung. Ihre Niederschrift war Sache des Generals, und beispiellos ist die Art, wie sich Ignatius dieser Aufgabe unterzogen hat. Wohl schaute er sich auch die Regeln der früheren Orden an, aber sie kamen für sein Werk nicht näher in Frage. Als die Zeit der Aufzeichnung kam, begab sich Ignatius tagelang ins Gebet, um auch hierin den Willen Gottes zu erforschen. Bei der unmittelbaren Abfassung hatte Ignatius in seinem Zimmer nur das Neue Testament, die «Nachfolge Christi» und das Missale. Jedes vollendete Blatt legte er bei der Messe auf den Altar und flehte Gott um neue Erleuchtungen. Er rang über gewisse Fragen mehr als einen Monat im Gebet, bis ihm die endgültige Klarheit geschenkt wurde. Auf diesem Weg sind die Constitutiones entstanden, die im vorliegenden Zusammenhang nicht detailliert betrachtet werden können.

An ihrer Spitze steht der Satz: «Das Ziel unserer Gesellschaft ist, mit Gottes Gnade, nicht nur das Heil und die Vervollkommnung der eigenen Seele, sondern mit demselben Gnadenbeistand die eifrige Arbeit an dem Seelenheil und an der Heiligung des Nächsten [54].» Darnach lebt der Jesuit nicht nur der Selbstheiligung. Die Seelenrettung des Nächsten ist ihm nicht weniger auf das Gewissen gebunden. Das brennende Anliegen des Menschenfischers leuchtet deutlich durch diese Anordnung. In der Bestimmung, «den Seelen zu helfen», liegt der tiefste Sinn der Gesellschaft Jesu. Sie faßt das Christentum vorwiegend als Dienst Gottes und weniger als ein Erleben Gottes in der eigenen Seele auf. Die Blickrichtung auf den Nächsten geschieht aus religiösen Gründen, und bei der Arbeit um das Seelenheil sollen die Väter sich nie aus der Gegenwart Gottes entfernen. Die Satzungen schärfen dem Jesuiten im Verkehr mit ihren sündigen Nebenmenschen alle Behutsamkeit ein, welche bei der Rettung eines Ertrinkenden angezeigt ist, damit nicht beide zusammen umkommen. Gelingt es dem Jesuiten, das Seelenheil des Nächsten in die richtigen Bahnen zu lenken, hat er sich nichts darauf einzubilden. Auch in der erfolgreichsten Tätigkeit ist er lediglich ein unwürdiges Werkzeug, wie die Kinnbacken des Esels in der Hand Simsons. Nicht jeder kommt für eine dermaßen schwierige Arbeit in Frage, nur besonders geeignete Menschen sind hiefür heranzuziehen, auch gewöhnlicher Eifer genügt nicht. Aus diesem Grunde geht die Gesellschaft Jesu bei der Aufnahme nach einem strengen Ausleseprinzip vor. Nur fähige Köpfe, die dieser nicht leichten Aufgabe auch gewachsen sind, werden angenommen. Das ebenso bedeutsame wie schwierige Problem der religiösen Elite hat der Jesuitenorden als erster gesehen. Es war die Gesellschaft einer religiös-intellektuellen Aristokratie, die sich in den Dienst der Kirche stellte. Durch die Schaffung einer geistigen Elite hat die Gesellschaft Jesu ein Problem in Angriff genommen, das im Zeitalter der Vermassung für die Christenheit von erhöhter Bedeutung wurde und das eine ganz andere Beachtung verdient, als ihm gewöhnlich geschenkt wird.

Für die Geschichte des Ordens ist eine der wichtigsten Eigentümlichkeiten der Gesellschaft Jesu ihre Abkehr vom alten Mönchtum. Diese Abwendung von der monastischen Lebensweise beruhte nicht auf einer persönlichen Abneigung Ignatius', dem es völlig fern lag, die alten Orden zu beseitigen. Die prinzipielle Wende war wesentlich durch die damaligen Zeitumstände bedingt. Ignatius gründete die Gesellschaft Jesu zu einer Stunde, da sich die alten Orden in einem Zustand verhängnisvoller Schwäche befanden. Statt der Situation der Zeit gewachsen zu sein, wurden sie selbst in den Strudel der Zersetzung hineingerissen. Ihre Deformation hatte sie damals bei vielen religiösen Menschen in Verruf gebracht. Ignatius gab sich über diese mißliche Lage nicht der geringsten Illusion hin. Vom bisherigen Mönchtum war in der Mitte des 16. Jahrhunderts nichts zu erhoffen. Nach Ignatius' Überzeugung galt es, unbedingt einen neuen Weg zu beschreiten, eine Notwendigkeit, vor der er keinen Moment zurückschreckte. Dieser konservative Mann entschloß sich deswegen zu der kühnen Gründung eines ganz anderen Ordens. Es sollte keine neue Mönchsbewegung sein, weshalb auch weder Ordenshabit noch Tonsur vorgesehen war. Der Jesuit unterscheidet sich in seiner Bekleidung nicht vom Weltklerus. Die Zugehörigkeit zur Gesellschaft Jesu ist nach außen in keiner Weise sichtbar. Nicht einmal einen Rosenkranz trug Ignatius bei seinen Ausgängen auf sich, er ließ ihn stets zu Hause. Noch einschneidender war der Verzicht auf das Chorgebet, das als konstitutives Element jedes Ordens galt. Es beanspruchte für die Mitglieder zu viel Zeit, während der sie sich anderer Aufgaben annehmen konnten. Die Preisgabe des Chorgebetes erregte zu jener Zeit ungeheures Aufsehen, sie wurde als eine beinahe untragbare Neuerung empfunden. Ebenso wollte Ignatius von allen Namensänderungen, die im alten Mönchtum Sitte waren, beim Eintritt in die Gesellschaft Jesu nichts wissen. In den Satzungen ist weder von «Klöstern» noch von «Konventen» die Rede, dieweil die Gesellschaft nur «Häuser» und «Kollegien» kennt. Folgerichtig verwandelte Ignatius das alte Mönchsgelübde der stabilitas loci ins Gegenteil, da nach seinem Willen es erforderlich ist, «in aller Einfachheit und Niedrigkeit von Stadt zu Stadt, von Ort zu Ort zu ziehen, ohne sich an einen bestimmten Platz binden zu lassen» [55]. Diese Einsatzbereitschaft läßt den dauernden Aufenthalt in einem abgelegenen Kloster gar nicht mehr zu. An Stelle des beschaulichen Lebens ist bei den Jesuiten die rastlose Tätigkeit getreten. In unausgesetzter Arbeit verausgabt er sich in immer neuen Aufgaben, die er für die Kirche ausführt. Die Gesellschaft Jesu will die Welt nicht in Ruhe lassen und fühlt sich in unversöhnlichem Kampf gegen alle widerchristlichen Mächte. Von daher stammt auch der Eindruck der Aggression, den der Jesuitenorden allezeit macht. Nach Ignatius sind die andern Orden im Heer der streitenden Kirche Schwadronen von Kürassieren, die fest auf den ihnen angewiesenen Posten zu stehen haben und ihre Stellungen nicht verlassen dürfen, während die Gesellschaft Jesu leichte Reiterei darstellt, die Tag und Nacht auf den Alarmruf bereit ist, um überall anzugreifen oder zu verteidigen.

Nicht alle Kirchenleute konnten sich im 16. Jahrhundert in diese radikale Abkehr vom alten Mönchtum finden. Es gab viele gehässige Bemerkungen und unerquickliche Reibereien. Die Jesuiten aber ließen sich durch alle Anwürfe nicht irre machen, und gegen jeden päpstlichen Versuch, sie dem alten monastischen Ideal anzupassen, setzten sie sich stets heftig und mit Erfolg zur Wehr. Das Urteil der Sorbonne, nach welchem die Gesellschaft Jesu «eine Umwälzerin des Mönchtums» ist, besteht vollauf zu Recht. Ihre stark missionarische Tendenz, ihre Mitglieder ohne Kloster und ohne Chorgebet mitten in die Welt hineinzusenden, erreichte tatsächlich die größte Entfernung vom Mönchtum. Der Jesuitenorden ist über die Umgestaltung des Mönchtums, die bereits Franziskus und Dominikus eingeleitet haben, noch einen gewaltigen Schritt hinausgegangen. Es ist kaum möglich, auf diesem Weg noch weiterzugehen. Die Gesellschaft Jesu hat die letzte Konsequenz gezogen, wenn sie auch nie als «Ersatz» des alten Mönchtums gedacht war. Die Jesuiten sind keine Mönche mehr. Das Werk des Ignatius ist die abschließendste Wandlung in der Geschichte des Mönchtums; sein Sendungsbewußtsein fordert mit innerer Notwendigkeit den

Schlußstrich, der unter die monastische Lebensform gezogen wird. Da die Gesellschaft Jesu noch den letzten Schritt in der Entwicklung des Mönchtums getan hat, der noch zu tun war, mußten sie zum Abschluß in diesem Mönchsbuch erwähnt werden, wenn auch mit ihr die Grenze des Mönchtums überschritten ist. Dadurch wird der Prozeß sichtbar, der innerhalb des abendländischen Zönobitentums immer mehr vom benediktinischen Mönchtypus zum ignatianischen Ordensmann führte.

Obgleich die Gesellschaft Jesu nicht mehr zum Mönchtum gehört, besteht dagegen jene Behauptung keineswegs zu Recht, daß «ohne Beobachtung der klösterlichen Regel eine Gemeinschaft überhaupt kein Orden ist»[56]. Im Gegenteil, wenn je ein Orden wirklich ein Orden war, dann gewiß die Gesellschaft Jesu. Sie ist von einem eminent starken Ordenssinn, um nicht zu sagen von einem ausgesprochenen Korpsgeist, zusammengehalten. Der Jesuit ist sich stets bewußt, für den Orden da zu sein und ausschließlich für ihn zu leben, durchdringt ihn jede Stunde. Damit diesem Zugehörigkeitsgefühl in keiner Weise Abbruch geschieht, ist den Angehörigen der Gesellschaft Jesu die Annahme kirchlicher Würden verboten. Ignatius hat nicht nur den persönlichen Ehrgeiz als die schlimmste Pest des bestehenden Mönchtums erklärt, sondern auch in der Annahme von Bistümern den sichern Weg zur Entfremdung vom echten Ordensgeist gesehen.

Der charakteristische Ordenssinn der Gesellschaft Jesu zeigt sich sehr deutlich in seiner Gehorsamsauffassung. Alle Orden kennen das Gelübde des Gehorsams. Eine Ordensgemeinschaft ohne Gehorsam ist nicht denkbar, er kann von ihr schlechterdings nicht abgelöst werden. Schon bei Pachomius war deswegen von ihm die Rede. Die Gehorsamsverpflichtung erfährt bei der Gesellschaft Jesu eine wesentliche, nicht mehr zu überbietende Steigerung. Der Gehorsam wird vom ersten Tag an im Noviziat scharf betont, da der junge Mensch nicht genug darin geübt werden kann. Der Jesuit hat sich blindlings dem Orden zur Verfügung zu stellen und muß ihm gehorchen lernen, ohne zu fragen «warum». Er hat nicht auf sein Urteil zu vertrauen, welches ihn täuschen kann. Die «Geistlichen Übungen» führen den berühmten, vielfach angefochtenen Satz aus: «Wir müssen, um in allem sicher zu gehen, stets festhalten: was meinen Augen weiß erscheint, halte ich für schwarz, wenn die hierarchische Kirche es so entscheidet[57].» Die Vollmitglieder sind außer den Oberen, in welchen sie Christus zu sehen haben, noch im besondern zum Gehorsam gegenüber dem Papst verpflichtet. Ihr Gehorsamsgelübde besitzt somit eine doppelte Note, und diese spezielle Verkettung mit dem Papsttum gibt dem Orden das prononciert katholische Gepräge. Die Gesellschaft Jesu ist papsttreu bis zum letzten und hat diese Gesinnung mehrfach unter Probe gestellt. Nach Ignatius' Ausführungen dürfen «andere Orden es uns in Fasten, Nachtwachen und andern Strengheiten zuvortun, die jeder seiner Eigenart entsprechend heilig hält, und dies können wir uns schon gefallen lassen; aber in reinem und vollkommenem Gehorsam, der wahrhaften Verzicht auf unsern Eigenwillen und Verleugnung unseres eigenen Urteils einschließt: darin, teuerste Brüder, wünsche ich dringend diejenigen ausgezeichnet zu wissen, die sich in dieser Gesellschaft Gott dem Herrn geweiht haben: daran soll man ihre echten Söhne erkennen [58].» Im Gehorsam darf der Jesuit nicht übertroffen werden. Hierin begehrt er an der Spitze zu stehen. Der Jesuit ist der gehorsame Mensch, der immer und unter allen Umständen sich der Anordnung seines Vorgesetzten unterwirft. Wie streng Ignatius den Gehorsam verstanden hat, führte er in seinem Testament mit aller Schärfe aus: «Überhaupt darf ich nicht mir gehören, sondern meinem Schöpfer und dessen Stellvertreter; muß mich leiten und bewegen lassen, wie ein Wachsklümpchen sich kneten läßt ... ; muß mich verhalten wie ein Toter, der weder Wille noch Einsicht hat; wie ein kleines Kruzifix, das sich ohne Schwierigkeit einen Platzwechsel gefallen läßt; wie ein Stock in der Hand eines Alten, daß er mich hinstellt, wo er will und wo er mich am besten brauchen kann [59].»

Diese Gehorsamsverpflichtung wurde oft angeführt, aber selten richtig verstanden. Gewöhnlich wird dieser unbegrenzte Gehorsam als knechtischer Kadavergehorsam verächtlich gemacht. Nun kommt das Wort Kadavergehorsam in dieser letzten Willensäußerung des Ignatius gar nicht vor, es geht in seiner Formulierung vielmehr auf Franz von Assisi zurück, der die testamentarische Gehorsamsauffassung des Ignatius ohne weiteres unterschrieben hätte. Wer im abfälligen Sinn vom Kadavergehorsam redet, trifft damit den Poverello nicht weniger als Ignatius. Im strikten Gehorsam ist keineswegs nur ein Mittel zur Brechung der Persönlichkeit zu sehen. Diese Betrachtung geht am Wesentlichen vorbei. Keine Knechtung des Menschen lag in der Absicht Ignatius', er gewährte seinen Untergebenen auch stets ein gewisses Maß von Freiheit. Die Gesellschaft Jesu lehnte jegliche Vernichtung der Individualität ab, denn mit Menschen ohne Rückgrat wäre ihr am allerwenigsten gedient. Sie erstrebte den normierten Menschen, der mit seiner innern und äußern Disziplin in jeder Situation des Lebens Haltung bewahrt. Nur auf diesem Wege kam die Gesellschaft Jesu dazu, dem ignatianischen Zeitalter die neue Form zu geben. Durch eine neue Bindung allein war der Dämon der Auflösung zu bändigen. Ohne diese Gehorsamsverpflichtung hätte der Jesuitenorden seine Aufgabe damals nicht erfüllen können. Ein moderner Individualismus der subjektiven Freiheit wäre dazu schlechterdings nicht fähig gewesen.

Unbestreitbar wirkt sich die gesteigerte Gehorsamsverpflichtung der Gesellschaft Jesu im einzelnen oft sehr hart aus. Mehr als einer, der sie drückend empfand, ist deswegen wieder aus dem Orden ausgetreten. Über dem Joch, das sie dem Menschen auferlegt, darf man jedoch nicht die Kräfte übersehen, die der

Gehorsam entbindet. Der Jesuit sieht in ihm ein Brandopfer, das der Mensch Gott darbringt, indem er sich gleichsam wie in den Flammen der Liebe verbrennt; er lebt der Überzeugung, den Gehorsam Jesu zu leisten, der im Obern vor ihm stehe. Die jesuitische Gehorsamsschulung lehrt den Menschen das Drüberstehen über den Wirrnissen des Lebens. Allezeit bemüht er sich, die Dinge von einer höhern Warte aus zu sehen. Die Unterscheidung zwischen subjektiver Empfindung und objektivem Tatbestand hilft dem Jesuiten, Herr der Situation zu werden. Seine Erziehung zum Gehorsam vermittelt ihm die Fähigkeit, nicht auf das Gefühlsdunkel im eigenen Innern abzustellen, sondern unbeirrbar den Weg zu gehen, den seine Obern ihm vorschreiben. Die Geschichte des Ordens zeigt deutlich die großen Vorzüge einer Gehorsamsschule. Den Gefahren, welche der durch keine Schranken eingeengte Gehorsam auch in sich schließt, glaubt der Jesuit durch die Bemühung gewachsen zu sein, alles nicht nur zur Ehre Gottes, sondern zur größeren Ehre Gottes zu unternehmen. In den Worten «zur größeren Ehre Gottes» ist nochmals jenes eigentümliche Merkmal des Jesuitenordens angedeutet, der nicht an der bisherigen Grenze stehenbleiben will, sondern darüber hinausschreitet.

Phänomenologisch betrachtet ist die Gesellschaft Jesu der Orden der religiösen Klugheit. Statt sich immer über die Jesuiten als die schlauen Füchse aufzuhalten, die den Weinberg des Herrn verwüsten, sei einmal ruhig darauf hingewiesen, daß es in der Welt viele dumme Menschen gibt. Wie hat ein Bernanos in seinen politischen Schriften gegen die Dummköpfe gekämpft, womit bei ihm selbstverständlich nicht das einfache Volk mit seinem praktischen Lebensverstand gemeint ist, sondern die sturen Intellektuellen. Je weniger Einsichten die Verbildeten haben, um so mehr glauben sie alles beurteilen zu können, und hat man sich lange genug mit gewissen Dümmlingen der menschlichen Gesellschaft – was werden sie alles über die Tendenz dieses Buches zu sagen wissen! – herumgeplagt, ist man geradezu froh, endlich wieder einmal einem klugen Menschen zu begegnen, mit dem man ein wirklich gutes Gespräch führen kann. Die Jesuiten als religiös-intellektuelle Elite sind es fraglos. Die Jesuitenangst beruht zu einem großen Teil auf dem Gefühl der geistigen Unterlegenheit ihnen gegenüber. Auch die jesuitischen Schulen weisen ein erstaunlich hohes Niveau auf, und jedermann ist sicherlich an einer gut geleiteten Schule mehr interessiert als an einem schlecht geführten Unterricht. Wirkliche Klugheit, von der die Jesuiten unzählige Beweise geliefert haben, ist ein Vorzug, der Anerkennung verdient und an der die Welt gewiß nicht Überfluß hat. Im Neuen Testament ist sie keineswegs abgelehnt. Ermahnt doch Jesu seine Jünger, klug zu sein «wie die Schlangen». An dieses Wort hält sich der Jesuitenorden. Er kann in seinen Handlungen die paulinische «Klugheit in Christo» für sich beanspruchen. Es handelt sich dabei nicht um eine weltliche Gescheitheit. Die Gesellschaft Jesu wurde als der Orden der religiösen Klugheit bezeichnet, und das ist etwas grundsätzlich anderes als bloß natürliche Pfiffigkeit, welche Undifferenzierung wiederum eine Verkennung ihrer Eigenart zur Folge hat. Die religiöse Klugheit beweist sich darin, daß die Jesuiten nie die intellektuelle Begabung des Menschen als das Wichtigste betrachten und immer noch etwas kennen, das höher ist als alle Vernunft. Ignatius hat auch davon gesprochen, daß «man in der Klugheit zu weit gehen kann. Allzu kluge Leute führen selten große Werke aus[60].» Mehrfach hat der Stifter des Ordens gesagt, wer für Gottes Ehre etwas tun wolle, dürfe nicht überklug sein. Wer um die Grenzen der Klugheit Bescheid weiß, der ist wahrhaftig in der religiösen Klugheit verwurzelt, welche als Ergänzung der Taubeneinfalt bedarf.

III

Die Geschichte des Jesuitenordens ist von einer Bewegtheit, die mit wenigen Zeilen nicht von entfernt angedeutet werden kann. Die Gesellschaft Jesu nahm einen raschen Aufschwung, da sie einem tiefen Bedürfnis entsprach. Sie stieß nach kurzer Zeit in die verschiedensten Gebiete vor, und ihre Hilfe wurde allenthalben in Anspruch genommen. Die Jesuiten waren im 16. Jahrhundert auf katholischer Seite die Menschen, die zuerst wieder sich selbst gefunden hatten und genau wußten, was sie wollten. Sie standen nicht mehr kopflos da, als solche, die gar nicht begriffen hatten, was eigentlich die Bewegung im Norden bedeutete. Statt sich von den Dingen einfach treiben zu lassen, hatten sie wieder ein fest umrissenes, den veränderten Zeitumständen angepaßtes Programm. Mit den Waffen, die ihnen der neue Humanismus in die Hand gegeben hatte, verteidigten sie die alte Position des Mittelalters. Das war ein ungewöhnliches Verfahren, und deswegen ging von ihnen eine der wesentlichsten Erneuerungen des Katholizismus aus. Wozu die alten Orden in jener Stunde nicht mehr fähig waren, das haben die Jesuiten zuerst vollbracht: die Einleitung der innerkirchlichen Reform.

Zu den ursprünglichen Ideen der Gesellschaft Jesu gehörte die Eroberung der Welt für Christus. Um dieser Aufgabe nachzukommen, nahm der Jesuitenorden die in jener Zeit arg vernachlässigte Heidenmission in Angriff.

An der Spitze der jesuitischen Mission steht die prachtvolle Gestalt des Francisco de Xavier, eines der Mitbegründer der Gesellschaft Jesu. Er stammte gleich Ignatius aus baskischem Adelsgeschlecht. Nach anfänglichem Widerstreben gewann ihn Ignatius während der Studienjahre in Paris für seine Absichten, und später wurde er sein treuester Freund. Um Francisco de Xavier schwebte eine Atmosphäre makelloser Heiligkeit, die eine eminent christliche Gesinnung ausstrahlte. Er war eine Ignatius ebenbürtige charismatische Persönlichkeit, die näher kennenzulernen ein bereicherndes Erlebnis ist. Für ihn spricht schon seine Auffassung des Jesuitenordens: «Kompanie Jesu muß, nach meiner Meinung, mit ihrem andern Namen Kompanie der Liebe und der innern Einheit heißen, nicht aber Kompanie der Härte und der knechtischen Furcht[61].» Francisco de Xavier war von einem an Paulus gemahnenden Missionseifer erfüllt, der sich von der Liebe Christi gedrängt in «göttlichen Sprüngen» vorwärtsbewegte und zugleich wußte, daß man die Welt für Gott nur durch die Opferung seiner selbst gewinnen kann.

Das schönste Denkmal seiner Lebensgeschichte hat sich Francisco de Xavier selbst in seinen einmaligen Briefen gesetzt. Man darf über die ursprüngliche Gesellschaft Jesu kein Urteil fällen, ohne diese Briefe einbezogen zu haben, die nach der Ansicht eines Zeitgenossen nur ein Einziges enthalten: Hoffnungskraft, Herz, Feuer, Wetterstürme, Sprengpulver! Es sind nicht nur die exotischen Düfte der fernasiatischen Welt, die darin berückend und teilweise erstmalig uns entgegenwehen, sondern es ist vor allem die Persönlichkeit des Absenders, die den Leser dieser Briefe bezaubert. Sie geben überwältigend Zeugnis von einem innern Leben, das auch in den schwersten Strapazen zum Himmel glühte. Inmitten aller Prüfungen und Schmerzen fand dieser Mann des großen Herzens den köstlichen Frieden Christi, weil es für ihn nur ein wirkliches Ungemach gab: des Kreuzes unwürdig zu sein! Francisco de Xavier redet in seinen Briefen darüber, wie er die schwere Missionsaufgabe im Tiefsten erlebte: «Wir alle, die wir hier sind, wir haben geglaubt, daß wir es seien, die Ihm einige Dienste erweisen, weil wir in diese Länder kommen, um seinen heiligen Glauben zu verkünden: doch siehe, in seiner Güte läßt uns der Herr erkennen und zuinnerst fühlen, daß Er es ist, der uns eine Gnade, der uns die unermeßliche Gunst erweist, uns nach Japan zu rufen und uns innerlich frei werden zu lassen vom zähen Sich-Klammern an Geschöpfe, die uns hindern würden, immer tiefer an Gott zu glauben, auf Ihn zu hoffen und Ihm zu vertrauen[62].»

Der erste Jesuitenmissionar gehört zu den heiligen Abenteurern, die weder durch lange Seefahrten noch durch versengende Sonnenglut zurückgehalten werden und die mit ihrem heroischen Mut das Gefährliche dem Gesicherten vorziehen. In seinem Bekehrungseifer hat Francisco de Xavier sicher zu schnell zugegriffen. Taufte er doch einmal in einem einzigen Monat über zehntausend Heiden und ein anderes Mal erlahmte ihm sogar der Arm von den vielen Taufen. Es verdient aber rühmend hervorgehoben zu werden, wie er gegen die schamlose Ausbeuterei der Heiden durch die Portugiesen bei deren König aufs schärfste protestierte. Dieser Heidenapostel erkannte, daß die christliche Mission nur auf dem Weg der Demut und nicht durch polterndes Auftreten ans Ziel kommt. Bei der Abfahrt von Lissabon wollte ein Graf ihm einen Diener mitgeben, allein er lehnte dieses Anerbieten mit den Worten ab: «Herr Graf,

IGNATIUS UND DIE GESELLSCHAFT JESU 403

das Streben nach Ansehen und Autorität hat die Kirche Gottes in den traurigen Zustand gebracht, in dem sie sich heute befindet und ihre Prälaten mit ihr. Das Mittel, mit dem man sich Ansehen und Autorität verschaffen muß besteht darin, daß man sich selber seine Kleider wäscht und seinen Kochtopf besorgt und zugleich sich der Arbeit am Seelenheil des Nächsten widmet[63].» Durch die Verkündigung des Evangeliums wollte er die fernöstliche Seelennot überwinden und nicht den asiatischen Völkern die europäische Zivilisation bringen. Ergreifenderweise hauchte Francisco de Xavier unmittelbar vor den Toren Chinas, in einer kleinen Hütte, ganz einsam auf einem Häuflein Stroh, seine Seele aus. Dieses «Strohsterben» ist wie bei Ignatius der Tod der Verlassenheit, der einem unblutigen Martyrium gleichkommt. «Das Leben des Francisco de Xavier ist eine der großartigsten Legenden des Katholizismus, und noch durchklungen wie von Troubadourliedern und umhaucht von dem Ewigkeitsduft des heroischen Mythos» schrieb auch der Jesuitengegner Richard Blunk[64].

Francisco de Xavier war der erste, aber nicht der einzige Jesuit, der nach Asien vorstieß. Die Missionsmethoden der Gesellschaft Jesu, die aus dem Bedürfnis, möglichst bald einen greifbaren Erfolg melden zu können, auf einen zu wenig haltbaren Grund aufbauten, unterliegen, wie alle menschlichen Unternehmungen, Bedenken. Um die heidnischen Riten wurde innerhalb der Kirche heftig gestritten, über deren Duldung ebenso viele Gründe dafür als dagegen angeführt werden können. Bei allen anzubringenden Fragezeichen bildet gleichwohl die Tätigkeit der «Jesuiten zur See», unter welchem Titel sie Felix Alfred Pattner geschildert hat, mit ihren Entbehrungen und Selbstverleugnungen ein Ruhmesblatt in der Ordensgeschichte.

Eine nicht geringere Leistung war der von den Jesuiten errichtete christlich-soziale Staat in Paraguay. Ihm liegen die Gedanken des kühnen Dominikaners Thomas Campanella zugrunde, die er in seinem «Sonnenstaat» entwickelte. Freilich war es bei ihm eine bloße Theorie, während die Jesuiten seine Ideen in die Wirklichkeit umsetzten. Der Versuch in Paraguay darf nicht so sehr als «Staat» beurteilt werden, da die Jesuitenmission durchaus dem spanischen Kolonialstaat einverleibt blieb. Die Jesuiten empörten sich gegen die grauenhafte Unterdrückung der Eingeborenen durch die Spanier nicht weniger ehrlich als es Las Casas tat, weswegen sie auch früh den Haß der weißen Kolonisten sich zuzogen. Den Söhnen des Ignatius kommt das Verdienst zu, als erste das Problem gelöst zu haben, die Indianer zu Christen zu machen, ohne sie der Sklaverei auszuliefern. In ihrer ganz regelmäßig gebauten Stadt führten sie den Kommunismus ein, der allerdings als ein gewisser Übergangszustand gedacht war, der durch die plötzliche Überführung eines ungeordneten Volkes in ein den christlichen Bestand garantierendes Zusammenleben bedingt war. Ganz bewußt schalteten sie das Geld und die damit notwendig verbundene Profitgier aus. Statt sich über ihren religiös begründeten Kommunismus aufzuhalten, hat schon Dobrizzhofer mit Recht gesagt: «Lasset uns lieber darauf denken, wie wir das auch in Europa zustande bringen, was sie ohne Zwang und ohne Geld bei den Guaranis bewerkstelligt, nämlich, daß einer für alle und alle für einen arbeiten, daß niemand etwas zu kaufen und zu verkaufen habe, daß der Gebrauch des Geldes aufhöre und daß es eine Wahrheit werde, daß den Göttern alles um die Arbeit feil sei[65].» Die Jesuiten bauten in Paraguay ein Staatswesen auf, das die Trunksucht beseitigte, keine Kindsaussetzungen mehr kannte und die Todesstrafe außer Funktion setzte. Selbstverständlich stehen diesen Vorzügen auch Nachteile gegenüber, wie die Einschränkung des Familienlebens, die Beschneidung der Freiheit des Individuums, wie sie mit einer theokratisch geleiteten Republik notwendig verbunden sind. Namentlich vom modernen Standpunkt sind mit Leichtigkeit gewisse Bedenken geltend zu machen, zumal dieses Staatswesen ein undefinierbares Zwitterding zwischen kapitalistischer und sozialistischer Auffassung ist[66]. Keineswegs haben aber die Jesuiten in Paraguay nur Aberglauben und Zeremoniendienst verbreitet. Diese Anwürfe sind aus Neid und Verleumdung hervorgegangen, da sich die übrigen Spanier durch sie ins Unrecht versetzt fühlten. Wer unvoreingenommen den Jesuitenstaat in Paraguay studiert, wird ihm die Bewunderung für seine großen Bestrebungen nicht versagen können. Es erforderte ungewöhnliche Kühnheit, ein solches Experiment in die Welt hineinzustellen, das nicht weniger heilig genannt zu werden verdient als dasjenige der Quäker in Nordamerika. Von Montesquieu über Herder bis zu Gothein wurde ihm mit Recht hohe Anerkennung gezollt. Die Jesuiten haben einen Versuch gemacht, die soziale Frage bei den Eingeborenen Amerikas ernsthaft zu lösen, und deswegen verdient der christlich-soziale Staat in Paraguay eine bleibende Erwähnung. Es lohnt sich noch heute, sich mit diesen interessanten Ideen auseinanderzusetzen, zumal das ungelöste Problem des sozialen Zusammenlebens der Menschen nach wie vor der Untergrund aller Gährungen in der Welt bildet. Hätte man allezeit diesem Fragenkreis jene Anteilnahme gewidmet, die damals die Jesuiten aufbrachten, es wäre wahrscheinlich nie zu dem Versagen der Christenheit gegenüber dem sozialen Problem im 19. Jahrhundert gekommen, dessen verhängnisvolle Nachwirkungen sie heute in den Untergangsstrudel hineinzuziehen droht.

Obschon die Gesellschaft Jesu eine Schöpfung des Ignatius ist, darf sie gleichwohl nicht mit ihm identifiziert werden. Es bestehen auch innere Spannungen zwischen Ignatius und der späteren Ausgestaltung des Ordens, die begreiflicherweise von Jesuiten selbst nur ungern zugegeben werden, die aber gleichwohl vorhanden sind. Jeder Orden will den Intentionen seines Stifters treu geblieben sein, eine Behauptung, auf die er naturgemäß großes Gewicht legt. Ebenso natürlich ist es, daß jeder Orden auch eine Entwicklung durchmacht, will er nicht stehenbleiben. Dieses Wachstum geht mit immanenter Notwendigkeit über den Stifter hinaus. Trotzdem auch die Grundgedanken des Ignatius überzeitlich sind, änderte sich sichtbar die Gesellschaft Jesu. Sie baut heute andere Häuser, als sie es zur Zeit des Barock tat, so daß von einem Jesuitenstil gar nicht geredet werden kann.

Im Laufe der Zeit nahm der Orden gewisse Wesenseigentümlichkeiten an, die der ursprünglichen Gesellschaft Jesu fremd waren. Es ist schwer zu sagen, wo die Abbiegung beginnt – hat Ludwig Molina ein Element hineingebracht, das Ignatius fremd war? – aber offenkundig sind die Unvollkommenheiten durchgebrochen. Organisatorische Maßnahmen drängten das Pneuma immer mehr zurück. Zwar bedeutet nicht, wie Otto Karrer mit Recht ausführt, bereits die Ordensleitung durch Franz von Borgia «einen allgemeinen Niedergang der Gesellschaft»[67], aber nach dem Abtreten der ersten Generation nahm doch ein Gefühl der Ermattung überhand. Sacchini, der alte Geschichtsschreiber des Ordens sah sich zur Feststellung genötigt: «Ich weiß nicht, woher es kam, aber allmählich schlich sich in die Gesellschaft ein Geist ein, der von der liebreichen Art im Anfang sehr verschieden war[68].» Diesem Schicksal unterliegt jeder Orden, da die einzigartige Blüte in der Entstehungszeit nicht von Dauer sein kann. Ein gewisses Nachlassen ist unvermeidbar. Der General Tamburini «ist in der Geschichte des Ordens insofern von Bedeutung, als er es war, der zum erstenmal den Geist, die Gefahren und Irrtümer der neuen Anschauungen erkannte und dem Orden darlegte: Das Eindringen natürlicher Auffassungen, die Abkehr von einer gewissen Männlichkeit und die Zunahme einer weichlichen Genußsucht und Bequemlichkeit[69].» Diese Veränderung hängt mit dem Aufenthalt der Jesuiten an den Fürstenhöfen zusammen, denn «obschon Ignatius seinen Söhnen riet, sich nicht in die Staatsangelegenheiten einzumischen, so sind sie doch nicht dauernd dem politischen Gespräch aus dem Wege gegangen»[70]. Es gehört zur Erfassung der jesuitischen Wirklichkeit, auch darauf einzugehen. Um die Gunst der regierenden Herrschaftshäuser sich zu erhalten, mußten die Jesuiten ein Entgegenkommen in ihrer Lebensweise an den Tag legen, welchen Tribut sie auch bezahlt haben. Als sie erkannten, daß die altchristliche Bußstrenge mit der Auffassung des heraufsteigenden Zeitalters des Bürgertums unvereinbar sei, gingen sie zu Minimalforderungen über. Sie machten daraus sogar eine Gepflogenheit, was sicher nicht nach dem Sinn des Ignatius war. Das «Handorakel» von Balthasar Gracian ist ein Symptom dieser veränderten Denkweise. Dieses stark überwertete Büchlein über «die Kunst der Weltklugheit» lehrt die «große Meisterregel»: «Man wende die menschlichen Mittel an, als ob es keine göttlichen, und die göttlichen, als ob es keine menschlichen gäbe!»[71]

Das weltangepaßte Vorgehen der Jesuiten rief innerhalb der katholischen Kirche einer Opposition, deren geistiger Wortführer Pascal zu nennen ist.

Man kann nicht ernsthaft über die Gesellschaft Jesu reden, ohne nicht auch über den tiefern Sinn von Pascals Kampf gegen die Jesuiten zu reflektieren. Pascals Auseinandersetzung mit dem Jesuitenorden hat nichts Protestantisches an sich. Der Freund von Port Royal steht auf dem Boden des Katholizismus, und dieser «philosophiefeindliche Philosoph» führte von dieser Position aus seinen Kampf. Es ist ein innerkatholisches Ringen, das sich in Pascals Polemik gegen die Jesuiten abspielt. Katholizismus gegen Katholizismus steht in diesem Geisteskampf einander gegenüber, und dies verleiht ihm seinen spannenden, tragischen Charakter. Ebenso kommt es einer unzulässigen Simplifizierung gleich, wenn auf der einen Seite die Wahrheit und auf der andern die Unwahrheit gesehen wird. Vielmehr verschlingen sich Recht und Unrecht auf eine beinahe unablösbare Weise in Pascals Sturmangriff auf die Jesuiten. Gegenüber diesem nur mit Kierkegaards Angriff auf die dänische Staatskirche zu vergleichenden Kampf bedeutet es eine fatale Verkennung dieser erschütternden Auseinandersetzung, zu sagen, Pascal habe den Humor nicht gekannt und sich heiß gelaufen.

Es wäre unrichtig, Pascals «Provinzialbriefe» als ein bloßes Nebenerzeugnis aufzufassen, das für sein Verständnis belanglos ist. Die «Briefe gegen die Jesuiten» sind *nach* dem mitternächtlichen Feuererlebnis entstanden, von dem das «Memorial» Kenntnis gibt. Insofern lassen sie sich vom religiösen Pascal nicht ablösen, ohne ihn zu verfälschen. Er hat in diesem Kampf als Christ und nicht als Wissenschaftler gehandelt. Beachtenswert bleibt, daß Pascal bei seinem Kampf gegen die Jesuiten die Persönlichkeit des Ignatius außer dem Spiel läßt. Die Stiftergestalt wird an keiner Stelle erwähnt. Offenbar hat ihn Pascal vom Orden unterschieden. Der Verfasser der.«Pensées» aber nannte die Gesellschaft Jesu mit der Inquisition zusammen die beiden «Geißeln der Wahrheit»[72]. Eine furchtbare, nicht mehr zu überbietende Anklage. Sie war für Pascal nur zu ertragen, weil er der Gewißheit lebte, «daß die Kirche von ihrer Verderbtheit nicht angesteckt wurde»[73]. Pascal hat sich nicht unüberlegt in den Kampf gegen die Jesuiten gestürzt. Über die Verantwortung, den damals mächtigen Orden anzugreifen, war sich dieser große Christ klar; nur aus einer Gewissensnötigung hat er die Aufgabe übernommen. Pascals «Briefe» sind von einem religiösen Pathos getragen; gleichwohl dürfen seine Ausführungen nicht als ewige Wahrheit hingenommen werden, weil er begreiflicherweise in seiner Kampfsituation den Orden einseitig nach seinen Schattenseiten beurteilte und das Große, was er in seiner Geschichte getan hat, geflissentlich übersah.

Die köstliche Ironie bildet nur die Vorderseite von Pascals Argumentation. Hinter dieser Satire steht jedoch ein tiefer Ernst, der den Freund Port Royals leitete. Er nahm an der Richtung der damaligen Jesuiten Anstoß, genauer formuliert, ihm schien ihr Verhalten ein zu geringer Schutz gegen den hereinbre-

chenden Deismus. Mit seinem Sinn für das Wesentliche stellt er die jesuitische
Gnadenlehre in den Mittelpunkt seiner Auseinandersetzung. Vor allem gilt es,
aus den «Provinzialbriefen» den Verzweiflungsschrei herauszuhören, der sich
dem Munde Pascals beim Lesen der jesuitischen Bücher entrang: «Ist das die
Sprache Christi?»[74] Nach ihm gibt es einzig «Kinder des Lichtes und Feinde
des Evangeliums. Man kann nur zu einer von diesen beiden Parteien gehören,
einen Mittelweg gibt es nicht[75].» Dieses harte Entweder-Oder, das die Mannigfaltigkeit des Lebens allzusehr vereinfacht, veranlaßte ihn, der Gesellschaft Jesu
entgegenzutreten. Er beschuldigte den mit der Welt in Kontakt stehenden Orden der unrechtmäßigen Anpassung des Evangeliums an den Zeitgeist. Damit
nannte Pascal tatsächlich das entscheidende Problem beim Namen. Der neural-
gische Punkt liegt in der Anbequemung an die Welt und nicht in der Moralauffassung. Die jesuitischen Zugeständnisse in moralischer Hinsicht sind lediglich
eine Folgeerscheinung ihrer Bereitschaft, der Welt entgegenzukommen. Was
die Moral anbelangt, so ist es nach Franz Overbeck «das geringste Vergehen
der Jesuiten, sie in Frage gestellt und an ihrem Fundament gerüttelt» zu haben[76].
Die Moralauffassung der Jesuiten wird ohnehin gewöhnlich ganz verzerrt wiedergegeben. Auch zu jener Zeit waren die Jesuiten religiöse Menschen, die sich
täglich der Gewissenserforschung unterwarfen, und keine sittenlosen Nihilisten.
Diese Tatsache hat den hierin ganz unverdächtigen Nietzsche veranlaßt, daran
zu erinnern: «So spricht man von der Schlauheit und der verruchten Kunst der
Jesuiten, aber übersieht, welche Selbstüberwindung der einzelne Jesuit sich auferlegt und wie die erleichterte Lebenspraxis, welche die jesuitischen Lehrbü-
cher predigen, durchaus nicht ihnen, sondern dem Laienstande zugute kommen
soll[77].» Die Bereitschaft, der menschlichen Schwäche Zugeständnisse zu machen, ist zudem älter als der Jesuitenorden. Sie wurde sowohl vor als außerhalb
der Gesellschaft Jesu in der Kirche oftmals betätigt und kann auch im modernen
Protestantismus beobachtet werden. Um die Jesuiten in ihrem Verhalten verständlich zu machen, hat auch B. Groethuysen bemerkt: «Der Alltag gelangt
hier zu seinem Rechte. Das Leben wird aus nächster Nähe betrachtet, nicht nur
in den großen Umrissen und seiner Ewigkeitsbedeutung nach. Dabei wird alles
vernünftig durchgesprochen; Rücksichten des täglichen Lebens werden gebührend in Betracht gezogen[78].» In dieser lebenspraktischen Überlegung liegt das
Recht der Jesuiten in diesem Kampfe. Diese Feststellungen aber ändern nichts
an dem Ergebnis, daß die damaligen Jesuiten allzu schnell ein Auge zudrückten
und fünf gerade sein ließen. Pascal argumentierte nicht vom Leben, sondern
vom Evangelium aus, und dies war sein Recht. Er legte den Finger auf die
Wunde, und noch Georg Bernanos hat in unserer Zeit ähnlich geurteilt[79].

Die Jesuiten sind noch heute der Meinung, Pascal habe dem Orden Unrecht
getan, und es sei nun einmal dessen Schicksal, mißverstanden zu werden. Ent-

gegen ihrem sonstigen Grundsatz, zu Angriffen zu schweigen, haben sie jedoch gegen Pascal alle Minen springen lassen. Es gelang ihnen nachzuweisen, daß Pascals Zitate einige Ungenauigkeiten enthalten und brachten das Buch auf den Index. Damit allerdings ist die entscheidende Frage niedergeschlagen, aber nicht widerlegt, so wenig wie der Hinweis: «Die Jesuiten vertreten die Moral des kleinen Mannes, Pascal hingegen die heroische Haltung der Bergpredigt»[80] der tiefern Problemstellung gerecht wird. Es geht nicht darum, ob Pascal einige Sätze zu spitz formuliert hat, sondern um die sachlichen, in ruhiger Gewissensprüfung zu beantwortenden Fragen: Trifft der Vorwurf der unrechtmäßigen Anpassung zu oder nicht? Sind die Jesuiten damals in den Konzessionen an das neuzeitliche Leben nicht zu weit gegangen? Diese Gewissensfrage hat sich jeder religiöse Mensch vorzulegen, weil sie eine Gefahr namhaft macht, die allem Christentum droht und der es nur entgeht, wenn es sich bewußt dagegen zur Wehr setzt. Die Jesuiten weigerten sich aber, durch das Feuer Pascals hindurchzugehen, und deswegen gereichte der Kampf ihnen nicht zur Läuterung. Pascals Gegnerschaft verursachte dem Orden nur schwere Wunden und keine Heilung.

Eine allgemeine Jesuitenüberdrüssigkeit machte sich im Laufe der nächsten Jahrzehnte bemerkbar, die freilich aus anderen Gründen hervorging, als sie Pascal bewegten. Die Gesellschaft Jesu wurde zur Sammelgrube allen Gespöttes und aller Verdächtigung. Ihre wirkliche und angebliche Einmischung in die politischen Geschehnisse rief Haß hervor. Die Abneigung steigerte sich zu einer offenen Feindschaft und führte hundert Jahre nach Pascals Angriff zur Vertreibung der Jesuiten aus den romanischen Ländern. Portugal ging voran, Spanien und Frankreich folgten. Auch Neapel und Parma schritten zur Ausweisung. Eine Jesuitenverfolgung setzte ein, die von den Staaten als Ablenkungsmanöver benutzt wurde und in der viel Sündenbocktheorie zur Anwendung kam. Der Druck von den katholischen Mächten auf den Papst wurde so stark, daß Clemens XIV. gezwungen war, 1773 den Jesuitenorden für immer aufzuheben. Es war ein furchtbarer Schlag für die Gesellschaft Jesu, wie ihn seit den Templern kein anderer Orden mehr erlebt hatte. Das Papsttum selbst wandte sich gegen das Werk, das zu seiner Unterstützung geschaffen worden war. Diese Wende bildet den Höhepunkt der Tragik in der Geschichte des Ordens. Ein vom tiefsten Leiden erfülltes Drama spielte sich damals ab. Wie die Gegner über die am Boden liegende Gesellschaft Jesu herfielen, gehört zum Verächtlichsten, was man in der Geschichte lesen kann. Über den tiefen Fall des Ordens urteilt Michael Sailer: «In der Entstehung des Ordens regte sich viel Göttliches, in der Ausbreitung desselben viel Menschliches, in der Aufhebung vieles, das weder göttlich noch menschlich war[81].»

Man ist tief von der innern Würde beeindruckt, welche die Gesellschaft Jesu zu diesem Zeitpunkt der äußersten Schmach an den Tag legte, beweisend, wie sie wirklich bereit war, als sterbendes Weizenkorn in die Erde gelegt zu werden. Unmöglich kann es so schlimm um sie bestellt gewesen sein wie die durch politische und nicht durch religiöse Motive bedingten Hetzschriften der Verleumder behaupteten. Aus der Erklärung des Generals Ricci, der bis zu seinem Tode eine rohe Behandlung im Kerker zu erdulden hatte, spricht eine echt christliche Gesinnung: «Die Ungewißheit des Zeitpunktes, an dem es dem Höchsten gefallen wird, mich zu sich zu rufen, und die Gewißheit, daß in Anbetracht meines weit vorgerückten hohen Alters und der Menge, der langen Dauer und der Größe meiner Leiden diese Zeit nahe ist, ermahnen mich, meine Pflichten im voraus zu erfüllen. Ich scheide von der Erde und schicke mich an, vor dem Richterstuhl der unfehlbaren Wahrheit und Gerechtigkeit, dem letzten Gericht des Allerhöchsten, zu erscheinen. Nach langer und reiflicher Überlegung, nachdem ich demütig zu meinem allerbarmherzigsten Heiland und schrecklichen Richter gebetet habe, daß er nicht zugeben möge, daß ich mich, insbesondere in einer der letzten Handlungen meines Lebens, entweder durch Leidenschaft oder irgendeine Bitterkeit des Herzens oder durch irgendeinen andern Hang oder sündigen Zweck hinreißen, sondern lediglich durch die Einsicht bewegen lassen möge, daß es meine Pflicht ist, der Wahrheit und Unschuld Zeugnis zu geben, gebe ich folgende zwei Erklärungen und Beteuerungen: Erstlich erkläre und beteuere ich, daß die aufgelöste Gesellschaft Jesu keinen Grund und Anlaß zu ihrer Aufhebung geboten hat. Ich erkläre und beteuere dies mit der Gewißheit, welche ein Oberer haben kann, der von dem, was in seinem Orden vorgeht, wohlunterrichtet ist. Zweitens erkläre und beteuere ich, daß ich nicht den allergeringsten Grund und Anlaß zu meiner Gefangenhaltung gegeben habe. Ich erkläre und beteuere dies mit der höchsten Gewißheit und Klarheit, die jeder betreffs seiner eigenen Handlungen hat. Ich leiste diese zweite Beteuerung lediglich deshalb, weil sie für den Ruf der aufgelösten Gesellschaft Jesu, deren Generaloberer ich gewesen bin, nötig ist. Im übrigen will ich keineswegs, daß man gemäß diesen meinen Beteuerungen irgendeinen von denen, die der Gesellschaft oder mir Schaden zugefügt haben, für schuldig vor Gott erachten solle, wie ich mich denn eines solchen Urteils selbst enthalte[82].» Mit Ausnahme seiner Entstehungszeit ist der Jesuitenorden nie dem Göttlichen nähergekommen als in den Jahren seiner Verachtung. In der Stunde ihrer tiefsten Erniedrigung hat die Gesellschaft Jesu erfahren, was es heißt, von den eigenen Glaubensgenossen verfolgt zu werden, damit das Schicksal der echten Christen erleidend.

Das protestantische Preußen und das orthodoxe Rußland boten den vertriebenen Jesuiten Unterschlupf, so daß der Orden auf außerkatholischen Gebieten gleichsam überwintern konnte. Vierzig Jahre später stellte Pius VII. den Orden wieder her, da sich die Unhaltbarkeit der gegen die Gesellschaft Jesu ausgestreuten Verleumdungen erwiesen hatte. Clemens XIV. handelte unter Gewaltandrohung, als er seine treuesten Söhne preisgab, deswegen war ein späterer Nachfolger berechtigt, seine Verfügung außer Kraft zu setzen. Der Wunsch, den viel später der Dichter Stephan George in die Worte gekleidet hatte «kehret wieder, kluge und gewandte Väter» ging in Erfüllung. Die Gesellschaft Jesu erholte sich rasch von ihrem Niedergang und nahm bald wieder eine führende Stellung innerhalb der Kirche ein. Mit neuem Eifer widmete sie sich ihren Aufgaben und setzte sich mehrfach mit dem neuzeitlichen Geistesleben auseinander. Sie hat auch versucht, jene Arbeit in Angriff zu nehmen, über die der Jesuit Paul de Chastonay schrieb: «Für den Schreiber dieser Zeilen unterliegt es keinem Zweifel, daß Ignatius heute den größern Dienst Gottes und die wirksamere Hilfe an den Seelen in den Dienstleistungen für die proletarischen Massen erblicken würde, die religiös am verlassensten sind[83].»

Das Vorurteil gegen die Jesuiten hat sich nach ihrer Wiederkehr nicht verflüchtigt, obschon ihm immer wieder vorurteilslose Protestanten entgegengetreten sind, unter anderen auch der gegen die Auflösung seiner Zeit ankämpfende wahrhaft christliche Dichter Jeremias Gotthelf[84]. Noch immer besteht ein Jesuitenklischee, das sich in den Köpfen der Menschen mit gleicher Hartnäckigkeit erhält wie die albernen Gerüchte über die Freimaurerei. Über den Jesuitenorden darf man sich nicht durch Hoensbroech informieren, dessen subjektive Ehrlichkeit durch sein haßerfülltes Renegatentum getrübt wurde und der als nationalistischer Mensch des Wilhelminischen Zeitalters gar nicht an die tiefern Probleme herankam. *Ein* Resultat ist jedenfalls durch eine unvoreingenommene Beschäftigung mit der Gesellschaft Jesu gesichert, daß man trotz der strengen Ordensschule nicht von einem einheitlichen Jesuitentypus reden kann. Diesen hat es nie gegeben und gibt es heute nicht. Der Jesuitenorden setzt sich zu allen Zeiten aus den mannigfachsten Charakteren zusammen, von denen keiner wie der andere ist. Neben einem Franz von Borja – man betrachte den wundervollen Kopf dieses Mannes auf dem Porträt, das im Museum zu Sevilla hängt – steht ein Aloisius von Gonzaga, die wenig gemeinsame Züge aufweisen. Aus dem Jesuitenorden sind jene Männer hervorgegangen, welche sich zuerst den Hexenverfolgungen entgegengestellt haben. Vorab sei der edle Tanner genannt, und dann vor allem der ungemein sympathische Friedrich Spee, dessen tief religiöse Dichtung einen so unverkennbar echten Klang hat, und der mit seinem Eintreten für die armen Opfer des grauenhaften Wahnes eine christliche Menschlichkeit an den Tag legte, die überwältigend ist. Auch im 20. Jahrhundert gibt es die denkbar verschiedensten Persönlichkeiten innerhalb des Ordens. Man begegnet neben dem aktivistischen Ruppert Mayer einem so ganz dem innern Leben zugewandten Menschen wie Wilhelm Eberschweiler. Unter den Opfern des Nationalsozialismus finden sich solch unerschrockene Jesuiten wie Pater Delp, der tapfer seiner Hinrichtung entgegensah. Wer über die heutige Gesellschaft Jesu reden will, darf diese Männer nicht stillschweigend übergehen. Schließlich stammt aus ihren eigenen Reihen das Wort: «Die Jesuiten sind sich darüber klar, daß ihr Zeitalter vorüber ist[85].»

Wenn zum Abschluß jene auf die Gesellschaft Jesu vor allem anzuwendende Kategorie genannt werden soll, so muß man vom Jesuiten als dem christlichen Streiter reden. Diese Benennung kommt seinem innersten Wesen am nächsten. Sie kann sich auf Ignatius selbst berufen, der sich in seinen «Lebenserinnerungen» als «den neuen Streiter Christi» bezeichnet[86]. Heute wird diese beinahe vergessene Auffassung nur selten richtig verstanden. Gewöhnlich wird der christliche Streiter mit dem Soldaten verwechselt, und dieses Mißverständnis hat dazu geführt, in der Gesellschaft Jesu vor allem eine militärische Formation des Christentums zu sehen. Man spricht von einer militanten Vereinigung. Damit glitt man aber unmerklich in eine säkularisierte Ansicht hinein. Eine ausschließlich kulturgeschichtlich orientierte Deutung setzt den jesuitischen Ordensmann einer modernen Militärpersönlichkeit gleich. Ebenso irrig ist es, wenn unter dem christlichen Streiter ein polemischer Theologe verstanden wird. Diese Ansicht hat das hehre Bild vom christlichen Streiter unter dem Schutt einer dogmatischen Aufsässigkeit und konfessionellen Gehässigkeit begraben. Der Streiter Gottes ist aber ein eminent christlicher Begriff. Er geht auf das Neue Testament zurück, wo bereits Jesus das schwer verständliche Wort gesprochen hat, daß er nicht gekommen sei, Frieden zu bringen, sondern das Schwert. Paulus hat dann im Epheserbrief die Waffenrüstung des christlichen Streiters mit einer Eindringlichkeit geschildert, die sich jedem Bibelleser unauslöschlich einprägt. Durch die ganze Geschichte hindurch läßt sich der Streiter Christi verfolgen: er lebt im heiligen Georg, welcher den Drachen tötete, in den mittelalterlichen Ordensrittern so gut wie in der Jeanne d'Arc. Albrecht Dürer hat in seinem Stich «Ritter, Tod und Teufel» sein zeitloses Bild festgehalten. In der modernen Zeit ist die Gestalt des christlichen Streiters immer mehr verschwunden, was viel zum Zerfall der Christenheit beigetragen hat. Ohne den Streiter Christi gibt es auf die Dauer keine Christenheit! Ihre Existenz ist an deren Dasein gebunden. Diese Wahrheit hat Ignatius erkannt, und sein «Fähnlein Christi» ist nichts anderes als einer der letzten groß angelegten Versuche, noch einmal den christlichen Streiter zu erneuern. Ihm hat er den metaphysischen Kampf gegen das Reich des Satans in einer scharfsichtigen Strategie aufgetragen. In dieser Schau muß man die Gesellschaft Jesu betrachten, wenn man ihr Geheimnis erfassen will. Der Name Compañia weist auf die geistliche Kriegerschar hin, deren Kriegsherr Christus ist. «Wie ein adeliger Streiter Christi» soll sich der Jesuit fühlen, dem Ignatius den Befehl erteilte: «Gehet, setzt alles in Feuer und Flammen[87].»

QUELLENNACHWEIS

«MÖNCHLEIN, MÖNCHLEIN, DU GEHST JETZT EINEN GANG ...»

[1] R. M. Rilke: Das Stundenbuch, 1918, S. 67–69; [2] N. Berdjajew: Existentielle Dialektik des Göttlichen und Menschlichen, 1951, S. 191; [3] Franz Overbeck: Über die Christlichkeit unserer heutigen Theologie, 1903, S. 83; [4] Novalis: Gesammelte Werke, ed. Seelig, Bd. 1, S. 343; [5] R. Guardini: Unterscheidung des Christlichen, 1935, S. 406; [6] F. Nietzsche: Fröhliche Wissenschaft, 1. Buch, Nr. 34; [7] Die Reden Gotamo Buddhos, ed. Neumann, 1921, Bd. I, S. 66; [8] O. Spengler: Untergang des Abendlandes, 1922, Bd. II, S. 313; [9] Walter Dirks: Die Antwort der Mönche, 1952, S. 115; [10] J. Smolitsch: Leben und Lehre der Starzen, 1936, S. 165; [11] Vgl. J. von Kologriwof: Von Hellas zum Mönchtum, 1948, S. 14 ff.; [12] N. Gogols sämtliche Werke, ed. Buek: Bd. V, S. 143; [13] Rudolf Thiel: Luther, 1952, S. 613; [14] F. Parpert: Das Mönchtum in der evangelischen Kirche, 1930, S. 55; [15] Die symbolischen Bücher der evangelisch-lutherischen Kirche, ed. Müller, 1882, S. 272; [16] ib. S. 275; [17] A. von Harnack: Wesen des Christentums, 1900, S. 180; [18] Sören Kierkegaard: Abschließende unwissenschaftliche Nachschrift, Bd. II, S. 94 ff.; [19] Kierkegaard: Angriff auf die Christenheit, 1896, S. 396; [20] M. Thust: Sören Kierkegaard, 1931, S. 416; [21] J. Koestlin: Luthers Leben, 1892, S. 255; [22] Nietzsche: Fröhliche Wissenschaft, 4. Buch, Nr. 292; [23] F. X. Bronner: Ein Mönchsleben aus der empfindsamen Zeit, Bd. I, S. 185; [24] F. Mauriac: Der Stein des Anstoßes, 1952, S. 16; [25] Russische Frömmigkeit, ed. Bubnoff, 1947, S. 112; [26] Léon Bloy: Die Stimme, die in der Wüste ruft, ed. Kuhlmann, 1951, S. 314; [27] G. Bernanos: Welt ohne Freiheit, 1947, S. 25.

ANTONIUS UND DAS EREMITENTUM

[1] Vita Antonii, Kap. 2; [2] E. Friedell: Kulturgeschichte des Altertums, 1936, S. 90; [3] Vita, a.a.O. Kap. 4; [4] ib. Kap. 7; [5] ib. Kap. 7; [6] ib. Kap. 7; [7] Overbeck: Christentum und Kultur, 1919, S. 33; [8] Vita, a.a.O. Kap. 7; [9] Stephan Schiwietz: Das morgenländische Mönchtum, 1904, Bd. I, S. 238; [10] Vita, a.a.O. Kap. 5; [11] Leopold Ziegler: Menschwerdung, Bd. II, S. 266/67; [12] Viller und Rahner: Aszese und Mystik in der Väterzeit, 1939, S. 119; [13] K. Kirch: Helden des Christentums, Bd. I, 4, S. 58; [14] Vita, Kap. 5; [15] ib. Kap. 8; [16] ib. Kap. 9; [17] ib. Kap. 9; [18] ib. Kap. 10; [19] Villers u. Rahner, a.a.O. S. 86; [20] M. Claudius: Gesammelte Werke, Bd. II, S. 521; [21] Vita, Kap. 23; [22] ib. Kap. 25; [23] ib. Kap. 25; [24] ib. Kap. 23; [25] ib. Kap. 42; [26] ib. Kap. 50; [27] Sozomenos: Kirchengeschichte, IV, 23; [28] Vita, Kap. 3; [29] A. Möhler: Schriften und Aufsätze, 1840, Bd. II, S. 177; [30] J. Cassianus: Weisheit der Wüste, ed. A. Kemmer, 1947, S. 161; [31] Vita, Kap. 67; [32] Palladius: Leben der heiligen Väter, ed. Krottenthaler, Kap. 21; [33] F. Böhringer: Die Kirche Jesu Christi und ihre Zeugen, 1842, Bd. I, S. 149; [34] Vita, Kap. 87; [35] ib. Kap. 85; [36] ib. Kap. 14; [37] ib. Kap. 19; [38] ib. Kap. 17; [39] ib. Kap. 55; [40] ib. Kap. 55; [41] ib. Kap. 77; [42] ib. Kap. 44; [43] K. Müller: Kirchengeschichte, 1921, Bd. I, S. 211; [44] Vita, Kap. 81; [45] Schiwietz,

a.a.O. Bd. I, S. 52 und K. Heußi: Der Ursprung des Mönchtums, 1936, S. 79; vgl. H. Dörries: Die Vita Antonii als Geschichtsquelle, in «Nachrichten der Akademie der Wissenschaften in Göttingen», 1949; [46] W. Bousset, Apophthegmata, 1923, S. 91; [47] K. Holl: Gesammelte Aufsätze zur Kirchengeschichte, Bd. II, 1928, S. 254; [48] Ludwig v. Hertling: Antonius der Einsiedler, 1929, S. 88; [49] Theodoret: Mönchsgeschichte, Kap. 2; [50] Palladius: a.a.O. Kap. 7; [51] Theodoret: a.a.O. Kap. 26; [52] Palladius, a.a.O. Kap. 18; [53] ib. Kap. 1; [54] ib. Kap. 17; [55] Theodoret: a.a.O. Kap. 30; [56] Rufinus: Mönchsgeschichten, Kap. 7; [57] ib. Kap. 16; [58] Schiwietz, a.a.O. Bd. I, S. 95; [59] Theodoret: a.a.O., Prolog; [60] ib., Schlußrede; [61] ib. Kap. 3; [62] L. Schestow: Kierkegaard und die Existenzphilosophie, 1949, S. 69; [63] Vita, Kap. 73; [64] ib. Kap. 33; [65] Böhringer: a.a.O. Bd. I, S. 134.

PACHOMIUS UND DAS KLOSTERWESEN

[1] Vita Pachomii, ed. Mertel, Kap. 7; [2] Grützmacher: Pachomius und das älteste Klosterleben, 1896, S. 23; [3] Nietzsches Werke (Klassikerausgabe), Bd. II, S. 137; [4] Vita, Kap. 50; [5] ib. Kap. 2; [6] ib. Kap. 5; [7] bei Grützmacher, a.a.O. S. 72; [8] Vita, Kap. 5; [9] ib. Kap. 5; [10] Schiwietz: Das Morgenländische Mönchtum, 1904, Bd. I, S. 167; [11] Vita, Kap. 10; [12] O. Zöckler: Askese und Mönchtum, 1897, Bd. I, S. 200 u. 203; [13] C. Butler: Benediktinisches Mönchtum, 1929, S. 157; [14] Palladius: Leben der heiligen Väter, Kap. 32; [15] Vita, Kap. 20; [16] Herwegen: Väterspruch und Mönchsregel, 1937, S. 12; [17] Vita, Kap. 37; [18] J. Burckhardt: Die Zeit Konstantins des Großen, 1924, S. 424; [19] Vita, Kap. 6; [20] Grützmacher, a.a.O. S. 132; [21] Vita, Kap. 36; [22] K. Heußi: Der Ursprung des Mönchtums, 1936, S. 123; [23] Vita, Kap. 8; [24] Vita, Kap. 14; [25] ib. Kap. 10; [26] ib. Kap. 29; [27] ib. Kap. 36; [28] ib. Kap. 41; [29] ib. Kap. 6; [30] ib. Kap. 9; [31] ib. Kap. 6; [32] ib. Kap. 16; [33] H. Bacht: Pakhom – der große Adler in «Geist und Leben», 1949, S. 367/382; [34] Vita, Kap. 25.

BASILIUS UND DAS ÖSTLICHE MÖNCHTUM

[1] Josef Sellmair: Humanitas Christiana, S. 103; [2] Gregor von Nazianz: Trauerrede auf Basilius, Kap. 49; [3] Basilius: Epistola, 223; [4] ib. 223; [5] ib. 14; [6] ib. 2; [7] ib. 42; [8] ib. 2; [9] ib. 65; [10] F. Heiler: Urkirche und Ostkirche, 1937, S. 370; [11] Gregor von Nazianz: a.a.O. Kap. 61; [12] Basilius: Regula, 26; [13] K. Holl: Enthusiasmus und Bußgewalt im griechischen Mönchtum, 1898, S. 262; [14] Basilius: Regula, 46; [15] Schiwietz: Das morgenländische Mönchtum, 1904, Bd. I, S. 326; [16] F. Laun: «Die beiden Regeln des Basilius, ihre Echtheit und Entstehung», in «Zeitschrift für Kirchengeschichte», 1925, S. 1 u. ff.; [17] J. Herwegen: Väterspruch und Mönchsregel, 1937, S. 25; [18] Basilius: Regula, 2; [19] ib. 5; [20] ib. 19; [21] ib. 8; [22] ib. 17; [23] ib. 32; [24] ib. 37; [25] ib. 38; [26] ib. 39; [27] Epistola, 42; [28] ib. 2; [29] J. Wittig: Leben, Lebensweisheit und Lebenskunde des heiligen Metropoliten Basilius des Großen von Caesarea, in Ehrengabe deutscher Wissenschaft, 1920, S. 619; [30] Symeon, der neue Theologe: Licht vom Licht, 1930, S. 24; [31] A. Harnack: Das Wesen des Christentums, 1900, S. 149; [32] Max Heimbucher: Die Orden und Kongregationen der katholischen Kirche, 1933, Bd. I, S. 93; [33] Vgl. F. Dölger: Mönchsland Athos, 1943, und F. Spunda: Der heilige Berg Athos, 1928; [34] Fallmerayer: Der heilige

Berg Athos, o. J., S. 35; [35] Reinhold Pabel: Athos, der heilige Berg, 1940, S. 100; [36] N. v. Arseniew: Das Mönchtum und der asketisch-mystische Weg, in: «Der christliche Osten», 1939, S. 205; [37] Vgl. Smolitsch, Leben und Lehre der Starzen, 1936, S. 220; [38] N. v. Arseniew: Die Kirche des Morgenlandes, 1926, S. 8; [39] M. Viller und K. Rahner: Aszese und Mystik in der Väterzeit, 1939, S. 116; [40] Herwegen: a.a.O. S. 12; [41] K. Heußi: Der Ursprung des Mönchtums, 1936, S. 153; [42] Friedrich Zöpfl: Die Weisheit der Wüste, 1925, S. 8; [43] Makarius: Geistliche Homilien, 17; [44] Leben und Taten der heiligen Einsiedler und Mönche, 1842, Bd. II, S. 17; [45] ib. S. 91; [46] ib. S. 91; [47] Schiwietz, a.a.O. Bd. II, S. 35; [48] Heußi: a.a.O. S. 146; [49] ib. S. 235; [50] Makarius: a.a.O. 41; [51] Leben und Taten der heiligen Einsiedler und Mönche, 1842, Bd. III, S. 62; [52] ib. S. 37; [53] ib. S. 51; [54] Arseniew: Der christliche Osten, S. 157; [55] ib. S. 169; [56] Arseniew: Die Kirche des Morgenlandes, S. 65; [57] Johannes Cassianus: Weisheit der Wüste, 1948, S. 105; [58] ib. S. 170; [59] Leben und Thaten der heiligen Einsiedler und Mönche, 1842, Bd. II, S. 47/48; [60] Zöpfel, a.a.O. S. 37; [61] Leben und Thaten der heiligen Einsiedler und Mönche, Bd. III, S. 15; [62] Heußi, a.a.O. S. 187; [63] Leben und Thaten der heiligen Einsiedler und Mönche, Bd. III, S. 17; [64] ib. Bd. III, S. 16; [65] ib. Bd. II, S. 51; [66] ib. Bd. III, S. 51; [67] ib. Bd. II, S. 101; [68] Dostojewskij: Die Brüder Karamasoff, S. 631.

AUGUSTIN UND DAS GEMEINSAME LEBEN DER KLERIKER

[1] Johannes Tauler: Predigten, Bd. II, 1923, S. 117; [2] Conf. III, 11; [3] ib. IV, 4; [4] ib. VI, 16; [5] Augustin: Johannesevangelium, 63; [6] Conf. II, 2; [7] ib. VIII, 11; [8] vgl. A. Nygren: Eros und Agape, 1937, Bd. II, S. 257; [9] Conf. XI, 3; [10] Vgl. J. Nörregaard: Augustins Bekehrung, 1923, S. 62; [11] Conf. VI, 11; [12] vgl. Augustin, Gottesstaat, XIV, 9; [13] Conf. VIII, 11; [14] ib. VII, 8; [15] ib. VIII, 6; [16] ib. VIII, 6; [17] ib. VIII, 6; [18] ib. VIII, 8; [19] ib. VIII, 12; [20] ib.; [21] ib.; [22] ib. IX, 10; [23] ib. X, 6; [24] A. Suarès: Misère des heiligen Augustin, in: «Neue Schweizer Rundschau», 1929, S. 672; [25] Bernanos: Das Haus der Lebenden und der Toten, 1951, S. 132; [26] Guardini: Die Bekehrung des heiligen Augustins, 1935, S. 164; [27] Conf. II, 3; [28] ib. X, 8; [29] ib. X, 7 u. 17; [30] Epistola, 213; [31] Gilson: Der heilige Augustin, 1930, S. 440; [32] A. Zumkeller: Das Mönchtum des heiligen Augustinus, 1951, S. 10; [33] Possidius: Vita, 3; [34] Zumkeller, a.a.O. S. 47; [35] Possidius: a.a.O. 19; [36] F. Van der Meer: Augustinus der Seelsorger, 1951, S. 308; [37] Augustin: Der Gottesstaat, XIX, 19; [38] Van der Meer, a.a.O. S. 242; [39] Possidius: a.a.O. 22; [40] ib. 22; [41] Epistola, 78; [42] J. Mausbach: Die Ethik des heiligen Augustin, 1929, Bd. I, S. 356; [43] H. Reuter: Augustinische Studien, 1887, S. 501; [44] Die Großen Ordensregeln, ed. Balthasar, 1948, S. 101; [45] Van der Meer, a.a.O. S. 269; [46] Augustin: Regula, I; [47] ib. 8; [48] Zumkeller, a.a.O. S. 212; [49] Pascal: Pensées, Fragm. 283; [50] H. Scholz: Glaube und Unglaube in der Weltgeschichte, 1911, S. 195; [51] Reuter, a.a.O. S. 391/92; [52] Augustin, Regula, I; [53] Die Großen Ordensregeln, a.a.O. S. 122; [54] Zumkeller, a.a.O. S. 138; [55] Possidius: a.a.O. 24; [56] Conf. VIII, 9; [57] B. Groethuysen: Philosophische Anthropologie, 1931, S. 84 und vgl. E. Dinkler: Die Anthropologie Augustins, 1934; [58] Van der Meer, a.a.O. S. 668; [59] Reuter, a.a.O. S. 494; [60] Possidius, a.a.O. 31; [61] M. Heimbucher: Orden und Kongregationen der katholischen Kirche, 1933, Bd. I, S. 397; [62] Luther: Vorlesung über den Römerbrief, ed. Ellwein, 1927, S. 472; [63] Kierkegaard: Tagebücher, ed. Haecker,

1923, Bd. II, S. 353; [64] Erich Przywara: Humanitas, 1951, S. 379; [65] Luther: (Erlanger Ausgabe) 30, 107; [66] ib. 62, 111; [67] A. Hamel: Der junge Luther und Augustin, 1935, Bd. II, S. 155/158; [68] vgl. J. Hessen: Luther in katholischer Sicht, 1947, S. 8; [69] Augustin: Der Gottesstaat, XXII, 30.

BENEDIKT UND SEINE REGEL

[1] Greg. Dial. II, Vorwort; [2] Herwegen: Der heilige Benedikt, 1926, S. 137; [3] Dial. II, 1; [4] ib.; [5] ib. II, 2; [6] ib.; [7] ib.; [8] ib. II, 3; [9] ib. II, 6; [10] vgl. T. Leccisotti: Monte Cassino, sein Leben und seine Ausbreitung, 1949; [11] Dial. II, 14; [12] ib. II, 17; [13] ib. II, 35; [14] Benedictus: Weihegabe der Erzabtei St. Ottilien, 1947, S. 317; [15] Herwegen, a.a.O. S. 130; [16] Dial. II, 33; [17] ib.; [18] B. Benzing: Benedictus, 1949, S. 130; [19] Dial. II, 37; [20] Regula, 1; [21] Dial. II, 35; [22] Herwegen: Sinn und Geist der Benediktinerregel, 1944, S. 12; [23] Regula, Prolog; [24] G. Aulinger: Das Humanum in der Regel Benedikts von Nursia, 1950, S. 35 ff.; [25] Regula, 58; [26] ib.; [27] ib.; [28] Vir Dei Benedictus, ed. Molitor, 1947, S. 107; [29] Dirks: Die Antwort der Mönche, 1952, S. 122; [30] Regula, 33; [31] ib. 5; [32] ib.; [33] ib.; [34] ib. 6; [35] ib. 4; [36] ib. 43; [37] ib.; [38] ib. 19; [39] Steiger: Stifter als Dichter der Ehrfurcht, 1952, S. 47; [40] Butler: Benediktinisches Mönchtum, 1929, S. 31; [41] vgl. Th. Filthaut: Die Kontroverse über die Mysterienlehre, 1947; [42] Regula, 20; [43] L. Hunkeler: Vom Mönchtum des heiligen Benedikt, 1947, S. 142; [44] Regula, 53; [45] Die Regel des heiligen Benedikt, ed. Pfiffner, 1947; [46] Regula, 73; [47] Hilpisch: Geschichte des benediktinischen Mönchtums, 1929, S. 65; [48] Regula, 1; [49] ib. 63; [50] ib. 40; [51] ib. 7; [52] Dial. III, 16; [53] Salvatorelli: Benedikt, 1937, S. 153; [54] Regula, 48; [55] Nietzsches Werke, Krönerausgabe, Bd. III, S. 545; [56] Regula, 70; [57] ib. 31; [58] ib. 72; [59] Benedictus, Weihegabe der Erzabtei St. Ottilien, 1947, S. 67; [60] Vgl. Hilpisch: Geschichte des benediktinischen Mönchtums, 1929, und Schmitz: Geschichte des Benediktinerordens, 1947; [61] Dirks, a.a.O. S. 136; [62] Butler, a.a.O. S. 294; [63] ib. S. 295/96; [64] E. Sackur: Die Cluniazenser, 1894, Bd. II, S. 437; [65] Schmitz: a.a.O. Bd. I, S. 103; [66] E. Rosenstock: Die europäischen Revolutionen, 1931, S. 111; [67] M. Grabmann: Geschichte der scholastischen Methode, 1909, Bd. I, S. 262; [68] Hilpisch: Geschichte der Benediktinerinnen, 1951, S. 61.

BRUNO UND DIE KARTÄUSER

[1] H. Löbbel: Der Stifter des Kartäuserordens, 1899, S. 31; [2] Emil Baumann: Die Kartäuser, o. J., S. 19; [3] Newman: Historische Skizzen, 1948, S. 194; [4] Löbbel, a.a.O. S. 96; [5] Kierkegaard: Stadien auf dem Lebensweg, 1909, S. 498; [6] Löbbel, a.a.O. S. 118; [7] Baumann, a.a.O. S. 37; [8] Löbbel, a.a.O. S. 147; [9] Tappert: Der heilige Bruno, 1872, S. 207; [10] Van der Meer de Walcheren: Das weiße Paradies, 1949, S. 47; [11] Droste-Hülshoff: Sämtliche Werke (Inselausgabe), S. 401; [12] Gigo von Kastell: Tagebuch eines Mönches, 1952, S. 86; [13] Nietzsche: Fröhliche Wissenschaft, Aph. Nr. 338; [14] J. Wenzler: Kennst du den Kartäuserorden?, 1912, S. 112; [15] Kierkegaard: Angriff auf die Christenheit, 1896, S. 590; [16] Nietzsches Werke, Krönerausgabe, Bd. III, S. 426; [17] Lortz: Die Reformation in Deutschland, 1941, Bd. II, S. 134; [18] J. Greven: Die Kölner Kartause und die Anfänge der katholischen Reform in Deutschland, 1935, S. 7; [19] Gigo von Kastell, a.a.O.

S. 77; [20] Baumann, a.a.O. S. 90; [21] H. Faber: Unter den Kartäusern, 1892, S. 35; [22] Das Leben in Gott, ed. Kronseder, o.J., S. 35; [23] Van der Meer de Walcheren, a.a.O. S. 72; [24] Baumann, a.a.O. S. 39; [25] Gigo von Kastell, a.a.O. S. 62; [26] ib. S. 55; [27] Kierkegaard: Angriff auf die Christenheit, S. 287.

BERNHARD UND DIE ZISTERZIENSER

[1] Deutsche Mystikerbriefe, ed. Oehl, 1931, S. 83; [2] Brief vom 17. März 1802; [3] Hausrath: Arnold von Brescia, 1895, S. 40; [4] Kierkegaard: Unwissenschaftliche Nachschrift, 1910, Bd. I, S. 265; [5] Gilson: Die Mystik des heiligen Bernhard, 1936, S. 101; [6] Epistola, 106; [7] Benedikt von Nursia: Regula, 58; [8] Epistola, 110; [9] Vacandard, Leben des heiligen Bernhard von Clairvaux, 1898, Bd. I; S. 473, [10] Neander: Der heilige Bernhard und sein Zeitalter, 1889, Bd. II, S. 169; [11] Vacandard, a.a.O. Bd. I, S. 214/15; [12] vgl. J. von Walter: Bernhard von Clairvaux und die Geschichte der Mystik, in «Theologische Festschrift für Bonwetsch» und R. Linhardt: Die Mystik des heiligen Bernhard, 1924; [13] A. Ritschl: Geschichte des Pietismus, 1880, Bd. I, S. 50; und A. Harnack: Lehrbuch der Dogmengeschichte, 1910, Bd. III, S. 345; [14] Cantica Canticorum, 3, 1; [15] ib. 76, 6; [16] ib. 3, 1; [17] J. Schuck: Das religiöse Erlebnis bei Bernhard von Clairvaux, 1922; [18] Cant. 74, 5; [19] ib.; [20] ib. 74, 6; [21] J. Bernhart: Die philosophische Mystik des Mittelalters, 1922, S. 98; [22] Cant. 2, 3; [23] ib. 3, 2; [24] ib. 3, 4; [25] ib. 3, 5; [26] ib. 83, 3; [27] ib. 31, 6; [28] ib. 71, 10; [29] ib. 8, 6; [30] ib. 79, 1; [31] vgl. W. Kahler: Radbert und Bernhard, zwei Ausprägungen christlicher Frömmigkeit, 1938, S. 21; [32] Cant. 25, 9; [33] ib. 43, 4; [34] Kutter: Not und Gewißheit, 1927, S. 9; [35] Bernhard, a.a.O. S. 98; [36] vgl. Theodor Haecker: Metaphysik des Fühlens, 1950; [37] Vacandard, a.a.O. Bd. II, S. 125; [38] ib. Bd. II, S. 508; [39] Cant. 62, 8; [40] ib. 18, 3 und 6; [41] ib. 33, 16; [42] Neander: a.a.O. Bd. I, S. 48; [43] Erich Caspar: Bernhard von Clairvaux, in «Meister der Politik», 1923, S. 183; [44] Ep. 189; [45] Ep. 193; [46] Ep. 189; [47] Bernhard, a.a.O. S. 98; [48] Cant. 36, 2; [49] Ep. 363; [50] Wolfram von den Steinen: Vom Heiligen Geist des Mittelalters, 1926, S. 191; [51] Neander, a.a.O. Bd. II, S. 92; [52] Ep. 363; [53] Neander, a.a.O. Bd. II, S. 266; [54] K. Hampe: Das Hochmittelalter, 1932, S. 167; [55] Neander, a.a.O. Bd. II, S. 262; [56] Vacandard, a.a.O. Bd. II, S. 552; [57] P. Rohbeck: Bernhard von Clairvaux, 1949, S. 94; [58] Wolfram von den Steinen: Bernhard von Clairvaux, 1926, S. 31; [59] Dalgairns: Der heilige Stephan Harding, 1865, S. 66; [60] Gilson, a.a.O. S. 116; [61] Dalgairns, a.a.O. S. 82; [62] G. Müller: Vom Zisterzienserorden, 1927, S. 30; [63] Kierkegaard: Angriff auf die Christenheit, 1896, S. 268; [64] H. Grundmann: Neue Forschungen über Joachim von Fiore, 1950, S. 91; [65] Buchholz: Blaise Pascal, 1939, S. 224; [66] Schmid: Armand-Jean le Bouthillier de Rancé, 1897, S. 313; [67] Büttgenbach: Mariawald, 1897, S. 31; [68] Ruff: Die Trappistenabtei Oelenberg, 1898, S. 101; [69] Schmid, a.a.O. S. 143.

FRANZISKUS UND DIE MINDERBRÜDER

[1] Celano: Das Leben des heiligen Franziskus von Assisi, ed. Schmidt, 1919, S. 194; [2] Ziegler: Gestaltwandel der Götter, 1922, Bd. I, S. 321; [3] Bruder Leo: Der Spiegel der Vollkommenheit, ed. Rüttenauer, 1935, S. 192; [4] Celano, a.a.O. S. 193; [5] ib. S. 60; [6] A.

Styra: Franz von Assisi in der neueren deutschen Literatur, o.J., S.66; [7] Franz von Assisi: Legenden u. Laude, ed. O.Karrer, 1945, S.201; [8] G.Menge: Der selige Ägidius von Assisi, 1906, S.77; [9] Karrer, a.a.O. S.279; [10] ib. S.194; [11] J.Lortz: Der unvergleichliche Heilige, 1952, S.21; [12] Legenda Trium Sociorum, 1923, Kap.10; [13] ib. Kap.9; [14] Die Schriften des heiligen Franziskus von Assisi, ed. Bonmann, 1940, S.49; [15] Legenda Trium Sociorum, Kap.10; [16] Celano, a.a.O. S.25; [17] Spiegel, a.a.O. S.130; [18] ib. S.250; [19] K.Müller: Die Anfänge des Minoritenordens, 1885, S.7; [20] Walter Götz: Die ursprünglichen Ideale des heiligen Franz von Assisi, in «Historische Vierteljahresschrift», 1903, S.26; [21] Spiegel, a.a.O. S.54; [22] Der Geist des heiligen Franziskus und der dritte Orden, ed. Dietrich von Hildebrand, 1921, S.83; [23] Celano, a.a.O. S.42; [24] Reinhold Schneider: Die Stunde des heiligen Franz von Assisi, 1946, S.85; [25] F.Imle: Der Geist des heiligen Franziskus und seiner Stiftung, 1921, S.119 und 120; [26] Blütenkranz des heiligen Franziskus von Assisi, ed. Taube, 1908, Kap.13; [27] Spiegel, a.a.O. S.35; [28] Karrer, a.a.O. S.173; [29] Die großen Ordensregeln, ed. Balthasar, 1948, S.230; [30] Leg. Trium Sociorum, Kap.9; [31] Schriften, a.a.O. S.95; [32] Die symbolische Franziskuslegende, ed. Lützeler, 1929, S.119; [33] Dostojewskij: Die Brüder Karamasoff, S.642; [34] Schriften, a.a.O. S.122; [35] Max Scheler: Wesen und Formen der Sympathie, 1931, S.106; [36] Schriften, a.a.O. S.45; [37] Celano, a.a.O. S.230; [38] Schriften, a.a.O. S.48 u. 49; [39] Lily Zarncke: Der Anteil des Kardinals Ugolino an der Ausbildung der drei Orden des heiligen Franziskus, 1930, S.35; [40] Leg. Soc. Kap.12; [41] P.Cuthbert: Der heilige Franz von Assisi, 1944, S.211 und 213; [42] ib. S.203; [43] Menge, a.a.O. S.37; [44] F.Ehrle: Die Spiritualen, ihr Verhältnis zum Franziskanerorden, in «Archiv für Literatur und Kirchengeschichte des Mittelalters», 1887, Bd.III, S.581; [45] L.Casutt: Das Erbe eines großen Herzens, 1949, S.114; [46] Celano, a.a.O. S.78; [47] Spiegel, S.131; [48] K.Balthasar: Geschichte des Armutsstreites im Franziskanerorden, 1911, S.123; [49] Schriften, a.a.O. S.49; [50] Gemelli: Das Franziskanertum, 1936, S.47; [51] Schriften, a.a.O. S.9; [52] ib. S.17; [53] ib. S.19; [54] ib. S.17; [55] ib. S.37; [56] ib. S.40; [57] D.Mereschkowski: Franz von Assisi, 1938, S.247; [58] Spiegel, a.a.O. S.77; [59] ib. S.77 und Celano, S.226; [60] Casutt, a.a.O. S.53; [61] Schriften, a.a.O. S.51 und 54; [62] Josef Bernhard: Franz von Assisi, 1947, S.55; [63] Menge, a.a.O. S.24; [64] Karrer, a.a.O. S.33; [65] Blütenkranz, a.a.O. Kap.7; [66] Spiegel, a.a.O. S.196 und 213; [67] Celano, a.a.O. S.244; [68] ib. S.81; [69] ib. S.209; [70] ib. S.210; [71] Spiegel, a.a.O. S.12; [72] Gemelli, a.a.O. S.61; [73] Ernst Benz: Ecclesia Spiritualis, 1934, S.176; [74] Symbolische Franziskuslegende, a.a.O. S.1, 108 und 119; [75] Balthasar, a.a.O. S.132; [76] Schriften, a.a.O. S.83; [77] Symbolische Franziskuslegende, S.1 u. ff.; [78] Blütenkranz, a.a.O. Kap.8; [79] Gilson: Der heilige Bonaventura, 1929, S.99; [80] Hildebrand, a.a.O. S.49; [81] Cuthbert: Die Kapuziner, 1931, S.83; [82] Holzapfel: Geschichte des Franziskanerordens, 1909, S.641; [83] H.Ghéon: Die heilige Klara von Assisi, 1949, S.86; [84] F. Van den Borne: Die Anfänge des franziskanischen dritten Ordens, 1925, S.102; [85] Hildebrand, a.a.O. S.60; [86] Das Leben der heiligen Elisabeth (von Lulu v.Strauß und Torney): o.J., S.60 und 64; [87] Mauriac: Die heilige Margaretha von Cortona, 1947, S.52; [88] bei E.Benz: Das Lutherbild des französischen Katholizismus, in «Zeitschrift für Religions- und Geistesgeschichte», 1952, S.10/11; [89] Celano, a.a.O. S.245.

DOMINIKUS UND DER PREDIGERORDEN

[1] Kierkegaard: Angriff auf die Christenheit, 1896, S. 334; [2] Sankt Dominikus, Zeugnisse seines Innenlebens, ed. Hofmann, 1935, S. 69; [3] Scheeben: Der heilige Dominikus, 1927, S. 142/43 und 135; [4] Dominikanerlegende, ed. Stadtmüller, 1921, S. 9; [5] Lacordaire: Leben des heiligen Dominikus, o. J., S. 105; [6] Scheeben, a.a.O. S. 225; [7] Scheeben: Jordan, der Sachse, 1937, S. 139; [8] Cambermond: Der Armutsgedanke des heiligen Dominikus und seines Ordens, 1926, S. 16; [9] Hofmann, a.a.O. S. 44; [10] ib. S. 54; [11] ib. S. 33; [12] ib. S. 57; [13] Scheeben: Dominikus, S. 385; [14] ib. S. 386; [15] Hofmann: a.a.O. S. 34; [16] vgl. B. Alttaner: Der heilige Dominikus, 1922; [17] Scheeben: a.a.O. S. 6 und 7; [18] Lacordaire: a.a.O. S. 140; [19] Hofmann, a.a.O. S. 41; [20] ib. S. 40; [21] Stadtmüller, a.a.O. S. 32; [22] Hofmann, a.a.O. S. 38; [23] Stadtmüller, a.a.O. S. 31; [24] Hofmann, a.a.O. S. 83; [25] vgl. Angelus Walz: Compendium historiae ordinis praedicatorum, Romae MCMXXX; [26] J. Piper: Über Thomas von Aquin, 1940, S. 36; [27] ib. S. 62; [28] Walter Dirks: Die Antwort der Mönche, 1952, S. 194; [29] Meister Eckharts Schriften und Predigten, ed. Büttner, 1917, Bd. I, S. 148; [30] Meister Eckharts deutsche Predigten und Traktate, ed. Schulze-Maizier, o. J., S. 359; [31] ib. S. 391; [32] ib. S. 314; [33] ib. S. 384; [34] ib. S. 84; [35] G. Fischer: Geschichte der Entdeckung der deutschen Mystiker Eckhart, Tauler und Seuse im 19. Jahrhundert, 1931, S. 17 u. ff.; [36] Greith: Die deutsche Mystik, 1861, S. 71; [37] Johannes Tauler: Predigten, 1923, Bd. I, S. 60; [38] ib. Bd. I, S. 209; [39] ib. Bd. I, S. 128; [40] vgl. K. Grunewald: Studien zu Taulers Frömmigkeit, 1930; [41] Heinrich Seuses deutsche Schriften, 1922, ed. Lehmann, Bd. II, S. 7; [42] ib. Bd. I, S. 146; [43] ib. Bd. I, S. 126; [44] Gröber: Der Mystiker Heinrich Seuse, 1941, S. 209; [45] Seuse, a.a.O. Bd. I, S. 10; [46] ib. Bd. I, S. 45; [47] ib. Bd. I, S. 33; [48] ib. Bd. I, S. 24; [49] E. Stagel: Das Leben der Schwestern zu Töß, 1923, S. 28; [50] Wilms: Das Beten der Mystikerinnen, 1923, S. 144; [51] A. Levasti: Katharina von Siena, 1952, S. 18; [52] Die Briefe der heiligen Katharina von Siena, ed. Kolb, o. J., S. 200; [53] Katharina von Siena, politische Briefe, ed. Strobel, 1944, S. 121; [54] Beato Angelico, ed. Ciaranfi, 1947, S. 6; [55] Scheeben, a.a.O. S. 92; [56] Scheeben: Jordan, S. 199; [57] Rings: Das Werk des heiligen Dominikus, 1922, S. 183; [58] J. Schnitzer: Savonarola im Streite mit seinem Orden und seinem Kloster, 1914, S. 89; [59] Schnitzer: Savonarola, 1924, Bd. I, S. 580; [60] Sementovsky-Kurilo: Savonarola, 1950, S. 38; [61] Mechthild von Magdeburg: Das fließende Licht der Gottheit, Buch VI, Kap. 21.

TERESA UND DER KARMEL

[1] Sämtliche Schriften der heiligen Teresa von Jesu, 1919, Bd. I, S. 26; [2] Bernanos: Die begnadete Angst, 1951, S. 36; [3] Schriften, Bd. IV, 2, S. 5; [4] M. Virnich: Teresa von Avila, 1934, S. 110; [5] A. Mager: Mystik als seelische Wirklichkeit, 1946, S. 144; [6] Schriften, Bd. IV, 1, S. 315; [7] ib. S. 77; [8] Reinhold Schneider: Philipp II., 1931, S. 144; [9] Schriften, Bd. II, S. 52; [10] Schriften, Bd. IV, 1, S. 297; [11] Schriften, Bd. II, S. 14; [12] Briefe der heiligen Theresia von Jesu, 1936, Bd. III, S. 420; [13] Waach: Theresia von Avila, 1949, S. 128; [14] Schriften, Bd. IV, 2, S. 137/38; [15] ib. Bd. III, S. 303 u. ff.; [16] ib. Bd. II, S. 40; [17] Bd. IV, 2, S. 83; [18] ib. Bd. II, S. 392; [19] ib. Bd. II, S. 184; [20] ib. Bd. IV, 2, S. 94; [21] ib. S. 10; [22] ib. S. 7; [23] ib. S. 8; [24] ib. S. 15; [25] ib. S. 204; [26] Briefe, Bd. III, S. 563; [27] Schriften, Bd. I,

S. 455; [28] Waach, a.a.O. S. 249; [29] ib. S. 250; [30] Schriften, Bd. IV, 2, S. 338; [31] ib. S. 195; [32] ib. S. 90; [33] ib. S. 468; [34] V. Sackville-West: Adler und Taube, 1947, S. 30; [35] ib. S. 183; [36] Virnich, a.a.O. S. 110; [37] Sackville-West, a.a.O. S. 77; [38] Briefe, Bd. IV, S. 228; [39] Schriften, Bd. II, S. 370; [40] ib. Bd. IV, 1, S. 68 und 79; [41] ib. Bd. II, S. 327; [42] ib. Bd. I, S. 195; [43] ib. S. 529; [44] ib. Bd. IV, 2, S. 108; [45] Virnich, a.a.O. S. 100; [46] Schriften, Bd. IV, 1, S. 79; [47] ib. Bd. IV, 2, S. 55; [48] Briefe, Bd. III, S. 417; [49] Schriften, Bd. IV, 1, S. 415; [50] ib. Bd. I, S. 445; [51] O. Schneider: Im Anfang war das Herz, 1951, S. 132; [52] Schriften, Bd. III, S. 12; [53] ib. S. 22; [54] Redemptus vom Kreuz Weninger: Geschichte des Karmelitenordens, 1914, S. 35; [55] Johannes vom Kreuz: Sämtliche Werke, 1927, Bd. IV, S. 106; [56] ib. Bd. V, S. 145; [57] ib. Bd. V, S. 73; [58] François de Sainte Marie: Johannes vom Kreuz, 1951, S. 57; [59] Johannes vom Kreuz, a.a.O. Bd. I, S. 65; [60] vgl. Edith Stein: Kreuzeswissenschaft, 1950; [61] Schriften, Bd. II, S. 137; [62] M. Paulus: Barbe Acarie, 1949, S. 129; [63] Bruder Lorenz: Im Angesicht Gottes, 1951, S. 77; [64] ib. S. 21; [65] ib. S. 69; [66] V. Cepari: Leben der heiligen Maria Magdalena vom Pazzi, 1857, S. 181; [67] ib. S. 91; [68] ib. S. 177; [69] Thérèse von Lisieux: Geschichte einer Seele, ed. Karrer, 1947, S. 204; [70] ib. S. XIII; [71] ib. S. 230; [72] Schwester Elisabeth von der Dreifaltigkeit: 1952, S. 6; [73] Schriften, Bd. III, S. 62; [74] Johannes vom Kreuz, a.a.O. Bd. V, S. 57; [75] Hohes Lied Salomon, 6/11; [76] Elisabeth, a.a.O. S. 231; [77] Kol. 1/24; [78] Schriften, Bd. III, S. 96; [79] Johannes vom Kreuz, a.a.O. Bd. V, S. 108; [80] Marie de Jésus: Gestalt und Lehre, 1951, S. 113; [81] Schriften, Bd. II, S. 135; [82] ib. S. 159; [83] ib. S. 5; [84] ib. Bd. I, S. 598; [85] Elisabeth, a.a.O. S. 74; [86] O. Schneider, a.a.O. S. 266; [87] Marie de Jésus, a.a.O. S. 111; [88] Elisabeth, a.a.O. S. 100; [89] Johannes vom Kreuz, a.a.O. Bd. I, S. 56; [90] Schriften, Bd. II, S. 49; [91] Ib. Bd. III, S. 35; [92] Marie de Jésus, a.a.O. S. 121; [93] Elisabeth, a.a.O. S. 29; [94] ib. S. 73 und 86; [95] Bruder Lorenz, a.a.O. S. 58; [96] Elisabeth, a.a.O. S. 91; [97] Johannes vom Kreuz, a.a.O. Bd. V, S. 189; [98] Marie de Jésus, a.a.O. S. 124; [99] ib. S. 130; [100] Cepari, a.a.O. S. 367; [101] O. Schneider, a.a.O. S. 213; [102] Marie de Jésus, a.a.O. S. 36; [103] Hans Urs von Balthasar: Elisabeth von Dijon, 1952, S. 85; [104] Schriften, a.a.O. Bd. I, S. 600.

IGNATIUS UND DIE GESELLSCHAFT JESU

[1] Lebenserinnerungen des heiligen Ignatius von Loyola, ed. Feder, 1922, S. 28/29; [2] ib. S. 21; [3] ib. S. 25; [4] ib. S. 25; [5] ib. S. 26; [6] ib. S. 32; [7] ib. S. 33; [8] Unamuno: Das Leben Don Quichotes, 1926, Bd. I, S. 55; [9] Lebenserinnerungen, S. 40; [10] Ignatius von Loyola: Geistliche Briefe, ed. Karrer/Rahner, 1942, S. 73; [11] Francis Thompson: Ignatius von Loyola, 1912, S. 288; [12] Lebenserinnerungen, S. 38; [13] ib. S. 46; [14] Ignatius von Loyola: Geistliches Tagebuch, ed. Feder, 1922, S. 82; [15] H. Böhmer: Studien zur Geschichte der Gesellschaft Jesu, 1914, S. 54; [16] Tagebuch, S. 37; [17] Lebenserinnerungen, S. 95; [18] ib. S. 48; [19] Hugo Rahner: Ignatius von Loyola, 1947, S. 57; [20] Lebenserinnerungen, S. 115; [21] P. Lippert: Zur Psychologie des Jesuitenordens, 1923, S. 33; [22] Ignatius von Loyola: Geistliche Übungen, ed. Feder, 1924, S. 31; [23] F. Heer: Das Experiment Europas, 1952, S. 60; [24] Lebenserinnerungen, S. 65; [25] ib. S. 71; [26] Böhmer: Die Jesuiten, 1921, S. 34; [27] Huonder: Ignatius von Loyola, 1932, S. 68; [28] Lebenserinnerungen, S. 112; [29] ib.; [30] ib. S. 134; [31] Becher: Die Jesuiten, 1951, S. 90; [32] Briefe, a.a.O. S. 165; [33] ib. S. 169; [34] ib. S. 283; [35] Huonder, a.a.O. S. 113; [36] Thompson, a.a.O. S. 196; [37] E. Merz: Kultur-

erneuerung und Ordensgemeinschaft, 1933, S. 203; [38] Thompson, a.a.O. S. 57; [39] R. Blunk: Der Schwarze Papst, 1937, S. 211; [40] Bernanos: Das Haus der Lebenden und der Toten, 1951, S. 111; [41] Briefe, a.a.O. S. 36/37; [42] Ziegler: Menschwerdung, o.J., Bd. II, S. 365; [43] Lebenserinnerungen, S. 115; [44] Briefe, a.a.O. S. 96/97; [45] Böhmer: Ignatius und die deutsche Mystik, S. 22; [46] Briefe, a.a.O. S. 178; [47] ib. S. 76; [48] Huonder: a.a.O. S. 55; [49] Briefe, a.a.O. S. 175; [50] Przywara: Majestas Divina, 1925, S. 70; [51] Briefe, a.a.O. S. 53; [52] ib. S. 109; [53] Franz Overbeck: Christentum und Kultur, 1919, S. 276; [54] Die großen Ordensregeln, ed. Balthasar, 1948, S. 287; [55] Briefe, a.a.O. S. 122; [56] Thompson, a.a.O. S. 139; [57] Geistliche Übungen, a.a.O. S. 161; [58] Briefe, a.a.O. S. 210; [59] ib. S. 249; [60] Huonder: a.a.O. S. 42; [61] Briefe, a.a.O. S. 126; [62] ib. S. 165; [63] H. Rahner: Francisco und sein Meister in «Stimmen der Zeit», 1952, S. 166/67; [64] Blunk: a.a.O. S. 200; [65] E. Gothein: Reformation und Gegenreformation, 1924, S. 250; [66] Kautzsky: Geschichte des Sozialismus in Einzeldarstellungen, 1895, S. 749; [67] Otto Karrer: Der heilige Franz von Borja, 1921, S. 335; [68] ib. S. 301; [69] Becher, a.a.O. S. 276/77; [70] E. Gothein: Ignatius von Loyola, 1885, S. 78; [71] Balt. Gracian: Handorakel, o.J., Nr. 251; [72] Pascal: Pensées, Nr. 920; [73] Pascal: Briefe gegen die Jesuiten, 1907, S. 211; [74] ib. S. 247; [75] ib. S. 246; [76] Overbeck: a.a.O. S. 124; [77] Nietzsche: Werke, Krönerausgabe, Bd. II, S. 77; [78] B. Groethuysen: Die Entstehung der bürgerlichen Welt- und Lebensanschauung, 1930, Bd. II, S. 61; [79] Bernanos: Das sanfte Erbarmen, 1951, S. 89; [80] Koepgen: Lösungen und Erlösungen, 1948, S. 212; [81] G. Aichinger: Johann Michael Sailer, 1865, S. 25; [82] Becher, a.a.O. S. 315/16; [83] Chastonay: Die Satzungen des Jesuitenordens, 1938, S. 230; [84] W. Günther: Der ewige Gotthelf, 1934, S. 138/39; [85] E. Rosenstock: Der Atem des Geistes, 1951, S. 280; [86] Lebenserinnerungen, S. 40; [87] Huonder, a.a.O. S. 9.

Walter Nigg
Vincent van Gogh
Der Blick in die Sonne

Ein biographischer Essay
Mit 26 Abbildungen

Ein Leben lang hat sich der Theologe Walter Nigg mit großen religiösen Denkern befaßt – und seine Liebe scheint dabei eher den Unheiligen als den Heiligen, eher den Ketzern als den Folgsamen zu gehören. In Vincent van Gogh trifft der unorthodoxe Theologe auf eine der unorthodoxesten Gestalten des 19. Jahrhunderts, einen genialen Maler, der gleichzeitig Ketzer ist, Denker, Gottsucher und Prophet, der sein Leben lang zu Gott strebt und mit diesem doch immer wieder in erbittertem Streit liegt. Wie Tolstoi sagt sich Van Gogh schließlich von der Kirche und den Priestern los und lebt nach den Gesetzen einer Religion, die er ganz aus sich und der Natur schöpft.

»Es tut mir wohl, so schwer zu arbeiten. Aber das hemmt nicht mein furchtbares Bedürfnis, darf ich das Wort aussprechen, nach Religion. Dann gehe ich in die Nacht hinaus, um Sterne zu malen… Ich wünschte nur, man fände etwas, das uns Ruhe gäbe und uns tröstete, damit wir uns nicht mehr schuldig und unglücklich fühlen. Dann könnten wir schon fortschreiten, ohne uns in der Einsamkeit oder in Nichts zu verlieren…«
Vincent van Gogh an seinen Bruder Theo

»Walter Nigg ergeht sich niemals in Allgemeinheiten und Abstraktionen. Er verfährt vielmehr biographisch, porträtierend und figürlich. Er spielt nicht mit Begriffen und jongliert nicht mit Phrasen (weder mit salbungsvollen noch mit protestlerischen), sondern denkt in Gestalten, die er hinreißend vergegenwärtigt, indem er sich in sie hineinversetzt.«
Gerd-Klaus Kaltenbrunner

Walter Nigg
im Diogenes Verlag

»Es ist in der theologischen, vor allem in der histo-
risch-biographischen Literatur heutzutage selten geworden, daß einem Autor noch ein wirklicher Fund
gelingt. Bei Nigg begegnet man solchem auf Schritt
und Tritt, das ist das Große an seinen Büchern.«
Süddeutscher Rundfunk, Stuttgart

»Die nüchtern-klare Diktion Niggs rückt die mystischen Gestalten der Heiligen in die geistige Reich-
weite des modernen Menschen.«
Die Zeit, Hamburg

Große Heilige
Von Franz von Assisi bis Therese von
Lisieux

Das Buch der Ketzer
Von Simon Magus bis Leo Tolstoi

*Vom Geheimnis
der Mönche*
Von Bernhard von Clairvaux bis Teresa von Avila

Buch der Büßer
Neun Lebensbilder

Friedrich Nietzsche
Mit einem Nachwort von Max Schoch

Große Unheilige
Von König Saul bis Friedrich Nietzsche

Teresa von Avila
Eine leidenschaftliche Seele

Das ewige Reich
Geschichte einer Hoffnung

*Der Teufel und seine
Knechte*

Franz von Assisi
Denken mit dem Herzen

Sören Kierkegaard
Dichter, Büßer und Denker

*Vincent van Gogh
Der Blick in die Sonne*
Ein biographischer Essay. Mit 26 Ab-
bildungen

Teresa von Avila
Die innere Burg

Herausgegeben und übersetzt von
Fritz Vogelgang

»Teresa war mitnichten, was man sich unter einem klösterlichen Geschöpf vorstellt, weder dem Leibe noch der Seele noch dem Geiste nach, was alles auf höchste Aktivität gestellt war. Die frommen Bücher langweilten sie nicht weniger als das obligate Hersagen der Gebete. Sie wünschte, daß man von Herzen fröhlich sei und sich damit beschäftige, die anderen zu erheitern. Und daß man sich sehr hüten solle, ›seinem Geist zu entfliehen‹, wenn man so glücklich sei, einen zu haben. Alle großen Einsiedler und Mönche waren mächtige und heroische Liebhaber der Wirklichkeit, welche die Fackel des Lebens weitergaben, nie vom Leben flüchtende Feiglinge und selbstische Visionäre. Mit Verfall quittiert die Kirche, wenn ihrem geistigen Leben die mystische Nahrung aus diesem Elan vital versagt bleibt.« *Franz Blei*

»An Teresa darf nicht das Normalmaß gelegt werden. Sie ist ein Phänomen, wie es nicht in jedem Jahrhundert vorkommt.« *Walter Nigg*

Ludwig Marcuse
Ignatius von Loyola
Ein Soldat der Kirche

Ignatius von Loyola, spanischer Grande und Offizier, Gründer und erster General des Jesuiten-Ordens, ist einer der großen mythenbildenden Politiker der Weltgeschichte.

Ludwig Marcuse, auch Biograph Sigmund Freuds, Richard Wagners und Heinrich Heines, berichtet entlang des Lebens Ignatius von Loyolas anschaulich über das Zeitalter der Renaissance. Die Schrecken der Inquisition und die Ideale der Reformation beweisen sich einmal mehr als Mittel zum Zweck: Macht gewinnen, ausbauen und behalten.

»Ignatius von Loyola war ein spanischer Offizier voll romantischer Leidenschaft für das Rittertum. Nach einer Beinverletzung vor Pamplona (1520) weihte er sich dem Dienst der Himmelskönigin Maria. Er wallfahrte nach Palästina, studierte auf einigen Universitäten und legte 1534 mit einigen Genossen das Gelübde ab, sich dem Papst zur Verfügung zu stellen. Aus diesen kleinen Anfängen wuchs einer der mächtigsten Orden Roms: die Societas Jesu, der Jesuitenorden.«
Ludwig Marcuse

Meister Eckehart
Deutsche Predigten und Traktate

Herausgegeben und übersetzt von
Josef Quint

»Der stärkste Kopf, der energischste, radikalste Denker unter den Mystikern, der, welcher das zu Verschweigende am eindringlichsten bewußt gemacht hat, war Meister Eckehart. Lange bevor die ›Entmythologisierung‹ erfunden wurde, war er der radikalste Entmythologisierer.
Eckehart war die Aufklärung – ohne Verklärung, war aufgeklärter als die Aufklärung. Er war in der Tat viel gefährlicher als später Luther, als die Entlarvung des Priester-Betrugs im achtzehnten Jahrhundert, als der harmlose Atheist des zwanzigsten. Eckehart deckte den ›Abgrund‹ auf, den alle Religionen und Philosophien zudeckten.« *Ludwig Marcuse*

»Meister Eckehart ist einer der tiefsten und universellsten Köpfe, die Deutschland hervorgebracht hat – eine eigenartige Kreuzung aus einem kristallklaren Denker, einem Dichter von unvergleichlicher Wucht, Plastik und Originalität der Bildsprache und einem religiösen Genie.« *Egon Friedell*

»Eckehart hat den Unterschied zwischen Haben und Sein mit einer Eindringlichkeit und Klarheit beschrieben und analysiert, wie sie von niemandem je wieder erreicht worden ist.« *Erich Fromm*

Das Neue Testament

Synoptische Ausgabe
in vier Sprachen

Die Frohe Botschaft, die in fast 2000 Jahren viel bewirkt hat und ein ständiges Bedürfnis nach neuen, zeitgemäßen Anpassungen weckt, hier zurückgebracht auf ihre ursprüngliche Form und ihre drei nachhaltigsten Übertragungen:

- in der griechischen Urfassung und Grundlage für alles Weitere

- in der lateinischen Vulgata, als Sprache der Kirche von gewaltiger Ausstrahlung

- in der Übersetzung Martin Luthers, dem größten sprachschöpferischen Ereignis der deutschen Literatur

- in der gleicherweise bedeutsamen Version der ›King James Bible‹ von 1611, die das heutige Englisch mitgeprägt hat.

Ein typographisches Wunderwerk aus dem Jahre MDCCCLVIII. Die vier Fassungen stehen zum Vergleich nebeneinander als übersichtliches Stück Religions-, Kultur- und vor allem Sprachgeschichte. Ein Handbuch für alle, die sich mit Literatur abgeben oder die mit dem Übersetzen zu tun haben.

»Noch immer ist die alt-neue Bibel das menschlichste, das vielfältigste, das wichtigste, das tiefste und höchste Erzählwerk der Welt. Wer den Menschen angesiedelt sieht zwischen dem Affen und dem atomaren Holocaust, dem möge die Bibel ihren Trost spenden bis zum jüngsten und ältesten Tag.« *Rudolf Augstein*

Kleine Diogenes Taschenbücher

»Literarische und philosophische Kostbarkeiten.«
Kölner Stadt-Anzeiger

»Diogenes düst mit seinen Kleinen Taschenbüchern quer durch
die Weltliteratur und setzt auf das Buch als Gebrauchsgegenstand
und damit auf die Popularisierung einer stillen Art des Vergnügens
in einer dröhnend lauten Welt. Wir ziehen mit.«
Eva Elisabeth Fischer / Süddeutsche Zeitung, München